Liturgie und Ekklesiologie

D1671667

Stephan Steger / Martin Stuflesser
Marco Weis / Stephan Winter (Hg.)

Liturgie und Ekklesiologie

Reform des Gottesdienstes als Reform der Kirche

Verlag Friedrich Pustet
Regensburg

Bibliografische Information der Deutschen Nationalbibliothek
Die Deutsche Nationalbibliothek verzeichnet diese Publikation
in der Deutschen Nationalbibliografie; detaillierte bibliografische
Daten sind im Internet über http://dnb.dnb.de abrufbar.

© 2023 Verlag Friedrich Pustet, Regensburg
Gutenbergstraße 8 | 93051 Regensburg
Tel. 0941/920220 | verlag@pustet.de

ISBN 978-3-7917-3399-9
Umschlaggestaltung: www.martinveicht.de
Druck und Bindung: Friedrich Pustet, Regensburg
Printed in Germany 2023

eISBN 978-3-7917-7436-7 (pdf)

Unser gesamtes Programm finden Sie unter
www.verlag-pustet.de

Inhaltsverzeichnis

Vorwort

Liturgiereform als Kirchenreform

In der Woche vom 29. August bis 2. September 2022 traf sich die AKL (Arbeitsgemeinschaft katholischer Liturgiewissenschaftlerinnen und Liturgiewissenschaftler im deutschen Sprachgebiet) im Tagungshaus Himmelspforten der Diözese Würzburg zu ihrer Jahrestagung. Das Thema der Tagung „Liturgia/ecclesia semper reformanda?!" wurde in zahlreichen Vorträgen und Workshops aus ganz unterschiedlichen Blickwinkeln beleuchtet und diskutiert.

Das Thema „Liturgia/ecclesia semper reformanda?!" wurde bewusst vor dem Hintergrund der aktuellen Reformdebatten in der röm.-kath. Kirche gewählt: So hatte sich schon im Herbst 2020 eine Tagung der Liturgiekommission der Deutschen Bischofskonferenz intensiv mit dem Themenfeld „Gottesdienst und Macht. Klerikalismus in der Liturgie" auseinandergesetzt.[1]

Die Tagung der AKL stellt nun in gewisser Weise eine Fortsetzung und -schreibung dieser Tagung dar, indem sie den Fokus noch einmal ganz grundsätzlich auf die Frage nach der Rolle der Liturgie in den aktuellen theologischen Auseinandersetzungen um Wesen und Zukunft der Kirche gelegt hat: Wie hängen die grundlegenden Einsichten, dass Kirche wie Liturgie stets eine „zu reformierende" ist und bleibt, zusammen? Wie bedingen sich diese? Inwieweit stellt jede Reform der Liturgie auch immer eine Reform der Kirche dar – und umgekehrt?

Der vorliegende Band dokumentiert nun die einzelnen Beiträge der Tagung der AKL und stellt sie einer breiteren, interessierten Öffentlichkeit vor. Damit möchten wir vom Herausgeberteam einen bewussten fachspezifischen Beitrag der Liturgiewissenschaft zu den aktuellen liturgietheologischen und ekklesiologischen Fragestellungen leisten, wie sie etwa in Deutschland auf dem Synodalen Weg, aber im Vorfeld der Weltsynode auch in den europäischen Nachbarländern intensiv diskutiert werden.

Dass der vorliegende Band so zeitnah nach der Tagung erscheinen kann, ist der Mitarbeit vieler zu verdanken. Mein besonderer Dank gilt zunächst den Mitherausgebern Prof. Dr. Stephan Winter (Tübingen), Dr. Stephan Steger und Mag. theol. Marco Weis (beide Würzburg). Die Planung und Durchführung der Tagung war echtes Teamwork, von daher gilt den Mitherausgebern mein aufrichtiger Dank für alle Hilfe und Unterstützung.

---

[1] *Martin Stuflesser* (Hg.), Gottesdienst und Macht. Klerikalismus in der Liturgie, Regensburg 2021 [zusammen mit Stefan Böntert, Winfried Haunerland, Julia Knop].

Von den beteiligten Lehrstühlen in Würzburg und Tübingen haben meine Sekretärin Claudia Mack und unsere Studentischen Hilfskräfte Christina Braun, Daniel Mattick, Florian Schmitt, Ina Schulz und Mathilda Bauer bei der Vorbereitung und der Durchführung der Tagung mitgewirkt und mitgeholfen. Frau Braun und Frau Schulz (Tübingen) sowie Herr Weis (Würzburg) haben auch die Drucklegung der Manuskripte betreut. Ihnen allen gilt mein Dank für die Mitarbeit an diesem Projekt.

Schließlich danke ich Dr. Rudolf Zwank für die gewohnt professionelle und herzliche Betreuung von Seiten des Verlags Friedrich Pustet.

Die Reform der Liturgie wie die Reform der Kirche bleiben eine fortwährende Aufgabe und Herausforderung, so zeigen es die einzelnen Beiträge dieses Bandes. Die akademische Theologie und hier konkret die Liturgiewissenschaft kann hierzu wichtige Denkanstöße liefern, theologische Argumente wägen und auf ihre Plausibilität hin prüfen. Die deutschsprachige Liturgiewissenschaft setzt sich im vorliegenden Band mit den „Zeichen der Zeit" auseinander und bringt sich in die aktuellen theologischen Diskussionen ein.

Möge der vorliegende Band auf eine interessierte Leserschaft stoßen und so die aktuell laufenden theologischen Diskussions- und Gesprächsprozesse bereichern.

Würzburg, im Advent 2022 *Martin Stuflesser*
(für die Herausgeber)

Liturgia/ecclesia semper reformanda?
Sondierung des Themenfeldes

Kirche und Theologie im digitalen Kulturwandel[1]

Empirische und konzeptionelle Forschungsresultate aus praktisch-theologischer sowie systematisch-theologischer Perspektive mit einem gemeinsamen Fazit

Ilona Nord, Oliver Adam und Jürgen Deniffel & Frederike van Oorschot

In zwei größeren Teilen präsentieren wir praktisch-theologische sowie systematisch-theologische Forschungsergebnisse zum digitalen Kulturwandel. Wir haben nicht ohne mehrfache Korrespondenz gearbeitet und doch legen wir zwei eigenständige Teile aus den jeweiligen Disziplinen vor, abschließend findet sich ein gemeinsames Fazit.

---

[1] Die folgenden Überlegungen von Ilona Nord entsprechen den bei der Tagung vorgestellten Grundgedanken, die in diesem Text mit einem Autor:innenteam erweitert wurden. Es handelt sich um einen Wiederabdruck aus Kirchliches Jahrbuch für die Evangelische Kirche in Deutschland 147 (2020), Gütersloh 2023.

Teil 1: Covid 19 und die Frage nach einem Digitalisierungsschub

Empirische Forschungen zum Thema Digitalisierung in der evangelischen Kirche 2020/21

Ilona Nord / Oliver Adam / Jürgen Deniffel

1. Einführung

Die Veränderungen des gesellschaftlichen Lebens während der Covid-19-Pandemie waren zu Beginn des Jahres 2020 und sind auch noch am Ende des Jahres 2021 für die Kirchen eine Herausforderung. Der Verzicht auf übliche Gottesdienstpraxen wie das Singen z.B. und Besuchseinschränkungen in privaten Räumen sowie insbesondere auch in Wohnanlagen z.B. für Senior:innen bilde(te)n die in der Öffentlichkeit sichtbarsten Beispiele für eine veränderte Realität. Zugleich hat insbesondere das Osterfest 2020, an dem kaum gemeinsam Gottesdienste und Andachten gefeiert werden konnten, dazu beigetragen, dass mehr als zuvor und in großer Variationsbreite digitale Angebote in Kirchengemeinden gemacht wurden. Es wurde deutlich sichtbar, dass und wie mit christlicher Religionspraxis experimentiert wurde: Nicht nur im Gottesdienst, sondern auch in der Seelsorge, der Diakonie, der Bildung.

Ferner hat sich gezeigt: Religiöse Sozialisation[2] ist in Zeiten, in denen digitale Transformationsprozesse ja bereits vor der Pandemie die gesellschaftliche Kultur unübersehbar verändert haben, eine für Religionen und Kirchen durchaus existentielles Thema. Was bereits vor der Pandemie klar war, wird nun im Brennglas der Krise unübersehbar: Immer dringlicher stellt sich die Frage nach der Zugänglichkeit von Religion, Religiosität und religiöser Praxis, nach den Erfahrungsmöglichkeiten von Religion(en) in der Vielfalt ihrer Traditionen, Symbolsysteme und religiösen Praxen. Digitale Medien bieten dabei ein bislang nicht gekanntes Spektrum von Kommunikationsformen, die nicht nur die

---

[2] Vgl. *Ilona Nord*, Religiöse Sozialisation von Jugendlichen in mediatisierter Welt. Ausgangsfragen und Zielsetzungen, in: W. Beck/I. Nord/J. Valentin (Hg.), Theologie und Digitalität: Ein Kompendium, Freiburg/Br. 2021, 277–300.

der Religionen, sondern auch jene verschiedensten Formen von Spiritualität umfasst. Welche Bedeutung haben sie für religiöse Sozialisationsprozesse? Werden sie nur in Anspruch genommen, wenn Menschen bereits analog in religiösen Gruppen oder Organisation engagiert sind? Oder erschließen sich über digitale Medien bislang nicht vorhandene Gelegenheiten für religiöse Sozialisationen? Der mit der Covid 19 Pandemie häufig genannte Digitalisierungsschub: Hat er kirchliche Kommunikation verändert? Zeigt er sich auch im Bereich kirchlicher Kommunikationsformate und wenn ja, wie? Anhand von Empirischen Studien, die im vergangenen Jahr 2020 unternommen wurden, konnten einige Erkenntnisse zu den hier gestellten Fragen eingeholt werden. Der Beitrag stellt folgende Studien vor: „MIDI: Eine Ad-hoc-Studie der EKD"[3], „ReTeOG & ReTeOG2: Rezipient:innentypologie evangelischer Online- Gottesdienstbesucher:innen während und nach der Corona-Krise"[4], die US-amerikanische Studie „The Distanced Church. Reflections on Doing Church Online"[5] und „Revisiting the Distanced Church"[6] sowie die internationale und ökumenische Studie „CONTOC: Churches Online in Times of Corona"[7], schließlich wird ein Ausblick auf die 2021 durchzuführende Teilstudie „Digitale ELKB: Reflektion, Kommunikation und Organisation während COVID-19"[8] genommen. Die beiden letzteren stehen im besonderen Fokus dieses Beitrags, da die Autor:innen dieses Beitrags diese Projekte (mit-)verantworten bzw. durchführen.

2. Studien und empirische Forschung

2.1 MIDI: Eine Ad-hoc-Studie der EKD

Die midi Ad-hoc-Studie nimmt *Gemeinden und Verantwortliche digitaler Verkündigungsformate* (Gottesdienste, Andachten, andachtsähnliche Formate), also die Perspektive der Anbietenden, in den Blick.[9] Mitten im ersten Lockdown

---

[3] https://www.mi-di.de/materialien/digitale-verkuendigungsformate-waehrend-der-corona-krise (aufgerufen am: 23. 12. 2021).

[4] https://theonet.de/2021/09/27/befragungsstudie-digitale-gottesdienste-weiterhin-stark-ge fragt/ (aufgerufen am: 23. 12. 2021).

[5] https://oaktrust.library.tamu.edu/handle/1969.1/187891 (aufgerufen am: 23. 12. 2021).

[6] https://hdl.handle.net/1969.1/193368 (aufgerufen am: 23. 12. 2021).

[7] https://contoc.org/de/contoc/ (aufgerufen am: 23. 12. 2021).

[8] https://www.elkb-digital.de/ (aufgerufen am: 23. 12. 2021).

[9] Vgl. *Daniel Hörsch*, Digitale Verkündigungsformate während der Corona-Krise. Eine Ad-hoc-Studie im Auftrag der Evangelischen Kirche in Deutschland, Berlin ²2020.

im Mai 2020 wurde dieses Projekt, insbesondere der Fragebogen, entwickelt, programmiert und die Feldphase vorbereitet, ein Pretest fand in jeweils einem Kirchenkreis von vier Landeskirchen statt.[10] Um digitale Transformationsprozesse bei Verkündigungsformaten in den Blick zu bekommen, wurde in der midi Ad-hoc-Studie sowohl nach digitalen Verkündigungsformaten vor als auch während der Corona-Krise gefragt und zudem, ob diese nach dem Lockdown fortgeführt werden sollen:

> „Ziel war es, herauszufinden, ob ein Digitalisierungsschub stattgefunden hat, ob dieser nachhaltig war und ob ein Wandel hin zu hybriden Formaten der Verkündigung zu erwarten ist."[11]

Interessant war für die Befragungsmacher, ob es digitale Verkündigungsformate vor der Corona-Krise in den Gemeinden gab und wenn ja welche. In einem eigenen Teil der Umfrage wurden sodann Angaben zu den digitalen Verkündigungsformaten während der Corona-Krise erfragt, jeweils nach Art der Verkündigungsformate. Weitere Fragekomplexe der midi Ad-hoc-Studie waren: Interaktionen/Beteiligungen, Subjektive Einschätzung, Produktion/Ressourcen, zeitliche Ressourcen sowie das Interesse an den Logiken der Digitalität.[12] Die Feldphase dauerte vom 18.–29. Mai 2020.[13] Midi Ad-hoc erzielte 897 Rückmeldungen, von denen 81 % während der Corona-Krise digitale Verkündigungsformate angeboten haben. Diese 81 % oder 729 Fälle bildeten somit die Grundlage für die Auswertungen. Bezüglich der Organisation, Interaktion und Logistik etc. der Online-Gottesdienste sind aus der Ad-hoc-Studie folgende Ergebnisse zur Kenntnis zu nehmen:

– 39 % der an der Umfrage Teilnehmenden gaben, so die dokumentierten Ergebnisse, an, dass Interaktionen und Beteiligungen in ihrem Angebot möglich waren, 60 % verneinten dies.[14] Die Befragten hätten ferner angegeben, dass das Mitbeten (65 %) und Mitsingen (59 %) unter den Gottesdienstteilnehmer:innen stark ausgeprägt war.
– Die auf Interaktivität verweisenden Möglichkeiten wie der Live-Chat (25,8 %) oder das Einbringen von Gebetsanliegen (33,6 %) seien deutlich schwächer ausgeprägt gewesen.[15]

---

[10] Propstei Eutin/Kirchenkreis Ostholstein (Nordkirche), Kirchenkreis Stendal (EKM), Dekanat Calw-Nagold (Elk-Wue) und Dekanat Kassel (EKKW).
[11] Ebd., 14.
[12] Vgl. ebd., 20 f.; Vgl. zu den Logiken der Digitalität z. B. *Armin Nassehi*, Muster. Theorie der digitalen Gesellschaft, München 2019 sowie *Ulrich Beck*, Die Metamorphose der Welt, Berlin 2017, 18, 35.
[13] Es wurden keine Sozialdaten erhoben.
[14] Vgl. *Hörsch*, Digitale Verkündigungsformate (wie Anm. 9), 19.
[15] Vgl. ebd., 20.

– Mehr als 1/3 der Teilnehmenden hätten für die inhaltliche Vorbereitung zwischen drei und sechs Stunden bzw. mehr als ein Arbeitstag benötigt.[16]
– Die technische Vorbereitung, so die Studie, nahm bei knapp der Hälfte der Teilnehmenden (49,6%) mehr als drei Stunden Zeit in Anspruch. Bei der technischen Durchführung gaben mehr als die Hälfte der Teilnehmenden an (50,6%), dass diese maximal vier Stunden Zeit beanspruchte. Immerhin 37% gaben „mehr als einen Arbeitstag" an. Dies korrespondiere mit dem Umstand, dass rund 1/4 derer, die Online-Gottesdienste angeboten haben (25,5%) mitgeteilt hätten, ein Format live gestreamt zu haben, was einen erheblichen Mehraufwand im Vergleich zu aufgezeichneten und zeitlich versetzt angebotenen Formaten darstelle.[17]

Über diese auf die Realitäten des Arbeitsaufwands beim Experimentieren mit neuen Gottesdienstformaten verweisenden Informationen hinaus bietet die MIDI ad-hoc-Studie in Bezug auf die Nutzung digitaler Medien innerhalb von Verkündigungsformaten folgende übergreifend zusammenfassende Ergebnisse: Während der Corona-Krise habe es einen Digitalisierungsschub in der evangelischen Kirche gegeben, der von nachhaltiger Natur sei. Digitale Verkündigungsformate, auch hybride Formate, würden so weit zu sehen sei nach dem Lockdown beibehalten werden. Dabei fände eine Ausdifferenzierung der Verkündigungsformate zwischen Gottesdienst, digitaler Andacht und andachtsähnlichen Formaten statt, ebenso sei eine Ausdifferenzierung der Plattformen und Medien, die zur Vermittlung der digitalen Verkündigungsformate dienen, vorgenommen worden. Gleichzeitig könne von einem Nachfrage-Boom während der Corona-Krise gesprochen werden, wobei erste Annäherungen der Formate an die Logiken des Digitalen in Form der Ermöglichung von Interaktionen und Beteiligung festgestellt worden seien. Hervorgehoben wird ebenfalls, dass die digitalen Verkündigungsformate häufig eine Teamleistung gewesen seien. Die Mehrzahl der Befragten hätten angegeben, von Ehrenamtlichen oder Engagierten unterstützt worden zu sein.

2.2   ReTeOG & ReTeOG2: Typologie einer Wiederholungsstudie

Die Studie „Rezipiententypologie evangelischer Online-Gottesdienstbesucher:innen während und nach der Corona-Krise"[18] will, wie es heißt, Gemeinden hel-

---

[16] Vgl. ebd., 22.
[17] Vgl. ebd., 25 f.
[18] *Ralf Peter Reimann/Holger Sievert*, Studie zu Online-Gottesdiensten. Ausgewählte erste Ergebnisse der Studie „Rezipiententypologie evangelischer Online-Gottesdienst-

fen, Entscheidungen zu treffen, mit welchen Online-Gottesdienstformen und
-formaten sie künftig bestimmte Zielgruppen erreichen können. Das Interesse,
digitale Gottesdienstformate zu fördern, ist deutlich. Grundlage für die Studie
ist eine Umfrage, die vom 20. Mai bis zum 20. Juli 2020 geschaltet wurde. Die
Umfrage wendete sich vor allem an Menschen, die digitale Gottesdienste besucht haben, aber auch an solche, die dieses Angebot bisher nicht wahrgenommen haben. Sie fragt dabei sowohl nach der Teilnahme an Online-Gottesdiensten wie nach konkreten Erfahrungen und weitergehenden Wünschen.[19]
Startpunkt der Studie war eine Befragung, die bereits in den Landeskirchen
Baden und Württemberg durchgeführt wurde, später schlossen sich die Landeskirchen Hannover, Hessen und Nassau sowie das Rheinland an. Es waren
4.767 Befragte insgesamt an der Stichprobe für die Befragung beteiligt.[20] Dabei waren Teilnehmende aus städtischen Regionen mit 50,5 % und aus ländlichen Regionen mit 46,9 % ausgewogen vertreten.[21] Es nahmen mehr Frauen
(61,9 %) als Männer (37,7 %) an der Befragung teil. Rund 60 % sind zwischen
31 und 60 Jahre alt, wobei die 51- bis 60-Jährigen mit 31 % die stärkste Gruppe
darstellen, gefolgt von den 41- bis 50-Jährigen (18,4 %).[22] Folgende Ergebnisse
können für die ReTeOG-Studie zusammengefasst werden:
– Die meisten der Befragten (60,9 %) gaben laut der Studie an, dass sie an
   Gottesdiensten ohne Interaktionsmöglichkeiten teilnahmen, diese Antwort
   umfasse Gottesdienste, die aufgezeichnet wurden und als On-demand-Video
   bereitgestellt wurden oder es habe sich um eine reine Übertragung gehandelt.[23]
– Umfassende Beteiligungsmöglichkeiten – wie beispielsweise bei einem als
   Videokonferenz gestalteten Gottesdienst – hätten 4,7 % der Umfrageteilneh-
   mer:innen; 22,2 % berichteten von grundlegenden dialogischen Elementen,
   dies umfasse u. a. das Einbringen von Fürbitten via E-Mail oder Messenger.[24]

Das Spektrum einer zweiten Befragung namens ReTeOG2[25] im Jahr 2021 war
ebenso angelegt wie die Vorgängerstudie aus dem Jahr 2020. Zusätzlich gab es

---

besucher:innen während und nach der Corona-Krise". Gefördert durch den EKD-Digi-
talinnovationsfond. http://www.ekir.de/url/Nkw (aufgerufen am: 23. 12. 2021).
[19] Vgl. ebd., 2.
[20] Vgl. ebd., 5.
[21] Vgl. ebd., 6.
[22] Vgl. ebd., 7 ff.
[23] Vgl. ebd., 9.
[24] Vgl. ebd., 12.
[25] *Ralf Peter Reimann / Holger Sievert*, Interaktion unerwünscht? Online-Gottesdienste
      während der Corona-Pandemie. Cursor. Zeitschrift für explorative Theologie. https://
      cursor.pubpub.org/pub/iznaii5l/ (aufgerufen am: 23. 12. 2021).

in dieser Studie Verzweigungen innerhalb des Fragebogens, um Interessierte auch nach bestimmten Detailaspekten von Online-Gottesdiensten – beispielsweise in Bezug auf Kirchenmusik, spezielle Interaktionselemente etc. – zu befragen.[26] Inhaltlich fokussiert kommuniziert die Studie folgendes: Online-Gottesdienste hätten sich seit Frühjahr 2020 in vielen evangelischen Kirchengemeinden in Deutschland zu einem festen Bestandteil entwickelt. Zumindest aus Sicht der Gottesdienstbesuchenden solle dies auch über die Corona-Zeit hinaus so bleiben. Folgende Ergebnisse der ReTeOG2-Studie weisen dies detailliert aus:

– Über 55% der Befragten hätten angegeben, dass sie auch in Monaten, in denen es wieder Angebote in den Kirchen vor Ort gab, regelmäßig an Online-Gottesdiensten teilgenommen haben. Zwar sei der Wert 2020 direkt nach dem ersten Lockdown mit über 65,0% höher ausgefallen, doch stimmten hierfür auch 2021 immer noch eine deutliche Mehrheit. Mit 79,3% der Befragten weisen die Studienmacher nach, dass sich eine hohe Mehrheit explizit für die Fortführung von Online-Gottesdiensten auch nach der Corona-Zeit aussprechen. Es tritt hervor, dass dieses Angebot am liebsten von der eigenen Kirchengemeinde vor Ort angeboten werden solle (64,8%).[27]

– Viele Ergebnisse der ReTeOG2-Studie zeigten, dass sich Online-Gottesdienste zumindest bei den Kirchgänger:innen fest neben analogen Formaten etabliert hätten: Atmosphärisch würden sie 2021 noch positiver bewertet als 2020; es wird eine Steigerung von 68,2 auf 73,0% festgehalten.[28]

– Ferner beeindruckt, dass der Teil von denjenigen Befragten, die sich interaktive Elemente wünschten, 8,9 im Jahr 2020 auf 20,4% mehr als verdoppelt habe. Auch der Wert derjenigen, die Videokonferenzen als Austauschformat bevorzugten, habe sich von 25,0 auf etwa 55,0% erhöht. Hybride Formate seien höher frequentiert (37,3%) worden als Online-Gottesdienste (35,2%).[29]

Die ReTeOG-Studien weisen ferner aus, dass zunächst eine Mehrzahl der von den Befragten, die digitale Gottesdienste besuchten, keine Möglichkeiten der Interaktion genutzt hätten. Doch immer mehr Besucher:innen wünschten sich

---

[26] Zumeist wurde dabei der Vergleich mit den Daten des Vorjahres dargestellt, sodass sich eine Reihe von Entwicklungen nachvollziehen lässt. Die Darstellung erfolgte vorwiegend im Modus deskriptiver Häufigkeiten im Jahresvergleich und nur in einigen ausgewählten Fällen bereits als Kreuztabelle bezogen auf 2021. Vgl. *Reimann/Sievert*, Interaktion (wie Anm. 25), 4.

[27] Vgl. ebd., 6.

[28] Vgl. ebd., 7 f.

[29] Vgl. ebd., 10.

doch Interaktionsmöglichkeiten innerhalb von digitalen Gottesdiensten, hierfür sei insbesondere die Gruppe der jüngeren Teilnehmenden zu nennen. Zugleich gebe es weiterhin eine große Gruppe, denen die Teilnahme am Gottesdienst ohne Interaktion genüge. Insgesamt unterstreichen die beiden Studien, dass eine deutliche Mehrheit der Befragten sich eine Fortführung digitaler Gottesdienstangebote auch nach der Corona-Krise wünsche. Eine Aufgabe werde es daher sein, gelingende Interaktionen in digitalen Gottesdienstangeboten zu ermöglichen.

2.3   Die Studien „Distanced Church" und „Revisting the Distanced Church"

Aus dem US-amerikanischen Kontext erweitern die empirischen Studien zur Covid-19-Pandemie von Heidi Campbell den Horizont. Bereits 2020 veröffentlichte sie ihr erstes eBook, „The Distanced Church"[30] mit dem Ziel, die Veränderungen und technologischen Entscheidungen zu dokumentieren, die religiöse Führungskräfte durchmachen mussten, als sie ihre Gottesdienste während des ersten Lockdown schnell online stellten. In fünf Wochen, von März bis Ende April 2020, verfassten dreißig Pfarrpersonen, daneben Führungskräfte in den Kirchen sowie Hochschullehrer:innen der Theologie an Universitäten, Religions- und Medienwissenschaftler:innen aus verschiedenen Teilen der Welt Beiträge zu ihren ersten Erfahrungen oder Beobachtungen zu kirchlichem Handeln in der Pandemie. Heidi Campbell selbst untersuchte ab Mitte März 2020 über fünfzig verschiedene Gottesdienste und veröffentlichte ihre Eindrücke auf ihrem Facebook-Feed.[31] Sie erhielt Einblicke in eine Vielzahl von episkopalen, baptistischen, katholischen, methodistischen, evangelikalen und auch nicht konfessionell gebundenen Kirchen in den USA und Europa und stellte eben in ihrem Kontext ebenso wie wir im deutschen fest, dass viele dieser Kirchen ihre Gottesdienste zum ersten Mal online streamten. Als sie diese verschiedenen Versuche, Offline-Gottesdienste online zu stellen beobachtete, drängte sich, wie sie selbst im Grunde besorgt schreibt, ihr nicht zuletzt auf dem Hintergrund als Kommunikationswissenschaftlerin eine elementare Frage auf: „Wissen diese Kirchen wirklich, was es bedeutet, Kirche online zu feiern?"[32] Es ist Campbells Überzeugung, dass Digitalisierungsprozesse tiefgreifende Transfor-

---

[30]   Vgl. *Heidi A. Campbell*, The Distanced Church. Reflections on Doing Church Online, Network for New Media, Religion & Digital Culture Studies 2020, siehe: https://oaktrust. library.tamu.edu/handle/1969.1/187891 (aufgerufen am: 23. 12. 2022).

[31]   Siehe: https://oaktrust.library.tamu.edu/handle/1969.1/187891 (aufgerufen am: 23.12. 2021).

[32]   *Campbell*, The Distanced Church (wie Anm. 30), 49. Übersetzung durch O. A.

mationen für Kirchen und Religionsgemeinschaften bedeuten, die sie z. B. über die Erforschung von „Religion online"[33] wegweisend erforschte. In ihrem ersten Buch „Exploring Religious Community Online"[34], das auf eingehenden Online- und Offline-Forschungen basiert, die sie Mitte der 1990er bis Anfang der 2000er Jahre durchgeführt hat, dokumentierte sie eine Reihe von erwünschten Merkmalen, die die Menschen an eine bestimmte Online-Religionsgemeinschaft gebunden haben.[35] In Rückbezug auf diese Arbeit urteilt sie nun, dass während sich die digitalen Technologien in den letzten zwei Jahrzehnten dynamisch verändert hätten, habe sich jenes, was die Menschen suchten, wenn sie online gingen, um christliche Gemeinschaft oder Kirche online zu erleben, kaum verändert. Sie sieht sechs Eigenschaften für maßgeblich an, wenn es darum geht, was Menschen an ihren Online-Gemeinschaften am meisten schätzen[36]:

– Erstens suchten sie nach einem *Gefühl der Beziehung* – nicht nur nach einem Ort, an dem sie Informationen austauschen können, sondern nach einem Raum, der es ihnen ermögliche, ein Netz sozialer Beziehungen und Freundschaften aufzubauen.

– Zweitens suchten sie nach *Fürsorge*, nach einem Raum, in dem sie Unterstützung und Ermutigung erhalten und geben können.

– Drittens seien sie auf der Suche nach *Wertschätzung* für ihre Beiträge und ihre Online-Präsenz.

– Viertens sehnten sich die Menschen nach *Verbindung*, nach der Möglichkeit, rund um die Uhr mit anderen in Kontakt zu sein, was durch die Internettechnologie leicht möglich werde.

– Fünftens suchten die Menschen online nach *intimer Kommunikation* – einem sicheren Ort, an dem sie sie selbst sein und offen mit anderen kommunizieren könnten.

– Die sechste und letzte Komponente: Menschen in Online-Gemeinschaften sehnten sich nach *Gemeinschaft mit anderen, die einen gemeinsamen Glauben haben*, mit gleichgesinnten Gläubigen, die ihre Überzeugungen und ihre Zielsetzung teilten.

---

[33] *Heidi A. Campbell*, Understanding the relationship between religion online and offline in a networked society, in: Journal of the American Academy of Religion 80(1) (2012), 64–93.

[34] *Heidi Campbell*, Exploring religious community online. We are One in the Network, in: Digital Formations 24 (2005).

[35] Vgl. *Campbell*, The Distanced Church (wie Anm. 30), 49.

[36] Vgl. *Heidi Campbell*, What Religious Groups Need to Consider when Trying to do Church Online, in: Ebd., The Distanced Church. Reflections on Doing Church Online, Network for New Media, Religion & Digital Culture Studies 2020, 50, siehe: https://oaktrust.library.tamu.edu/handle/1969.1/187891 (aufgerufen am: 23. 12. 2021). Übersetzung O. A.

Campbells Merkmale liegen in der Nähe von psychologischen Beschreibungen menschlicher Bedürfnisse, wie sie etwa im Bereich der Human Experience – Forschung diskutiert werden.[37] Sie vollzieht hiermit offensichtlich eine Kategorienbildung menschlicher Grundbedürfnisse für den Kontext von Religionspraxen nach, was ihre individuelle und soziale, aber auch anthropologische Dimension stark macht und es ermöglicht von grundlegenden menschlichen Bedürfnissen auch unabhängig von theologischen Aspekten im Kontext kirchlicher bzw. religiöser Kommunikation zu sprechen, in Campbells Sinne in medienwissenschaftlicher Perspektive, die freilich von einem großen Engagement für religionsbezogene und theologische Fragen geprägt ist.

Ein Jahr nach der Veröffentlichung von „The Distanced Church" wiederholte Campbell im Jahr 2021 ihren Aufruf an die oben genannten Agent:innen, das Verhältnis von Kirchen und digitaler Technologie während der Pandemie zu beschreiben. Wiederum ging es ihr darum zu erfahren, was sich verändert und was sie über die digitale Gemeindearbeit gelernt hätten.[38] „Revisiting the Distanced Church" dokumentiert also, wie Pfarrpersonen und Wissenschaftler:innen die sich entwickelnde Beziehung zwischen der Kirche und den digitalen Medien während der Pandemie und in ihrer Konsequenz sehen[39]:

– Erstens, so Campbell, erzählten sie sehr persönliche Geschichten mit einem hohen Maß an Transparenz. Die Essays behandelten die Kosten der Pandemie für ihr Leben und ihre Arbeit.[40]
– Zweitens beschrieben sie die Pandemie als zwischen einem Weckruf und einer Epiphanie für die Kirche.[41] Als die Kirchenleitung Anfang 2020 versucht hätten, den wöchentlichen Gottesdienst ins Internet zu verlegen, wurden sie durch die Kommentare der Mitglieder mit der Frage konfrontiert, was ihre Gemeinde wirklich an der Kirche schätzte und was ihrer Meinung nach im Online-Gottesdienst am meisten fehlte.[42] Debatten über die Gren-

---

[37] Vgl. z. B. *Sarah Diefenbach / Marc Hassenzahl*, Psychologie in der nutzerzentrierten Produktgestaltung, Berlin 2017.

[38] Vgl. *Heidi Campbell*, Revisiting the Distanced Church, 2, siehe: https://hdl.handle.net/ 1969.1/ 193368 (aufgerufen am: 23. 12. 2021).

[39] Die folgenden Stichpunkte richten sich für eine wortgetreue Ergebnisdarstellung nach der Übersetzung aus *Campbell*, Revisiting (wie Anm. 38), 9–10. Die Inhalte der Aussagen Campbells wurden wiederum in Beziehung mit den einzelnen Beiträgen und Essays gesetzt.

[40] Übersetzt nach *Campbell*, Revisiting (wie Anm. 38), 9 von O. A. Vgl. *David Silverkors*, Reflections on Doing Church Ministry Online and AFK (Away from Keyboard) During the Pandemic, in: H. Campbell, Revisiting (wie Anm. 38), 24–29.

[41] Vgl. *Heidi Campbell / Sophia Osteen*, Insights into Church Appropriation and Views of Technology: First Glimpses into Research Findings, in: *Campbell*, Revisiting, 64–70, siehe: https://hdl.handle.net/1969.1/193368 (aufgerufen am: 23. 12. 2021).

[42] Übersetzt nach *Campbell*, Revisiting (wie Anm. 38), 9 von O. A.

zen des Online-Gottesdienstes offenbarten tief verwurzelte theologische Überzeugungen und Spannungen in Bezug auf diese kirchliche Praxis.[43]

– Drittens schließlich ergab sich aus den Beiträgen, so lässt sich zeigen, die allgemeine Einsicht, dass die Autor:innen nicht erwarteten, dass sie nach der Pandemie zu genau dem Leben und der Praxis der Kirche von vor der Pandemie zurückkehren könnten. Viele hätten daraus geschlossen oder sogar direkt erklärt, dass sich die Kirche an eine neue Normalität anpassen müsse.[44]

3. Churches Online in Times of Corona (CONTOC)

Soweit zu sehen ist, ist die ebenfalls im ersten Lockdown gestartete CONTOC-Studie (Churches Online im Times of Corona), die auf evangelischer Seite maßgeblich vom Lehrstuhl für Praktische Theologie und dem Institut für Kirchenentwicklung an der Universität Zürich, dem Lehrstuhl für Religionspädagogik und Didaktik des Religionsunterrichts an der Universität Würzburg sowie dem Sozialwissenschaftlichen Institut der EKD, von römisch-katholischer Seite vom Lehrstuhl für Praktische Theologie an der Hochschule St. Georgen und dem Pastoralsoziologischen Institut St. Gallen aufgebaut wurde, die umfangreichste empirische Forschung zu Digitalisierungsprozessen in christlichen Kirchen während der Pandemie.[45] Mit CONTOC konnte eine ökumenische und internationale Forschungskooperation auf den Weg gebracht werden, mit der alle Gliedkirchen der EKD, die evangelischen Kirchen in der Schweiz, die katholischen Diözesen in Deutschland, der Schweiz und Österreich sowie eine größere Zahl von Kirchen im internationalen Kontext als Forschungsfeld adressiert wurden.[46] In Form einer Online-Befragung wurde in der Zeit zwi-

---

[43] Vgl. *Ilona Nord / Oliver Adam*, Churches Online in Times of Corona (CONTOC): First Results, in: *Campbell*, Revisiting, 77–86, siehe: https://hdl.handle.net/1969.1/193368; (aufgerufen am: 23. 12. 2021).

[44] Übersetzt nach *Campbell*, Revisiting (wie Anm. 38), 10 von O. A. Vgl. *Ralf Peter Reimann*, There is No Going Back to Normal – Churches in Germany Dealing with the COVID-19 Pandemic, in: *Campbell*, Revisiting, 39–42, siehe https://hdl.handle.net/1969.1/193368 (aufgerufen am: 23. 12. 2021); *Maike Neumann*, Es gibt kein "Back to normal" – Erfahrungsbericht zu digitalen Gottesdiensten, siehe: https://theonet.de/2020/05/18/esgibt-kein-back-to-normal-erfahrungsbericht-zu-digitalengottesdiensten/ (aufgerufen am: 23. 12. 2021).

[45] Siehe: https://contoc.org/de/contoc/ (aufgerufen am: 23. 12. 2021).

[46] Vgl. *Thomas Schlag / Ilona Nord / Wolfgang Beck u. a.*, Einleitung: Die kirchliche Reaktion auf den ersten Corona-Lockdown, CONTOC D-A-CH-Band (2022), im Erscheinen.

schen Pfingsten und dem Beginn der Sommerferien 2020 insbesondere pastorale Funktionsträger:innen nach ihrer Erfahrung mit den Formen digitaler und
nicht-digitaler Kommunikation in den gemeindlichen Arbeitsfeldern Gottesdienst, Seelsorge, Bildung und Diakonie im Rückblick auf die „Lockdown"-
Situation zwischen Passionszeit, Ostern und Pfingsten befragt. Die Entwicklung des Fragebogens und der Forschungshypothesen sowie später die Auswertung der Ergebnisse erfolgte und erfolgt fortlaufend mit Bezug auf die zeitgleich erfolgende Kommentierung, Diskussion und Erforschung, für die eine
Weiterführung im Jahr 2022 geplant ist.

3.1   Idee, Konzeption und Beteiligung

Die Idee der quantitativ ausgerichteten repräsentativen Umfrage, so können wir
aus der Perspektive derer, die diese Studie realisierten sagen, lag ursprünglich
darin, sehr zeitnah die Erfahrungen der digitalen Umstellung in den Handlungsfeldern Gottesdienst, Seelsorge, Bildung, Diakonie und allgemein Kommunikation insgesamt in den Blick zu nehmen. Um ein möglichst hohes Maß
an Repräsentativität zu erreichen, wurde die Studie als Online-Umfrage unter
den Personen angelegt, die über zentrale Mailverzeichnisse der Kirchen erreichbar sind und die pastorale Praxis bzw. das kirchliche Handlungsfeld in
durchgängiger Weise bearbeiten. Die Studie fokussiert zentral den Umgang
von hauptamtlich Beschäftigten der katholischen und evangelischen Kirche in
Deutschland mit Digitalisierungsprozessen.[47] Hierzu gehört z.B. die Erforschung des berufsorientierten und des privaten Umgangs der Befragten mit
Social Media-Kommunikationen ebenso wie die Frage nach virtuellen Koope-
rationsformen. Es wurde nach dem Einsatz digitaler Medien in den zentralen
Handlungsfeldern der Kirchen gefragt ebenso wie nach dem Rollenverständnis
der Aktiven. Die Kooperation mit Ehrenamtlichen und weiteren Freiwilligen in
den Gemeinden stand ebenso im Fokus wie die Wahrnehmung von Unterstützung durch kirchenleitende Strukturen sowie die Einschätzung zum Handlungsbedarf in den Kirchen. Es wurden Daten zu den Bereichen Gottesdienst,
Seelsorge, Diakonie, Bildung sowie zum Rollenverständnis von Hauptamtlichen im gemeindepastoralen Feld und deren Umgang mit pandemiebedingten
Herausforderungen gestellt.[48] Damit wurden in Österreich 410, in der Schweiz

---

[47]   Vgl. Churches Online in Times of Corona (CONTOC): Ergebnisse zur CONTOC-
       Studie, Sektion Deutschland, aufbauend auf die erste ökumenische Tagung am 13.4.
       2021, 13, siehe: https://contoc.org/de/ergebnisse-contoc-de/, 2 (aufgerufen am: 19.12.
       2021).
[48]   Vgl. *Nord, I./Adam, O.*, First Results, in: Campbell, Revisiting (wie Anm. 38) 77.

771 und in Deutschland 3960 Antworten erzielt, insgesamt also 5141 ausge-
füllte Fragebögen im deutschsprachigen Kontext.

Von den Befragten, so erschließt die Datenlage, gaben 44% an, weiblich zu
sein, 55% männlich und 0,2% divers. Es zeigte sich, dass nur 4% der Befragten bis zu 30 Jahre alt waren, was selbstverständlich auch mit der langen Aus-
bildungszeit für insbesondere den Pfarrberuf zusammenzuhängen schien. Aber
auch in den weiteren Alterssegmenten zeigte sich, dass die angesprochenen
Berufsgruppen eher ältere Personen umfassten, was dem Durchschnitt der in
diesen beschäftigten durchaus annähernd entspricht: 14% waren zwischen 31
und 40 Jahre alt, 22% zwischen 41 und 50 Jahre alt, 44% zwischen 51 und 60
Jahre alt, 16% zwischen 61 und 70 Jahre alt und 2% gaben an, über 70 Jahre
alt zu sein. Aus pragmatischen Gründen richtete sich die Umfrage grundsätzlich an die Berufsgruppe pastoraler Akteur:innen wie Pastor:innen, Seelsor-
ger:innen, Priester, Diakon:innen, Gemeinde- und Pastoralereferent:innen oder
analoge Berufsgruppen, die verantwortlich in der gemeindlichen und kirchlichen Praxis tätig sind. Nicht nur der Einsatz digitaler Medien, sondern auch die
Erfahrungen, Einschätzungen und möglichen Konsequenzen digitaler pastoraler Praxis sowie das Rollen- und Selbstverständnis der handelnden Akteurin-
nen und Akteure wurden befragt.[49] Auf diese Weise intendierte die CONTOC-
Studie Perspektivfragen für die zukünftigen Unterstützungsnotwendigkeiten im
Bereich von pastoraler digital literacy einzuholen.[50] Diese wurden vor einem
zunehmenden Bewusstsein formuliert, dass hier nicht nur Fragen der Einzel-
mediennutzungen und der digitalen Kompetenz von Hauptamtlichen berührt
werden, sondern dass im 21. Jahrhundert von einer „Kultur der Digitalität"[51]
und einem prinzipiellen Wandel von Kommunikationskulturen, die auch religiöse Kommunikation umfasst, zu sprechen sei.

Eine Besonderheit der CONTOC-Studie, so steht für die Forschungsgruppe
fest, ist darüber hinaus in ihrer ökumenischen Ausrichtung gesehen, bei der die
evangelischen Kirchen und die römisch-katholische Kirche in den Blick ge-

---

[49]   Vgl. *Georg Lämmlin / Wolfgang Beck / Hilke Rebenstorf / Oliver Wäckerlig*, Hypothesen,
       Fragebogen, Sample, in: T. Schlag / I. Nord / W. Beck u. a., CONTOC D-A-CH-Band, im
       Erscheinen.
[50]   Vgl. zur Entwicklung solcher Perspektiven z. B. *Kyle Oliver / Lisa Kimball*, Digital me-
       dia for ministry: key concepts and core convictions, in: E. Percy / I. Markham (Hg.), The
       Study of Ministry. A comprehensive survey of theory and best practice, London 2019,
       217–232; *Thomas Schlag*, „Seelsorgliche Kirche in viralen Krisen-Zeiten … und dar-
       über hinaus: Pastoral care and the church in times of the viral crisis … and beyond"
       Spiritual Care, vol. 9, no. 3, 2020, 265–272, https://doi.org/10.1515/spircare-2020-0081
       (aufgerufen am: 19. 12. 2021; *Ilona Nord*, Seelsorge in sozialen Medien, in: R. Kunz
       (Hg.) Seelsorge. Grundlagen – Handlungsfelder – Dimensionen, Göttingen 2016, 159–
       173.
[51]   *Felix Stalder*, Kultur der Digitalität (wie Anm. 2).

nommen wurde. Noch immer sind empirische Studien innerhalb der Praktischen Theologie bzw. der Pastoraltheologie, die überkonfessionell vorgehen, nicht sehr zahlreich. Insbesondere im deutschsprachigen Bereich konnten sowohl im Bereich der lutherischen, reformierten und unierten Landeskirchen wie auch der katholischen Bistümer kirchlich-pastorale Mitarbeiter:innen nach ihren Erfahrungen mit der gemeindepastoralen Arbeit mit einem Fokus auf digitale Medien befragt werden.[52] Da zugleich konfessionsspezifische Themen und Diskurse sowie organisationsbezogene Unterschiede auch in den Handlungsbereichen der verschiedenen Personen, die am pastoralen Dienst beteiligt sind, existieren, wurde die Umfrage für den evangelischen und den katholischen Bereich leicht variiert. So gab es zum Beispiel im Vergleich zu den evangelischen Landeskirchen in den katholischen Diözesen auf Ebene der Gemeinden eine Pluralität unterschiedlicher Berufsgruppen, die den Fragebogen beantwortet haben. Ein anderes Beispiel ist hier, dass im römisch-katholischen Spektrum durch die spezifische Bedeutung von Eucharistiefeiern und anderen Sakramenten sich im Zeitraum, auf den sich die Befragung bezog, Diskussionen um die Tradition der sogenannten Geistigen Kommunion oder die Möglichkeit der sakramentalen Beichte über Videokonferenzen ergaben, die im evangelischen Spektrum so nicht geführt wurden, wenngleich auch hier das sogenannte digitale Abendmahl über das Jahr 2020 und dann insbesondere 2021 zunehmend diskutiert wurde. Im evangelischen Bereich dominierten während des Befragungszeitraums hingegen Diskurse zur gemeindlichen Bildungsarbeit, insbesondere dem Angebot des Konfirmationsunterrichts und der Chorarbeit, aus denen sich ebenfalls Spezifizierungen des Fragebogens ergaben.

Schaut man auf die Daten, so bietet sich in CONTOC keineswegs ein so eindeutiges Bild wie dies in den beiden weiteren Studien aus dem deutschen Kontext abzulesen wäre. Wir haben uns unter anderem genauer mit den bayerischen Daten bezüglich der ELKB beschäftigt. Hier wurden Auswertungen mit 342 Fällen vollzogen. Von diesen gaben 45% an, weiblich zu sein, 55% männlich. Bis zu 30 Jahre alt war 1% in dieser Population, zwischen 31 und 40 Jahre alt waren 14%, zwischen 41 und 50 Jahre alt 25%, zwischen 51 und 60 Jahre alt 44% und schließlich zwischen 61 und 70 Jahre alt 16%. Als Arbeitsumgebung nannten 32% „Dorf im ländlichen Raum", 16% „Dorf im städtischen Einzugsgebiet", 25% „Kleinstadt", 14% „mittelgroße Stadt" und 14% „Großstadt".

Es zeigen sich durchaus gegensätzliche Positionierungen in unseren Datensätzen, die die Verantwortlichen der Studie dazu führen, innerhalb einer weiteren Studie CONTOC 2, aber auch vertieft über qualitative Methoden ge-

---

[52] Vgl. Ergebnisse zur CONTOC-Studie, 2.

nauer nachzufragen: Denn einerseits kommt es z. B. zu einer verstärkten Digitalisierung in einigen Kirchengemeinden der ELKB, während es bei anderen zu einer vollständigen oder zumindest teilweisen Einstellung der Aktivitäten kommt. Außerdem konnte erhoben werden, dass Online-Angebote von den meisten Befragten als eine vorübergehende Lösung wahrgenommen werden, bis eine Rückkehr zur ‚Normalität'[53] möglich ist. Hinsichtlich der Zukunftsperspektiven drücken sich die meisten Befragten zum Zeitpunkt der Umfrage noch sehr verhalten aus, aber viele erkennen in dieser Situation einen Scheideweg für die ELKB: einerseits bietet sie die Chance, in der Gesellschaft von morgen auch durch einen sicheren und kompetenten Umgang mit den digitalen Medien relevant zu bleiben und andererseits das Risiko, es zu versäumen, sich zu erneuern und die kommenden Generationen in ein aktives Leben innerhalb von einer Glaubensgemeinschaft einzubinden. Ein solcher detaillierterer Blick auf die Daten regt dazu an, die landeskirchlichen Digitalisierungsstrategien gemeinde- und personenbezogen auszudifferenzieren. Es dürfte für jede kirchentheoretische Reflexion wichtig und zukunftsträchtig sein zu erfahren, aus welchen Gründen Gemeinden im ersten Lockdown oder darauffolgend nicht mit digitalen Medien experimentiert haben. Nur wer, so ist eine für uns wichtige Konsequenz, eine klare Analyse der Lage für ausdifferenzierte Kontexte vor Augen hat, kann eine passungsfähige und darum erfolgversprechende Strategie entwickeln.

3.2   Das Thema Bildung, Lernen und Weiterbildung

Die nachfolgenden Seiten fassen die wesentlichen Ergebnisse im Bereich Bildung, Lernen und Weiterbildung der CONTOC-Studie zusammen und fokussieren sich dabei auf einen Vergleich der zwischen den Befragungen der Evangelischen Kirche in Deutschland insgesamt und der Evangelischen Kirche in Bayern.[54] Diese Auswahl wurde vor allem aus zwei Gründen getroffen: a) weil

---

[53]   Es stellt sich die Frage: Was ist eigentlich ‚normal'? Für Normalitätsanfragen an den christlichen Glauben ließe sich aus soziologischer Perspektive Bruno Latours Idee der Modi von Existenz verwenden. Diese bieten faszinierende Perspektiven, schließlich wird von Latour eine Anthropologie der Modernen geschrieben, also des Plurals von Moderne sowie ihrer Bewohner:innen. Diese Perspektiven und Gedankengänge können im Rahmen dieses Zwischenberichts jedoch nicht zu Ende gedacht werden. Vgl. *Bruno Latour*, Existenzweisen. Eine Anthropologie der Modernen, 2014 Berlin; Hans-Joachim Sander, Säkulare Existenzweisen, in: Zeitschrift für Pastoraltheologie 40(2) (2020).

[54]   Die Darstellung der einzelnen Forschungsbereiche für den deutschsprachigen Bereich, die etwa Bildung, aber auch Gottesdienst, Seelsorge und Diakonie umfassen, wird detailliert mit einem im Sommer 2022 erscheinenden Band der CONTOC-Forschungsgruppe herausgegeben von Wolfgang Beck, Georg Lämmlin, Ilona Nord und Thomas

für die bayrische Landeskirche eine Folgestudie ansteht, die deutlich macht, welchen weiteren Forschungsbedarf die CONTOC-Studie exemplarisch in diesem Kontext generiert. B) wir konzentrieren uns hier auf die Bereiche Bildung sowie Gemeinschaft/Vernetzung und Seelsorge, nicht weil sie innerhalb der CONTOC-Studie hohes Potential zur Weiterarbeit gezeigt hätten, sondern gerade weil das Gegenteil der Fall war: Die Digitalisierungsdebatte sowie die Einschätzung technischer Möglichkeiten gibt Hinweise darauf, dass erstens der Bereich Bildung sowohl formal wie non-formal erhebliche Transformationsprozesse hinein in eine digitale Kultur vollzogen hat, an die Kirchen anschließen können. Dass zweitens digitale Medien Kooperationsmöglichkeiten im Sinne von Vernetzungen und Community-Building stärken bzw. fördern können[55] und dass drittens Seelsorge-Kommunikationen in Online-Formaten oder Hybrid-Formaten Anschlussstellen an herkömmliche pastorale Begleitungspraxen aufweisen.

Die Auswertung des Datenmaterials für die ELKB bezieht sich maßgeblich auf Fragen zu kirchlichen Bildungsangeboten im Allgemeinen und zum formalen Religionsunterricht. Die Variablen sind binär kodiert (zum Beispiel gab es die Möglichkeit, auf die Frage „Wie hielten Sie während der Pandemie Kontakt zu SuS?" das Item „Ich war online im Gespräch mit ihnen" mit Ja oder Nein zu beantworten); daher werden jeweils die prozentualen Anteile der Ja-Antworten an den gesamten gültigen Antworten wiedergegeben. Auf die Frage „Welche Online-Bildungsangebote wurden in Ihrer Gemeinde/Pfarrei in Zeiten von Corona angeboten?" antworten die Befragten auf die Weise:

Schlag sowie Sabrina Müller im Springer-Verlag vorgelegt. Bis dahin kann empfohlen werden Georg Lämmlin/Hilke Rebenstorf/Gunther Schendel, Kirchengemeindliche Kommunikation in der Pandemie – empirische Einsichten aus CONTOC, Gemeindestudie und Erprobungsräumen, in: Gemeinschaftswerk der Ev. Publizistik, epd-dokumentation Nr. 32/2021. Ferner: Für alle Tabellen und Diagramme mit Prozentangaben gilt: Prozentwerte, die sich nicht auf 100 % addieren, sind Rundungsfehlern geschuldet.

[55] Vgl. *Ilona Nord*, Was Digitalisierung in der Kirche heißen kann. Auch eine Antwort an Andreas Mertin, in: Zeitschrift für Pastoraltheologie 39(1) (2019), 142 zur „Communi-App"; *Ilona Nord/Simon Luthe*, Hope-Storytelling in the Age of Corona. How Pastors Foster the Community of Faith, in: H. A. Campbell, (Hg.), The Distanced Church. Reflections on Doing Church Online, Network for New Media, Religion & Digital Culture Studies 2020, 67–70; *Giulia Evolvi*, Religion and the internet: digital religion, (hyper) mediated spaces, and materiality, in: Zeitschrift für Religion, Gesellschaft und Politik 6(1) (2022), 1–17.

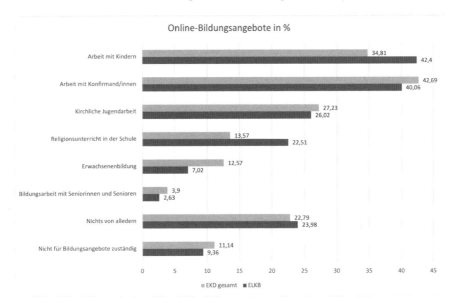

Es interessierte uns sehr, wie die Teilnehmer:innen aus der ELKB und EKD zur Frage „Wie sind Sie persönlich mit Konfirmand:innen in Kontakt geblieben?" antworten würden. Bildung mit und für Jugendlich online zu gestalten, sollte aus unserer Sicht gut möglich sein, weil viele Endgeräte, zumindest Smartphones innerhalb dieser Zielgruppe zur Verfügung stehen sollten und der alltägliche Umgang mit digitalen Medien nicht unbekannt sein dürfte. Doch bei der Einordnung der Antworten muss auf jeden Fall mit einbezogen werden, dass der Befragungszeitraum in eine Zeit fiel, in der Konfirmationen abgesagt und verschoben worden waren, sodass nicht überall kontinuierlich weiter unterrichtet wurde:

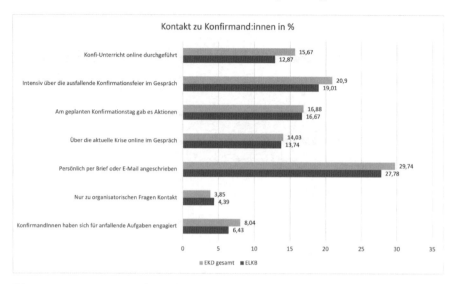

Wenn man vor Augen hat, dass der Religionsunterricht während des ersten Lockdowns häufig ausfiel, weil Online-Unterricht vor allem in Hauptfächern gegeben wurde, überrascht es nicht, dass sich zur Frage „Wie sind Sie mit Schüler:innen persönlich in Kontakt geblieben?" ein ähnliches Antwortverhalten ergab:

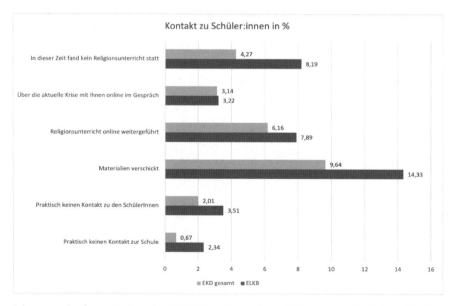

Die quantitativen Daten der ELKB zeigen, dass Bildung in digitalen Medien für alle Befragten nur eingeschränkt relevant oder möglich war, als Anbietende sammelten sie erste Erfahrungen und konnten, wie bereits oben gesagt und auch in offenen Antwortmöglichkeiten deutlich wird, ihren Bedarf zumindest entdecken, reflektieren und konkretisieren. Interessant ist ferner auch, dass die Befragung selbst dazu veranlasste, die Reflexion über digitale Bildung in die Skalierung quantifizierbarer Größen zu führen. Digitale Bildung kam als ein Arbeitsbereich in den Blick, dessen Ziel es ist, dass die Beteiligung an Angeboten angeregt und gesteigert wird. Ganz auf dieser Linie liegt es auch, dass die qualitative Auswertung der evangelischen Daten ausweisen kann, dass im 1. Lockdown überwiegend ein Lernen mit digitalen Medien stattgefunden hatte. Die Befragten mussten innerhalb kürzester Zeit dazulernen, digitale Medien zu bedienen und sie erklären die Kontaktaufnahme und das Erreichen von Menschen sowie die eigene Vorbildfunktion hierbei als Ziel. Als exemplarische Fallbeispiele dienen folgende Aussagen aus dem qualitativen Datenmaterial der ELKB:

„[…] Speziell für den Lockdown habe ich gelernt, wie wichtig es ist, die modernen Medien entsprechend nutzen zu können. mit dem nötigen Equipment. Aufnahmegeräte und der nötigen Software. Zudem Mitarbeitende die damit umgehen können." [ELKB; Zeile 644 bis 647]

Sowie:

„Auch wenn es weniger Arbeit gab in den ersten Wochen, war es gleichzeitig anstrengender, weil so viel neu war." [ELKB; Zeile 925 bis 926]

Und:

„Bei allem Schlimmen, was Corona mit sich gebracht hat, habe ich es genossen kreativ zu sein; habe ich es genossen auf der Suche nach Lösungen zu sein (und auch welche zu finden), zu improvisieren, in eine ganz andere Richtung zu denken, mit Gemeindegliedern zu telefonieren. Ich habe es genossen, dass Verkündigung plötzlich nichts schweres, träges und weltfremdes mehr war. Plötzlich war sie spontan und „sexy". […]" [ELKB; Zeile 927 bis 932]

Die Befragten aus der ELKB forderten – ganz ähnlich wie in der EKD insgesamt – nicht nur eine Professionalisierung und Weiterbildungen in allen digitalen und technischen Bereichen, sondern heben besonders den Bedarf auch für eine Auseinandersetzung im Umgang mit digitalen Medien hervor. Sieht man sich die Rückmeldungen der bayrischen evangelischen Befragten der CONTOC Studie noch einmal genauer an, zeigen die Zahlen unserer Meinung nach sehr deutlich das Bemühen, in der Zeit der Schließung und der partiellen Wiederöffnung der Schulen in Kontakt mit Schüler:innen und Lehrerkolleg:innen zu bleiben. Dabei gewinnen digitale Formen der Kommunikation an Bedeutung, angefangen von der klassischen E-Mail bis hin zu Seelsorge-Chats. Die Aus-

wertung bestätigt u.E. ebenfalls: Die Kommunikation mit Schüler:innen gelingt innerhalb der ELKB wie innerhalb der EKD – hier sind kaum Differenzen
auszumachen – nicht immer gut. Nicht alle werden in gleicher Weise erreicht,
es gab nicht zu vernachlässigende Zahlen von Schüler:innen, die gar nicht erreichbar waren.

Schließlich sei eine besondere Herausforderung für die ELKB explizit gemacht. Sie verbindet sich mit der Rolle des Religionsunterrichts in dieser Zeit.
Die Mehrheit der Schulseelsorger:innen sind Religionslehrer:innen[56], üben also
diese Funktion zusätzlich zu ihrem fachbezogenen Unterricht aus. Überall dort,
wo der Religionsunterricht in der ELKB gar nicht oder nur eingeschränkt stattfand, entfiel nicht nur dieser, sondern auch eine wichtige Kontaktfläche für
schulseelsorgliche Aktivitäten. Inwieweit schulseelsorgerliche Aktivitäten dennoch realisiert werden konnten, haben wir nicht eigens gefragt. Die Interdepen-
denzen zwischen beiden waren uns vor dieser Untersuchung nicht derart deutlich. So macht die Covid19 Pandemie deutlich, dass Schulen über den Fach-
unterricht hinaus als soziale Orte, als Lebensort von Kindern und Jugendlichen,
durch die Landeskirchen der EKD, insbesondere solcher, die im formalen Bil-
dungsbereich ähnliche Strukturen haben wie die ELKB, unbedingt zu stärken
sind.

Auch in Anschluss an dieses Thema kommen wir folgerichtig zu einer
grundlegenden Frage, mit der Veränderungsbedarfe markiert werden konnten:
„Wo sehen sie Handlungsbedarf bei Online-Angeboten":

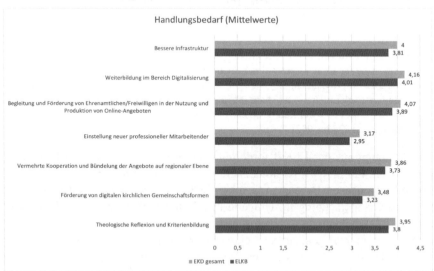

⁵⁶ Vgl. *Thomas Böhme / Harmjan Dam / Peter Schreiner*, Evangelische Schulseelsorge.
Empirische Befunde und Perspektiven, Münster 2019, 90.

Bei den Antworten zum Handlungsbedarf erzielen sowohl die Frage nach Weiterbildung(sangeboten) wie nach theologischer Reflexion und Kategorienbildung sehr hohe Zustimmungswerte, während die Frage nach der Einstellung neuer professioneller Mitarbeitender eher zurückhaltend beantwortet wird. Im Fokus der Befragten steht im Rückblick auf die erste Phase der Pandemie ganz eindeutig die eigene digitalkompetente Fortbildung bzw. Weiterentwicklung. Die Datensätze der ELKB ähneln dabei dem Durchschnitt der EKD-Daten und die Auswertung der offenen Fragen im Bereich der ELKB bestätigt diese Haltung der Befragten:

> „Online-Kanäle für die Kommunikation innerhalb der Gemeinde und nach außen müssen aufgebaut und gepflegt werden. Die technischen Voraussetzungen müssen dafür teils noch geschaffen werden. Es braucht auch in diesem Bereich ehrenamtliches Engagement. Die Ressource Online-Kompetenz bei der Gewinnung von Ehrenamtlichen wird wichtiger." [ELKB; Zeile 708 bis 711]

Was die CONTOC-Studie hier zum Ausdruck bringt, ist durchaus exemplarisch zu nennen: Die Untersuchung kann belegen, dass es dringenden Handlungsbedarf bezüglich der Ausstattung mit digitalen Medien sowie professionell fortgebildetem Personal in den Gemeinden gibt. Anhand der im Fragebogen enthaltenen offenen Antwortmöglichkeiten zeigt sich insgesamt im Material wie auch spezifisch im bayrischen Datenbestand in sehr großer Anzahl, dass mehr digitale Endgeräte sowie aber vor allem Weiterbildungen bzw. Fortbildungen für Pfarrpersonal und Lehrkräfte notwendig sind, damit Kirche auch digital Menschen erreichen sowie bilden kann. Manche Teilnehmer:innen fordern verpflichtende Weiterbildungen in Sachen Medienkompetenz. Diese kann selbstverständlich nicht erst mit den ersten Berufsjahren einsetzen, sondern wird, so schließen wir, bereits im Studium bzw. der Ausbildungsphasen der verschiedenen hier angesprochenen Berufsgruppen unabdingbar nötig.

4. Zusammenfassende Beobachtungen und Ausblicke

Die CONTOC Studie zeigt, wie und dass ihre Befragten als Akteur:innen religiöser Kommunikation und Vollzüge betrachtet werden müssen.[57] Sie sind Teil

---

[57] Vgl. *Niklas Luhmann*, Die Religion der Gesellschaft, hg. von A. Kieserling, Frankfurt/M. 2000; *Hartmann Tyrell/Volkhard Krech/Hubert Knoblauch*, Religion als Kommunikation, Würzburg 1998. Vgl. ebenso in diesem Zusammenhang *Isolde Karle*, Kirche im Reformstress, Gütersloh 2011, 26 ff., und *Christian Dinkel*, Was nützt der Gottesdienst? Eine funktionale Theorie des evangelischen Gottesdienstes, Gütersloh 2002, 46 ff.

eines komplexen Wandels von Kirche als Organisation, Gemeinschaft der Glaubenden und Institution. Diese Orientierung adressiert gezielt zugleich das Dilemma, in denen sich die befragte Personengruppe, aber auch andere haupt- und ehrenamtliche Beschäftigte in den Kirchen befinden: das Amt trägt kaum mehr, die Person muss den Wandel religiöser Kultur im Kontext von Digitalisierungsprozessen gestalten und versucht dabei persönlich überzeugen. Die Personen werden diesen Wandel nicht allein gestalten können, die Organisation ist hieran wesentlich beteiligt und die Verantwortlichen in diesen wissen dieses längst. Sie entwickeln Strategien zur nachhaltigen Veränderung von nicht allein der Organisation, sondern auch der Institution. Alle hier vorgestellten empirischen Studien zeigen zudem, dass und wie digitale Kommunikationen als Teilbereiche von religiöser Kommunikation gesehen werden. Hieran gibt es keinen Zweifel mehr. In dieser Konstellation fungieren empirische Forschungen als orientierende Analysefaktoren. In diesem Sinne wurde hier Einblick in exemplarische Studien gegeben.

Abschließend sollen Meilensteine zusammengefasst werden: Heidi Campbells Studie „The Distanced Church und Revisiting the Distanced Church" gibt eindrücklich Einblick in die Art und Weise, wie die COVID-19-Pandemie die kirchliche Praxis in den Jahren 2020 und 2021 geprägt hat, wie Führungskräfte und Wissenschaftler:innen über die Gegenwart und Zukunft der digitalen Seelsorge nachdenken und in welchen Bereichen in den kommenden Jahren welche Handlungsoptionen erforderlich werden. Dieser Blickwinkel konvergiert mit dem der CONTOC-Studie darin, dass sie so auf Kirche ist, dass sie als „Ort religiöser Kommunikation und der Interaktion von Akteuren"[58] verstanden wurde und wird.

Dass nicht allein hauptamtliche Akteur:innen während der Pandemie befragt wurden, sondern die ReTeOG und ReTeOG2 Studien die Gelegenheit gaben, einen Perspektivwechsel zu Gemeindemitgliedern machen zu können, ist hoch verdienstvoll. Vergleicht man die Ergebnisse der Studien zu Hauptamtlichen und Rezipient:innen/Kirchenmitgliedern in der Einschätzung von Digitalisierungsprozessen legt sich allerdings die Hypothese nahe, dass hier keine prinzipiellen Unterschiede in der Wahrnehmung der Lage auszumachen sind. Die Studien ReTeOG und ReTeOG2 zeigen ferner: Die große Mehrheit der Online-Gottesdienstbesuchenden scheint auf diese Form des Gottesdienstes nicht mehr verzichten zu wollen. Mit den Online-Gottesdiensten, so kann und wird von Studienmachern geschlossen, hat sich ausgelöst durch die Corona-Pandemie ein weiteres, in sich hoch differenziertes Andachts- und Gottesdienstformat etabliert. Denn nach mehr als einem Jahr nach der Pandemie

---

[58] *Birgit Weyel*, Kirchenmitgliedschaft, in: R. Kunz/T. Schlag (Hg.), Handbuch für Kirchen- und Gemeindeentwicklung, Neukirchen-Vluyn 2014, 101–108: 106.

konnte nicht etwa nachlassende, sondern stark ansteigende Nachfrage nach Online-Gottesdiensten festgestellt werden. Wie sollen bzw. können Gemeinden –
auch mit Blick auf knappe personelle Kapazitäten – mit dieser Einsicht umgehen? Es ist deutlich, dass kirchentheoretische Schlussfolgerungen anstehen: der
Gottesdienst online steht exemplarisch für einen disruptiven digitalen Transformationsprozess, der bereits stattfand und Veränderungen gebracht hat.
ReTeOg 2 zeigt, dass Interaktion in Online-Gottesdiensten gelingen kann,
wenn sie geplant ist. Geplante Interaktion verändere das Gottesdienstgeschehen, so die Studie, der digitale Gottesdienst werde durch seine digitale Form
partizipativ. Dabei geht es voraussichtlich nicht nur um den Wechsel von Offline hin zu Online-Formaten kirchlichen Lebens, sondern auch um eine Inten-
sivierung der möglichst barrierearmen Verbindung von online und offline
Kommunikationen, wie sie von dem Medienkritiker und Philosoph für ein Leben in Onlife Umgebungen als Normalität bereits anvisiert worden ist, aber
eben auch innerkirchlich bereits diskutiert wird.[59]

Die Midi-Adhoc Studie arbeitete nicht zuletzt ebenfalls heraus, dass – entgegen vieler auch konzeptioneller Kommentierungen, die kritisch mit diesen
umgegangen sind[60] – Online-Gottesdienste hohes Potential haben. Sie gab zudem Anlass, theologische Grundsatzfragen genauer in den Blick zu nehmen.
Hierzu gehörte sicherlich die inzwischen durch Beiträge von Kirchenleitungen
sowie theologischen Ausschüssen kommentierte digitale Abendmahlsfeier, die
auch in CONTOC thematisiert wurde[61] und die letztlich zur Kernfrage auch
eines gesellschaftlichen Wandels hinein in eine digitale Kultur gehört: In welchem Verhältnis stehen Körperlichkeit und Leiblichkeit zur Medialisierung
religiöser Rituale?

Schließlich und für die Zuspitzung dieses Beitrags zentral: Die CONTOC-
Studie verhalf im extremen Kontext der Pandemie dazu bewusst zu machen,
wie sehr christliche Religionspraxis auf persönliche Bildungsprozesse angewiesen ist. Gerade für den Bereich der Bildung, sowohl im informellen wie im
nonformalen und formalen Bereich, bieten digitale Medien ein sehr hohes Potential. Sie ermöglichen es, dass Menschen, die religiös interessiert sind, zu
Zeiten und in Räumen, in denen sie frei dazu sind, sich persönlich bilden können. Es kann gesagt werden, dass die Kirchen in diesem gesamtgesellschaftlichen Sektor Bildung während der Pandemie ihre Ressourcen kaum gesehen

---

[59] Vgl. *Hörsch*, Digitale Verkündigungsformate (wie Anm. 9), 43–44.
[60] Vgl. *Renate Fallbrüg*, Ewigkeit im Cyberspace-Hoffnung und Geschäftsmodell. Wie
      digitale Möglichkeiten das Trauern, Gedenken und Erinnern verändern. Deutsches Pfar-
      rerinnen-und Pfarrerblatt, 121 (11) (2021), 683–686; Greifenstein, Philipp. Zukunfts-
      musik: Theologie und Digitalität. Zeitzeichen, 22 (12) (2021), 63–63.
[61] Vgl. auch hierzu die Grundauszählung in dem erscheinenden Band zu den deutschspra-
      chigen Ländern der Studie.

und genutzt haben. Alle Studien zusammengenommen zeigen, dass es nicht schlüssig ist, von einem nachlassenden Interesse an religiöser bzw. spiritueller Praxis auszugehen. Es geht vielmehr darum, Teilhabe- und z. B. auch darin Bildungsgelegenheiten auch digital öffentlich verfügbarer zu machen.

Teil 2: Stimmen aus Theologie und Kirche zum digitalen Wandel in Politik und Gesellschaft

Frederike van Oorschot

1. Einführung

Zu „Stimmen aus Theologie und Kirche zum digitalen Wandel in Politik und Gesellschaft" eine Rückschau auf das Jahr 2020 halten zu wollen, ist nahezu unmöglich: Der pandemiegetriebene Einsatz digitaler Medien ist seit 2020 deutlich angestiegen und so kamen auch die Auswirkungen digitaler Technologien als gesellschaftsverändernde, kulturprägende Technologien immer stärker in den Fokus.

Wenn im Folgenden trotzdem versucht wird, diese Stimmen zu versammeln, so liegt der Fokus zum einen möglichst begrenzt auf Perspektiven auf die Veränderungen in Politik und Gesellschaft. Die Veränderungen in der Kirche, gerade im Blick auf das deutlich ausgeweitete digitale kirchliche Leben bearbeiteten – wie oben erkenntlich – Nord/Adam/Deniffel.[1] Hier stehen nun diejenigen Stimmen im Fokus, die einen digitalen Wandel in der oben skizzierten Weise kommentieren: Die Rede von digitalem Wandel, verstanden als Mediatisierung (Krotz) oder Wandel hin zu einer Kultur der Digitalität (Stalder), fokussiert auf die kulturverändernde Wirkung digitaler Technologien – einerseits durch ihre weite Verbreitung in nahezu alle Lebensbereiche und andererseits durch die damit verbundene „Hybridisierung und Verfestigung"[2] des Digitalen. Dabei stehen Sammelbände im Fokus, Einzelstudien zu spezifischen digitalen Technologien kommen nur exemplarisch in den Blick.

In den Blick kommen Stimmen nicht nur aus dem Jahr 2020. Aufgegriffen werden zudem wenige Vorläufer aus dem Jahr 2019, sowie Publikationen aus dem Jahr 2021, die durch die Debatten 2020 geprägt wurden aber erst 2021 als Publikationen fertig gestellt wurden. Nachdem vor etwa zehn Jahren die Reflexion des digitalen Wandels insbesondere in der Praktischen Theologie zu be-

---

[1] Auch Untersuchungen zur Spiritualität im Internet, der Religionskulturen, die derzeit vor allen in den Religionswissenschaften durchgeführt werden, werden nicht dargestellt, um dem Fokus des Jahrbuchs gerecht zu werden.

[2] *Felix Stalder*, Kultur der Digitalität, Berlin 2016, 20.

obachten war, hat die Debatte um den digitalen Wandel in diesen Jahren in der Theologie insgesamt deutlich an Gewicht gewonnen.

Vorgestellt wird aus dem kirchlichen Bereich die EKD-Denkschrift „Freiheit Digital" (Abschnitt 2). Aus der wissenschaftlichen Theologie wird nach der Vorstellung grundlegender Kompendien (Abschnitt 3) Einblick gegeben in die theologischen Reflexionen des digitalen Wandels, (Abschnitt 4) und diese in das neu entstandene Feld der „digital theology" (Abschnitt 5) eingeordnet.

2.   „Freiheit Digital". Die EKD-Denkschrift

Spätestens seit 2017 ist das Thema Digitalisierung in der Evangelischen Kirche in Deutschland von großem Interesse, wie der Beginn des Strategieprozesses zum Thema deutlich macht. Die Einrichtung einer Stabsstelle Digitalisierung im Kirchenamt der EKD, die bereitgestellten Fördermittel für Digitalprojekte in Kirche und Wissenschaft im Digitalinnovationsfonds, sowie die Gründung eines Netzwerkes „Kirche, Theologie und Digitalisierung" zeugen von der weiterhin hohen Bedeutung des digitalen Wandels nicht nur für die kirchliche Praxis, sondern auch vom Interesse an der wissenschaftlichen Reflexion dieses Wandels. Mit der Denkschrift „Freiheit digital" ist eine kirchliche Reflexion auf den digitalen Wandel nun gebündelt öffentlich verfügbar.

Die Ausgangsthese der Denkschrift lautet: „Die Bedeutung der Digitalisierung kann kaum überschätzt werden."[3] Oder auch: „Digitale Technologie und der gesellschaftliche Prozess der Digitalisierung sind epochale kulturelle Entwicklungen."[4] Da digitale Technologien alle Lebensbereiche verändern, werden sie als „Querschnittstechnologie"[5] eingeführt, die zu einem gesellschaftlichen Prozess führt:

> Der digitale Wandel ist nicht nur aus der Perspektive individuellen Handelns und individualethischer Überlegungen zu beleuchten. Er ist zugleich als gesellschaftlicher Prozess zu verstehen und sozialethisch zu interpretieren. Schon das Potenzial der digitalen Technologie mit ihrer globalen Konnektivität und Instantaneität nach einem kulturinvarianten binären Code wird als globales Potenzial und als Basis technologischen und wirtschaftlichen Handelns gesehen. Die Veränderungsgeschwindigkeit nimmt exponentiell zu: Firmen produzieren immer mehr digitale Geräte, die Datenverarbeitung wird

---

[3] *Evangelische Kirche in Deutschland* (Hg.), Freiheit digital. Die Zehn Gebote in Zeiten des digitalen Wandels. Eine Denkschrift der Evangelischen Kirche in Deutschland, Leipzig 2021, 5.

[4] Ebd., 5.

[5] Ebd., 12.

kontinuierlich schneller, Datenspeicherkapazitäten nehmen zu und diese drei Faktoren verstärken sich gegenseitig. Das verstärkt den Einfluss, den digitale Technologie darauf hat, wie wir Wirklichkeit interpretieren, uns selbst sehen, soziale Praktiken verändern und Gesellschaften sozial ordnen. Für eine sozialethische Analyse und Gestaltung des digitalen Wandels ist es unerlässlich, Akteure und ihre ethischen Orientierungen zu identifizieren, Interaktionen dieser Akteure sowie systemische Bedingungen zu beleuchten. So wird deutlich, dass der Prozess der Digitalisierung weder einer unbeherrschbaren Eigendynamik folgt noch schicksalhaft über die Menschheitsgeschichte hereinbricht. Der digitale Wandel ist ein globaler komplexer Prozess, an dem *Einzelpersonen* etwa als Entwickelnde, Konsumierende, politische und ökonomische Agierende mit ihren Überzeugungen und Zielsetzungen, *Organisationen* wie Unternehmen, Verbände, Forschungseinrichtungen, Nichtregierungsorganisationen mit ihren Interessen sowie *Institutionen* (Staaten und Staatenbündnisse) mit ihren rechtlichen Regelungen und ethischen Leitlinien beteiligt sind. Narrative haben dabei einen großen Einfluss, etwa die Narrative: „Digitalisierung bietet mehr Chancen als Risiken", „Industrie 4.0", „Smart City", „digitale Souveränität" oder die Vision des „Homo Deus". Der Charakter des digitalen Wandels als komplexer Prozess macht es unmöglich, ihn zentral zu steuern. „Verantwortliche Gestaltung" des digitalen Wandels heißt demnach, dass alle Entscheidungen der Einzelnen, der Organisationen wie der Institutionen verantwortlich vollzogen werden müssen, auch wenn keine „Steuerungszentrale" namhaft gemacht werden kann."[6]

Die Denkschrift nimmt – der Gliederung der Zehn Gebote folgend – verschiedene gesellschaftliche Herausforderungen in den Blick. Leitperspektive dafür ist das Motiv der Freiheit: „Wie leben wir *unter den Bedingungen der von Gott geschenkten Freiheit*?"[7] Die Gliederung entspricht dabei

> einer zweifachen Entdeckungsreise: Die Zehn Gebote erschließen neue Sichtweisen auf Digitalisierung und ethische Orientierungen für deren Gestaltung. Zugleich erscheinen die Zehn Gebote in einem neuen Licht, wenn wir darüber nachdenken, wie sie dem Leben im 21. Jahrhundert Orientierung geben können, das von digitalen Technologien geprägt ist.[8]

Die Interpretation des ersten Gebots steht unter der Überschrift „Geschöpfliche Freiheit im Digitalen wahren und leben" und beschreibt das Spannungsfeld von Entgrenzung und Abhängigkeit: „Digitale Kommunikation ermöglicht Selbst-Erfahrungen der Entgrenzung"[9], führt aber zugleich „in Selbst-Erfahrungen der Abhängigkeit von einer unspezifisch wirkenden Macht".[10] Mit ihrem Verheißungscharakter stehen digitale Technologien in der Gefahr, alternativlos zu werden.[11]

---

6   Ebd., 36.
7   Ebd., 18 [Hervorhebungen im Original].
8   Ebd., 7.
9   Ebd., 45.
10   Ebd., 46.
11   Ebd., 47 f.

Die Interpretation des zweitens Gebots unter der Überschrift „Für Identitätsbildung und freie Solidarität in digitalen Bilderwelten offen bleiben" nimmt auf digitale Bilderwelten und Identitätsbildung Bezug:

> Digitale Medien zu nutzen wirkt also auf unterschiedlichen Ebenen auf Identitätsbildungsprozesse: Digitale Medien haben eine soziale Funktion und ermöglichen neue Beziehungsformen. […] Dabei formen soziale Medien unter anderem neue Praktiken der Selbstpräsentation, des Rollenverhaltens, des Feedbacks, der Vernetzung, der Inklusion und der Exklusion anderer. Jede digitale Kommunikation formt Identität und Beziehungsqualität zugleich, sie ist somit immer Diskursraum und Identitätsmaschine. Kommunikation mittels digitaler Vernetzung steht niemals still, weil sie nicht mehr auf bestimmte räumliche oder soziale Situationen begrenzt ist, sondern dank mobiler Endgeräte immer und überall stattfindet. Umso wichtiger sind Bildungsprozesse, welche die Nutzenden befähigen, lebensförderliche Beziehungsformen zu wählen. Lebensförderlich sind solche Beziehungsformen, die auch einen verantwortlichen Umgang mit eigenen Wahrnehmungen fördern und zu sozialen Praktiken beitragen, die sowohl der eigenen Identitätsbildung wie einer solidarischen Gemeinschaftsbildung dienen. Kommunikative Freiheit bedeutet in evangelischer Perspektive, dass Identitätsbildung und Solidarität zugleich verwirklicht werden, Solidarität mit den Menschen, denen man ein Nächster oder eine Nächste ist. Eine solche Freiheit gründet darin, dass Gott Menschen unbedingt anerkennt. Diese geschenkte Freiheit entlastet von der Macht gesellschaftlicher Normen gelingenden Lebens, Perfektionsansprüchen und den daraus folgenden Formen eines zwanghaften Selbstmanagements. Für die Identitätsbildung bedeutet dies, dass Menschen der Vergangenheit mit Dank und Trauer begegnen können, dass Zukunft sowohl Neugier und Gestaltungskraft weckt als auch Sehnsucht und Hoffnung und dass Menschen in der Gegenwart ihre Mitmenschen mit Respekt und Achtung wahrnehmen und ihnen in Nächstenliebe begegnen können.[12]

Die Deutung des dritten Gebots zielt darauf, die „Möglichkeiten religiöser Kommunikation im Digitalen wahr[zu]nehmen": Religiöses Leben online ist selbstverständlich, wobei auf einen achtsamen Umgang mit dem Namen Gottes auch in digitalen Kontexten zu achten sei und die neuen Formen religiöser Kommunikation online zu reflektieren sind. Die Denkschrift betont hier den hybriden Charakter der Kirche, der zugleich eine „wortlastige und pastorenzentrierte Kirche"[13] im Analogen aufdeckt und zugleich die „institutionelle Kirchlichkeit"[14] befragt:

> Zur Kirche gehören dann: Gemeinschaft (Zusammenkunft Verschiedener), Gottkommunikation (Gottesdienst, Gebet, Ritual, Raum als heiliger Ort), Bekenntnisse (als religiöse, gemeinschaftliche Selbstbestimmung), Verkündigung und Schriftorientierung. Vor dem Hintergrund dieses weiten Kirchenbegriffs bietet die digitale religiöse Kommunikation folgende Freiheitsgewinne und Herausforderungen für Kirche: Digitale

---

[12] Ebd., 64 f.
[13] Ebd., 85.
[14] Ebd., 86.

Technik eröffnet einen neuen *Raum*: Das weltweite Netz bietet freien Zugang, Menschen müssen weder ein Gemeindehaus aufsuchen noch eine Kirche betreten, um religiös zu kommunizieren. Der Zugang ist nahezu überall, jederzeit und selbstbestimmt möglich. Im Digitalen kann *Gemeinschaft* als selbstgewählt erfahren werden und orientiert sich „am Gleichen", am als „ähnlich" Empfundenen („Freunde") oder auch gerade am „Anderen" oder „Interessanten", die Teilnahme an ihr ist anonymisiert und unverbindlich möglich und strukturell vielfältig geprägt (Kompetenzen, Rollen, Funktionen).[15]

Im Anschluss an das vierte Gebot möchte die Denkschrift „dem (digitalen) Leben einen heilsamen Rhythmus geben" und reflektiert auf den Sonntagsschutz, sowie auf die Suche nach „neuen Ordnungsmustern der flexibilisierten Arbeitswelt 4.0"[16].

Die Interpretation des fünften Gebots unter der Überschrift „Generationenverhältnisse digital gerechter gestalten" fokussiert auf Fragen der Nachhaltigkeit in globalen Zusammenhängen, den Energiebedarf der Digitalisierung und die Möglichkeiten zur globalen Vernetzung:

Fast grenzenlos scheinen heute die Möglichkeiten der digitalen Informations- und Kommunikationstechnik, Daten in allen Bereichen von Wirtschaft und Gesellschaft zusammenzutragen und zu vernetzen. Diese Techniken bieten eine nicht zu überschätzende Chance für Information, Bildung und Bewusstseinsbildung auch im Hinblick auf Generationengerechtigkeit und Nachhaltigkeitsziele. Sie ermöglichen gemeinsames, koordiniertes Handeln und bringen Menschen und Gruppen mit gemeinsamen Interessen in Kontakt. Viele kleinere Plattformen nutzen dafür die Angebote bestehender Plattform-Unternehmen, sodass ihnen selbst keine hohen Investitions- und Entwicklungskosten entstehen und sie ihre Inhalte und Projekte sehr schnell verbreiten können. Bewegungen wie „Fridays for future" zeigen, wie wirksam auch zunächst Kleine, scheinbar Schwache diese Strukturen einsetzen können.[17]

Unter dem Titel „Digitalisierte Gewalt unterbrechen" fokussiert die Deutung des sechsten Gebots auf die Bereiche der Cybersicherheit, der autoregulativen tödlichen Waffensysteme, sowie den Einsatz von Mustererkennungsverfahren im Zusammenhang präventiver Polizeiarbeit. Diese Themen werden in einen weiteren Rahmen digitaler Gewalt gestellt:

Digitalisierung wird in ihrem Bezug zur tödlichen Gewalt vor allem dann diskutiert, wenn es um Kriegsführung geht. Angesichts dessen ist die Frage drängend, welchen Beitrag digitale Technologie auch dazu leisten kann, Gewalt zu unterbrechen. Denn in der Unterbrechung von Gewalt realisieren Menschen ihre Freiheit zum Verzicht auf Gewalt. Gleichwohl muss die Gesellschaft aus christlicher Perspektive auch andere

---

[15]　Ebd., 76 f.
[16]　Ebd,, 97.
[17]　Ebd., 115.

Fragen bearbeiten: Wie wird digitale Sicherheit möglich? Wie ist mit hochautomatisierter Waffentechnologie oder Möglichkeiten gezielteren Gewalteinsatzes umzugehen, die digitale Mustererkennung verspricht?[18]

Die Interpretation des siebten Gebots zielt darauf, „Bei Intimbeziehungen im digitalen Raum Freiheit und Achtsamkeit [zu] fördern. Thematisch werden hier Online-Dating, Ghosting, Online-Pornographie, Cybersexualität, sowie der Einsatz von Sexrobotern.

„Gerechte Teilhabe am digitalen Wirtschaften ermöglichen" lautet der Titel der Deutung des achten Gebots, unter der folgende Fragestellungen verhandelt werden:

Die Digitalisierung verändert die gesamte wirtschaftliche Wertschöpfungskette in Industrie, Handel und Dienstleistungen grundlegend: Just-in-time-Logistik, vernetzte Fabriken, Blockchain, elektronische Spekulation und Hochgeschwindigkeitshandel, Crowd- und Cloudworking oder Ressourcenoptimierung sind nur einige Phänomene. Digitalisierung verändert bestehende Strukturen von Wirtschaft und Wertschöpfung in einem permanenten Prozess, der an Innovationsgeschwindigkeit und Wucht gewinnt. Zu beobachten ist dies etwa anhand der großen, international tätigen Technologiekonzerne wie Google oder Apple, Amazon oder Uber: Sie vermitteln Güter und Dienstleistungen; nach dem Prinzip der Plattformökonomie treten sie zwischen Verbrauchende und Anbietende oder Unternehmen und Beschäftigte. Damit können diese Plattformen für ganze Branchen disruptiv wirken. Strukturelle Veränderungen sind schon heute deutlich zu erkennen, nicht nur in der Industrie, sondern auch und gerade in konsumnahen Dienstleistungsbereichen wie Banken, Versicherungen, Handel und Logistik. Dies ist nicht nur ein vorübergehender Trend, sondern ein epochaler Veränderungsprozess, der die Grundfesten unseres Zusammenlebens und unserer Zusammenarbeit verändert. Dieser Veränderungsprozess ist ein globaler, der auch die Frage nach der gerechten Teilhabe neu stellt. Denn wohlfahrtsstaatliche Kompromisse wie die soziale Marktwirtschaft wirken in nationalstaatlichen Grenzen. Digitale Marktführerschaft aber wirkt über Grenzen hinweg: In der digitalen Welt können hochproblematische Verteilungsregimes das Wirtschaften international bestimmen.[19]

Die Digitalisierung bietet große Chancen, die viele im Alltag als Freiheitsgewinn erleben und nutzen. Diese Chancen lassen sich weiter steigern, wenn es gelingt, dass auch durch Digitalisierung neu entstehendes Eigentum (z. B. durch Data-Mining, die systematische Auswertung großer Datenmengen) zum Nutzen aller gemehrt und damit Wohlstand und Teilhabe aller ermöglicht wird. Daher gilt es ein doppeltes Ungleichgewicht in den Blick zu nehmen, das zwischen Anbietenden und Nutzenden droht: Plattformbetreiber oder andere große Organisationen, die auf Basis von Daten wirtschaften, können einerseits in einem umfassenden Sinn Daten über viele Nutzende sammeln und zu vorher nicht bestimmbaren Zwecken analysieren, diese Ergebnisse können sie entweder selbst nutzen oder an Dritte verkaufen. Und sie können andererseits diese

---

[18] Ebd., 139 f.
[19] Ebd., 173–175.

Daten selbst und Informationen darüber, welche Daten in welcher Weise analysiert werden, als Geschäftsgeheimnis, also eigentumsähnlich, vor Nutzenden, Konkurrenz und Öffentlichkeit verbergen.[20]

Die Interpretation des neunten Gebots fokussiert auf die Bedeutung von Wahrheit und Wahrhaftigkeit unter der Überschrift „Unter digitalen Bedingungen Wahrhaftigkeit fördern":

Jede Kommunikations-Revolution hat die menschliche Kultur verändert – oft auch die Religionskultur: von der Einführung der Schrift über den Buchdruck bis hin zu den Massenmedien des 20. Jahrhunderts, „[d]enn ,die Botschaft' jedes Mediums oder jeder Technik ist die Veränderung des Maßstabs, Tempos oder Schemas, die es der Situation des Menschen bringt". Seitdem digitale Medien gängig und alltäglich geworden sind, kommunizieren Menschen nicht nur deutlich mehr medial vermittelt und weniger von Angesicht zu Angesicht als im Zeitalter des Briefeschreibens und der Buch- und Zeitungslektüre. Die Kommunikationszusammenhänge sind auch qualitativ anders geprägt; neue Öffentlichkeiten haben sich herausgebildet. Die Folgen sind ambivalent. Noch nie waren so viele Informationen frei zugänglich. Digitale Vernetzungen ermöglichen neue soziale Bewegungen. Informationen jenseits des Mainstreams können leichter und schneller publiziert werden als je zuvor. Autokratische und diktatorische Regime geraten zunehmend unter Legitimationsdruck. Zugleich ist kaum ein Schlagwort in der jüngeren Vergangenheit so präsent wie „Fake News". Etwa im Umfeld von Wahlen sorgen sich Menschen, dass Social Bots und Trolle sie oder andere manipulieren. Die Sorge, die Diskurskultur könnte verrohen, drückt etwa das Schlagwort „hate speech" aus. Hinter diesen Phänomenen steht eine grundlegende Neuordnung der Öffentlichkeiten: Sie werden diverser. Das beeinflusst auch private Beziehungen. Dieser Zugang zu einer enormen Vielfalt an Informationen, Meinungen, aber auch manipulativ gestreuten Gerüchten sowie dezidierten Fake News und Verschwörungsmythen verlangt von Nutzenden ein hohes Maß an Sach- und Orientierungswissen, insbesondere an ethischer Beurteilungskompetenz. Es sind Bildungsprozesse, zu denen die Kirche speziell im Religionsunterricht und in der kirchlichen Bildung beiträgt, in denen Menschen sich dieses Orientierungswissen aneignen können.[21]

Die Kommunikationskultur des Netzes schafft Raum für relevante Gegenöffentlichkeiten. Dort können marginalisierte Gruppen ihre Identitäten und Ansprüche formulieren. Sichtweisen und Lebensrealitäten, die zuvor nur wenig öffentlich präsent waren, kommen so mittlerweile vernehmbar vor. [...] Die Abgeschlossenheit von Webseiten und Kommunikationskanälen ermöglicht es, Informationen weiterzugeben und Austausch zu organisieren, der andernfalls unterdrückt würde. [...] Die Entwicklungen des Netzes ermächtigten jedoch nicht nur die genannten marginalisierten Gruppen oder andere Akteure einer Gegenöffentlichkeit, sondern auch diejenigen, die an einer demokratischen Ordnung und einer Öffentlichkeit für alle kein Interesse haben oder sie gar gezielt (zer)stören wollen. Inzwischen wird immer deutlicher, dass gerade menschenfeindliche Gruppen die neuen Kommunikationsmöglichkeiten strategisch nutzen. Nicht selten zielen sie dabei darauf,

---

[20]   Ebd., 177.
[21]   Ebd., 191 f.

eben jene Marginalisierten zum Schweigen zu bringen, die sich gerade erst ermächtigt haben. Außerdem verbreiten sie Verschwörungsmythen, stark gebündelt in Internetbewegungen wie etwa „QAnon", die den sogenannten Mainstream-Medien insgesamt unterstellen, Falschnachrichten zu verbreiten und mit dem Verweis auf die „Quelle: Internet" („Googeln Sie es doch!") abstruseste Behauptungen verbreiten.[22]

„Beim Begehren im digitalen Raum Rücksicht nehmen", so überschreibt die Denkschrift die Interpretation des zehnten Gebots und formuliert:

> Die Freiheit des Begehrens hat viel damit zu tun, dass Menschen die Möglichkeit haben müssen, für lebensnotwendige und -förderliche Existenzbedingungen zu sorgen. In christlicher Sicht orientiert die Ausrichtung am Gebot der Gottes-, Nächsten- und Selbsliebe das menschliche Begehren und befreit es dadurch vom unheilvollen Kreisen um sich selbst und zum dankbaren Dienst an Gottes Geschöpfen (These II, Barmer Theologische Erklärung). Die negative Freiheit vom falschen Begehren kann so zur positiven Freiheit führen, das Begehren nach materiellem Auskommen, Gemeinschaft, Freude und einem für Erfüllung offenen Leben so zu verfolgen, dass dies mit der gleichen Freiheit aller anderen Menschen vereinbar ist. Insofern ist es auch nicht notwendig problematisch, Anerkennung zu suchen, Wohlstand zu erstreben und zu konsumieren: Das Streben nach Wertschätzung, Erfolg, Leistung, Wachstum und immer Neuem bleibt auch im digitalen Zeitalter die Grundlage unseres wirtschaftlichen Handelns und kann damit Grundlage von ökonomischem und sozialem Wohlstand sein. Sosehr das Begehren zu den wichtigen Antrieben unseres Lebens gehört, sowenig lässt sich doch seine Ambivalenz ausblenden. In der Moderne hat der Anthropologe René Girard aufgezeigt, wie ein Kreislauf des Begehrens aus Rivalität, Neid und Eifersucht entsteht und wie sich das Begehren darin in nackte Gier verwandeln kann, mit zerstörerischen Folgen in dieser Welt. Dabei ahmen Menschen das Begehren des oder der Anderen nach. So entstehen Rivalität und Aufstachelungsdynamik. Begehren kann zu Gier, Machtstreben, Neid oder Betrug werden. Deshalb ist Begehren ambivalent. Das hat sich im digitalen Zeitalter im Grundsatz nicht verändert. Diese Ambivalenz zeigt sich jedoch in neuen, effizienteren Formen und vor allem in beschleunigten Prozessen. Aus protestantischer Sicht geht es darum, problematisches Begehren, das mit digitalen Möglichkeiten verändert und teilweise verstärkt werden kann, in seinen potenziell selbst-, freiheits- und gemeinschaftszerstörenden sowie ökologisch schädlichen Auswirkungen sichtbar zu machen, damit Menschen darüber diskutieren und sich frei über angemessene Formen und Verantwortlichkeiten des Begehrens austauschen können. Konkret und grundsätzlich gesagt: Begehren wird problematisch, wo es das Begehren der Anderen missachten lässt.[23]

Die Denkschrift sammelt damit ein breites Spektrum an Fragestellungen, die mit dem digitalen Wandel theologisch und ethisch zu bedenken sind. Gelungen ist dabei vor allem die Wahrnehmung digitaler Technologien als Querschnittsthema in verschiedene Felder menschlichen Zusammenlebens, was durch die Reinterpretation des Dekalogs auch stilistisch angezeigt wird.

---

[22] Ebd., 194–196.
[23] Ebd., 214 f.

3. Kompendien und Überblicksbände

Der folgende Abschnitt bietet kurze Einführungen in Überblicksbände und Kompendien aus den Jahren 2020 und 2021. Stil und Zielsetzung folgt dabei einer einführenden Rezension – auf die einzelnen Beiträge daher nur Verweise erfolgen, die der Orientierung und Einladung zur weiteren Lektüre dienen.

3.2 Ulshöfer/Kirchschläger/Huppenbauer: Digitalisierung aus theologischer und ethischer Perspektive

Der 2021 erschienenen Sammelband „Digitalisierung aus theologischer und ethischer Perspektive"[24] dokumentiert einen 2018 durchgeführten Workshop und zielt auf eine umfassende Reflexion des digitalen Wandels in theologischer Perspektive. Er nimmt kulturtheoretisch Ausgang bei der Beschreibung eines digitalen Kulturwandels im Anschluss an Stalder und empirisch bei der deutlich gestiegenen Nutzung digitaler Technologien auch in den Kirchen in der Coronapandemie und formuliert daraufhin folgenden Fokus:

> Es geht in diesem Band um die Fokussierung, Ethik und Religion als Teil von gesellschaftlichen Phänomenen zu verstehen, die insbesondere hinsichtlich Wirtschaft und Politik zu untersuchen sind. Da sich Gesellschaft heutzutage jedoch nicht mehr ohne Digitalisierung analysieren lasst, tritt für die Bereiche von Religion, Politik und Wirtschaft die Bedeutung von Technik in den Blick. So ergeben sich für den Sammelband vier Schwerpunkte: erstens Analysen, die sich mit ethischer Theoriebildung im Bereich des Digitalen beschäftigen, zweitens ethische Fragen bei der Gestaltung von Wirtschaft, Technik und Medien angesichts der digitalen Möglichkeiten, drittens Auswirkungen der Digitalisierung auf Kirche und Religion und viertens die Herausforderungen durch die digitale Technisierung für menschliches Selbstverständnis. Dabei fokussiert der Band auf christliche Theologie und Kirche, wobei für zukünftige Untersuchungen eine interreligiöse Perspektive bzw. komparative Vorgehensweise auch von Nöten ist.[25]

Dabei ordnen die Herausgeber:innen den Band in das Paradigma digitaler Theologie ein (vgl. Abschnitt 5) und verbunden mit dem Forschungsfeld der digital religion:

---

[24] *Gotlind Ulshöfer / Peter G. Kirchschläger / Markus Huppenbauer* (Hg.), Digitalisierung aus theologischer und ethischer Perspektive. Konzeptionen – Anfragen – Impulse (Religion – Wirtschaft – Politik, 22), Baden-Baden 2021, siehe: doi.org/10.5771/978374892 4012 (aufgerufen am: 3. 1. 2023).

[25] *Gotlind Ulshöfer / Peter G. Kirchschläger*, Digitalisierung aus theologischer und ethischer Perspektive. Eine Einführung, in: Dies. / M. Huppenbauer (Hg.): Digitalisierung aus theologischer und ethischer Perspektive. (wie Anm. 24), 9–21: 10.

Der vorliegende Band will das Forschungsfeld der „digital theology" in Richtung
ethisch-theologischer Fragen weiter öffnen. Dabei zeigt sich in den Beiträgen, dass damit ganz unterschiedliche theologische Disziplinen sowie wissenschaftliche Erkenntnisse verknüpft werden und sowohl systematisch-theologische, ethische, religionspädagogische, kirchengeschichtliche, praktisch-theologische, diakoniewissenschaftliche, philosophische, medien- und informationswissenschaftliche sowie religionswissenschaft-
liche Vorgehensweisen und Analysen eine Rolle spielen. Diese Multidisziplinarität ist
ein Kennzeichen des Feldes und angesichts der dynamischen Entwicklung, die sich
durch die fortschreitende Technisierung ergibt, und die wiederum im Kontext mit gesellschaftlichen und politischen Veränderungen steht, auch von grundlegender Relevanz
ist.[26]

Thematisch kommen die Felder „Ethik – Kirche – Diakonie", „Wahrnehmung
– Erinnerung – Identität", „Wirtschaft – Technologie" und „Mensch – Maschine –
Macht" in den Blick. Der Open Access publizierte Tagungsband dokumentiert
in theologischer Perspektive verschiedene Aspekte des digitalen Wandels in
exemplarischen Fokussierungen.

3.2   Themenheft „Verkündigung und Forschung": „Theologie im digitalen Raum"

Ein anderes Ziel verfolgt das Themenheft der Zeitschrift Verkündigung und
Forschung: In elf Sammelrezensionen aus allen theologischen Fächern wird
der Stand der Forschungsdebatte im weiten Zusammenhang von Theologie und
digitalem Wandel beleuchtet.[27] Die Herausgeber:innen beschreiben das unter
die Überschrift „Theologie im digitalen Raum" gefasste Ziel wie folgt:

> Es geht um eine Bestandsaufnahme der digitalen Hilfsmittel und Arbeitsinstrumente für
> die theologische Arbeit, um die Wahrnehmung innovativer Potentiale in den verschiede-
> nen theologischen Disziplinen und um eine kritische Reflexion darüber, wie die neuen
> Möglichkeiten theologische Forschung beeinflussen und verändern.[28]

> Anders als bei anderen ‚turns' in den Wissenschaften geht es beim ‚digital turn' nicht
> allein um die Etablierung einer neuartigen theoretischen Perspektive oder die Erschlie-
> ßung eines neuen Gegenstandsfeldes, sondern auch um die Nutzung einer Vielzahl neuer
> methodischer Settings und um die Veränderung der Materialität dessen, was Geistes-
> wissenschaften untersuchen und wie sie ihre Ergebnisse präsentieren.[29]

---

[26] Ebd., Einführung, 12.
[27] VuF 65 (2) (2020).
[28] *Katharina Heyden / Bernd Schröder*, Zu diesem Heft, in: VuF 65(2) (2020), 82–89: 82.
[29] Ebd., 83.

Auch wenn die Begriffe bisweilen nicht scharf voneinander abzugrenzen sind und in der Realität häufig ineinander verschwimmen, ist es sinnvoll, zwischen unterschiedlichen Graden der Digitalisierung von Wissenschaft zu unterscheiden. In einem ersten Stadium der digitalen Transformation wurden und werden analoge Medien (v. a. Texte, Fotos) nachträglich in digitaler Form gespeichert. Die Bereitstellung von solchen sekundären Digitalisaten macht heute (noch) den größten Teil von Internetressourcen auch für die Theologie aus. ‚Digitalisierung' bedeutet hier nichts anderes als Speicherung auf einem digitalen Datenträger. […] Ein zweiter Schritt ist die digitale Aufbereitung von digitalen Daten. […] Digitalisate und deren maschinelle Aufbereitung erleichtern die wissenschaftliche Arbeit zwar enorm, sie haben jedoch an sich noch keinen spezifischen Einfluss auf die Wissenschaft, ihre Fragen und Methoden, selbst. Dieser Anspruch verbindet sich erst mit dem dritten Stadium, den ‚Digital Humanities', einer eigenen akademischen Disziplin – oder besser: einer Vielzahl an akademischen Teildisziplinen –, die sich auf der Schnittstelle zwischen den jeweiligen Geisteswissenschaften und Informatik bewegt. Hier geht es nicht mehr nur um die Anwendung digitaler Techniken durch Geisteswissenschaften, sondern um die technisch und thematisch adaptierte Weiterentwicklung und Verfeinerung digitaler Text- und Bildanalysen, um die Erstellung genuin digitaler Editionen, um die Entwicklung neuer Forschungsfragen aus dem Dialog zwischen technischen Möglichkeiten und fachlichen Diskursen und nicht zuletzt auch um die Reflexion des Einflusses digitaler Technik, Methoden und Gegenstände auf die Geisteswissenschaft.[30]

Der Band bietet Themenrezensionen aus den theologischen Disziplinen auf sehr unterschiedliche Konstellationen der Zuordnung von Theologie und digitalem Wandel: In den Blick kommen digitale Wissenschaftspraktiken, wie Bibelwissenschaft im Internet oder Digital Humanities in der Exegese, wissenschaftstheoretische Fragen, religionspädagogische Fragen, sowie eine Einordnung in die Debatte der „digital theology". Die Einführung bietet zudem einen „Überblick über digitale Formate und Instrumente theologischer Wissenschaft" und ordnet das Thema in wissenschaftspolitische Zusammenhänge ein. Exemplarisch werden diese Perspektiven in den folgenden Abschnitten vertieft.

3.2 Beck/Nord/Valentin: Theologie und Digitalität. Ein Kompendium

Das von Wolfgang Beck, Ilona Nord und Joachim Valentin herausgegebene Kompendium stellt mit Abstand den umfassendsten Beitrag zum Verhältnis von Theologie und digitalem Wandel dar.[31] Der Band dokumentiert zwei Jahrestagungen 2019 und 2020 der Arbeitsgruppe „Frankfurter Digitale". In 25

---

[30] Ebd., 83 f.
[31] *Wolfgang Beck/Ilona Nord/Joachim Valentin* (Hg.), Theologie und Digitalität. Ein Kompendium, Freiburg/Br. 2021.

Aufsätzen werden die gesellschaftlichen Auswirkungen des digitalen Wandels vermessen und der Forschungsstand zusammengetragen:

> Das vorliegende Kompendium hat sich die Aufgabe gestellt, mithilfe einer Vielzahl von Expert*innen aus Medien- und Kulturwissenschaft, Soziologie und digitaler Theorie, aber eben auch aus verschiedenen theologischen Disziplinen, möglichst viel des bisher im deutsch- und englischsprachigen Raum vorhandenen Wissens erstmalig in einem Band zu versammeln und so weiterreichende Forschungen und Debatten anzuregen.[32]

Der erste Teil zur „Kultur der Digitalität" begründet ein weites Verständnis des digitalen Wandels. Neben einem Beitrag von Felix Stalder zu seinem kulturtheoretischen Konzept, kommt die Frage nach digitaler Teilhabe, die Logiken gängiger Plattformökonomien, smart homes, sowie die Digitalisierung des öffentlichen Raums in den Blick.

Der zweite Teil widmet sich anthropologischen Fragestellungen:

> Die digitale Transformation stellt die Frage nach dem Menschen neu: Verändert er/sie sich selbst unter Bedingungen der digitalen Vernetzung? Steht er/sie neuerdings in unmittelbarer Konkurrenz zu menschenähnlichen ‚Geschöpfen' oder soll sich selbst im Sinne eines Transhumanismus verstehen und fortentwickeln? Diesen Fragen und deren Voraussetzungen eines digitalen Erinnerns, der Tribalisierung, eines digitalen Bild- und Zeitbegriffs und der Einbindung dieser neuen Phänomene in bisher gängige Philosophien und Theologien gehen die Beiträge des zweiten Kapitels nach.[33]

Im dritten Teil kommen soziale und damit auch ekklesiologische Fragen in den Blick:

> Digitale Transformation hat weitreichende soziale und damit auch ekklesiologische Folgen. Die ungebremste weltweite Kommunikation, das zeitunabhängige Zur-Verfügung-Stellen von Informationen, das spielerische Sich-in Beziehung-Setzen mit weit entfernten Menschen anderer Kulturen, aber auch das Schüren von Hass und die Organisation von Gewalt im Netz – all das sind Phänomene hoher theologischer Relevanz, die längst auch in der kirchlichen Realität angekommen sind, hier reflektiert werden und die Kirchen teilweise fundamental verändern (werden).[34]

> Die Potenz digitaler Kommunikation, das zur Verfügung gestellte potentiell unendliche Wissen, die hier mit Lichtgeschwindigkeit um den Erdball rasenden und sich hier anreichernden Datenmengen, Algorithmen und Künstliche Intelligenz, die Versprechungen virtueller Existenzen und Sozialformen haben schon früh parareligiöse Dimensionen angenommen. Die biblische Tradition und sakramentaler Existenz eigentlich unhintergehbare Leiblichkeit und Sterblichkeit des Menschen wird zugunsten virtueller Fiktio-

---

[32]　*Beck / Nord / Valentin*, Einleitung, in: Dies. (Hg.), Theologie und Digitalität, ebd., 9–18: 10.

[33]　Ebd., 12.

[34]　Ebd., 13.

nen, nicht selten mit theomorphen Eigenschaften, abgewertet. Wer braucht noch Gott, wenn es das Netz mit seiner Wunscherfüllung ‚just in time' und eine ‚ewige' Existenz der eigenen digitalisierten Identität obendrauf gibt? Diesen Fragen geht das vierte Kapitel nach.[35]

Der fünfte Teil nimmt explizit die ethische Frage nach dem richtigen Handeln unter digitalen Bedingungen auf und reflektiert dazu auf die Medienethik, die Ethik autonomer digitaler Maschinen, eine Anthropologie für post-digitale Theologie und die Zukunft der Arbeit.

Den Anspruch dieser breit gefächerten Überlegungen bündeln die Herausgeber:innen wie folgt:

> Anspruch des Bandes war es aber von Anfang an, theologische Diskurse des deutschsprachigen und Teilen des europäischen Diskursraum zusammenzubinden, um so Kriterien und Ausgangspunkte für einen dauerhaften theologischen Diskurs zur Verfügung zu stellen. Wir wollen der komplexen Thematik digitaler Transformation im Sinne eines disruptiven Paradigmenwechsels gerecht werden, der ähnlich wie Globalisierung und Klimawandel kaum einen theologischen Stein auf dem anderen lassen wird. Wir sind froh und stolz, der Überwindung sozialer und Disziplin-Grenzen im Digitalen auch dadurch Rechnung getragen zu haben, dass dieses Kompendium durchgängig nicht nur intra- und vor allem *inter*disziplinäre angelegt ist, sondern auch die Grenzen der Konfessionen hinter sich lässt.[36]

3.4   FEST: „Neue Technik – neue Ethik?"

Stimmen aus unterschiedlichen wissenschaftlichen Disziplinen unter der gemeinsamen Leitfrage nach (auch kirchlich) zu reflektierenden ethischen Herausforderungen sammelt der Band der Forschungsstätte der Evangelischen Studiengemeinschaft (FEST) Heidelberg.[37] Unter der Überschrift „Neue Technik – neue Ethik" werden Perspektiven auf den digitalen Kapitalismus, künstliche Intelligenz, Anthropologie, Überwachung, Demokratie digitale Forschungsmethoden u.a. diskutiert unter der Frage, ob und wenn ja wie neue Technologien die Notwendigkeit einer neuen ethischen Reflexion begründet. Dargeboten werden Einzelstudien, die durch „vernetzende Linien in den sehr unterschiedlichen Wissenschafts- und Handlungsfeldern [...] – ähnlich wie Hashtags in digitalen Kommunikationsmedien – einzelne Aussagen zu Fäden

---

[35] Ebd., 14.
[36] Ebd., 17 f [Hervorhebung im Original].
[37] *Benjamin Held/Frederike van Oorschot* (Hg.), Digitalisierung. Neue Technik – neue Ethik: Interdisziplinäre Auseinandersetzung mit den Folgen der digitalen Transformation (FEST Forschung, Band 1), Heidelberg 2021. Siehe: https://doi.org/ 10.11588/hei books.945 (aufgerufen am: 6.1. 2023).

(Threads) miteinander verweben und so eine netzförmig verbundene Kartierung einer Debatte um Begriffe oder Phänomene ermöglichen"[38]. Diese werden in der Einleitung von den Herausgeber:innen wie folgt umrissen:

> Als ein zentraler vernetzender Begriff kristallisierte sich #Berechenbarkeit heraus: Die Dataisierung unterschiedlicher Wissenschafts- und Handlungsfelder wirft die grundlegende Frage auf, welche Folgen die Neuvermessung der Welt durch digitale Technologien zeigt. […] Hier scheint sogleich die Frage der #Überwachung auf. […] In den Zusammenhängen von #Berechenbarkeit und #Überwachung gewinnt die Möglichkeit und die Notwendigkeit von #Steuerung in doppelter Weise an Gewicht. Auf der einen Seite besteht durch die Möglichkeiten zur #Überwachung die Gefahr der #Steuerung durch bestimmte Akteure. […] Die Frage nach der #Steuerung kommt zum anderen im Zusammenspiel von Menschen und digitalen Technologien in den Blick. […] Mit der Beschreibung der #Steuerung stellt sich die Frage nach der #Freiheit im digitalen Wandel. […] Das Spannungsfeld von #Steuerung und #Freiheit hat massive Auswirkungen auf die Sozialbeziehungen von Menschen, insbesondere im Blick auf die #Demokratie. […] Die skizzierte #Berechenbarkeit gründet auf einem fundamentalen #Medienwandel, der mit der Datafizierung der Welt beschrieben werden kann. Dieser Wandel führt zu neuen Fragestellungen im Blick auf die Wahrnehmung der Welt und der Hermeneutik. […] Neue Formen der #Wahrnehmung führen zugleich zur Notwendigkeit derselben im Rahmen einer #Hermeneutik des digitalen Medienwandels.
> Aus diesen beiden Verdichtungen zeichnen sich übergreifende Fragen ab, die sich mit den Hashtags #Anthropologie, #Ethik und #Theologie beschreiben lassen. Aus Sicht der #Anthropologie verändert sich […] auf der einen Seite die Selbstwahrnehmung und -deutung in und durch digitale Medien. Der Medienwandel trägt damit wesentlich zu neuen Formen der Selbstdarstellung und -Spiegelung bei. […] Auf der anderen Seite wird das Selbstverständnis des Menschen auch durch die Interaktionen mit Technik und den Beschreibungen digitaler Technologien verändert. […]
> Die Herausforderungen einer #Ethik im digitalen Wandel kam in den Diskussionen wiederholt in den Blick. Vielfach stehen zunächst die Beschreibungen ethischer Herausforderung im Vordergrund. Auf die ethischen Implikationen, die sich aus den neuen technologischen Möglichkeiten zur Überwachung und Verhaltensbeeinflussung ("Big Other") im Verbund mit dem kapitalistischen Motiv der Gewinnmaximierung zu neuen Phänomenen und Geschäftspraktiken ergeben, geht Benjamin Held in seinem Beitrag über den Überwachungskapitalismus ein. Er beschreibt im Anschluss an Zuboff die Gefahr, dass der Mensch seiner Würde beraubt wird, wenn menschliche Erfahrung durch Rendition – aufbauend auf Polanyi – zur vierten Warenfiktion werde, und zur reinen Erreichung der Ziele anderer degradiert werde. Über drei Paradigmen im Diskurs der künstlichen Intelligenz und die damit korrespondieren Imitations-, Delegations- und Submissionsspiele beleuchtet Matthias Kettner die ethischen Implikationen der Künstlichen Intelligenz (KI) bzw. der Debatten darum. Ähnlich beschreibt Johannes Früh-

---

[38] *Benjamin Held/Frederike van Oorschot*, Einleitung, in: Dies. (Hg.), Digitalisierung. Neue Technik – neue Ethik: Interdisziplinäre Auseinandersetzung mit den Folgen der digitalen Transformation (FEST Forschung, Band 1), Heidelberg 2021, 13–22: 15f. Siehe: https://doi.org/10.11588/heibooks.945.c12675 (aufgerufen am: 6.1.2023).

bauer neue ethische Diskurse insbesondere in Forschungsfeldern, die auf die Entwicklung von humanoiden oder „autonomen" Systemen abzielen, wie etwa in der Robotik. Volker Jung führt aus, warum die Digitalisierung für den Menschen zu einer Infragestellung seiner selbst führt und schlägt eine Struktur zur ethischen Orientierung bei der Gestaltung der Digitalisierung vor. Magnus Schlette unterstreicht in seinem Beitrag die ethische Bedeutung demokratischer Öffentlichkeiten für das Selbstverständnis mündiger Bürger:innen: Diese müssen in der Lage sein, Erfahrungen politischer Selbstwirksamkeit zu machen, um eine Bindung an die und Verpflichtung gegenüber der Demokratie zu entwickeln. Die Öffentlichkeit ist der Ort dieser Selbstwirksamkeit, öffentliche Selbstwirksamkeit eine Erfahrung politischer #Freiheit. Einen eigenständigen Ansatz zur ethischen Reflexion entwickelt Thorsten Moos: Ausgehend von der Beobachtung lebensweltlichen wie theoretischen Zuschreibungen von Subjektqualitäten an digitale Technologien entfaltet er eine #Ethik der Digitalisierung unter der Perspektive eines digitalen Animismus.

Die #Theologie wird in der Reflexion der herausgestellten Wandlungsprozesse zum einen als Quelle der #Ethik beschrieben. An der Schnittstelle von #Anthropologie und #Theologie unterstreicht Volker Jung die Potentiale des biblischen Menschen- und Weltbilds für die Gestaltung der Digitalisierung: Zentrale Punkte sind dabei, dass das Leben endlich ist, es unvollkommen ist und bleibt und es seinen besonderen Wert darin hat, dass Menschen dies für sich selbst bejahen können und so zugleich aneinander Anteil nehmen und füreinander da sind. Volker Jung reflektiert zudem auf Basis von Hararis „Homo Deus" aus theologischer Perspektive den Göttlichkeits- und Allmachtsanspruch, der im Kontext der Digitalisierung auftritt und beleuchtet vor diesem Hintergrund die Frage, wo die Grenzen der Digitalisierung und spezifisch der Künstlichen Intelligenz liegen. Auch Thorsten Moos stellt heraus, dass in der #Theologie ist das Feld der #Anthropologie, insbesondere die Verhältnisbestimmung von Mensch und Ding im Blick auf die Subjektivität, zu bedenken ist. Zum anderen ist die #Theologie selbst von Wandlungsprozessen betroffen und herausgefordert, diese zu gestalten. Insofern das Christentum wesentlich mit Texten befasst ist, stellt der Medienwandel die #Theologie vor die Aufgabe der Schärfung von #Wahrnehmung und Differenz, so Philipp Stoellger. Zugleich ist – wie Frederike van Oorschot herausstellt – die #Theologie durch die Verschiebungen im Verständnis der Geisteswissenschaften herausgefordert, ihr Selbstverständnis als Disziplinverbund und ihre Methodiken zu diskutieren.[39]

4. Theologische Reflexionen auf den digitalen Wandel

Nachdem nun die zentralen Bände zum Thema in den Blick gekommen sind, folgt nun eine systematisierende Darstellung der vielfältigen Stimmen aus der Theologie zum digitalen Wandel. Die Systematisierung folgt dabei den unterschiedlichen Perspektiven, in denen das Thema aufgegriffen wird: Dargestellt wird zunächst die Wahrnehmung von Digitalisierung als Gegenstand der Ethik (4.1.). Es folgt ein Blick auf die Stimmen, die den digitalen Wandel auch im

---

[39] Ebd., 16–21.

Blick auf Veränderung der Theologoumena selbst in den Blick nehmen (4.2.).
Abschließend wird die Debatte um den Einsatz digitaler Technologien in Forschung und Lehre skizziert (4.3.). Die nun skizzierten Themenfelder klangen in
den vorgestellten Kompendien schon an, auf Wiederholungen der Perspektiven
aus den bereits skizzierten Sammelbänden wird dabei verzichtet.

4.1   Die ethische Dimension des digitalen Wandels

Im Feld der theologischen Ethik lassen sich derzeit drei Frageperspektiven unterscheiden, die im Folgenden nur exemplarisch skizziert werden können.[40]

Erstens kommen materialethische Einzelfragen in den Blick, z.B. zum Themenfeld Künstliche Intelligenz. Neben vielen Einzelstudien ist hier exemplarisch der Band „Ethik der Robotik und der Künstlichen Intelligenz" von Lukas
Ohly zu nennen. Ohly entfaltet, dass Roboter als moralische Akteure zu verstehen sind und somit ethischer Richtlinien bedürfen, die er in einer Überarbeitung der Robotergesetze Issak Asimovs wie folgt formuliert:

> 1. Unter der Bedingung, dass Gewalt gegen Menschen überhaupt in bestimmten Gren-
> zen gerechtfertigt werden kann, können autonome Roboter humanitärer agieren als
> semi-autonome oder automatische Waffen, Asimovs erstes Gesetz gilt nur unter pazifis-
> tischen Voraussetzungen.
> 2. Anstatt dass Roboter pure Befehlsempfänger von Menschen sind, ist es präziser vor-
> zuschlagen, dass Roboter und KI die soziale Kooperation unter Menschen nicht gefähr-
> den dürfen.
> 3. Anstatt dass Roboter einem ethischen Zwang zur Selbsterhaltung folgen sollen, muss
> die Manipulationsgefahr gebannt werden, dass eine programmierte Selbsteinschränkung
> oder -vernichtung von Maschinen für ihre potentiellen Käufer unerkannt bleibt.[41]

Im Feld der theologisch-ethischen Reflexion auf KI ist 2020 zudem insbesondere die Vernetzung des noch recht jungen Forschungsfeldes zu beobachten.[42]

---

[40] Vgl. zum Folgenden weiterführend *Frederike van Oorschot*, Themenrezension. Digital
theology Systematisch-theologische Perspektiven auf ein entstehendes Forschungsfeld,
in: VuF 2.65 (2020) 162–171, siehe: https://doi.org/10.14315/vf-2020-650213 (aufgerufen am: 6.1.2023).

[41] *Lukas Ohly*, Ethik der Robotik und der Künstlichen Intelligenz (Theologisch-Philoso-
phische Beiträge zu Gegenwartsfragen, 22), Berlin 2019, 154 f.

[42] So etwa das Netzwerk Theologie und KI (http://nethki.digital/, aufgerufen am 6.1.
2023).

Weitere materiale Fragen zu Auswirkungen des digitalen Wandels werden u. a. in der Medizinethik diskutiert.[43]

Zweitens wird digitale Mediatisierung als Thema der Medienethik aufgegriffen und reflektiert. Gotlind Ulshöfer und Monika Wilhelm legten 2020 einen Sammelband vor, der als Arbeitsbuch zur Erschließung digitaler Medienethik angelegt ist mit dem Ziel, möglichst breit in die Themenfelder und Fragen digitaler Medienethik einzuführen.[44] ist es. Medien beschreiben die Herausgeberinnen als „Vermittler und Gestalter von Kommunikationsprozessen".[45] Medienethik bedeutet in Folge die Reflexion dieser sowohl im Blick auf ihre gesellschaftlichen Kontexte als auch hinsichtlich ihrer technischen Möglichkeiten. Medienethik ist daher interdisziplinär angelegt. Explizit markieren die Herausgeberinnen Pluralität als Kennzeichen theologischer Medienethik, die klassische medienethische Fragestellungen mit kommunikationsethischen und informationsethischen Fragestellungen verbindet:[46]

> Dem hier vorliegenden Sammelband liegt ein Medienverständnis zugrunde, das der Offenheit der Phänomene der Erscheinungsformen von Medien Rechnung tragen will. Die Analysen von Medien als Vermittler und Gestalter von Kommunikationsprozessen sind nicht nur im Blick auf ihre gesellschaftlichen Kontexte zu unternehmen, sondern auch hinsichtlich der technologischen Möglichkeiten. für die Medienethik bedeutet dies, dass sie [...], auch Informationsethik zu umfassen hat bzw. mit dieser immer mehr verschmilzt. Dabei soll auch gelten, dass „Medienethik in jedem menschlichen Handeln mit Medien ausgeübt wird" (Leiner 2006, 158). Medienethik ist also als ein transdisziplinäres Projekt zu verstehen, das Perspektiven der unterschiedlichen Disziplinen aufnimmt und für ihre ethischen Analysen fruchtbar zu machen sucht. Theologische Analysen bezüglich medienethischer Themen sind seit dem Beginn medienethischer Diskurse zu finden. Sie spiegeln dabei auch den medialen Wandel wider.[47]

Die Herausgeberinnen markieren vor diesem Hintergrund drei Felder theologischer Medienethik: Erstens die Reflexion des digitalen Wandels und die damit verbundenen gesellschaftlichen Veränderungen. Zweitens die Reflexion der verschiedenen Medien, ihrer Akteure und Nutzer:innen. Drittens theologisch-ethische Grundlegungen in der Theorie der Medienethik Der vierte Abschnitt enthält Anwendungsfälle der Medienethik in konkreten Kontexten. Die Breite der in dem Band verhandelten Themen und Perspektiven macht auf der einen

---

43   Vgl. z. B. *Hummel, Patrick* et al. (Hg.): Datensouveränität. Governance-Ansätze für den Gesundheitsbereich. Heidelberg 2021.
44   *Ulshöfer, Gotlind/Wilhelm, Monika* (Hg.), Theologische Medienethik im digitalen Zeitalter (Ethik – Grundlagen und Handlungsfelder, 14), Stuttgart 2020, 14.
45   Ebd., 11.
46   Ebd., 14.
47   Ebd., 11 f.

Seite den Orientierungsbedarf im Feld theologischer Medienethik deutlich und verweist zugleich auf die ausstehende Differenzierung des Feldes. Diese wird insbesondere durch den gesuchten Anschluss an die Informationsethik deutlich: Medienethik und Informationsethik haben sich in den letzten Jahren immer stärker zu einer „Ethik der mediatisierten Informationsgesellschaft" – mit unterschiedlicher Gewichtung der Aspekte der Mediatisierung, bzw. der Information – entwickelt, sodass beide eher den Charakter eines kulturtheoretischen Zugriffes auf sehr viele Handlungsfelder angewandter Ethik (bspw. Sozialethik, politische Ethik, journalistische Ethik, Wirtschaftsethik u. a.) bekommen.

Drittens kommt die veränderte hybride Struktur gesellschaftlicher Diskurse in den Blick, die zu einer sozialethischen Perspektivierung des digitalen Wandels führt. Dabei wird auch die Frage nach den Orten und Räumen theologischer Ethik neu gestellt. Einen solchen Versuch, die digitale Mediatisierung im Konkreten an einem Themenfeld zu reflektieren, bildet der Band von Jonas Bedford-Strohm, Florian Höhne und Julian Zeyher-Quattlender.[48] Dieser fokussiert auf den Referenzbegriff der Öffentlichkeit und sammelt theologische, ethische und politikwissenschaftliche Perspektiven auf einen möglichen Strukturwandel der Öffentlichkeit. In Auseinandersetzung mit den Sprachspielen der „neuen Medien", des „Web 2.0" oder der „Öffentlichkeit 3.0" halten sie fest:

> Was bei allen Sprachspielen der „Neuheit" und der Update-Nummerierung nicht herauskommt, ist, dass es sich bei diesem „neuen" und „geupdateten" Strukturwandel um ein Phänomen der „Kultur der Digitalität" (Stalder 2016) handelt. Weil solche Sprachspiele außerdem notwendigerweise dem Zahn der Zeit anheimfallen, bevorzugen die Herausgeber des vorliegenden Bandes den klareren Begriff des „digitalen Strukturwandels der Öffentlichkeit", der sich den spezifischen Herausforderungen der politisch-partizipativen Öffentlichkeiten unter den Bedingungen einer bereits etablierten und ubiquitär wirkmächtigen Kultur der Digitalität explizit abarbeitet und dabei insbesondere unter dem ‚Eindruck der algorithmischen Kuration von Informations- und Unterhaltungsinhalten über soziale Massenmedien wie Facebook und Instagram sowie den einhergehenden Manipulationsversuchen staatlicher, kommerzieller und aktivistischer Akteure steht.[49]

In dem Band findet sich zudem eine über das Öffentlichkeitsverständnis weit hinaus reichende Forschungsfrage, die Florian Höhne und Torsten Meireis entfalten: Beide beschreiben in einer Metaperspektive die gesellschaftlichen Narrative „der" Digitalisierung und kartieren damit eine zentrale Aufgabe digitaler Theologie nicht nur im Feld theologischer Ethik. Meireis führt aus, wie z.B.

---

[48] *Jonas Bedford-Strohm / Florian Höhne / Julian Zeyher-Quattlender* (Hg.), Digitaler Strukturwandel der Öffentlichkeit. Ethik und politische Partizipation in interdisziplinärer Perspektive (Kommunikations- und Medienethik, 10), Baden-Baden 2019.

[49] Ebd., 13 f.

die Beschreibung der Digitalisierung als Tsunami eine nicht steuerbare Entwicklung beschreibt, die alle menschliche Gestaltbarkeit und Mitwirkung ausschließt – ungeachtet dessen, dass es sich um eine politisch gewollte, technisch gesteuerte und ökonomisch geförderte Entwicklung handelt.[50] Höhne analysiert in seinem Beitrag die Narrative der „Filterblase", des „Turmbaus zu Babel" und des „Homo Deus" und setzt ihnen jeweils begleitende Narrative entgegen. Die Beschreibungen des digitalen Wandels in ein kritisch-konstruktives Verhältnis zu christlichen Imaginationen des ewigen Lebens, des beschädigten Lebens und des gelebten Lebens zu setzen, beschreibt Höhne als eine Aufgabe theologischer Ethik.[51]

4.2 Digitaler Wandel als Thema der Theologie

Neben der Diskussion materialethischer Herausforderungen durch digitale Technologien und den Einsatz von digitalen Technologien in Forschung und Lehre finden sich in der Theologie zunehmend Reflexionen auf die kulturverändernde Wirkung des digitalen Wandels. In den Blick kommen dabei Beschreibungen der sich abzeichnenden Veränderungen in theologischen Reflexionsfiguren und Denkmodellen klassischer Theologoumena. Am weitesten voran geschritten ist die Reflexion an den Schnittstellen von Systematischer Theologie und Praktischer Theologie, insbesondere zu Fragen der Ekklesiologie und der Anthropologie.[52]

In der Anthropologie lassen sich zum einen Vertiefungen der bestehenden Diskurse zur Medienanthropologie in theologischer Perspektive erkennen.[53]

---

[50] *Torsten Meireis*, „O daß ich tausend Zungen hätte". Chancen und Gefahren der digitalen Transformation politischer Öffentlichkeit – die Perspektive evangelischer Theologie, in: Bedford-Strohm/Höhne/Zeyher-Quattlender (Hg.), Digitaler Strukturwandel (wie Anm. 48), 47–62: 53.

[51] *Florian Höhne*, Darf ich vorstellen: Digitalisierung. Anmerkungen zu Narrativen und Imaginationen digitaler Kulturpraktiken in theologisch-ethischer Perspektive, in: Bedford-Strohm/Höhne/Zeyher-Quattlender (Hg.), Digitaler Strukturwandel (wie Anm. 48), 25–46.

[52] Zu Vorläufern dieser Diskussionen vgl. van Oorschot, Themenrezension (wie Anm. 40).

[53] Vgl. z.B. *Philipp Stoellger* (Hg.), Figurationen des Menschen. Studien zur Medienanthropologie (Interpretation Interdisziplinär, 18), Würzburg 2019; *ders.*, Formation as Figuration. The Impact of Religion Framed by Media Anthropology, in: M. Welker/J. Witte/S. Pickard (Hg.), The Impact of Religion, Leipzig 2020, 225–235. Aktuell wird an der FEST unter der Überschrift „Mensch 4.0" eine theologische Medienanthropologie in interdisziplinärer Perspektive ausgearbeitet. Eine Dokumentation der Konsultationen liegt derzeit nicht vor. Vgl. https://www.fest-heidelberg.de/mensch-40/ (aufgerufen am: 6.1.2023).

Zum anderen werden anthropologische Kategorien im Licht der angenomme-
nen digitalen Transformation neu gedeutet.[54]

Daneben nehmen Versuche zu, grundlegende Kategorien digitaler Kultur
auch theologisch aufzugreifen und zu interpretieren. So perspektiviert etwa die
Tagungsreihe „Theologies of the Digital" seit 2019 Grundbegriffe theologischen Denkens in internationaler Perspektive.[55] Der Band „Das Binäre und das
Ambivalente" sondiert die Implikationen binär strukturierter Welterfassung und
-konstruktion in digitalen Technologien im Blick auf ihr Verhältnis zu Ambivalenzen und Mehrdeutigkeiten aus theologischer Perspektive.[56]

Die weitere Ausgestaltung des derzeit entstehenden Feldes – auch im Gespräch mit den Reflexionen zu digitalen Forschungs- und Lehrmethoden – zu
gestalten, ist eine zentrale Aufgabe. Dabei ist die Theologie selbst zunehmend
auch durch digitale Technologien geprägt, wie im Folgenden dargestellt wird.

4.3   Theologische Forschung mit digitalen Mitteln

Wissenschaftlich-theologische Forschung mit digitalen Methoden oder Tools –
also theologische Anschlüsse an das breite Forschungsfeld der Digital Humanities – zeigen sich auch 2020/21 vor allem in den exegetischen und kirchengeschichtlichen Feldern. Davon zeugen die Literaturüberblicke von Claire Clivaz,
Katharina Heyden und Ueli Zahnd,[57] aber auch der von Soham Al-Suadi und
Gotlind Ulshöfer herausgegebene Band „Biblical Texts in Digitalization: Towards Critical Digital Biblical Studies". Dieser dokumentiert eine interdisziplinäre Tagung, deren Ziel die Herausgeberinnen wie folgt beschreiben:[58]

---

[54]   Vgl. z. B. *Johannes Hoff*, Verteidigung des Heiligen. Anthropologie der digitalen Transformation, Freiburg/Br. 2021.

[55]   Im ersten Workshop 2019 kamen die Themenfeldern Allwissenheit, Person, Schrift und
Freiheit in den Blick, im Workshop 2021 folgt eine Reflexion auf die Themenfelder
Macht, Realität, Subalternität, Gemeinschaft und Medialität. Die Dokumentation der
Tagung von 2019 findet sich unter https://cursor.pubpub.org/issue3-theologiesofthe
digital, die Dokumentation der Tagung von 2021 unter https://cursor.pubpub.org/totd2-
explorer (beide aufgerufen: 6. 1. 2023).

[56]   *Ralph Charbonnier/Jörg Dierken/Malte Dominik Krüger* (Hg.), Das Binäre und das
Ambivalente. Theologie und Digitalisierungsdiskurs. Dokumentation der Tagung Ein-
deutigkeit und Ambivalenzen: Theologie und Digitalisierungsdiskurs. Frankfurt 2020
(Hermeneutik und Ästhetik, 6), Leipzig 2021.

[57]   Vgl. die Beiträge von Clivaz, Heyden und Zahnd, in: VuF 65(2) (2020).

[58]   *Soham Al-Suadi/Gotlind Ulshöfer* (Hg.), Biblical Texts in Digitalization. Towards Critical Digital Biblical Studies. Tübingen 2021, siehe: http://dx.doi.org/10.15496/pub lika-
tion-48536 (aufgerufen am: 6. 1. 2022).

Looking at Biblical studies one gets the impression that it is the methods and the experiences of digital humanities that are of interest to new and enriching research. is involves both computer philology and computational linguistics tools as well as digital environments. But further considerations imply that it is not only digital humanities and their methodologies which challenge the theological research with Biblical texts but also the possibilities how digitized texts can be used from a historical, ecclesiological, systematic-theological, liturgical and pedagogical point of view. This volume wants to focus on these different possibilities how digitalization is changing exegesis as well as historical and systematic theological thinking about (Biblical) texts. Therefore, it focuses on a broad variety of topics from a different range of fields, also beyond theology. The book suggests the broadening of the perspective when it comes to thinking about how digitalization influences theology and exegesis.[59]

Diese Perspektive zeigt den weiten Horizont des Bandes an, der die Verwendung digitaler Methoden konstitutiv mit dem eingangs skizzierten breiten Verständnis des digitalen Wandels verbindet. So bietet der Band nicht nur Studien zu Methoden digitaler Textforschung, sondern auch grundlegende hermeneutische Überlegungen zur Verantwortung der Erinnerung sowie systematisch-theologische und pädagogische Perspektiven in Auseinandersetzung mit der Rede von Heiligen Texten.

Dabei nimmt Gotlind Ulshöfer die wissenschaftsethische Herausforderung digitalisierter Erinnerung in verantwortungsethischer Perspektive in den Blick:

Die Digitalisierung des Codex Sinaiticus kann insgesamt betrachtet als Exempel dienen, wie theologische Arbeit durch Digitalisierung neue Bezugsmöglichkeiten und Perspektiven auch durch den Einsatz von Digital Humanities findet. Es geht hier um Aspekte der Referenzialität, die aufgrund der Digitalisierung neue Möglichkeiten der Verknüpfung und Auswertung von Texten findet, sowie um Gemeinschaftlichkeit, die eine Kultur der Digitalität prägt, und sich auch beim Codex Sinaiticus zeigt, wenn er zum Beispiel als Dokument der christlichen Gemeinschaft verstanden wird, und der Algorithmizität, um hier die drei Aspekte aufzugreifen, die Felix Stalder als kennzeichnend für Digitalität ausmacht. Technik ermöglicht hierbei Freiheiten und dient zugleich zur Selbstkonstitution des Menschen, der sich mit Hilfe von digitalisierten Manuskripten beispielsweise in eine kulturelle Menschheitsgeschichte einreihen kann. Gleichzeitig zeigen sich an diesem Beispiel aber auch die Grenzen von technischen Möglichkeiten, weil die Heiligkeit, die mit den Texten verbunden wird, nur schwer digital wiederzugeben ist.[60]

---

[59] *Soham Al-Suadi / Gotlind Ulshöfer*, Critical Digital Biblical Studies. Considerations for a New Approach concering Digitalization and Biblical Texts, in: Al-Suadi/Ulshöfer (Hg.), Biblical Texts (wie Anm. 58), 9–22: 9.

[60] *Gotlind Ulshöfer*, Bewahren und Erinnern – und die Frage nach der Verantwortung. Die Digitalisierung des Codex Sinaiticus in ethisch-theologischer Reflexion, in: Al-Suadi/Ulshöfer (Hg.), Biblical Texts (wie Anm. 58), 157–177: 164.

Ulshöfer formuliert als ethische Aufgabe digitaler Forschung die Reflexion und Förderung einer geteilten Erinnerung, wobei sie zwei Hauptfragen herausstellt:

> Diese geteilte Erinnerung hat also die Dimension, dass sie sich nicht nur auf die Einzelnen bezieht, sondern ein kollektives Geschehen ist. Auf die Frage, ob es dann eine Pflicht des Erinnerns geben kann, antwortet Margalit damit, dass es für das Kollektiv zumindest eine Verantwortung gibt, die Erinnerung zu pflegen und lebendig zu erhalten, auch wenn man als Individuum vielleicht gar nichts damit zu tun hat. Die geteilte Erinnerung kann dazuhin eine Erinnerung der Erinnerungen sein, wie sie hier bei dem digitalisierten Codex vorliegt. Dies bedeutet andererseits wiederum, dass sich in dem Artefakt, das digitalisiert wurde, Vergangenheit aktualisiert hat. Dabei kann von einer doppelten Ebene des Erinnerns der Vergangenheit hinsichtlich des Codex Sinaiticus ausgegangen werden, nämlich dem Erinnern an das Artefakt, im Sinne seiner Entstehungs- und Fundgeschichte sowie dem Erinnern an den Textkorpus der Bibel, den es umfasst.[61]

Erstens die Frage nach dem Rahmen beziehungsweise der Perspektive, die die Digitalisierung, die Digitalisate und die Digital Humanities prägt, und zweitens geht es um die Relativität im Sinne von Vorläufigkeit des Erinnerns und Bewahrens. Zum Ersten lässt sich zugespitzt formulieren, dass es bei der Digitalisierung in den Geisteswissenschaften um die grundlegende Frage geht, in welchem Rahmen beziehungsweise unter welcher Perspektive die Digitalisate erstellt werden und gemäß welcher Kriterien Digital Humanities betrieben werden. […] Blickt man aus einer längerfristigen Perspektive auf Digitalisierung, zeigt sich zweitens angesichts der Veränderungen, die auch Erinnern und Bewahren mit Hilfe von Digitalisaten durchlaufen, dass die dadurch vorgenommenen Deutungen von Wirklichkeit nur in einem vorläufigen Sinne verstanden werden können, weil auch sie dem Wandel der Zeiten unterworfen sind. Gleichzeitig können aber auch Digitalisate aufgrund von deren offener Zugänglichkeit zu einem gemeinsamen SichErinnern führen, in dem individuelles und kollektives Erinnern zur gemeinsamen Identitätsbildung zusammenfließt.[62]

Gesche Linde fragt im gleichen Band grundsätzlich und kritisch nach dem Sinn eines neuen digitalen Wissenschaftsethos:

> Während die Erweiterung und Beschleunigung geisteswissenschaftlicher Arbeitsmöglichkeiten durch digitale *Hilfsmittel* nicht nur als unproblematisch, sondern als dringend begrüßenswert betrachtet werden muss, gilt dasselbe nicht für die durch die Digital Humanities ausgerufene radikale *Erneuerung* der Geisteswissenschaften als solcher. Worin liegt das Pathos – oder zurückhaltender gesagt: das Ethos –, mit dem diese Erneuerung proklamiert wird?[63]

---

[61] Ebd., 168.
[62] Ebd., 173 f.
[63] *Gesche Linde*, Texte oder Dateien? Die Theologie und die Digital Humanities, in: Al-Suadi/Ulshöfer (Hg.), Biblical Texts (wie Anm. 58), 181–202: 184 f [Hervorhebungen im Original].

Sie formuliert als Ziel der Digitalisierung der Geisteswissenschaften im Anschluss an Moretti die Szientifisierung nach den Kriterien der Reproduzierbarkeit und Überprüfbarkeit der Ergebnisse durch die „*qualitative* Verwandlung von Texten in Daten und [...] die *quantitative* Erweiterung der Datenmenge.[64] Im Anschluss an eine Verhältnisbestimmung von Zeichen und Daten im Anschluss an Sybille Krämer formuliert Linde elf Thesen – exemplarisch hier die zentralen Anfragen an die Digital Humanties:

3. [...] Der Forschungsgegenstand wird objektiviert. Das bedeutet erstens, dass ein *affektives* Verhältnis zum Forschungsgegenstand an Bedeutung verliert. Man muss beispielsweise das Neue Testament, plakativ gesagt, nicht *mögen*, um am Neuen Testament *Distant Reading* betreiben zu können. Zweitens bedeutet es, dass ein *normatives* oder *evaluatives* Verhältnis zum Forschungsgegenstand an Bedeutung verliert. Man muss an die Botschaft des Neuen Testaments nicht *glauben*, um am Neuen Testament *Distant Reading* betreiben zu können. Faktisch gilt dies nicht für das *Distant Reading*, sondern hat auch auf das *Close Reading* schon immer zugetroffen. Doch eine *programmatische* Berücksichtigung dieser Einsicht könnte zu institutionellen Erschütterungen der theologischen Fakultäten führen [...].[65]

5. Indem die Digital Humanities Texte nicht aus einer systematischen beziehungsweise semantisch-normativen, sondern aus einer streng historischen Perspektive untersuchen, setzen sie mit zunehmendem Einfluss die systematischen Fächer unter Druck und verstärken innerhalb der Theologie die ohnehin bereits bestehenden Fliehkräfte, welche die systematisch und die historisch arbeitenden Fächer auseinandertreiben.[66]

7. [...] Die Digital Humanities zwingen die Geisteswissenschaften zu einer – durchaus wohltuenden – methodologischen Selbstverständigung. [...][67]

10. Geisteswissenschaften haben, ob implizit oder explizit, stets auch Gegenwartsdiagnose und Gegenwartskritik betrieben und zwar mit Hilfe von Begriffen. Begriffe sind die genuinen Produkte der Geisteswissenschaften und zugleich ihre Werkzeuge: Sie strukturieren die Erfahrungswirklichkeit. [...] Lassen die Digital Humanities, die sich ja als ausschließlich deskriptiv arbeitend verstehen, dieses Projekt der Kritik fallen – und woher wollen sie, wenn sie es nicht fallen lassen, die Maßstäbe ihrer Kritik beziehen?[68]

In diesen Beiträgen des Bandes – beide aus der Feder Systematischer Theologinnen[69] – werden grundlegende wissenschaftstheoretische und wissenschafts-

---

[64] Ebd., 185 [Hervorhebungen im Original].
[65] Ebd., 194 [Hervorhebungen im Original].
[66] Ebd., 195.
[67] Ebd., 195.
[68] Ebd., 198 f.
[69] Für weitere Beiträge aus der Systematischen Theologie in dieser Perspektive vgl. Frederike van Oorschot, Neue Technik – Neue Wissenschaft? Wissenschaftstheoretische und -ethische Herausforderungen der Digital Humanities, in: B. Held / F. van Oorschot

ethische Implikationen digital gestützter Forschung deutlich. Dies spiegelt eine m.E. den disziplinären Umgang mit dieser Frage: In den exegetischen Fächern und auch in der Praktischen Theologie ist sowohl der Einsatz digitaler Methoden als auch die Ausbildung digitaler Infrastruktur zur digitalen Forschung und für den Forschungstransfer deutlich weiter vorangeschritten als in anderen Fächern, wie die Beiträge etwa zum Wissenschaftlichen Bibellexikon zeigen.[70] Die gerade dargestellten Texte lassen als Grund der Zurückhaltung die offenen wissenschaftstheoretischen Fragen, bzw. grundlegende Anfragen an das Wissenschaftsparadigma der Digital Humanities erkennen.

Für die Systematische Theologie hält Robinson weiterhin treffend fest:

> Although the looming significance of the digital for Christian-theological understandings has been noted from pastoral perspectives and through popular-cultural lenses, systematic-theological assessment of the digital is still an emerging sub-field.[71]

Robinson verweist dabei auf die unklare Zielsetzung dogmatischer Forschung mit digitalen Mitteln, die für digitale Forschungen einen methodologischen Neuanfang erfordert:

> It remains the case that systematic theology has found little use for digital humanities in its teaching and research beyond the use of e-learning platforms and electronic library resources common to many humanities disciplines. […] I argue that a focus on the ready ability to use existing digital technologies to create quantifiable research has led to an initial preferential association of the digital with text-based and data-based theological work. Thus far systematic theology has seen only very limited *use* for digital humanities tools in its teaching or research methods even though it has recognized significant questions the digital revolution poses for systematic theological *reflection*.[72]

Robinson votiert für einen methodologischen Neuanfang, der sich erstens einen „empirical-hermeneutical approach to systematic theology" zu eigen macht, zweitens eine Erweiterung durch einen „privileged focus to theologies of the socially excluded and underrepresented in global theological conversations" anstrebt und drittens als eine „empirical-hermeneutical systematic theology in

---

(Hg.), Digitalisierung. Neue Technik – neue Ethik: Interdisziplinäre Auseinandersetzung mit den Folgen der digitalen Transformation (FEST Forschung, Band 1), Heidelberg 2021. Siehe: https://doi.org/10.11588/heibooks.945.c12680 (aufgerufen am: 6.1.2023). Stärker in die Ethik orientiert vgl. *Reiner Anselm/Lukas Meyer*, „Das Internet ist für uns alle Neuland". Zum Verhältnis der Enzyklopädie Wikipedia zur theologisch-ethischen Wissenschaft, in: VuF 2.65 (2020) 123–131.

[70] Vgl. etwa die Beiträge von Koenen, Litzenburger und Mayordomo in VuF 65(2) (2020).
[71] *Matthew Ryan Robinson*, Embedded, not Plugged-In. Digital Humanities and Fair Participation in Systematic Theological Research, in: Open Theology 5 (2019) 66–79: 69, siehe: https://doi.org/10.1515/opth-2019-0005 (aufgerufen am: 6.1.2023).
[72] Ebd., 67 [Hervorhebungen im Original].

a pluralistic world" zugleich theologische Debatten erster Ordnung und zweiter Ordnung bearbeitet.[73]

Deutlich wird hier, dass die Debatte um den Sinn und mögliche Formen digitaler theologischer Forschung im Kontext grundsätzlicher Erwägungen zur veränderten Struktur theologischer Debatten steht. So wiesen etwa Heidi Campell et al. 2016 auf die Möglichkeit und Notwendigkeit vernetzter Theologie (networked theology) hin und Benedikt Friedrich, Hanna Reichel und Thomas Renkert schlagen 2019 angesichts der zunehmenden Bedeutung epistemischer Gemeinschaften ein kollaboratives und partizipatives Modell der Theologie vor.[74] An dieser Stelle verbinden sich die hier dargestellten Fragen mit den unter 4.2. skizzierten Debatten.

Auch im Feld digital gestützter Theologie und an der Schnittstelle von Theologie und Digital Humanities mehren sich vernetzende Initiativen. Aus dem 2016 gegründeten Heidelberger „Interdisziplinäre[n] Forum Digitaler Textwissenschaften" (InFoDiTex) erwuchs 2019 der Forschungsverbund „TheoLab", in dem die Frage nach den Veränderungen theologischer Wissenschaft selbst – durch die Kultur der Digitalität auf der einen Seite und durch digitale Tools auf der anderen Seite – interdisziplinär bearbeitet wird.[75]

Hingewiesen sei abschließend nur auf beginnende Reflexionen digitaler Lehrmethoden, die gerade im Zusammenhang mit der flächendeckenden Nutzung innerhalb der Theologie an Bedeutung gewonnen hat.[76]

5.   Digitale Theologie?

Der Zusammenhang von digitalem Wandel und theologischer Reflexion wird seit einigen Jahren zunehmend unter dem Begriff „digitale Theologie" disku-

---

[73] Ebd., 74 f. [im Original z.T. kursiv].
[74] *Heidi A. Campbell / Stephen Garner / William Dyrness / Robert Johnston*, Networked Theology. Negotiating Faith in Digital Culture (Engaging Culture Series), Grand Rapids 2016, 75; *Benedikt Friedrich / Hanna Reichel / Thomas Renkert*, Citizen Theology. Eine Exploration zwischen Digitalisierung und theologischer Epistemologie, in: Bedford-Strohm/Höhne/Zeyher-Quattlender (Hg.), Digitaler Strukturwandel (wie Anm. 48), 175–191: 175.
[75] Vgl. zu diesen Initiativen siehe: https://infoditex.hypotheses.org und https://theolab. hypotheses.org/ (aufgerufen am: 6. 1. 2023).
[76] Vgl. *Andree Burke / Ludger Hiepel / Volker Niggemeier / Barbara Zimmermann* (Hg.), Theologiestudium im digitalen Zeitalter, Stuttgart 2021; *Annett Giercke-Ungermann / Christian Handschuh* (Hg.), Digitale Lehre in der Theologie. Chancen, Risiken und Nebenwirkungen (Theologie und Hochschuldidaktik, 11), Berlin 2020.

tiert.[77] Im Rückblick auf die dargestellten Debatten wird dieser abschließend diskutiert.

In den deutschen Diskurs wurde der Begriff 2015 von J. Haberer einge-bracht. Haberers Beschreibung sehr unterschiedlicher Phänomenen digitaler Mediennutzung bietet einen ersten Versuch, entstehende Phänomene aus der biblischen und reformatorischen Tradition zu deuten. Der Begriff fand zu-nächst wenig Resonanz. Angeregt wurde die heute erkennbare Debatte viel-mehr durch die Diskussionen im englisch-sprachigen Forschungskontext. Die-se wurde 2019 von P. Philips et al. zusammenfassend und zugleich program-matisch beschrieben.[78] Digital Theology verfolgt nach Philips et al. ein doppel-tes Ziel: „a theological reassessment of digitality and a digital reassessment of theology" in enger Anbindung zu Forschungsfeld der digital religion[79]:

> Theology is, of course, a specific discipline. Theology is not the same as the sociology of religion or information studies, or communication studies. Theology is the critical study of the nature of God, or of God's interaction with the world, or of the world's ex-ploration of the mystery of faith. Theology is about thinking through that connection with the other. As such Digital Theology is distinct from its sister discipline Digital Re-ligion which is much more focused on the exploration of the phenomena of religion in digital culture and their meaning. […] This is not to say that theologians are not active in Digital Religion, or that Digital Religion is not itself a theological enterprise. But to some extent the purpose is sociological and descriptive whereas the purpose of Digital Theology is theological. […] That said, the disciplines of history and theology are locat-ed in the humanities, whereas anthropology and ritual studies are located in the social sciences. The proposed differences between Digital Religion and Digital Theology lies within this same area of distinction.[80]

---

[77] Vgl. weiterführend *van Oorschot*, Themenrezension (wie Anm. 40).

[78] *Peter Phillips / Kyle Schiefelbein-Guerrero / Jonas Kurlberg*, Defining Digital Theology. Digital Humanities, Digital Religion and the Particular Work of the CODEC Research Centre and Network, in: Open Theology 5.1 (2019) 29–43, siehe: https://doi.org/10. 1515/opth-2019-0003 (aufgerufen am: 6.1. 2023). Hervorgegangen ist diese Begriffs-bestimmung aus der Arbeit im Projekt CODEC, das sich angegliedert an die Universität Durham mit den Implikationen des digitalen Wandels für biblisch-exegetische Studien, Predigt und Kirchenentwicklung befasste (29). 2017 wurde in Durham ein MA „Digital Theology" eingeführt und seit 2019 nennt sich das Forschungszentrum in Durham „Center for Digital Theology" (siehe: https://www.dur. ac.uk/digital theology/, aufge-rufen am: 6.1. 2023). Im Rahmen eines gleichnamigen Panels bei der Jahrestagung der American Academy of Religion 2019 war dieser Text zugleich Gründungsdokument des Global Network for Digital Theology.

[79] *Philipps / Schiefelbein-Guerrero / Kurlberg*, Theology (wie Anm. 78), 37. Digital Reli-gion ist ein transdisziplinäres Feld, das seinen Ausgangspunkt v.a. in religiösen Prakti-ken nimmt und diese religionssoziologisch, religionswissenschaftlich und oft auch psychologisch reflektiert.

[80] Ebd., 32.

Die Autoren beschreiben fünf typologische „Wellen" in der Entwicklung von „digital theology", von denen vier bereits erkennbar seien in der Debatte:

> DT1: The use of digital technology to communicate or teach theology as a traditional academic subject. In DT1, digital is the mode through which a specific academic discipline is communicated. For all intents and purposes the academic discipline does not have to have anything to do with digitality. The academic discipline provides the content and digitality provides the mode by which the content is communicated to the learner.[81]

> DT2: Theological research enabled by digitality or digital culture. In DT2, we pick up the idea of Terras and Alan Liu, among others, that digitality changes the whole way in which we do research. [...] Theological research now includes the analysis of (big) data, distant reading of multiple texts, online religious practice, and the visualization of data.[82]

> DT3: Intentional, sustained and reflexive theologically-resourced engagement with digitality/digital culture. In DT3, we see digital culture as the context within which we do theology. [..] Such Digital Theology impacts both theology as a discipline and digital culture as the milieu within which we live. [...] The relationship between theology and digital culture works bi-directionally: theology as the lens through which to analyze digital culture and digital culture as the lens through which to analyze theology; theology as guiding principles with which to participate in digital culture and digital culture offering guiding principles by which we participate in theology.[83]

> DT4: A prophetic re-appraisal of digitality in the light of theological ethics. This leads us to the final aspect of Digital Theology: the theological-ethical critique of digitality. As an extension of DT3, DT4 appraises the impact of technology on society at large drawing upon the theological toolkit of scripture and tradition. Media is beset with headlines of the impact of digital technology on human well-being, society and politics.[84]

Eine fünfte Welle ist den Autoren folgend noch ausstehend: Eine Verbindung der bisherigen Entwicklungen in interdisziplinärer Perspektive und die computergestützte Abbildung religionsbezogener Lebensformen und ihrer Daten:

> Wave 5 Digital Theology aims:
> – to use digital technology to enhance every aspect of the study of theology and religious belief and practice;
> – to analyse and critique the use of digital technology within the study of theology and religious belief and practice;
> – to describe and contextualise the impact of digital culture upon religious belief and practice;

---

[81] Ebd., 37.
[82] Ebd., 38.
[83] Ebd., 39.
[84] Ebd., 39.

- to determine digital trends in theology, specifically in terms of religious belief and practice;
- to work through multi-disciplinary research and with scholars from different disciplines;
- to offer a prophetic reappraisal of digitality in the light of theological ethics;
- to challenge computer scientists to design digital representations for conveying faith-oriented data.[85]

Diese typologische Beschreibung führt zu einem sehr weiten Begriff von „digital theology". Problematisch ist zum einen, dass unterschiedliche Verbindungsebenen von Theologie und Digitalisierung in der Beschreibung zusammenfallen (i.e. sowohl die Nutzung digitaler Technologien als auch die Reflexion über diese Nutzung, aber ebenso sehr auch die Reflexion auf kulturverändernde Wirkungen digitaler Technologien). Zum anderen wird die Entwicklung sehr stark aus dem Feld der digital religion hergeleitet. Für die theologische Reflexion auf Digitalisierung und die digitale Theologie im engeren Sinn ist jedoch auch der im Hintergrund stehende weite kulturwissenschaftliche Begriff von „Digitalisierung" von Bedeutung. Ich habe daher vorgeschlagen, zwischen unterschiedlichen Ebenen möglicher Verbindungen von Digitalität und Theologie zu differenzieren:

1. Theologie in digitalen Räumen: Dies beschreibt Versuche, Theologie im Medium des Digitalen zu treiben. Dazu gehören z.B. theologische Podcasts, Blogs oder Online-Journals (z.B. Cursor_Zeitschrift für explorative Theologie www.cursor. pubpub.org).

2. Theologie mit digitalen Mitteln, Tools oder Methoden: Dazu gehören Ansätze, Theologie mit digitalen Technologien und Methoden zu treiben, z.B. in der Adaption von Tools aus den Digital Humanities (z.B. Forschungsverbund TheoLab, vgl. S.Karchers Beitrag in diesem Heft).

3. Theologische Reflexion *auf* Digitalisierung: Die Reflexion auf den digitalen Wandel und die damit verbundenen Transformationen ist derzeit v.a. in Handlungsfeldern der Praktischen Theologie (z.B. Bildungstheorie) oder Ethik (z.B. Einsatz von Künstlicher Intelligenz, Cyberwar) zu finden.

4. Digitaler Wandel der Theologie: Ein weiterer Ansatz ist die Frage, wie sich Kategorien, Denkmodelle und Fragestellungen theologischer Reflexion selbst durch Digitalisierungsprozesse verändern. Dies entspricht der von Philips et al. beschriebenen dritten Welle [...].[86]

Insofern der Diskurs um „digital theology" sehr eng mit den angelsächsischen Debatten im Feld der „digital religion" verbunden ist, stellt sich für den deut-

---

[85] Ebd., 40f.
[86] *van Oorschot*, Themenrezension (wie Anm. 40), 165.

schen Forschungskontext nicht nur die Frage, ob und wie an diese Debatten angeknüpft werden kann, sondern auch die Frage, wo und wie digitale Theologie disziplinär verortet und wie sie methodisch konzipiert wird. Dies wurde am Beispiel der digital gestützten Forschung bereits deutlich. Von der interdisziplinären Anlage zeugen nicht nur die bestehenden Forschungsprojekte und Publikationen im Feld, sondern auch die beobachtbaren Überschneidungen systematisch-theologischer und praktisch-theologischer Reflexion auf die theologischen Implikationen des digitalen Wandels.

Verbunden sind diese Entwicklungen mit vielfachen Initiativen zur Vernetzung. So gründete sich etwa 2019 unter Federführung von Pete Philipps, Kyle Schiefelbaum-Guerrero und Jonas Kurlberg das Global Network for Digital Theology, dessen Jahrestagungen Möglichkeiten zum Austausch in diesem jungen Forschungsfeld geben.[87] Als Regionalgruppe der International Society of Media, Religion and Culture (ISMRC), ein internationales und interdisziplinäres Netzwerk zur Erforschung des Zusammenhangs von Medien, Religion und Kultur, gründete sich 2020 das religions- und medienwissenschaftlich sowie ebenfalls theologisch orientierte Network of Germanspeaking Researchers on Religion and Culture in Times of deep Mediatization (GeNet-ISMRC) unter der Leitung von Kristin Merle, Ilona Nord und Kerstin Radde-Antweiler.

Gemeinsames Fazit

Die abschließenden Beobachtungen können mit der Feststellung starten, dass die Evangelische Kirche in Deutschland sowie die Praktische und Systematische Theologie an verschiedensten Standorten intensive breitenwirksame Prozesse der Transformation in Gang gesetzt haben, um evangelische Kirche in Zeiten des digitalen Kulturwandels nicht nur neu zu denken, sondern auch zu gestalten. Es sind Grundlagen gelegt, um religionspraktisch und theologisch angemessen Digitalstrategien zu implementieren sowie ethische und praktisch-theologische Fragestellungen auf der Basis von grundlegenden wissenschaftlichen Einsichten zu reflektieren.

Dies zeigt sich erstens in den vorgestellten empirischen Forschungen zu digitaler kirchlicher Praxis, die während der Pandemie entstanden sind und deren Ergebnisse hier vorgestellt wurden: Die *Midi-Adhoc*-Studie, die *ReTeOG*-Studien aus dem deutschen kirchlichen Kontext, die US-amerikanischen Studien *The Distanced Church* und *Revisiting The Distanced Church* sowie die in-

---

87 Die Dokumentation der Jahrestagung von 2020 findet sich unter https://cursor.pub pub.org/ gndt (aufgerufen am: 6. 1. 2023).

ternationale und ökumenische *CONTOC*-Studie (Churches Online in Times of Corona). Sie alle liefern detaillierte Einblicke in digital vermittelte kirchliche Praxis innerhalb verschiedener kirchlicher Handlungsfelder und in Bezug auf die Professionstheorie kirchlichen Personals.

Zweitens werden die durch die Digitalisierungsprozesse angeregten Wandlungsprozesse in der Theologie verschiedentlich beleuchtet – kirchlicherseits in Form einer Denkschrift, im Bereich der wissenschaftlichen Theologie in Kompendien und Sammelbänden. In der theologischen Reflexion ist ein Schwerpunkt in der ethischen Debatte erkennbar.

Damit kommt ein drittes in den Blick: Digitalisierung ist nicht nur ein Gegenstand theologischer Reflexion, sondern verändert auch die Theologie selbst. Darüber hinaus wird auch die kulturprägende Kraft digitaler Technologien etwa im Blick auf Anthropologie, Gemeinschaft u.a. zunehmend reflektiert. Wie sich theologische Forschung selbst verändert, zeigen die dargestellten Debatten um die Einbindung digitaler Technologien in die theologische Forschung etwa in der Exegese oder in den empirisch arbeitenden Teilen der Theologie, vor allen in der Praktischen Theologie. Die aus der Implementierung digitaler Technologien erwachsenden hermeneutischen Grundfragen werden vor allen in der Systematischen Theologie traktiert und werfen die grundlegende Debatte auf, ob und wie ein digitaler Kulturwandel auch für die und in der Theologie zu denken ist.

Das Konzept des Kulturwandels stellt Digitalisierung als einen Gegenstand und als Kulturwandel von Theologie und Kirche selbst vor Augen: Digitalisierung ist folglich Lebensumfeld der Theologie und verändert die Theologie selbst, in beiden: Kirche und Wissenschaft. Diese mit dem digitalen Wandel einhergehenden tiefgreifenden Veränderungen gehen mit der Suche nach neuen fachspezifischen Beschreibungen einher. Für die theologische Reflexion hat sich der Begriff digital theology/digitale Theologie dafür eingebürgert. Die für dieses Paradigma notwendigen Differenzierungen wurden dargestellt. Es zeigt sich, dass die durch digitale Technologien angeregten Prozesse definitiv sowohl in der Theologie als auch im kirchlichen Leben zu einem vertieften Verständnis des digitalen Wandels als einer kulturprägenden Veränderung führen. Die Grundlagenarbeiten zum digitalen Wandel wurden aufgenommen und ihre Diskussion wird in der umrissenen Breite weiterzuführen sein.

Liturgia/ecclesia semper reformanda?!

Sondierung des Themenfeldes

Benedikt Kranemann

1.   Implikationen des „semper reformanda"

Fragezeichen und Ausrufezeichen stehen über den folgenden Ausführungen, die nicht mehr als eine kurze, essayistische Sondierung des Themenfeldes bieten wollen. Was die These angeht, dass der Gottesdienst der Kirche immer wieder Reformen unterworfen werden muss, dürfte in der Liturgiewissenschaft (wie auch in anderen theologischen Disziplinen, die sich mit Reformen der Kirche beschäftigen) Konsens bestehen: Das grundsätzliche Faktum und damit die immer neue Notwendigkeit von Reformen müssen nicht mehr debattiert werden. Dass die Liturgie im Laufe der Geschichte, wie die Kirche übrigens auch, immer wieder reformiert worden ist, darf vorausgesetzt werden.[1] Ebenso wenig lässt sich bestreiten, dass der Gottesdienst durch die Jahrhunderte tiefgreifenden Veränderungen unterworfen gewesen ist, die sich jenseits geplanter Reformen ereignet haben und Inhalte und Feierformen betroffen haben.[2] Inte-

---

[1]   Programmatisch und hinsichtlich der historischen Beispiele immer noch anregend *Angelus A. Häußling*, Liturgiereform. Materialien zu einem neuen Thema der Liturgiewissenschaft, in: ders., Christliche Identität aus der Liturgie. Theologische und historische Studien zum Gottesdienst der Kirche, hg. von M. Klöckener/B. Kranemann/M. B. Merz (LQF 79), Münster 1997, 11–45. Weiterhin *Martin Klöckener/Benedikt Kranemann*, Liturgiereform – Grundzug des christlichen Gottesdienstes. Systematische Auswertung, in: dies. (Hg.) Liturgiereformen. Historische Studien zu einem bleibenden Grundzug des christlichen Gottesdienstes I: Biblische Modelle und Liturgiereformen von der Frühzeit bis zur Aufklärung. II: Liturgiereformen seit der Mitte des 19. Jahrhunderts bis zur Gegenwart (LQF 88), Münster 2002, 1083–1108.

[2]   Vgl. u. a. die liturgiegeschichtlichen Überblicksdarstellungen aus jüngerer Zeit: *Geoffrey Wainwright/Karen B. Westerfield Tucker* (Hg.), The Oxford History of Christian Worship, Oxford/New York 2006; *Jürgen Bärsch/Benedikt Kranemann* (Hg.) in Verbindung mit *Winfried Haunerland/Martin Klöckener*, Geschichte der Liturgie in den Kirchen des Westens. Rituelle Entwicklungen, theologische Konzepte und kulturelle Kontexte 1: Von der Antike bis zur Neuzeit. 2: Moderne und Gegenwart, Münster 2018; *Melanie C. Ross/Mark A. Lamport* (Hg.), Historical Foundations of Worship. Catholic,

ressant dürften zukünftig und mit Blick auf heutige Herausforderungen Studien sein, wie solche Reformen und Veränderungen, wie folglich Transformationsprozesse im Einzelnen abgelaufen sind, wer sie verantwortet hat und wie, bis in die jüngste Reform hinein, die Gläubigen, die Nichtordinierten, in solche Prozesse einbezogen waren, ob sie also produktiv oder allein rezeptiv beteiligt waren. Denn wenn in der Gegenwart über das Axiom „semper reformanda" nachgedacht wird, ist eine nicht beim Klerus, nicht bei der Kirchenleitung, sondern bei der Taufe und den Getauften insgesamt ansetzende Ekklesiologie und ein entsprechender Blick auf Kirche und Liturgie unumgänglich.[3]

„Liturgia" und „ecclesia" werden im Titel dieses Sammelbandes, wo von Liturgie und Ekklesiologie die Rede ist, in einen engen Zusammenhang gesetzt. Sie erscheinen dadurch wie zwei Seiten einer Medaille. Das galt, gerade in liturgiewissenschaftlichen Kreisen, lange[4] und gilt weiterhin als gesetzt. Liturgie, insbesondere die Feier der Eucharistie, konstituiert Kirche. Deshalb kann im Titel dieses Buches von „Reform des Gottesdienstes als Reform der Kirche" die Rede sein.

Kirche wiederum erlebt sich in der Liturgie in verdichteter Weise. Doch wenn man in oder nach der Pandemie auf den Zustand der Liturgie in der Kirche schaut, ist für viele der so beschriebene Konnex von Liturgie und Kirche offensichtlich nicht mehr automatisch gegeben und höchst erklärungs- und begründungsbedürftig. Liturgie, und das bedeutet nun vor allem: die Messfeier am Sonntag, die Eucharistie – so problematisch das ist – als die „Normalliturgie" in der katholischen Kirche zu jeder Gelegenheit, hat für die Mehrzahl der Katholikinnen und Katholiken sichtlich an Relevanz verloren. Dafür sprechen die kirchliche Statistik[5] und empirische Untersuchungen[6]. Die Befunde sind

---

Orthodox, and Protestant Perspectives. Introductions by John Witvliet and Nicholas Wolterstorff (Worship foundations), Grand Rapids, Michigan 2022.

[3] Vgl. zuletzt *Birgit Jeggle-Merz*, In persona Christi agere. Identitätsmerkmal allein des Amtspriestertums oder auch des gemeinsamen Priestertums?, in: M. Eckholt/J. Rahner (Hg.) Christusrepräsentanz. Zur aktuellen Debatte um die Zulassung von Frauen zum priesterlichen Amt (QD 319), Freiburg/Br. [u.a.] 2021, 371–385; *Benedikt Kranemann*, „Priester, König und Prophet" – Taufberufung und Christsein, in: C. Freilinger/F. Wegscheider (Hg.) unter Mitarbeit von Elena Deinhammer, „und Christus wird dein Licht sein" (Eph 5,14). Taufberufung als dialogisches Christus-Geschehen (Schriften der Katholischen Privat-Universität Linz 11), Regensburg 2022, S. 229–252.

[4] Dieser Zusammenhang durchzieht beispielsweise das Werk von Klemens Richter; vgl. die ausgewählten Aufsätze in *Klemens Richter*, Feiernde Gemeinde. Die Identität der Kirche und ihr Gottesdienst – eine Aufsatzsammlung, hg. von B. Kranemann/T. Sternberg/M. Stuflesser, Münster 2015.

[5] Vgl. Katholische Kirche in Deutschland. Zahlen und Fakten 2021/22, hg. vom Sekretariat der Deutschen Bischofskonferenz (ADBK 332), Bonn 2022.

[6] Vgl. *Detlef Pollack/Gergely Rosta*, Religion in der Moderne. Ein internationaler Vergleich (Schriftenreihe ‚Religion und Moderne' 1), Frankfurt/New York [2]2022, 111–116

ernüchternd. Man wird viele Gründe für den Niedergang des liturgischen Lebens nennen können, darunter jene, auf die u.a. Judith Hahn wiederholt aufmerksam gemacht hat. Rituale, damit auch Gottesdienste seien Machtkämpfen unterworfen. In ihnen würden Machtverhältnisse erlebt. Wer hier mit seinen Vorstellungen von Macht und Kirche nicht zum Zuge komme, könne allein dadurch reagieren, dass er oder sie dem Ritual fernbleibe. „Wer geht, verweigert sich den Prozessen, die rituelle Macht bestätigen und sakralisieren."[7]

Die Argumentation lässt sich noch weiterführen: Wenn „liturgia" und „ecclesia" in Wechselwirkung stehen und davon ausgegangen werden kann, dass sich in Liturgie auch Machtkonstellationen ausdrücken,[8] trägt dann möglicherweise die Liturgie zu all den Krisen bei, die die römisch-katholische Kirche gegenwärtig erschüttern? Und hat sie in der Vergangenheit dazu beigetragen? Produziert sie einen übersteigerten Klerikalismus, der zur Krise des Priester- und Bischofsamtes und letztlich der Kirche insgesamt geführt hat?[9] Und wie beschädigt wiederum der Zustand der Kirche – Missbrauch, Täuschung, Klerikalismus, unsauberes Finanzgebaren, um nur einige Verfehlungen zu nennen – die Liturgie?[10] Welche Liturgie vermittelt welches Kirchenbild?

(Zahlen für Westdeutschland); *Dominik Abel/Benedikt Kranemann*, Gipfel und Höhepunkt? Liturgie in Corona-Zeiten, in: Gottesdienst 56 (2022) 82f.; *Benedikt Kranemann/Magdalena Lorek*, Ehrliche Bestandsaufnahme: Kirche und religiöse Praxis in der Pandemie, in: HerKorr 76 (2022) Nr. 2, 31–33.

[7] *Judith Hahn*, Liturgische Normen – normierende Liturgien. Ritual- und normtheoretische Beobachtungen zum Zusammenhang von Liturgie, Hierarchie, Macht und Geschlecht, in: S. Böntert u.a. (Hg.), Gottesdienst und Macht. Klerikalismus in der Liturgie, Regensburg 2021, 187–202, hier 202.

[8] Hier ist nicht nur an Rollen zu denken, die Nichtordinierten in der Liturgie vorenthalten werden, oder an Inszenierungen des kirchlichen Amtes im Gottesdienst; vgl. Beispiele bei *Benedikt Kranemann*, Machtspiel, Liturgie und kirchlicher Transformationsprozess. Eine kritische Sichtung des Gottesdienstes der Kirche, in: Protokolle zur Liturgie 9 (2020/2021) 128–157. Auch spiritueller Missbrauch ist eine zum Teil sehr subtile Form von Machtmissbrauch; vgl. *Doris Wagner*, Spiritueller Missbrauch in der katholischen Kirche, Freiburg/Br. [u.a.] 2019.

[9] Aus der Fülle der Literatur, die allerdings bislang wenig bis gar keine Resonanz in der Praxis zeigt, seien diese Titel genannt: *Gregor Maria Hoff/Julia Knop/Benedikt Kranemann* (Hg.), Amt – Macht – Liturgie. Theologische Zwischenrufe für eine Kirche auf dem Synodalen Weg (QD 308), Freiburg/Br. [u.a.] 2020; *Böntert* u.a. (Hg.), Gottesdienst und Macht (wie Anm. 7).

[10] Vgl. die Fallstudie von *Andreas Odenthal*, Heilsame Liturgie? Die Karfreitagsfürbitte im Kontext der Missbrauchskrise auf dem Prüfstand, in: J. Sautermeister/A. Odenthal (Hg.), Ohnmacht. Macht. Missbrauch. Theologische Analysen eines systemischen Problems, Freiburg/Br. [u.a.] 2021, 153–173, der an der besonderen Karfreitagsfürbitte von 2010 im Kontext der Missbrauchskrise einen „Versuch der Entschuldung der Verantwortlichen in der Kirche" (ebd., 173) kritisiert und einer Bemächtigung des Themas seitens der kirchlichen Hierarchie (vgl. ebd., 164).

Welche Kirchenbilder sollte die Liturgie zeichnen?[11] Gottesdienste reproduzieren wie andere Rituale eben auch soziale Ordnungen.[12] Um den Schwierigkeiten und Verwerfungen, die damit gegeben sind, auf den Grund zu kommen, müssen gegenwärtig in der Liturgiewissenschaft kritischere Fragen aufgeworfen werden, als dies lange üblich war.[13]

Außerdem stellt der Titel dieses kurzen Textes Reformen von Liturgie und Kirche als fortwährend dar: „semper". Sie sind gleichsam als auf Dauer gestellt.[14] Liturgie bleibt in Bewegung. Die Frage der Erneuerung des Gottesdienstes, beispielsweise hinsichtlich der Sprachgestalt der Liturgie, der Weiterentwicklung tradierten Gottesdienstes, der Entwicklung neuer Formen der Liturgie, des Rollengefüges im Gottesdienst usw., wird auf neue und zukunftsfähige Lösungen hin offen. Liturgie entwickelt sich mit Glauben, Kirche, Gesellschaft, vor allem aber mit den Menschen, die sie feiern. Doch in Teilen der Kirche und der Kirchenleitung war man sich möglicherweise lange zu sicher, mit dem Zweiten Vatikanischen Konzil sei dem Anspruch auf Reformen erst einmal Genüge getan, sei also das „semper" gleichsam erst einmal ruhiggestellt, weil Konzil und Nachkonzilszeit ja bis in die Gegenwart hinein tragfähi-

---

[11] Vgl. dazu die Überlegungen und Thesen in *Stefan Kopp/Benedikt Kranemann* (Hg.), Gottesdienst und Kirchenbilder. Theologische Neuakzentuierungen (QD 313), Freiburg/Br. [u. a.] 2021.

[12] Das ist u. a. die These von *Roy A. Rappaport*, Ritual and Religion in the Making of Humanity, Cambridge, U.K./New York 1999; Textauszug in Übersetzung: *Roy A. Rappaport*, Ritual und performative Sprache, in: A. Belliger/D. J. Krieger (Hg.), Ritualtheorien. Ein einführendes Handbuch, Wiesbaden ³2006, 191–210. Auf Rappaports Ritualtheorie bezieht sich u. a. *Judith Hahn*, Die Ordnung der Liturgie, die Liturgie der Ordnung: Rollenbildung und -konflikt in kirchlichen Ritualen, in: ThG 65 (2022) 59–72.

[13] Auch die Liturgiewissenschaft muss sich der Frage stellen, ob manche ihrer Denkfiguren unterschiedliche Formen des Missbrauchs ermöglicht und begünstigt haben; vgl. mit Blick auf die Theologie insgesamt: *Magnus Striet/Rita Werden* (Hg.), Unheilige Theologie! Analysen angesichts sexueller Gewalt gegen Minderjährige durch Priester (Katholizismus im Umbruch 9), Freiburg/Br. [u. a.] 2019; *Doris Reisinger* (Hg.), Gefährliche Theologien. Wenn theologische Ansätze Machtmissbrauch legitimieren, Regensburg 2021.

[14] Auch das begegnet bereits in der wissenschaftlichen Literatur, so etwa bei *Häußling*, Liturgiereform (wie Anm. 1), 43: Wer Liturgiereform, wie im Zweiten Vatikanischen Konzil geschehen, über das Axiom der tätigen Teilnahme eng mit dem glaubenden Menschen verbinde, betrachte sie letztlich als nicht beendbar. Auch andere Theologen der Nachkonzilszeit waren vom „semper" der Reform überzeugt; vgl. etwa *Emil Joseph Lengeling*, Liturgie im Wandel der Gesellschaft und Kirche, in: *ders.*, Liturgie, Dialog zwischen Gott und Mensch, hg. von Klemens Richter, Altenberge 1988, 55–73 (zuerst 1970 erschienen), hier 59 f. Für Lengeling, der sich auf Papst Paul VI. beruft, resultiert aus dem „liturgia semper reformanda" die Notwendigkeit der „Verbesserung und Neuschaffung liturgischer Texte", was er wiederum als „eine weiterbestehende ständige Aufgabe" versteht (ebd., 59).

ge Entscheidungen getroffen hätten. Nur so lässt sich die zum Teil sehr behäbige Fortschreibung der Arbeit an den römischen liturgischen Büchern wie auch die fehlende Kraft in den Ortskirchen erklären, mit Blick auf notwendige Reformen und Innovationen die Auseinandersetzung mit der römischen Kurie zu suchen. Es darf nicht übersehen werden, dass sich weltkirchlich – und gerade dieses weltkirchliche Moment muss betont werden – viele Fragen heute notwendig anders stellen als zur Konzilszeit. Das Umfeld, in dem Kirche und Glauben gelebt werden, hat sich tiefgreifend verändert. „Die Moderne steht in einer neuen Phase, in der sie zutiefst fraglich geworden ist."[15] Konzil und Liturgiekonstitution müssen als Beratungen und Dokumente „in ihrer Zeit" verstanden werden, sind folglich als historische Daten zu betrachten. Sie sind unter heutigen Gesichtspunkten („Zeichen der Zeit") kritisch zu lesen. Ihre Relecture unter heutigen kulturellen Bedingungen, aber auch ihre Fortschreibung für die Gegenwart sind unumgänglich.

2. Eine ungeschönte Wahrnehmung des Plausibilitätsverlustes der Liturgie

Die dramatische Lage von Kirche und Liturgie verlangt der Theologie ein neues und grundsätzliches Nachdenken über Inhalte und Formen der Liturgie im Leben von Katholik:innen ab. Unter der Pandemie haben viele Menschen ihre Bindung an die Kirche verloren bzw. ist diese Bindung fragiler und dünner geworden. Das hat Konsequenzen für die Feier der Liturgie, wie die kirchliche Statistik nicht nur, aber insbesondere für die Feier der Sonntagseucharistie belegt. Lediglich 4,3 % der Katholik:innen nahmen 2021/22 an der sonntäglichen Eucharistiefeier teil,[16] ein wirklicher Tiefpunkt. Folgt man dem Religionssoziologen Detlef Pollack, könnte die Situation der katholischen Kirche vielleicht heute schon einen Kipppunkt erreicht haben, also jenen Moment, an dem Zahlen sich nicht nur ins Negative drehen, sondern regelrecht abstürzen.[17] Viele

---

[15] Das arbeitet deutlich heraus *Martin Kirschner*, Die Zeichen der Zeit im Blick der Europäer, in: P. Hünermann (Hg.) in Verbindung mit B. J. Hilberath / L. Boeve, Das Zweite Vatikanische Konzil und die Zeichen der Zeit heute, Freiburg/Br. [u. a.] 2006, 226–239, der ebd., 231 auf den „Unterschied der gegenwärtigen Situation Europas gegenüber der 60er Jahren" hinweist. Aber solche Unterschiede bestehen auch auf anderen Kontinenten.

[16] Vgl. Katholische Kirche in Deutschland. Zahlen und Fakten 2021/22, 78.

[17] So eine Aussage von Detlef Pollack, u. a. zitiert in: *Oliver Maksan*, „Die Bedeutung des Islams in Deutschland wird steigen und die des Christentums zurückgehen", https://www.nzz.ch/international/weihnachten-2021-das-christentum-ist-auf-dem-rueck

empirische Studien der letzten Monate belegen katastrophale Entwicklungen, die Kirche und Gottesdienst im Kern betreffen. Vermutlich könnte jeder und jede aus dem eigenen Umfeld entsprechende Beobachtungen einbringen. Um es unmissverständlich zu sagen: Liturgie spielt bis in das Zentrum der Kirche hinein für die allermeisten Katholik:innen keine entscheidende Rolle mehr! Man muss das so hart und klar sagen, um die grundlegende Veränderung in der religiösen Praxis innerhalb der katholischen Kirche wahrzunehmen. Liturgie hat ihre Plausibilität für die eigene Glaubenspraxis verloren. Die Qualität vieler Gottesdienste wird beklagt. Die kirchenamtlich normierte Form des Gottesdienstes wird als langweilig, lebensfern, erstarrt erlebt und infrage gestellt. Und immer wieder wird die Kritik am Klerikalismus in der Liturgie laut, der als abstoßend erlebt wird. Um es noch einmal zuzuspitzen: Die Liturgie, die viele Menschen mal um mal erleben, treibt sie offensichtlich aus dem Gottesdienst heraus. Liturgiewissenschaft muss diesen Plausibilitätsverlust benennen, offen und kritisch nach den Ursachen fragen und ihn in die eigene theologische Reflexion als Faktum integrieren, wenn sie das „liturgia semper reformanda" ernst nimmt und zu einer Neubelebung von Liturgie und Kirche ihren Beitrag leisten will.

3.   Notwendigkeit von Synodalität für die Verlebendigung von Liturgie

Derzeit lässt sich in der Kirche welt- wie ortskirchlich ein neues Interesse an Synodalität beobachten. Diese Synodalität bezieht sich auf alle möglichen Felder kirchlichen Lebens, aber kaum oder indirekt auf die Liturgie. So begegnet im Vorbereitungsdokument der Weltsynode beispielsweise unter „Zehn zu vertiefende Themenfelder" an vierter Stelle das Stichwort „Feiern". Betont werden das Hören auf das Wort Gottes und die Feier der Eucharistie, die ein, wie es heißt, „gemeinsames Gehen" ermöglichen. Erfragt wird, wie die Feier der Liturgie Letzteres motiviere und orientiere, die „aktive Teilnahme der Gläubigen gefördert werde, welcher Platz „der Ausübung des Lektoren- und Akolythen-Dienstes eingeräumt" werde. Im Vorbereitungsdokument liest man weiter: „Eine synodale Kirche ist eine Kirche der Teilhabe und der Mitverantwortung." [18]

zug-ld.1661792, 25.12. 2021 (aufgerufen am: 3.11. 2022). Zum empirischen Befund vgl. *Pollack/Rosta*, Religion in der Moderne (wie Anm. 6).

[18]   Alle Zitate aus: Für eine synodale Kirche: Gemeinschaft, Teilhabe und Sendung. Vorbereitungsdokument (7.9. 2021), siehe: https://press.vatican.va/content/salastampa/

Auch der Synodale Weg in Deutschland vertritt das mit aller Klarheit und spricht von „Synodalität als Prinzip der Kirche".[19] Im Dokument „Macht und Gewaltenteilung in der Kirche" wird von einer Korrektur gesprochen, die das Zweite Vatikanische Konzil „an der vorherigen Gegenüberstellung von aktiven Amtsträgern und passiven Laien" vorgenommen habe. Es habe u.a. für die Liturgie „die aktive und bewusste Partizipation auch der Gläubigen ohne Weiheamt" ermöglicht. Es sei dem Konzil „um die gemeinsame Verantwortung aller Getauften und Gefirmten für die Sendung der Kirche" gegangen. Das Dokument fährt dann fort: „Mit Blick auf die Leitungsstrukturen der Kirche gilt es, Beteiligungsrechte zu formulieren, die diese gemeinsame Verantwortung ermöglichen, fördern und auch in Konfliktfällen garantieren."[20] Die Liturgie muss selbstverständlicher Gegenstand synodaler, partizipativer Prozesse werden. In letzteren könnte Liturgie evaluiert, über Revisions- und Reformprozesse, ihre Gegenstände und Ziele, beraten und beschlossen werden, könnten Erfahrungen, die mit liturgischen Feiern und einzelnen Elementen gemacht worden sind, gesammelt werden usw. Ebenfalls bleiben synodale Prozesse ohne einen markanten Einbezug von Liturgie defizitär, außer man würde davon ausgehen, dass die Liturgie selbst nur noch ein Randgeschehen ist, um das man sich in der Kirche nicht weiter kümmern muss.

Um beim ersten Gedanken zu bleiben: Es ist aus wissenschaftlicher Perspektive bemerkenswert, dass kirchliche Dokumente bis in die Gegenwart tätige Teilnahme in der Liturgie und damit Beteiligung der Gläubigen in unterschiedlicher Weise als theologisch erstrangig verstehen. Sie blenden das aber aus, wenn es um Fragen der grundsätzlichen Verantwortung für den Gottesdienst geht. So kennt, was von der Gesamtintention des Dokuments her nicht weiter verwunderlich ist, die Instruktion „Liturgiam authenticam" bei der Erstellung volkssprachlicher Übersetzungen keine Einbeziehung des „Volkes".[21]

---

it/bollettino/pubblico/2021/09/07/0540/01156.html#tedescook (aufgerufen am: 5.11. 2022). Vgl. jetzt auch die Ausführungen zu „Synodales Leben und Liturgie" in: Secretaria Generalis Synodi, „Mach den Raum deines Zeltes weit" (Jes 54,2). Arbeitsdokument für die kontinentale Etappe. Vatikanstadt, 24. Oktober 2022, 41–44, siehe: https://www. dbk.de/fileadmin/redaktion/diverse_downloads/presse_2022/2022-172a_Mach-den-Raum-deines-Zeltes-weit-Synode_2021-2024-Arbeitsdokument-kontinentale-Etappe.pdf (aufgerufen am: 16.11. 2022).

[19] Macht und Gewaltenteilung in der Kirche – Gemeinsame Teilnahme und Teilhabe am Sendungsauftrag. Grundtext, hg. vom Büro des Synodalen Weges (Der Synodale Weg 3), Bonn 2022, 33f. Zitiert nach: https://www.synodalerweg.de/fileadmin/Synodaler weg/Dokumente_Reden_Beitraege/beschluesse-broschueren/SW3-Grundtext_Machtund GewaltenteilunginderKirche_2022.pdf [5.11. 2022], 37.

[20] Alle Zitate aus: Macht und Gewaltenteilung in der Kirche (wie Anm. 19).

[21] *Kongregation für den Gottesdienst und die Sakramentenordnung*, Der Gebrauch der Volkssprache bei der Herausgabe der Bücher der römischen Liturgie „Liturgiam authenticam". Fünfte Instruktion „zur ordnungsgemäßen Ausführung der Konstitution des

Das Motu proprio „Magnum principium", das die eben genannte Instruktion in wesentlichen Punkten revidiert hat, betont zwar die Bedeutung der tätigen Teilnahme, aber wendet dieses nicht auf Reform- oder Revisionsprozesse der Liturgie an.[22] Die katholische Kirche betont derzeit auf orts- wie auf weltkirchlicher Ebene die Beteiligung der Nichtordinierten an zentralen Entscheidungsprozessen. Wenn über den Gottesdienst von morgen in der Kirche nachgedacht wird, muss konsequent für Transparenz und Teilhabe aller Gläubigen als der Getauften gesorgt werden, damit ihr Glaube und ihre Perspektiven auf den Gottesdienst stärker in die Liturgie einfließen.

Doch Probleme gibt es auch innerhalb der Liturgie selbst. Nach wie vor bleibt hier zu vieles an Leitung und Mitverantwortung im Bereich des Zugeständnisses. Das zeigt sich auf sprachlicher Ebene dort, wo es um die Benennung von Gottesdienstleitung durch „Laien" geht, die deutlich die Nachordnung hinter Ordinierte und damit eine am Defizit orientierte Ersatzfunktion sprachlich zum Ausdruck bringt und das liturgische Handeln auch entsprechend rituell begrenzt, wenn es beispielsweise um die Benutzung des Vorstehersitzes oder den Segensgestus geht.[23]

Es ist auch etwa auf der Ebene der Predigt sichtbar, denn „Laien"predigt in der Eucharistiefeier ist nach wie vor kirchenrechtlich untersagt und bleibt dort, wo sie dennoch praktiziert wird, Zugeständnis, aber ist eben kein Recht.[24] Das

Zweiten Vatikanischen Konzils über die heilige Liturgie" (zu Art. 36 der Konstitution). Lateinisch – Deutsch. 28. März 2001, hg. vom Sekretariat der Deutschen Bischofskonferenz (VApS 154), Bonn 2001. Vgl. den unten in Anm. 30 genannten Sammelband.

22 *Papst Franziskus*, Apostolisches Schreiben in Form eines „Motu Proprio" „Magnum Principium", durch das can. 838 des Kodex des kanonischen Rechts verändert wird. https://www.vatican.va/content/francesco/de/motu_proprio/documents/papa-francesco-motu-proprio_20170903_magnum-principium.html (aufgerufen am: 5. 11. 2022). Das Dokument verfügt über keine Absatznummerierung. Vgl. dazu zuletzt *Benedikt Kranemann*, Magnum principium – ein neues Kapitel für die Volkssprache in der Liturgie, in: ET studies 9,2 (2018) Nr. 2, 205–225; *Winfried Haunerland*, Das Motu proprio Magnum principium als Impuls für die liturgische Erneuerung, in: AKathKR 187 (2020) Nr. 1, 33–50; *Martin Klöckener*, Ein neuer Geist, in: Gottesdienst 56 (2022) Nr. 1, 1–3.

23 Vgl. *Judith Hahn*, Leiter(in) – Helfer(in) – Beauftragte(r)? Zur Terminologie der Liturgieleitung durch Lai(inn)en, in: Hoff / Knop / Kranemann (Hg.), Amt – Macht – Liturgie (wie Anm. 9), 185–199.

24 Vgl. zu diesem Thema mit historischem Interesse *Stephan Knops*, Gemeinsames Priestertum und Laienpredigt. Die nachkonziliare Diskussion in der BRD bis zur Würzburger Synode (FThSt 188), Freiburg/Br. [u. a.] 2019; *ders.*, Die Debatte um die Laienpredigt – von theologischen Herausforderungen und hoffnungsvollen Neuansätzen auf dem Weg zur Gemeindeliturgie, in: Hoff / Knop / Kranemann (Hg.), Amt – Macht – Liturgie (wie Anm. 9), 107–122. Zu heutigen Fragestellungen: *Christian Bauer / Wilhelm Rees* (Hg.), Laienpredigt – Neue pastorale Chancen, Freiburg/Br. [u. a.] 2021. Den Status quo verteidigt *Christoph Ohly*, Der Dienst am Wort Gottes. Eine rechtssystematische Studie zur

ist für viele Gläubige demütigend, für die Seelsorge, die auf motivierte Menschen[25] setzen muss, ein Desaster und theologisch nicht vertretbar. Denn nimmt man die Taufe ernst, zeitigt das für die Getauften nicht nur Konsequenzen in einer vage umschriebenen „Welt", sondern auch in der Kirche. Die vielfältigen Begabungen in der Kirche für den Gottesdienst, die gerade die Pandemie offengelegt hat, müssen einbezogen werden. Es geht dabei eindeutig um theologische Gründe für solche Transparenz und Partizipation. Wie immer aus heutiger Perspektive die Ergebnisse für das sog. Messbuch 2000 und die gesamte Organisation dieses Projekts beurteilt werden: Vor zwei Jahrzehnten hatte man einen breiten öffentlichen Diskussionsprozess in der Kirche in Gang gesetzt, der bis heute Vorbildcharakter besitzt, wenngleich man ihn in der Gegenwart sicherlich anders gestalten würde. Im Dokumentationsband 1 der Studienkommission zur Überarbeitung des Messbuchs[26] findet sich im Vorwort die Feststellung, Revisionen im Bereich der Liturgie dürften „nicht nur an Schreibtischen gemacht werden", sondern sollten „auf der Grundlage möglichst vieler Erfahrungen erfolgen". Dann fährt der Text fort: „Die Veröffentlichung von Arbeitspapieren und Ergebnissen aus der Studienkommission soll möglichst viele Interessierte zur Stellungnahme einladen. Der frühzeitige Einblick in die Überlegungen und Arbeiten der Studienkommission will zum Verständnis der Revision (und ihrer Grenzen) beitragen."[27] Schließlich wird eine

---

Gestalt von Predigt und Katechese im Kanonischen Recht (MThS.K 63), St. Ottilien 2008.

25 Wobei nicht übersehen werden darf, dass die Homilie von Frauen in der Eucharistiefeier nicht vorgesehen ist. Dadurch werden ihre Erfahrungen, Weltsicht und Spiritualität ausgeblendet. Das ist nicht nur längst gesellschaftlich nicht mehr nachvollziehbar, geschweige denn akzeptabel. Es steht auch in Spannung zu den innerkirchlichen Verhältnissen, denn seit Jahrzehnten gestalten bestens ausgebildete Theologinnen das Leben der Kirche mit, bleiben aber von der Homilie ausgeschlossen. Ganz zu schweigen von den vielen Frauen, die nicht Theologinnen sind, aber deren intellektuelle und spirituelle Kompetenzen offensichtlich, folgt man kirchenamtlicher Lesart, für die Homilie nicht benötigt werden.

26 Ein zweiter Band erschien nicht, offensichtlich, weil sich mit „Liturgiam authenticam" die Arbeitsgrundlage für Übersetzungen geändert hatte und der Band durch kirchliche Verantwortliche untersagt wurde. Vgl. *Kongregation für den Gottesdienst und die Sakramentenordnung*, Der Gebrauch der Volkssprache (wie Anm. 21); unterschiedlich bewertende Stimmen zur Instruktion vgl. in: B. Kranemann / S. Wahle (Hg.), „… Ohren der Barmherzigkeit". Über angemessene Liturgiesprache (ThKontr), Freiburg/Br. [u. a.] 2011.

27 Alle Zitate: *Eduard Nagel* (Hg.), Studien und Entwürfe zur Messfeier (Texte der Studienkommission für die Meßliturgie und das Meßbuch der Internationalen Arbeitsgemeinschaft der Liturgischen Kommissionen im deutschen Sprachgebiet 1), Freiburg/Br. [u. a.] ²1996, 11. Vgl. neben diesem Sammelband auch die Dokumentation einzelner Arbeitsergebnisse bei *Martin Klöckener*, Erneuerung der Osternacht. Die Revisionsvorschläge der Arbeitsgruppe „Kirchenjahr und Kalenderfragen" der „Studienkommis-

Adresse genannt, an die Vorschläge geschickt werden können. Dass und wie dieser Diskussionsprozess ohne weitere öffentliche Debatte abgebrochen wurde,[28] hat nicht nur zu vielen Verletzungen bei den damals Engagierten geführt,[29] sondern war auch ein Schritt unter vielen auf dem Weg in die jetzige Krisensituation der katholischen Kirche. In der Liturgie, die als Handeln des Volkes Gottes die Gemeinschaft der Gläubigen und damit alle in der Kirche betrifft,[30] muss es Formen der Beteiligung der Getauften geben. Von einem solch geweiteten Begriff der Teilhabe her, der jetzt auf anderen Feldern kirchlichen Lebens begegnet, muss über Liturgie und Kirche theologisch nachgedacht werden. Der Grundgedanke wäre wiederum der Ansatz bei einer baptismalen Ekklesiologie und der daraus resultierenden Suche nach entsprechenden Partizipationsformen.[31]

4.   Neugewinnung von Vielfalt und Freiheit in der Liturgie

Insbesondere für die Liturgiereform nach dem Zweiten Vatikanischen Konzil ist kritisch zu sehen, dass sie in letzter Konsequenz – und so sicherlich nicht beabsichtigt – eine Monokultur innerhalb der Liturgie gefördert hat. Zugleich lässt sich bei allen Freiräumen, die eröffnet worden sind, von einer starken

sion für die Meßliturgie und das Meßbuch", in: LJ 47 (1997), 190–201. Zur Beteiligung späterer „Nutzer" an Reformprozessen vgl. knapp *Winfried Haunerland*, Messbuchreformen im deutschen Sprachgebiet. Instanzen und Prozesse, in: J. Bärsch/W. Haunerland (Hg.), Liturgiereform vor Ort. Zur Rezeption des Zweiten Vatikanischen Konzils in Bistum und Pfarrei (StPaLi 25), Regensburg 2010, 15–42, hier 41.

28   Eine detaillierte Darstellung der damaligen Vorgänge liegt bislang nicht vor. Vgl. aber *Haunerland*, Messbuchreformen im deutschen Sprachgebiet (wie Anm. 27) 29–35; *Martin Klöckener*, Das liturgische Vorstehergebet im Widerstreit. Theologische Begründungen, Anfragen, Konflikte, Perspektiven, in: S. Böntert (Hg.), Gemeinschaft im Danken. Grundfragen der Eucharistiefeier im ökumenischen Gespräch (StPaLi 40), Regensburg 2015, 147–177, hier 169 f.

29   Das klingt durch bei *Manfred Probst*, Abschiedsvorlesung. Mein Leben als Hochschullehrer. Rückblick auf die Entwicklung einer Ordenshochschule, in: Protokolle zur Liturgie 4 (2011), 13–32, hier 26. Probst schreibt, nach der Veröffentlichung von ‚Liturgiam authenticam' habe er seine „Mitarbeit in allen Projekten eingestellt, weil man nach meiner Auffassung mit falschen Prinzipien die für heutige Menschen gemäße Liturgiegestalt nicht verwirklichen kann."

30   Dazu jetzt auch *Benedikt Kranemann/Harald Buchinger/Alexander Zerfaß* (Hg.), Liturgie – „Werk des Volkes"? Gelebte Religiosität als Thema der Liturgiewissenschaft (QD 324), Freiburg/Br. [u. a.] 2023.

31   Vgl. dazu die in Anm. 3 genannte Literatur.

Normierung der Liturgie sprechen.[32] Wie sich dieser Befund etwa zur Liturgiekonstitution verhält, die ja beispielsweise eigene Wortgottesdienste[33] und eine stärkere Beachtung der Tagzeitenliturgie[34] auch durch Nichtkleriker als Aufgabe der Liturgiereform definiert hat, wäre zu diskutieren. Zu fragen wäre, ob nicht auch Theologie und Liturgiewissenschaft großenteils diesen Irrweg der Monokultur zu lange mitgegangen sind. Jedenfalls hat die Diskussion beispielsweise um verschiedene Formen von Wortgottesdiensten nicht zu früh eingesetzt. Theorie und Praxis haben Mentalität in der Kirche geprägt. Mit der Pandemie scheint sich jetzt die Praxis noch einmal zu verändern. Die gottesdienstliche Praxis wird pluraler, auch die innerkirchliche Debatte, was aus den bekannten liturgietheologischen Gründen nur zu begrüßen ist.[35] Eine Liturgiewissenschaft, die Praxis und damit am Vollzug entlang reflektiert,[36] muss mit Blick auf Liturgie und Kirche diese Vielfalt zu ihrem Gegenstand machen. Gerade in jüngster Zeit ist eine Reihe kleinerer Studien erschienen, die zeigt, was eine stärkere Berücksichtigung von Wortgottesdiensten,[37] Stundenliturgie,[38]

---

32 Kleinteilige Vorgaben zu Übersetzungsprozessen, wie sie *Liturgiam authenticam* formuliert hat, sind in der (jüngeren) Liturgiegeschichte die Ausnahme. Inwieweit mit Papst Franziskus wirklich eine Wende realisiert wird, muss sich erst noch erweisen; vgl. *Klöckener*, Ein neuer Geist.

33 Dazu zuletzt *Wolfgang Meurer*, Die Wort-Gottes-Feier als sacra celebratio. Ein nicht ausgeführter Beschluss des Konzils (PThe 167), Stuttgart 2019; dazu: *Stephan Winter*, „Die Wort-Gottes-Feier als sacra celebratio": Anmerkungen zu einer liturgiewissenschaftlichen Neuerscheinung von Wolfgang Meurer, in: ThG 63 (2020) Nr. 4, 292–297.

34 Vgl. die Bemühungen um die Erneuerung der Tagzeitenliturgie u. a. in: *Martin Klöckener/Heinrich Rennings* (Hg.), Lebendiges Stundengebet. Vertiefung und Hilfe (Pastoralliturgische Reihe in Verbindung mit der Zeitschrift „Gottesdienst"), Freiburg/Br. [u. a.] 1989; *Martin Klöckener/Bruno Bürki* (Hg.), Tagzeitenliturgie. Ökumenische Erfahrungen und Perspektiven. Liturgie des heures. Expériences et perspectives oecuméniques, Fribourg 2004; *Angelus A. Häußling*, Tagzeitenliturgie in Geschichte und Gegenwart. Historische und theologische Studien, hg. von Martin Klöckener (LQF 100), Münster ²2017. Immer noch sehr anregend *Achim Budde*, Gemeinsame Tagzeiten. Motivation – Organisation – Gestaltung (PThe 96), Stuttgart 2013.

35 Vgl. *Benedikt Kranemann*, Die „neue Normalität" der Liturgie nach der Corona-Pandemie. Versuch einer liturgiewissenschaftlichen Einordnung, in: ThPQ 169 (2021) 274–282.

36 Vgl. *Reinhard Meßner*, Einführung in die Liturgiewissenschaft (UTB 2173), Paderborn ²2009, 125–127, hier 655.

37 Vgl. zum Potenzial solcher Feiern *Birgit Jeggle-Merz*, Wort-Gottes-Feiern als „bevorzugte Gelegenheiten der Begegnung mit dem Herrn". Eine Feierform in Zeiten religiöser Unmusikalität, in: J. Bärsch/S. Kopp/C. Rentsch (Hg.), Ecclesia de Liturgia. Zur Bedeutung des Gottesdienstes für Kirche und Gesellschaft. Festschrift für Winfried Haunerland, Regensburg 2021, 455–466; primär praktisch interessiert: *Gunda Brüske*, Und Gott gab uns sein Wort. Einführung in die Wort-Gottes-Feier, Regensburg 2022.

38 Zu den Forschungsaufgaben, die trotz zahlreicher Projekte bleiben, vgl. *Alexander Zerfaß*, „Siebenmal am Tag singe ich Dein Lob" (Ps 119, 164). Die Liturgie der Tag-

Benediktionen[39] usw. in die Theologie der Liturgie und das Verständnis von Kirche eintragen könnte, wenn es darum geht, nach neuen Formen gottesdienstlicher Feiern wie der Darstellung von Kirche im Ritus zu suchen.

Gleiches gilt auch für die Normierung der Liturgie. Insbesondere die beiden letzten Pontifikate haben sich, was die Übernormierung und falsche Akzente setzende Normierung betrifft, in besonders problematischer Weise hervorgetan und damit dem gottesdienstlichen Leben Schaden zugefügt und Verhärtungen gefördert. Erwähnt seien nur die Diskussionen um die theologisch mehr als dünnen Richtlinien für die „Mitarbeit der Laien am Dienst der Priester",[40] die Auseinandersetzungen um die Frage der Übersetzung nach „Liturgiam authenticam", die kleinliche Instruktion *„Redemptionis Sacramentum* über einige Dinge bezüglich der heiligsten Eucharistie"[41] und die Debatte um den sog. Alten Ritus.[42] Wenn man sich die Reihe der hilfreichen Bände „Dokumente zur Erneuerung der Liturgie"[43] und „Enchiridion documentorum instaurationis litur-

---

zeiten als Thema der Wissenschaft und pastorale Aufgabe, in: ThRev 114 (2018) 355–370.

[39] Vgl. *Julia Knop/Benedikt Kranemann* (Hg.), Segensfeiern in der offenen Kirche. Neue Gottesdienstformen in theologischer Reflexion (QD 305), Freiburg/Br. [u.a.] 2020. Zu einer zuletzt viel diskutierten Segensfeier vgl. *Ewald Volgger/Florian Wegscheider* (Hg.), Benediktion von gleichgeschlechtlichen Partnerschaften (Schriften der Katholischen Privat-Universität Linz 8), Regensburg 2020.

[40] Vgl. Instruktion zu einigen Fragen über die Mitarbeit der Laien am Dienst der Priester. 15. August 1997, hg. vom Sekretariat der Deutschen Bischofskonferenz (VApS 129), Bonn 1997; kritisch dazu *Peter Hünermann* (Hg.), Und dennoch … Die römische Instruktion über die Mitarbeit der Laien am Dienst der Priester. Klarstellungen – Kritik – Ermutigungen, Freiburg/Br. [u.a.] 1998; *Julia Knop*, Decision making – decision taking. Partizipation und Synodalität in katholischer Ekklesiologie, in: Zeitschrift für Pastoraltheologie 40 (2020) Nr.1, 7–18, hier 11, nennt die Instruktion als Beispiel dafür, dass innerkirchlich immer mehr Abgrenzungen zugunsten des ordinierten Amtes eingezogen worden seien.

[41] Vgl. Instruktion *Redemptionis Sacramentum* über einige Dinge bezüglich der heiligsten Eucharistie, die einzuhalten und zu vermeiden sind. 25. März 2004, hg. vom Sekretariat der Deutschen Bischofskonferenz (VApS 164), Bonn 2004.

[42] Vgl. *Papst Benedikt XVI.*, Apostolisches Schreiben *Summorum Pontificum*. Brief des Heiligen Vaters an die Bischöfe anlässlich der Publikation. 7. Juli 2007, hg. vom Sekretariat der Deutschen Bischofskonferenz (VApS 178), Bonn 2007. Aus der Fülle der Beiträge, die diesem Schreiben kritisch gegenübersteht, vgl. *Martin Klöckener*, Wie Liturgie verstehen? Anfragen an das Motu proprio „Summorum Pontificum" Papst Benedikts XVI., in: ALw 50 (2008) 1/3, 268–305; *Andrea Grillo*, Ende der Liturgiereform? Das Motuproprio „Summorum pontificum", in: StZ 225 (2007) Nr.11, 730–740; *Andrea Grillo/Zeno Carra* (Hg.), Oltre Summorum Pontificum. Beyond Summorum Pontificum. Per una riconciliazione liturgica possibile. For a possible Liturgical Reconciliation, Bologna 2020.

[43] Vgl. *Heinrich Rennings/Martin Klöckener* (Hg.), Dokumente zur Erneuerung der Liturgie. Dokumente des Apostolischen Stuhls 1963 – 1973 (Dokumente zur Erneuerung der

gicae"[44] anschaut,[45] sieht man, wie kleinteilig Liturgie normiert und geordnet wird. Ohne die Nützlichkeit und Notwendigkeit von Regelungen im Grundsätzlichen in Abrede zu stellen, wäre mit Blick auf die Liturgie und Kirche und das Prinzip „semper reformanda" das Zugeständnis von mehr Freiheit notwendig.[46]

Vieles aus den gerade kritisierten Dokumenten aus den Pontifikaten der Päpste Johannes Paul II. und Benedikt XVI. ist im Pontifikat von Papst Franziskus nicht einfach ad acta gelegt, sondern lebt, mindestens unterschwellig, fort. Es prägt Prozesse in der Kirche und ist nicht überwunden. Dahinter stehen tiefgreifende Auseinandersetzungen um die Theologie der Liturgie, aber auch spannungsvoll gegensätzliche Kirchenbilder, die sich in der Gegenwart verhängnisvoll auswirken. Hängt zudem beides nicht zusammen: die Dominanz der Eucharistiefeier, damit verbunden die Sakralisierung des Priesteramtes – hier mag auch der Grund für ein ausgeprägtes Desinteresse an anderen Formen des Gottesdienstes zu suchen sein – und in der Konsequenz eine Überregulierung der Liturgie, um diesen sakralisierten Bereich abzusichern?

Wenn über das Zusammenwirken von „liturgia" und „ecclesia", von Liturgie und Ekklesiologie diskutiert wird, ist erstens die Aufarbeitung von Fehlentwicklungen der jüngeren Zeit notwendig, zweitens eine Bestandsaufnahme angezeigt, wo in der Praxis Modelle des Gottesdienstes begegnen, um eine heutige notwendige Vielfalt zu ermöglichen, und ist drittens eine theologische Hermeneutik gefragt, die die Gläubigen und ihre Feiern für die Formulierung einer Theologie der Liturgie einbezieht.

Nicht nur die Praxis der Liturgie wird pluraler, sondern, wenn nicht alles täuscht, auch die Theologie. Es wird zukünftig weder eine geschlossene Theologie der Liturgie noch eine ebensolche Ekklesiologie[47] geben oder geben kön-

---

Liturgie 1), Kevelaer 1983; *Martin Klöckener/Heinrich Rennings* (†) (Hg.), Dokumente zur Erneuerung der Liturgie. Dokumente des Apostolischen Stuhls 4.12.1973 – 3.12. 1983 (Dokumente zur Erneuerung der Liturgie 2), Kevelaer/Freiburg/Schw. 1997; *Martin Klöckener* (Hg.) unter Mitarb. von *Guido Muff*, Dokumente des Apostolischen Stuhls 4.12.1983 – 3.12.1993. Mit Supplementum zu Band 1 und 2 (Dokumente zur Erneuerung der Liturgie 3), Kevelaer/Freiburg/Schw. 2001.

[44] Vgl. *Reiner Kaczynski* (Hg.), Enchiridion documentorum instaurationis liturgicae. Bd. 1: 1963 – 1973. Torino 1976; Bd. 2: 4.12.1973 – 4.12.1983. Roma 1988. Bd. 3: 4.12. 1983 – 4.12.1993. Roma 1997. Bd. 4: 15.1.1994 – 4.12.2003. Roma 2018.

[45] Band 3 der Dokumente zu Erneuerung der Liturgie, der bis zum 4. November 1993 reicht, ist bereits bei 6882 Absatznummern angekommen. Die Zählung umfasst alle drei Bände.

[46] Vgl. *Martin Klöckener*, Freiheit und Ordnung im Gottesdienst – ein altes Problem mit neuer Brisanz, in: FZPhTh 43 (1996) 388–419.

[47] Vgl. *Judith Gruber*, Umwertungen: Dissens als ekklesiologisches Prinzip, in: A. Slunitschek/T. Bremer (Hg.) Der Glaubenssinn der Gläubigen als Ort theologischer Erkenntnis. Praktische und systematische Theologie im Gespräch (QD 304), Freiburg/

nen. Die Liturgiewissenschaft wird wie die Theologie insgesamt ekklesiologisch wie liturgietheologisch viel mehr mit Spannungen und Ambiguitäten leben lernen müssen, als es in der Vergangenheit der Fall war. Dem kann weder
entgehen noch ausweichen, wer von einer „liturgia semper reformanda" ausgeht. Und genau darin sind Liturgie und Kirche mit ihrem Fragen und Suchen
dann Spiegelbilder unserer Zeit.

Br. [u.a.] 2020, 301–317, die sich ebd., 315 für die „Umstellung von konsensualer
Einheit auf konfliktive Pluralität als ekklesiologisches Prinzip" ausspricht.

Predigt zum Auftakt der AKL-Tagung

Bischof Franz Jung

Liebe Schwestern und Brüder im Herrn!

Es ist oftmals ein schleichender Prozess, bis ein Gewässer umkippt. Dass der Kipppunkt erreicht ist, merkt man plötzlich an den katastrophalen Folgen – wie beim massenhaften Fischsterben in der Oder, dessen Zeugen wir momentan werden. Wenn aber das große Erwachen erst einmal beginnt, ist der Schaden meist irreversibel oder nur unter größten Anstrengungen zu beheben.

Ähnlich geht es dem Propheten Ezechiel mit Blick auf den Jordan. Denn seine Vision lebt vom Kontrast zur erlebten Wirklichkeit. Seine Zeitgenossen im Exil kennen das beklemmende Schauspiel, das seit ältesten Zeiten alle Besucher des Heiligen Landes verwundert, aber auch erschreckt hat. Das gute Wasser des Jordan, der einzigen nennenswerten Süßwasserquelle des Heiligen Landes, wird, je mehr es sich dem Toten Meer nähert, kontaminiert durch dessen salziges Wasser. Schließlich setzt sich das salzige Wasser gegen das süße Wasser durch. Der Fluss kippt um. Die Folgen sind das Sterben der Fische und der Tod aller Pflanzen. Alle Anrainer des Flusses gehen leer aus. Ein ganzes Biotop wird vernichtet. Wüste und Verwüstung bleiben zurück.

Im Blick auf Ihre Tagung lässt sich dieses Bild übertragen auf die Liturgie der Kirche in der aktuellen Kirchenkrise. Was als heiliger und heilender Strom aus dem Heiligtum gedacht war, bekommt plötzlich einen schalen Geschmack. Es ist so, als ob der Gnadenstrom plötzlich getrübt würde vom Salzwasser der Tränen der Opfer. Denn im Rahmen des Missbrauchsskandals rückt auch die Liturgie im umfassenden Sinn in den Fokus der Aufmerksamkeit. Viele Fragen brechen neu auf, die man bereits beantwortet glaubte:

- Wie sind die Rollen im liturgischen Geschehen verteilt?
- Was bedeutet Asymmetrie in der Liturgie? Wie ist sie theologisch zu rechtfertigen? Vor allem aber: Wie kann sie zur Darstellung gebracht und inszeniert werden, ohne missbräuchlichem Tun Vorschub zu leisten?
- Aus welchem Geist heraus wird Liturgie gefeiert?
- Wie ist der Kirchenraum gestaltet und damit einhergehend die Rollenverteilung prädisponiert?
- Welche Botschaften werden bei zunächst unverdächtigen, ja „ganz normalen" Vollzügen mittransportiert oder zumindest unterschwellig suggeriert?

- Was lädt ein zu Ko-Klerikalismus und zur Haltung der Passivität der Mitfeiernden? Umgekehrt: Wie werden die Teilnehmenden ernst genommen als Subjekte und Träger der Liturgie im Sinne der „Participatio Actuosa"?
- Und ganz grundsätzlich: Wie wurden die Anliegen der Liturgiereform des Konzils umgesetzt? Wo zeigen sich heute, 60 Jahre danach, neue Baustellen?

Eines lässt sich jedenfalls nach den Skandalen der letzten Jahre konstatieren: Auch die Liturgie hat ihre Unschuld verloren.

Der Prophet Ezechiel hat jedoch die Vision eines Neuanfangs. Am Ende der Tage kommt der heilende Strom aus der Mitte des Heiligtums. Er muss zunächst die Heilige Stadt umspülen. Dann erst bahnt er sich den Weg in das frühere Flussbett und erfüllt den Flusslauf mit neuem Leben. Wohin auch immer das Wasser aus der Mitte des Heiligtums gelangt, blüht neues, ungeahntes Leben auf. Diesmal wird sich das süße gegen das salzige Wasser durchsetzen. Diesmal wird das Leben den Tod besiegen.

Wie könnte man diese prophetische Vision für die Liturgie und die Liturgen deuten?

Dass der Strom aus der Mitte des Heiligtums entspringt, bedeutet, die Liturgie-Feiernden müssen aus der Mitte schöpfen, aus Christus selbst, in dessen Namen die Kirche betet. Sie müssen aus dieser Mitte neu schöpfen in der Zuversicht, dass das Christusgeheimnis noch längst nicht ausgeschöpft ist und noch immer neue Sinndimensionen bereithält, die unter neuen Bedingungen sichtbar, aber auch aktualisierbar werden.

Dass der Strom zunächst das Heiligtum und die Heilige Stadt umspült, könnte man so deuten, dass durch die Feier der Liturgie die Kirche selbst zuerst geheiligt und gereinigt werden muss. Denn wenn die Liturgie nichts Anderes ist als „manifestatio ecclesiae", bedarf das Haus Gottes selbst der Erneuerung. Erst als erneuertes und vom Herrn geheiligtes Haus wird auch die in diesem Haus gefeierte Liturgie schöpferisches Potential entwickeln, das die Menschen in den Wüsten dieser Welt erreicht und alles mit neuem Leben erfüllt und verwandelt.

- Dass dann Liturgie immer neues Leben bringt, ist damit noch nicht gesagt, auch wenn es wünschenswert wäre.
- Dass sie gar zwölfmal im Jahr alles aufblühen lässt, wie Ezechiel es sieht, ist nicht garantiert.
- Dass alle Lebewesen in ungeahnter Fülle ihren Lebensraum finden im liturgischen Geschehen, ist nicht ausgemacht.

Denn es hängt nie nur am gottesdienstlichen Angebot, sondern auch an der Bereitschaft und Disposition der Zelebrierenden wie der Mitfeiernden, an der Feiergestalt, am jeweiligen Kontext und an den Glaubensbiographien jeder und jedes Einzelnen. Erst wenn alle Faktoren geistgewirkt zusammenspielen, kann Liturgie als sinnstiftend, erbaulich und mystagogisch erlebt werden. Das jedoch ist immer ein gnadenhaftes Geschehen, wie wir aus eigener freudiger wie auch leidvoller Erfahrung wissen.

Aber soweit es an den menschlichen Rahmenbedingungen liegt, sind die entsprechenden Vorsichtsmaßnahmen günstigstenfalls so getroffen, dass Liturgie nicht mehr missbraucht werden kann zur unreflektierten klerikalen Selbstinszenierung und Selbstüberhöhung.

Vielmehr stellt sie dann den Rahmen dar – das Flussbett gewissermaßen –, in dem der reine Strom der Gnade von Gott her fließen kann, der allein neues Leben verheißt.

Sich auf die Mitte und Quelle zu besinnen, das Haus Gottes zu reinigen und das Flussbett zu sanieren, ist aller Mühe wert.

In diesem Sinne wünsche ich Ihrer Tagung zur Reform der Liturgie im Rahmen der Reform der Kirche viel Inspiration und viel Erfolg.

Kirchenbilder in Literatur und Kirchenlied

„Wer ist der Mensch, der das Leben liebt,
der Tage ersehnt, um Gutes zu sehen?" (Ps 34,13)

„Das Erzählen ist das Entscheidende"[1]

Liturgie zwischen vorkonziliarer Ontologie und zeitgemäßer Humanisierung in Petra Morsbachs Roman „Gottesdiener"

Andreas Bieringer

1.   Petra Morsbach – unabhängige Beobachterin[2]

„Weißt du, ob sie würdig sind?"[3] Die Schriftstellerin Petra Morsbach (*1956) lässt ihren Erfolgsroman „Gottesdiener" (2004) mit der Eingangsfrage der katholischen Priesterweihe beginnen.[4] Isidor Rattenhuber, Landpfarrer im fiktiven Bodering in der niederbayrischen Provinz, eilt am Abend des vierten Adventsonntags zum Kühlschrank, um hastig ein Paar kalte Aldi-Weißwürste

---

[1]   *Ulrich Greiner/Peter Handke*, Eine herbstliche Reise zu Peter Handke nach Paris. „Erzählen", so sagt er, „ist eine Offenbarung". Ein Gespräch mit dem berühmten Schriftsteller über seine neuen Bücher „Ein Jahr aus der Nacht gesprochen" und „Immer noch Sturm", über die enttäuschende amerikanische Gegenwartsliteratur und über sein umstrittenes Engagement in Bosnien, in: Die Zeit Nr. 48 vom 25.11. 2010, siehe: https://www.zeit.de/2010/48/Interview-Peter-Handke/komplettansicht (aufgerufen am: 20.10. 2022).

[2]   Zum gesamten Beitrag vgl. *Andreas Bieringer*, Gottesdienst in der Literatur. Entwurf einer kultursensiblen Liturgiewissenschaft (Pietas Liturgica. Studia), Tübingen 2023 [im Druck].

[3]   Bevor der Bischof im Rahmen der lateinisch-katholischen Priesterweihe die Kandidaten weiht, vergewissert er sich bei Volk und Klerus, ob sie für würdig gehalten werden; vgl. Die Weihe des Bischofs, der Priester und der Diakone. Pontifikale I. Handausgabe mit pastoralliturgischen Hinweisen, hg. von den Liturgischen Instituten Salzburg – Trier – Zürich, Freiburg/Br. u.a. 1994.

[4]   Vgl. *Petra Morsbach*, Gottesdiener. Roman, Frankfurt/M. 2004, 6.

hinunterzuschlingen.[5] Kurz davor stand er noch am Altar seiner barocken Pfarrkirche und zelebrierte die Abendmesse. Weihnachten steht unmittelbar bevor, Einsamkeit macht sich breit und immer noch kämpft er mit den Folgen einer nicht ganz überwundenen Alkoholabhängigkeit.

Gleich zu Beginn ihres unkonventionellen Priesterromans lässt Morsbach Ideal und Wirklichkeit unversöhnlich aufeinanderprallen. Die hohen Anforderungen der Liturgie und das Bedürfnis nach zwischenmenschlicher Zuwendung wollen im Leben des Protagonisten nicht mehr so recht zusammengehen.[6] Zölibat, Beziehungsunfähigkeit und Schuldgefühle hängen wie ein Damoklesschwert über der prekären Existenz des niederbayrischer Dorfpfarrers. Der Priesterroman erstreckt sich über ein ganzes Priesterleben, von den Tagen im Seminar bis zur Zeit kurz vor der Pensionierung als Gemeindepfarrer. Nüchtern zieht Isidor Rattenhuber nach vierzig Jahren hingebungsvollen Dienstes an Kirche und Gemeinde Bilanz:

> „Warum ist er Priester geworden? Er wollte gut sein und anderen helfen, hat er vor vierzig Jahren geantwortet. Er wollte sich opfern, hätte er vor zwanzig Jahren gesagt: Was soll er tun? Er bestand zu 66 Prozent aus Wasser und versprach sich nichts von sich. Heute, da ihn dreißig Jahre keiner gefragt hat, würde er wahrscheinlich mit einem Scherz antworten: Was bleibt denn anderes übrig, wenn man Isidor Rattenhuber heißt, rothaarig ist und stottert?"[7]

Berufung und Liturgie gehören in Rattenhubers Biographie untrennbar zusammen. Von den altehrwürdigen Texten und Gebeten des Messbuches fühlt er

---

[5] Vgl. dazu die Rezensionen von *Franz Ackerl*, Gottesdiener, in: EuA 85 (2009) 418–419; *Joseph Overath*, Petra Morsbachs Roman „Gottesdiener". Eine kritische Anfrage an die katholische Kirche von heute, in: kb 109 (2008) 19–28.

[6] Vgl. dazu u.a. die klassischen „Pfarrer-Romane" *Georges Bernanos*, Tagebuch eines Landpfarrers. Roman, Frankfurt/M. 1986; *ders.*, Unter der Sonne Satans. Roman, Freiburg/Br. 2009; *Graham Green*, Die Kraft und die Herrlichkeit. Roman, Zürich 1952.

[7] *Morsbach*, Gottesdiener (wie Anm. 4), 16. Isidor Rattenhuber ausgerechnet als stotternden und rothaarigen Priester darzustellen, rief Kritik hervor. Morsbach erläutert dazu auf ihrer Homepage: „Ich sah, während ich nach meiner Hauptfigur suchte, auf einer Feier einen Priester, der mir interessant erschien. Er war vielleicht Mitte vierzig, sah gut aus, was er nicht zu wissen schien, und wirkte gleichermaßen gehemmt und beseelt. Jemand erzählte mir, daß er im Alltag stottere, beim Lesen der Liturgie aber nicht. In dieser Phase meiner Recherche sprach ich fast alle Priester an; nur bei ihm habe ich darauf verzichtet, vielleicht, weil ich schon spürte, daß mein Held sich aus ihm entwickeln könnte. Ich weiß nicht mal, wie er heißt. Übrigens scheint es häufiger stotternde Priester zu geben, denn nachdem mein Buch erschienen war, kamen verschiedene Anfragen, ob ich Herrn X. oder Y. oder Z. kenne – jeweils mit den Gemeindenamen. Dieser war nicht dabei." *Petra Morsbach*, Gottesdiener. Häufige Fragen, in: *dies.*, Autorenhomepage, siehe: http://www.petra-morsbach.de/bibliographie/gottesdiener/gottesdiener_faq.html (aufgerufen am: 20. 10. 2022).

sich zeitlebens unmittelbar angesprochen. Schon während seiner Primiz zeichnen sich jedoch erste Anzeichen von Unsicherheit ab: „Isidor im Ornat fühlte sich wie ein Opferstier vor der euphorischen Menge und dachte: Sie feiern sich, weil aus ihrer Mitte ein Priester hervorgegangen ist. Aber was haben sie dafür geleistet, außer mich zu quälen?"[8] Immer wieder droht sein Leben zwischen den Ansprüchen des Amtes und den persönlichen Bedürfnissen nach einem gelungenen Leben zu scheitern. Abseits der Liturgie findet er nur wenige Schutzräume, die ihm etwas Ruhe und Ausgleich zum aufreibenden Alltag gewähren.

Im Unterschied zu anderen liturgieaffinen Autoren im deutschsprachigen Literaturbetrieb wie Peter Handke (*1942), Hanns-Josef Ortheil (*1951), Christoph Ransmayr (*1954), Arnold Stadler (*1954), Felicitas Hoppe (*1960) oder Christian Lehnert (*1969), um nur eine kleine Auswahl zu nennen, kommt Morsbach als Nichtkatholikin ganz von außen. Sie wurde weder religiös sozialisiert noch durchlief sie eine kirchliche (Internats-)Schule.[9] Nach eigenem Bekunden verbrachte sie ihre Kindheit in einer weitgehend atheistischen Familie, der sie jedoch einen „sozusagen protestantisch substantielle[n] Umgang des Lesers mit dem Autor" verdankt.[10] Wenig überraschend steht sie als Agnostikerin christlichen Dogmen und Glaubensüberzeugungen kritisch gegenüber.[11] Für den katholischen Gottesdienst hegt sie jedoch gewisse Sympathien: „Der katholische Ritus, der spricht mich erst mal an. Mich bewegt die Liturgie, mich bewegen die Texte, das hat etwas sehr Schönes und Entrücktes."[12]

Seit ihrem Debüt „Plötzlich ist es Abend" (1995) hat sich Morsbach dem poetischen Realismus verschrieben.[13] Vor der Niederschrift eines Romans re-

8 *Morsbach*, Gottesdiener (wie Anm. 4), 115.
9 Vgl. *Andreas Bieringer/Jan-Heiner Tück*, Renaissance des Katholischen in der Gegenwartsliteratur? Editorial, in: IKaZ Communio 42 (2013) 1–3. Eine gute Übersicht über religiös bzw. katholisch sozialisierte Autoren gibt zudem *Georg Langenhorst*, „Ich gönne mir das Wort Gott". Annäherungen an Gott in der Gegenwartsliteratur, Freiburg u.a. ²2014.
10 *Petra Morsbach*, Dankrede anlässlich der Verleihung des Literaturpreises der Konrad-Adenauer-Stiftung, in: G. Rüther (Hg.), Literaturpreis 2007. Dokumentation der Verleihung des Literaturpreises der Konrad-Adenauer-Stiftung e.V., Berlin 2007, 23–27, hier 25, siehe: https://www.kas.de/documents/252038/253252/7_dokument_dok_pdf_12372_1.pdf/87de2036-d6d0-150f-bfb3-4f7b82131ef7?version=1.0&t=1539663977769 (aufgerufen am: 20.10.2022).
11 In ihrem Essayband „Der Elefant im Zimmer" äußert sich Petra Morsbach erneut über (Macht-)Missbrauch in der katholischen Kirche; vgl. *dies.*, Das Buch Groër: Alte Sünden, in: dies., Der Elefant im Zimmer. Über Machtmissbrauch und Widerstand. Essay, München 2020, 25–130.
12 Radiointerview zit. nach *Langenhorst*, „Ich gönne mir das Wort Gott" (wie Anm. 9), 131.
13 Vgl. zu Petra Morsbachs Literaturverständnis bes. *dies.*, Warum Fräulein Laura freundlich war. Über die Wahrheit des Erzählens. Essay, München/Zürich, 2006, hier bes. 11–

cherchiert sie mitunter mehrere Jahre, um jedes noch so kleine Detail der zu beschreibenden Welt möglichst vollständig zu erfassen. Die dargestellten Figuren und deren verworrene Lebenswelten zu beschönigen oder gar zu idealisieren, zählt nicht zu ihren Absichten. Der Verzicht sowohl auf Kritik als auch auf Anerkennung für ihre Protagonisten ist Teil ihres unparteiischen Beobachtens. Zu Morsbachs literarischem Alleinstellungsmerkmal gehört, dass sie es hierzulande wie keine andere Autorin versteht, ganze Epochen oder Institutionen anhand exemplarischer Biographien pointiert auf den Punkt zu bringen.[14] Mehr noch, ihre Bücher leben von der vermeintlichen Paradoxie, das eigene Schicksal im fremden (wieder) zu erkennen. Wenn sie ihre Leserinnen und Leser in die entlegenen Lebenswelten eines Priesters, von Künstler:innen oder – wie zuletzt in „Justizpalast" (2017) – einer Münchner Richterin entführt, konfrontiert sie diese immer auch mit den Höhen und Tiefen der eigenen Lebensrealität.[15] Vielleicht passt „Gottesdiener" deshalb auch treffend in einen liturgiewissenschaftlichen Sammelband, der sich mit den sich verändernden Verhältnissen von Liturgie und Ekklesiologie beschäftigt. In kaum einem anderen Werk der deutschsprachigen Gegenwartsliteratur werden die kirchlichen, resp. liturgischen Transformationsprozesse der letzten sechs Jahrzehnte so schonungslos gespiegelt. Freilich gehört auch eine gewisse Portion Mut dazu, sich in die Hände einer nichtkatholischen, ja areligiösen Schriftstellerin zu begeben, die von außen kommt und aus literarisch-künstlerischer Perspektive auf die kirchlichen Entwicklungen der letzten Jahrzehnte blickt, ohne dabei ein genuin theologisches oder gar liturgiewissenschaftliches Interesse zu verfolgen.

2.   Sensible Zeitdiagnose

Zwei kurze Romanausschnitte sollen im Folgenden Morsbachs sensible Zeitdiagnose illustrieren. Im Unterkapitel „Seminar" blickt Isidor Rattenhuber auf sein Theologiestudium im Passauer Priesterseminar zurück. Morsbach skizziert ihren tragikomischen Helden als Teil jener Konzilspriestergeneration, die den Umbruch des Priester-, Kirchen- und Liturgiebildes im Gefolge des Zweiten

---

32. Vgl. u.a. zum poetischen Realismus, *Hans Vilmar Geppert*, Realismus und Moderne. Erträge, Vergleiche, Perspektiven, Tübingen 2020; *Susanne Knaller*, Die Realität der Kunst. Programme und Theorien zu Literatur, Kunst und Fotografie seit 1700, Paderborn 2015.

[14] Für „Justizpalast" wurde Morsbach mit dem Wilhelm-Raabe-Literaturpreis 2017 ausgezeichnet; vgl. dazu, *Hubert Winkels* (Hg.), Petra Morsbach trifft Wilhelm Raabe. Der Wilhelm Raabe-Literaturpreis 2017, Göttingen 2018.

[15] Vgl. *Petra Morsbach*, Justizpalast. Roman, München 2017.

Vatikanums oft schmerzhaft am eigenen Leib austragen musste.[16] Ihre literarische Kunst, ein spezifisches Milieu besser erfassen zu können als unmittelbar Betroffene, bewahrheitet sich im folgenden Beispiel.[17] Wieder konzentriert sie sich auf das Schicksal eines Einzelnen, um eine ganze Institution pointiert zu erfassen.

> „Sein Studium fiel in die Jahre des Zweiten Vatikanischen Konzils, und er freute sich an der Aufbruchsstimmung im Seminar ebenso wie an der zunächst noch eingehaltenen Strenge der alten Liturgie. Gefühlsexzesse, Planlosigkeit und Willkür waren die Schrecken seiner Kindheit gewesen, so daß er Struktur schon an sich schätzte. Magisch aufgeladene Strukturen und heilige Zeremonien aber erregten ihn geradezu, weil sie nicht nur Ordnung versprachen, sondern auch Gefühl zugleich bedeuteten und bannten. Der Prunk der Gottesdienste im Dom benebelte ihn: der feierliche Einzug von Bischof, Domkapitel und der diözesanen Geistlichkeit, die Choreographie der Männer in prächtigen Gewändern vor dem Altar im Glanz des Lichts, das leise Klingeln der Ketten am Weihrauchfaß, Weihrauchschwaden, die bis in die Kuppel emporstiegen, ein Heer von Gläubigen, das unter Bekreuzigungen in die Knie sank."[18]

Am Beginn der klerikalen Karriere Rattenhubers gehen konziliare Aufbruchstimmung und rituelle Sicherheit noch Hand in Hand. Von den ästhetischen Nebelschwaden einer prachtverliebten Liturgie narkotisiert und von den Vorteilen eines überhöhten Priesterbildes überzeugt, wechselt Rattenhuber als Neupriester in die Pfarrei, um schon bald mit einer Lebensrealität konfrontiert zu werden, die während der Seminarausbildung keine Rolle gespielt hatte.[19] Die Routine des Alltags zehrt schnell an seinen Kräften, der zunehmende Priestermangel zwingt ihn, zusätzliche pastorale Verpflichtungen zu übernehmen, für die er jedoch kaum Kapazitäten hat. Zeit und Raum für Ruhe und innere Einkehr findet er nur mehr selten. Nach seinem ersten Urlaub ohne Begleitung stellt er desillusioniert fest, wie einsam und menschlich unsicher er sich eigent-

---

16 Vgl. *Morsbach*, Gottesdiener (wie Anm. 4), 104–109.
17 Vgl. dazu die Laudatio von Jiří Gruša (1938–2011) auf Petra Morsbach anlässlich der Verleihung des Literaturpreises der Konrad-Adenauer-Stiftung: *ders.*, Das Unbehagen mit dem Unbenannten. Oder: Das letzte und das erste Wort. Laudatio auf Petra Morsbach, in: G. Rüther (Hg.), Literaturpreis 2007. Dokumentation der Verleihung des Literaturpreises der Konrad-Adenauer-Stiftung e.V., Berlin 2007, 15–22, 16, siehe: https://www.kas.de/documents/252038/253252/7_dokument_dok_pdf_12372_1.pdf/87de2036-d6d0-150f-bfb3-4f7b82131ef7?version=1.0&t=1539663977769 (aufgerufen am: 20.10.2022).
18 *Morsbach*, Gottesdiener (wie Anm. 4), 105.
19 Das Ringen um ein zeitgemäßes Priesterbild ist u.a. dokumentiert in: *Bernhard Häring*, Heute Priester sein. Eine kritische Ermutigung, Freiburg/Br. ²1996 und *Udo Bentz/Ulrich Ruh*, „Vielgestaltigkeit ist wünschenswert." Ein Gespräch mit Regens Udo Bentz über Priesterausbildung heute. Die Fragen stellte Ulrich Ruh, in: HerKorr 68 (2014) 339–344.

lich schon nach wenigen Jahren als Gemeindepriester fühlt.[20] Rattenhuber fügt sich dennoch in sein Schicksal. Zölibat und Liturgie werden zu einer Art immunisierendem Schutzschild, um Einsamkeit und Enthaltsamkeit in Stille zu erdulden. Ein Ausscheiden aus dem Priestertum kommt für ihn aber dennoch nicht infrage: „Er würde Entzugserscheinungen bekommen, wenn er die Liturgie nicht mehr vollziehen durfte.“[21]

Was lässt sich heute noch über einen Priester erzählen, der trotz Unzulänglichkeiten nicht als skandalträchtige Ausnahmefigur konzipiert ist?[22] Isidor Rattenhuber leidet unter Einsamkeit und fehlender Wertschätzung, dennoch verzichtet die Autorin auf eine klischeehafte Darstellung ihres Protagonisten. Isidor zeugt keine Kinder, er will weder heiraten, noch ist er homosexuell. Jede Form der Rebellion gegen die kirchliche Obrigkeit ist ihm darüber hinaus fremd, auch wenn er die einseitige Machtausübung seiner Oberen in der Bistumsleitung immer wieder heftig kritisiert.[23] Auch wenn er im Laufe seines Priesterberufs von keiner Krise verschont bleibt, gelingt es ihm, sein Leben irgendwie zu meistern. Die Beziehungen zu Freunden und Frauen verlaufen schmerzhaft, dennoch gewinnt der Leser oder die Leserin nie den Eindruck, Rattenhuber sei eine verkrachte oder gar gescheiterte Existenz. „Isidor imponiert weniger, wie man kämpft und siegt, als wie man verliert und immer weiter kämpft.“[24] Sein Leben besteht aus Hinfallen und Aufstehen. Dieser Maxime folgt er so beharrlich, bis er seine Ziele erreicht. Das macht ihn auf das ganze Buch hin gesehen zu einem sympathischen Pragmatiker, der sich trotz Misserfolge seiner Berufung sicher ist.

Am Beginn des 3. Kapitels, im Abschnitt „Widersprüche“, lässt Morsbach zwei verkrachte Priesterexistenzen aufeinandertreffen, in denen sich Glanz und Elend einer in die Krise geratenen Lebensform spiegeln.[25] Zwanzig Jahre nach der Priesterweihe trifft Rattenhuber in einer schäbigen Spelunke auf Professor

---

[20] Vgl. *Morsbach*. Gottesdiener, 145.

[21] Ebd., 159.

[22] Wie sehr Glaubenszweifel und die Verpflichtung zum Zölibat die Identität eines Priesters beeinträchtigen können, zeigte *Evelyn Schlag* in ihrem erfolgreichen Priesterroman eindrucksvoll; vgl. *dies.*, Die göttliche Ordnung der Begierden. Roman, Salzburg/Wien 1998.

[23] Vgl. *Eberhard Falcke*, Literarische Seelsorge. Petra Morsbach beschreibt kenntnisreich und einfühlsam das Leben eines Gemeindepfarrers in der deutschen Provinz, in: Die Zeit Nr. 47 vom 11.11.2004 – https://www.zeit.de/2004/47/L-MorsbachTAB (aufgerufen am: 20.10.2022).

[24] *Morsbach*, Gottesdiener (wie Anm. 4), 88.

[25] Vgl. ebd., 109–113; auch hier entscheidet sich Morsbach für einen sprechenden Namen, um den Charakter des Protagonisten zu skizzieren. Kurz vor Ende gibt sie dem Leser einen kleinen Hinweis, warum sie sich für Vogelsang entschied: „,Pah!' rief er [= Vogelsang, AB] ,Wes Brot ich eß, des Lied ich sing!'", in: ebd., 113.

Vogelsang, der zu Seminarzeiten Neues Testament lehrte. Von den Studenten wurde er verehrt, weil er zur Fraktion der Reformer gehörte, die sich für die Erneuerungen des Zweiten Vatikanischen Konzils einsetzte.[26] Jahrzehnte danach ist das einstige Aufbruchspathos in bitteren Zynismus umgeschlagen:

> „Sehen Sie mich an! Was sehen Sie? Sechzig Jahre Grausamkeit und Deformation. *Sechzig Jahre!* Für diesen verstockten, miefigen, bösartigen Katholizismus habe ich das Gut des Lebens verschleudert, mich betrügen lassen und niemandem geholfen außer den Betrügern, andere zu betrügen. Solche wie Sie. Ach Gott."[27]

Die Begegnung mit dem desillusionierten Amtsbruder löst bei Rattenhuber heftige Gemütsbewegungen aus, weist Vogelsangs Biographie doch frappante Parallelen zu seiner eigenen auf. Wie Vogelsang stammt Rattenhuber aus einfachen Verhältnissen, beide verdanken der Kirche ihren sozialen Aufstieg, beide treffen sich in einer zwielichtigen Bar wieder, um sich unerkannt volllaufen zu lassen. Auch wenn Rattenhuber noch kein gekränkter Zyniker ist wie sein ehemaliger Lehrer, kann er nicht ausschließen, selbst einmal als solcher zu enden. Verzweifelt sucht er nach biographischen Differenzen, um der aufgewühlten Seele etwas Ruhe zu verschaffen, und macht sie ausgerechnet im Zweiten Vatikanischen Konzil fest. Vogelsang wurde noch in einer viel strengeren Kirche sozialisiert, denkt sich Isidor, um die einschüchternde Schimpftirade des Professors abzuwehren:

> „,Wir zwingen niemanden mehr zur P-preisgabe seiner G-geheimnisse', sagte er, als er sich verabschiedete. ,Seit dem K-konzil hat sich vieles gebessert. Sie selbst haben das K-konzil ja damals untersch-stützt … Dafür haben wir Ihnen zu d-danken … wir wissen das.'"
>
> „,Die Liturgiereform war eine Katastrophe!' rief Professor Vogelsang ihm nach. ,Das Lateinische besaß wenigstens noch irgendeine Magie! Im Deutschen aber merkt man gar zu schnell, was für eine dünne Suppe diese Texte sind!'"[28]

In der Szene spiegelt sich die Grundproblematik der hier aufgeworfenen Fragen. Vogelsang lobt die verlorengegangene Magie des Alten und bemängelt zugleich, dass die Riten immer noch nicht human sind. Weder die liturgisch zelebrierte Ontologie vor dem Konzil, noch die Humanisierung nach dem Konzil gaben ihm den nötigen Halt, ein tragfähiges Leben als Priester zu führen.[29] Der

---

[26] Vgl. zur Bilanz der Liturgiewissenschaft 50 Jahre nach dem Zweiten Vatikanum *Albert Gerhards*, Gipfelpunkt und Quelle. Intention und Rezeption der Liturgiekonstitution Sacrosanctum Concilium, in: J.-H. Tück (Hg.), Erinnerung an die Zukunft. Das Zweite Vatikanische Konzil, Freiburg u. a. 2012, 107 – 126.

[27] *Morsbach*, Gottesdiener (wie Anm. 4), 112 f.

[28] Ebd., 113.

[29] Vgl. zur sog. anthropologischen Wende, die das Zweite Vatikanum auslöste, u. a. *Hans Schelkshorn*, Das Zweite Vatikanische Konzil als kirchlicher Diskurs über die Moderne.

einstige Optimismus schlug in völlige Verbitterung um. Aus seinem Kampf für Reformen wurde ein verzweifeltes Ringen mit der Kirche, das ihn letztlich den Glauben kostete. Schon vor dem Treffen mit Rattenhuber blendet die Autorin Vogelsang anonym in einen Abschnitt über Isidors Seminarzeit ein, um die epochalen Umbrüche während des Konzils einprägsam ins Wort zu bringen:

> „Manche Professoren schienen von Euphorie erfüllt, viele zumindest erwartungsvoll. Einer gestand, er fühle sich wie aus einem Schraubstock befreit; er wurde aber zum Alkoholiker, keiner verstand warum. Jahre später erklärte er Gregor [= Priesterfreund von Isidor, AB]: Offenbar stürzt, wer in Fesseln zu gut hat gehen können, ohne Fesseln bei jedem Schritt."[30]

Morsbach konzentriert sich erneut auf das Schicksal eines Einzelnen, um Konflikte einer ganzen (Priester-)Generation auf den Punkt zu bringen. Isidor fühlt sich mit Vogelsangs Schicksal nicht nur über den ähnlichen Werdegang verbunden. Auch er musste während seiner fast vierzigjährigen Tätigkeit als Gemeindepfarrer den Paradigmenwechsel vom sazerdotalen zum pastoralen Priestertyp schmerzlich austragen.[31] Liturgische Sakralität auf der einen, pastorales Funktionieren nach Maßgabe moderner Kommunikation auf der anderen Seite scheinen jedenfalls nicht ohne Weiteres miteinander vereinbar zu sein.[32] Im Unterschied zum doppelt gescheiterten Vogelsang versucht Isidor, kirchlich gesetzte Liturgie und die pastoralen Bedürfnisse der Gläubigen noch irgendwie zusammenzuhalten. Sooft er sich jedoch am Ritus und seiner althergebrachten Ästhetik aufrichtet, sooft scheitert er an den überzogenen Erwartungen an seine Pastoral.

Auf die Befreiung aus der (rituellen) Erstarrung folgte nicht nur in der fiktiven Biographie Rattenhubers eine menschliche Überforderung. Wie nahe Morsbachs „Gottesdiener" der Lebensrealität vieler Priester dieser Generation kommt, bestätigt der Benediktinertheologe Elmar Salmann, der selbst Zeitzeuge der Entwicklungen seit dem Zweiten Vatikanum ist und die Identitätstransformationen theologisch begleitete:

> „Heute ist der extrovertierte, verwaltende, sozialarbeitende Priester mit dem Sakralen vermischt. Wir haben das Priestertum funktionalisiert und ihm in seinem liturgischen

---

Ein philosophischer Beitrag zur Frage nach der Hermeneutik des Konzils, in: Tück (Hg.), Erinnerung an die Zukunft (wie Anm. 26), 54–84.

[30] *Morsbach*, Gottesdiener (wie Anm. 4), 108.

[31] Vgl. dazu die bestechende Glosse von *Wolfgang Frühwald*, Priesterbilder, in: LS 61 (2010) 232–233.

[32] Vgl. zu diesem Konfliktfeld aus liturgiewissenschaftlicher Sicht *Albert Gerhards*, Emotionalität in der Kirche. Das „Objektive" und das „Subjektive" in der Liturgie – ein unauflösbarer Gegensatz, in: ders., Erneuerung kirchlichen Lebens aus dem Gottesdienst. Beiträge zur Reform der Liturgie, Stuttgart 2011, 96–107.

Stil und im Zölibat sozusagen sakrale Rechte gelassen. […] Und dann noch mit dem Anspruch, für alle endlos zur Verfügung zu stehen."[33]

Ähnlich fällt die Analyse der Publizistin Elisabeth Hurth aus, die mit Blick auf den „Gottesdiener" ebenso betont, dass die Humanisierung der Liturgie nicht selten mit einer Überbetonung der Persönlichkeit einherging: „Nicht mehr das Amt trägt also den Priester, vielmehr muss umgekehrt erst der Priester selbst mit seinem Einsatz, seine Person in die Waagschale legend dem Amt Ansehen verschaffen. Das Amtliche muss personal gedeckt sein."[34] Was Salmann und Hurth über das Priesterbild sagen, gilt in Analogie wohl auch für den Gottesdienst, der ebenso „personal gedeckt sein" muss, will er mit dem religiösen Lebensgefühl heutiger Menschen in Berührung kommen, so jedenfalls die Grunderfahrung der Figuren in Petra Morsbachs Roman. Ganz unwillkürlich stellen heutige Gottesdienstbesucherinnen und Gottesdienstbesucher die Sprache, Gestik und Glaubwürdigkeit des Liturgen bzw. der Liturgin auf den Prüfstand. Gestalt und Inhalt der Liturgie werden nicht mehr einfach als objektiv gegeben hingenommen. Das alte Axiom *ex opere operato* tritt zu Gunsten des *opus operantis* zusehends in den Hintergrund. Menschen von heute suchen gerade im Gottesdienst nach Resonanzerfahrungen, ist sich auch der Schriftsteller und Liturgiker Christian Lehnert sicher.[35] Er sieht darin eine grundlegende Veränderung im Modus der menschlichen Wahrnehmung in Bezug auf Religion: „Wir spüren in allen religiösen Bildern, deutlicher als je Menschen vor uns, den Raum hinter den Bildern, das weit Unsichtbare."[36] Im Bewusstsein vieler lassen sich Religion und Gottesdienste nicht mehr in starre Systeme, Rituale und Dogmen pressen, sie wollen selbst bestimmen, wie und woran sie glauben, wie und zu welchem Anlass sie ihre Gottesdienste feiern.

---

[33] *Paul Galles / Elmar Salmann,* „Zwischen den verschiedenen Fronten wird der Priester zerrieben." Interview mit Pater Elmar Salmann, Benediktinermönch und Professor für Philosophie und Systematische Theologie an den Päpstlichen Universitäten Sant' Anselmo und Gregoriana in Rom, in: Forum für Politik, Gesellschaft u. Kultur 307 vom 21. 3. 2011, 22–27, 26, siehe: https://www.forum.lu/wp-content/uploads/2015/11/7162_ 307_Sal mann.pdf (aufgerufen am: 20. 10. 2022).

[34] *Elisabeth Hurth,* Metamorphosen der Gottesdiener. Priestergestalten in Romanen der Gegenwart, in HerKorr 59 (2005) 144–149, 145.

[35] Neben seiner schriftstellerischen Tätigkeit ist Christian Lehnert derzeit wissenschaftlicher Geschäftsführer des liturgiewissenschaftlichen Instituts der VELKD in Leipzig.

[36] *Claudia Keller / Christian Lehnert,* „Glaube lässt sich nicht in Dogmen verfestigen". Ein Interview mit dem Schriftsteller und Theologen Christian Lehnert, in: HerKorr 41 (2017) 19–23, 20.

3.   Narrativer Ansatz

Was Petra Morsbach in ihrem Roman „Gottesdiener" über den unüberbrückba-
ren Hiat zwischen Liturgie und Leben sagt, ist nicht völlig neu. Nimmt man die
Literatur als Quelle der Liturgiewissenschaft ernst, geht es aber letztlich weniger um die Frage, *was*, sondern vielmehr *wie* in der zeitgenössischen Literatur
über Liturgie erzählt wird. Den hermeneutischen Schlüssel dazu liefert der Li-
teraturnobelpreisträger Peter Handke. Auf die Frage, ob er ein religiöser Autor
sei, hielt er sich in einem Interview zunächst bedeckt, um dann doch zu antworten: „Wenn jemand nur sagt, er sei religiös, geht mir das auf die Nerven.
Wenn er nicht erzählt, was das ist. Das Erzählen ist das Entscheidende."[37] In
den Augen der Literatur lässt sich Wesen und Bedeutung der Liturgie weder
proklamieren noch in sterile Formeln fassen. Ihr Sinn erschließt sich ebenso
wenig aus der Wiederholung des immer schon Gesagten, noch kann es eine lü-
ckenlose Übertragung der alten Inhalte in die Sprache der Gegenwart geben.
Die Liturgie erweist sich in der Literatur immer dann als „lebensrelevant",
wenn sie eine existentielle Interaktion auslöst, und damit als Wandlungsereig-
nis erfahren wird. Arnold Stadler nennt in seinem Roman „Salvatore" das zentrale Kriterium, wann für ihn ein Gottesdienst gelingt: „Als er herauskam, war
er ein anderer."[38] Die Literatur will den Raum und die Fragen nach dem christlichen Gottesdienst offenhalten, ohne seine Antworten vorschnell zu übernehmen. Auf den ersten Blick gehört es zur Tragik des „Gottesdieners", dass der
Roman in ein Dilemma mündet, das die Autorin weder auflösen kann noch
auflösen will. Während er die Messe zelebriert, zweifelt Isidor nie an der ver-
wandelnden Kraft der sakramentalen Worte (er bezieht daraus seine ganze
priesterliche Identität), im alltäglichen Leben bewahrheitet sie sich aber kaum
mehr. Liturgie und Leben scheinen ihre Durchlässigkeit verloren zu haben.
Trotzdem lässt sie ihren Protagonisten Rattenhuber nicht einfach an Glaube,
Kirche oder Leben verrecken. Isidor macht in seinem Leben vieles falsch: Er
verstrickt sich in unglückliche Beziehungen, erträgt in aller Demut strukturelle
Ungerechtigkeiten, wagt es kaum, gegen ungerechtfertigte Angriffe seiner
Oberen oder der Dorfbevölkerungen aufzubegehren. In den Augen der Lesen-
den findet Rattenhubers Schicksal dennoch Gefallen, weil er trotz seines Scheiterns kaum Ressentiments gegen seine Zeit, die Menschen oder kirchliche Traditionen hegt. Auch scheut er keine Konflikte, wenn es darum geht, Welt und
Glaube in Verbindung zu halten. Wachsen ihm die mannigfaltigen Anforderungen über den Kopf, besinnt er sich auf die eigenen Stärken und konzentriert
sich auf das, was er leisten kann. Je länger er als Priester tätig ist, desto mehr

---

[37] *Greiner/Handke*, Eine herbstliche Reise zu Peter Handke nach Paris (wie Anm. 1).
[38] *Arnold Stadler*, Salvatore, Frankfurt/M. 2008, 84.

reift in ihm die Einsicht, dass er nicht allen gerecht werden muss. Und letztlich bemüht er sich nach Kräften, ein beziehungsfähiger Zeitgenosse zu bleiben. Vor allem aber gibt Rattenhuber niemals auf. Sein am Ende des zweiten Kapitels formuliertes Überlebensprogramm klingt harmlos, erweist sich aber als äußerst effektiv. „Warum sollte es ihm nicht gelingen, sich selbst und die Banalität seines Lebens zu überwinden? Man muß ja an einer schweren Aufgabe nicht unbedingt scheitern! Man kann auch an ihr wachsen, höher, als man es sich jemals träumen ließ."[39]

Isidor Rattenhuber leidet und wächst an Liturgie und Seelsorge. Damit ist auch die zentrale Erkenntnis aus liturgiewissenschaftlicher Perspektive verbunden, dass sich die liturgische Erfahrung nie ganz in der Lebenserfahrung und umgekehrt das Leben nie ganz in der liturgischen Erfahrung erschöpft. Beide sind aufeinander angewiesen, finden aber nie ganz zueinander. Es braucht Jahrzehnte, bis Leben und Liturgie zugeordnet sind, ohne sie zu identifizieren. Mit Einblendung der Weiheliturgie am Beginn jedes Kapitels werden der Verlust wie das stetige Wiederfinden liturgischer Erfahrung angezeigt, auch oder gerade weil die Liturgie bei Rattenhuber die komplexen Lebenserfahrungen heutiger Menschen nicht mehr fasst und doch bedingen sie einander. Das Große an Morsbach ist, dass sie entgegen üblicher Debatten „alte" und „neue" Liturgie, Ontologie und Humanisierung, Sakralität und lebensdienliche Pastoral in der Schwebe hält und das eine nicht gegen das andere ausspielt. Gerade in diesem Paradoxon erkennt sie eine fruchtbare Spannung, auf die sie bei ihren literarischen Protagonisten nicht verzichten will.

Der Gottesdienst hat als symbolisches Tun und Handeln immer mit beidem zu tun: mit vorgegebenen Strukturen und persönlichem Erleben. Ebenso gehört es zu seinem Wesenszug, dieses fundamentale Spannungsverhältnis nicht leichtfertig aufzulösen. Lehnert bezeichnet die Liturgie sogar als „Veranstaltung zur Transzendenz-Verhinderung", weil sie nicht nur Vertrautes vergegenwärtigt, sondern für Unvorhergesehenes von außen offen sein muss: „[D]ie Fremde Gottes in dem unerwartet Schönen und Verstörenden."[40] Die Wertschätzung für klassische Formen und die Übersetzung ins Leben gehören für ihn daher untrennbar zusammen. Nur wenn dieses Spannungsfeld aufrecht bleibt, kann die Liturgie als „Quelle" erlebt werden, „aus der all ihre Kraft strömt." (SC 10)

---

[39] *Morsbach*, Gottesdiener (wie Anm. 4), 89.
[40] Vgl. *Keller/Lehnert*, „Glaube lässt sich nicht in Dogmen verfestigen" (wie Anm. 36), 22; Lehnert fügt an dieser Stelle noch hinzu: „Der Philosoph Peter Sloterdijk sagte einmal zu mir: ‚Den Menschen dort abholen, wo er ist. Das macht nur der Teufel.'"

„Es kommt ein Schiff gezogen wohl übers weite Meer"

Wandlungen des Kirchenbildes im Kirchenlied am Beispiel
der Metapher „Schiff"

Ansgar Franz

1.   Fülle und Mangel

Wer sich auf die Suche nach Kirchenbildern in Kirchenlieder macht, sieht sich
gleichzeitig einer erwartbaren Fülle und einem unerwarteten Mangel an Quellen gegenüber. Die Fülle resultiert aus dem Umstand, dass natürlich viele Kirchenlieder mit ganz unterschiedlichen Themen und Motiven auch von „Kirche" singen. Ihnen ist für den Liedteil des Evangelischen Gesangbuchs (*EG
1993)[1] die Freiburger Dissertation von Matthias Neufeld „Das Bild der Kirche
im Singen der Gemeinde" nachgegangen.[2] Er identifiziert und analysiert eine
lange Reihe von Bildern für „Kirche" im Kirchenlied: Kirche erscheint hier als
Volk Gottes, Leib Christ, Braut Christi, Tempel des Heiligen Geistes, Familie
Gottes, Gemeinschaft der Heiligen, Himmlische Schar, Die Arche Gottes, Das
eine Brot aus Körnern, Die Zweige am Stamm, Der Weinstock und seine Re-
ben u. a.[3] Sucht man dagegen nach Liedern, die „Kirche" zum Hauptthema machen und sozusagen exklusiv von „Kirche" singen, so stößt man nach längerer
Suche auf kaum mehr als etwa zwei Dutzend Lieder. Grundlage meiner Recherche war das Mainzer „Gesangbucharchiv"[4], das derzeit etwa 8.000 deutsch-

---

[1]   Im Folgenden werden die zitierten Gesangbücher mit *Sigle/Erscheinungsort und Er-
scheinungsjahr zitiert; die vollständigen Titel sind aus dem Quellenverzeichnis am Ende
des Beitrags zu entnehmen.

[2]   *Matthias Neufeld*, Das Bild der Kirche im Singen der Gemeinde. Überlegungen zur
Bedeutung des gesungenen Wortes für das Selbstverständnis der Kirche anhand ausgewählter Lieder des „Evangelischen Gesangbuchs", (Freiburger Dissertationsreihe, Theologie Bd. 7), Freiburg/Br. 2006 (die Arbeit ist als PDF einsehbar unter https://freidok.
uni-freiburg.de/fedora/objects/freidok:2317/datastreams/FILE1/content (aufgerufen am:
26. 2. 2022))

[3]   Ebd., 147–197.

[4]   Siehe https://www.gesangbucharchiv.uni-mainz.de/.

sprachige Gesangbücher vom 16. Jahrhundert bis in die Gegenwart gesammelt
und durch eine Datenbank erschlossen hat. Etwa drei Viertel der Gesangbücher
sind evangelischer Provenienz, ein Viertel stammt aus der katholischen Tradition. Meine Suche beschränkte sich auf den katholischen Bereich. Hier ist auffällig, dass ältere Gesangbücher in der Regel keine eigene Rubrik „Kirche"
kennen,[5] sondern bestenfalls „Kirchweihe".[6] Das Bedürfnis, sich in einer eigenen Rubrik über das Wesen der Kirche zu versichern, ist ein Phänomen, das
sich flächendeckend erst mit den Einheitsgesangbüchern in der zweiten Hälfte
des 20. Jahrhunderts zeigt.

Im Folgenden sollen in einem ersten Schritt einige Liedbeispiele vor dem
Hintergrund ihres *kirchengeschichtlichen Kontextes* kurz vorgestellt werden. In
einem zweiten Schritt wird dann den *Wandlungen des Kirchenbildes* im Kirchenlied nachgegangen; um diese Wandlungen deutlicher fassen zu können,
werden dazu Lieder ausgewählt, die jeweils die Kirche unter der Metapher
„Schiff" beschreiben.

2.   Stationen der Liedgeschichte

Überblickt man die aufgefundenen Quellen, so lassen sich verschiedene „Anlässe" unterscheiden, zu denen im Kirchenlied „Kirche" zum Thema wurde.

2.1   Konfessionabgrenzendes

Einige frühe Lieder zeigt deutlich das Bemühen, die katholische Kirche gegenüber den aus der Reformation hervorgegangenen Kirchen abzugrenzen und zu
profilieren. Ein besonders drastisches Beispiel findet sich im Anhang zu
*Aschaffenburg 1790. In den 20 Strophen des Liedes werden die vermeintlich

---

[5]   Eine Ausnahme dieser Regel stellt der „Pörtner" (*Würzburg 1828) dar, der unter der
      Rubrik „Die Kirche Jesu" drei Lieder mit jeweils eigenen Überschriften enthält: Nr. 157
      „Die Kirche, das Reich der Gnade zur Vorbereitung auf das Reich der Glorie" (Lied:
      Auf Felsen ruht der Kirche Grund), Nr. 158 „Trost der katholischen Kirche in schlim-
      merer Zeit" (Lied: *Traure nicht, o Gottes Stadt*); Nr. 159 „Bitte um das Wohl der Kirche
      und ihrer Diener" (Lied: *Auf Felsen hast du, Herr! gebaut*).
[6]   Dort stehen zumeist Lieder, die das Kirchengebäude als Ort der Liturgie preisen, vgl.
      z. B. *Würzburg 1828 Nr. 219 *Heil dir, Haus Gottes! Heil sei dir* und 220 *Ihr Tempel
      Gottes seyd allzeit*; *Regensburg 1874 Nr. 65 *Es kam herab vom höchsten Thron*;
      *Fulda 1970 Nr. 412 *Dir, Vater, tönt der Lobgesang* und 413 *Jerusalem, du Himmels-
      stadt*.

klassischen Identifikationsmerkmale des Katholischen auflistet: die strengen katholischen Kirchengebote im Gegensatz zur lutherischen ‚Freiheit eines Christenmenschen' (Str. 2), die ungebrochene Tradition der immer gleichen Lehre (Str. 3–4), die von der katholische Kirche hervorgebrachten Heiligen (Str. 5), die Wunderzeichen, die die katholische Lehre bekräftigen (Str. 6), die Unwandelbarkeit dieser Lehre an allen Orten (Str. 7–8), die Bedeutung der guten Werke durch das Halten der göttlichen und der Kirchengebote (Str. 9–10), das Fasten (11–12), die Beichte (Str. 13), das Viatikum (Str. 14), das fehlende Priestertum der evangelischen Pastoren (Str. 15), die letzte Ölung (Str. 16), der Beistand der Heiligen im Himmel (Str. 17), das fürbittende Gebet für Lebende (Str. 18). Die letzten beiden Strophen kehren zum Anfang zurück: Zwar lasse sich „Lutherisch" leichter leben, doch sei *katholisch* […] *gut sterben*. Ist die erste Hälfte des Liedes im Ton eines trutzigen Bekenntnisses formuliert, wird ab Strophe 12 ein imaginiertes evangelisches „Du" direkt angegangen. Hier eine Strophenauswahl: [7]

1. Katholisch bin und nenn ich mich, / halts nicht mit Martin Luther.
Die römisch Kirch erkenne ich / für meine Glaubensmutter,
wann ich bey dieser halte mich / durch Gottes Gnad verhoffe ich,
ich werde nicht verderben? / Katholisch ist gut sterben.

2. Es ist zwar leichter nach der Lehr, / des Martin Luthers leben.
Dann er den Seinen hat vielmehr, / von Lebensfreyheit geben.
Ich aber falle ihm nicht bey, / wann ich gleich lebe nicht so frey,
werd ich doch nicht verderben? / Katholisch ist gut sterben.

3. Ja eben, daß nach unser Lehr, / ich nicht so frey darf leben,
kann mir zum Trost seyn, und vielmehr / ein gute Hoffnung geben;
dann diese Lehr, ja sich vielmehr, / vergleicht mit Jesu Christi Lehr.
Wie kann ich dann verderben? Katholisch ist gut sterben.

7. Die unsrig Lehr ist allgemein, / ist gleich an allen Orten.
Des Luthers Lehr ist ja und nein, / bleibt nicht bey seinen Worten.
Was christlich ist, katholisch ist; / des Luthers Lehr ist Menschen List
und führet zum Verderben! / Katholisch ist gut sterben.

---

[7] Das Lied ist möglicherweise inspiriert von einem älteren Lied „Zu dem Evangelio/oder vor der Predigt" aus dem Gesangbuch *Königsgrätz 1730. Hier heißen die Schluss-strophen des Liedes *O Christ! das Evangelium / und Christi Lehr zu hören kumb*: „Catholisch seyn und bleiben wir; / auff diesem Glauben gehen wir / nicht irr; wir glauben, was die Mutter lehrt / das sie vom Vatter hat gehört / durchs H. Evangelium. // Die Christlich Kirch die Mutter ist / du Jesu unser Vatter bist / und hast, wies unsre Mutter glaubt / den Papst gestellt zum Kirchen-Haupt. / So lehrts das Evangelium. // Wir glaubens Evangelium / nicht wie mans lehrt im Ketzertum, / dann, was besonders ist alldort / ist Menschen- und nicht Gottes-Wort / und nicht das Evangelium." (Str. 6–8).

8. So bleibts darbey, des Luthers Lehr / sey falsch, und nicht die Reine:
die unsrig aber sey vielmehr / katholisch allgemeine.
So bleiben wir bey unser Lehr, / o Gott! auch sie dazu bekehr,
damit sie nicht verderben! / Katholisch ist gut sterben.

11. Wann ich dann mich zu g'wisser Zeit / nach Brauch der frommen Alten,
vom Fleisch und andrer Lustbarkeit / thu Gott zu Ehr enthalten,
hoff ich, daß dieß wird g'fällig Gott / und mir zum Trost seyn in dem Tod,
und nicht mein Verderben! / Katholisch ist gut sterben.

12. Du aber, daß du nie gefasst, / ja warest so vermessen,
daß uns zu Trutz das Fleisch auch hast / am Freyt- und Samstag gessen,
vermeinst, daß diese werde dir / zu größerer Hoffnung seyn als mir,
den Himmel zu erwerben? Katholisch ist gut sterben.

Eine spätere Variante des Liedes mit dem Incipit *Katholisch bin und bleibe ich*
ist im späten 19. Jahrhundert (*Hildesheim 1893) und noch bis in die erste
Hälfte des 20. Jahrhunderts in einigen Diözesangesangbüchern vertreten
(*Unter-Eichsfeld 1925, *Hildesheim 1927, *Hildesheim 1949). Der Refrain
(*katholisch ist gut sterben*) wird beibehalten ebenso wie der Grundduktus: Die
Gebote der katholischen Kirche sind streng; was sie lehrt, geht in ungebroche-
ner Tradition auf Christus selbst zurück, deshalb ist diese Lehre unveränderlich
zu allen Zeiten und steht fest gegen allen Irrtum. Doch ist die konfessionelle
Polemik deutlich abgemildert und entpersonalisiert: Luther wird namentlich
nicht mehr genannt, ebenso verschwindet das evangelische „Du"; überhaupt
wird der direkte Vergleich beider Konfessionen vermieden. Das, wovon man
sich katholischerseits unterscheidet, erscheint in den unpersönlichen Begriffen
„Irrtum" und „falsche Lehre".[8]

2.2 Kulturkämpferisches

Eine weitere Gruppe von Liedern hat ihren Ursprung im Kontext von Ultra-
montanismus und Kulturkampf. Hier werden noch andere Aspekte des Katholischen wichtig. Zu den traditionellen Stereotypen der Glaubenseinigkeit und der

---

[8] So lauten die beiden Schlussstrophen des Liedes (in der Textfassung *Hildesheim 1893,
Nr. 125): „Die wahre Lehr ist allgemein, / die bleibt sich gleich zu allen Zeiten; / Nicht
schwankend kann die Wahrheit sein, / Es irren die, die sie bestreiten. / Die Wahrheit kann
nur Eine sein, / Doch tausendfach des Irrtums Schein, / Der führet in's Verderben: /
Katholisch ist gut sterben. // Gott Dank, daß ich katholisch bin / Und stets geschützt vor
falschen Lehren; / Katholisch sein ist mein Gewinn, / Nie soll der Irrtum mich bethören;
/ Katholisch bin und heiße ich, / Katholisch leb' und sterbe ich; / So werd' ich nicht
verderben: / Katholisch ist gut sterben."

treu bewahrten, unveränderten Lehre treten zwei weitere Motive: Das Wüten der (äußeren) Feinde und das Vertrauen auf die (innere) Stärke der auf den Felsen Petri gebauten Kirche. Das wohl bekannteste Beispiel dieses Typs ist das Lied *Ein Haus voll Glorie schauet* des Jesuiten Joseph Mohr (1834–1892), das 1874 zum ersten Mal in dessen Gesangbuch „Cäcilia" (*Regensburg 1874) erschien und danach rasch von vielen Diözesangesangbüchern aufgegriffen wurde, bis es in den 1950er Jahren in allen deutschen Diözesen verbreitet war.[9] Da das Lied bereits ausführlich und kenntnisreich kommentiert worden ist,[10] braucht es hier nicht vorgestellt zu werden. Betrachten wir ein heute eher in Vergessenheit geratenes Beispiel. Schon knapp 10 Jahre vor der Mohr'schen Kampfeshymne erscheint in dem vom Bischof Emmanuel von Ketteler herausgegebenen Gesangbuch (*Mainz 1865) ein Lied über die Kirche, das zwar weniger streitbar, aber genauso selbstbewusst auftritt: Trotz der *Hölle Wuth* (Str. 1) und den *täglichen* Schmähungen der *Feinde* (Str. 8.10) steht die Kirche fest und unerschütterlich auf ihrem Fundament, dem *Fels Petrus* (Str. 1.7). Daher ist ihre Lehre *zu jeder Zeit und an jedem Ort* (Str.6) *unverfälscht und unversehrt* (Str. 4) bewahrt worden. Es ist der Heilige Geiste selbst, der sie vor jeglichen *Irrthum* (Str. 8) schützt. Als katholische Kirche ist sie wahrhaft weltumspannend, *kein anderes Reich* kann sich mit ihr *messen* (Str. 5):

1. Die Kirche hat Gott festgestellt, / Daß sie kein Sturm und Wetter fällt;
    Die Kirche steht so fest, so gut, / Daß nichts vermag der Hölle Wuth.

2. Sie steht so fest zu aller Zeit / In wahrer Glaubenseinigkeit;
    Sie ist und bleibt von Anbeginn / In Einem Glauben, Einem Sinn.

3. Sie folgt dem Hirten und dem Haupt, / Dem sie von Anfang an geglaubt;
    Sie ist die wohlgefügte Stadt, / die sich noch nie empöret hat.

4. Sieh! wie so heilig, was sie lehrt; / Wie unverfälscht, wie unversehrt!
    Sieh! wie viel Tausend ihr vertrau'n / Und ihre Hoffnung auf sie bau'n.

---

[9]   Auch nach dem Untergang des preußisch dominierten Kaiserreiches und der nationalsozialistischen Diktatur blieb die Popularität des Liedes ungebrochen, sodass es seinen Siegeszug bis in die 1947 erschienenen 74 *Einheitslieder fortsetzen konnte. Erst *Gotteslob 1 (1975) brachte dem mit Kriegsmetaphorik gespickten Lied eine jähe Niederlage bei. Zwar behält man die erste Strophe bei, lässt dieser aber vier neue Strophen folgen, die ein gänzlich anderes Kirchenbild vermitteln sollen.

[10] *Christiane Schäfer*, Ein Haus voll Glorie schaue, in: A. Franz/H. Kurzke/C. Schäfer (Hg.), Die Lieder des Gotteslob. Geschichte – Liturgie – Kultur, Stuttgart 2017, 265–272; vgl. auch *Rebecca Schmidt*, Gegen den Reiz der Neuheit. Katholische Restauration im 19. Jahrhundert, (Mainzer Hymnologische Studien 15), Tübingen 2005, 175–184; *Heinz-Günther Schöttler*, Ein Haus voll Glorie schauet? Die wechselhafte Geschichte eines Kirchenliedes an den Bruchkanten der Moderne, in: Bibel und Liturgie 83 (2010), 32–48.

5. Sieh! wie so weit und groß sie ist! / Kein and'res Reich mit ihr sich mißt;
   Sie herrscht vom Meere bis zum Meer / Im Namen Gottes, groß und hehr!

6. Was sie gebeut, ist allgemein, / So weit man sieht der Sonne Schein;
   Was stets sie lehrte, lehrt sie fort, / Zu jeder Zeit, an jedem Ort.

7. Sie steht auf der Apostel Grund, / Auf ihrer Nachfolg', ihrem Mund;
   Ihr Fels, den Christus hat gelegt, / Ist Petrus, ewig unbewegt.

8. Ihr Führer ist und rechte Hand / Der heil'ge Geist, von Gott gesandt;
   Der läßt sie nie im Irrthum geh'n, / Ob auch die Feinde täglich schmäh'n!

9. O Jesu! laß auch uns ein Stein / An deinem Bau, der Kirche, sein!
   Laß uns auf dieses Felses Höh'n /Ganz fest und unbeweglich steh'n!

10. Der Kirche Haupt, o Jesu Christ! /Wehr ab von ihr des Feindes List;
    Erlöse sie in dieser Zeit, / Verkläre sie in Ewigkeit.

2.3   Nachkonziliares

Erst in der Folge des II. Vatikanums und seiner Kirchenkonstitution „Lumen gentium" scheint man auch in den Gesangbuchkommissionen das Bedürfnis zu empfinden, eine eigene Rubrik „Kirche" einzurichten. In dem 1975 veröffentlichten *Gotteslob 1 (*GL1) steht sie zwischen den Marien-, Engel- und Heiligenliedern einerseits und der Abteilung „Tod und Vollendung" andererseits. Sie umfasst nicht weniger als 11 Lieder, was in dieser hohen Anzahl ein Novum in der katholischen Gesangbuchgeschichte ist. Hier eine Bestandsaufnahme:

Nr.	Liedincipit	Verfasser:in von Texten und Melodien
634	Dank sei dir, Vater, für das ewge Leben	Maria Luise Thurmair 1969 / Johann Krüger 1640
635	Ich bin getauft und Gott geweiht	Friedrich Dörr 1970 / Caspar Ulenberg 1603
636	Segne dieses Kind	Lothar Zenetti 1971 / Erna Woll 1971
637	Laßt uns loben, Brüder, loben	Georg Thurmair 1948 / Erhard Quack 1948
638	Nun singe Lob, du Christenheit	Georg Thurmair 1964 / Johann Crüger 1653
639	Ein Haus voll Glorie schauet	Str. 2–5 Hans W. Marx / Joseph Mohr 1876
640	Gott ruft sein Volk zusammen	Friedrich Dörr 1972 Straßburg 1539
641	Gleichwie mich mein Vater	Joh 20,21; Lk 4,18 / Paul Ernst Ruppel 1963
642	Eine große Stadt entsteht	Silja Walter 1966 / Josef A. Saladin 1972
643	O Jesu Christe, wahres Licht	Nach Johann Heermann 1630 / nach Nürnberg 1676
644	Sonne der Gerechtigkeit	Otto Riethmüller 1932 nach älteren Vorlagen / Nürnberg 1556

An der Zusammenstellung sind mehrere Aspekte bemerkenswert:
- Von den Texten her gesehen stammen 9 Lieder aus dem 20. Jahrhundert, nur 2 sind älteren Datums.[11] Wie nach den oben präsentierten Beispielen zu erwarten war, konnten in der älteren katholischen Tradition kaum brauchbare Stücke gefunden werden.
- Nicht weniger als 6 Texte stammen von dem Ehepaar Georg und Maria Luise Thurmair sowie von Friedrich Dörr. Die beiden letztgenannten waren Mitglieder der Liedkommission zur Erarbeitung des *Gotteslob. Es ist bekannt, dass sie selbst im Auftrag der Kommission Liedtexte verfassten, wenn man dort meinte, es sei für eine Rubrik nicht genügend brauchbares Material vorhanden.
- Bei genauerem Hinsehen zeigt sich, dass eigentlich nur zwei Lieder eindeutig in die Rubrik „Kirche" gehören, nämlich Nr. 639 *Ein Haus voll Glorie schauet* (in der neuen Version von Hans W. Marx) und Nr. 640 *Gott ruft sein Volk zusammen* (von Friedrich Dörr). Alle übrigen lassen sich zwanglos auch ganz anderen Rubriken zuordnen.[12]

Der Befund ist ernüchternd. Man erkennt das Bemühen der Kommission, dem Thema „Kirche" dadurch Sichtbarkeit zu verleihen, dass die entsprechende Rubrik mit einer möglichst großen Anzahl Lieder befüllt wird. Allerdings wollen die meisten davon nicht recht passen. Lediglich die Lieder von Hans W. Marx (Nr. 639) und Friedrich Dörr (Nr. 640) versuchen, die Kirche als solche zu charakterisieren und zu deuten. Wenn man dann erfährt, dass sich hinter dem sonst völlig unbekannt gebliebenen „Hans W. Marx" kein anderer als derselbe Friedrich Dörr verbirgt,[13] könnte man zugespitzt sagen, dass die hymno-

[11] Das Textmaterial von Nr. 641 ist weitgehend biblisch; Nr. 643 geht auf ein Lied aus dem 17. Jahrhundert zurück.
[12] Nr. 634 verarbeitet ein altkirchliches Eucharistiegebet und hätte sinnvollerweise seinen Platz unter den Kommuniongesängen gefunden. Die Nummern 635 und 636 sind eigentlich Lieder zur Taufe, 637 und 638 Loblieder, 642 besingt das eschatologische Jerusalem, das ja nicht unbedingt identisch ist mit der hic et nunc existierenden Kirche, 643 und 644 sind Christus-Lieder, 641 ist ein Aussendungslied – all diese Stücke thematisieren Einzelaspekte von Kirche, sind aber an einer grundlegenden Charakterisierung nicht interessiert.
[13] Wer „Hans W. Marx" ist, galt in der hymnologischen Forschung lange als geheimnisumwittertes Rätsel, das in seiner Unergründlichkeit schließlich auch zu humoristischen Lösungen Anlass gab. So ist die Kurzvita auf der Internetseite des DLI „Schnellsuche zum Gotteslobregister", das Hans W. Marx in Wiesbaden geboren und gestorben sein lässt und ihn nach einem Musik-Studium in Frankfurt und Stuttgart als „Lehrer", „Leiter von Kirchenchören" und „Bildungsreferent für Liturgie und Musik in Frankfurt" ausgibt, frei erfunden (siehe https://dli.institute/wp/schnellsuche-zum-gotteslob/ unter dem Suchwort „Marx"; Zugriff am 3.5.2022). Tatsächlich konnte inzwischen Andrea Ackermann aufgrund handschriftlicher Notizen auf den Sitzungsunterlagen eines Kommis-

dische Ekklesiologie eines ganzen Gesangbuchs von nur einer einzigen Person geformt wurde.

Das 2013 erschienene *Gotteslob 2 (*GL2) nimmt zwar einige sinnvolle Verschiebungen und Ergänzungen vor, ändert aber an dem Gesamtbild nur wenig. Die Rubrik heißt nun „Kirche – Ökumene". Neben „Lumen gentium" scheint jetzt deutlicher auch das Dekret „Unitatis redintegratio" ins Bewusstsein gedrungen zu sein; man ist bemüht, einen konfessionell verengten Blick auf „Kirche" zu vermeiden. Die Abteilung enthält neun Lieder,[14] von denen sieben im 20. Jahrhundert entstanden sind.

Nr.	Liedincipit	Verfasser:in von Texten und Melodien
477	Gott ruft sein Volk zusammen	wie GL 1
478	Ein Haus voll Glorie schauet	wie GL 1
479	Eine große Stadt ersteht	wie GL 1
481	Sonne der Gerechtigkeit	wie GL 1
482	Die Kirche steht gegründet	Anna Thekla von Welling 1898 nach Samuel John Stone 1866 „The church's one foundation" / Samuel Sebastian Wesley 1864
483	Halleluja … Ihr seid das Volk	Hans-Jakob Weinz und Gabi Schneider 1974 nach „Seek you first the kingdom of God" 1971 / Karen Lafferty 1971
484	Dank sei dir, Vater	wie GL 1
485	O Jesu Christe, wahres Licht	wie GL 1
487	Nun singe Lob, du Christenheit	wie GL 1

Sieben Stücke sind aus dem Vorgängerbuch übernommen; drei Lieder, die dort noch unter „Kirche" einsortiert waren, haben in *GL2 in der Rubrik „Taufe" Aufnahme gefunden.[15] Nur zwei Neuzugänge sind zu verzeichnen: Nr. 438 ist das sogenannte „Taizè-Halleluja", das aber eben gerade nicht aus der französischen Brüdergemeinschaft stammt, sondern aus den USA. Die *GL2-Fassung des Textes ist im Wesentlichen an der Bergpredigt orientiert und somit auch kein „Kirchen"-Lied im engeren Sinn.[16] Anders dagegen Nr. 482. Das Stück

---

sionsmitgliedes nachweisen, dass hauptsächlich Friedrich Dörr für die Neufassung von *Ein Haus voll Glorie schauet* verantwortlich war; vgl. *Schäfer*, Ein Haus voll Glorie schauet (wie Anm. 10), 269.

[14] Die Nummern 480 und 486 sind kurze Rufe, die textlich auf Ps 72,7 bzw. Mt 16,18 zurückgehen.

[15] *Lasst uns loben, freudig loben* [so nun das Inzipit nach der „Brüder-Revision" Mitte der 1990er Jahre] (*GL1,637); *Gott, segne dieses Kind* (*GL 1, 636) und *Ich bin getauft und Gott geweiht* (*GL 1, 635) stehen in *GL2 nun unter den Nummern 489–491 („Taufe").

[16] Eine kundige Darstellung der vielschichtigen Entstehungsgeschichte bei *Anne-Dore Harzer*, Halleluja … Ihr seid das Volk, in: Die Lieder des Gotteslob (wie Anm. 10), 438–441.

geht zurück auf das Lied des anglikanischen Geistlichen Samuel John Stone. In der Erstveröffentlichung 1866 ist es überschrieben mit „The Holy Catholic Church: the Communion of Saints" und versteht sich als Deutung des Kirchen-Artikels des Symbolons.[17] Trotz der Reduzierung der originalen sieben Strophen auf nur drei in *GL2 ist das Anliegen, eine biblisch begründete Deutung der Kirche vorzulegen, gut zu erkennen. So tritt neben die beiden aus *GL1 übernommenen „Kirchen"-Lieder von Dörr noch ein drittes, das aus einer nicht-katholischen Tradition stammt.

Überblickt man die Ergebnisse dieses 1. Teils der Untersuchung, so scheint es, dass immer dann Lieder mit dem Thema „Kirche" entstehen, wenn sich die katholische Kirche in eine defensive Position gedrängt fühlt: Im 17./18. Jahrhundert will sie sich gegen reformatorische Lehren und Lebensweisen abgrenzen, im 19. Jahrhundert gegen das protestantische Kaiserreich Stellung beziehen. Ob dies auch für die 2. Hälfte des 20. Jahrhunderts gilt? Immerhin ist hier auffällig, dass die offiziellen Gesangbücher kaum mit den ekklesiologischen Vorgaben des Konzils Schritt halten können. Zwar sind die Rubriken „Kirche" bzw. „Kirche – Ökumene" in *GL1 und *GL2 gut gefüllt, doch zumeist mit eher unpassenden Stücken. Die beiden einzigen echten „Kirchen"-Lieder in *GL1 sind typische Auftragsarbeiten, die von dem Kommissionsmitglied Friedrich Dörr geschaffen wurden, um einem offensichtlichen Mangel zu begegnen. In *GL2 sind diese beiden ergänzt durch ein älteres Lied aus der anglikanischen Tradition.

3.   Die Kirche als Schiff

Im 2. Teil der Untersuchung soll den *Wandlungen des Kirchenbildes* nachgegangen werden. Dazu empfiehlt es sich, Lieder vorzustellen, die „Kirche" jeweils unter dasselbe Bild fassen. Die von mir aufgefundenen Quellen legen nahe, die Metapher „Schiff" zu wählen, die sich durch die gesamte Liedtradition zieht. Das biblisch begründete Bild der Kirche als „Schiff" hat in der christlichen Antike eine breite Auslegungstradition entwickelt,[18] die in die hymnodischen Traditionen des Mittelalters und der Neuzeit eingegangen ist.[19] Im Fol-

---

[17]   Vgl. *Elke Liebig*, Die Kirche steht gegründet, in: Die Lieder des Gotteslob (wie Anm. 10), 212–216.

[18]   Vgl. die faszinierend zu lesende umfangreiche Studie von *Hugo Rahner*, Antenna Crucis, in: *ders.*, Symbole der Kirche. Die Ekklesiologie der Väter, Salzburg 1964, 239–564.

[19]   Vgl. etwa den Advents-Klassiker *Es kommt ein Schiff geladen* oder das im 19. Jahrhundert verbreitete Sterbelied *Wann mein Schifflein sich will wenden*.

genden sollen in einem historischen Längsschnitt vom 17. bis 20. Jahrhundert
einige Beispiele die grundlegenden Wandlungen des Kirchenbildes illustrieren.

3.1 Das von Christus erwählte Schiff

Unsere erste Station ist ein in Passau erschienenes Andachts- und Gesangbuch
mit dem Titel „Hertzen=Freud und Seelen=Trost. Das ist: Himmlische Betrachtungen und Lobgesänger" (*Passau 1660). Hier findet sich unter der
Überschrift „Das 100. und 58. Gesang. Am vierdten Sonntag nach Pfingsten"
ein Lied, das den von der tridentinischen Leseordnung für diesen Sonntag vorgesehenen Evangelienabschnitt Lk 5,1–11 ausdeutet.[20] Das Stück gehört zu
dem Typ der „konfessionsabgrenzenden Lieder", der uns schon oben begegnet
ist: Es lagen zwei Boote am See Gennesaret, und aus freier Entscheidung wählte Jesus das Boot des Petrus und nicht das andere (Str. 1), um von ihm aus die
Volksmenge zu belehren. Dies geschah nicht ohne Absicht, so vermutet der
Verfasser des Liedes: Da Jesus die Glaubensspaltung voraussah, wollte er Petrus als denjenigen bezeichnen, der die *Bürde* der Nachfolge zu tragen habe
(Str.2). Nur an ihn ergeht die Weisung zum *Menschenfang*, die andern zwölf
sind lediglich seine Helfer (Str. 3). Für die Gegenwart heißt das: Allein die
Verkündigung des Petrus gibt Festigkeit im Glauben (Str.4), nach Jesus ist Pet-
rus das Haupt der Kirche (Str. 5). Mit Paulus (Eph 4,5) ist daher die Einigkeit
zu lieben, wie ja auch die göttlichen Personen in der Einheit der *hochgeehrt
Dreyfaltigkeit* zusammenwirken (Str. 6). Dann kehrt das Lied zum Bild des
Schiffes zurück: Petri Schiff wird geleitet durch den Wind des Heiligen Geistes, es erweist sich als die wahre Arche Noah,[21] die das Leben rettet (Str. 7).
Das Lied endet allerdings mit einem Seufzer, in dem die bitteren Erfahrungen
des 30-jährigen Krieges mitzuschwingen scheinen (Str.8).

> 1. Zwey Schiff am See Genezareth / Sah der HErr JESUS stehen /
>   Ob schon die freye Wahl Er hätt / Jn welches Er wolt zu gehen /
>   Doch in des Petri Schiff Er trat / Frey hat er jhms erwehlet /
>   Das ander wünscht jhm auch die Gnad / Doch hatt es dem gefehlet.
>
> 2. Auß diesem Schiff Er lehrt das Volck / Ohn Ursach das nicht gschahe /
>   Vermuthlich Er andeuten wolt / Was Er im Geist vorsahe; /

---

[20] Dem Liedtext ist eine Kurzfassung des Evangeliums in lateinischer Sprache voran-
gestellt; Liedtext und Evangelium sind in der Münchner Digitalen Bibliothek einsehbar
unter https://www.digitale-sammlungen.de/de/view/bsb10925078?page=580,581 (aufgerufen am: 26.10.2022).

[21] Zur Arche Noah im Zusammenhang mit der Schiffsmetapher vgl. *Rahner*, Antenna
Crucis (wie Anm. 18), 530–538.

Daß sich sein Kirch zertrennen wurd / Vil Glaubens=Spaltung werden /
Sanct Petrus tragen sollt die Burd / Hie sichtbarlich auf Erden.

3. Jhm er befahl den Menschenfang / Die andern sollten helffen /
    Trewlich beystehen ohne Zwang / Gebührt den andern zwölffen /
    Darumb warf Pertus auß sein Netz / Jn seines Meisters Nahmen /
    Als jhms zu schwär war zu der letzt / Die andern zu Hülff kamen.

4. Hierauß lern du / mein frommer Christ / Daß die lehr sei die beste /
    Der du von Petro wirst vergwist / Die ist die Glaubens=Vöste /
    Nimm an dieselb / und bleib dabey / Sie thut dich nicht verführen /
    Daß du anhangst der Kätzerey / Das will dir nicht gebüren.

5. Was wär nicht für ein Schönheit das / Wann sein blib unterworfen /
    Der ganze Leib dem Haupt mit maß / Und thäte jhm gehorchen; /
    Nach JEsum ist der Papst das Haupt / Der dessen Stell verwaltet /
    Dem ist das Regiment erlaubt / GOtt jhn darbey erhaltet.

6. Es ist ein GOtt / ein Gnad / ein Tauff / Sankt Paulus thuts so nennen /
    Den soll der gantze Christlich Hauff / Mit Hertz und Mund bekennen; /
    Jch lieb und lob die Einigkeit / Zerspaltung thu ich hassen /
    Die Hochgeehrt=Dreyfaltigkeit / Liebts auch über die massen.

7. Der glücklich Wind der Heilig Geist / Thut Petri Schiff regieren /
    Zu disem Er die Leut anweist / Die er will wohl anführen /
    Diß ist des wahren Noe Arch / Wer bleiben will bey Leben /
    Entfliehen auch dem Sündfluß arg / Muß sich darein begeben.

8. Wann folgte man dem Rath so gut / Den ich alhie thu singen /
    So dürfft so manches Christen=Blut / Nicht gehen an die Klingen /
    Der liebe GOtt da helfen kan: / Die Menschen also hausen /
    Daß ja eim jeden frommen Mann / Möchte billich dafür grawsen.

3.2 Das Schiff, der Steuermann und der Leuchtturm

Der Jesuit Guido Maria Drewes (1854–1909), der vor allem durch sein monu-
mentales Lebenswerk „Analecta hymnica medii aevi" bekannt geworden ist,[22]
hat auch zu der „Gesangbuchfrage" seiner Zeit energisch Stellung bezogen.[23]

---

[22] Bis zu seinem Tod 1909 erschienen 50 Bände (Leipzig, 1886–1907). Ab Band 25 stellte
      ihm der Orden Clemens Blume als Mitarbeiter zur Seite. Die letzten Bände der Reihe
      (Bd. 51–55) sind von Clemens Blume allein oder in Zusammenarbeit mit Henry Bannis-
      ter erstellt worden.
[23] Vgl. *Guido Maria Drewes*, Ein Wort zur Gesangbuchfrage. Zugleich Prolegomena zu
      einem Büchlein geistlicher Volkslieder, (Ergänzungsheft zu den „Stimmen aus Maria
      Laach"), Freiburg 1884.

Obschon er zu Recht als „Theoretiker" der hymnologischen Restauration gilt,[24] hat er wie seine Mitstreiter Heinrich Bone (1813–1893) und Joseph Mohr (1834–1892) auch selbst eigene Liedersammlungen veröffentlicht. 1886, zeitgleich mit dem ersten Band der „Analecta hymnica", erschien die Sammlung „Kränze ums Kirchenjahr" (*Paderborn 1886). Unter der Überschrift „Von der hl. Kirche" findet sich ein Lied, das noch im 20. Jahrhundert in verschiedene Gesangbücher Eingang gefunden hat.[25]

1. Es kommt ein Schiff gezogen / Wohl übers weite Meer,
   Das zieht durch Wind und Wogen / Still feierlich daher.

2. Drei hohe Masten ragen, / Drei Kreuze stehn darauf,
   Drei Reihen Ruder tragen / Es fort im sicherm Lauf.

3. Das Schiff ist uns gebauet / An Galiläas Meer,
   St. Peter ist's vertrauet, / Drum fährt es so einher.

4. Wohl uns, wir sind im Schiffe, / Wir fahren wohlgemut,
   Wir fürchten keine Riffe, / Wir fürchten keine Flut.

5. Wir fahren ohne Grauen, / der Hafen ist in Sicht,
   der Leuchtturm ist zu schauen, / das ist das ew'ge Licht.

Das Lied evoziert das Bild eines großen, majestätischen Schiffes (*drei hohe Masten*,[26] *drei Reihen Ruder*), das trotz *Wind und Wogen* souverän und unangefochten seinen Kurs hält (*still feierlich*). Der Grund für diese Stärke liegt in seinem Ursprung: Das Schiff gehört Petrus, dem es anvertraut bleibt. Die Gefahren, die das Schiff bedrohen (*Riffe, Flut*) – hier dürften konkret die Anfeindungen des eben erst beigelegten Kulturkampfes gemeint sein – sind deshalb nicht zu *fürchten* (*wir fahren ohne Grauen*). Das Schiff setzt geleitet durch den *Leuchtturm* Christus unbeirrt seine Fahrt zu dem schon am Horizont erkennbaren *Hafen* fort.

Einige Jahre später ist der ultramontanen Bewegung daran gelegen, besonders zu betonen, warum das Schiff mit solcher Sicherheit durch die Stürme der Zeit segeln kann: Es hat einen christusgleichen Steuermann. Im Gebet- und Gesangbuch der Erzdiözese Salzburg (*Salzburg 1932) findet man ein Lied,

---

[24] Vgl. *Schmidt*, Gegen den Reiz der Neuheit (wie Anm. 10) 60–70.
[25] *Kreitmaier 1915, *Gloria 1931, *Paderborn 1948.
[26] In der patristischen Literatur gilt der *eine* Mastbaum als Symbol des Kreuzes, vgl. *Rahner*, Antenna Crucis (wie Anm. 18) 375–405. Die von Drewes gegebene Deutung der *drei hohen Masten* als *drei Kreuzen* lässt an die im Umfeld vieler Kirchen errichteten Kalvarien-Berge denken.

das mit „Steuermann (Papsthymne)" überschrieben ist; dann folgen die Angaben „Sehr langsam und feierlich / Chorgesang / Kard. Joh. Katschthaler".[27]

1. Steuermann in Petri Schiff, / das Gefahren rings umtoben;
   zieh vorbei an Fels und Riff, / dich umstrahlt das Licht von oben.
   Millionen auf dich schauen / Voller Liebe und Vertrauen.

2. Finster ist die Sturmesnacht, / doch der Leuchtturm glänzt im Dun-keln;
   und der Wächter, der dort wacht, / macht das Feuer heller funkeln.
   Millionen mit Vertrauen / auf den treuen Wächter schauen.

3. Der dem Sturme einst gebot / Und den aufgepeitschten Wellen;
   Wird auch unsre Zeit der Not / In der rechten Stund erhellen.
   Um das beten mit Vertrauen, / alle, die auf Pius schauen.
   Um das beten mit Vertrauen, / alle, die auf Pius schauen.

Das Lied, das den *Steuermann in Petri Schiff* direkt anspricht, zeichnet ein dramatisches Bild der *Gefahren,* die das Schiff *umtosen: Fels, Riff,* Finsternis, *Dunkel, Sturm* und *Sturmesnacht, aufgepeitschte Wellen, Not.* Dennoch dürfen *Millionen* (Katholiken) *voller Liebe und Vertrauen* auf *Pius X.* als *Steuermann* schauen. Denn dieser orientiert sich bei der Lenkung des Kirchenschiffes an dem *Leuchtturm,* dessen *Wächter* Christus selbst ist: Wie dieser einst dem Sturm auf dem See Gennesaret Einhalt gebot, so wird sein Leuchtturm-Licht *auch unsre Zeit der Not* rechtzeitig *erhellen.* Durch die Blickrichtung der Katholiken werden Christus und Pius in eine deutliche Parallele gesetzt: *Millionen mit Vertrauen auf den treuen Wächter schauen – um das beten mit Vertrauen alle, die auf Pius schauen.* Wer den Papst sieht, sieht Christus.[28]

---

[27] Johannes Baptist Katschthaler (1832–1914) leitete die Diözese Salzburg von 1900 bis 1914. Als Kardinal nahm er 1903 an dem Konklave teil, aus dem Pius X. hervorging. Ob die Angabe in *Salzburg 1932 ihn als Textautor ausgeben will, ist nicht eindeutig; falls dies die Absicht war, wäre die Behauptung unzutreffend. Tatsächlich lässt sich das Lied bereits am Ende der 19. Jahrhunderts nachweisen, und zwar in verschiedenen Auflagen von Schulgesangbüchern der Erzdiözese Olmütz (*Olmütz 1891 und 1899). Hier heißten die Schlusszeilen dann: *Um das beten mit Vertrauen / alle, die auf Leo schauen* (S. 157 bzw. S. 91). Ein „Kleines Gesang- und Gebetbuch der Erzdiözese Olmütz" aus dem Jahre 1915 (*Olmütz 1915) spart vorsichtshalber den konkreten Papstnamen aus: *Um das beten mit Vertrauen / alle, die auf – – schauen* (S. 210).

[28] Auch wenn sich das Lied nur selten in offiziellen Diözesangesangbüchern nachweisen lässt, dürfte es doch eine gewisse Popularität erlangt haben. Auf dem Gruppenfoto des „Katholischen Burschenvereins Steppach" (1910) erkennt man im Hintergrund auf der linken Seite ein Plakat mit dem Brustbild von Kronprinz Luitpold und der Aufschrift: „In Treue fest". Auf der rechten Seite als Pendant dazu ein Konterfei Pius' X. mit dem Schriftzug „Steuermann auf Petri Schiff, das Gefahren rings umtoben" (https://issuu.com/context_verlag_augsburg/docs/context-verlag_steppach_leseprobe/2 (aufgerufen am: 25.7. 2022)).

Wenn wir nun einen Sprung von knapp 30 Jahren in die 1960er machen, finden wir Schiffs-Lieder, die ein wesentlich anderes Bild von Kirche zeichnen. Die beiden folgenden Stücke sind nicht im katholischen Bereich entstanden, haben aber Eingang in katholische Gesangbücher gefunden.

3.3   Das Schiff und seine Mannschaft

1961 schrieb die Evangelische Akademie Tutzing ein Preisausschreiben „Neue Geistliche Lieder" aus. Das mit dem 1. Preis prämierte *Danke für diesen guten Morgen* von Martin Gotthard Schneider (1930–2017) gilt als die Geburtsstunde des NGL.[29] Bei dem 1963 durchgeführten zweiten Tutzinger Wettbewerb erreichte Schneiders Lied *Ein Schiff, das sich Gemeinde nennt* immerhin Platz 2.[30]

1. Ein Schiff, das sich Gemeinde nennt, fährt durch das Meer der Zeit.
    Das Ziel, das ihm die Richtung weist, heißt Gottes Ewigkeit.
    Das Schiff, es fährt vom Sturm bedroht durch Angst, Not und Gefahr,
    Verzweiflung, Hoffnung, Kampf und Sieg, so fährt es Jahr um Jahr.
    Und immer wieder fragt man sich: Wird denn das Schiff bestehn?
    Erreicht es wohl das große Ziel? Wird es nicht untergehn?
    Bleibe bei uns, Herr!
    Bleibe bei uns, Herr,
    denn sonst sind wir allein
    auf der Fahrt durch das Meer.
    O bleibe bei uns, Herr!

2. Das Schiff, das sich Gemeinde nennt, liegt oft im Hafen fest,
    weil sich's in Sicherheit und Ruh bequemer leben lässt.
    Man sonnt sich gern im alten Glanz vergangner Herrlichkeit,
    und ist doch heute für den Ruf zur Ausfahrt nicht bereit.
    Doch wer Gefahr und Leiden scheut, erlebt von Gott nicht viel.
    Nur wer das Wagnis auf sich nimmt, erreicht das große Ziel!
    Bleibe bei uns, Herr! …

---

[29] Zu Schneider und seinen Liedern vgl. *Matthias Kreuels*, Martin-Gotthard Schneider (1930–2017). Prägende Gestalten des Neuen Geistlichen Liedes (3), in: Musica Sacra 141 (2021) 152–154. – 1963 schaffte es *Danke für diesen guten Morgen* in einer Einspielung des Botho-Lukas-Chores bis in die Schlager-Charts, wo es sich sogar einige Wochen auf Platz 1 behaupten konnte.

[30] Eine ziemlich kritische Würdigung des Liedes vor dem Hintergrund der antiken und mittelalterlichen christlichen Schiffssymbolik bei *Hans-Bernhard Schönborn*, „Ein Schiff, das sich Gemeinde nennt", in: JLH 22 (1978) 173–180.

3. Im Schiff, das sich Gemeinde nennt, muss eine Mannschaft sein,
   sonst ist man auf der weiten Fahrt verloren und allein.
   Ein jeder stehe, wo er steht, und tue seine Pflicht,
   wenn er sein Teil nicht treu erfüllt, gelingt das Ganze nicht.
   Und was die Mannschaft auf dem Schiff ganz fest zusammenschweißt
   in Glaube, Hoffnung, Zuversicht, ist Gottes guter Geist.
   Bleibe bei uns, Herr! …

4. Im Schiff, das sich Gemeinde nennt, fragt man sich hin und her:
   Wie finden wir den rechten Kurs zur Fahrt im weiten Meer?
   Der rät wohl dies, der andre das, man redet lang und viel
   und kommt – kurzsichtig, wie man ist – nur weiter weg vom Ziel.
   Doch da, wo man das Laute flieht und lieber horcht und schweigt,
   bekommt von Gott man ganz gewiss den rechten Weg gezeigt!
   Bleibe bei uns, Herr! …

5. Ein Schiff, das sich Gemeinde nennt, fährt durch das Meer der Zeit.
   Das Ziel, das ihm die Richtung weist, heißt Gottes Ewigkeit.
   Und wenn uns Einsamkeit bedroht, wenn Angst uns überfällt:
   Viel Freunde sind mit unterwegs auf gleichen Kurs gestellt.
   Das gibt uns wieder neuen Mut, wir sind nicht mehr allein.
   So läuft das Schiff nach langer Fahrt in Gottes Hafen ein!
   Bleibe bei uns, Herr! …

Das Lied markiert deutlich den Paradigmenwechsel im Kirchenbild: Statt der treu bewahrten, zu allen Zeiten unveränderten *Lehre* und der von Heiligen Geist gelenkten *Leitung* steht nun die *Mannschaft* des Schiffes im Zentrum, die schon im ersten Vers als (Kirchen-) *Gemeinde* dem Schiff seinen Namen gibt. Zwar werden auch hier noch die dem Bild der Schifffahrt inhärenten Gefahren benannt (*Sturm, Not, Kampf*), doch scheinen diese Bedrohungen eher von innen als von außen zu kommen: Eine Kirche, die sich nicht bewegt, die auf ihre frühere, aber längst vergangene Bedeutung pocht und den Ruf zur Nachfolge überhört (Str. 2), die in sich uneins ist (Str. 3) und sich kaum über ihre Aufgaben und Ziele verständigen kann (Str.4). Gegen diese Gefahr der inneren Erlahmung steht als Ruf die Bitte der Emmausjünger *Bleibe bei uns, Herr* (Lk 24,29), die jede Strophe beschließt. Aus dieser erbetenen Gemeinschaft mit dem Auferstandenen muss dann auch – so lässt sich der Text deuten – eine bestimmte Form der Gemeinschaft der Schiffsinsassen untereinander resultieren: Durch Gottes Geist zusammengeführt sollen sie eine (geschlossene) *Mannschaft* sein (Str. 3), *Freunde*, die sich gegenseitig *Mut* machen (Str. 5). Ob es innerhalb dieser Mannschaft Rangunterschiede gibt, ist zu vermuten (*ein jeder stehe, wo er steht, und tue seine Pflicht*), aber sie werden nicht betont. Die Leitung des Schiffes ist nicht hierarchisch zu denken, jedoch auch nicht demokratisch, sondern eher charismatisch (Str.4) – was, wie so vieles in diesem poetisch eher schwachen Lied, zu einem Bruch mit der Schiffsmetapher führt.

3.4 Christusbegegnung bei stürmischer See

1961, im selben Jahr, in dem die Evangelische Akademie Tutzing ihr erstes Preisausschreiben „Neue Geistliche Lieder" veranstaltete, entstand in den Niederlanden das Lied *Ga in het schip, zegt Gij* (Geht in das Schiff, sagt er). Als Autor firmiert Muus Jacobse, ein Pseudonym für den Dichter und Literaturwissenschaftler Klaas Heermona (1909–1972). In den Jahren 1950 bis 1959 war er Mitglied einer Gruppe aus Theologen, Liturgen, Sprachwissenschaftlern und Dichtern, die mit einer Neubereimung aller 150 Psalmenlieder des (niederländischen) Genfer Psalters betraut war (unter Beibehaltung der ursprünglichen Melodien). Neben diesen Psalmenliedern entstanden aus diesem Kreis eine Fülle weiterer „neuer geistlicher Lieder". Sie unterscheiden sich deutlich von dem, was zeitgleich und danach in Deutschland produziert wurde. Die spirituelle Kraft der niederländischen Dichtungen erwächst aus einer poetischen Sprache, die inspiriert ist durch eine intensive Begegnung mit der Bibel, dabei auf jede religiöse Patina verzichtet und völlig „heutig" ist. Eine kongeniale Übertragung des Liedes durch Jürgen Henkys (1929–2015) erschien erstmals in dessen Sammlung „Steig in das Boot" (*Henkys 1982) und dann noch einmal in „Stimme, die Stein zerbricht" (*Henkys 2003). 2013 wurde das Lied in den *Gotteslob-Eigenteil des Bistums Mainz aufgenommen.

1. Steig in das Boot, sagst Du, / stoß ab vom Sand.
   Fahr gegen Wind, fahr zu, / bis du am andern Strand / siehst, was ich tu.

2. Gibst Du uns einen Stein, / Meister, statt Brot?
   Lässt Du uns jetzt allein? / Treibst Du uns in die Not / mitten hinein?

3. Wir sehen nichts als Kahn, / Wasser und Wind.
   Sagst Du: Legt drüben an? / Aber die Nacht beginnt. / Wo bist Du dann?

4. Geisterst Du als ein Spuk / über das Meer?
   Alles nur Lug und Trug? / Komm, wenn Du Herr bist, Herr, / an unsern Bug!

5. Komm mit dem Schöpfungswort! / Dunkel muss fliehn.
   Sprich, dass der Wind es hört. / Komm, dass die Wasser knien, / zu uns an Bord!

6. Ich bin's, so sagst Du dann, / sieh, was ich tu!
   Fahr mit zum andern Strand, / hab keine Angst, sagst Du, / hier – meine Hand.

Dem Lied ist die Angabe Mk 6,45–52 beigegeben. Die Perikope ist mitzuhören, denn das Lied als Ganzes ist eine Art Dialog mit dem über die Wasserwogen schreitenden Christus (vielmal wird die Wendung *sagst du* wiederholt). Strophe 1 ist charakterisiert durch Jesu vier energischen Aufforderungen *steig, stoß ab, fahr, fahr zu*. Ziel der Bewegung ist der *andere Strand* und das *Sehen* dessen, was Jesus da *tun* wird. Mit dieser über Mk 6 hinausgehenden Zielbestimmung kommt die Bootsfahrt in Joh 21,1–14 in den Blick, an deren Ende der Auferstandene die Jünger mit am Kohlefeuer bereitetem Brot und Fisch stärkt. Das gemeinsame Mahl ist das Medium der Gemeinschaft mit ihm und untereinander. Doch zunächst dominieren in den Strophen 2–4 Zweifel und Angst, obwohl (oder vielleicht gerade weil) die Jünger der Aufforderung Jesu gefolgt sind. Sorge und Furcht artikulieren sich in sieben Fragen, die allesamt ebenfalls biblische Erfahrungen verarbeiten (Mt 7,7–14; Ps 10,1; Ps 22,2; Ps 77,9).[31] Auch im Befolgen des Wortes Jesus können Zweifel und Furcht (*Wasser und Wind*) andauern und sogar die Erfahrung, Gott eben nicht zu erfahren (*Nacht*). Antworten auf ihre angstvollen Fragen finden die Jünger im Gebet. Das dreimal wiederholte *komm (, Herr)* greift den aramäischen Ruf „maranatha" auf, das *Schöpfungswort* erinnert daran, dass einst den Chaoswassern eine Grenze gesetzt wurde (Gen 1,9). Die Antwort Jesu *ich bin's* zitiert die Selbstoffenbarung Gottes am Dornbusch: „Ich bin der Ich-bin-da" (Ex 3,14 EÜ 1980). Gottes Wesen ist Zuwendung zu den Menschen, auch dann, wenn sie wie Petrus glaubensschwach und verzweifelt in den stürmischen Wogen des Lebensmeeres zu versinken drohen (Mt 14,31): *Hab keine Angst, sagst du, hier – meine Hand*.

Ich denke, der Durchgang durch die Liedgeschichte hat deutlich gemacht, dass sich der grundlegende Paradigmenwechsel im Kirchenbild auch im Kirchenlied zeigt. Wenn wir noch einmal die Schiffsmetapher aufgreifen, wird man sagen können, dass die Zeit der großen und wehrhaften Galeeren, deren Geschick allein in den Händen des Steuermanns lag, wohl vorbei ist. Das bescheidenere Bild des „Bootes" verweist die Kirche an ihre Anfänge zurück als Schicksalsgemeinschaft derer, die dem Anruf Jesu folgen wollen.[32] Spätestens mit der Öffnung der katholischen Gesangbücher für Lieder anderer Konfessionen und Sprachen scheinen die konfessionsabgrenzenden und kulturkämpferischen Aspekte endgültig überwunden.

---

[31] Eine ausführliche Deutung des Liedes bei *Ansgar Franz*, Steig in das Boot, in: M. Bitsch-Molitor / A. Franz / C. Schäfer (Hg.) Die Lieder des Mainzer Gotteslob. Geschichte – Musik – Spiritualität, Ostfildern 2022, 691–698.

[32] Die Zukunft wird zeigen, ob dieses Boot ein Sea-Watch-Rettungsboot sein wird, in dem sich Schiffbrüchige bergen können, oder ein Boot der Küstenwache, das seine Hauptaufgabe darin sieht, vermeintliche Grenzen zu sichern.

Zitierte Gesangbücher in chronologischer Reihenfolge:

*Passau 1660
Hertzen-Frewd und Seelen-Trost. Das ist: Himmelische BETRACHTUNGEN
und solche LOBGESÄNGER/Dardurch die Gottliebende Seelen und Andäch-
tige Hertzen erlustiget/von der Erden zu jhren GOtt lieblich gelockt/ entzündt/
erhebt und erquickt: Wie auch in den allerfürtrefflichsten Glaubens. Geheimnussen erleuchtet: und zu den Gott angenemesten Act. oder Tugenden auffge-
muntert und angeleitet werden. Durch Fr. PROCOPIUM Capuccinern/ der O-
esterreichischen Provinz/sonst aber von Templin auß der Marck Brandenburg
gebürtig/ der Zeit vnwürdigen Prediger zu Passaw in der Pfari bey S. Paul/ vnd
Maria Hülff. Und durch P.F. BERENGERUM Benedictiner Ordens zu Form-
bach Profeß mit den Melodeyen begabet. Der Erste Theil. Gedruckt zu Passaw
bey Georgio Höller 1660.

*Königsgrätz 1730
Lob=Klingende Harffe Deß Neuen Testaments / So den wahren GOtt in den
unaußforschlichen Geheimnussen deß Christlichen Glaubens / und seine Heilige ehret und preset / Oder ein außerlösenes Gesang=Buch Mit welchen ein
rechtglaubige Seel zu jederzeit GOtt loben / bey allen einfallenden Jahrs=Fes-
ten die Gnaden=volle Menschwerdung Christi / und seine wunderbahre Welt=
Erlösung trostreich zu Gemüth führen / wie auch das Leben der / sonders in der
Cron Böheimb sambt den benachbahrten Ländern bekanteren Heiligen nutzlich
betrachten / und in jeden Stand und Anliegen / ihr beträncktes Gemüth erqui-
cken kan. Mit sonderbahren Fleiß auß vielen Uhr=alten und bewehrtesten Au-
thoren in zehen Theil zusammen gefüget von einem Priester auß der Gesell-
schafft JEsu. Einem jenden anstat anderen mit Ketzereye angesteckten Liedern
zu einer Gaab gewidmet. […] Gedruckt zu König=Gratz / bey Wentzl Tibelli
/1730.

*Aschaffenburg 1790
Christ = Katholisches neu vermehrtes Gesangbuch, In welchem Die auserle-
senste geistliche Gesänger auf Sonn = und Festtäg des ganzen Jahres zu finden,
Und bey Prozeßionen und Wall=fahrten, in der Kinderlehr, in Häusern und auf
dem Feld andächtig und nützlich zu gebrauchen seynd; wodurch das Lob der
allerheiligsten Dreyfaltigkeit vermehret, die allerseligste Jungfrau Maria ge-
priesen, Und die Auserwählte heil. Gottes um ihre Fürbitt angerufen werden.
Allen Gott und Mariam liebenden Herzen zum Trost mit Mißionsgesänger
vermehrt. Aschaffenburg, gedrukt bey Melchior Kaufmann, kurf. privil. Buch-
drucker. Um 1790 (o.J.).

*Würzburg 1828
Katholisches Gesangbuch für den oeffentlichen Gottesdienst im Bisthume Würzburg, oder Sammlung aelterer und neuerer Kirchengesange zur Verherrlichung des katholischen Gottesdienstes und zur Befoerderung der Andacht bei demselben mit besonderer Ruecksicht auf den dermaligen Bestand des Kirchengesanges im Bißthume Würzburg, und auf das Beduerfniß dieser Dioezese frei bearbeitet und herausgegeben von Sebastian Pörtner, Domkapitular zu Wuerzburg. Mit Approbation des Hochwuerdigsten Bischoeflichen Ordinariats zu Wuerzburg. Wuerzburg 1828.

*Mainz 1865
Katholisches Gebet= und Gesangbuch für die Diözese Mainz. Herausgegeben im Auftrage des Hochwürdigen Herrn Wilhelm Emmanuel, Bischof des heiligen Stuhles von Mainz. Mainz 1865.

*Regensburg 1874
Cäcilia. Katholisches Gesang- und Gebetbuch. Von Joseph Mohr. Sechste, verbesserte Auflage. Mit oberhirtlicher Approbation. Regensburg 1874.

*Paderborn 1886
Kränze ums Kirchenjahr. Geistliche Lieder von Guido Maria Dreves S. J. Paderborn 1886.

*Olmütz 1891 (1899)
Gesang- und Gebetbuch für die Schuljugend. Auf Anordnung und mit Approbation Seiner Eminenz des Hochwürdigtsten Oberhirten der Erzdiöcese Olmütz Friedrich Cardinal Fürstenberg. Notenausgabe. Ölmütz 1891 (spätere Ausgabe 1899).

*Hildesheim 1893
Katholische Gesangbuch für die Diöcese Hildesheim. 1893.

*Kreitmaier 1915
Unsere Kirche. 176 neue religiöse Lieder für Kirche, Schule und Haus. Mit Orgel- oder Harmoniumbegleitung, hg. von Josef Kreitmaier SJ. Regensburg 1915.

*Olmütz 1915
Kleines Gesang- und Gebetbuch für die ERrzdiözese Olmütz – Mit oberhirtlicher Genehmigung. Erweiterte Ausgabe ohne Noten. Olmütz 1915.

*Unter-Eichsfeld 1925
Katholisches Gesang= und Gebetbuch für das Unter=Eichsfeld, Duderstadt
19251925.

*Hildesheim 1927
Katholisches Gesangbuch für das Bistum Hildesheim. Ausgabe ohne Noten.
Herausgegeben vom Bischöflichen Ordinariate. Hildesheim 1927.

*Gloria 1931
Gloria. 240 neue religiöse Lieder für Kirche, Schule und Haus. Regensburg
1931.

*Salzburg 1932
Mein Kirchenbuch. Gebet= und Gesangbuch für die Erzdiözese Salzburg. Herausgegeben vom Salzburger Katechetenverein mit oberhirtlicher Genehmigung. Dritte Auflage. Salzburg 1932.

*Einheitslieder 1947
Einheitslieder der deutschen Bistümer. Authentische Gesamtausgabe. Freiburg
im Breisgau und Mainz 1947.

*Paderborn 1948
Sursum corda. Gesang- und Gebetbuch für das Erzbistum Paderborn. Paderborn 1948.

*Hildesheim 1949
CANTA BONA. Gesang- und Gebetbuch für das Bistum Hildesheim. (Herder-
Druckerei Freiburg im Breisgau. 1949).

*Fulda 1970
Katholisches Gesang- und Gebetbuch für das Bistum Fulda. Neu bearbeitet
und herausgegeben im Auftrage des Hochwürdigsten Herrn Dr. Johannes Bap-
tista Dietz, Bischof von Fulda. 9. Auflage. 1970.

*Gotteslob 1975
Gotteslob. Katholisches Gebet- und Gesangbuch, hg. von den Bischöfen
Deutschlands und Österreichs und der Bistümer Bozen-Brixen und Lüttich.
Stuttgart 1975.

*Henkys 1982
Steig in das Boot. Neue niederländische Kirchenlieder ausgewählt und übertragen von Jürgen Henkys. Neukirchen-Vluyn 1982.

*EG 1993
Evangelisches Gesangbuch. Stammausgabe der Evangelischen Kirche in Deutschland. Stuttgart 1993.

*Henkys 2003
Stimme, die Stein zerbricht. Geistliche Lieder aus benachbarten Sprachen ausgewählt und übertragen von Jürgen Henkys. München 2003.

*Gotteslob 2013
Gotteslob. Katholisches Gebet- und Gesangbuch. Ausgabe für das Bistum Mainz. Herausgegeben von den (Erz-) Bischöfen Deutschlands und Österreichs und dem Bischof von Bozen-Brixen. Stuttgart 2013 [für den Stammteil] / Ostfildern 2013 [für den Mainzer Eigenteil].

Kirchenbilder in bildender Kunst und Medien

Vulnerable – Verletzlich

Kunstwettbewerb und Ausstellung
der Diözese Rottenburg-Stuttgart 2021/2022

Melanie Prange

Vulnerabel, verletzlich – *Schlagwort, Parole oder Devise?* Politik, Medizin
und Soziologie lassen uns das Thema täglich neu denken. Ökologie und Klima-
forschung sind mehr denn je damit konfrontiert. Die anhaltende Corona-Pandemie, zunehmende Naturkatastrophen und nicht zuletzt der erschreckende
Krieg in der Ukraine machen uns die Fragilität unserer Gesellschaft auf dramatische Weise bewusst. Die Theologie spiegelt den Begriff in der Menschwerdung Jesu Christi – Jesus war verwundbar. Erwächst vielleicht gerade aus dieser Verwundbarkeit Trost und Kraft?

 Und die Kunst? Neben Literatur und Musik ist kaum eine andere Ausdrucksform so unmittelbar und vielfältig wie die visuelle. So ist Vulnerabilität
als wesentliches Moment des menschlichen Daseins ein grundlegendes Motiv
der Bildkultur, wie sie heute – analog und digital – alle Bereiche unseres Alltags durchdringt. Künstler:innen jeder Epoche haben eindringliche Ausdrucksformen dafür gefunden. Sie können Statement, Reflexionsfläche, Kontroverse
oder (Anti-)Ästhetik sein und sich in unterschiedlichster Form, Materialität und
Medialität manifestieren.

 Das Bildmotiv der abendländischen Kunst, das Verletzlichkeit demonstra-
tiv vor Augen führt, ist das Kruzifix. Nicht umsonst ist der Begriff des *Ecce
Homo* („Siehe, der Mensch") biblisch und ikonografisch fest mit dem Kreuzi-
gungsgeschehen verknüpft. Gerade in seiner Verwundbarkeit ist der Mensch
also „Mensch". Diese scheinbare Schwäche birgt eine enorme Kraft. Sie ist eine Ambivalenz, die in der christlichen Tradierung im Glauben an die Auferstehung mündet und bereits im Begriff Vulnerabilität verborgen liegt: Abilität,
(engl.) *ability* – Fähigkeit, Potential, Begabung.

 Verwundbarkeit als Aspekt des menschlichen Daseins, unserer Gesellschaft
und Umwelt künstlerisch zu fassen und neu zu interpretieren, dabei auch den
„Finger in die Wunde" des Menschseins zu legen, war die Aufgabe, der sich
junge Künstler:innen im Zuge des Kunstwettbewerbs unter der Schirmherr-
schaft von Bischof Dr. Gebhard Fürst gestellt haben. Auf die Ausschreibung,
den universalen Begriff „vulnerabel" offen, auch in kritischen Positionen auf-

zufassen und eine oder mehrere seiner Facetten auszuformulieren, bewarben sich rund 600 junge Kreative. Die Vielfalt an Interpretationen beeindruckte zutiefst – sowohl in inhaltlicher als auch in formaler Hinsicht. Eingereicht wurden zeitgenössische Kunstformen wie Installationen, Video- und Soundarbeiten, Projektionen und Performances sowie Objekte der klassischen Bildkünste, darunter Gemälde, Zeichnungen und Skulpturen.

Die Arbeiten befassen sich mit anthropologischen und existenziellen Fragen, dem Sinn des Lebens, den Herausforderungen verschiedener Lebensabschnitte, Familie und Beziehungen, Vereinsamung, Krankheit, Schuld, Verlust, Depression und Trauer, Hoffnung und Zuversicht. Auch drängende gesellschaftspolitische Themen werden aufgegriffen: das Verhältnis von Individuum und Gemeinschaft, Offenheit und Abgrenzung, soziale Ungleichheit, Rollenbilder, Genderdefinitionen und Diversität, Migration, tradierte Machtkonstellationen sowie körperlicher und seelischer Missbrauch. Vielfach sind die Ausbeutung der Natur durch den Menschen, die Technisierung unserer Lebenswelt und künstliche Intelligenz ein Thema. Einige Arbeiten rücken auch das künstlerische Schaffen selbst in den Fokus; sie fragen nach kreativen Positionen und der Aufgabe bzw. der Rolle von Kunst und Künstler:innen. Teilweise sind die Kunstwerke von sehr persönlichen Erfahrungen und Schicksalen geprägt, deren Intimität und individuelle Bewältigung tief berühren.

Um die eingereichten Arbeiten aus interdisziplinärer Perspektive betrachten zu können, wurde eine zehnköpfige Jury aus den Bereichen Kunst, Kultur und Theologie berufen: Prof. Axel Heil (Staatliche Akademie der Bildenden Künste Karlsruhe; Experimentelle Transferverfahren), Prof.in Leni Hoffmann (Staatliche Akademie der Bildenden Künste Karlsruhe; Malerei, Skulptur, Installation), Prof.in Dr.in Hildegund Keul (Julius-Maximilians-Universität Würzburg/Katholisch-Theologische Fakultät, Lehrstuhl für Fundamentaltheologie und vergleichende Religionswissenschaft), Prof. Matthias Kohlmann (Hochschule Pforzheim, DesignPF – Fakultät für Gestaltung, Zeichnung), Prof.in Dr.in Pia Müller-Tamm (Staatliche Kunsthalle Karlsruhe, Direktorin), Joana Pape M.A. (Ministerium für Wissenschaft, Forschung und Kunst Baden Württemberg, Referat 52: Museen und Bildende Kunst), Dr.in Melanie Prange (Diözesanmuseum Rottenburg, Leitung; Diözesankonservatorin), Prof. Heiner Schmitz (ehem. Fachhochschule Dortmund, FB Fotografie; Berufsverband freie Fotografen und Filmgestalter e.V. [BFF]; Deutsche Gesellschaft für Photographie e.V. [DGPh]), Sebastian Schmid (Kurator St. Maria als … – Kirche des Dialogs und der Vernetzung, Stuttgart) sowie Prof. Dr. Stephan Winter (Eberhard Karls Universität Tübingen/Katholisch-Theologische Fakultät, Lehrstuhl für Liturgiewissenschaft).

Nur durch die eingehende Sichtung der Beiträge, die engagierten Diskussionen und die sehr umsichtige Bewertung der Arbeiten konnte die Menge an hervorragenden Kunstwerken angemessen gewürdigt werden. Nach drei intensiven Jury-Sitzungen hat das Gremium zuletzt 25 Preisträger:innen aus unterschiedlichen Genres und Kunstformen benannt. Neun Arbeiten wurden für einen Hauptpreis ausgewählt; 16 Arbeiten erhielten einen Förderpreis. Die Preisübergabe sowie die Eröffnung der Ausstellung in St. Maria erfolgt im Rahmen des 102. Katholikentags „leben teilen" in Stuttgart. Die Finissage fand in Form interaktiver Künstler:innen-Gespräche im Diözesanmuseum statt.

Die Werke wurden übergreifend in zwei Ausstellungen gezeigt: in St. Maria in Stuttgart (27. Mai bis 24. Juli 2022) und im Diözesanmuseum Rottenburg (19. Juni bis 28. August 2022). Bei der Kuratierung der beiden Ausstellungen war es maßgeblich, jedem Werk seinen eigenen Wirkungsraum zu geben. Die Arbeiten wurden also unabhängig von der Preiskategorie und in enger Abstimmung mit den Künstlerinnen und Künstlern auf die beiden Orte verteilt.

1.   St. Maria, Stuttgart

Die Innenstadtkirche St. Maria ist die erste nach der Reformation im 19. Jahrhundert errichtete katholische Kirche in Stuttgart. 2017 wandte sich die Kirchengemeinde mit der Frage „Wir haben eine Kirche, haben Sie eine Idee?" an die Öffentlichkeit und bekam als Antwort eine Vielzahl an Ideen zurück. Was eine Kirche außer Gottesdienstraum noch sein kann, wird im Rahmen des Konzepts *St. Maria als ...* seitdem erprobt.[1] Diese inhaltliche Offenheit entspricht dem Thema Verletzlichkeit, deren Facetten ebenfalls nie vollumfänglich behandelt sein können. Zugleich ist dem Gebäude selbst Verletzlichkeit anzumerken: Die neugotische Architektur zeigt Spuren der Zeit, nicht behobene, historische Wunden, die mit den zeitgenössischen Kunstwerken in einen Dialog traten. Und dies an einem Ort in der Stuttgarter Innenstadt, an dem das Leben in all seinen Facetten spürbar ist und unterschiedliche Welten aufeinanderprallen. Dazu gehört die vor der Kirche liegende Paulinenbrücke, unter der sich die größte Obdachlosenszene Stuttgarts befindet. Darauf reagierend befindet sich direkt an die Kirche angebaut „Harrys Bude", an der kostenloses Essen an Bedürftige verteilt wird. In diesem Spannungsfeld erfuhren neugotischer Sakralraum und zeitgenössische Kunst eine gegenseitige inhaltliche Bereicherung, was auch die Künstlerinnen und Künstler so empfanden, obwohl – oder vielleicht gerade weil – nahezu alle Arbeiten nicht für die Präsentation in einem sakralen Kontext konzipiert wurden.

---

[1]   2021 erhielt *St. Maria als...* den ZAP-Innovationspreis 2021.

Abb. 1: Mother, Maiden, Whore, Alina Röbke, 2021, Ausstellung „Vulnerable" in St. Maria, Stuttgart 2022, Foto: Kai Loges

In der Maria geweihten Kirche setzten insbesondere die beiden Arbeiten, die sich mit weiblichen Rollenbildern auseinandersetzten, starke Akzente. Das Triptychon „Mother, Maiden, Whore" (2021) von Alina Röbke versammelt die schon in der Bibel verankerten, traditionell-klischeehaften Bezeichnungen für Frauen (Abb. 1). Alle drei Rollen reduzieren Frauen auf ein bestimmtes Bild und richten sie im Verhältnis zu einem meist männlichen Gegenüber aus. Die Künstlerin transformiert diese Narrative aus einer intimen Handschrift heraus auf große Leinwände und verwandelt die mit den Begriffen verbundene Verwundbarkeit in ein Statement starker Selbstbezeichnungen und Selbstbehauptung.

Das Videoarbeit „Lactoland" (2021) von Clara Alisch zeigte uns das Abpumpen von Muttermilch mittels Brustpumpe als seriellen und mechanisierten Vorgang. Die Inszenierung als industrielle Produktion wurde noch dadurch gesteigert, dass vor dem Bildschirm ein Glas mit Bonbons stand, die – so gab der Film vor – aus Muttermilch gefertigt worden waren. In ihrem zweifellos konfrontativen Zugang thematisiert Clara Alisch ein gesellschaftlich immer noch tabuisiertes Thema. Sie macht weibliche Care-Arbeit, die immer noch im Verborgenen stattfindet, sichtbar und wirkt damit der Marginalisierung und der Isolation derselben entgegen.

Am Ort, wo Wasser in der Liturgie eine Rolle spielt – im Altarraum und neben der Taufkapelle – thematisierte die Installation Wasser zum Trinken (2021) von Lena Kaapke die Wasserknappheit auf der Erde (Abb. 2). Das Kunstwerk setzt sich aus 194 Krügen und 194 Trinkgefäßen zusammen. Handgefertigt, repräsentieren sie jeweils einen Nationalstaat der Erde. Die Gefäße veranschaulichen, wie sich das Bedürfnis nach sauberem Wasser und das tatsächliche Vorhandensein dieser lebensvoraussetzenden Ressource gegenüberstehen: Die Größe des Kruges symbolisiert jeweils die benötigte Menge an

Abb. 2: Wasser zum Trinken, Lena Kaapke,
2021, Ausstellung „Vulnerable" in St. Maria,
Stuttgart 2022, Foto: Kai Loges

Trinkwasser, die Wasserstandslinie das tatsächliche Vorhandensein. Das Kunstwerk erweitert die Frage nach Vulnerabilität damit in den ökologischen Bereich. Der strenge Formalismus der Arbeit ist nicht selbsterklärend. Wenn man sie aber durchdringt, führt sie eindrücklich, fast naturwissenschaftlich genau und zugleich künstlerisch überzeugend eine der größten Vulnerabilitäten der Menschheit vor Augen.

Ebenfalls im Chorraum angebracht, thematisierte die Textinstallation von Katarina Baumann „Die Relativen" (2021) das Verhältnis von Kunst und Theologie – mit allen offenen Wunden, die diese Beziehung beinhaltet. Die raumbesetzende Arbeit basiert auf einer umfassenden Quellenrecherche. Die gesammelten und typologisch gruppierten Texte gehen von der These aus, dass alles, was in der Kunst begegnet, in der Theologie schon vorgedacht ist. Katarina Baumann hat eine Fülle an Material zusammengetragen, das nicht vollumfänglich zu rezipieren ist, sondern ein Angebot an sein Publikum darstellt. Das Thema der Vulnerabilität ist hier auf rationale Art ins rein Diskursive übertragen und sprichwörtlich aufs Papier gebracht.

*Abb. 3: Beweinung, Emese Kazár, 2020, Aus-
stellung „Vulnerable" in St. Maria, Stuttgart
2022, Foto: Kai Loges*

Einige in St. Maria ausgestellte Kunstwerke befassten sich mit psychologischer, körperlicher und sexualisierter Gewalt. Mit der analogen Fototechnik und ihrer spezifischen haptischen Verwundbarkeit fängt Maik Gräf in „Old dreams waiting to be realized" (2007–2021) queere Empfindsamkeit, Imperfektion und Melancholie ein. Das Werk verbindet ausschnitthaft verletzte Körperteile, fragmentierte Marmorstatuen, Pflanzen und Objekte. Es entstehen poetisch-sensible Bilderwelten, in denen jedoch Bedrohlichkeit, Aggression und (sexualisierte) Gewalt mitschwingen. Auch die Suche nach Wegen aus der Verletzung – etwa der Wunsch nach Liebe und körperlicher Nähe – wird thematisiert.

Das großformatige, dreiteilige Gemälde „Beweinung" (2020) von Emese Kazár ist eine Reminiszenz an Andrea Mantegnas „Beweinung Christi" (2. Hälfte 15. Jahrhundert) und in die *post appropriation art* einzuordnen (Abb. 3). Inhaltlich im Kern der christlichen Ikonografie verankert, thematisiert es die Darstellung von Körperlichkeit und Verwundbarkeit und deren Verhüllung, gerade auch an sehr verletzlichen Körperstellen. In seiner Intimität scheinbar provokativ, erinnert das Werk aber vor allem an die Kreuzigung – auch als Akt einer sexuellen Erniedrigung und Beschämung: das Prekäre nackter, ausgelieferter Körperlichkeit hat der tot daliegende Jesus durchlebt.

Abb. 4: Pyramus und Thisbe, Kriz Olbricht,
2019, Ausstellung „Vulnerable" in St. Maria,
Stuttgart 2022, Foto: Kai Loges

Einige Arbeiten veranschaulichten Vulnerabilität durch ihre inszenierte Insta-
bilität und Vergänglichkeit. Im Hintergrund des Werks „get your shit together
and stay balanced" (2020) von Vlad-Lucian Brăteanu steht das Erdbeben in
Zagreb am 22. März 2020, das die Stadt während der ersten Welle der Corona-
Pandemie heimsuchte. Mehrere katastrophale Momente werden in den kleinen
Installationen übereinander gelagert. Aus den Trümmern des Erdbebens macht
der Künstler etwas Ästhetisches und Konstruktives, ohne die erlittenen Wunden – der Gebäude, der Menschen, der Stadt – aufzuheben. Vielmehr stellt er
sie aus, transformiert sie und macht sie optisch sowie haptisch erfahrbar. Un-
geahnte Aktualität erhielt die Arbeit, als sich im Zeitraum der Ausstellung ein
Erdbeben auf der Schwäbischen Alb ereignete, dessen Ausläufer bis nach
Stuttgart spürbar waren.

Besondere Sprengkraft – im wahrsten Sinne des Wortes – besitzt die Installation Pyramus und Thisbe (2019) von Kriz Olbricht, die anstelle einer Kreuzi-
gungsdarstellung in die Chorwand von St. Maria eingebracht ist (Abb. 4). Mit

Trennkeilgarnituren aus Betonstahl, die in die tragende Wand geschlagen wurden, verweist dieses Kunstwerk auf die Verwundbarkeit einer Wand beziehungsweise einer Konstruktion, eines Gebäudes. Es handelt sich nicht um eine rein formale Arbeit, sondern um das Aufzeigen einer Leerstelle: Die gedankliche Kraft ist größer als die Löcher, die entstanden sind. Die fünf Nägel erinnern an diesem Ort an die fünf Wunden Jesu – sie stellen ein zeitgenössisches Kreuzigungsbild dar. Da es sich um Spreizdübel handelt, kann der Gedanke weiterentwickelt werden. Man mag an die Sprengkraft von Jesu Botschaft denken, aber auch an die Möglichkeit, die dicken Kirchenmauern zu sprengen, um einen Kontakt nach außen herzustellen.

Um die Verbindung nach draußen ging es auch bei der Platzierung der Installationen „Ohne Titel" (2021) von Sangchul Lee in der Vorhalle der Kirche. Das Verhältnis von Innen und Außen, Sicherheit und Unsicherheit, Weichheit und Härte ist eine Thematik, die den Künstler nicht loslässt. In dieser Arbeit führt er uns menschliche Vulnerabilität inmitten unserer Stadtgesellschaften vor Augen. Die Kombination von Schlafsäcken mit davor gesetzten Glasplatten transformiert die weichen Hüllen zu einem Kunstwerk, abstrahiert sie und rückt damit zugleich Schutz und Wärme in den Fokus. Zu „St. Maria als" gibt es einen direkten Bezug: Im Winter werden vor der Kirche Essen und Schlafsäcke an heimatlose Menschen verteilt. Die lebensrettende, wärmespendende Funktion eines Schlafsacks ist dort bittere Realität.

In der Vorhalle von St. Maria wurde auch die Videodokumentation der Intervention „Fort Comfort" (2021) von Moriz Urban gezeigt, die am 28. Mai 2022 auf dem Katholikentag in Stuttgart im Schlossgarten aufgebaut war. Sie fragt auf humorvolle, absurde und reflexive Weise nach menschlich gesetzten Grenzen: Vor den Betrachter:innen erhebt sich ein 20 m langer, aufblasbarer Zaun, der mit dem Ablassen der Luft wieder verschwindet. Die Installation schafft damit ein eindrückliches und unmittelbar verständliches Bild. (Gedankliche) Barrieren bauen sich auf – begründet oder nicht. Sie können aber auch wieder abgebaut werden. Die unmissverständliche Sinnlosigkeit mancher Grenze ist treffend abgebildet. Wie begründet sind dabei die Ängste um unsere eigene Verwundbarkeit? Und wo verwunden wir damit andere?

Abb. 5: Becoming Mountains – Gewicht eines Atemzugs, Simon Pfeffel, 2022, Ausstellung „Vulnerable" in St. Maria 2022, Videostill

Grenzen überwindet Simon Pfeffel in seinen Performances auf ganz unterschiedliche und beeindruckende Art und Weise (Abb. 5). Der Künstler agiert nicht über den Kunstmarkt, sondern versteht sich als in der Tradition der Performancekunst der 1960er Jahre stehend. Er bedient sich eines bildhauerischen Gedankens und interagiert mit dem Unbelebten. In seinen Interventionen liefert er sich der Welt – physisch und psychisch – vollkommen aus. Dies zeigte sich besonders in den Aktionen „In einem Schritt" und „Gewicht eines Atemzugs". Im April 2022 legte Simon Pfeffel 4 km vom Stuttgarter Hauptbahnhof nach St. Maria zurück; ein Bein war dabei rechtwinklig an einer Skulptur fixiert. Er benötigte eine Krücke, um vorwärts zu kommen, war aber letztendlich auf die Hilfe von Passantinnen und Passanten angewiesen, um die Strecke zu schaffen. Im Juni pustete er eine Feder von St. Maria ausgehend in die Stadt hinein. Am Boden robbend, versuchte er die leichte Feder allein durch seinen Atem zu bewegen und zu kontrollieren, wohl wissend wie verletzlich ihn diese Körperhaltung und dieses Vorhaben machten. Verlauf und Ergebnis der (Selbst-)Experimente von Simon Pfeffel sind immer offen. Der Künstler gibt vorsätzlich Kontrolle ab. Er vertraut auf sein Gegenüber und verweist darauf, dass es zwischen Menschen noch einen anderen Diskurs als den der permanenten Selbstbewerbung gibt und geben muss.

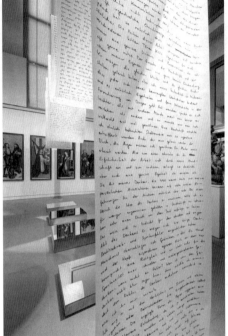

Abb. 6: Immer nur eine Annäherung, Viktoria
Kurnicki, 2020, Ausstellung „Vulnerable" im
Diözesanmuseum Rottenburg 2022,
Foto: Kai Loges

2.   Diözesanmuseum Rottenburg

Das Diözesanmuseum Rottenburg geht auf einen Kunstankauf der Diözese im
Jahre 1862 zurück. Seine Sammlung setzt sich überwiegend aus spätmittelalterlichen Tafelbildern und Skulpturen zusammen und befindet sich in der ehemaligen barocken Karmeliterkirche Rottenburgs. Die bereits 1817 profanierte
Kirche wurde in den 1990er Jahren für die Nutzung als Museum umgebaut.
Auch in dieses historische Setting fügten sich die zeitgenössischen Kunstwerke
wirkungsvoll ein, entwickelten eine eigene Kraft und setzten neue Impulse.

Eine textliche Verbindung zwischen unten und oben stellte die Raumarbeit
„Immer nur eine Annäherung" (2020) von Viktoria Kurnicki her (Abb. 6). Mit
dieser Idee griff die Installation ein traditionelles Bildmotiv auf – wie etwa die
Inschriftenrolle des Verkündigungsengels, der auf einer ehemaligen Altartafel
de 15. Jahrhunderts im Hintergrund zu sehen war. Die fragile Arbeit transpor-

tiert viel Persönliches: Handschrift, (Mutter-)Sprache, Heimat, Autobiografie. Insbesondere das Verfassen eines deutschsprachigen Textes transportiert für die Künstlerin mit polnischer Herkunft eine Form von Verletzlichkeit und eine intime Auseinandersetzung mit sozialen Ängsten. Inhaltlich wird die Installation von subjektiven Erwägungen über Kunst und Sehen, Sender:in und Empfänger:in bestimmt. Hängend befestigt, wird die Arbeit von Spiegeln auf dem Boden reflektiert. Die unterschiedlichen Perspektiven, die eingenommen werden müssen, um das Werk zu erfassen, bieten wiederum einen Moment der Verwundbarkeit seitens der Betrachter:innen: Der Kopf ist gesenkt, immer nur ein Teil des Ganzen ist sichtbar.

Flankiert von den traditionellen Märtyrerdarstellungen des Diözesanmuseums behandelten die Videoarbeiten von Dominik Geis und Frederic Klamt die Folgen von existenziellen körperlichen und psychischen Verletzungen. Dominik Geis zeigt mit seiner Collage „Stigma" (2020) auf, wie unsere Gesellschaft damit umgeht: mit rituellen und therapeutischen Ansätzen, aber auch mit dem Verschweigen und Betäuben von Gefühlen. Die Videoarbeit mit schnellen Schnitten und selbst komponierter Musik greift seine Betrachter:innen dabei direkt an; sie ist verstörend und unbarmherzig, wodurch auch die Rezipient:innen geradezu verletzt und – visuell wie akustisch – an ihre Grenzen geführt werden. Frederic Klamts Videoarbeit „Scratchface RETURNS" (2021) nimmt Bezug auf die Schöpfung des Lebens, gesellschaftliche Konventionen, Emotionen und alltägliche Problemstellungen. Collageartig aneinandergereihte Sequenzen aus alten Lehrfilmen zeigen, wie ein Menschenleben, wie Familie gelebt wird, aber auch, wie vulnerabel verschiedene Lebensphasen sein können. Die zerkratzten Gesichter entwickeln dabei eine eigentümliche Kraft. Sie anonymisieren die gezeigten Personen, zerstören sie, erheben sie aber auch zu Individuen, die des Schutzes bedürfen. Angedeutet sind hier ebenso die Spuren des Lebens, die sich im Gesicht jedes Menschen abzeichnen. Auf gestalterischer Ebene ist das „Verletzen" des Filmmaterials ein schöpferischer Prozess, ein Neuanfang.

*Abb. 7: The Dough, Joscha Bender, 2019,
Ausstellung „Vulnerable" im Diözesanmuseum Rottenburg 2022, Foto: Kai Loges*

Spannungsreich war die Positionierung der Skulpturengruppe „The Dough"
(2021) von Joscha Bender vor der monumentalen barocken Kreuzigungsgruppe
des Museums (Abb. 7). Eine kraftvolle Körperlichkeit verband das historische
und das zeitgenössische Kunstwerk miteinander. Bender zeigt uns mit seiner
Arbeit eine alltägliche Szene, die uns allen vertraut ist: Eine Mutter knetet den
Teig, ein Kind steht mit dem Nudelholz neben ihr, schaut ihr zu und wartet
ggf. auf seinen Einsatz. Den Künstler interessieren die verschiedenen Perspektiven, die man auf diese Szene haben kann. Zunächst wirkt sie idyllisch, dann
erstaunt aber doch die Anstrengung, mit der die Frau den Teig bearbeitet. Im
Kampf mit dem Teig spiegelt sich ihr Kampf mit dem Alltag, ihrer Rolle, ihrer
Überforderung? Die Plastik legt die besondere Vulnerabilität von Müttern offen, die durch die destruktiven Auswirkungen der Corona-Pandemie und den
damit zusammenhängenden Rückfall in tradierte Geschlechterrollen noch verstärkt wurde. Jedoch zeugt die Energie der Frau auch von Lebenswillen und
Widerstandskraft. Vielleicht knetet sie den Teig, damit die Gewalt, die auf sie
zugreift, nicht durch sie auf ihren Sohn übergeht.

Das Kunstwerk besitzt noch eine weitere Bedeutungsebene, die zunächst
nicht intendiert war. Joscha Bender baute die Installation am 13. Juli 2021 für
eine Ausstellung in Bad Münstereifel auf. Am nächsten Tag wurde das Ahrtal
überschwemmt. Während der Galerist die Figur des Jungen retten konnte, wurde die Mutter – bezeichnenderweise – vollständig überflutet. Der Künstler entschied sich bewusst dazu, die Spuren des Hochwassers zu belassen, sodass die

Frau nicht nur ihren eigenen Kampf, sondern auch jenen gegen die Herausforderungen unserer Zeit austrägt.

Auch die Arbeit „Depressed Animals" (2018) von Elisa Jule Braun problematisiert das aus dem Gleichgewicht gekommene Verhältnis von Mensch und Umwelt. Vulnerabilität wird in ihrer Videoarbeit zunächst nicht in menschlicher Perspektive geschildert, sondern als Aspekt unserer belebten Mit- und Umwelt. Die Videoarbeit zeigt Tiere in Gefangenschaft und deren hierdurch degenerierte Verhaltensweisen, die der Programmierung von kinetischen Objekten entspricht. Um dies zu verdeutlichen, leitet die Künstlerin die Bewegungsmuster der Tiere ab und stellt diese in Form großer Drucke grafisch dar. Die Bewegungsmuster dienen dann als Basis für die Programmierung der Animationen. Darin sind die monotonen Käfigrunden von Nashorn, Vogel und Ameisenbär durch Trolley, Drohne und Staubsaugerroboter visualisiert. Die Arbeit legt auf intelligente Weise die Verletzlichkeit der Natur, aber auch des Menschen und der Technik offen, die ein ungezügelter und ausbeuterischer Kapitalismus verursacht hat. Das ungebremste wirtschaftliche Interesse und der fehlende Respekt vor den Regeln der Natur ist auch verantwortlich für das Corona-Virus, das die Künstlerin damit ebenfalls implizit anspricht.

Auch für die Videoarbeit „Substitute" (2020) von Sarah Degenhardt ist die Frage nach der Verortung des Menschen in seiner Umwelt, auf unserem Planeten, Ausgangspunkt. Die Künstlerin arbeitet ortsspezifisch und geht mit der Spiritualität von Orten und Naturphänomenen um: Eine Wandstruktur wird abhängig von der Projektionsfläche immer neu adaptiert. In Form eines animierten Kubus bilden sich digitale und abstrakte Räume aus, auf die sich der:die Betrachter:in einlassen muss. Das eindrucksvolle Spiel von Makro- und Mikroperspektive und die extreme Langsamkeit der Bilder thematisieren das Verhältnis von Mensch und Natur, das hochvulnerabel ist.

Wie Simon Pfeffel bei seinen Performances so fragten auch zwei in Rottenburg präsentierten Kunstwerke nach zwischenmenschlichen Grenzen und deren Überwindung. Nadjana Mohr hat mit „Suits_SMLXL (blue yellow pink rosa)" (2021) gipsüberzogene Leinenanzüge als moderne Rüstungen entwickelt, die zwar schützen, aber auch unbeweglich machen und einengen. Mit ihrer Arbeit sucht Nadjana Mohr den Dialog mit Unbekannten: In der Ausstellung waren die Rezipient:innen eingeladen, die Anzüge anzuziehen – der abblätternde Gips verwandelte sich allmählich in Laufwege, die die Verletzlichkeit der Schutzhaut materiell vor Augen führten. Zugleich ergibt sich durch die Arbeit eine wichtige Perspektive auf das (Spazieren-)Gehen, das aktive Voranschreiten außerhalb der eigenen vier Wände, das in der Corona-Pandemie eine völlig neue Bewertung erfahren hat.

Abb. 8: ohne Titel, Fiona Marten, 2018, Aus-
stellung „Vulnerable" im Diözesanmuseum
Rottenburg 2022, Foto: Kai Loges

Fiona Marten zeigt uns in ihrem Print „Ohne Titel" (2018) zwei sich umar-
mende, androgyne Körper (Abb. 8). Dieses Bild intensiver Zärtlichkeit ist im
wahrsten Sinne des Wortes brüchig – sowohl durch die intendierten Beschädi-
gungen als auch durch die weißen Körperkonturen, die trotz der Nähe eine Distanz herstellen. Das Kunstwerk vermittelt damit die Sehnsucht nach bedin-
gungsloser und grenzenloser menschlicher Intimität, für die man die eigene
Verletzlichkeit und Zurückweisung in Kauf nehmen muss.

Auf ironische Weise hinterfragt Michael Kranz in seiner Videoarbeit „myBor-
der's JOYfence" (2018) menschengemachte Grenzen und deren Sinnhaftigkeit.
In der Art eines Werbefilms zeigt der Künstler eine Dystopie auf, die von
Ängsten bestimmt wird. Der hier angebotene persönliche Grenzzaun zum Mit-
nehmen reagiert auf die vielfältigen Ängste, die vor allem im Kontext von
Flucht- und Migrationsdebatten immer wieder laut werden. Mit seiner Profes-
sionalität spiegelt der Film die Logiken der Konsumwelt und die westeuropäi-
schen Sehnsüchte nach Schutz und Sicherheit wider und führt doch gerade

Abb. 9: The Fruits of our Land, Georg Lutz, 2019, Ausstellung „Vulnerable" im Diözesan-museum Rottenburg 2022, Foto: Kai Loges

diesen Konzepten ihre Vulnerabilität und Fragilität vor Augen. Im Hintergrund wird die Frage laut nach gelingendem Menschsein, einem offenen und reflektierten Miteinander.

Ganz anders geht die Arbeit „Wind doesn't blow twice in the same place" (2020/2021) von Seonah Chae auf das Thema Migration ein. Auf alten Karten, die bereits in ihrer Materialität Verwundbarkeit offenlegen, hat sie mit Tinte Migrationsströme gezeichnet. Nomadentum ist eine alte Form menschlicher Existenz. Es kann zu gegenseitiger Befruchtung führen, als Heimatlosigkeit aber auch tiefe Wunden reißen. Dieses aktuelle Thema ist hier in eine sehr ästhetische Form übersetzt, ohne an Brisanz zu verlieren.

In besonderer Intensität gelang Georg Lutz die Auseinandersetzung mit dem Thema Flucht in seinem Film „The Fruits of our Land" (Abb. 9). Der Künstler zeigt uns darin gerade nicht das Leid von Flüchtlingen. Er suchte verschiedenste Orte in Europa auf, die auf Flüchtlingswegen liegen und führt uns die materiellen Überreste von Flucht und die materiell fassbaren Reaktionen auf Geflüchtete vor Augen. Mit dieser Herangehensweise macht er Menschlichkeit – aber auch ihr Ausbleiben – zum Thema, ohne einen Menschen zu zeigen. Dadurch ergibt sich ein starker Kontrast zwischen der stehenden Kamera und den aufwühlenden, bedrückenden Emotionen, die sich bei den Rezipientinnen und Rezipienten unmittelbar einstellen. Einzelschicksale und glo-

Abb. 10: ohne Titel, Eva Gentner, 2021, Ausstellung „Vulnerable" im Diözesanmuseum Rottenburg 2022, Foto: Kai Loges

globale, politische Zukunftsfragen werden hier auf stille, aber umso eindringlichere Art und Weise beleuchtet.

Auch in Rottenburg setzten sich Arbeiten mit der Vorstellung verletzlicher und vergänglicher (Sakral)Architektur auseinander. In Christopher Amms dreiteiliger Installation kommen unterschiedliche Formen von Vulnerabilität zur Sprache. Gestützt durch vielfältige (kunst-)historische Bezüge werden Gewalt, Armut, Kranksein, Empfindsamkeit oder Gleichgültigkeit subtil in Szene gesetzt. Der Bildcollage von Lithografien liegt dabei schon im Entstehungsprozess – der Behandlung des Steins mit Säure – Verletzung zugrunde. Ergänzt wird sie durch ein temporäres, monochromes Fresko, das nach der Ausstellung zerstört wird, sowie ein transportables Fresko, welches im Malprozess äußerst fragil ist. Die mediale und thematische Vielfalt, das Sammeln und Reflektieren sowie die Historizität der Arbeit schlagen eine Brücke zwischen Gestern und Heute.

Eva Gentners Arbeiten aus der Serie „Boobs" und o.T. (2021) sind während des ersten Corona-Lockdowns in Paris entstanden, in der Eva Gentner die sonst touristisch überfüllten Kirchen leer vorgefunden hat (Abb. 10). Die Kirchen waren die einzigen öffentlichen Orte, die überhaupt noch zugänglich waren. Die Brust greift Darstellungen der *Maria lactans* auf, die fotografierte Kirchennische zeigt sich leer. Zu beiden Traditionen – der Nische als Ort wie der spezifischen Mariendarstellung als Bild – gibt es heute kaum noch Bezug. Kunsthistorische und kirchliche Traditionen präsentieren sich hier als vulnerabel und überkommen.

Eine eindrückliche Fotoarbeit zu diesem Thema hat Oscar Lebeck eingereicht. Er macht in der Serie „Cella" (2020/2021) römische Tempelruinen durch Überblendungen der Originalfotografie mit Modellen wieder erfahrbar. Zugleich zeichnet sich durch den ephemeren Eindruck der Modelle die Vergänglichkeit der Architekturen ab. Die subtile Arbeit thematisiert die Verletzlichkeit von Architektur und Raum. Visuell zurückgenommen, aber nicht weniger beeindruckend, vermittelt sie ein Gefühl von Zeitlosigkeit und Stille. Zugleich diskutiert sie die Beziehung zwischen Sakralität und Profanität. Gerade der Übergang von sakraler zu profaner Sphäre wird geschichtsübergreifend als verletzlich gezeigt. Interessant ist auch der Spiegel, den Lebeck der Kirche – als Gebäude und Institution – vorhält: Auch du wirst Ruine sein. Schließlich stellt sich die Frage nach dem Schutzraum, der mit antiken Tempeln verbunden war – und der in aktuellen politischen Migrationsdebatten hochrelevant ist.

3. Resümee

Die eingereichten Kunstwerke des Wettbewerbs vermögen jedes auf ganz eigene Art und Weise, neue Sichtweisen anzuregen und zu neuem Denken aufzurufen. In ihrer inhaltlichen und formalen Vielfalt lassen sie die BetrachterInnen in unterschiedliche Lebens- und Erfahrungswelten blicken. Sie klingen nach, wühlen auf, inspirieren, beängstigen und beeindrucken.

Vulnerable – Verletzlich: Welche Form nimmt es an? Ist es Gefühl, Person oder Gegenstand – konkret, subtil, attraktiv oder erschreckend? Was steht ihm gegenüber/entgegen? Was kann Verletzlichkeit repräsentieren? Wie verletzlich ist Kunst? Die Diözese hat sich bewusst entschieden, eine Themenfeld zur Diskussion zu stellen, eine Plattform zu bieten und sich von den Antworten junger Kreativer herausfordern zu lassen – sich damit ebenfalls offen und verletzlich zu machen. Insbesondere vor dem Hintergrund, dass Kirche selbst für schlimmste psychologische und körperliche Verwundungen an Kindern, Jugendlichen und queeren Menschen verantwortlich ist, wie jüngste Studien und Enthüllungen erneut auf schockierende Weise verdeutlichen.

Dieses Ergebnis, diese Offenheit gegenüber künstlerischen Antworten und kirchliche Wagnis, sich verletzbar zu machen, ist für die zukünftige Zusammenarbeit und das Zusammenwirken von Kirche und Kunst zu betonen.

„Nah [...] und schwer zu fassen der Gott"

Übergangszonen kultureller Netzwerke und liturgische Praxis

Stephan Winter

1. Grundlegung I: Ein holistisches Kulturverständnis

„Das Wort ‚Kultur' ist wohl eines der komplexesten in unserer [hier: der englischen; S. W.] Sprache"[1], wie Terry Eagleton am Beginn seiner Einführung in die Kulturtheorie schon vor Längerem – zunächst für das Englische – formuliert hat, und das gilt auch für das Deutsche. Die jüngeren, äußerst vielfältigen Entwicklungen in der/den Kulturtheorie(n) spiegeln dies ebenso wider.[2] Inso-

[1]   *Terry Eagleton*, Was ist Kultur? (engl. Original: The Idea of Culture, Blackwell Publishing Ltd 2000), München 2009, 7 (vgl. jetzt auch: *ders.*, Culture, Yale Univ. Pr. 2016). – Vgl. zum Folgenden für eine erste Orientierung z. B. *Max Fuchs*, Kulturbegriffe, Kultur der Moderne, kultureller Wandel, siehe: https://www.kubi-online.de/ artikel/kulturbegriffe-kultur-moderne-kultureller-wandel (Download 20.3. 2021), 2013 (https://doi.org/10.25529/92552.245); Printversion in: H. Bockhorst/ V.-I. Reinwand/ W. Zacharias (Hg.), Handbuch Kulturelle Bildung, München 2012, S. 63–67; *Claus-Michael Ort*, Kulturbegriffe und Kulturtheorien, in: A. Nünning/ V. Nünning (Hg.), Theoretische Grundlagen – Ansätze – Perspektiven, Stuttgart 2008, 19–38.

[2]   Dies zeigt innerhalb der neueren Einführungs-/Überblicksliteratur z. B. der Sammelband *Stephan Moebius/ Dirk Quadflieg* (Hg.), Kultur. Theorien der Gegenwart, 2. aktual. und erw. Aufl., Wiesbaden ²2011 mit kompakten Darstellungen wichtiger Positionsbestimmungen der letzten Jahrzehnte. Dabei wird davon ausgegangen, dass „trotz der Transformationen der Kulturtheorien und -begriffe die Polarität zwischen einer totalitätsorientierten, ‚sozial- und zeichentheoretischen Übergeneralisierung von „Kultur" einerseits und deren Unterscheidung und „differenztheoretischen" Abgrenzung von „Gesellschaft" andererseits' für die derzeitige Theorielandschaft prägend geblieben ist [...]." (S. 12) Es zeige sich, dass „in der Vielfalt der dargestellten Ansätze [...] eine Definition des Kulturbegriffs selbst nur innerhalb der jeweiligen theorie- und disziplinabhängigen Konstruktion von Gegenständen und Fragestellungen kohärent möglich ist." (S. 13) – Eine vor diesem Hintergrund entwickelte und vielfach rezipierte „Typologie des Kulturbegriffs" hat Andreas Reckwitz ausgearbeitet. Vgl. u. a. *Andreas Reckwitz*, Die Kontingenzperspektive der „Kultur". Kulturbegriffe, Kulturtheorien und das kulturwissenschaftliche Forschungsprogramm, in: F. Jaeger/J. Rüsen (Hg.), Handbuch Kulturwissenschaften, Bd 3: Themen und Tendenzen, Stuttgart/Weimar 2004, S. 1–20. – Kritischkonstruktiv knüpft u. a. bei Reckwitz an: *Doris Bachmann-Medick*, Cultural Turns.

fern ist es für die folgenden Überlegungen nur möglich – aber auch ausreichend –, aus methodischen Gründen eine Konzeption herauszugreifen, die für diesen sehr begrenzten Rahmen zweckmäßig erscheint. Dazu wird ein Zugang ausgewählt, den der Kultur- und Kommunikationswissenschaftler Jürgen Bolten vorgeschlagen hat. Bolten favorisiert ein „holistisches Kulturverständnis":

> „[D]ie unterschiedlichen Bedeutungsvarianten des Kulturbegriffs (‚cultura Dei‘, ‚cultura [corporis et] animi‘, ‚colonus‘, ‚agricultura‘) [werden] nicht gegeneinander abgegrenzt oder ausgespielt, sondern – unter Einschluss der ‚Reziprozität der Perspektive‘ – in ihren gegenseitigen Verweisungszusammenhängen verstanden [...]. So schließt beispielsweise ein erweiterter, auf soziale Lebenswelten bezogener Kulturbegriff einen auf Kunst oder ‚Geisteskultur‘ bezogenen engen Kulturbegriff keineswegs aus – ebenso wenig, wie dieser nicht zwangsläufig die Wirkmächtigkeit einer ‚Cultura Dei‘ infragestellt."[3]

Bolten kommt zu diesem Ergebnis im Ausgang von den diversen Bedeutungen von „cultura". „Cultum" als das Part. Perf. Pass. von lat. „colere" bedeutet (1) Bewohnen, (2) Bewirtschaften, (3) Verehren und (4) Ausbilden. Die interkulturelle Perspektive lässt Bolten zudem – u.a. von asiatischen und bantusprachlichen Ressourcen her – die Prozessorientiertheit und Relationalität des Kulturbegriffes heranziehen: „colere" kann von daher auch mit „Pflege von Beziehungen" übersetzt werden. Dadurch lässt sich so etwas wie ein übergeordneter *Kultur*begriff bilden, der sich wiederum auf (1)–(4) bezieht, bzw. auf die Reziprozität (Wechselseitigkeit), die die jeweiligen Sektoren des Kulturellen prägt – konkret gemäß (1)–(4):

Neuorientierungen in den Kulturwissenschaften, Reinbek bei Hamburg 2009 (1. Aufl. 2006) (engl. Übersetzung: *dies.*, Cultural Turns. New Orientations in the Study of Culture, Berlin 2016). In einer neueren online-Publikation notiert Bachmann-Medick zu ihren Überlegungen: „In den Kultur- und Sozialwissenschaften ist noch immer die Rede von einem ‚Cultural Turn‘, der in den letzten Jahrzehnten des 20. Jahrhunderts die Disziplinen dazu gebracht hat, sich gezielt der Analyse kultureller Bedeutungen und symbolischer Ordnungen zuzuwenden. Diese Meistererzählung von dem einen herausgehobenen Cultural Turn, der noch dazu im Bann eines übermächtigen linguistic turn verharrt, ist jedoch fragwürdig. Denn wendet man sich der Vielzahl und Verschiedenheit der cultural turns zu, dann entfaltet sich eine andere Geschichte der neueren Kulturwissenschaften, die ausdrücklich auf Pluralisierung zielt." So betrachtet wird auch das „Potential für eine Veränderung des Kulturbegriffs selbst" deutlich, dass in dieser Neuorientierung liegt (*dies.*, Cultural Turns, Version: 2.0, in: Docupedia-Zeitgeschichte, 17.6. 2019, siehe: http://docupedia.de/zg/Bachmann-Medick_cultural_turns_v2_de_2019; DOI: http://dx.doi.org/10.14765/zzf.dok-1389 (Download: 20.03.2021), 2.3.

3   *Jürgen Bolten*, Einführung in die Interkulturelle Wirtschaftskommunikation, 3., überarb. und erw. Aufl. (utb 2922), Göttingen ³2018, 37–59, bes. 33–55, das nächste Zitat S. 53. Vgl. zum Folgenden auch *Kevin Heyer*, Art. „Kulturbegriff" unter https://www.iwk wiki.uni-jena.de/index.php/Kulturbegriff (Download: 21.3. 2021).

- soziale Reziprozität innerhalb der sozialen Mit-/Umwelt (*colonus* – Soziokultur);
- Umweltreziprozität innerhalb der natürlichen Mit-/Umwelt (*agricultura* – Öko-/Agri-Kultur);
- imaginative Reziprozität innerhalb der Einbettung in das Ganze der Wirklichkeit, womit Sinn- und Spiritualitätskonzeptionen gekoppelt sind (*cultura Dei* – Kult, v.a. auch religiös-rituelle Praktiken);
- Selbstreziprozität innerhalb des Bezugs auf sich selbst in einem umfassenden Sinne und gemäß entsprechender Konzeptionen/Vorstellungen von sich selbst (*cultura corporis et animi* – Selbstpflege).[4]

Kultur umfasst demnach alle Tätigkeiten/Einrichtungen zur Pflege der verschiedenen Formen von Reziprozität und der Dynamiken, die sie untereinander verbinden, wobei auf Dauer Konventionen (z.B. gemeinsame Regeln, Umgangsformen, Normen etc.) für die Verstetigung von Abläufen sorgen und so Handlungssubjekte massiv entlasten.

Eine zusätzliche Unterscheidung nimmt Bolten vor: die nach einem engen und nach einem erweiterten Kulturbegriff. Der erste meint den Bereich der so genannten Hochkultur, zu dem z.B. die Kunst (im engeren Sinne) in ihren vielfältigen Formen gehört, und setzt von daher Kultur- und Naturbegriff auch stark in Opposition. Ein erweiterter Kulturbegriff ist zugrunde zu legen, wenn die gesamte Lebenswelt einbezogen und vor allem Gruppen bzw. zwischenmenschliche Beziehungen fokussiert werden sollen. Innerhalb dieses erweiterten Kulturbegriffs lässt sich zudem die Unterscheidung zwischen einem geschlossen und einem offenen Kulturbegriff setzen: Ersterer greift dort, wo sich ein entsprechendes Kollektiv anhand bestimmter Kriterien (relativ) klar umschreiben lässt und eine kulturelle Identität ausbildet. Andernfalls geht es um offene Netzwerke. Da hier der Kulturbegriff aus einem zweiwertigen Natur-Kultur-Gegensatzdenken herausgelöst wird, wird er „unscharf, ,fuzzy' und mehrwertig":

„Er beschränkt sich nicht auf soziale Lebenswelten bzw. soziale Praktiken, sondern schließt mit der Betrachtung der Dynamik komplexer Mensch-Umwelt-Systeme nichtmenschliche Akteure mit ein [...]. Er ist holistisch, ganzheitlich, weil ‚Kultur' als

---

[4] (1)–(4) ließen sich evtl. auch in Kategorien formulieren, wie sie Papst Franziskus in seiner Enzyklika *Laudato si'* mit dem Modell einer ganzheitlichen Ökologie vorschlägt. Vgl. für die Dokumentation eines einschlägigen Forschungsprojekts *Thomas Dienberg/ Stephan Winter* (Hg.), Mit Sorge – in Hoffnung. Zu Impulsen aus der Enzyklika *Laudato Si'* für eine Spiritualität im ökologischen Zeitalter, Regensburg 2020, darin u.a. *Stephan Winter*, Gebet und Gottesdienst als Bildungsort „ganzheitlicher Ökologie". Überlegungen im Ausgang von der Enzyklika *Laudato si'*, 219–243. Auf diese Zusammenhänge ist unten noch zurückzukommen.

Netzwerk verstanden wird, in dem sowohl natürliche Umwelt- als auch selbstima-
ginative und soziale Reziprozitätsdynamiken als sich wechselseitig beeinflussend gedacht werden. Die Besonderheiten oder die ‚Kulturspezifik' eines solchen Akteursfeldes
resultieren [...] aus der unterschiedlichen Relevanz (‚Zugkraft'), die den vier Reziprozitätsdynamiken aus Akteurssicht zugewiesen wird, und die auf diese Weise das
Handeln und Verhalten der Akteure bestimmt."[5]

Es ergibt sich damit folgendes Begriffsschema:

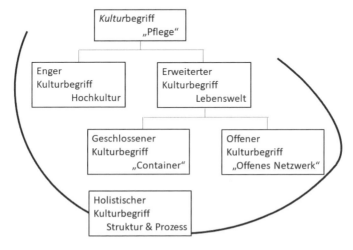

Abb. 1: Überblick Kulturbegriffe[6]

Im Schaubild ist auch als eine der zentralen Grundannahmen des Theorierah-
mens festgehalten, dass Kulturen, die als offene Netzwerke verstanden werden,
unterschiedliche Perspektiven auf Identitätsbildungsvorgänge zu integrieren
vermögen. Die kulturwissenschaftliche Kollektivitätsforschung[7] geht dementsprechend davon aus, dass die entsprechenden Netzwerke ihre (relative) Stabi-
lität mittels Konventionalisierung von Reziprozitätsdynamiken erhalten, die für
sie letztlich alle vier (zu unterschiedlichen Zeiten in unterschiedlichem Maß
und in unterschiedlichen Formen der Wechselwirkungen) bestimmend sind; sie
basieren damit sowohl auf Prozessen als auch auf Strukturen. Für Akteur*innen folgt daraus, dass sie gleichzeitig zu verschiedenen Feldern innerhalb eines

---

[5] *Bolten*, Interkulturelle Wirtschaftskommunikation (wie Anm. 3), 52.

[6] Das Schaubild orientiert sich am Schema „Überblick Kulturbegriffe" (13.09.2016) aus
     dem o. g. Art. von Kevin Heyer (vgl. Anm. 3; das dortige Schaubild lizenziert unter der
     Creative-Commons-Lizenz „Namensnennung – Weitergabe unter gleichen Bedingungen
     4.0 international"), korrigiert dieses aber teilweise und entwickelt die Darstellung weiter.

[7] Vgl. u. a. *Klaus P. Hansen*, Kultur und Kulturwissenschaft. Eine Einführung, vollständ.
     überarb. Aufl., Tübingen/Basel [4]2011, bes. 155–164.

Netzwerks in wiederum unterschiedlich ausgeprägten Beziehungen stehen, wobei sich dieses Geflecht an Zugehörigkeiten diachron mehr oder weniger stark verändert. Hier müssen dann etwa auch Begründungsdiskurse ansetzen, da solche Multikollektivität, um lebbar sein zu können, Strukturen benötigt, innerhalb derer ein möglichst hoher Grad an Kohärenz zwischen diversen Kollektivzugehörigkeiten bzw. kulturellen Identitäten anzuzielen ist.[8]

2. Grundlegung II: Die Plastizität der rituellen Anteile der *cultura Dei* innerhalb kultureller Netzwerke

An der fuzziness von Kulturbegriffen resp. der Phänomene, die mit ihnen erfasst werden, partizipiert auch die cultura Dei im oben umrissenen Sinne. Diesbezüglich müssen hier aufgrund der hohen Komplexität einschlägiger Theoriediskurse ebenfalls wenige Andeutungen genügen, wobei es zudem aus methodischen Gründen nur um rituell-gottesdienstliche Praktiken biblisch-christlicher Provenienz als einem Bestandteil dieses Kulturbereiches geht.[9] Unter Ritualen ganz allgemein seien „in der Regel bewusst gestaltete, mehr oder weniger form- und regelgebundene, in jedem Fall aber relativ stabile, symbolträchtige Handlungs- und Ordnungsmuster [verstanden], die von einer gesellschaftlichen Gruppe geteilt und getragen werden […]. Sie vermindern die Unberechenbarkeit und Unsicherheit menschlicher Handlungsmöglichkeiten,

---

[8] Vgl. *Stefanie Rathje*, Der Kulturbegriff. Ein anwendungsorientierter Vorschlag zur Generalüberholung, in: A. Moosmüller (Hg.), Konzepte kultureller Differenz (Münchener Beiträge zur Interkulturellen Kommunikation Bd. 22), Münster/New York/München/Berlin 2009, 83–106.

[9] Diesbezüglich kann zum einen verwiesen werden auf einen eigenen, größeren Beitrag (allerdings geschrieben aus einer liturgietheologischen Perspektive) und die dortige Aufarbeitung der Literatur: *Stephan Winter*, Gottesdienst als Lebensform. Zu Profil und Methodik der Liturgiewissenschaft innerhalb des theologischen Fächerkanons, in: B. P. Göcke/L. V.Ohler (Hg.), Die Wissenschaftlichkeit der Theologie, Bd. 2: Katholische Disziplinen und ihre Wissenschaftstheorien (STEP 13/2), Münster 2019, 307–348, bes. 315–321. Genannt seien auch diverse Beiträge in *Benedikt Kranemann/Stephan Winter* (Hg.), Im Aufbruch. Liturgie und Liturgiewissenschaft vor neuen Herausforderungen, Münster 2022. – Zum anderen vgl. für einen ersten Zugang zu rituellen Praktiken als wesentlichen Bestandteilen kultureller Netzwerke bzw. zu den entsprechenden theoretischen Konzepten, wie sie inter-/transdisziplinär in den verschiedenen Formen der so genannten Ritualstudien ausgearbeitet worden sind, z.B. *Christiane Brosius/Axel Michaels/Paula Schrode* (Hg.), Ritual und Ritualdynamik. Schlüsselbegriffe, Theorien, Diskussionen, Göttingen/Bristol 2013, und für eine Zusammenstellung wichtiger Grundlagentexte *Andréa Belliger/David J. Krieger* (Hg.), Ritualtheorien. Ein einführendes Handbuch, Wiesbaden ⁵2013.

indem sie allgemein akzeptierte Handlungsformen vorgeben, die aber durch ‚praktische Logik', Performanz und Aktualisierung stetig verändert und angepasst werden [Ritualdynamik]."[10] Ein solcher inszenierter und stark körperbasierter Handlungskontext begründet demnach Werte, Normen und Regeln, indem er sie qua Vollzug zum einen wirksam setzt, und zum andern bis zu einem gewissen Grad dem rationalen Diskurs entzieht.[11] Dadurch werden Kollektive bzw. kollektive Identitäten[12] konstituiert: Rituale konturieren eine Gemeinschaft und machen die dafür zu setzenden Grenzen zugleich potenziell unverfügbar, indem das Ritual sie als selbstverständlich gegeben erscheinen lässt. Individuelle Handlungssubjekte, die sich auf die entsprechenden Kontexte einlassen, sind aufgefordert, die kollektiv etablierten Relationen von Autorität und Anerkennung für sich zu adaptieren und zu anderen kulturellen Handlungszusammenhängen kohärent in Beziehung zu setzen. Dabei eröffnen konkrete Rituale freilich in der Regel Spielräume sowohl für das individuelle Interagieren wie für die entsprechenden kulturellen Transformationen: Im ludischen Charakter ritueller Handlungskontexte schlägt sich nieder, dass auch sie zutiefst von den oben angedeuteten komplexen Reziprozitäten innerhalb der Kultur geprägt sind und erst so dem Anspruch gerecht werden können, so genannten (individuellen) Differenzerfahrungen (Brüchen verschiedenster Art, Übergängen, Krisen, …) angemessen Raum zu geben.

Die inhaltliche Füllung des normativen Gehalts ritueller Handlungskontexte fällt dabei je nach dem Kulturbereich, in den sie eingebettet sind, höchst unterschiedlich aus. Grundsätzlich lässt sich diese Füllung auch mit der Kategorie des Symbolischen gleichsetzen: Die Symbolik eines Rituals „verkörpert die kollektiven Werte und Bezüge, bezeugt Notwendiges und ermöglicht die Transformation von Erfahrungen auf andere (z. B. soziale, religiöse) Bedeutungsebenen."[13] Im Fall rituell-gottesdienstlicher Praktiken, auf die hier der Fokus gerichtet wird, ist die Symbolik maßgeblich dafür, dass sich kollektiv eine biblisch-christliche Identität ausbilden kann. Als Sammelbegriff für solche Praktiken wird im Folgenden „Liturgie" verwendet. Solches rituell-symbolische

---

[10]   *Christiane Brosius/Axel Michaels/Paula Schrode*, Ritualforschung heute. Ein Überblick, in: *dies.*, Ritual und Ritualdynamik (wie Anm. 9), 9–24, 15.

[11]   Vgl. hierzu und zum Folgenden *Karin Audhem/Christoph Wulf/Jörg Zirfas*, Rituale, in: J. Ecarius (Hg.), Handbuch Familie, Wiesbaden 2007, 424–440, 425–427.

[12]   Der Identitätsbegriff ist wiederum theoretisch vieldeutig und schon insofern hochgradig komplex. Vgl. für die kompakte Präsentation einiger grundlegender Positionsbestimmungen *Jörg Zirfas/Benjamin Jörissen* (Hg.), Schlüsselwerke der Identitätsforschung, Wiesbaden 2010, und darin zur Einführung: *Jörg Zirfas*, Identität in der Moderne. Eine Einleitung, 9–18, sowie für eine Argumentation, die die wissenschaftliche Brauchbarkeit bzw. Notwendigkeit der Kategorie in Frage stellt, *Rogers Brubaker*, Ethnicity without groups, Harvard College 2004, 28–63.

[13]   *Audhem/Wulf/Zirfas*, Rituale (wie Anm. 11), 426.

Handeln beinhaltet demnach einen (mehr oder weniger) expliziten Bezug auf den biblisch bezeugten Gott resp. dessen christliches Verständnis in Form einer (verbal und/oder non-verbal artikulierten) Adressierung. Nach dem Selbstverständnis der liturgisch Handelnden basiert die spezifisch liturgische Symbolik darauf, dass sich der dabei adressierte Akteur bewusst und frei an eine situative Realisierung seiner Geschichte mit den Menschen im Modus dieser rituellen Praktiken bindet.

Dafür, dass eine konkrete rituelle Performance mit einem solchen religiösen Anspruch über sich hinausweist, ist deren Skript verantwortlich, im christlichen Bereich also die grundlegende Bindung der Performance an die Heilige Schrift sowie die (mehr oder weniger expliziten) rituellen Handlungsanweisungen, wie sie sich in der relevanten Träger*innengemeinschaft herausgebildet haben, wobei Agenden, liturgische Feierbücher u. ä. eine typische Form der Kodifizierung darstellen. Die komplexen Reziprozitäten innerhalb der Kultur wirken sich dabei so aus, dass Liturgie, dass jede konkrete liturgische Feier qua Rückbindung an ihre biblische Gründung und diverse Auslegungstraditionen eine verbindliche Form erhält, die aber jeweils situativ auszugestalten ist: „Es ist die Gottesgeschichte selbst, zu der hin jede verantwortliche Liturgie auf eine plausible Weise transparent sein muss. […] Es geht um die Gottesgeschichte mit Israel und in der Person Jesu von Nazareth mit der ganzen Welt, wie sie uns in den biblischen Texten erzählt wird."[14] Pointiert gesagt: Es geht um eine fortgesetzte ‚Wieder-Holung' der Gottesgeschichte in sich gerade nicht eins zu eins wiederholender Gestalt: „Gerade die Treue zum Drehbuch verlangt dessen stets neue Realisierung. Diese immer neue Realisierung als Akt der Treue ist immer auch ein Akt des Schaffens [Poiesis] im emphatischen Sinn."[15]

---

[14] *Albrecht Grözinger*, Zur Ästhetik des Gottesdienstes, in: Musik und Kirche 70 (2000), 164–173, 168.
[15] Ebd., 170.

3. Ein Beispiel aus der Zeit der Pandemie: Hölderlin und die Liturgie

3.1 „Orte genug"

Die bisherigen Überlegungen lassen sich kulturtheoretisch sensibel mit Peter Ebenbauer so zusammenfassen:

> „[Liturgie] ist ein eminent religiöser und sozialer Phänomenkomplex, gekennzeichnet durch ein dialektisches Spannungsverhältnis zwischen normativer Tradition und religiöser Kreativität. Sie ist darüber hinaus ein Kultur- und ein ‚Kunst'-Geschehen im weiten Sinn des Begriffes Kunst. Nicht zuletzt gibt ihr symbolisch-ritueller Charakter zu denken. […] Als religiöses Kultur- und Kunst-Ereignis ist Liturgie elementare Schöpferin und Trägerin kirchlicher und kulturelle Identitäten, mit einer großen Strahlkraft hinein in die zivilisatorischen und künstlerischen Entfaltungsbereiche verschiedenster Kulturen; bis zu einem gewissen Grad ist sie ihrerseits aber auch empfänglich für, ja sogar angewiesen auf die Integration je eigener und unverwechselbarer kultureller Werte und Ausdrucksgestalten."[16]

Von daher sollte jedwede wissenschaftlich-theologische Reflexion konsequent und nachhaltig mit einer äußerst vielfältigen und facettenreichen Präsenz Gottes *innerhalb* der netzwerkartigen *Kultur* bzw. deren verschiedenen Bereichen/ Kulturen rechnen. Mit der Netzwerkmetapher als Analysekategorie im Hintergrund, lässt sich die grundlegende Herausforderung, die sich daraus ergibt, mit Alex Stock so auf den Punkt bringen:

> „Es wäre ein großes Unternehmen, das Welt[also: *Kultur*-; S. W.]vorkommen Gottes von den Höhen artikulierter Religionen [also: von der elaborierten *cultura Dei* her; S. W.] bis in die unartikuliertesten Alltagsniederungen hinein zu sammeln und aufzuarbeiten. Aber mit dem Gefühl, daß man sich da im Unabsehbaren verlieren könnte, mischt sich das Unbehagen, daß in solcher utopischen Globalisierung, in der religionswissenschaftlichen Äquidistanz, die sie verlangte, der Ort verschwinden könnte, von dem aus eine solche Erkundung überhaupt ihren lebensweltlichen Antrieb erhält."[17]

Stock schlägt vor, sich angesichts der Leistungsgrenzen methodisch kontrollierter Reflexion – analog zur Bemühung des Mythos im antiken Denken –

---

[16] *Peter Ebenbauer*, Liturgische Theologie. Zum Profil der Liturgiewissenschaft, in: W. Weirer/R. Esterbauer (Hg.), Theologie im Umbruch. Zwischen Ganzheit und Spezialisierung, Graz 2000, 227–242, 227–228.

[17] *Alex Stock*, Poetische Dogmatik: Gotteslehre, Bd. 1: Orte, Paderborn u. a. 2004, 18; vgl. zum topographischen Ansatz Stocks, den er hier im Gesamtrahmen seiner Poetischen Dogmatik eigens profiliert, bes. ebd., 34.

auch der Poesie zu bedienen: „sofern es ihr gelingt, die unabsehbar weite Welt auf kleinstem Raum zu zeigen, in einer Ortschaft des Universums."[18] Er selbst interpretiert deshalb an der nämlichen Stelle der „Gotteslehre" den Essay „Orte genug" von Huub Oosterhuis[19], in dem es zu Beginn heißt:

> „Orte genug, wo über Gott gesprochen wird. Auch Zeiten. Es gibt ein mächtiges Idiom, einen meistens nicht sehr genauen Jargon, in den ‚ein Gottesbild' gehüllt ist. Niemand hat es, niemand hat es im Griff, aber es ist da und spielt eine Rolle überall in der bewohnten Welt; es erhält Sendezeit und Subventionen, es spricht starke Worte über Gut und Böse; bei schwankendem Gleichgewicht balanciert es auf einem Sockel von Beweisen, Dogmen, Liedern und Zeugnissen – wie auf der Spitze einer Nadel.
> Eine Welt ohne Gottesbild gibt es nicht. Sosehr es eine Erleichterung wäre, vielleicht. Sosehr man es erwägen mag und proklamieren, vergebens. Es gibt ein Gottesbild. Eines?"[20]

Die Vorgehensweise, die Stock mit Oosterhuis teilt, ist dementsprechend die einer Art „Stadtrundgang auf der Suche nach Gott, seinem Vorkommen in der Diaspora der modernen Welt, ein Gedankengang mit lokalem Kolorit."[21] Bei solchen Rundgängen stößt der/die aufmerksame Beobachter*in auf Möglichkeiten der Gottesbegegnung, die sich eröffnen *aus den oben umrissenen Reziprozitäten, die kulturbildend und -prägend wirken.* Der Rundgang kann folglich in unterschiedlichen *Kultur*bereichen beginnen – auch dann, wenn das Interesse auf Möglichkeitsräume für solche Gotteserfahrungen zielt, die innerhalb liturgischer Handlungszusammenhänge verortet sind. Und besonders interessant sind mutmaßlich solche Orte in kulturellen Netzwerken, die in Übergangszonen zwischen diversen Kulturbereichen liegen.

3.2   „Pallaksch, Pallaksch!": eine Kunstinstallation zum Hölderlin-Jubiläumsjahr

Die damit aufgezeigte Denkbewegung sei an einem konkreten Beispiel andeutungsweise durchgeführt. Dabei geht es nicht um direkt liturgiepraktische Überlegungen, sondern um eher offene Richtungsanzeigen aus der Begegnung mit einem poetischen Text heraus. Gemäß der angedeuteten Option, bei lokalen Gegebenheiten anzusetzen, wird zudem *einerseits* die Pandemiesituation

---

[18]   *Stock*, Orte (wie Anm. 17), 19.
[19]   Vgl. ebd., 18–29.
[20]   *Huub Oosterhuis*, Plaatsen genoeg, in: *ders.*, Zien soms even. Fragmenten over God, Bilthoven 1972, 9–12, dt. Übers. in: *Huub Oosterhuis*, Du bist der Atem und die Glut. Gesammelte Meditationen und Gebete, Freiburg/Br. 1994, 257–261, die zit. Stelle übernommen aus *Stock*, Orte (wie Anm. 17), 19.
[21]   *Stock*, Orte (wie Anm. 17), 19.

berücksichtigt, die während der Arbeit an diesem Aufsatz eminent *kultur*prägend war, *andererseits* spielen für die Auseinandersetzung gerade mit diesem Text Ortsbezüge (im wörtlichen Sinne) innerhalb der Lebenswelt des Autors eine Rolle. Dieses Vorgehen nimmt auf, dass die Corona-Pandemie – genauer gesprochen – ihren Ursprung in einer massiven Dynamisierung der Reziprozitäten der Öko-/Agri-Kultur hatte, und von da aus Veränderungsimpulse in alle anderen *Kultur*bereiche – die Soziokultur, den Kult und die umfassende Pflege des Selbst – aussandte bzw. weiter aussendet; zugleich wird berücksichtigt, dass deren Wirkungen zumindest in gewissen Hinsichten immer mehr oder weniger von individueller Rezeption abhängig bleiben.[22]

Im Oktober 2020 war in Tübingen die Skulptureninstallation „Pallaksch, Pallaksch!" des Konzeptkünstlers Ottmar Hörl zu sehen: An zwei Orten in der Innenstadt platzierte Hörl – analog zu anderen, früheren und ebenfalls seriell angelegten Arbeiten des Künstlers – zahlreiche monochrome Hölderlinfiguren in verschiedenen Farben.[23] Anlass war der 250. Geburtstag Johann Christian Friedrich Hölderlins (1770–1843), eine von dessen berühmte Wortschöpfungen bildete deshalb auch den Titel der Installation: dieses „Pallaksch, Pallaksch!", auf das etwa Paul Celan später in seinem Gedicht „Tübingen, Jänner" Bezug genommen hat[24], und das sowohl „ja" als auch „nein" bedeuten konnte. Gemäß

---

[22] Vgl. dazu auch *Stephan Winter*, Gottesdienst im Pandemie-Modus. Zu aktuell drängenden Anstößen für eine Liturgiewissenschaft, die „an der Zeit ist", in: ThQ 200 (2020), 388–405, darin auch Verweise auf weitere einschlägige Literatur. – Mittlerweile sind – auch aus verschiedenen kultur-/geisteswissenschaftlichen Disziplinen heraus – Überlegungen und Analysen zur Pandemie-Krise vorgelegt worden; vgl. z. B. *Wolfgang Kröll/Johann Platzer/Hans-Walter Ruckenbauer/Walter Schaupp* (Hg.), Covid-19 – Eine gesellschaftliche Krise in interdisziplinärer Perspektive (Bioethik in Wissenschaft und Gesellschaft Bd. 10), Baden-Baden 2020. – Aus der Fülle theologisch-philosophischer Beiträge ist besonders bedenkenswert für Richtungsanzeigen, wohin sich grundlegende Reflexionen der Krise wohl zu entwickeln hätten, *Thomas Schärtl*, Ein langer Karsamstag. Die Kirche und die Corona-Krise, in: IKaZ 49 (2020), 327–341 (DOI: https://doi.org/10.14623/com.2020.3.327-341 – Download: 9.11. 2020). Liturgiewissenschaftlich einschlägig ist u. a. der Sammelband *Hans-Jürgen Feulner/Elias Haslwanter* (Hg.), Gottesdienst auf eigene Gefahr? Die Feier der Liturgie in der Zeit von Covid-19, Münster 2020.

[23] Für grundlegende Informationen vgl. u. a. die eigene Website von Hoerl, siehe: https://www.ottmar-hoerl.de/de/blog/2020/10/Hoelderlin_Tuebingen_2020.php (dort die folgenden Zitate), und auch die Website des Veranstalters https://www.hölderlin-in-tübingen.de/ – Interessant auch das Gespräch des Künstlers mit Dorothee Kimmich auf den Stufen der Stiftskirche unter https://www.youtube.com/watch?v=IcWml82Lh4o (Download für alle aufgeführten Links: 23. 3. 2021).

[24] Vgl. zu diesem Text aus der Vielzahl der Interpretationen die Überlegungen in *Karl-Josef Kuschel*, „Tübingen, Jänner": Paul Celan, Walter Jens und die Schwierigkeiten einer jüdisch-deutschen Begegnung, in: S. Lorenz/K. O. Alpers (Hg.), Tubigensia. Impulse zur Stadt- und Universitätsgeschichte. FS für Wilfried Setzler zum 65. Geburtstag

der Beschreibung des Projekts auf seiner eigenen Website wollte Hörl jedenfalls dazu einladen, sich mit Hölderlin „vis-à-vis auseinanderzusetzen": Dazu
hat er diese „Vielzahl von Hölderlinfiguren [versammelt], ein Buch eng an die
Brust gedrückt, vor zwei prägenden Stationen in Hölderlins Leben: vor der Tübinger Stiftskirche und vor dem Hölderlinturm". Auf Biographie, Werk und
Rezeption Hölderlins kann hier natürlich nicht eingegangen werden, auch nicht
auf Hörls Arbeit, Diskussionen über deren Qualität u. Ä. Es geht alleine darum,
dass die von Hörl eingebrachten Veränderungen in der Binnentopographie Tü-
bingens Transformationen kultureller Reziprozitäten *auch* deshalb auslösen
konnten, weil sie – hinsichtlich der Treppe vor der Stiftskirche gesagt – eine
Übergangszone zwischen einem Gebäude, das primär der *cultura Dei* dient,
und einem öffentlichen Platz betrafen – zumal diese Übergangszone grundsätzlich ein wichtiger Ort für gemeinsame Treffen und Kommunikation ist, den
bevorzugt Menschen jüngerer Generationen entsprechend nutzen. Konkret den
Verfasser des vorliegenden Beitrags hat die Installation dazu motiviert, mit
Hölderlin noch einmal konzentrierter darauf zu schauen, wie die Pandemiesituation speziell auf die imaginative Reziprozität einwirkt, also auf die Reziprozität, die die *cultura Dei* bzw. die Liturgie maßgeblich prägt. Zumindest insoweit
hat hier Hörls Idee individuelle Früchte getragen, die er mit der Anordnung der
sitzenden, leicht und farbenfroh wirkenden Hölderlin-Figuren „auf Augenhöhe" verfolgt hat: einen „Impuls zur Auseinandersetzung mit dem Schriftsteller"
zu geben, „der mit dem tradierten Blick auf Hölderlin spielt und überdies das
eigene Denken und Empfinden des Betrachters ansprechen soll[te]."[25]

3.3   Drei Impulse aus „Patmos" für eine Dynamisierung der Liturgie

3.3.1   Warum gerade „Patmos"?

In diesem konkreten Fall hat der Stadtrundgang bzw. hat die temporär signifikant veränderte Stadttopographie eine abermalige und gegenüber den Vorwo-
chen anders justierte Lektüre von „Patmos" ausgelöst sowie die Rezeption gelenkt – wie gesagt: immer (mit)bedingt durch die Komplexität der kulturellen

---

(Tübinger Bausteine zur Landesgeschichte 10), Ostfildern 2008, 621–642, auch online
zugänglich, siehe: file:///C:/Users/Admin/Downloads/tbingen-jnner-paul-celan-walter-
jens-und-die-schwierigkeiten-einer-jdisch-deutschen-begegnung.pdf (Download: 27.3.
2021); der dort gewählte Zugang ist u. a. vor dem Hintergrund eines holistischen Kultur-
verständnisses besonders aufschlussreich.

[25] Diesbezüglich interessant sind Setting wie Inhalt des Gesprächs, das Hörl mit Dorothee
Kimmich während des Projekts auf den Stufen vor der Stiftskirche geführt hat. Vgl. das
Video unter https://www.youtube.com/watch?v=IcWml82Lh4o (Download: 24.3. 2021).

Reziprozitäten, die im Pandemie-Herbst insgesamt wirksam waren. *„Nah ist /*
Und schwer zu fassen der Gott. / Wo aber Gefahr ist, wächst / Das Rettende
auch": Diese ersten Zeilen der 1803 vollendeten Hymne gehören sicherlich zu
den bekanntesten aus Hölderlins Werk und sind seit Ausbruch der Pandemie
des Öfteren in unterschiedlichen Zusammenhängen zitiert worden. Hier können auf diesen quantitativ wie qualitativ großen Text nur drei Streiflichter geworfen werden, die sich an der angedeuteten Thematik orientieren. – Warum
aber hat die Hölderlin-Begegnung in einer Übergangszone des Netzwerkes
Kultur hinsichtlich möglicher Dynamisierungen der *cultura Dei* bzw. der Liturgie gerade diesen Text erneut und nochmals etwas anders in den Blick gerückt? Zunächst: „Hölderlin war immer ‚in', wenn sich Gesellschaften im
Wandel und in der Krise befanden"[26], meint der Historiker Reinhard Weber.
„Wir haben es heute wieder mit Unsicherheiten und Transformation zu tun, mit
Widersprüchen und Konflikten. Solche Gefühlslagen greift Hölderlin auf, immer auch auf der Suche nach einer neuen Ganzheitlichkeit." Viele Inter-
pret*innen haben herausgearbeitet, dass Leben für Hölderlin gleichbedeutend
damit ist, permanent auf der Suche zu sein, und dabei zwischen einer Bereitschaft zu Einsatz und Risiko, die von Hoffnung getragen ist, und dem Drang
zur eher resignativen Weltflucht zu schwanken: Das war für ihn „als Dichter
wie als Philosophen das zentrale Thema: dass sich bewusstes menschliches
Leben durch konfligierende Tendenzen der eigenen Orientierung hindurch bilde und bleibend herausgefordert finde. Bemerkt zu werden verdient", so Klaus
Müller an dieser Stelle weiter, „dass Hölderlin dieses sein Zentralthema in der
Einleitung des Hyperion-Fragments und ebenso über der Vorrede zu seinem
Roman *Hyperion oder Der Eremit in Griechenland* in Gestalt einer Wendung
aus einer Grabschrift eines anonymen Jesuiten auf Ignatius von Loyola artiku-
liert [...], wo es unter anderem heißt, nicht eingeschränkt werden vom Größten
und dennoch umschlossen, also in Anspruch genommen werden vom Kleinsten,
das sei göttlich."[27] – In „Patmos" wird dieses Zentralthema mit der Tages-
zeit der Dämmerung in Verbindung gebracht. Die zweite und der Anfang der
dritten Strophe lauten:

---

[26]　Hier zit. nach dem Online-Beitrag (eingestellt am 20.3.2020): *Sabine Peschel*, Höl-
　　　derlin: Gedichte zwischen Hoffnung und Weltflucht. Friedrich Hölderlin gilt als einer
　　　der größten Lyriker der Welt. Er war ein Exzentriker und eine rätselhafte Figur. Die
　　　Coronakrise macht sein Werk wieder aktuell, siehe: https://www.dw.com/de/h%C3%
　　　B6lderlin-gedichte-zwischen-hoffnung-und-weltflucht/a-52844313 (Download: 24.3.
　　　2021).
[27]　*Klaus Müller*, Glauben – Fragen – Denken Bd. III: Selbstbeziehung und Gottesfrage,
　　　Münster 2010, 511.

So sprach ich, da entführte
Mich schneller, denn ich vermutet
Und weit, wohin ich nimmer
Zu kommen gedacht, ein Genius mich
Vom eigenen Haus'. Es dämmerten
Im Zwielicht, da ich ging
Der schattige Wald
Und die sehnsüchtigen Bäche
Der Heimat; nimmer kannt' ich die Länder;
Doch bald, in frischem Glanze,
Geheimnisvoll
Im goldenen Rauche, blühte
Schnellaufgewachsen,
Mit Schritten der Sonne,
Mit tausend Gipfeln duftend,
Mir Asia auf, und geblendet sucht'
Ich eines, das ich kennete, [...]

Die Dämmerung mit ihrem Zwielicht ist für Hölderlin die Zeit der Entscheidung, die Zeit, sich zu fragen, wohin der weitere Weg gehen soll. Speziell „Patmos" bearbeitet dabei – ganz vorläufig formuliert – die Frage: Was macht ein menschliches Dasein im Hier und Jetzt aus, das auf Jesus Christus seine Hoffnung setzt? Der Text ist dem Landgrafen Friedrich Ludwig von Hessen-Homburg zugeeignet, einem tiefgläubigen Menschen. Anders als weitere Texte aus dieser Lebensphase Hölderlins ist er deshalb fast durchgängig von dieser christlichen bzw. sogar christologischen Frage geprägt. Freilich bleibt sich Hölderlin insofern selbst treu, insofern er sich bei der Christus-Figur auf wenige Aspekte konzentriert, und Anderes abblendet, was in der Glaubenstradition eine zentrale Rolle spielt, v.a. den Kreuzestod.[28] Genau diese Konstellation ist theologisch (wie spirituell) interessant, weil sie womöglich Bewegung in etablierte Muster der *cultura Dei* und speziell der liturgischen Praxis zu bringen vermag, und um solche Bewegung kommt Liturgie in dieser besonderen Zeit ja gar nicht herum.

Damit dürfte auch der Anfang der Hymne in seiner Bedeutung klarer werden: Hölderlin geht davon aus, dass es gerade dann, wenn menschliches Leben (relativ) stark von imaginativer Reziprozität geprägt und Gott insofern sehr „nahe" ist, darauf ankommt, bewusst ein Stück von Gott bzw. sich selbst zurückzutreten; denn als ganz naher, dem Lebendigen Innerlicher droht er Gott zu verzehren, weil Menschen solcher Nähe und solchem Innesein letztlich

---

[28] Vgl. aus der Fülle der Auslegungen des Gedichts z.B. die beinahe klassisch zu nennende Interpretation *Wolfgang Binder*, Hölderlins Patmos-Hymne, in: B. Böschenstein/A. Kelletat (Hg.), Hölderlin-Jahrbuch 15, Tübingen 1967–1968, 92–127, an der sich das Folgende weitgehend orientiert.

nicht gewachsen sein können. Paradoxerweise zeigt sich aber in der Spannung zwischen dem Innesein Gottes und dem notwendig distanzierten Blick darauf die Rettung: Sie erwächst daraus, dass Menschen mit anderen zusammenkommen, die Gott ebenfalls (in welcher Form auch immer, ggf. auch im radikalen Zweifel) als ihr Innerstes erfahren oder erfahren haben, und die ebenso darauf angewiesen sind, davon immer wieder ein Stück zurückzutreten. Im Gedicht ist Johannes als Verfasser der Apokalypse ein solcher Gleichgesinnter: Ihm begegnet der Dichter, indem er vom „Genius", vom Geist mitten in seinem Alltag nach Asien, auf die Insel Patmos mitgenommen wird. Dort trifft er auf den Seher, den Hölderlin mit dem Lieblingsjünger des Johannesevangeliums identifiziert, als einen, der unmittelbare Christus-Begegnung genossen hat, jetzt aber auch aus der Distanz darauf reflektiert. Und so kommen nach diesem Modell im besten Fall immer wieder Menschen miteinander über ihre je eigenen, unverfügbaren Gottes-/Christuserfahrungen ins Gespräch – auch über die Zeiten hinweg – und lassen so Gott Teil ihrer *Kultur* im umfassenden Sinne werden.

Daraus ergeben sich unter Pandemiebedingungen mindestens zwei Herausforderungen: *Strukturell* ist ggf. unter Einschränkungen der Möglichkeiten zur (mehr oder weniger) öffentlichen Versammlung zu überlegen, wie eine solche (rituell und nicht-rituell gefasste) Kommunikation unter Einbeziehung Gottes (als Akteur*in und/oder Gegenstand) realisiert werden kann. *Inhaltlich* sind in einer solch' außerordentlichen Situation noch offensiver als sonst auch liturgische Räume (im weiten Sinne) zu öffnen, die für nicht-binäre Reziprozitäten mindestens ebenso Platz schaffen wie für binär codierte – konkreter: der entschiedenen Gottesbejahung, der darin wurzelnden aufmerksamen Dankbarkeit wie der trotzigen Hoffnung, aber auch dem Gotteszweifel, dem engagierten Protest und Aufstand gegen Gott und der resignativen Klage: „Pallaksch, Pallaksch!" – Von dieser Ausgangsbasis her zu den drei angekündigten Streiflichtern:

3.3.2 Schöpfung „wahr-nehmen"

Wie oben bereits festgehalten: Die primäre Dynamisierung der *Kultur* geht derzeit aus Reziprozitäten der Öko-/Agri-Kultur hervor. Schon in der bereits eingespielten zweiten Strophe von „Patmos" und auch in der ersten Strophe mit ihren großartigen Landschaftsbildern wird deutlich, dass für Hölderlins Wirklichkeitszugang gerade Erlebnisse innerhalb *dieser* Kultur zentral sind. Wie dies in sein Denken der All-Einheit einzubetten ist und welche Folgerungen sich daraus im Einzelnen für das Gottesbild ergeben, wird seit Langem (philosophisch und theologisch) vielfältig diskutiert. Der besondere Akzent in „Patmos" ist jedenfalls: Der „Genius", der Geist eröffnet mitten im Naturerleben den Übergang des Dichters nach Asien und dort – wie die nächste Strophe

konkretisiert – in die Höhle, in der Johannes seine Visionen gehabt und aufge-
schrieben haben soll. Diese Höhle, die doch eigentlich das Gegenteil eines
Berggipfels ist, wird, so das Bild Hölderlins, zum „Gipfel der Zeit". Es geht
darum, wie es zum Schluss des Textes heißt, der „Mutter Erd'" und dem „Son-
nenlichte" nicht unwissend zu dienen, sondern in der Schöpfung den „Vater",
den Schöpfer zu erkennen. Dies geschieht dann, wenn konsequent die Heilige
Schrift – der „feste Buchstab" – herangezogen wird:

> [...] der Vater aber liebt,
> Der über allen waltet,
> Am meisten, daß gepfleget werde
> Der feste Buchstab, und Bestehendes gut
> Gedeutet.

Von daher wird im Laufe des ganzen Gedichtes – wiederum ungebührlich verkürzt gesagt – folgender Zusammenhang entwickelt: Nach dem Wirken Christi
auf Erden, seinem Weggang zum Vater und bis zu seiner Wiederkunft, die
Hölderlin in naher Zukunft erwartet, gilt für die Lebenden, dass ihnen die direkte Begegnung mit Christus nicht mehr möglich ist. An ihre Stelle tritt im
Idealfall ein Erleben der Wirklichkeit als gott-, als christushaltig, das durch das
intensive Schriftstudium angebahnt wird. Dann kann alles Irdische dem weisen, „einfältigen", also wörtlich genommen: nach innen gefalteten, glaubenden
Herzen je neu zum Hoffnungsbild werden, kann die Nacht, in der Gottes Licht
nicht mehr offen – im Gottessohn auf Erden – präsent ist, dennoch zur „liebenden Nacht" werden. Das ist die angemessene Grundeinstellung und das angemessene „Werk" der Menschen, solange sie auf das Wiederkommen des göttlichen Werkes „zu rechter Zeit", zu erfüllter Zeit, warten. So steht es genau in
der Mitte des symmetrisch aufgebauten Gedichts.

Liturgie, die die Impulse, wie sie in den vergangenen Monaten aus der
Öko-/Agrikultur heraus ausgesendet worden sind, angemessen aufnehmen will,
wird u. a. neu dazu einladen müssen, tatsächlich mit Christus geduldig die
Nacht lieben zu lernen. Das könnte im Idealfall die aktuelle Gefühlslage Vieler
aufnehmen, die einmal so umschrieben worden ist: „Übersteigerte Angst auf
der einen und trumpeskes blindes Vertrauen in die eigene Unverwundbarkeit
auf der anderen Seite: Irgendwo zwischen diesen beiden Extremen ist die
Corona-Angst der meisten Menschen angesiedelt."[29] Nicht zu leugnen, dass
wir als Teil der Biosphäre immer auch ausgelieferte Wesen sind, die angesichts
bestimmter Einflüsse ohnmächtig sind; sich dadurch aber nicht in lähmende
Angst drängen zu lassen – darauf käme es wohl an. Dass die *cultura Dei* hier-

---

[29] https://buradabiliyorum.com/der-phobiker-in-uns/ (Text ursprünglich auf faz.net; Download: 24. 3. 2021).

für Ressourcen bereithält, lässt sich auch empirisch belegen: Eine entsprechende Online-Umfrage zum Einfluss der Corona-Pandemie auf Spiritualität und allgemeines Wohlbefinden[30] hat gezeigt, dass gerade Menschen, die sich auch ansonsten mit der Bibel auseinandersetzen, Gebet in unterschiedlichen Formen pflegen u. ä. Natur und Stille unter Pandemiebedingungen intensiver erleben sowie vermehrt kontemplative Praktiken vollzogen und Meditation betrieben haben. Es gelte demnach, sich aus spirituellen Ressourcen biblisch begründeten Glaubens heraus angesichts immer mehr wachsender naturwissenschaftlicher Erkenntnisse und technischer Möglichkeiten auf der einen Seite und der planetarischen Bedrohungen des Lebens, die ja vielfach menschlich herbeigeführt oder zumindest befördert wurden und werden, auf der anderen Seite, eine „grundsätzliche Revision unseres Verhältnisses zur Vielfalt der Lebewesen, zur Fauna in ihrer Diversität und zur Erde als ganzer"[31] zu befördern. Diese Revision ist unausweichlich, wenn (menschliches) Leben auf Zukunft hin weiter möglich bleiben soll.

Auch hier kann wiederum nicht genauer geprüft werden, welche Gestalt dann Liturgie im Einzelnen anzunehmen hätte. Nur als Richtungsanzeige: Um Revision in diesem Sinne anzubahnen, steht jedenfalls schon biblisch *zum einen* das Genus der *prophetischen Drohrede* zur Verfügung, dessen sich ja auch Jesus bedient hat. Die Öffentlichkeit, Gruppierungen, Einzelne sollen mittels einer Art Schocktherapie aus ihrer kollektiven Anästhesie aufgeweckt werden. Dieser Option bedienen sich momentan viele, um ein der Pandemiebekämpfung dienliches Verhalten zu befördern, aber auch manch' ökologische Bewegung; man denke etwa an *Fridays for future* und deren Strategie. Aber Schockerfahrungen reichen wohl nicht, in eine *dauerhafte Konversion* unserer Lebensformen einzutreten; dies zeigen sowohl das Ringen um das Einhalten notwendiger Regeln zur Eindämmung der Pandemie, wie auch die Zähigkeit, Erkenntnisse zum Klimawandel u. ä. in Handeln umzusetzen. Letztlich muss, mit Christoph Theobald formuliert, „auf individueller sowie kollektiver Ebene eine echte Selbstbegrenzung zugunsten der [mit uns Lebenden, aber v. a. der] zukünftigen Generationen auf unserem Planeten"[32] angenommen werden; und diese Annahme kann nur tragfähig erfolgen, wenn sie auf der Einladung beruht, „die unentgeltliche Gabe neuen Lebens zu betrachten und in einem elementaren Akt des Glaubens und der Hoffnung anzunehmen"[33]. Mit einer solchen Grundhaltung des offenen Staunens wäre der Anfang gemacht, um dem

---

[30] Siehe dazu unter http://www.iunctus.de/corona-befragung-erste-ergebnisse/ (Download: 24. 3. 2021).
[31] *Christoph Theobald*, Christentum als Stil. Für ein zeitgemäßes Glaubensverständnis in Europa, Freiburg/Br. 2018, 196.
[32] Ebd., 204.
[33] Ebd., 207; dort auch das nächste Zitat.

Bruch mit dem paradiesischen Zustand, wie ihn Gen 3 narrativ deutet, seitens des Menschen angemessen zu begegnen, und die Möglichkeiten des paradiesischen Gartens unter den Bedingungen des nachparadiesischen Zustands einer begrenzten Lebensdauer auf der Erde zu nutzen. Anzustreben ist, um die Bilder aus Gen 3 aufzugreifen, sich wirklich an den Früchten zu freuen, aber auch zu erkennen, wo Früchte nur berührt, nicht aber gegessen werden dürfen, weil sie damit ein für alle Mal vernichtet würden (vgl. bes. Gen 3,1–3). Wo das gelingt, ändert sich zwar zunächst Nichts daran, dass „[d]er Raum des Lebens […] bereits im Leben von der Macht des Todes geprägt"[34] wird (Hans-Joachim Sander); aus dieser Grundspannung kommen der Mensch und alles Lebendige nachparadiesisch nicht mehr heraus, jedenfalls nicht aus eigener Kraft! Die neutestamentliche Botschaft setzt aber – mit Wurzeln im Ersten Testament – genau hier an: „Jesu gesamte Tätigkeit – seine Heilungen, seine Parabeln und seine ethischen Aussagen – wird von einem ursprünglichen (und bei ihm permanenten) Erstaunen angesichts der Schöpfung und des umsonst geschenkten Lebens getragen und umfasst". Und diese Grundhaltung erhält ihre letztgültige Beglaubigung durch den Ereigniszusammenhang von Tod, Auferweckung und Erhöhung, den die Liturgiekonstitution des Zweiten Vatikanischen Konzils unter dem Begriff „Pascha-Mysterium" als Zentrum *aller* Liturgie einordnet (vgl. u.a. SC 5f.). Darauf zu setzen, ist keine einfache Rückkehr in den paradiesischen Zustand des Uranfangs. Vielmehr ermöglichen das Christusereignis bzw. das Pascha-Mysterium eine geerdete und genau deshalb „freudige Wahrnehmung je neuer Überfülle und überströmenden Lebens"[35] *im Hier und Jetzt*, die alles andere als naiv daherkommt, aber unsere Urteils- und Handlungsfähigkeit kreativ dynamisiert.

In seiner Enzyklika *Laudato si'* entwickelt Papst Franziskus auf dieser Grundlage das Konzept einer ganzheitlichen Ökologie, die über die christliche Ressource eines von ihm so genannten „prophetischen *und* kontemplativen Lebensstil[s]" zu erreichen ist, eines Lebensstils, der „fähig ist, sich zutiefst zu freuen, ohne auf Konsum versessen zu sein" (LS 222), weil er aus der Erfahrung der Schöpfung als „Geschenk" (LS 76) lebt. Aus dieser Erfahrung heraus lassen sich die Beziehungen des Menschen zu sich selbst, zu den Mitmenschen, besonders den Armen und Bedrängten, sowie zu allen anderen Geschöpfen (vgl. LS 66) nachhaltig so miteinander verbinden, das Leben in Fülle entstehen kann (vgl. bes. LS 84-92.221-232). – Von hier aus zu einem zweiten Streiflicht:

---

[34] *Hans-Joachim Sander*, Gott einräumen. Die gravierende Ohnmacht des Glaubens, in: K. Karl/S. Winter (Hg.), Gott im Raum?! Theologie und *spatial turn*: aktuelle Perspektiven, Münster 2020, 119–145, 131; vgl. für den hier nur angedeuteten Gedankengang, 126–132.

[35] *Theobald*, Christentum (wie Anm. 31), 207.

3.3.3 Gott Gott sein lassen

Im Gedicht „Patmos" geht Hölderlin auch darauf ein, wie sich die in *Laudato si'* so genannte Fähigkeit des Menschen, aus sich „herauszugehen" (LS 208) – also: den Blick und das Hören vom „einfältigen Herzen" her kommen zu lassen – in dieser Endzeit *gemeinsam* kultivieren lässt. Die dritte Triade des Gedichts thematisiert, dass es bis zur Wiederkunft Christi am Ende der Zeiten gilt, dem Treueschwur des Herrn, er werde bei uns bleiben, wirklich zu trauen. Auf dieser Basis vermögen die Menschen, Gut und Böse zu unterscheiden, wenn „sie die Hände sich reichten" – weshalb im Übrigen nach Hölderlin u.a. gerade Spaltungen und Glaubenskämpfe unter den Christusgläubigen die Gefahr mangelnder Gottespräsenz befördern. Hölderlin bringt das Drängende dieser Situation in das Bild vom Worfler, der auf der Tenne die Spreu vom Weizen trennt, und den er mit dem Sämann gleichsetzt:

> Es ist der Wurf des Sämanns, wenn er faßt
> Mit der Schaufel den Weizen,
> Und wirft, dem Klaren zu, ihn schwingend über die Tenne.
> Ihm fällt die Schale vor den Füßen, aber
> Ans Ende kommet das Korn,
> Und nicht ein Übel ists, wenn einiges
> Verloren gehet und von der Rede
> Verhallet der lebendige Laut,
> Denn göttliches Werk auch gleichet dem unsern.

Die Trennung von Spreu und Weizen wird hier als Teil des Prozesses der Aussaat gesehen. Ohne Bild gesprochen: Diese Endzeit wird als Zeit der Entscheidung offenkundig. Das menschliche Dasein muss sich dem göttlichen Werk dadurch annähern, dass es lernt, das zu verurteilende Böse vom anfänglich wachsenden Gottesreich zu unterscheiden. Die nächste Strophe warnt davor, dabei Christus auf ein bestimmtes Bild, das sich Menschen von ihm machen, selbstmächtig einzuengen. Es geht vielmehr darum, ihm und dem Geist die Initiative zu überlassen, eben nicht vorschnell zu urteilen.

Hölderlin hebt hervor, dass es nicht zuletzt die Liturgie ist, in der und durch die sich eine solche Grundhaltung bilden und festigen kann; hier geschieht bevorzugt dieses „sich-die Hände-Reichen". Am Ende der vierten und am Beginn der fünften Triade stehen die Verse:

> Wenn nämlich höher gehet himmlischer
> Triumphgang, wird genennet, der Sonne gleich
> Von Starken der frohlockende Sohn des Höchsten,
> Ein Losungszeichen, und hier ist der Stab
> Des Gesanges, niederwinkend,
> Denn nichts ist gemein.

Christus in rechter Weise zu erwarten, heißt demnach, aufmerksam dafür zu sein, wo der „himmlische Triumphgang", wie er für die Wiederkunft des Herrn zu erwarten ist, schon fragmentarisch beginnt. Die angemessene Reaktion auf entsprechende Erfahrungen ist, in den himmlischen Gesang einzustimmen, wenn dazu der göttliche Dirigent den Taktstock senkt. Damit wird dem Rechnung getragen, dass dort, wo Christus endzeitlich präsent ist, „nichts [...] gemein [ist]", also Nichts mehr „alltäglich": „Denn zum Alltag, zur Zeit, gehört unter anderem die gesprochene Rede, der Gesang ist stets Sinnbild des ewigen Zustandes, sei es inmitten der Zeit oder in ihrer Erfüllung am Ende"[36]: „Dieser Gesang weckt die Toten auf [...,] ‚die noch gefangen nicht vom Rohen sind'", heißt es im weiteren Fortgang – gemäß Hölderlins Sprache diejenigen, die sich nicht fühllos dem Göttlichen entziehen oder sich ihm maßlos widersetzen.

Paradigmatischen Ausdruck findet solcher Lobpreis nach christlichem Verständnis in der Feier der Dankbarkeit, in der Eucharistie, in der die Feiernden sich selbst und die ganze Schöpfung Gott entgegenhalten, dass Gott segne und heilige, auf dass die Menschen ihrerseits Segen bringen können. Die Eucharistie ist dabei liturgisches Paradigma (nicht exklusive Feierform!), in der sich dieser grundlegende, in seiner Hochform gemeinsam vollzogene, doxologische Lobpreis ausdrücken kann.

Dafür ist dann das Singen offensichtlich eminent wichtig, wie auch Ergebnisse einer Umfrage verdeutlichen, die im Juni/Juli 2020 unter haupt- und ehrenamtlichen Gottesdienstverantwortlichen der Diözese Rottenburg-Stuttgart durchgeführt wurde.[37] Zur Betonung des Gesangs als Ausdruck eschatologisch gestimmten Menschseins bei Hölderlin passt das Ergebnis, dass unter den Einschränkungen für die gottesdienstliche Praxis, wie sie die Pandemie mit sich gebracht hat, das „Verbot von Gemeindegesang" als die gravierendste eingestuft wurde, weit vor den Einschränkungen beim Kommunionempfang oder dem Anmeldeverfahren. Hier deutet sich eine grundlegende Spannung an: Jedwede pandemisch induzierte Transformation liturgischer Feier, die öffentliche Versammlung zum (eucharistischen) Lobpreis Gottes einschränkt oder gar in ihrer üblichen Form ganz verhindert, muss als gravierend defizitär eingestuft werden – unabhängig davon, was das wiederum für die Vollzüge heißt, die stattdessen (wieder)entdeckt bzw. entwickelt wurden und werden. Nicht verloren gehen darf das Gespür dafür, wodurch biblisch Glaubende vor allem ihre Identität gewinnen: dadurch, dass sie nicht bei sich selbst bleiben, sondern sich in Gemeinschaft selbstvergessen ‚heraus-rufen' bzw. ‚sich heraus-singen' auf ih-

---

[36] *Binder*, Patmos-Hymne (wie Anm. 28), 118.
[37] Vgl. dazu – neben *Winter*, Gottesdienst im Pandemie-Modus (wie Anm. 22) – *Stephan Winter*, Gottesdienst im Pandemie-Modus. Wie sah und sieht die liturgische Praxis unter „Corona-Bedingungen" aus? Die Ergebnisse einer Umfrage geben darüber Aufschluss und laden zur Diskussion ein, Teile 1 und 2, in: GD 55 (2021), 25–27.47–48.

ren unbedingten Grund hin. Eucharistisch geprägte Gottesdienste, eucharistisch durchwirkte Gebete sind solche, in denen jedwede Wirklichkeit an Gott übereignet wird, in denen die Feiernden bzw. Betenden sich ganz auf Gott hin loslassen. Es geht darum, Dank und Bitte, „die sich an *den gebenden Gott* richten, [...] in schweigende [...] Anbetung und [...] [ins] Lob [einmünden zu lassen], die von einem ,reinen' *Interesse an Gott als Gott* bewegt sind"; und dabei mögen die Betenden dann entdecken, „dass der schweigende aber hörende und unsichtbare aber sehende Gott ,reines' Interesse am verwundbaren Menschen und seinem ,Ich' hat".[38] – Damit noch kurz zu einem letzten Gedanken:

3.3.4 Gleichgültigkeit überwinden

In der letzten Strophe von „Patmos" spricht Hölderlin von der belastenden Situation, dass „Die Ehre der Himmlischen unsichtbar" sei: „Zu lang, zu lang schon". Wo der Mensch krampfhaft an sich selbst festhält, wird ihm, so an dieser Stelle weiter, das Herz entrissen, und er kann nicht mehr das rechte Opfer darbringen: „Denn Opfer will der Himmlischen jedes, Wenn aber eines versäumt ward, Nie hat es Gutes gebracht." Vom Gesamtzusammenhang wird klar: Es geht nicht um kultische Opfer im religionsgeschichtlichen Sinne, sondern darum, die liturgische Verherrlichung Gottes weiterzuführen im „Gottesdienst im Alltag der Welt" (Ernst Käsemann). Um den Bogen noch einmal zurückzuschlagen: Es geht um das „Weltvorkommen" Gottes in seiner unverbrauchbaren Vielfalt, innerhalb der Komplexität kultureller Netzwerke. Das heißt von der gesamtbiblischen Botschaft her in eindringlicher Konkretion: Wer einen Gott anbetet, der reine Liebe, reines Interesse am Menschen und allem Lebendigen ist, kann eigentlich nicht anders, als dessen Zuneigung vor allem zum verwundeten und gequälten Geschöpf ,mitzuahmen'.

Papst Franziskus stellt deshalb in seiner letzten Enzyklika *Fratelli tutti* u. a. das Gleichnis vom barmherzigen Samariter besonders in den Blickpunkt und formuliert als Schlussfolgerung seiner Deutung, dass es nicht auf eine „Lehre abstrakter Ideale" oder eine „Funktionalität einer sozialethischen Moral" ankomme. Der entscheidende Impuls, Leid, Armut und Vereinzelung zu überwinden, liege darin, die Bindung an das eigene Selbst und die eigene Gleichgültigkeit gegenüber dem konkreten Anderen, der mir begegnet, und seinen Nöten und Bedürfnissen zu überwinden. Wörtlich heißt es an dieser Stelle:

„68. [...] Wir sind für die Fülle geschaffen, die man nur in der Liebe erlangt. Es ist keine mögliche Option, gleichgültig gegenüber dem Schmerz zu leben; wir können nicht zulassen, dass jemand ,am Rand des Lebens' bleibt. Es muss uns so empören, dass wir

---

[38] *Theobald*, Christentum (wie Anm. 31), 240.

unsere Ruhe verlieren und von dem menschlichen Leiden aufgewühlt werden. Das ist Würde."

Außerdem hebt Franziskus heraus, dass sich im Gleichnis gerade ein Mensch mit anderer kultureller und religiöser Prägung dem Verletzten gegenüber als Nächster erweist, während die Elite des eigenen Volkes ihm Hilfe versagt. Daran werde deutlich, dass es biblisch gesehen um eine Geschwisterlichkeit geht, die kulturelle, geographische und religiöse Unterschiede überwindet:

> „Es gibt keine Unterscheidung mehr zwischen dem Bewohner von Judäa und dem von Samaria, es gibt weder Priester noch Händler; es gibt einfach zwei Arten von Menschen: jene, die sich des Schmerzes annehmen, und jene, die einen Bogen herum machen; jene, die sich herunterbücken, wenn sie den gefallenen Menschen bemerken, und jene, die den Blick abwenden und den Schritt beschleunigen."

Und dann die Frage: „Bücken wir uns, um die Wunden der anderen zu berühren und zu heilen? Bücken wir uns, um uns gegenseitig auf den Schultern zu tragen?"

Die Corona-Pandemie hat sehr herausfordernd deutlich gemacht, wie komplex diese Fragen sein können. Was heißt das denn z.B. konkret im Blick auf an Covid-19 erkrankte Menschen, wenn die Gefahr für eine eigene Ansteckung von Helferinnen und Helfern groß ist? Welche Formen der Solidarität sind wann genau wo angebracht und gefordert? Das Gleichnis ist jedenfalls auch insofern hochaktuell, als der Samariter seine eigenen Handlungsmöglichkeiten mit den Ressourcen anderer bzw. mit den Möglichkeiten institutioneller Art sorgsam verknüpft, als er den Verletzten in einer Herberge unterbringt und dessen weitere Versorgung sicherstellt. Für solche Verknüpfungen ist derzeit seitens der Institutionen, denen die *cultura Dei* in besonderer Weise anvertraut ist, der intensive Dialog etwa mit staatlich Verantwortlichen über angemessene, menschen- und lebensdienliche Maßnahmen zum Umgang mit der Pandemie unerlässlich. – Letztlich ist bei alledem ein zentrales Kriterium, dass sich jede und jeder prüfen muss, was *bei wirklicher Ausschöpfung* der eigenen Möglichkeiten „Hingabe im Dienst" am Nächsten nach biblisch-jesuanischen Kriterien jeweils genau bedeutet. Darin hat Liturgie einzuweisen.

Zusammengefasst ergibt sich aus den Streiflichtern: Kultursensible wie - förderliche Liturgie muss in dieser maßgeblich von der Corona-Pandemie geprägten Zeit besonders darauf ausgerichtet sein,
- Offenheit für die Begegnung mit Gott in seiner Schöpfung mit ihren vielfältigen, durchaus ambivalenten Ausdrucksformen zu induzieren bzw. zu fördern, konkret: in eine Grundhaltung hineinführen, die einen prophetischen mit einem kontemplativen Lebensstil zu verbinden weiß …,
- dass Menschen sich – trotz aller notwendigen Einschränkungen – darin einschwingen können, das eigene Selbst zugunsten des göttlichen Lobpreises

in gemeinsamem Gottesdienst und im Gebet immer wieder zurückzunehmen und Gott identitätsstiftend und -bildend handeln zu lassen ...,
- Liturgie in der solidarischen Begegnung mit allen Geschöpfen, besonders den verletzten und gequälten Mitmenschen, wirksam werden zu lassen, in kritisch-konstruktiver Sensibilität für die eigenen Möglichkeiten wie für institutionelle bzw. strukturelle Faktoren, ...
- ... damit in der Gefahr das Rettende wächst!

„Zuerst die Geste, dann kommt das Gefühl"[1]

Zur ekklesiologischen Bedeutung körperlicher Vollzüge und
physischer Gemeinschaft für das rituelle Erleben bei katholischen
Livestream-Gottesdiensten während der Covid-19-Pandemie

Rabea Alt

1. Einleitung[2]

„Besser als nix [sic]" schreibt ein:e Nutzer:in von gestreamten Online-Gottesdiensten in einem Fragebogen unter die Frage: „Welche Vorteile sehen Sie bei den Livestream-Gottesdiensten?". Vielleicht eine etwas pessimistische Sicht – oder? Mit der Covid-19-Pandemie und den damit einhergehenden Versammlungsverboten auch für religiöse Gemeinschaften entwickelten sich deutschlandweit verschiedenste Alternativen zu den (sonn-)täglichen Gottesdiensten mit physischer Kopräsenz im Kirchenraum. Von „Zoom-Gottesdiensten" über WhatsApp-Nachrichten von einem Chatroboter bis hin zu kleinen Gebets- und Feieranleitungen im Gemeindeblatt entwickelte sich eine bunte Vielfalt an gottesdienstlichen Formen. Auffällig war jedoch, dass sich überdurchschnittlich viele Gemeinden entschieden, ihre Gottesdienste live via Youtube oder anderen Online-Plattformen zu streamen.

Diese sogenannten „Livestream-Gottesdienste" schienen für viele, vielleicht auch aufgrund der bisherigen Erfahrung mit Fernsehgottesdiensten, die beste Alternative zu sein. Das Streaming der Eucharistiefeiern sollte den Gläubigen Mut und Trost zusprechen und Verbundenheit trotz der physischen Distanz ermöglichen. Sie seien „[e]twas Hoffnungsvolles", berichtete ein:e Nutzer:in der Livestream-Gottesdienste. Doch neben diesen positiven Erfahrungen wurde schon früh deutlich, dass die plötzliche Umstellung, als Reaktion auf die Pan-

[1] Zitat aus einem der Interviews, wie sie im Rahmen des Studienprojektes geführt wurden, das dem vorliegenden Beitrag zugrunde liegt. Alle weiteren nicht anderweitig gekennzeichneten Zitate entstammen ebenfalls genanntem Studienprojekt. Die Datenauswertung, einzelne Fragebögen sowie Interviews können auf Nachfrage vorgelegt werden.

[2] Bei diesem Beitrag handelt es sich um eine gekürzte und überarbeitete Fassung meiner Bachelorthesis. Besonderer Dank gebührt an dieser Stelle Prof. Dr. Stephan Winter, der diese Veröffentlichung überhaupt erst möglich gemacht hat.

demie, auch viele Punkte ungeklärt ließ: „[D]iscussions and questions arose about the validity of online liturgy"[3]. Und für viele Gläubige war eine live übertragene Eucharistiefeier zwar ein „Ersatz zum normalen Gottesdienst"[4], aber dennoch nicht mehr als eine „abgeklatschte Alternative". „Besser als nix [sic]" beschreibt somit ziemlich gut das Gefühl, welches für die meisten Gläubigen die Livestream-Erfahrung prägt.

Doch was ruft dieses Gefühl der Unzulänglichkeit bei Livestream-Gottesdiensten hervor? Warum fühlen sie sich nicht „echt" oder „vollwertig" an? Diese Fragen waren die Basis für ein im Folgenden dargestelltes Studienprojekt, welches als empirische Grundlage des vorliegenden Beitrags fungiert.

2. Das Studienprojekt

Von August bis Oktober 2020 wurde ein Studienprojekt zu digitalen Gottesdiensten in Zeiten der Covid-19-Pandemie in einem Wallfahrtsort im Süden Deutschlands durchgeführt. Vor der Pandemie wurde dort jeden Morgen ein Gottesdienst für die Gemeindemitglieder und Gäste angeboten. Als dann im März 2020 aufgrund der Pandemie Gottesdienste in Präsenz untersagt wurden, entschied sich der leitende Priester gemeinsam mit Mitgliedern einer christlichen Laiengemeinschaft vor Ort, welche das technische Know-How und die benötigte Ausstattung zur Verfügung stellten, die täglichen Gottesdienste live via Youtube und Facebook für die Gemeindemitglieder zu übertragen. Es fand sich ein Team aus Ehrenamtlichen der genannten Gemeinschaft, die meisten zwischen 16 und 20 Jahre alt, welche Kameraführung, Tontechnik, aber auch Lektor:innendienste und musikalische Gestaltung der Gottesdienste übernahmen. So konnte eine abwechslungsreiche und qualitativ hochwertige Übertragung ermöglicht werden. Zunächst wurde täglich eine Eucharistiefeier übertragen. Ab Mai 2020 konnten mit neuen Regelungen im Rahmen der Pandemie langsam wieder in der Kirche Gottesdienste mitgefeiert werden und infolgedessen wurden die Liveübertragungen schrittweise auf sonntägliche Messen reduziert. Bei Beginn des Studienprojektes im August streamte das Technik-Team vor Ort hauptsächlich noch Eucharistiefeiern an Sonn- und Festtagen. Im Rahmen des Projektes konnte die Arbeit des Technik-Teams durch teilnehmende Beobachtung dokumentiert und durch Interviews tiefere Einblicke in

---

[3] *Michael-Dominique Magielse OP*, A Distanced Eucharist in Bits and Bytes. Creating a True Encounter in Online Celebrations of the Mass during the COVID-19 Crisis, in: Yearbook for Ritual and Liturgical Studies, Vol. 36 (2020) 18–33, 19.

[4] Ebd., 19.

Arbeitsweisen, Motivation und persönliche Wahrnehmung gewonnen werden. Die empirische Datengrundlage wurde darüber hinaus durch eine fragebogengestützte Erhebung ergänzt. Diese wurde zum einen offline mit denjenigen durchgeführt, die am 6. September 2020 einen Festtagsgottesdienst in der Kirche mitfeierten, und zum anderen wurde der Fragebogen mittels eines Links an die zur Verfügung gestellten Streams angehängt und konnte so auch online bearbeitet werden. An der Befragung nahmen insgesamt 98 Nutzer:innen teil – 60 offline und 38 online. Darüber hinaus wurden sechs Interviews mit verschiedenen Personen durchgeführt, die an den Streams beteiligt waren.

Besonders auffällig war, sowohl bei den Interviews als auch bei der Fragebogenerhebung und während informeller Gespräche, dass die meisten Beteiligten das Livestream-Angebot sehr zu schätzen wussten und dem Team gegenüber häufig Lob und Dank aussprachen, alle jedoch schnellstmöglich wieder zu Präsenz-Gottesdiensten zurückkehren wollten. So gab der leitende Priester an: „Natürlich ist das Ideal eine Gemeinschaft *vor Ort* [Hervorhebung R.A.], die Gottesdienst feiert", und ein Mitglied des Teams betonte, der Livestream-Gottesdienst sei „ein bisschen so eine Alternative, ersetzt aber meiner Ansicht nach nicht das gemeinsame Loben des Herrn". Und auch die Nutzer:innen waren sich einig: Die Livestream-Gottesdienste könnten den „realen Kirchenbesuch nicht ganz ersetzen" und „[d]a der Onlinegottesdienst nicht den Regelgottesdienst ersetzt, bin ich dafür, in regulären Zeiten weniger Onlinegottesdienste anzubieten". Die audiovisuelle Livestream-Übertragung scheint demnach aus Sicht der meisten Beteiligen gegenüber der Mitfeier ‚vor Ort' doch Defizite aufzuweisen. Die physische Dimension – konkret: der Kontakt zu anderen Gläubigen, die Einnahme verschiedener Körperhaltungen, der Geruch des Weihrauchs, der Geschmack der Hostie und andere Sinneseindrücke und Bewegungen – scheint eine elementare Rolle beim Erleben des Gottesdienstes zu spielen. Auf Basis dieser ersten Ergebnisse des Studienprojektes wird sich der vorliegende Beitrag mit der Bedeutung körperlicher Vollzüge und physischer Gemeinschaft für das rituelle Erleben beschäftigen, um so auch die Wahrnehmung der Unzulänglichkeit von Livestream-Gottesdiensten besser erklären zu können.Dafür erfolgt zunächst die Einordnung der Livestream-Gottesdienste in den wissenschaftlichen Kontext der *Digital Anthropology*, um dann genauer auf Rituale und damit integrativ verbundene Verkörperungsprozesse einzugehen. In der Analyse der Daten wird zunächst auf den Einfluss *anderer* Körper auf das persönliche rituelle Erleben eingegangen und im Anschluss die Bedeutung des eigenen Körpers erläutert. Vor dem Hintergrund des vorliegenden Sammelbandes wird damit aus ethnologischer Sicht die hohe Bedeutung der Körperlichkeit ritueller Akteur:innen für liturgische Handlungszusammenhänge deutlich und damit relevant für eine Kirche, die sich gemäß eigenem Selbstverständnis wesentlich in und aus solchen Kontexten konstituiert.

3.   Ethnologische Grundlegung

3.1   Digital Religion

In der *Digital Anthropology* haben sich im Laufe der Zeit, auch aufgrund der immer rasanteren Weiterentwicklung des Internets selbst, unterschiedliche Definitionen für „digitale Religion" im Allgemeinen herausgebildet. So beschreibt zu Beginn der 2000er der Begriff „Cyberreligion" Religionen und Rituale, die ausschließlich im Internet stattfinden.[5] Heidbrink und nach ihr Helland hingegen führten eine Unterscheidung ein zwischen online existierenden Religionen mit rein digitalen Ritualen ohne analoge Pendants („Online Religion") und bereits analog etablierten Religionen, welche nur Informationen (beispielsweise in Form einer Website) im Internet anbieten („Religion Online").[6] Mit den Prozessen, in denen sich „online" und „offline" immer mehr vernetzen, erscheinen diese Definitionen jedoch unzureichend. Auch die Digitalisierung, wie sie durch die Covid-19-Pandemie in nahezu allen Lebensbereichen – so auch der Religion – vorangetrieben worden ist, fördert stark die Vermischung von Online- und Offline-Praktiken. Die oben beschriebenen Livestream-Gottesdienste waren und sind Gottesdienste, die eine vor Ort anwesende Feiergemeinde (die im Lockdown zumindest aus Techniker:innen und Musiker:innen bestanden hat) mit online teilnehmenden Gläubigen vernetzt. Aus diesem Grund wird im Folgenden die Kategorie „Digital Religion", wie sie Heidi A. Campbell geprägt hat, als Leitbegriff fungieren. Campbell definiert „Digital Religion" als „religion that is constituted in new ways through digital media and cultures"[7] und „a bridge that connects and extends online religious practices and spaces into offline religious contexts, and vice versa"[8]. Die Rede von einer *Digital Religion* betont somit, dass bestimmte Online- und Offline-Praktiken eng miteinander verbunden sind und sich gegenseitig *beeinflussen*, was für die analysierten Livestream-Gottesdienste zutrifft.

Dadurch, dass Livestream-Gottesdienste analog im Kirchenraum (meist auch mit Gemeinde) stattfinden und (nur) digital *übertragen* werden, stellen sie zudem eine Sonderform in der *Digital Religion* dar. Beispielsweise galt bislang für Online-Rituale, dass „[p]eople that did not believe that cyberspace could be

---

[5]   Vgl. *Morten T. Højsgaard*, Cyber-religion. On the cutting edge between the virtual and the real, in: M. T. Højsgaard and M. Warburg (Hg.), Religion and Cyberspace, New York 2005, 50–63, 50.

[6]   Vgl. *Christopher Helland*, Ritual, in: H. A. Campbell (Hg.), Digital Religion. Understanding Religious Practice in New Media Worlds, New York 2013, 25–40, 36.

[7]   *Heidi A. Campbell*, Introduction, in: Campbell (Hg.), Digital Religion (wie Anm. 6), 3.

[8]   Ebd., 4.

ritual space would not participate"[9]. Nun aber waren die meisten Nutzer:innen der Livestream-Gottesdienste durch die Gottesdiensteinschränkungen aufgrund der Pandemie vielfach *notwendig darauf angewiesen,* mediale Übertragungen ritueller Vollzüge zu rezipieren, wenn sie denn überhaupt an einem Gottesdienst teilhaben wollten, und zwar ganz unabhängig davon, ob sie (bislang) der Auffassung waren, dass eine solche Praxis ein vollwertiges Ritual darstellt oder nicht. Auch andere Eigenschaften, die Online-Ritualen üblicherweise zugeschrieben werden und als maßgeblich für eine entsprechende Kategorisierung eingestuft werden, kommen Livestream-Gottesdiensten nicht zu. So betont Højsgaard, dass *Digital Religion* immer versuche, „to oppose or provide alternatives to central ideas of major religious organizations and traditions"[10], und er bezeichnet sie auch als anti-hierarchisch.[11] Die Livestream-Gottesdienste, die das Studienprojekt untersucht hat, werden allerdings von einem offiziellen Vertreter der römisch-katholischen Kirche, also einem geweihten Priester, geleitet, halten sich insgesamt an Vorgaben im Messbuch und befinden sich insofern auf der Linie der katholischen Tradition. In einer ähnlichen Studie von Chow und Kurlberg geben mehrere Kleriker sogar an, dass sie sich mit dem Format der Livestream-Gottesdienste unwohl fühlten, „as it entails merely one person leading the worship, which can seem ‚*hierarchical*' [Hervorhebung R.A.]"[12]. Somit sind Livestream-Gottesdienste (im Gegensatz zu den meisten Online-Ritualen) nicht als hierarchiekritisch zu bezeichnen, sondern werden mitunter sogar aufgrund ihrer starken Hierarchieorientierung kritisiert. Auch ein hoher Grad an Interaktivität findet sich bei Livestream-Gottesdiensten nicht, ist aber nach Grieve für Online-Rituale unentbehrlich[13]. Bei den untersuchten Gottesdiensten ist hingegen eine direkte Interaktion zwischen zwei Teilnehmenden überhaupt nicht möglich, und die öffentliche Interaktion im Gruppenchat nur bedingt gewünscht.[14] Im Allgemeinen wird die Chat- und Kommentarfunktion, die sich neben den Videos findet, von vielen Teilnehmenden wie auch Veranstalter:innen als ablenkend oder unwichtig empfunden, wie meine Umfrage deutlich zeigt. Chow und Kurlberg führen zudem bzgl. ihres Datenpools an: „The sense that digitally-mediated services *limit partici-*

---

[9] *Helland,* Ritual (wie Anm. 6), 31.
[10] *Højsgaard,* Cyber-religion (wie Anm. 5), 54.
[11] Vgl. ebd., 55.
[12] *Alex Chow / Jonas Kurlberg,* Two or Three Gathered Online. Asian and European responeses to COVID-19 and the Digital Church, in: Studies in World Christianity 26 (2020) 298–318. 307.
[13] Vgl. *Gregory Price Grieve,* Religion, in: H. A. Campbell (Hg.), Digital Religion. Understanding Religious Practice In New Media Worlds, New York 2013, 104–118, 108.
[14] Eine Interaktion ist maximal mit den Veranstalter:innen und der Gruppe allgemein via Chat- oder Kommentarfunktion möglich, direkte Interaktion mit einzelnen Teilnehmenden hingegen nicht.

pation [Hervorhebung R.A.] was repeated by several interviewees "[15]. Somit sind Livestream-Gottesdienste keine Online-Rituale im klassischen Sinne, sondern eher digital übertragene Offline-Rituale. Campbell unterscheidet deshalb angesichts der Online-Rituale während der Pandemie zwischen „*[t]ransferring* [Hervorhebung R.A.] church online"[16] und „*[t]ranslating* [Hervorhebung R.A.] church online"[17]. Dabei sind Rituale, die aus Aktivitäten gemäß dem „translating"-Modus hervorgehen, innovativer, beispielsweise ein Gottesdienst im Talk-Show-Format. Aufgrund von „transferring" hingegen entstehen Aktivitäten wie

> „broadcasting or livestreaming traditional worship services on the internet, trying to replicate the look and feel of weekly gatherings as closely as possible […] offering the same liturgical readings or sermons members would have encountered before the pandemic"[18].

Die Livestream-Gottesdienste, die im Rahmen des Studienprojektes beobachtet worden sind, entsprechen der Definition des *transferring church online* und scheinen von den Veranstalter:innen auch so verstanden worden zu sein. Es ging nicht in erster Linie darum, ein digitales Ritual zu schaffen, sondern eine pandemiekonforme Form des Sonntagsgottesdienstes zu finden. So beschrieb ein Teammitglied die Livestream-Gottesdienste als „Alternative […] [für] die Leute, die normalerweise gerne zur Messe kommen würden […], und das halt nicht konnten wegen Corona", und für andere waren sie eine Notlösung, um die Menschen zu versorgen, „die in diesem Gottesdienst normalerweise sind". Ferner wurde auch die technische Übertragung angepasst, um die mediale Wahrnehmung der bei analoger Teilnahme möglichst weit anzunähern. So führt ein Mitglied des Technik-Teams aus:

> „[E]s geht darum, nicht nur schöne Bilder zu filmen, dass man sagt: Ich hab ständig irgendeine Blume, die so hübsch aussieht, sondern man muss halt […] versuchen […] über die Schnitte eben Elemente des Gottesdienstes also Puzzle zusammenzufügen, dass eben ein Betrachter, der leider nicht live in dieser Kirche oder an diesem Geschehen teilnehmen kann, das Gefühl hat: *ich bin dabei.*"

Neben visuellen Anpassungen wurde auch das Audio-Erlebnis gezielt verändert. Folglich wurden nicht nur die Gebete des Priesters, sondern auch die Gemeindeantwort mitaufgezeichnet, um den Präsenz-Gottesdienst vollständig zu

---

[15] *Chow/Kurlberg*, Gathered Online (wie Anm. 12), 306.
[16] *Heidi A. Campbell*, Religion Embracing and Resisting Cultural Change in a Time of Social Distancing, in: H. A. Campbell (Hg.), Religion in Quarantine. The Future of Religion in a Post-Pandemic World 2020, 9–14, siehe: https://doi.org/10.21423/religion inquarantine (aufgerufen am: 3.11.2022), 10.
[17] Ebd.
[18] Ebd., 10.

übertragen, wie ein Mitglied des Technik-Teams ausführt. Livestream-Gottesdienste sind somit *Digital Religion* mit Ritualen, welche als Ausdrucksformen im Rahmen von *transferred*, nicht von *translated church* einzustufen sind, und so ähneln sie strukturell beispielsweise Fernsehgottesdiensten oder auch digital übertragenen Sportevents. Die Livestream-Gottesdienste stellen somit eine Sonderform unter den Online-Ritualen dar. Die Thesen zu körperlichen Vollzügen und rituellem Erleben, wie sie im Folgenden vorgestellt und erläutert werden, können und *sollten* somit nicht auf Online-Rituale im Allgemeinen übertragen werden, da hier andere Ausgangssituationen vorliegen und auch die technischen Voraussetzungen anders genutzt werden. So können beispielsweise in Ritualen mit online Avataren bestimmte Haltungen und Gesten nachgeahmt werden, was dazu führt, dass Embodiment und Körperlichkeit anders gedacht werden müssen als bei Livestream-Gottesdiensten.[19]

3.2   Embodiment

Seit den 1970er Jahren wird dem Körper in der Sozial- und Kulturanthropologie in allen Bereichen immer mehr Bedeutung zugemessen.[20] Man begann, den Körper nicht mehr nur als biologisch definierte Konstante zu betrachten, sondern als komplexe Variable mit einer eigenen Geschichte und kulturell beeinflussten Vollzügen.[21] Man löste sich von der Körper-Geist-Dichotomie[22] und begann „bodily expressions"[23] als sozial erlernt zu betrachten. Dies findet sich bereits bei Marcel Mauss Anfang des 20. Jahrhunderts, welcher den Umgang mit dem eigenen Körper als kulturell geprägt und „Körpertechniken"[24] als erlernbar beschreibt. Allerdings wurde dies erst gegen Ende des 20. Jahrhunderts großflächig aufgegriffen. Somit lässt sich bzgl. der Ritualforschung ab den 1990er Jahren auch von einem Revival der Embodiment-Theorie sprechen. Man betrachtete Rituale nun bewusster als Vollzüge, welche „tatsächliche kör-

---

[19]   Vgl. *Simon Jenkins,* Rituals and Pixels. Experiments in Online Church, in: Heidelberg Journal of Religions on the Internet, Vol. 3/1 (2008) 95–115, 104 f.; *Nadja Miczek,* Online Rituals in Virtual Worlds. Christian Online Services between Dynamics and Stability, in: Heidelberg Journal of Religions on the Internet, Vol 3/1 (2008) 144–173, 168.

[20]   Vgl. zu entsprechenden aktuellen Forschungsprojekten in der Theologie auch ThQ 3/2022, Körperheft „Körper".

[21]   Vgl. *Thomas J. Csordas,* Embodiment and Experience. The Existential Ground of Culture and Self, Cambridge 1994,1.

[22]   Vgl. *Karin Polit,* Verkörperung, in: C. Brosius, A. Michaels, P. Schrode (Hg.), Ritual und Ritualdynamik. Schlüsselbegriffe, Theorien, Diskussionen, Göttingen 2013, 215–221, 217.

[23]   *Catherine Bell,* Ritual Theory, Ritual Practice, New York 1992, 94.

[24]   *Polit,* Verkörperung (wie Anm. 22), 215.

perliche Bedeutungen und Effekte haben können"[25]. Erforscht wurde, welche Bedeutung der Körper für das Ritual hat, und wie das Ritual auf den Körper einwirkt. Der Körper rückte somit stärker als Subjekt des Rituals in den Mittelpunkt.[26] Die „sinnhafte[n] Handlungen und Darstellungen des Körpers"[27] in Ritualen bezeichnete man als „Verkörperung" oder „Embodiment"[28].

Eine zentrale Erkenntnis aus diesen Diskursen war: Wie man sich in einem Ritual zu verhalten hat, welche Gesten und Körperhaltungen an welchen Stellen angebracht sind, wird meist nicht sprachlich kommuniziert und kaum unterrichtet.[29] So betont auch der Theologe Michael-Dominique Magielse: „Liturgy is about experience, not about explanation"[30]. Rituelle Vollzüge werden demnach größtenteils durch Imitation erlernt und so langsam Teil der eigenen Persönlichkeit[31]:

> „Ein Mensch, der mit bestimmten rituellen Praktiken aufgewachsen ist oder sie schon lange praktiziert, übt seine Handlungen ähnlich unreflektiert aus wie jemand, der beim Autofahren ‚schlafwandlerisch' von einem Gang in den anderen schaltet. Die Handlungen gehen in Fleisch und Blut über und das Knie beugt sich ‚automatisch', wenn eine katholisch sozialisierte Person – gläubig oder nicht – eine Kirche betritt."[32]

Da solche Vollzüge vom Kollektiv vermittelt und in der sozialen Gruppe erlernt werden, kann man hier von kollektivem Wissen und kollektiven Erinnerungen sprechen, welche in jedem Ritual reproduziert und weiterentwickelt werden.[33] Auch Durkheim[34] beschreibt klassisch religiöse Zeremonien als „the bearers of values rooted in actual and notional pasts"[35], und diese Werte werden, so Counsell, in jeder Wiederholung des Rituals nachgebildet, nacherzählt, erneuert und in den aktuellen Kontext eingebettet.[36] Somit sind diese verkör-

---

[25] Ebd., 216.
[26] Vgl. ebd.
[27] Ebd., 215.
[28] Ebd.
[29] Vgl. ebd., 218.
[30] *Magielse*, Distanced Eucharist (wie Anm. 3), 20.
[31] Vgl. *Polit*, Verkörperung (wie Anm. 22), 218; *Bell*, Ritual Theory (wie Anm. 23), 99; *Caroline Humphrey/James Laidlaw*, The Archetypal Actions of Ritual. A Theory of Ritual Illustrated by the Jain Rite of Worship, New York 1994, 102.
[32] *Polit*, Verkörperung (wie Anm. 22), 218.
[33] Vgl. ebd.; *Colin Counsell*, Introduction, in: C. Counsell und R. Mock (Hg.), Performance, Embodiment, and Cultural Memory, Newcastle 2009, 1–15, 1.
[34] Auch wenn Durkheim selbstverständlich nicht ohne postkoloniale Kritik gelesen werden sollte, bietet seine Theorie der kollektiven Efferveszenz einen guten Ausgangspunkt für die weitere Analyse, vor allem in Verbindung mit Randall Collins.
[35] *Counsell*, Introduction (wie Anm. 33), 4.
[36] Vgl. ebd., 6; *Humphrey/Laidlaw*, Archetypal Actions (wie Anm. 31), 102.

perten Erinnerungen, die durch Handlungen hervorgerufen werden, zugleich „Produkt *und* [Hervorhebung R.A.] Produzent von rituellen Praktiken"[37].

4.   Datenanalyse

Der Geruch von Weihrauch, die Stimmen der anderen Gottesdienstteilnehmenden, der Händedruck beim Friedensgruß – all diese Dinge gehören ebenso zum rituellen Erleben einer katholischen Eucharistiefeier wie die Versammlung selbst.[38] Mit den Einschränkungen aufgrund der Covid-19-Pandemie kamen jedoch auch Versammlungsverbote und „[a]s quarantine disrupted visible body-to-body religious gatherings, it also disrupted the ways those gatherings bind people's bodies"[39]. Dies hatte enorme Auswirkungen auf das rituelle Erleben in Gottesdiensten. Die folgenden Abschnitte werden anhand der Daten aus dem Studienprojekt darlegen, auf welche Art und Weise sich die Beziehung zwischen gottesdienstlicher Gemeinschaftsbildung und bestimmten Gesten oder körperlichen Haltungen verändert bzw. wie die Einschränkung dieser Beziehung während der Covid-19-Pandemie die Teilnehmenden beeinflusst hat.

4.1   Interaktionsrituale

Der Soziologe Randall Collins entwickelte 2004 seine Theorie der „Interaction Ritual Chains", welche er als grundlegend für alle menschlichen Ritualen (so auch Gottesdienste) betrachtet.[40] Collins versteht Rituale als dynamische Prozesse, „die mit bestimmten Bedingungen (‚ingredients') verbunden sind, sowie bestimmte Effekte (‚outcomes') bei den Teilnehmenden bewirken"[41]. Diese *ritual ingredients* beschreibt Collins wie folgt: (1) Mehrere Personen sind physisch am selben Ort versammelt; (2) es gibt klare Grenzen, welche die Trennung zwischen Außenstehenden und Teilnehmenden aufzeigen; (3) die Teil-

---

[37]   *Polit*, Verkörperung (wie Anm. 22), 218.

[38]   Vgl. auch *Chow/Kurlberg*, Gathered Online (wie Anm. 12), 305.

[39]   *Donnalee Dox,* Transformation in and from Quarantine, in: H. A. Campbell (Hg.), Religion in Quarantine. The Future of Religion in a Post-Pandemic World 2020, 5–8, siehe: https://doi.org/10.21423/religioninquarantine (aufgerufen am: 3. 11. 2022), 6.

[40]   Vgl. *Christian Walti*, Gottesdienst als Interaktionsritual. Eine videobasierte Studie zum agendenfreien Gottesdienst im Gespräch mit der Mikrosoziologie und der Liturgischen Theologie, Göttingen 2016, 45.

[41]   Ebd., 42.

nehmenden „focus their attention upon a common object or activity"[42]; und (4) „[t]hey share a common mood or emotional experience"[43]. Sind alle diese Kriterien vorhanden, bilde sich ein Gefühl von Gruppenzugehörigkeit, Stärke und Selbstbewusstsein im Individuum, welches Collins als „emotional energy"[44] bezeichnet.

Durkheim beschrieb bereits Anfang des 20. Jahrhunderts, dass sich bei religiösen Festen Mitglieder einer Gruppe gegenseitig in Zustände höchster Erregung, sogenannte *kollektive Efferveszenz*, versetzen.[45] Religion könne „keinen bestimmten Intensitätsgrad erreichen […] ohne eine psychische Überreizung"[46], welche dem Delirium bzw. der Ekstase ähnlich sei.[47] Während Durkheim jedoch davon ausging, dass es sich um ekstatische Zustände handelt, die immer nur kurz anhalten, betont Collins: „there are also emotions that are undramatic; they are long-lasting, underlying tones or moods that permeate social life"[48]. *Emotional Energy* könne somit auch bedeuten, dass „participants at a religious service become more *respectful* and *solemn* [Hervorhebung R.A.] […] than before they began."[49] Würde diese „common mood"[50] bzw. die *Emotional Energy* nicht erreicht, oder würden die oben genannte Kriterien nicht erfüllt, wirke das Ritual für die Teilnehmenden flach, leer und „merely ceremonial"[51]. Collins bezeichnet solche Settings als „failed ritual"[52]. Es entwickle sich „a flat feeling […] or worse yet, a sense of a drag, the feeling of boredom and constraint"[53].

Belege für dieses Gefühl von Leere und geringer Intensität lassen sich auch in Antworten in den Fragebögen und Interviews des Studienprojektes finden: „Die feierliche Atmosphäre fehlt bei den Livestreams", „Der Gottesdienst „verführt/verflacht" zum Schauspiel", oder ganz einfach: „Live ist intensiver". Die Teilnehmenden erleben den Livestream-Gottesdienst als weniger intensiv als den Gottesdienst in physischer Kopräsenz, und sie stufen ihn somit nur als Notlösung ein, aber nicht als wirklich gleichwertige Alternative. Betrachtet

---

42 *Randall Collins,* Interaction Ritual Chains, Princeton 2004, 48.
43 Ebd.
44 Ebd., 49.
45 Vgl. *Emile Durkheim*, Die elementaren Formen des religiösen Lebens, Frankfurt/M. 1981, 295.
46 Ebd., 310.
47 Vgl. ebd.
48 *Collins,* Interaction (wie Anm. 42), 106.
49 Ebd., 48.
50 Ebd.
51 Ebd., 51.
52 Ebd.
53 Ebd., 51.

man Collins' vier Bedingungen für Interaktionsrituale, wird schnell deutlich, dass bei einem Livestream-Gottesdienst im Extremfall *keine* der vier „ingredients" vorhanden ist, diese jedoch bei einem Präsenz-Gottesdienst *alle* erfüllt sein können:

Ein Präsenz-Gottesdienst findet normalerweise innerhalb einer Feiergemeinde, in vielen Weltgegenden üblicherweise auch in einem Kirchengebäude statt. Es handelt sich also zum einen um eine physische Versammlung von mehreren Personen, zum andern bietet die Lokalisierung eine deutliche, räumliche Trennung von Außenstehenden und Teilnehmenden. Dadurch sind die ersten zwei Bedingungen für das Vorliegen eines Interaktionsrituals erfüllt. Auch liegen die meiste Zeit der Blick und *Fokus* der Gemeinde auf dem Altarraum bzw. den so genannten primären liturgischen Orten und den dort stattfindenden Handlungen. Hier gilt: „Movements carried out in common operate to focus attention, to make participants aware of each other as doing the same thing and thus thinking the same thing"[54]. Nach Collins beeinflussen sich die Aspekte gegenseitig, somit kann man davon ausgehen, dass in einem Präsenz-Gottesdienst, in dem die ersten drei Bedingungen (physische Versammlung, Trennung zwischen innen und außen und ein gemeinsamer Fokus) erfüllt sind, auch die vierte Bedingung erfüllt ist, und somit geteilte Emotionen oder *Emotional Energy* festzustellen sind.[55]

Daraus lässt sich schließen, dass die Gläubigen, wenn sie an Gottesdienste denken, automatisch auch ein Interaktionsritual erwarten und somit vor allem *emotional* Ähnliches erleben möchten, wenn sie einen Livestream-Gottesdienst rezipieren. Sie erwarten ein Gefühl von Stärkung, Selbstvertrauen und Gruppensolidarität, wie oben beschrieben. Betrachtet man jedoch einen Livestream-Gottesdienst zu Zeiten von Covid-19, sind von den vier Bedingungen (*ingredients*) wenige bis keine erfüllt. Obwohl sich zwar eine Familie durchaus gemeinsam vor dem Bildschirm versammeln kann und somit mehrere Personen, die technisch-medial vermittelt am Gottesdienst teilnehmen, damit an ein- und demselben Ort zusammenkommen, ist dies doch eine wesentlich geringere Anzahl, als sie in vielen Fällen bei einem Gemeindegottesdienst immer noch üblich ist, und somit entfaltet sich eine geringere Wirkung. Die erste Bedingung für Interaktionsrituale, eine physische Versammlung, ist also kaum erfüllt. Eine klare Trennung zwischen innen und außen (Bedingung 2) ist bei den Livestream-Gottesdiensten ebenfalls nicht möglich. Die Grenzen zwischen Außenstehenden und Teilnehmenden, aber vor allem zwischen den verschiedenen Lebensbereichen verschwimmen immer stärker. Dies zeigen auch die Ergeb-

---

[54]　Ebd., 35.
[55]　Vgl. ebd., 48.

nisse der Befragung: „Eigenes Wohnzimmer als sakraler Raum – eine Herausforderung", heißt es in einem Antwortbogen, und in einem anderen liest man: „Zuhause ist kein Ort des täglichen Gebets". Einige Nutzer:innen beschreiben, dass sie zuhause stärker abgelenkt sind, was zum einen die nicht vorhandene Trennung von außen und innen verdeutlicht, zugleich aber auch zeigt, dass es schwieriger ist, einen gemeinsamen Fokus zu entwickeln (also Bedingung 3 zu erfüllen). Optimalerweise teilen die Personen vor den Bildschirmen ihren Fokus mit der gezeigten Feiergemeinde im Livestream[56], was aber von zuhause aus gar nicht so einfach zu sein scheint. Dadurch, dass die ersten drei Bedingungen („ingredients") eines Interaktionsrituals nur bedingt vorhanden sind und die Teilnehmenden an den verschiedenen Orten sich nicht gegenseitig wahrnehmen können, stellt sich auch die vierte Bedingung, eine geteilte *Emotional Energy* und somit ein bestätigendes, erfüllendes und stärkendes Gefühl während und nach dem Ritual, nur bedingt bis gar nicht ein. Walti erläutert zudem,

> „dass gegenseitige Wahrnehmung immer eine *relative Intensität* [sic] hat: Sie ist intensiver, wenn jemand nicht nur gesehen, sondern zusätzlich auch gehört wird; wiederum intensiver, wenn Körperkontakt zu anderen Personen möglich ist."[57]

Je stärker die gegenseitige Wahrnehmung eingeschränkt sei, desto weniger intensiv werde das Ritual empfunden.[58] Dies gilt im Besonderen für Livestream-Gottesdienste, kann aber auch auf übertragene Sportevents wie Fußballspiele angewandt werden.[59]

Intensivere Effekte bezüglich der emotionalen Anteilnahme der Nutzer:innen bei audio-visuellen Eventübertragungen würden, so Collins, „camera close-ups of the faces of members of the crowd, rather than the ceremonial formality itself"[60] schaffen. Dass Nahaufnahmen von Personen eine gewisse Nähe bei Liveübertragungen herstellen können, war auch dem Team des Wallfahrtsortes nicht neu. So wurde ganz gezielt mit Nahaufnahmen des Predigers gespielt, um bestimmte Stellen im Gottesdienst zu unterstreichen und Distanz abzubauen:

---

[56] Die Entwicklung eines gemeinsamen Fokus wird beispielsweise auch von der Kameraführung unterstützt. So erklärt ein Mitglied des Technik-Teams in einem Interview: „man muss halt ein Stück weit oder möglichst viel über die Liturgie wissen und versuchen … über die Schnitte […] eben Elemente des Gottesdienstes … also Puzzle zusammenzufügen, dass eben ein Betrachter, der leider nicht live in dieser Kirche oder an diesem Geschehen teilnehmen kann, das Gefühl hat: ich bin dabei. Also so ein bisschen: Ich folge den Blicken."; vgl. auch oben.

[57] *Walti,* Interaktionsritual (wie Anm. 40), 54.

[58] Vgl. ebd.: 54.

[59] Vgl. *Collins,* Interaction (wie Anm. 42), 57 f.

[60] Ebd., 55.

„und in dem Moment, wo der Prediger in diese persönliche Ansprache kommt, ist es natürlich genial [...], wenn man *dann* in Nahaufnahme geht. Also sprich in dem Moment,
wo ich dann sage: Du bist gerufen, das und das in deinem Leben [...] du bist gesegnet.
[...], wenn ich das in Großaufnahme zeige [...] dann steht der Prediger in meinem
Wohnzimmer."

Auch wechselte der Priester schon nach kurzer Zeit vom formellen „Sie", welches er jahrelang in seinen Predigten verwendete, zum persönlicheren „Du",
um auch hier ein „[M]ehr an einer bewusst zugewandten Präsenz[,] die die
Distanzen überwindet", zu erzeugen, so seine Aussage.

Gesichter von Gemeindemitgliedern konnte man allerdings zu Beginn des
Lockdowns nicht zeigen, da außer den Techniker:innen niemand anwesend
sein durfte. Aber auch danach wurde meist davon abgesehen, Gläubige in Nahaufnahme zu zeigen, um die Privatsphäre nicht zu verletzen, besonders in intimen Situationen wie beim privaten Gebet oder beim Kommunionempfang.
Trotzdem waren später natürlich mehr aktive Ritualteilnehmer:innen zu sehen;
ob dies jedoch die (emotionale) Intensität des Rituals für die online Teilnehmenden beeinflusste, ist auf Grundlage der vorliegenden Daten nur schwer zu
beurteilen. Da jedoch auch Sachs Norris schreibt, „[s]eeing another practitioner
take a particular posture or gesture can produce a sensory representation in the
viewer's brain"[61], ist es wahrscheinlich, dass sich die (emotionale) Intensität
eines Livestreams von einem Gottesdienst, bei dem *keine* Feiergemeinde gezeigt wird von der eines Livestreams *mit* Bildern einer solchen ebenso unterscheidet, wie ein Livestream-Gottesdienst *mit* Nahaufnahme des Predigers
und/oder der Musiker:innen sich von einem *ohne* solche Nahaufnahme unterscheidet.

Neben der visuellen Seite der Livestream-Gottesdienste spielt auch die auditive
Wahrnehmung eine große Rolle, nach Collins ist dies sogar „the stronger sense
of involvement, of being pulled into the action"[62]. Was hier jedoch ausschlag-
gebend sei, sei nicht etwa eine verbale Erklärung der Geschehnisse, sondern
eher „the sound of the crowd"[63] und das Klangerlebnis der Umgebung. Bei den
Livestream-Gottesdiensten beginnt dies mit der Aufnahme der Gemeindeantwort – etwa des gemeinsamen „Amen" nach einem Gebet – und geht bis hin zu
diversen Hall-Anpassungen der Tontechnik, sodass „man wirklich das Gefühl
hat, man sitzt in der Kirche und hört es in der Kirche". Ohne solche Anpassungen und Nahaufnahmen, welche zumindest für zwei der fünf Sinne die „micro-

[61] *Rebecca Sachs Norris*, Examining the Structure and Role of Emotion: Contributions of
Neurobiology to the Study of Embodied Religious Experience, in: Zygon, Vol 40/1
(2005) 181–199, 195.
[62] *Collins,* Interaction (wie Anm. 42), 55.
[63] Ebd.

details of the experience"[64] zu übermitteln versuchen, würden die Gottesdienste vermutlich noch stärker zu *failed rituals*. Außerdem werde das Ritual als nicht vollständig betrachtet, wenn die Gemeindeantwort fehle[65], denn „[i]hre kollektive Antwort manifestiert eine überindividuelle Kraft, die von diesem Höhepunkt ausgelöst wird. Die Antworten erscheinen auf der Oberfläche der Interaktion als ‚kollektive Efferveszenz'"[66]. Sie sind somit konstitutiv für die rituelle Vollständigkeit und müssen unbedingt hörbar sein.

Im Blick auf Interaktionsrituale im Allgemeinen kommt Collins zu dem Schluss, dass digitale Übertragung zwar „*some* [Hervorhebung R.A.] of the sense of shared attention and emotion"[67] vermitteln könne, aber „[t]he strongest effects are reserved […] for full bodily assembly"[68]. Und auch Walti erklärt: Alles spreche dafür, „dass körperliche Kopräsenz nur unzureichend durch medialisierte Kommunikation ersetzbar sei"[69]. Aufgrund der vorliegenden Datenlage sowie aus den oben genannten Gründen muss davon ausgegangen werden, dass dies für die meisten Gottesdienstteilnehmenden wie auch die Veranstalter:innen vor Ort tatsächlich der Fall ist, jedoch finden sich in den Antwortbögen auch Aussagen, die dieser Annahme widersprechen. So schreibt ein:e Nutzer:in: „Ich […] [w]ar *teilweise intensiver dabei* [Hervorhebung R.A.] als manchmal in einigen normalen Gottesdiensten", und jemand anderes unterstreicht: „Ich bin immer viel näher dabei".

Weshalb sich hier solche Diskrepanzen finden, lässt sich mit den vorliegenden Daten nur schwer erklären; es könnte aber auch mit der Art und Weise, *wie* die Personen individuell zuhause am Livestream teilnehmen, zusammenhängen. Darum folgt eine Analyse der Auswirkungen eigener Körperhaltungen und Positionierungen auf die individuelle Wahrnehmung.

4.2   Ritual Stance

Bevor man als Person an einem Ritual teilnimmt oder ein Ritual durchführt, muss man sich zunächst einmal bewusst dafür entscheiden, dies nun tun zu wollen. Man muss sich sozusagen in die richtige „Haltung" hineinversetzen. Humphrey und Laidlaw nennen dies „ritual commitment" oder „ritual stance"[70].

---

[64]   Ebd., 54.
[65]   Vgl. *Walti,* Interaktionsritual (wie Anm. 40), 462.
[66]   Ebd., 463.
[67]   *Collins,* Interaction (wie Anm. 42), 60.
[68]   Ebd.
[69]   *Walti,* Interaktionsritual (wie Anm. 40), 54.
[70]   *Humphrey/Laidlaw*, Archetypal Actions (wie Anm. 31), 88.

Dadurch, dass sich Personen in den *ritual stance* begeben, gäben sie die Autorenschaft ihrer Handlung(en) ab, und ihre Handlungsintention(en) treten hinter die Intention(en) des Rituals zurück: „[H]e or she is now committed to a particular attitude or stance"[71]. Dieses Sich-bewusst-werden, dass man nun ein Ritual durchführt oder daran teilnimmt, also das Eintreten in den *ritual stance*, wird etwa bei katholischen Gottesdiensten durch diverse Handlungen – Bekreuzigung (mit Weihwasser) beim Eintreten in den Gottesdienstraum, Kniebeuge vor dem Tabernakel, bevor man sich in die Bank setzt, etc. – wie auch das Aufsuchen eines bestimmten Gebäudes – meist einer Kirche –, initiiert durch Glockengeläut, o. Ä. unterstützt und die Teilnehmenden werden auch auf das folgende Ritual eingestimmt. Humphrey und Laidlaw bezeichnen solche Handlungen als „boundary-marking acts"[72], welche den Anfang und auch das Ende eines Rituals markieren. Nach Schüler evozieren „[m]usic, […] or the sound of voices, odors, flavors, and savors, not to mention every form of body movement, gestures, and facial expressions"[73] zusätzliche Sinneseindrücke mit *boundary-marking* Eigenschaften und helfen, die rituelle Interaktion intensiver zu gestalten. Betrachtet man nun aber die Livestream-Gottesdienste, fallen zum einen die räumliche Trennung, zum anderen aber auch viele dieser *boundary-marking acts* und Sinneseindrücke weg. Die meisten Befragten verfolgten die Livestream-Gottesdienste im Sitzen, z.B. von ihrer Couch im Wohnzimmer aus, jedenfalls von Orten, die von sich aus eigentlich nicht für religiöse Rituale dienen, geschweige denn reserviert sind. Einige beschreiben, dass der Livestream eher wie ein Film nebenherlaufe, während sie anderen Tätigkeiten nachgehen: „Manchmal war es auch bequemer, beim Gottesdienst zu frühstücken und ‚Film zu gucken' [sic]". Dies stellt eher ein Konsum-, als ein rituelles Verhalten dar. Zudem wurden bei den Livestream-Gottesdiensten für den Präsenz-Gottesdienst untypische Verhaltensweisen beschrieben. So trinkt ein:e Nutzer:in während des Gottesdienstes Kaffee, wohingegen andere kurz einmal unter die Dusche springen oder mit ihrem Kind Lego spielen. Diese Personen begeben sich nur bedingt oder nur in kurzen Momenten in einen *ritual stance*, was zur Folge hat, dass es sich nicht wie ein „normaler" Gottesdienst anfühlt, und es zu einer unbefriedigenden rituellen Erfahrung kommt. Hier kommt auch Collins' Theorie des geteilten Fokus, welcher in Interaktionsritualen mitver-

---

[71] Ebd., 97 f.
[72] Ebd., 75.
[73] *Sebastian Schüler,* Synchronised Ritual Behaviour. Religion, Cognition and the Dynamics of Embodiment, siehe: https://library.oapen.org/bitstream/handle/20.500.12657/45980/9789004225343_webready_content_text.pdf?sequence=4#page=92 (aufgerufen am 29.6.2021), 93.

antwortlich für die Entwicklung gemeinsamer *Emotional Energy* sei, wieder zum Tragen.[74]

Jedoch gibt es auch Gläubige, die sich während eines Livestream-Gottesdienstes in den *ritual stance* begeben, und denen der Fokus auf das Ritual, beispielsweise auch durch räumliche Veränderungen unterstützt, bestens gelingt. Manche bereiten „den Tisch entsprechend vor mit einer Bibel, Blume, einem Kreuz und der Osterkerze", gestalten so eine passende Atmosphäre und stimmen sich auf das Ritual ein: „Mein Schreibtisch war immer aufgeräumt, Blumen aus dem Garten und eine brennende Kerze umrahmten die Eucharistie im Livestream."

Was den *ritual stance* außerdem vom Normalzustand unterscheide, sei, so Humphrey und Laidlaw, dass in ihm alle Handlungen und somit eine „richtige" Verhaltensweise vorgeschrieben seien.[75] So gibt es in katholischen Präsenz-Gottesdiensten einen (teilweise ungeschriebenen) Verhaltenskodex[76], welcher, wie bereits beschrieben, vor allem durch Imitation erlernt und weitergegeben wird. Dadurch, dass Livestream-Gottesdienste ein (vor allem in dieser Anzahl und Regelmäßigkeit) durch die Covid-19-Pandemie ausgelöstes Novum darstellen, gibt es (noch) keine „richtige" Verhaltensweise. Jede:r Gottesdienstteilnehmer:in muss (oder kann) selbst entscheiden, wie sie:er am Ritual teilnehmen möchte, und kann so ein ganz individuelles Verhaltensmuster etablieren. Stellt dies zwar eine gewisse Freiheit für die:den Einzelne:n dar, kann es das Eintreten in einen *ritual stance* erschweren, da unklar ist, welche Handlungen im Ritual enthalten sind, und an welcher Stelle man aus dem Ritual (und dem *ritual stance*) heraustritt, beispielsweise um eine andere Aktivität im Haushalt durchzuführen. Zudem werden rituelle Verhaltenskodizes normalerweise in Gemeinschaft gebildet, reproduziert und weitergegeben, was vermuten lässt, dass sich diese bei Livestream-Gottesdiensten nur bedingt ausbilden können.

Ein weiterer Aspekt, der den *ritual stance* und somit das rituelle Erleben beeinträchtigen könnte, ist die Wahrnehmung vieler, dass Digitalität oder Virtualität zugleich auch Künstlichkeit bedeutet: „In contrast to ‚authentic' the term ‚virtual' is often used to describe a lack of reality"[77], erklärt Kerstin Radde-Antweiler in Bezug auf *Digital Religion*. Bereits hier zeige sich im Sprachgebrauch der Nutzer:innen eine starke Dichotomie zwischen „real" und „virtu-

---

[74] Vgl. *Collins,* Interaction (wie Anm. 42), 51 f.
[75] Vgl. *Humphrey/Laidlaw,* Archetypal Actions (wie Anm. 31), 89.
[76] Vgl. *Walti,* Interaktionsritual (wie Anm. 40), 459.
[77] *Kerstin Radde-Antweiler,* Authenticity, in: Campbell (Hg.), Digital Religion (wie Anm. 6), 88–103, 89.

ell".[78] Überdies behandeln auch Chow und Kurlberg in ihrer Studie zu digitalen Gottesdienstformen während der Covid-19-Pandemie die Bedenken unter Gläubigen wie Klerikern, dass digitale Kirche unecht oder gar ‚un-christlich' sei.[79] Sie hätten den „concern that the digitalisation of church ministry makes it „virtual"– that is, it is digitally simulated and therefore not real"[80]. Und auch in den Antwortbögen des Studienprojektes lassen sich diese Tendenzen erkennen. So wird der Präsenz-Gottesdienst als „reale[r] Gottesdienst" oder „Realgottesdienst" bezeichnet; die Gemeinde der Livestream-Gottesdienste sei hingegen „nur virtuelle Gemeinschaft". Wenn die Gläubigen nun aber schon, bevor sie den Livestream-Gottesdienst überhaupt ansehen, davon ausgehen, dass er kein echtes oder „nur" ein virtuelles Ritual darstellt, beeinflusst das automatisch ihren Umgang mit dem Ritual: „[P]eople engaged with the medium very differently if they felt that ‚virtual' meant unreal or illusionary, rather than a real, albeit different, place"[81]. Es kann also sein, dass sich die Gläubigen erst gar nicht auf das Ritual einlassen und keinen *ritual stance* einnehmen können (bzw. wollen), da sie schon vor Beginn des Rituals von seiner Unechtheit überzeugt sind, und den Livestream-Gottesdienst für sich unterbewusst erst gar nicht als Ritual wahrnehmen. Dies verhindert automatisch auch, dass sie das Ritual als vollwertig erleben, und bestätigt wiederum die vorangegangene Annahme, dass digitale Rituale keine „echten" Rituale seien; so bildet sich eine Art Wirkungskreislauf.

Natürlich ist dies nicht bei allen Gläubigen der Fall, und wie oben bereits erläutert, gibt es auch einige Befragte, die die Livestream-Gottesdienste intensiver oder als ebenso „gut" oder „echt" wahrnehmen wie Präsenz-Gottesdienste. Manche der Interviewpartner:innen äußerten zudem die Vermutung, dass jüngere Gläubige einen besseren Zugang zu digitaler Kirche im Allgemeinen und Livestream-Gottesdiensten im Besonderen haben könnten und diese als „echter" oder vollwertiger wahrnehmen. Dies wurde jedoch durch die vorliegenden Fragebögen, bei denen auch das Alter angegeben werden konnte, nicht bestätigt. Obwohl die jüngeren Befragten sogenannte „Digital Natives" sind, scheinen sie keinen besseren Zugang zu Online-Ritualen zu haben. Jedoch muss beachtet werden, dass relativ wenige junge/jüngere Personen an der Umfrage teilnahmen (von 98 insgesamt waren nur 12 Personen unter 30) und ein Großteil von ihnen zum Technik-Team gehörte, dessen Mitglieder den Gottesdienst ohnehin anders wahrnehmen als Nutzer:innen, die von zu Hause aus den Livestream-Gottesdienst ansehen. Die vorliegenden Daten sind somit nur bedingt repräsentativ.

---

[78]   Vgl. ebd.
[79]   Vgl. *Chow/Kurlberg*, Gathered Online (wie Anm. 31), 298.
[80]   Ebd., 299.
[81]   *Helland,* Ritual (wie Anm. 6), 32.

4.3   Embodiment und Emotion

Aber nicht nur die Rahmung des Rituals, sondern ebenso das Verhalten während des Gottesdienstes kann die Emotionen der Teilnehmenden beeinflussen und die Teilnahme aktiver gestalten. Greenberg geht davon aus, dass Gesten und Körperhaltung die Teilnehmenden „as an active participant, not just a spectator"[82] in den Gottesdienst einbinden. Auch der leitende Priester beschrieb in einem Interview, dass die Einnahme einer bestimmten Haltung sein Gebet verändert habe. Er begründet dies durch eine Analogie zur Schauspielkunst: „Also die Schauspieler sagen ja, ähm, ‚nimm eine Körperhaltung ein' und dann stellt sich das Gefühl ein' […] Zuerst die Bewegung, zuerst die Geste, dann kommt das Gefühl. Und warum sollte das beim Beten nicht anders sein?". Die aktive Bewegung des Körpers im Ritual verändere „die innere Haltung von *Konsum* zu *Partizipation*".

Ethnologisch betrachtet, finden sich hier deutliche Verbindungen zur oben bereits erläuterten Embodiment-Theorie. Karin Polit beschreibt 2013 Kinästhetik als sechsten Sinn und kommt hierbei zu dem Schluss, „dass Bewegung in Zusammenhang mit den klassischen fünf Sinnen besondere Emotionen im Menschen hervorrufen kann"[83]. Dies gelte sowohl für die Personen, die sich bewegen, wie auch für die Betrachter:innen. Und Rebecca Sachs Norris betont: „Religious emotions are often established and recalled through ritual gestures or postures"[84]. Durch (kollektive) Bewegungen in Ritualen würden zuvor erlebte und mit dem Ritual verbundene Emotionen „refelt"[85], folglich immer wieder bestätigt und kultiviert. Dieses *refeeling* von Emotionen, so Sachs Norris, sei unbedingt notwendig für Rituale „to be effective"[86].

In katholischen Präsenz-Gottesdiensten werden bestimmte Haltungen und damit auch bestimmte Emotionen durch Nachahmung eingeübt und bei *jedem* Gottesdienst wiederholt, was die Verknüpfung zwischen Bewegung und Emotion – und damit auch die Emotion selbst – jedes Mal stärkt. Dies führt dazu, dass immer, wenn Personen sich erneut in diesen bestimmten Kontext begeben, auch die damit verbundenen, spezifischen Emotionen in ihnen wach gerufen werden.[87] Gläubige, vor allem, wenn sie bereits seit langem an Präsenz-Gottesdiensten teilnehmen, begeben sich in eine bestimmte Haltung und fühlen Emotionen, wie sie sie in jedem Gottesdienst vorher auch gefühlt haben, da sie sich

---

[82] *Yudit Kornberg Greenberg,* The Body in Religion. Cross-Cultural Perspectives, London 2018, 57.
[83] *Polit,* Verkörperung (wie Anm. 42), 219.
[84] *Sachs Norris,* Emotion (wie Anm. 61), 190.
[85] *Schüler,* Ritual Behaviour ((wie Anm. 73), 91; vgl. auch *Sachs Norris,* Emotion, 186.
[86] *Sachs Norris,* Emotion (wie Anm. 61), 186.
[87] Vgl. ebd., 186, 190.

im selben Kontext und derselben Haltung befinden, ohne sie bewusst mit den entsprechenden Haltungen und dem Kontext zu verbinden.

Bei der Befragung von Nutzer:innen der Livestream-Gottesdienste wurde jedoch erkennbar, dass viele von einer bequemen Sitzgelegenheit (Couch oder Sofa) aus oder von einem Stuhl an einem Tisch aus teilnehmen und sich während des Gottesdienstes kaum bewegten. Zudem schrieben einige, dass sie still oder passiv an den Gottesdiensten teilnehmen. Auch der leitende Priester und andere Mitglieder des Teams vor Ort gaben an, dass sie davon ausgehen, dass die meisten Teilnehmenden zu Hause auf der Couch sitzen.[88]

Durch die fehlenden Gesten und die passive(re) Teilnahme bleiben Emotionen aus, wie sie sonst durch die körperlichen Vollzüge hervorgerufen werden. Da die Nutzer:innen auf der Couch saßen, und nicht wie üblich auf Kirchenbänken, von denen sie ansonsten immer wieder aufstehen, oder die sie zum hinknieen nutzen, da sie sich nicht bekreuzigten, etc. wurden auch die in ihrem Körper mit einem Gottesdienst verbundenen Erinnerungen und Emotionen nicht oder nur schwach hervorgerufen und das Ritual fühlte sich somit weniger intensiv an. Ferner wird auch mit Collins deutlich, dass den Livestream-Gottesdiensten die notwendigen „micro-details of the experience"[89] fehlen, was es unmöglich macht, dass Livestreams die gleiche „affective power"[90] entwickeln wie Präsenz-Gottesdienste. Sie *können* somit nicht die gleichen Emotionen hervorrufen wie Präsenz-Gottesdienste, obwohl es inhaltlich der gleiche Kontext ist.

Das bedeutet für Livestream-Gottesdienste, dass die Gläubigen Emotionen, welche in jahrelangem Besuch der Präsenz-Gottesdiensten mit den körperlichen Vollzügen vor Ort sich einfach natürlich und unbewusst einstellten, nun ohne Bewegung und den „richtigen" Kontext nicht mehr (so intensiv) erleben können; sie wissen aber auch nicht unbedingt, woran das liegt, und begründen dies deshalb mit Verweis auf die Digitalität (und damit „Künstlichkeit") der Livestream-Gottesdienste. Der Grund liegt jedoch, wie die Ausführungen zeigen sollten, in der durch das Format geförderten passiveren Teilnahme, welche eine (emotional) intensive Wahrnehmung des Rituals nur eingeschränkt ermöglicht. Diese passivere Teilnahme zeigt sich unter anderem schon in der semantischen Unterscheidung zwischen Livestream *schauen* und Gottesdienst *feiern*/am Gottesdienst *teilnehmen*.

---

[88] „Ich hab [s]ie imaginiert als diejenigen, die vielleicht mir antworten, aber nicht als
       diejenigen, die dazu Gesten machen [...] sie geben möglicherweise eine Antwort, aber
       sitzen eben zu Hause auf der Couch oder im Sessel oder am Schreibtisch oder schauen
       in ihren Laptop rein."
[89] *Collins,* Interaction 8 (wie Anm. 42), 54.
[90] *Sachs Norris,* Emotion (wie Anm. 61), 186.

5. Fazit

Kehren wir zur Ausgangsfrage des Studienprojektes zurück: Livestream-Gottesdienste während der Covid-19-Pandemie wurden von den Gläubigen als weniger intensiv wahrgenommen – warum? Dies hat zum einen mit dem spezifischen Charakter der Gemeinschaftsbildung zu tun. Durch das fehlende „physical attunement"[91] und die Unmöglichkeit, viele der anderen Gottesdienstteilnehmenden sinnlich wahrzunehmen, entwickelt sich weder ein gemeinsamer Fokus noch eine gemeinsame *Emotional Energy*, zumindest nicht im wünschenswerten Maß. Bestärkende und positive Gefühle, die sonst durch gemeinsame Teilnahme am Gottesdienst hervorgerufen werden, bleiben aus, der Livestream-Gottesdienst wird in gewissem Sinne und zumindest für viele technisch zugeschaltete Personen zum „failed ritual"[92]. Dieses Fehlen der physischen Gemeinschaft kann durch die audio-visuelle Übertragung zwar teilweise ausgeglichen, aber nie vollständig reproduziert werden. Auch kann man selbst keinen Einfluss darauf nehmen, ob *Emotional Energy* entsteht oder nicht.

Die Livestream-Gottesdienste fühlen sich für viele auch deshalb nicht vollwertig an, da sie sich nicht in den *ritual stance* begeben. Durch fehlende „boundary-marking acts"[93] und die Wahrnehmung, dass digitale Rituale „virtuell" und somit sowieso nicht „echt" seien, lassen sich nicht wenige Personen gar nicht erst bewusst auf das Ritual ein. Auch verhalten sich die meisten eher als konsumorientierte Zuschauer:innen denn als aktive Teilnehmende. Der Livestream-Gottesdienst wird so zu einem Film, der auf der Couch angeschaut, aber an dem nicht teilgenommen wird. Auch findet meist kein *Embodiment* des Rituals durch körperliche Vollzüge, wie Gesten oder Körperpositionen, statt. Verkörperte Erinnerungen an bisherige Rituale und die damit verbundenen Emotionen bleiben aus bzw. können nicht abgerufen werden, das Ritual wirkt „leer".

Im Gegensatz zur fehlenden Gemeinschaft kann man als Gläubige:r auf den *ritual stance* und die körperlichen Vollzüge jedoch selbst Einfluss nehmen, was auch viele, wie oben beschrieben, tun. Man kann sich eine Gebetsecke einrichten oder bestimmte *boundary-marking acts* vor jedem Ritual durchführen, um besser in den *ritual stance* eintreten zu können. Ebenso können die rituell geforderten Körperhaltungen an dafür vorgesehenen Stellen eingenommen, die geforderten Gesten mitvollzogen werden; Lieder können mitgesungen, Gebete mitgesprochen werden. Diese Option wird bereits von manchen mehr oder we-

---

91 *Collins,* Interaction (wie Anm. 42), 34.
92 Ebd., 51.
93 *Humphrey/Laidlaw*, Archetypal Actions (wie Anm. 31), 75.

niger umgesetzt, wie die Antwortbögen erkennen lassen. So gaben 29 von den 60 analog befragten Personen an, dass sie bei den Livestream-Gottesdiensten mitsingen, und 25 von 60 sprechen die Gebete laut mit, was auch eine gewisse Intensität schaffe: „Ich habe diese Gottesdienste sehr intensiv miterlebt durch mitsingen und beten". Jedoch gaben nur vereinzelt Nutzer:innen an, auch die Gesten mitzuvollziehen.

Es scheint also, dass die Gläubigen den Gottesdienst umso intensiver und positiver wahrnehmen, je mehr sie die oben genannten *boundary-marking acts* und körperlichen Vollzügen umsetzen. Vor allem der Körper hat sehr großen Einfluss darauf, welche Emotionen in welcher Intensität erlebt und wiedererlebt werden können. Man sollte die Auswirkungen passiver(er) Teilnahme auf das rituelle und spirituelle Erleben nicht unterschätzen.

Nicht nur die Gläubigen selbst haben Einfluss auf ihr rituelles Erleben, sondern auch die Veranstalter:innen. Um den Gläubigen den Eintritt in das Ritual bzw. den *ritual stance* zu erleichtern, könnten diese vor Beginn des eigentlichen Gottesdienstes die Gläubigen dazu auffordern, sich bewusst auf das Ritual einzustimmen, beispielsweise durch das Entzünden einer Kerze, das Aufsuchen eines bestimmten Ortes oder gedankliche Impulse zur Einstimmung. So könnte man langsam *boundary-marking acts* etablieren, die immer gleichbleibend sind, so auch mit jeder Wiederholung verkörpert werden. Auch sollte man eine aktivere Einbindung der Gläubigen durch den Chat oder andere online Tools fördern und/oder die Interaktion zwischen den Gläubigen ermöglichen. Vor allem online-basierte Freikirchen nutzen den Chat schon länger, um ihre online Nutzer:innen miteinzubinden. Hier können Predigtworte wiederholt, Fragen gestellt oder Umfragen gemacht werden, was eine engere Verbindung zwischen den Nutzer:innen, aber auch zu den Veranstalter:innen herstellen kann. Zudem könnten die Veranstalter:innen die Gläubigen ermutigen, die Gesten und Körperhaltungen mitzuvollziehen, auch wenn es sich vielleicht (zu Beginn) etwas seltsam anfühlt. Solche kleinen Veränderungen könnten das kirchenbildende Potential von Livestream-Gottesdienste aus ritualtheoretischer Perspektive steigern.

Gottes Quote
Zur Akzeptanz von Mediengottesdiensten

Ulrich Fischer

New York, Spätsommer 1981. In einem Fernsehstudio in Manhattan darf ich mit dem Erzbischof der Weltmetropole Weihnachten feiern. Die Aufzeichnung des Festgottesdienstes wird dann Weihnachten in einem der amerikanischen TV-Networks ausgestrahlt. Nichts Ungewöhnliches für mich. Während meines Praktikums bei Instructional Television (ITV) in dem Jahr stehe ich hinter der Kamera, wenn wir nachmittags drei Eucharistiefeiern hintereinander „live on tape" aufzeichnen. Gut zehn Gläubige kamen mit Koffern ins Studio. Nach der ersten Aufzeichnung ziehen sich alle um, tauschen die Plätze, und die zweite Eucharistiefeier beginnt. Entsprechend startet kurz darauf die dritte Runde.

Bayerischer Wald, 1986. Während eines ZDF-Fernsehgottesdienstes legt der Pfarrer Hostien in die auf dem Altar bereitliegenden Bursen. Er spendet die Kommunion an die anwesenden Gläubigen in der Kirche. Dann ziehen Kommunionhelfer:innen mit den Bursen los und bringen die Kommunion älteren und kranken Menschen, die selbst nicht mehr zur Kirche gehen können. 30 Jahre später gibt es den „Service" nicht mehr. Den Gemeinden fehlen Helfer:innen.

Rom, Dezember 2015. Papst Franziskus verlegt die Christmette kurzfristig um eine halbe Stunde nach hinten. TV-Programmplaner auf der ganzen Welt müssen neu disponieren. Beschwerden beim Pressesprecher des Papstes, Pater Federico Lombardi, beantwortet der lakonisch mit: „… dann sendet halt zeitversetzt."

Frankfurt am Main, 2018. Eine, der Stimme nach zu urteilen, ältere Dame ruft im Büro der Katholischen Fernseharbeit an und wünscht eine neue „Kassette". Es stellt sich heraus, dass sie seit vielen Jahren täglich den Gottesdienst mitfeiert, der auf einer VHS-Kassette aufgezeichnet wurde. Der Versuch mit ihr über das Thema ins Gespräch zu kommen, erweist sich als Sackgasse. Sie will und bekommt eine neue VHS.

1.   Aktuelle Themen der Medienliturgie

Diese Schlaglichter fokussieren zwei zentrale Themen der Medienliturgie, die in Deutschland aktuell eher selten bedacht werden: Zeitversetzte Gottesdienstübertragungen und deren Rezipienten.

Gottesdienste, zeitversetzt gesendet ermöglichen keine „intentionale Mitfeier im theologischen Sinn", so die „Leitlinien der Deutschen Bischofskonferenz zur Übertragung von Gottesdiensten im Hörfunk und Fernsehen" (Arbeitshilfe der Deutschen Bischofskonferenz, 2007). Deshalb sollen Eucharistiefeiern nur live „produziert" werden. So geschieht es noch heute bei ARD und ZDF im linearen Fernsehen und Radio.

Zeitversetzte Gottesdienste – vielleicht nur um ein paar Stunden – die auf Medienportalen im Internet gespeichert werden, werden, so die Logik, dort nur zum Zweck der Dokumentation archiviert. Ob eine wirkliche Partizipation am Gottesdienstgeschehen überhaupt möglich ist – egal ob im Fernsehen oder gestreamt im Internet – scheint immer noch ungeklärt. Stichwort für Liturgiewissenschaftler: „Realpräsenz". Die Gläubigen „an den Bildschirmen" wohnen dem Gottesdienst quasi nur bei, sind „Zuschauer:innen" einer fernen, feiernden Gemeinde. Selbst große Theologen wie Karl Rahner oder Roman Guardini wollten eine echte Mitfeier der Fernsehzuschauer nicht akzeptieren, da das Herzstück der Messe, die Eucharistie gar nicht empfangen werden kann. Es sei denn, wir gehen zurück ins Jahr 1986 (s.o.).

Unabhängig von der Partizipation sind Gottesdienstübertragungen nie wirklich live zu empfangen; es dauert immer ein paar Sekunden, bis das Signal vom Sender beim Empfänger ankommt. Aber es gilt: Live ist live. Und die Sehgewohnheiten ändern sich: mit den modernen Smart-TV-Geräten kann die Liveübertragung jederzeit gestoppt und später fortgesetzt werden. Natürlich kann über die Mediatheken und Internetportale jeder ausgestrahlte Gottesdienst zu jeder Zeit („Sendung verpasst?") abgerufen werden. Die VHS-Kassette dürfte damit endgültig passé sein. Aber noch immer werden im Büro der Katholischen Hörfunk- und Fernseharbeit (Bonn) bis heute, von älteren Menschen, immer noch klassische Datenträger (DVDs) bestellt und vor allem Manuskripte, obwohl letztere im Internet (www.kirche.tv) publiziert sind.

Wie auch immer: Niemand weiß, wer wann und wie welchen Gottesdienst feiert, egal ob das „von der Kirche erlaubt" ist oder nicht. Natürlich werden einige Gläubige Gottesdienste (bezogen) auf die Zeit mehr oder wenigen zeitversetzt „mitfeiern" oder genauer gesagt „nachfeiern". Die absolute Mehrheit ist live dabei, aber mittelfristig wird sich das vermutlich schon durch die wachsende Gruppe Ü60 der MediathekenutzerInnen ändern.

2. Gegenüber Kirchenbesucher:innen vor Ort sind „Medienkirchgänger" in der absoluten Mehrheit.

Was sich in den letzten Jahren (digitale Entwicklung) verändert hat, ist das Verhältnis von Gottesdienstbesuchern und Mitfeiernden von Mediengottesdiensten. Laut Statistik der Deutschen Bischofskonferenz gingen im Jahr 2020/2021 „coronabedingt" 923.000 Katholiken regelmäßig sonntags in die Kirchen vor Ort. Hinzuzuzählen sind diejenigen, die über Fernsehen, Radio und Internet an einem Gottesdienst „teilnehmen". Was kaum jemand realisiert: Die „Medienkirchgänger" sind in der absoluten Mehrheit.

Allein im ZDF schalten jeden Sonntag zwischen 700.000 und über 1 Million Menschen die regelmäßig um 9:30 Uhr ausgestrahlte Gottesdienstübertragung ein. Gleichzeitig übernimmt Deutsche Welle-TV (Quoten dafür sind nicht ausgewiesen) und 8-mal im Jahr auch der ORF (jeweils ca. 250.000 ZuschauerInnen) die Übertragung. Die „Mitfeiernden" sind Katholik:innen und ProtestantInnen, mehrheitlich weit über 60 Jahre alt und überwiegend Frauen. Die Sinus-Milieus weisen vor allem „Konservative, „Bürgerliche" und „Traditionelle" aus. Es sind aber auch immer einige „Performer" und „Hedonisten" dabei.

Während die Einschaltquoten der Fernsehsendungen repräsentativ gemessen werden, sind die Quoten bei den Radiosendern nicht so zuverlässig. Zweimal im Jahr wird bei der so genannten Medienanalyse (ma audio) gefragt, wer wann welche Radio Programme hört. Deutschlandfunk, WDR und NDR geben zusammen Quoten im oberen sechsstelligen Bereich an, dazu kommen Übertragungen von anderen ARD-Sendeanstalten, die nicht regelmäßig Gottesdienste ausstrahlen oder die Quote nicht veröffentlichen. Die Zahlen lassen sich also nur schätzen. Möglicherweise drücken 750.000 Zuhörer:innen die Play-Taste.

Quoten der Zuseher:innen der privaten Kirchenradios (domradio.de, Radio Horeb, Münchener Kirchenradio) werden nicht erfasst. Die Sender selbst geben in der Regel Reichweiten im sechsstelligen Bereich an. Ähnliche Zahlen veröffentlichen auch die „Kirchenkanäle" BibelTV, EWTN und K-TV.

Geschätzt nähern wir uns für Radio- und TV-Gottesdienstübertragungen der Zwei-Millionen–Marke in der Summe.

3.   Die Quote Gottes

Es fehlen aber noch Einschaltquoten der Streaming-Gottesdienste aus den Do-
men und Pfarrkirchen, die zum Beispiel über YouTube oder auch einzelne
Websites ausgestrahlt werden. Auch diese lassen sich in der Summe nur schätzen: YouTube weist bei den Live-Streamings Zahlen im niedrigen dreistelligen
(Gemeinden) bis fünfstelligen (Kathedralen) Bereich aus.

Zum Schluss sind noch die Abrufzahlen in den Mediatheken und Internet-
portalen zu berücksichtigen. In der ZDF-Mediathek werden Gottesdienste im
vierstelligen Bereich abgerufen. Auf den Internetplattformen sind Quoten
kaum zu ermitteln, aber es dürften auch hier – geschätzt – mehrere Tausend
sein.

Zusammengerechnet könnten jeden Sonntag – vorsichtig geschätzt – nahezu 2 Millionen Menschen einen Mediengottesdienst live oder kurzfristig zeitversetzt mitfeiern, oder einfach mit der Intention anschauen, einen spirituellen
Impuls zu bekommen. Die „User" sind auf jeden Fall gegenüber den Kirchen-
besucher:innen vor Ort ganz klar in der Mehrheit. Vielleicht sind es sogar
schon doppelt so viele. Das ist die aktuelle Quote Gottes in Deutschland.

4.   Die Rezipienten von Mediengottesdiensten

Während die Gottesdienstteilnehmer:innen des ZDF und der Radiosender älter
sind, ist zu vermuten, dass die User der Mediatheken und Internetportale sich
zu den etwas jüngeren Generationen zählen lassen. Alle zusammen sind klar
selbstbewusster im Umgang mit der Sonntagspflicht. Der Einschaltquotenver-
lauf im ZDF weist zum Beispiel aus, dass Fernsehzuschauer:innen auch um-
schalten, wenn Ihnen etwa die Predigt nicht gefällt. Andere steigen nach der
Predigt aus, weil sie was dann kommt (Eucharistie) „schon so oft gehört haben". Entsprechende Kommentare sind an der Hotline nach den ZDF-Gottes-
dienstübertragungen zu hören. Dort bekennen auch manche Anrufer:innen
„nicht mehr in die Kirche zu gehen", weil es „bequemer" ist oder „die TV-
Gottesdienste einfach schöner" sind. Und eben zeitlich flexibler. Die heutige
Generation Ü60 ist weitgehend firm im Abruf des gewünschten Contents in der
Mediathek. Theologen:innen mögen beklagen, dass der gemeinsame reale
Vollzug unseres Glaubens in der Eucharistiefeier so nicht mehr den dogmati-
schen Maßstäben entspricht, aber die User nehmen darauf keine Rücksicht.

Was die Leute an Gottesdienstübertragungen schätzen und was nicht, lässt
sich in einer inzwischen schon 10 Jahre alten Akzeptanzanalyse der ZDF-

Gottesdienstzuschauer:innen nachlesen. Interessanterweise haben Rückmeldungen in der Corona-Hochzeit 2021 die Ergebnisse bestätigt. Die Christ:innen mögen es, wenn sie in den Mediengottesdiensten als Teilnehmende direkt angesprochen werden. Sie erwarten Zelebranten und Prediger, die sie durch persönliches Zeugnis beeindrucken und ihnen Trost und Hoffnung geben. Nicht vom Blatt ablesen, keine theologischen Phrasen, sondern frei und authentisch mit Blick in die Kamera gesprochen. Dazu schöne Kirchenmusik, die mitreißt und zum Mitsingen animiert. Keine Arien, keine konzertanten Musikaufführungen, schon gar nicht an gewöhnlichen Sonntagen. Keine pompösen Einzüge und Konzelebrationen in Brokatgewändern. Beteiligung der Gemeindemitglieder, der „Laien", ebenfalls durch authentische Zeugnisse und Gebete, die Realitätsbezug haben. Während der Coronazeit wurde besonders die Wiedererkennbarkeit von Zelebranten und Übertragungsorten geschätzt.

5.   Eigene Kirche für Mediengottesdienstuser?

Das erinnert schon fast an die amerikanischen TV-Kirchen, bei denen die Mediennutzer primär angesprochen wurden und werden. Die Streaming-Gottesdienste haben das Bewusstsein für die Präsenz der Mediengottesdienstteilnehmenden mit einem kräftigen digitalen Schub gefördert. Digitale Gottesdienste werden nicht selten von mehr Menschen „besucht" als von denen, die vor Ort der Übertragung dabei sind. Oder noch extremer: Der Limburger Bischof zelebrierte während der Pandemie bewusst aus seiner Bischofskapelle komplett ohne Gemeinde, nur mit liturgischen Diensten.

Die Frage ist, ob es eine Zielgruppe, die nicht mehr „zur Kirche geht", nicht verdient, stärker als Wirklichkeit ernst genommen zu werden. In manchen Pfarreien sitzen sonntags keine 100 Besucher mehr, aber es wird eine komplette, konventionelle Gemeindeinfrastruktur bedient. Die Gott-affine Community dagegen mit hunderten oder sogar tausenden oder hunderttausenden Menschen wird „höchstens unter Beibehaltung der übrigen Aufgaben" nebenbei wahrgenommen.

Vielleicht ist es Zeit für eine digitale Pfarrei: eine Seelsorgerin die abwechselnd mit einem Priester täglich einen (Wort-)Gottesdienst anbietet und auch, zumindest werktags, online täglich eine Stunde zum Chat bereit ist. Ein Team, das für die Online-Community da ist, vielleicht mit Sitz in einem Medienzentrum, wo die Technik, Studio und Backoffice für Social Media vorhanden sind. Oder mit Sitz in einem ungenutzten Pfarrhaus, wo das Team besuchbar ist. Entscheidend sind profilierte social media Persönlichkeiten, nahbar und populär. Zum Beispiel Pfarrer „Nils und Lena". Kontinuierlich präsent, profiliert und authentische Sympahtieträger:innen mit denen man/frau auch gern mal nach Israel fährt. Und vielleicht können wir an ihrem Leben teilhaben. Ganz authentisch erzählen sie jeden Tag von sich selbst im Alltag. Vom Kochen, Freunde/Freundinnen treffen, Gaming, Freizeitsport, etc. Es muss nicht nur geistliches Leben und Moral sein, die im Vordergrund stehen.

6.　　Interessiert Gott die Quote?

Gottes Quote, so kann man das sehen, errechnet sich aus der Anzahl der Medienuser. Die Zahl ist sehr hoch, eine Wirklichkeit, auf die „Kirche" entsprechend reagieren sollte, um im digitalen Zeitalter den Anschuss im sozialen Leben und im virtuellen nicht zu verpassen. Und am Ende des Tages zählen vielleicht nicht die bloßen Einschaltzahlen oder Follower, sondern diejenigen, deren Herzen berührt sind oder theologisch – deren Herzen brennen. Gottes wahre Quote ist Akzeptanz.

Formen impliziter Theologie in der Liturgie

Beobachtungen zur Praxis der Weiheliturgie und ihrer impliziten Ekklesiologie

Richard Hartmann

1. Kritische Sicht auf bisher Selbstverständliches

Beobachtungen sind geprägt vom Vorverständnis, das den Beobachtenden prägt, und von Impulsen, die sich aus der jeweiligen Zeitdiskussion aufdrängen. Erst kürzlich, im Rahmen einer Vesper im Hochchor des Fuldaer Doms, fiel mir „Machtmissbrauch im heiligen Gewand" auf. Mir gegenüber, in der südöstlichen Nische, stand Ambrosius mit bischöflichen Gewändern, aber nicht nur gewaltig, sondern gewaltsam. Wie selbstverständlich unter seinem Fuß der Kopf eines Irrlehrers, der zertreten werden sollte. Ein solches Bild kann ich nach den Veröffentlichungen zu Machtmissbrauch nicht mehr ruhigen Gewissens und mit innerer Verehrung ertragen.

Wenige Jahre vorher war ich – nach längerer Pause – wieder bei einer Beauftragungsfeier zu Lektorat und Akolythat der Weihekandidaten. In einer moderneren Kirche zogen die Männer, Bewerber, Mitbrüder in Ausbildung und Amt ein, stellten sich um die vorgezogene Altarinsel und schotteten so optisch mit ihren Rücken den Blick des gläubigen Volkes ab. Es gab noch mehrere Teile dieser Liturgie, die eher ausgrenzend wahrgenommen wurden denn „Communio-bildend".

2. Inszenierung der Amtstheologie in den prägenden Gottesdiensten

Die Weiheliturgie ist die zentrale Ausdrucksform, in der liturgische Ekklesiologie und Amtstheologie dargestellt werden. Ekklesiologie und das Verständnis des kirchlichen Amtes haben sich bereits im Vaticanum II, dann aber noch intensiver in der kirchlichen Entwicklung der darauffolgenden Jahrzehnte wesentlich weiterentwickelt. Die liturgische Ordnung, wie sie durch Welt- und Ortskirche definiert wird, hat diese Änderungen nicht mitvollzogen. Selbst

wenn in Stil, Ästhetik und in Akzenten der Verkündigung Modifikationen erkennbar sind, kann keine grundlegende Anpassung nach der konziliar veränderten Liturgie festgestellt werden. Es wäre reizvoll, hier einmal eine empirische Untersuchung zu starten, die genau die Modi in den Diözesen vergleicht,
z.B. über die Sitzordnung, die Rollenträger, die Kleidung, die Musik…

Vor allem aufgrund meiner Begleitung vieler Veränderungen bezüglich der
territorialen Strukturen der deutschen Diözesen und der damit sich verändernden Berufsrollen entstand bei mir der Verdacht, dass die Predigten zum Amtsverständnis, wie sie prominent in der Weiheliturgie und oftmals auch in der
Missa Chrismatis mit der Erneuerung des Weiheversprechens gehalten werden,
nicht den Leittexten der pastoralen Prozesse entsprechen. Das war für mich
Anlass, eine inhaltsanalytische Untersuchung der Predigten zur Priesterweihe
im Jahr 2020 durchzuführen.[1] Zusätzlich zu den Ergebnissen dieser Analyse
ergänze ich Beobachtungen zur liturgischen Gestaltung der Weiheliturgie, weitergeführt durch Anmerkungen jüngerer Zeit zur evident werdenden Machtförmigkeit dieser Liturgien.

3.   Predigtthemen und blinde Flecken der Verkündigung

1. Die Feier der Priesterweihe zeigt in der Wortverkündigung und in der liturgischen Inszenierung Tendenzen, die der Ekklesiologie, besonders der Theologie des Volkes Gottes und der aktuellen Amtstheologie entgegenlaufen.

Die Inszenierung lebt vorrangig aus der Hervorhebung der liturgisch Tätigen im Unterschied zum Volk Gottes. In feierlichem Einzug betreten die Akteure in besonderen Gewändern die Bühne des Altarraums. Die übrigen Mitfeiernden werden zu Zuschauer:innen der Szenerie, selbst wenn einige Formen
der Mitwirkung v. a. im Gesang und Gebetsantworten von ihnen erwartet werden. Die Verkündigung, die ihren besonderen Höhepunkt in der Predigt des Bischofs findet und an anderen Stellen eher durch Mustertexte vorgeprägt ist, betont weitgehend die Besonderheit, ja, die Heiligkeit des zu Weihenden, geht
kaum auf seine ekklesiologische Einbindung ein.

---

[1]   *Richard Hartmann*, Predigt zur Priesterweihe. Impuls für die Gegenwart. Analyse der
      Weihe-Predigten 2020. urn:nbn:de:0295-opus4-21275.

2. Einblicke in die Predigten zur Priesterweihe in Deutschland 2020 können dies zeigen.[2]

– Herausgehoben wird die *persönliche Berufung* der Ordinandi und ihre *Christusbeziehung*. Diese Berufung kommt in besonderer Weise in der Feier der Eucharistie und dem priesterlichen Dienst darin zum Ausdruck.[3] Die Weihekandidaten werden vor allem in ihrer *„Frömmigkeit"* angesprochen: Christusbeziehung und eucharistische Frömmigkeit sind offenbar die zentralen Bedingungen für ihr Wirken. Andere Kompetenzen werden, wenn überhaupt, nur im Nachgang erwähnt. Weder die theologische Bildung noch die persönliche Reifung und auch nicht die Liebe und Zuwendung zu den Menschen, besonders den Armen und Bedrückten (GS 1), haben einen vergleichbaren Rang.

– Eine Beschreibung priesterlicher Funktionen findet man zwar in zwei Dritteln der Weihepredigten, sie bleibt aber inhaltlich sehr vage. Die Autorität des „in persona Christi capitis"[4] Handelnden wird in die Spannung zum Menschsein als Bruder unter Brüdern gestellt. Der Dienst der Kirche in Treue zum Bischof kulminiert in der Proexistenz als Opferpriester. Das Dasein für die Menschen wird vor allem in der Verwaltung und Ausspendung der Geheimnisse Christi gesehen. Zurückgewiesen werden Aktionismus und Leistungsorientierung. Aber auch Klerikalismus wird negativ markiert: Worin, funktional, sich Engagement und Können zeigen könnten, wird nicht ausgesprochen.

– Das Priestertum aller Gläubigen scheint zwar im Hintergrund einiger Predigten auf. In knapp der Hälfte wird betont, dass der Priester hineingestellt ist in das Volk Gottes oder Teil des Volkes Gottes bleibt. Genauer wird dies nicht ausgeführt.

– Diakonische Akzente werden eher oberflächlich genannt. Nur zwei Predigten betonen dies – einmal direkt in Anknüpfung an Johann Baptist Metz und den Compassio-Begriff. Ein Rückgriff auf die vorhergegangene Diakonenzeit mit einer ausdrücklich diakonischen Sendung gibt es nicht.

– Die Herausforderungen der Pandemie werden – nicht zuletzt aufgrund der reduzierten Feiergestalt der Weihegottesdienste – in zehn Predigten erwähnt. Die Weihegottesdienste waren zum Teil neu terminiert worden, deutlich weniger Mitfeiernde waren zugelassen, auch bei den folgenden Primizen.

---

[2]   Die Einzelbelege finden sich in der angegebenen Veröffentlichung.
[3]   S. *Hermann Stenger / Karl Berkel*, Eignung für die Berufe der Kirch. Klärung – Beratung – Begleitung, Freiburg/Br. [u. a.] 1988.
[4]   Ein Begriff, der übrigens erst durch Pius XII. in die Lehrtradition eingebracht wurde. S. dazu u. a.: *João Dantas / Paulo de Mendonça*, In persona Christi capitis il ministro ordinato come rappresentante di Cristo capo della Chiesa nella discussione teologica da Pio XII fino ad oggi, Sienai 2010.

Auch die Bewältigung der allgemeinen gesellschaftlichen Verunsicherung durch die Pandemie und ihre Opfer war angesprochen. Sogar die These der Veränderung der Kirche durch diese Pandemie – im Modus der Konzentration auf Wesentliches wie im Modus weiterer kirchlicher Abschmelzungsprozesse wird aufgestellt. Darüber hinaus kommen andere gesellschaftliche Themen kaum vor.

3. Was hier schon angerissen ist, wird noch deutlicher, wenn man assoziiert, was denn in den Predigten alles ausfällt, welche blinden Flecken unberührt bleiben. Weder die Weihekandidaten noch das Volk Gottes erfahren dazu entsprechende Klärungen:

– Die pastorale Wirklichkeit und das Miteinander mit den vielen Diensten, hauptberuflich und ehrenamtlich, tragen zu radikalen Veränderungen des priesterlichen Profils bei. Die Rollenausprägung in Großpfarreien und die Notwendigkeit des Miteinander mit vielen anderen Menschen, ohne vorrangige hierarchische Unter- und Überordnung ist verändert.

– Die gesellschaftliche und soziale Anerkennung der Priester und der ganzen Kirche ist aufgrund vieler Skandale zerbrochen. Sexueller und geistlicher Missbrauch mit seinen ekklesiogenen Ursachen, mediales Versagen der Verantwortlichen in der Kirche vor dem Hintergrund der aufgedeckten Verhältnisse wird nicht angesprochen. Mögen einige sagen, dass dies bei einem solchen festlichen Anlass ja auch nicht nötig sei, bleibt zugleich die Gewissheit, dass dieser „böse Geist" gegenwärtig bleibt.

– Die Lebensgestaltung im Zölibat als eheloser Mensch ist kaum mehr öffentlich akzeptiert, zum Teil wegen der Missbrauchsfälle sogar als ursächlich verdächtigt.

– Die Veränderung der Praxis und des Verständnisses des Priesteramtes zeigt sich in verschiedensten Spannungen: Sowohl im Selbstverständnis wie in der Erwartung der Menschen in besonderer Form der übrig gebliebenen Kerngemeinde werden diese Spannungen evident:
Der Priester soll als Großpfarrer Organisator und Manager der Pfarrei sein oder werden – er soll und will vor allem Seelsorger und Spiritual bleiben.
Der Priester versteht sich vor allem von der Pfarreraufgabe und damit vom Leitungsdienst her – die Rolle des mitarbeitenden Priesters, der nicht Pfarrer ist, muss neu beschrieben werden.
Das Pfarrhaus als Wohngemeinschaft mehrerer Priester und anderer Mitwirkender verschwindet – viele Priester leben in ihren Wohnungen allein.

– Wenn der Priester als Pfarrer heute die Leitungsrolle annimmt, verändert sie sich dennoch wesentlich. Sie wird kaum mehr als monarchische Aufgabe erfüllt werden können. Kommunikations- und Teamfähigkeit werden zu zentralen Kompetenzen. Die Fähigkeiten und Stärken der anderen Team-

Mitglieder – hauptberuflich wie ehrenamtlich – sind zu fördern und anzuerkennen. Synodalität wird als Haltung zentral.

– Wie lebt in dieser veränderten Form der Priester? Wie ist seine Einbindung in geistliche Gemeinschaften möglich, wie gestalten sich die Beziehung untereinander, im Presbyterium und zum Bischof? Wie lebt er in familiären und außerkirchlichen Beziehungsnetzen, um in seiner Selbstwirksamkeit und seiner Lebenszufriedenheit aufgehoben zu sein und nicht allein vom beruflichen Tun abhängig zu bleiben? Wie erfährt er Intimität?

– Lange Zeit war das kirchlich-theologische Weltbild und das Verständnis der Kirche geprägt von der Vorstellung einer Eindeutigkeit und Klarheit. Unsere Gesellschaft und auch die Theologie leben heute von der Anerkennung einer großen Freiheit und Pluralität. Diese Veränderung wird zur Aufgabe für jeden Einzelnen. Besonders die Vorstellung des Lebens in der Kirche als Schutzraum vor der Diversität ist zerbrochen. Pluralitätstoleranz wird zur Bedingung gelingenden Lebens. Diese Toleranz schließt die Wahrnehmung der immer größer werdenden Entkirchlichung ein und damit die Herausforderung eines förderlichen Umgangs mit den „anderen". Innerkirchlich werden die Akzente des Synodalen Weges zu einer zentralen Lernaufgabe der Pluralität und Ambiguitätstoleranz.

– Die Herausforderung lebenslangen Lernens und damit verbunden der Kraft zu eigener Veränderung und Umkehr muss zu einer Haltung führen, die jede eigene Absolutheitsvorstellung überwindet.

4. Letztlich symbolisieren Predigt und Liturgie die Sakralisierung des Priesters. Johannes Ludwig schreibt dazu: „Die Sakralisierung der Macht vollzieht sich durch die sakramental-performative Überformung von Machtbeziehungen. Machtbeziehungen, etwa zwischen Klerikern und Laiinnen werden dadurch sakralisiert, dass die zugrundeliegende Machtasymmetrie sakramental aufgeladen und damit immunisiert wird [...]. Angesichts der Sakralisierung der Macht muss jegliche Kritik an der Macht nicht nur auf die Machtträger, sondern letztlich auf den heiligen Ursprung der Macht – Christus selbst – zurückprojiziert werden. Machtkritik erscheint in einer solchen Lesart nicht nur als Systemkritik, sondern als Angriff auf die Grundfesten des Glaubens."[5] Im Grundtext „Priesterliche Existenz heute" zur Zweiten Lesung der 4. Synodalversammlung heißt es „Es scheint weltkirchlicher Konsens, dass der Klerikalismus dem Grundverständnis des priesterlichen Amts zuwiderläuft und Veränderungen

---

[5] *Johannes Ludwig,* System Kirche. Machtausübung zwischen Idee, Interesse und Institution, Basel/Würzburg 2022, 134.

notwendig sind. Das ‚innerblinde(s) Regime monopolisierter männlich-zöliba-
tärer Sakralmacht', wie Gregor Hoff es konstatiert, ist zu überwinden."[6]

Ebertz und Stürner-Höld spitzen zu und bezeichnen mit Bourdieu die rituelle Dramatisierung der Priesterweihe als Ritus der „„Trennung […] von denen,
die ihn unter gar keinen Fall durchlaufen werden', d. h. die symbolische ‚Insti-
tuierung oder Setzung einer dauerhaften Unterscheidung zwischen denen, die
von diesem Ritus betroffen sind, und denen, die nicht von ihm betroffen sind.'
Mit dieser auch vom Kirchenrecht (CIC) als gottgewollt und unabänderlich de-
finierten Überschreitung der ‚heiligen Grenze' verändert sich aber ‚zugleich
die Vorstellung, die die betreffende Person von sich selber hat', und ‚das Verhalten, dem sie sich nun, um dieser Vorstellung zu genügen, verpflichtet
fühlt.'"[7] In genau dieser Logik zeigen sich Predigten und liturgische Ausdrucksformen.

4.   Liturgische Inszenierung

Die liturgische Inszenierung – sicher in den Kulturen einzelner Diözesen mit
gewissen Variationsformen – unterstreicht dies.[8] Die Trennung zwischen Volk
Gottes und klerikaler Sonderwelt der Liturgen ist unüberschaubar. Michael N.
Ebertz und Janka Stürner-Höld weisen eindrucksvoll die grundlegende Fremd-
heit vieler Menschen zur Pastoral und spezifischen Ausdrucksform der Liturgie
hin: „Neben der Sprache gibt es eine Vielzahl von Besonderheiten, die dem
Feld der Pastoral ganz eigen sind. […] Schon bei Betreten des Kirchengebäu-
des lässt sich erkennen, wer das katholisch kirchliche Feld kennt und sich in
ihm zu bewegen weiß. Klare Indizien dafür sind: Weihwassergebrauch, Be-

---

[6]   Vorlage des Synodalforums II „Priesterliche Existenz heute" zur Zweiten Lesung auf
      der Vierten Synodalversammlung (8.–10.9. 2022) für den Grundtext „Priesterliche
      Existenz heute", siehe: https://www.synodalerweg.de/fileadmin/Synodalerweg/Doku
      mente_Reden_Beitraege/SV-IV/SV-IV-Synodalforum-II-Grundtext-Lesung2.pdf (auf-
      gerufen am: 2.1. 2023), Kapitel 3.3, 9 unter Aufnahme eines Artikels im Heft „Klerika-
      lismus" der Zeitschrift Lebendige Seelsorge, Heft 1 (2022) 34.

[7]   *Michael N. Ebertz/Janka Stürner-Höld*, Eingespielt – Ausgespielt! vom notwendigen
      Wandel des pastoralen Habitus in der Kirche. Ostfildern 2022, 69 mit Zitaten aus *Pierre
      Bourdieu*, Was heißt sprechen? die Ökonomie des sprachlichen Tausches, Wien 1990,
      84, 86, 89.

[8]   S. a. die anregenden Beobachtungen zu Liturgie und Synodalität bei *Thomas O'Loughin*,
      Synodalität feiern – Synodalität als grundlegender Aspekt der christlichen Liturgie. in:
      P.M. Zulehner/P. Neuner/A. Hennersperger (Hrsg.), Synodalisierung: Eine Zerreißpro-
      be für die katholische Weltkirche? Expertinnen und Experten aus aller Welt beziehen
      Stellung, Ostfildern 2022, 159–176.

kreuzigung oder Kniebeuge – alles in selbstverständlicher Manier, offenbar ohne diese Handlungen zu hinterfragen oder bei ihrem Vollzug zu stocken."[9] Diese Sonderwelt wird in der Weiheliturgie noch deutlicher. Kein Zeichen wird gesetzt, wie die Kandidaten aus dem Volk gerufen und ins Volk gesendet werden.[10] Selbst die Bezeugung der „Würde" der Kandidaten wird im geschlossenen System durch Regens oder Diakon vorgetragen. Wenn also formuliert wird, dass Volk und die Verantwortlichen gefragt wurden, sind es wiederum Kleriker, nicht Vertreter:innen des Volkes, die das bezeugen. Wäre es nicht eine Chance, das Volk Gottes hier präsent zu machen? Wenn in einigen Diözesen die ausdeutenden Riten teilweise an Familienmitglieder delegiert werden (Herbeibringen von Messgewand und Kelch und Hostienschale – sind dies wirklich Gaben des Volkes für die Feier des Opfers???), so dennoch so, dass die Einbindung in die liturgische Inszenierung die Beteiligung des Volkes eher überdeckt. Könnten nicht die Mitfeiernden eingeladen werden, die Segenshand zur Weihepräfation auszustrecken? Warum kann nicht am Ende der Liturgie auch öffentlich gemacht werden, wohin die Neugeweihten gesendet sind – verbunden mit Zeichen des Willkommens durch Verantwortliche des Einsatzortes.[11]

Die mitfeiernde Gemeinde wird reduziert auf das Mitsingen und die gesetzten Antworten und wird – z.T. – durch weitere Instruktionen angeleitet, ihren Dienst zu erfüllen.[12] In einigen Liturgien gibt es ausdrücklich Anleitungen zum Verhalten auch zur Kommuniongemeinschaft,[13] in anderen Diözesen wird dies mit einem Liturgieheft geleistet.

Die Mitfeiernden werden in ihrer differenzierten Kirchenerfahrung und -bindung nicht wahrgenommen. Ihre Beteiligung ist daher sehr unterschiedlich. Je nach Kultur wird ihr Interesse an Dokumentation (Video, Foto) genauso wie ihr Ausdruck der Zustimmung (Applaus), was für viele ausdrücklich Zeichen der Zustimmung wäre, eher negativ von den Verantwortlichen für die Liturgie gewertet. Für die Weiheliturgie bräuchte es eigentlich nur die Kandidaten und den Bischof …

---

[9] *Ebertz / Stürner-Höld,* Eingespielt (wie Anm. 7), 49.
[10] Bei einer Ordenseinkleidung habe ich zumindest den Ruf der Kandidatin aus der Gemeinde heraus ausdrücklich erlebt.
[11] Die Nähe zum Volk wird in Fulda noch dadurch ausgebremst, dass zuerst ein Foto des Ordinationsbischofs mit den Neugeweihten gestellt wird.
[12] Öfters habe ich erlebt, dass genaue Zulassungen zur Kommunion formuliert wurden, die dann schließlich aber auch wieder ungenau waren, wenn „alle Katholiken" eingeladen wurden, also auch die, die derzeit von den Sakramenten ausgeschlossen sind.
[13] Im Bistum Fulda war zeitweise formuliert, dass alle, die im Glauben an die Gegenwart des Auferstandenen in der Eucharistie verbunden sind, eingeladen waren. Gedacht war von den Verantwortlichen jedoch nicht an die ökumenische Öffnung oder die aus anderen Gründen – z.B. Wiederheirat – Ausgeschlossenen.

5.   Liturgie und Macht

Die Reflexionen zu Gottesdienst und Macht, wie sie im Oktober 2020 vorgelegt wurden, werden durch die Beobachtungen der Weiheliturgie ausdrücklich
belegt. In der römisch-katholischen Liturgie ist das Rollengefüge der einzelnen
Akteure ordinationslogisch geprägt.[14] Julia Knop betont, dass vor allem in den
Vorschriften des CIC von 1983 weder die liturgietheologisch wesentliche Partizipation noch die theologische Grundlage des gemeinsamen Priestertums entsprechende Resonanz fänden.[15]

> „Die liturgische Partizipation der Gläubigen ist im aktuellen Codex, anders als noch in
> der Liturgiekonstitution, keine Programmatik mehr. Programmatisch wird stattdessen
> die Rolle der Kleriker herausgestellt, also ein Differenzmerkmal betont. Außerdem wird
> der Aktionsraum des Priestertums der Gläubigen aus dem öffentlichen Raum der Litur-
> gie ins Private verschoben. Kleriker agieren demnach priesterlich, wenn sie zelebrieren;
> ‚Lai(inn)en, wenn sie Kinder erziehen.“[16]

Standes- und Repräsentationslogik leiten die Liturgie und schließen auch durch
die Zulassungsbedingungen Frauen aus.

> „Kirchenrecht, Raumsymbolik und eine symbolische Überfrachtung des männlichen
> Körpers im Dienst einer repräsentationslogisch entwickelten Amtstheologie geben der
> Liturgie der römisch-katholischen Kirche aktuell eine *amtliche, ständische* und *männ-
> liche* Prägung. Wer ein anderes liturgisches Bild von Kirche zeichnen und die macht-
> förmigen klerikalen Unwuchten vermeiden wollte, wie sie durch die oben identifizierten
> Logiken vorgesehen sind, müsste diesen kirchlichen Konzepten und liturgischen Per-
> formanzen in individueller Verantwortung andere entgegensetzen. Das bedeutete: Soll-
> erfüllung würde zum Problem, Normabweichung zum Gebot.“[17].

---

[14]   Siehe *Julia Knop,* Logik des Unterschieds – Theologik der Macht. Klerikalismus in der
Liturgie, in: S. Böntert / W. Haunerland, / J. Knop / M. Stuflesser (Hg.), Gottesdienst und
Macht. Klerikalismus in der Liturgie, Regensburg, 2021, 17–32, hier 23 unter Bezug auf
Gregor Maria Hoff / Julia Knop / Benedikt Kranemann (Hg.), Amt – Macht – Liturgie.
Theologische Zwischenrufe für eine Kirche auf dem Synodalen Weg, Freiburg/Basel/
Wien 2020.

[15]   Vgl. *Knop*, Logik (wie Anm. 14) 24.

[16]   Ebd., 25.

[17]   Ebd, 30. Stefan Böntert führt die Kritik weiter. Er äußert den Verdacht, dass die
liturgischen Bestimmungen und die Praxis der Liturgie überzogene Selbstbilder fest-
setzen, und dass das regelkonforme Handeln als ausgrenzend und klerikalistisch
empfunden wird. Siehe *Stefan Böntert*, Inszenierung des Unterschieds. Ein kritischer
Blick auf Macht und ihre Legitimation im Gottesdienst. in: Böntert/Haunerland/Knop/
Stuflesser (Hg.), Gottesdienst und Macht (wie Anm. 14), 33–46, hier 34 unter Bezug auf
Melanie Wald-Fuhrmann / Klaus Peter Dannecker / Sven Boenneke (Hg.), Wirkungsästhetik der Liturgie transdisziplinäre Perspektiven, Regensburg 2020.

Stefan Böntert weist darauf hin, dass wir es in der Liturgie

> „mit einem Geschehen zu tun [haben RH], das in seinen Zeichen und Symbolen, Riten und Texten eine bestimmte soziale Rangordnung inszeniert, d. h. eine Art des Denkens über Beziehungen innerhalb der Kirche ist, die je neu entsteht und abgesichert wird."[18]

Die Weiheliturgie ist somit das Paradebeispiel, das rezeptionstheoretisch analysiert, neugestaltet werden muss- Eine klare Entklerikalisierung und das Streichen vorrangig am Standesdenken orientierter Symbole steht an. Die Einbindung in das Volk Gottes und die konkreten Aufgaben ist zu stärken. In Form und Inhalt der Predigten wird sich dies dann auch zeigen.

---

[18] *Böntert*, Inszenierung (wie Anm. 17) 37.

Zur Ekklesiologieproduktivität der Liturgie

Eine norm- und ritualtheoretische Einordnung

Judith Hahn

In der Liturgie trifft die Kirche als Fakt auf die Kirche als Norm. Denn Liturgien lassen sich als regelgeleitete Handlungen deuten, in denen sich eine konkrete kirchliche Ritualgemeinschaft auf der Basis von normativen Vorstellungen, wie Kirche sein könnte, performativ verkörpert. Ekklesiologien sind solche normativen Vorstellungen von Kirche, wie sie liturgisch Handelnde darstellen, affirmieren und (re)institutionalisieren. Diesem Zusammenhang von Normativität und Performativität geht der Beitrag in folgenden Schritten nach: In normwissenschaftlicher Perspektive lässt sich beobachten, dass Liturgien einer normativen Fundierung bedürfen, um sich wirkungsvoll zu vollziehen (1). In normtheoretischer Hinsicht kann man studieren, dass Liturgien nicht nur Normen benötigen, um wirkmächtig zu sein, sondern diese auch selbst (re)generieren (2). Ritualtheoretisch betrachtet zeigt sich, dass Liturgien ihre normativen Grundlagen durch den rituellen Vollzug selbst ins Dasein bringen (3). Indem die Feiergemeinde als Fakt bestimmte ekklesiologische Vorstellungen als Normen performativ realisiert, erweisen sich Liturgien nicht nur als implizite Verkörperungen von Ekklesiologien, sondern als explizit ekklesiologieproduktiv. Dieser Reproduktionskreislauf ist aus der Liturgie selbst heraus schwer zu durchbrechen. Liturgische Reformen bedürfen daher regelmäßig externer Intervention (4). Auf der Basis dieser Beobachtungen entwickelt das Fazit eine Vermutung, warum in Deutschland viele Katholikinnen und Katholiken, die bisher regelmäßig an den Gottesdiensten teilnahmen, amtliche Feiern derzeit meiden (5).

1. Die normative Fundierung der Liturgie

Als „Liturgien" bezeichnet der Anthropologe Roy Rappaport komplexe Rituale, die sich normgeleitet vollziehen, um eine beständige Botschaft zu vermitteln.[1] Nicht zufällig nennt er Liturgien daher auch „liturgische" beziehungs-

---

[1] Vgl. *Roy A. Rappaport*, Ecology, Meaning, and Religion, Richmond/CA 1979, v. a.

weise „kanonische *Ordnungen*". Anders als einfache indexikalische Rituale, die die momentane körperliche oder geistige Verfassung der Teilnehmerinnen und Teilnehmer oder ihren sozialen Status ausdrücken, sind Liturgien dazu angelegt, mithilfe von Symbolen bestimmte unveränderliche Botschaften zu besagen. Dass dies gelingt, wird mithilfe liturgischer Regulierungen sichergestellt. Um ihre Botschaft unablässig kundzutun, vollziehen sich Liturgien demzufolge regelmäßig in hohem Maße auf der Basis vorgegebener Ordnungen, denn, wie Rappaport bemerkt, eine als konstant begriffene Aussage stellt sich am besten dar „by the apparent invariance of the liturgy in which it is expressed."[2] Liturgien erreichen somit die ihnen zugedachte Wirkung, indem sie ein festgelegtes rituelles Programm verwirklichen, in dem alles seinen Platz hat. Die liturgische Ordnung schreibt die Funktionen der Teilnehmenden fest, definiert essentielle rituelle Handlungen und bestimmt die erforderlichen Umstände, in die der Ritus eingebettet ist – Wochentage, Tageszeiten, Räumlichkeiten. Liturgische Ordnungen stellen hierdurch sicher, dass Liturgien, wie Rappaport schreibt, „are performed by authorized people with respect to eligible persons or entities under proper circumstances in accordance with proper procedures."[3]

Diese rituellen Konventionen und die Symbole, auf die sie zurückgreifen, um ihre beständige Botschaft zu vermitteln, sind in kirchlichen Feiern erkennbar ekklesiologisch aussagekräftig. Katholische Gottesdienste arbeiten mit einer hierarchischen Dualisierung der Feiergemeinde. Hier treffen Kleriker mit spezifisch ritueller Kompetenz auf Laiinnen und Laien, denen die liturgische Ordnung nur eine eingeschränkte Fähigkeit zuweist, das rituelle Geschehen aktiv mitzugestalten und zu prägen. Der Kanonist Norbert Lüdecke beschreibt diese Dichotomisierung dicht und eindringlich, indem er notiert: es „hält [die Liturgie] szenisch durch Führungssymbolik, Exklusiv- und Vorrangrechte [...] für Kopf, Herz und Auge der versammelten Gemeinde das Bewusstsein für die ständisch-hierarchische Struktur der Kirche lebendig und macht insbesondere den Wesensunterschied [...] zwischen Priestern und Laien unmittelbar erlebbar. [...] Jeder und jede darf sich in das präfigurierte Geflecht einfügen und die vorgegebene Rolle ausfüllen."[4] Ein hierarchisierender Ritus ordnet die Feier-

---

173–221; *ders*, Ritual and Religion in the Making of Humanity (Cambridge Studies in Social and Cultural Anthropology 110), Cambridge 1999, v. a. 23–68.

[2] Ebd., 179.

[3] Ebd., 190.

[4] *Norbert Lüdecke*, Liturgie als inszenierte Ekklesiologie, 3. November 2019, siehe: https://theosalon.blogspot.com/2019/11/liturgie-als-inszenierte-ekklesiologie.html (aufgerufen am: 2.2. 2022); zur Liturgie als inszenierter Differenz zwischen Kleriker- und Laienrollen vgl. *Judith Hahn*, Die Ordnung der Liturgie, die Liturgie der Ordnung. Rollenbildung und -konflikt in kirchlichen Ritualen, in: Theologie der Gegenwart 65 (2022) 59–72.

gemeinde in aktive und passive Teilnehmende. Er legt fest, wer agiert und wer reagiert, wer sakramentale Symbole austeilt und wer sie empfängt, wer prioritär behandelt und wer nachrangig berücksichtigt wird. Lüdecke schreibt:

> „Die Ausdrücke ‚Dialog' oder ‚Wechselrede' für die liturgische Interaktion zwischen Klerikern und Laien sind insofern missverständlich, als die Initiative nur bei den Klerikern, insbesondere bei den Priestern liegt; sie sind Wortgeber und Wortführer. Laien können in der Eucharistiefeier nicht aus eigenem Antrieb das Wort ergreifen, es wird ihnen erteilt. Sie hören aufmerksam zu, lassen sich unterweisen, schließen sich im Gebet an, stimmen zu und antworten nach Aufforderung."[5]

Umstände, die die hierarchische Ordnung zu internalisieren helfen – wie ein erhöhter Priestersitz oder liturgische Kleidung –, setzen kirchliche Hierarchien nachdrücklich ins Bild. Die beständige Botschaft, die von katholischen Gottesdiensten ausgeht, ist somit nicht allein die von der Erlösungstat Christi. Als „Feier in hierarchischer Ordnung"[6] ist die amtliche Liturgie auch kontinuierlicher Ausdruck einer bestimmten Vorstellung von Kirche. Sie ist die performative Umsetzung einer bestimmten Ekklesiologie.

Zwar gibt es Ekklesiologien nur im Plural. Und in kirchlichen Feiern treffen vielfältige Vorstellungen von Kirche aufeinander: ekklesiologische Vorstellungen doktrinärer Art, performative Inszenierungen der Kirche als Feiergemeinschaft, rechtlich normierte Verfassungsvorstellungen und persönliche Kirchenbilder der Teilnehmenden, was erheblich spannungsreich ist.[7] Aufgrund ihrer Regelgeleitetheit stellen Liturgien aber sicher, dass eine bestimmte ekklesiologische Botschaft durch den Vollzug des Rituals in den Vordergrund tritt. Insoweit liturgische Ordnungen rituellen Symbolen und Symbolhandlungen amtliche Bedeutungen einschreiben, reproduziert der Vollzug des Gottesdienstes diese Botschaften. Amtliche Feiern realisieren amtliche Ekklesiologien. Und wie alle Liturgien kreisen sie unaufhörlich um diese beständige Botschaft. Daher zeigen sie sich auch insgesamt wenig an der persönlichen Meinung oder den tatsächlichen Zuständen der Teilnehmenden interessiert. Roy Rappaport veranschaulicht dies am Beispiel der katholischen Eucharistie,

---

5   *Norbert Lüdecke*, Liturgie als inszenierte Ekklesiologie (wie Anm. 4).
6   Ebd.
7   Dass bereits die kirchenamtlichen Vorstellungen von Kirche plural sind, deutete Karl Rahner an, als er von „Ekklesiologie dogmatischer und kanonistischer Art" sprach: *Karl Rahner*, Über den Begriff des „Ius Divinum", in: *ders.*, Schriften zur Theologie, Bd. 5, Einsiedeln 1962, 249–277, hier 255. Als Ausdruck zu Recht geronnener normativer Kirchenvorstellungen bezeichnet Robert Ombres das Kirchenrecht nachvollziehbar auch als „applied ecclesiology": *Robert Ombres*, Justice and Mercy. Canon Law and the Sacrament of Penance, in: F. Cranmer / M. Hill / C. Kenny / R. Sandberg (Hg.), The Confluence of Law and Religion. Interdisciplinary Reflections on the Work of Norman Doe, Cambridge 2016, 131–143, hier 137.

insoweit er notiert: „[T]he order of the Roman mass does not, in itself express anything about the current states of those performing it."[8] Zwar wirkt sich die Mitfeier in körperlicher, psychischer und sozialer Hinsicht auf die Teilnehmenden aus, doch geht es der Messliturgie nicht in erster Linie um den Austausch dieser Informationen. Vielmehr geben sich Liturgien gegenüber den konkreten Haltungen oder Einstellungen der Mitfeiernden weitgehend gleichgültig. Sie reagieren beispielsweise kaum auf die konkreten spirituellen Bedürfnisse der Teilnehmerinnen und Teilnehmer. Stattdessen folgen sie einem rituellen „Fahrplan", wie Roy Rappaport eingängig verdeutlichte, indem er bemerkte: „Christian church services are held at, let us say, 10:00 am on Sunday morning regardless of the spiritual condition of the congregation"[9]. Liturgien haben daher einiges mit Ampeln gemein, meinte Rappaport: „[They, Ergänzung JH] bear formal resemblance to the operation of traffic lights, which turn from red to green when they do whether or not any cars are waiting."[10]

2. Die normgenerative Kraft von Liturgien

Eine zweite Beobachtung, die sich tätigen lässt, wenn man die Bedeutung von Normen für Liturgien studiert, ist, dass Letztere nicht nur auf einer normativen Fundierung aufruhen, um sich wirkungsvoll zu vollziehen und ihre beständigen Botschaften zu vermitteln, sondern dass sie ihre Normordnung auch selbst zu erzeugen helfen. Liturgien sind normproduktiv. Mithilfe von Symbolen lassen sie eine rituelle Realität entstehen, die der Alltagsrealität als mögliche Alternative gegenübergestellt wird. Normen sind diese Verweise auf mögliche Realitäten.[11] Indem Liturgien diese möglichen Realitäten entwerfen und im Vollzug des Rituals verwirklichen, werden sie zur Quelle ihrer eigenen Normativität.

---

[8] *Roy A. Rappaport*, Ecology, Meaning, and Religion, Richmond/CA 1979, 179.
[9] *Roy A. Rappaport*, Ritual and Religion in the Making of Humanity (Cambridge Studies in Social and Cultural Anthropology 110), Cambridge 1999, 197.
[10] Ebd.
[11] Zum vorliegend vertretenen Normbegriff, der Normen als Brücken zwischen der konkreten und anderen möglichen Welten begreift, vgl. *Robert M. Cover*, Foreword. Nomos and Narrative, in: Harvard Law Review 97 (1983) 4–68; *ders.*, The Folktales of Justice. Tales of Jurisdiction, in: Capital University Law Review 14 (1985) 179–203; *ders.*, Violence and the Word, in: The Yale Law Journal 95 (1986) 1601–1629; *ders.*, Bringing the Messiah through the Law. A Case Study, in: R. J. Pennock / J. W. Chapman (Hg.), Religion, Morality, and the Law (Nomos 30), New York / London 1988, 201–217; zum Verständnis von Normen als positiven Markierungen von Möglichkeiten vgl. *Christoph Möllers*, Die Möglichkeit der Normen. Über eine Praxis jenseits von Moralität und Kausalität, Berlin 2015.

Das kann man nachvollziehen, indem man sie als Differenzierungspraktiken begreift. Die Ritualtheoretikerin Catherine Bell hat die Folgen dieses Ritualverständnisses in eindrücklicher Weise beschrieben.[12] Sie versteht Rituale als soziale Praktiken, die mit der *Ritualisierung* von Alltagsvollzügen arbeiten. Ritualisierung ist der Prozess der Ritualbildung, in dem Individuen und Gruppen unter Zuhilfenahme von Symbolen Profanes von Sakralem scheiden. Durch diese Differenzierung, die das Heilige aus Alltagserfahrungen gewinnt, indem es Alltägliches sakralisiert, also von der Alltagswelt abrückt, führt Ritualisierung zu einer Wahrnehmung der rituellen Realität in binären Kategorien: Das Gute löst sich vom Bösen, das Reine vom Unreinen, Heil setzt sich von Unheil ab, normales Verfahren wird von abnormem Tun abgegrenzt, menschliche Unschuld von Schuld geschieden. Durch diese Binarisierungen erzeugt Ritualisierung ein Spannungsfeld, in dem sich das Ritual vollzieht. Als Rituale versteht Bell die sozialen Praktiken, die in dieser binären Realität um die Herstellung von Kohärenz bemüht sind. Doch anders, als man es herkömmlich vermuten könnte, tun sie dies nicht, indem sie die durch Ritualisierung erzeugten Gegensätze überwinden. Diese werden im Ritual nicht nivelliert oder ausgelöscht. Die Erzeugung von Kohärenz gelingt vielmehr durch *Hierarchisierung*, das heißt durch rituelle Erzeugung von Über- und Unterordnungsverhältnissen. Indem die liturgische Ordnung Personen, Gegenständen und Handlungen ihren Platz zuweist, inszenieren Liturgien die Herrschaft des Guten über das Böse, den Sieg des Lichts über die Dunkelheit, die Vorrangstellung der Kleriker vor den Laiinnen und Laien. Diese Hierarchisierung der Welt ist eine symbolische Herstellung von Ordnung. Durch spezifische liturgische Kleidung, durch eine bestimmte Sitzordnung, durch Worte und Gesten wird die menschliche Realität repräsentiert, wie sie sein *könnte*, und diese mögliche Welt wird als vorzugswürdig – als gut, heil oder heilig – gekennzeichnet. Normtheoretisch gewendet, lässt sich reformulieren: das Ritual als Fakt repräsentiert die Welt als Norm, indem es sie mithilfe von Symbolen so darstellt, wie sie sein könnte. Diese rituelle Repräsentanz einer alternativen Realität zeigt aber zugleich an, dass Normen ebenfalls *Fakten* sind. Denn die rituelle Realität ist im Ritual Wirklichkeit. Sie stellt eine Welt, die sein könnte, nicht nur in Aussicht, sondern bringt sie mithilfe von Symbolen ins Dasein. Hierdurch erzeugen Liturgien normative Fakten. Roy Rappaport formuliert: „[Ritual] performance does more than *remind* individuals of an underlying order. It *establishes* that order."[13] Durch Scheidung des Sakralen vom Profanen und Erzeugung einer rituellen Wirklichkeit aus heiligen Hierarchien wird nicht nur eine Vision entworfen, wie die Welt wäre, wenn sie heilig wäre. Vielmehr wird diese Vision im Ritual

---

[12] Vgl. *Catherine Bell*, Ritual Theory, Ritual Practice, Oxford 2009, v. a. 197–218.
[13] *Roy A. Rappaport*, Ecology (wie Anm. 8), 197.

mithilfe symbolischer Ausdrucksformen Wirklichkeit. Alle Normen sind Fakten: sie imaginieren die Welt, wie sie sein könnte. Liturgische Normordnungen *schaffen* überdies Fakten: sie setzen die alternative Welt symbolisch in die Realität um.

Dies gilt nicht allein für religiöse Rituale. Vielmehr lässt sich generell beobachten, dass Normsysteme aus rituellen Quellen die Fähigkeit beziehen, Normen als Anzeigen von Möglichkeiten Wirklichkeit werden zu lassen. Am Ritus der Rechtsprechung, den man beispielsweise anhand der Gerichtsliturgie einer öffentlichen Verhandlung studieren kann, lässt sich verdeutlichen, dass auch Normsysteme wie das Recht ihre Fähigkeit, die Welt der Fakten mit einer alternativen Welt der Normen zu konfrontieren und sie an dieser zu messen, aus Ritualität gewinnen. In der Gerichtsliturgie, die einem verfahrensrechtlich fixierten Ritus folgt, vollzieht sich unter dem Vorsitz von Richterpriesterinnen und -priestern unter Anwesenheit einer Feiergemeinde eine wahlweise als Kampf oder als Theater zu begreifende Konfliktaustragung, die in einem binären Urteil kulminiert. Die Erklärung des Gerichts, dass Schuld oder rechtliche Ansprüche feststehen oder nicht festgestellt werden konnten, erzeugt – unabhängig von ihrer Entsprechung in der Welt der Fakten – eine juristische Realität, die die Betroffenen bindet.

Dieses Phänomen, dass das Urteil als Norm die Fähigkeit hat, die menschliche Alltagsrealität zu prägen, und dies ungeachtet seiner Übereinstimmung mit der in der Welt der Fakten vorfindlichen Wirklichkeit, verweist auf ein Zweifaches. Es zeigt zum Ersten an, dass Normen Fakten sind, wenn auch solche der besonderen Art. Sie sind Markierungen, die indizieren, wie die Welt sein könnte: eine Realität, in der Gerechtigkeit herrscht. Zugleich verweist die Beobachtung, dass die gerichtliche Feststellung von Schuld oder die richterliche Feststellung, dass bestimmte Rechtsansprüche bestehen, ihre Wirkung unabhängig davon entfalten, ob eine Täterin tatsächlich schuldig ist oder ein Kläger tatsächlich bestimmte Rechtsansprüche hat, darauf, dass die rechtliche Wirklichkeit eine rituelle Realität ist. Durch ritualisierende Binarisierung und Hierarchisierung erzeugt das Rechtssystem Rechtsrituale, in deren Rahmen mithilfe von Symbolen eine rituelle Wahrheit hergestellt wird.

Diese ist normativ, weshalb wir sie als mögliche Wirklichkeit begreifen können, selbst wenn sie mit der Welt der Fakten nicht in Einklang steht. Denn Normen sind *afaktisch*, wie der Rechtswissenschaftler Christoph Möllers betont. Sie gehen nicht mit Fakten in Konfrontation, aber bieten Raum für Varianzen: „Normativität richtet sich nicht gegen die Welt, wie sie per se ist; sie lässt vielmehr Raum sowohl für Abweichungen als auch für Entsprechungen. [...] Deshalb ist es treffender, von der *Afaktizität* von Normen zu sprechen, um so die Differenz, nicht aber eine Konkurrenz zu Fakten zum Ausdruck zu bringen."[14] Als afaktische Fakten kann die rituell hergestellte Realität zur Alltagswelt in Distanz gehen, ohne ihre Faktizität zu verlieren, weshalb Individuen sie als wirklich akzeptieren können, auch wenn sie von ihrer Alltagswelt und ihren Alltagserfahrungen abweicht. Als rituell hergestellte Realität erfahren die Teilnehmerinnen und Teilnehmer die afaktische Welt der Liturgie jedoch zum Zweiten nicht nur als potentielle Möglichkeit, sondern als in der Liturgie *realisierte*. Normen als Möglichkeiten werden wirklich, indem die Liturgien sie mithilfe von Symbolen konkret werden lassen. In diesem Licht könnte man Liturgien, in theologischen Denkformen gefasst, als Transsubstantiations- oder Inkarnationsereignisse beschreiben. Sie sind Vollzüge, in denen Fakten und Normen konvergieren und das besondere Faktum Norm für die Ritualgemeinschaft konkrete Gestalt annimmt.

3. Performative Normgeneration in Liturgien

Ein dritter Aspekt, der die Funktion von Normativität in Liturgien begreifen hilft, ist, dass diese nicht nur normproduktiv sind, indem sie durch Ritualisierung eine normative Ordnung erzeugen, die sie mithilfe von Symbolen faktisch realisieren, sondern dass dieser Vorgang im Vollzug der Liturgie selbst stattfindet. Die Feier einer Liturgie ist nicht allein Vollzug des Rituals, sondern zugleich Regenerierung der liturgischen Ordnung. Liturgien wirken in diesem Sinne als normative Kreisläufe: sie erwachsen nicht nur aus rituellen Ordnungsvorstellungen, da nur der ordnungsgemäße Vollzug die Liturgien überhaupt erst konstituiert (eine Liturgie, die ihre eigene Ordnung außer Acht ließe, wäre gar keine), sondern nutzen den Vollzug zugleich, um die sie konstituierende Normordnung zu reinstitutionalisieren. Indem die Ritualgemeinschaft gemäß der liturgischen Ordnung feiert, erzeugt sie nicht nur die Liturgie, sondern bekräftigt auch die Geltung der Normordnung, auf der diese aufruht. Der Schlüssel zur Affirmation ist *Partizipation*. Die Teilnahme an einer Liturgie ist Einhaltung der liturgischen Normen. Sie fungiert als öffentliche Zustimmung zur Ordnung, die hierdurch erneut in Geltung gebracht wird. Hierbei ist es weitgehend unerheblich, ob die Teilnehmenden einen rituellen Akt innerlich mittragen oder ihn nur äußerlich mittun. Um die liturgische Ordnung zu reaffirmieren, reicht es aus, dass sie die in ihr vorgesehenen Handlungen vollziehen. Durch die Ausführung der vorgeschriebenen Akte werden die Teilnehmerinnen und Teilnehmer zu Trägerinnen und Trägern der liturgischen Ordnung und sorgen dafür, dass diese fortwährend erneut in Geltung gebracht wird.

---

[14] *Möllers*, Möglichkeit der Normen (wie Anm. 1), 131.

Catherine Bell beobachtete dies, insoweit sie bemerkte: „Specific relations of domination and subordination are generated and orchestrated by the participants themselves simply by participating."[15] Dass die innere Haltung der Beteiligten diesbezüglich im Wesentlichen unerheblich ist, machten sie und Roy Rappaport am Katholikinnen und Katholiken vertrauten Beispiel des Niederkniens deutlich. Kniende würden – unabhängig von ihrer persönlichen Haltung – durch den Vollzug einer Kniebeuge zu einem Symbol der Unterwerfung. Das Niederknien als Symbol der Ergebung erzeuge kniende Körper als Symbole der Unterwerfung, gleichgültig ob die knienden Personen mit ihrer Geste eine Haltung der Ergebung ausdrücken wollen oder dies nicht beabsichtigen. Rappaport schreibt: „[T]he use of the body defines the self of the performer for himself and for others. In kneeling, for instance, he is not merely sending a message to the effect that he submits in ephemeral words that flutter away from his mouth. He identifies his inseparable, indispensable, and enduring body with his subordination."[16] Indem der Akt des Kniens den Körper der Knienden in Gebrauch nimmt, werden die Knienden zu dem, was ihr Akt besagt, ungeachtet dessen, ob sie auch selbst diese Aussage tätigen wollen, wie Rappaport klarstellt: „By drawing himself into a posture to which canonical words give symbolic value, the performer incarnates a symbol. He gives substance to the symbol as that symbol gives him form."[17] Die Knienden werden also durch ihren performativen Akt zu körperlichen Symbolen der Unterwerfung, ob sie wollen oder nicht, wie Bell notiert: „[R]equired kneeling does not merely communicate subordination to the kneeler. For all intents and purposes, kneeling produces a subordinated kneeler in and through the act itself."[18] Das Ritual des Kniens kommuniziert – *ex opere operato* – die beständige Botschaft persönlicher Ergebung. Auf diese dem Akt konventionell zugeschriebene Bedeutung haben die Knienden keinen Einfluss. Wer kniet, symbolisiert Unterwerfung.

Dieser Zusammenhang von Partizipation am Ritual und Affirmation seiner vorgegebenen Bedeutungen, der sich im Kleinen am Gestus des Kniens dartun lässt, trifft genauso auf komplexere Liturgien zu. Wer einen Gottesdienst mitfeiert, signalisiert durch das Einlassen auf die diversen symbolischen Handlungen, Personenkonstellationen und Umstände Zustimmung. Mittun ist Mittragen der Ordnung und Beitrag zu ihrer Reinstitutionalisierung. Daran ändert auch eine kritische innere Haltung nichts. In diesem Sinne ist das Mitfeiern eines katholischen Gottesdienstes – ob bewusst oder nicht – unvermeidliche Affirmation der in der liturgischen Ordnung symbolisch ausgedrückten Ekklesiologie.

---

[15] *Bell*, Ritual Theory (wie Anm. 12), 207.
[16] *Rappaport*, Ecology (wie Anm. 8), 200.
[17] Ebd.
[18] *Bell*, Ritual Theory (wie Anm. 12), 100.

Norbert Lüdecke bemerkte jüngst kritisch über die auf dem Synodalen Weg gefeierten Gottesdienste, dass die Mitglieder der Synodalversammlung „in der gemeinsamen Eucharistiefeier nach hierarchischer Regie und in hierarchischer Aufstellung unter Hirtenvorsitz nicht nur Gott loben, sondern zugleich jene dort inszenierte hierarchische Struktur der Kirche bejahen, die sie angeblich reformieren wollen."[19] Die Mitfeier signalisiert Übereinstimmung mit amtlichen Vorstellungen von Kirche, und dies unabhängig davon, ob ein Großteil der Mitfeiernden genau diese Ekklesiologien in Zweifel zieht. Die Beteiligung reicht aus, um die Geltung der Ordnung aufrechtzuerhalten. In kirchlichen Gottesdiensten konkretisiert sich so eine Wirklichkeit, in der wenige leiten und die meisten folgen, in der einige lehren und andere lernen, in der wenige geben und viele empfangen. Differenzierungen und Hierarchisierungen wie die liturgisch inszenierte Geschlechterordnung, die im Alltagsleben undenkbar, ja sogar absurd wären, werden im rituellen Zusammenhang durch die beständige Praxis der Ritualgemeinschaft immerfort bestätigt.

4. Reformierbarkeit ritueller Normordnungen

Vor allem das Phänomen, dass viele Mitfeiernde eine normative Ordnung durch ihr Mittun fortschreiben, obwohl sie sie verändern wollen, ist aus der Sicht von Alltagserfahrungen paradox. Aus ritualtheoretischer Sicht ist dies wenig überraschend. Denn Ritualisierung als Erzeugung einer heiligen Ordnung durch Binarisierung und Hierarchisierung erzeugt einnehmende Machtverhältnisse, denen man sich kaum entziehen kann, wenn man die rituelle Ordnung internalisiert hat. Catherine Bell identifiziert Rituale mit Macht; sie beobachtet: „[R]itual does not disguise the exercise of power [...]. Ritual is the thing itself. It *is* power"[20]. Als Machtgefüge ergreift es die Mitglieder der Ritualgemeinschaft umfänglich. Und anders als es der verschämte Umgang kirchlicher Autoritäten mit der Machtfrage erwarten lässt, ist rituelle Macht hierbei auch keineswegs diskret. Vielmehr hat die Offenkundigkeit, mit der Rituale Über- und Unterordnung inszenieren, Folgen für die Wahrnehmung ritueller Macht. Diese umfasst die Mitfeiernden so unmittelbar, intuitiv und vorreflexiv, dass diese zu reflexartiger Einordnung in das rituell ausagierte Machtgefüge

---

[19] *Norbert Lüdecke*, Synodale Komplizenschaft?, siehe: www.fein schwarz.net/synodale-komplizenschaft (aufgerufen am: 2.2. 2022); grundlegend: *ders.*, Feiern nach Kirchenrecht. Kanonistische Bemerkungen zum Verhältnis von Liturgie und Ekklesiologie, in: Jahrbuch für Biblische Theologie 18 (2003) 395–456.

[20] *Bell*, Ritual Theory (wie Anm. 12), 195.

neigen. Bell ist überzeugt: „Ritualized agents do not see themselves as project-ing schemes; they see themselves only acting in a socially instinctive response to how things are."[21] Rituale konfrontieren die Teilnehmerinnen und Teilneh-mer mit heiliger Macht, die so überwältigend ist, dass die Mitfeiernden geneigt sind, sich ihr instinktiv zu unterwerfen. Sie reagieren, soweit sie mit der litur-gischen Ordnung vertraut sind, auf die rituell ausagierte Macht weitgehend un-überlegt mit dem konventionell vorgeschriebenen Gestus der Unterwerfung. Hieran lässt sich auch erkennen, welche Bedeutung die Internalisierung rituel-ler Normen für den Bestand von Liturgien hat. Es sind ja vornehmlich die Ein-geweihten, also die mit dem Ritus vertrauten Teilnehmenden, die sich reflexar-tig in die liturgische Ordnung fügen, weil sie sie verinnerlicht haben, nicht zuletzt aufgrund der Selbstverständlichkeit, die sich aus wiederholender Ein-übung ergibt. Benedikt Kranemann hat aus liturgiewissenschaftlicher Sicht in Bezug auf die aktuellen Debatten um die kirchliche Reformbedürftigkeit auf diesen Beitrag katholischer Liturgien bei der Internalisierung toxischer Macht-strukturen hingewiesen, indem er betonte, dass vor allem die wiederholte Ein-übung des katholischen Ritus dazu geeignet sei, den Mitfeiernden ein kleriker-fixiertes Kirchenverständnis als Selbstverständlichkeit zu vermitteln. Er bemerkt: „[V]iel tiefgreifender als Denkfiguren wirken Rituale. Sie schreiben sich, zumal wenn sie immer wieder neu vollzogen werden, in das Gedächtnis von Menschen und ihr Verhalten ein."[22] Kranemann schließt aus dieser Be-obachtung auf eine systemstabilisierende Wirkung repetitiver ritueller Vollzü-ge, die Individuen Machtverhältnisse zu internalisieren helfen, die sie in ande-ren Kontexten rundweg ablehnen würden. Er notiert: „Man wird ernsthaft diskutieren müssen, ob Rituale nicht viel systemstabilisierender wirken als Worte, wenn man ernsthaft über Macht und missbrauchte Macht in der Kirche diskutieren möchte. Liturgische Riten erzeugen ein System mit und helfen es zu erhalten."[23] Diese Beobachtung trägt in einem doppelten Sinn. Zum einen regt das repetitive Mitfeiern kirchlicher Gottesdienste die Teilnehmerinnen und Teilnehmer dazu an, sich an Über- und Unterordnungen zu gewöhnen, die sie in anderen Kontexten hinterfragen würden. Zum einen gilt – wie bereits ange-deutet –, dass die Mitfeiernden gegenüber sich selbst und anderen durch ihre Partizipation Zustimmung zu den liturgisch symbolisierten Machtbeziehungen signalisieren. Hierdurch erfolgt nicht allein die Integration der faktischen Ritu-algemeinschaft vor Ort, sondern auch die Reinstitutionalisierung der symboli-sierten Kirchenvorstellungen als Norm. Wer katholische Gottesdienste mitfei-ert, wird – unabhängig von der eigenen Bereitschaft, amtskirchliche Kirchen-

---

[21] Ebd., 206.
[22] *Benedikt Kranemann*, Probleme hinter Weihrauchschwaden. Was die Liturgie mit der Kirchenkrise zu tun hat, in: Herder-Korrespondenz 5 (2019) 13–16, hier 16.
[23] Ebd.

bilder mitzutragen, – zu einer Stütze der amtlichen Ekklesiologie. Wie Rappaport und Bell in Bezug auf den Gestus des Kniens bemerkten, dass dieser den Körper der Knienden als symbolischen Ausdruck von Unterwerfung in Gebrauch nehme (unabhängig davon, ob die Knienden das aussagen wollen oder nicht), so gilt, in Relektüre der Beobachtungen von Kranemann, dass man durch die Mitfeier eines katholischen Gottesdienstes sich selbst und den eigenen Körper zum Symbol amtlicher Kirchenverständnisse und damit zum *Einschreibemedium* amtlicher Ekklesiologien macht. Das Medium ist von der Botschaft nicht zu trennen, wussten schon frühe Medientheoretiker.[24] Wer mit seinem Körper liturgische Riten vollzieht, kann nicht verhindern, dass dieser durch amtliche Bedeutungszuschreibungen zum Träger amtlicher Botschaften wird.

Hiergegen lässt sich einwenden, wie es sich mit der Option verhalte, gegen diese Inbesitznahme des Körpers als Ausdrucksmedium einer vorgegebenen Bedeutung Protest zu erheben. Können Mitfeiernden den Eindruck, ihre Partizipation sei Affirmation amtlicher Kirchenverständnisse, nicht dadurch korrigieren, dass sie ihrem rituellen Handeln eine *eigene* Bedeutung verleihen – indem sie beispielsweise die rituell intendierte Aussage umdeuten oder die Ausführungen inhaltlich determinierter Gesten verweigern? In der Aussprache zu diesem Beitrag nannte einer der Diskutierenden das Beispiel, in katholischen Gottesdiensten dem Handeln des Zelebrierenden durch Versagen des „Amen" Affirmation vorzuenthalten. Derlei persönliche Akte des Widerstands sind möglich. In der Regel laufen sie aber an der glatten Haut von Ritualen weitgehend rückstandsfrei ab. Catherine Bell beobachtete, dass Liturgien nur sehr wenige Optionen vorhalten, um Dissens auszudrücken, insoweit ihr formalisierter Ablauf kaum Raum für wahrnehmbare Abweichungen lasse. Sie schreibt: „Insofar as ritual is objectified as a distinct way of acting it provides a fairly resistant surface to casual disagreement."[25] Hiermit sei nicht behauptet, dass alternative Praktiken in Liturgien unsichtbar bleiben müssen. Und ebenso wenig, dass sie keine Chance hätten, sich durchzusetzen und das Ritual nachhaltig zu verändern. Sie können Motoren von Reformen sein. Indem alternative Handlungen abweichende Möglichkeiten markieren und den Teilnehmerinnen und Teilnehmern eine andere rituelle Realität als mögliche aufzeigen, werden sie zu Normen, die – wenn sie Nachahmerinnen und Nachahmer finden –, zur Weiterentwicklung der liturgischen Normordnung führen. Hierfür bedarf es freilich stärkerer Impulse als der Widerständigkeit einzelner Teilnehmerinnen und Teilnehmer, die vom gleichförmigen und determinierten Ritus zumindest

---

24 Vgl. *Marshall McLuhan*, The Medium is the Massage. An Inventory of Effects, with Quentin Fiore, New York 1967.
25 *Bell*, Ritual Theory (wie Anm. 12), 215.

solange rückstandsfrei absorbiert wird, solange es Mitfeiernde gibt, die die internalisierten rituellen Handlungen trotz Störung weitervollziehen. Letzteres dürfte aufgrund der Intuitivität, mit der ein internalisierter Ritus die Mitfeiernden zur Affirmation und Reinstitutionalisierung des Etablierten drängt, der Regelfall sein. In dem Licht erscheint es kaum als zufällig, dass nachhaltige liturgische Reformen sich zumeist nicht aus der rituellen Praxis selbst heraus entwickeln, sondern äußeren Anstoß benötigen. Eine Reform des katholischen Ritus ist daher eher wahrscheinlich, wenn die Reflexion, welches Kirchenbild katholische Liturgien reproduzieren und welche Alternativen es hierzu gäbe, außerhalb liturgischer Settings betrieben wird, also in Kontexten erfolgt, in denen die Diskutierenden von den internalisierten Vollzügen reflexartiger Affirmation und Reinstitutionalisierung Abstand haben. Wenn also der Wunsch besteht, katholische Gottesdienste zu „entklerikalisieren" und den Ritus dahingehend weiterzuentwickeln, dass er aufhört, traditionelle Machtverhältnisse zu reproduzieren, sollte man nicht auf rituelle Selbstheilungskräfte vertrauen. Die Vorstellung, die Liturgie sei geeignet, die ihr zugrundeliegende amtliche Ekklesiologie performativ zu reformieren, ist aus ritualtheoretischer Sicht wenig überzeugend. Dies bewerkstelligen eher außerliturgische Entscheidungen, korrigierend in die liturgischen Ordnungen einzugreifen, sodass sich in zukünftigen Gottesdiensten faktisch und normativ eine andere Form von Kirche realisiert als die, die die Gegenwartsliturgien unaufhörlich Wirklichkeit werden lassen.

5. Fazit

Was besagen diese Überlegungen nun in Bezug auf die Beobachtung, dass aktuell auch viele überzeugte Katholikinnen und Katholiken in Deutschland von Gottesdienstbesuchen Abstand nehmen? Nicht wenige Stimmen verweisen auf die Corona-Pandemie als „Motivationskiller", der ehemals engagierte Gottesdienstteilnehmerinnen und -teilnehmer von ihrer etablierten Praxis abgebracht habe. Man kann diese Analyse nicht für falsch, aber dennoch für oberflächlich halten. Denn die eigentlich interessante Frage ist doch, warum die pandemiebedingte Unterbrechung etablierter Ritualkreisläufe bei vielen Kirchengliedern zu einer veränderten Gottesdienstpraxis führte. Immerhin hat die Pandemie Menschen in vielfacher Weise dazu gezwungen, bewährte Übungen für eine begrenzte Zeit zu unterlassen. Gewohnheiten, die ihnen lieb waren, haben sie nach dem Lockdown umgehend wieder aufgenommen. Praktizierenden Katholikinnen und Katholiken, die nach dem Lockdown nicht mehr in die Gottesdienste zurückkehrten, kann man daher kaum unterstellen, sie seien einfach zu bequem geworden. Vielmehr darf man vermuten, dass die Versammlungsverbote ihnen die Möglichkeit boten, eine Praxis zu überdenken, mit der sie wohl oft schon seit Längerem unterschwellig fremdelten. Es bedurfte freilich des extern herbeigeführten Bruchs mit unreflektierten Gewohnheiten, um diese zu hinterfragen.

Dies ist ritualtheoretisch ein gut nachvollziehbarer Vorgang. Während die ununterbrochene Praxis eines durchritualisierten Alltags – mit beispielsweise regelmäßigen Gottesdienstbesuchen – auf die intuitive Macht des Rituals bauen kann, um den Mitgliedern einer Ritualgemeinschaft reflexartige Partizipation abzuringen, versetzt ein Durchbrechen des rituellen Kreislaufs die Beteiligten in eine Außenperspektive. Aus dieser Außensicht indes erweisen sich die Differenzierungen und Hierarchisierungen, die katholische Liturgien vornehmen, um eine heilige Realität zu erzeugen, nicht nur als mit den Alltagserfahrungen der meisten Kirchenglieder unvereinbar, sondern im Licht ihres Alltagserlebens sogar als anteilig absurd. Ein Abstand zur eigenen Praxis erlaubt deren kritische Sichtung. Dass viele Katholikinnen und Katholiken ihre aus der Distanz zum Ritual entwickelte Skepsis nun nicht mehr überwinden, um sich erneut in den Dienst der Affirmation und Reinstitutionalisierung mit Abstand betrachtet abwegiger Ekklesiologien zu stellen, ist wenig überraschend. Und es ist ebenso wenig erstaunlich, warum sie sich für einen radikalen Bruch entscheiden. Wie dargestellt, ist Mitfeier eines Gottesdienstes Affirmation der Liturgie als Fakt und als Norm – ob man dies will oder nicht. Partizipation ist Zustimmung, insoweit der Mitvollzug des Ritus den Körper der Mitfeiernden zur Aussage der mit den rituellen Handlungen verknüpften beständigen Botschaft verwendet. Rituelle Körper werden von der Liturgie in Besitz genommen, damit sie zu Trägern der amtlichen Bedeutung werden, die der Vollzug der liturgischen Ordnung ihnen einschreibt. Die Normordnung setzt auf die rituelle Ingebrauchnahme der Körper, um mit ihnen ihre beständige Botschaft zu besagen.

Diese ist, wie beschrieben, nicht allein die Botschaft vom Heil durch Christus, sondern ebenso die einer klerikalen Ekklesiologie, die katholische Liturgien faktisch abbilden und normativ perpetuieren. Wer nicht an der permanenten Reinstitutionalisierung dieser Aussage mitwirken will, hat aus ritualtheoretischer Sicht allein eine einzige effektive Möglichkeit, um der kirchlichen Ordnung Affirmation zu versagen. Diese liegt darin, vom Gottesdienstbesuch Abstand zu nehmen, um sich nicht selbst zum Medium der Zustimmung zu machen. Da Liturgien keine Möglichkeiten vorhalten, zugleich teilzunehmen und der rituellen Ordnung Anerkennung zu entziehen, wie Catherine Bell beobachtet, bleibt grundlegend unzufriedenen Teilnehmerinnen und Teilnehmern nur die radikale Möglichkeit einer „total resistance or asocial self-exclusion"[26]. Roy Rappaport beobachtete diesen Zusammenhang ebenfalls, insoweit er bemerkte: „[T]he regulatory structure is weakened as people absent themselves from the rituals sanctifying it."[27] Nur Fernbleiben nimmt einer Liturgie die Chance, die Körper der Mitfeiernden als Einschreibemedien amtlicher Botschaften in Gebrauch zu nehmen. Es erscheint daher wenig verwunderlich, dass Katholikinnen und Katholiken in Zeiten, in denen Individuen in zunehmender Weise die Zweckentfremdung ihrer Körper kritisch zu sehen lernen, diese gegenüber dem amtlich-liturgischen Zugriff immunisieren, um diesem die Chance zu nehmen, ihnen als Mitgliedern der Ritualgemeinschaft Kirchenvorstellungen einzuschreiben, die ihnen aus Sicht ihrer Alltagserfahrungen abstrus erscheinen.

[26] Ebd.
[27] *Rappaport*, Ritual and Religion (wie Anm. 1), 433.

Liturgie als ‚Ereignis'?

Politisch-theologische Reflexionen mit Alain Badiou zu einem liturgiewissenschaftlichen Topos[*]

Ulrich Engel

1.   Liturgie als ‚Ereignis'

In vielfältiger Weise begegnet im Kontext der Liturgiewissenschaft die Kennzeichnung von Liturgie bzw. Gottesdienst als ‚Ereignis'. Einige unsystematisch zusammengestellte Beispiele mögen den Befund illustrieren:
–   2012 hielt Georgios Basioudis in der Akademie Stuttgart-Hohenheim einen Vortrag zum Thema „Liturgiea als Ereignis. Die Liturgische Theologie der Orthodoxen Kirche"[1].
–   Im „Grundkurs Liturgie" des Erzbistums Köln wird die These aufgestellt, dass „das in jedem Gottesdienst gefeierte Mysterium – der Übergang vom Tod zum Leben! – ein höchst dramatisches Ereignis"[2] sei.
–   Jochen Arnold vertritt in seiner „Theologie des Gottesdienstes" die Meinung, dass „Begriff und Ereignis des Gottesdienstes […] zum Paradigma der Theologie [werden] und die Liturgie zur Inspirationsquelle dogmatischer Arbeit."[3]
–   Auf der Website des Liturgischen Instituts der deutschsprachigen Schweiz ist zu lesen: „Wahrscheinlich ist das überraschend, aber man könnte den Zuruf ‚Wort des lebendigen Gottes' sogar weglassen – und die Lesung

---

[*]   Der Text ist die erweiterte Fassung eines Vortrags, den ich am 30. August 2022 in Würzburg auf der Jahrestagung der Arbeitsgemeinschaft katholischer Liturgiewissenschaftlerinnen und Liturgiewissenschaftler gehalten habe.
[1]   *Georgios Basioudis*, Liturgie als Ereignis. Die Liturgische Theologie der Orthodoxen Kirche, siehe: https://www.akademie-rs.de/fileadmin/user_upload/download_archive/ religion-oeffentlichkeit/121121_Basioudis_Liturgie.pdf (aufgerufen am: 3.10. 2022).
[2]   Erzbischöfliches Generalvikariat Köln (Hg.), Grundkurs Liturgie, Köln 2003, 32.
[3]   *Jochen Arnold*, Theologie des Gottesdienstes. Eine Verhältnisbestimmung von Theologie und Liturgie, Leipzig 2020, Klappentext.

bliebe im Ereignis der liturgischen Verkündigung noch immer, was sie sein will und ist: Wort Gottes.'"[4]

- In seinen Studien zum Verhältnis von Heilsgeschichte und Liturgie untersucht Wenrich Slenczka „das gegenwärtige liturgische Ereignis"[5] anhand frühchristlicher Quellen.
- Und im Internetauftritt des Bistums Eichstätt konstatiert man lapidar: „Die Feier der Liturgie ist ein Ereignis, zu dem sich gläubige Menschen im Namen Jesu Christi versammeln"[6].
- Thomas Lentes wiederum hat 2020 im Handbuch der Bildtheologie einen Diskussionsbeitrag zum Verhältnis von „Ereignis und Repräsentation"[7] veröffentlicht.
- Und last but not least charakterisiert Birgit Jeggle-Merz den Gottesdienst als ein „gesellschaftliches Ereignis"[8].

Vor dem Hintergrund des skizzierten Befunds interessiert mich in fundamentaltheologischer Hinsicht die Frage, was eigentlich ein Ereignis zum Ereignis macht. Um dieser Frage nachzugehen, greife ich auf den philosophischen Ansatz von Alain Badiou zurück. Mein spezielles Augenmerk liegt dabei auf den politisch-theologischen Konsequenzen, die aus der Badiouschen Ereignistheorie zu ziehen sind. Mit den so gewonnenen Erkenntnissen möchte ich einige Kriterien formulieren, mit denen die verbreitete Rede von der Liturgie bzw. dem Gottesdienst als Ereignis kritisch befragt und mögliche Konsequenzen für die liturgische Praxis gezogen werden können. Letztere Aufgabe begreife ich allerdings nicht als die des Fundamentaltheologen. Vielmehr sei sie den liturgiewissenschaftlichen Fachvertreter:innen ins Stammbuch geschrieben.

---

[4] *Gunda Brüske*, Kraft der kleinen Worte, siehe: https://liturgie.ch/hintergrund/eucharistie feier/wortverkuendigung/114-wort-des-lebendigen-gottes (aufgerufen am: 3. 10. 2022).

[5] *Wenrich Slenczka*, Heilsgeschichte und Liturgie. Studien zum Verhältnis von Heilsgeschichte und Heilsteilhabe anhand liturgischer und katechetischer Quellen des dritten und vierten Jahrhunderts (Arbeiten zur Kirchengeschichte 78), Berlin/New York 2000, 74.

[6] Hinweistext zu Liturgische Bildung und Liturgie, siehe: https://www.bistum-eichstaett.de/liturgie/ (aufgerufen am: 3. 10. 2022).

[7] *Thomas Lentes*, Ereignis und Repräsentation. Ein Diskussionsbeitrag zum Verhältnis von Liturgie und Bild im Mittelalter, in: R. Hoeps (Hg.), Funktionen des Bildes im Christentum (Handbuch der Bildtheologie 2), Paderborn 2020, 44–77.

[8] *Birgit Jeggle-Merz*, Wie heute Liturgie feiern? Gottesdienst und Gesellschaft, siehe: https://www.unilu.ch/fakultaeten/tf/professuren/liturgiewissenschaft/forschung/wie-heute-liturgie-feiern-gottesdienst-und-gesellschaft/ (aufgerufen am: 3. 10. 2022).

2.   Alain Badiou

Alain Badiou, 1937 in Rabat im heutigen Marokko geboren, ist ein französischer Philosoph, Mathematiker, Dramatiker und Romancier. Bis 1999 lehrte er an der Université Paris VIII Saint-Denis, später dann am Institut für Philosophie der École normale supérieure (ENS) in Paris und am (von Jacques Derrida miterrichteten) Collège international de philosophie. Als marxistisch-leninistisch orientierter Intellektueller engagierte sich Badiou in der von ihm selbst mitbegründeten „Organisation politique" für eine Öffnung der europäischen Einwanderungspolitik und des französischen Asylrechts. Lange Zeit galt er als einer der führenden Köpfe des französischen Maoismus.[9]

Hierzulande ist Badiou erst 2002 mit der Übersetzung seines Paulus-Buches bekannt(er) geworden – auch und besonders im theologischen Kontext. Das war exakt 25 Jahre nach Erscheinen des französischen Originals „Saint Paul. La fondation de l'universalisme"[10]. Badious philosophisches Hauptwerk ist eine umfangreiche Studie zur Ontologie des Seins und des Ereignisses: „L'être et l'événement"[11].

3.   Paulus als Begründer eines politischen Universalismus

In seinem Buch „Saint Paul. La fondation de l'universalisme" entwickelt Badiou am Exempel des christlichen Völkerapostels eine politische Theorie des Ereignisses. Genauer hin bezieht er sich auf die in Apg 9 überlieferte Damaskuserfahrung: „Saulus, der auch Paulus heißt" (Apg 13,9[12]), ein engagierter Jude und rigoristischer Christ:innen-Verfolger, muss erfahren, wie sich seine Existenz grundstürzend wandelt. Auf seinem Weg nach Damaskus begegnet ihm Christus, der ihn auffordert, seine Auferstehung öffentlich zu bezeugen. Nach einer kurzen, biographisch gleichwohl einschneidenden Unterbrechung

---

[9]   Zum theoretischen Hintergrund seines frühen politischen Engagements siehe: *Alain Badiou*, Théorie de la contradiction (Synthèses), Paris 1975.

[10]   *Alain Badiou*, Paulus. Die Begründung des Universalismus, München 2002 (frz. Saint Paul. La fondation de l'universalisme, Paris 1977).

[11]   *Alain Badiou*, Das Sein und das Ereignis, Berlin ^neu2016 (frz. L'être et l'événement, Paris 1988). Einen kondensierten Einblick in die Thesen von „L'être et l'événement" bietet der Gesprächsband: *Alain Badiou/Fabien Tarby*, Die Philosophie und das Ereignis, Wien/Berlin 2012 (frz. La philosophie et l'événement. Entretiens, Meaux 2010).

[12]   Bis Apg 13,9 nennt die Apostelgeschichte den Protagonisten nur Saulus, anschl. nur noch Paulus. Der Namenswechsel erfolgt erst vier Kapitel nach der Schilderung des Damaskusereignisses.

erkennt Paulus Christus und seine Auferstehung an. Er bezeichnet sich von da an als Apostel und gründet in den wichtigsten Städten seiner Zeit christliche Gemeinden, die er durch Besuche vor Ort und im Briefkontakt supervisiert. Seine Verkündigung richtet sich prinzipiell an alle Menschen (Stichwort: Heidenmission) und beinhaltet die Botschaft von der Egalität in Christus jenseits aller Nationalismen, Gendergaps und sozioökonomischen Ungleichheitsverhältnisse.

Badiou begründet sein Interesse an Paulus wie folgt:

> „Das, was uns am Werk des Paulus fesselt, ist […] die Verbindung, die einen Übergang zwischen einer Aussage über das Subjekt und der Frage nach dem Gesetz herstellt. Es geht darum, dass Paulus ergründen will, welches Gesetz ein jeder Identität beraubtes Subjekt strukturieren kann, ein Subjekt, das von einem Ereignis abhängt, dessen einziger ‚Beweis' genau darin besteht, dass ein Subjekt sich zu ihm bekennt. Das Wesentliche dieser paradoxen Verbindung zwischen einem Subjekt ohne Identität und einem Gesetz ohne Stütze besteht für uns darin, dass sie die geschichtliche Möglichkeit einer universalen Verkündigung begründet."[13]

Ausweislich der hier zitierten Passage aus seinem Paulus-Buch geht es Badiou um die Themen Subjekt, Gesetz, Identität, Ereignis und Universalismus sowie die Bestimmung ihrer Relationen zueinander.

Badiou liest die radikale Glaubensumkehr des Paulus auf dem Hintergrund seiner eigenen politischen Konversionserfahrungen im Kontext der Pariser Studierendenproteste 1968 und des anschließenden wochenlangen Generalstreiks in ganz Frankreich:

> „Ich gebe unumwunden zu, dass der Mai 68 für mich in philosophischer wie in jeder anderen Hinsicht ein wahrer Weg nach Damaskus war."[14]

Politik (Chiffre: Mai 68) und Theologie (Chiffre Damaskus) greifen bei Badiou eng ineinander. Deshalb auch ist die Ereignistheorie Badious anschlussfähig an die Gestalt Politischer Theologie, wie sie Johann Baptist Metz und Tiemo Rainer Peters über Jahrzehnte hinweg in Münster entwickelt haben.

Allerdings ist auch vor einer vorschnellen Vereinnahmung der philosophischen Überlegungen Badious durch die Theologie zu warnen. Denn für Badiou ist die biblische Überlieferung letztlich bloß eine „Fabel"[15]. Dementsprechend sucht er die Figur des biblischen Paulus aus den theologisch-normativen Christusbezügen zu isolieren und rein literarisch zu lesen. Trotzdem, so bin ich

---

13 *Badiou*, Paulus (wie Anm. 10), 13.
14 *Badiou*, Théorie de la contradiction (wie Anm. 9), 9: „J'admets sans aucune réticence que Mai 68 a été pour moi, dans l'ordre philosophique, comme pour tout le reste, un véritable chemin de Damas."
15 *Badiou*, Paulus (wie Anm. 10), 12.

überzeugt, kann es theologisch lohnend sein, Badiou in seinen gedanklichen Operationen kritisch zu folgen.

Badiou expliziert seinen in „L'être et l'événement" theoretisch ausgearbeiteten Ereignisbegriff – ich komme weiter unten auf das Grundlagenwerk zu sprechen – in seinem Paulus-Buch an Hand der Bekehrung des Protagonisten in Apg 9,1–22. Interessant in diesem Zusammenhang sind die äußeren Begleiterscheinungen und Wirkungen des Ereignisses – Lichtvision, Sturz, Audition, zeitweise Blindheit, Fasten, Handauflegung und Geistsendung, Aufstehen und Verkündigung –, durch den der lukanische Text markant strukturiert ist:

> „[1]Saulus wütete noch immer mit Drohung und Mord gegen die Jünger des Herrn. Er ging zum Hohepriester [2]und erbat sich von ihm Briefe an die Synagogen in Damaskus, um die Anhänger des Weges Jesu, Männer und Frauen, die er dort finde, zu fesseln und nach Jerusalem zu bringen. [3]Unterwegs aber, als er sich bereits Damaskus näherte, geschah es, dass ihn plötzlich ein Licht vom Himmel umstrahlte. [4]Er stürzte zu Boden und hörte, wie eine Stimme zu ihm sagte: Saul, Saul, warum verfolgst du mich? [5]Er antwortete: Wer bist du, Herr? Dieser sagte: Ich bin Jesus, den du verfolgst. [6]Steh auf und geh in die Stadt; dort wird dir gesagt werden, was du tun sollst! [7]Die Männer aber, die mit ihm unterwegs waren, standen sprachlos da; sie hörten zwar die Stimme, sahen aber niemanden. [8]Saulus erhob sich vom Boden. Obwohl seine Augen offen waren, sah er nichts. Sie nahmen ihn bei der Hand und führten ihn nach Damaskus hinein. [9]Und er war drei Tage blind und er aß nicht und trank nicht. [10]In Damaskus lebte ein Jünger namens Hananias. Zu ihm sagte der Herr in einer Vision: Hananias! Er antwortete: Siehe, hier bin ich, Herr. [11]Der Herr sagte zu ihm: Steh auf und geh zu der Straße, die man Die Gerade nennt, und frag im Haus des Judas nach einem Mann namens Saulus aus Tarsus! Denn siehe, er betet [12]und hat in einer Vision gesehen, wie ein Mann namens Hananias hereinkommt und ihm die Hände auflegt, damit er wieder sieht. [13]Hananias antwortete: Herr, ich habe von vielen gehört, wie viel Böses dieser Mann deinen Heiligen in Jerusalem angetan hat. [14]Auch hier hat er Vollmacht von den Hohepriestern, alle zu fesseln, die deinen Namen anrufen. [15]Der Herr aber sprach zu ihm: Geh nur! Denn dieser Mann ist mir ein auserwähltes Werkzeug: Er soll meinen Namen vor Völker und Könige und die Söhne Israels tragen. [16]Denn ich werde ihm zeigen, wie viel er für meinen Namen leiden muss. [17]Da ging Hananias hin und trat in das Haus ein; er legte ihm die Hände auf und sagte: Bruder Saul, der Herr hat mich gesandt, Jesus, der dir auf dem Weg, den du gekommen bist, erschienen ist; du sollst wieder sehen und mit dem Heiligen Geist erfüllt werden. [18]Sofort fiel es wie Schuppen von seinen Augen und er sah wieder; er stand auf und ließ sich taufen. [19]Und nachdem er etwas gegessen hatte, kam er wieder zu Kräften. Einige Tage blieb er bei den Jüngern in Damaskus; [20]und sogleich verkündete er Jesus in den Synagogen: Dieser ist der Sohn Gottes. [21]Alle, die es hörten, waren fassungslos und sagten: Ist das nicht der Mann, der in Jerusalem alle vernichten wollte, die diesen Namen anrufen? Und ist er nicht auch hierhergekommen, um sie gefesselt vor die Hohepriester zu führen? [22]Saulus aber trat umso kraftvoller auf und brachte die Juden in Damaskus in Verwirrung, weil er ihnen darlegte, dass Jesus der Christus ist."[16]

---

[16] Einheitsübersetzung der Heiligen Schrift, Stuttgart 2016.

Auf der Grundlage der biblischen Darstellung des paulinischen Konversionsereignisses definiert Badiou „Ereignis" nun wie folgt: „Das Ereignis ist für mich etwas, das eine Möglichkeit erscheinen lässt, die unsichtbar oder gar undenkbar war. Ein Ereignis schafft eine Realität nicht durch sich selbst [...]. Alles hängt dann von der Art und Weise ab, wie diese Möglichkeit, die vom Ereignis vorgeschlagen wurde, in der Welt ergriffen, bearbeitet, inkorporiert und entfaltet wird."[17]

Die Leitfrage, unter der Badiou seine Forschungen zum Ereignisbegriff im Allgemeinen und seine Relecture des paulinischen Damaskusereignisses im Speziellen angeht, lautet: Wie kommt Neues in die Welt?

4. Wie kommt Neues in die Welt?

In seiner umfangreichen Studie „L'être et l'événement" vertritt Badiou die philosophische These, dass Ereignisse etwas Neues ins Sein bringen.[18] In der Ausarbeitung seiner Ontologie bezieht sich Badiou vor allem auf Parmedines und Heidegger. Zugleich jedoch wendet er sich auch gegen Heidegger, speziell gegen dessen Ursprungsdenken, das immer in der Gefahr steht, das Bestehende auf Dauer zu stellen und damit Neues zu verhindern. Um also nicht im immer schon Gewußten stecken zu bleiben, sondern wirklich Neues zu denken, sucht Badiou das „Sein-als-Sein"[19] als eine offene „Vielheit von Vielheiten"[20] zu begreifen. Zur Folge hat das Denken dieser Pluralität von Vielheiten, dass kein ‚Eins' existieren kann. Denn wenn dem doch so wäre, könnten alle Vielheiten letztlich doch wieder auf das Eine zurückgeführt werden. Das aber wäre reines Ursprungsdenken. Badiou stellt dementsprechend fest: „Das Eins *ist nicht.*"[21]

Gleichwohl ist für den Mathematiker Badiou unstrittig, „dass ‚Eins' eine Zahl ist."[22] Zwar existiert für ihn philosophisch gesehen kein ‚Eins' (was natürlich in Bezug auf das Eine – ‚unum' – der Transzendentalienlehre wiederum infrage gestellt werden kann), mathematisch gesehen jedoch gibt es eine „Zäh-

---

[17] *Badiou/Tarby*, Die Philosophie und das Ereignis (wie Anm. 11), 17.
[18] In der Darstellung der mathematischen Ontologie Badious, die der axiomatischen Mengenlehre nach Zermelo/Fraenkel folgt, orientiere ich mich weitestgehend an *Philipp Geitzhaus*, Paulus und das Ereignis. Alain Badious Apostel, in: ders./M. Ramminger (Hg.), Ereignis, Freiheit, Transzendenz. Auseinandersetzungen mit Alain Badiou (Edition ITP-Kompass 32), Münster 2020, 49–70, bes. 61–63.
[19] *Badiou*, Das Sein und das Ereignis (wie Anm. 11), 41.
[20] Ebd., 43.
[21] Ebd., 37.
[22] Ebd., 38.

lung-als-Eins"[23] als Rechenoperation. Diese Zählung-als-Eins braucht es als mathematische Referenzgröße, um überhaupt die ontologische Vielheiten von Vielheiten erkennen zu können. Die Zählung-als-Eins ist somit nicht mehr, aber auch nicht weniger als die strukturierende Bedingung der Möglichkeit, die Vielheiten von Vielheiten überhaupt denken zu können. Für Badiou gilt sodann, dass dort, wo die Zählung-als-Eins Vielheiten von Vielheiten strukturiert, Situationen entstehen.

Philosophisch betrachtet taucht an dieser Stelle allerdings ein weiteres Problem auf. Denn wenn, wie skizziert, die Zählung-als-Eins für die Strukturierungsarbeit verantwortlich zeichnet, dann ist, so Badiou, auch die Strukturierung nur eine. Damit kann die durch die Zählung-als-Eins strukturierte Vielheit von Vielheiten letztendlich nur Einheit/Eins, nicht aber wirkliche Vielfalt herstellen. Hier bedarf es also einer alternativen gedanklichen Struktur, die aus dieser ontologischen „Sackgasse"[24] herausführt. Philipp Geitzhaus fasst zusammen: „Auf der Ebene der Strukturierung bzw. der strukturierten Vielheit kann nichts Neues gedacht werden, da schon immer alles benannt und strukturiert ist. Badious Herausforderung besteht darin, zu zeigen unter welchen Bedingungen dennoch etwas Neues gedacht bzw. als Neues erkannt werden kann."[25]

An dieser Stelle kommt das Ereignis ins Spiel, mit dessen Hilfe Badiou die letztlich immer auf ,Eins' hinauslaufende Ontologie dennoch einer Vielfalt öffnen will. In seinem Buch „Court traité d'ontologie transistoire"[26] postuliert er: Die „Norm des Einen"[27] muss „detotalisiert"[28] werden. Aus der Ontologie, die für Badiou nicht weniger darstellt als „die allgemeine Ordnung des Denkens"[29], ergibt sich nun für seine Ereignistheorie folgerichtig, dass „Heterogenes, Unvorhersehbares, Neues konstitutiv in das Denken einzubeziehen"[30] ist. Erst so wird eine Vielheit von Vielheiten, die nicht auf das Eins eines Ursprungs zurückgeführt werden kann, denkbar.

Damit sich ein Ereignis ereignen kann, bedarf es nach Badiou einer „Ereignisstätte"[31] und eines hinzutretenden Signifikanten. Damit gilt: „Die Stätte ist immer nur eine *Seinsbedingung* des Ereignisses."[32] Das hat zu Folge, dass es

---

[23]	Ebd., 43.
[24]	*Geitzhaus*, Paulus und das Ereignis (wie Anm. 18), 62.
[25]	Ebd., 57.
[26]	*Alain Badiou*, Gott ist tot. Kurze Abhandlung über eine Ontologie des Übergangs, Wien 2015 (frz. Court traité d'ontologie transistoire, Paris 1998).
[27]	Ebd., 56.
[28]	Ebd.
[29]	*Badiou*, Das Sein und das Ereignis (wie Anm. 11), 18.
[30]	*Geitzhaus*, Paulus und das Ereignis (wie Anm. 18), 63.
[31]	*Badiou*, Das Sein und das Ereignis (wie Anm. 11), 199 u. ö.
[32]	Ebd., 206.

„keinerlei Notwendigkeit [gibt], dass aus einer Ereignisstätte ein Ereignis hervorgeht"[33]. Das Moment des Surplus, das an die und zu der Ereignisstätte hin-
zukommen muss, wird zum notwendigen Teil des Ereignisses. Badiou definiert
dementsprechend das Ereignis in seiner Gesamtheit wie folgt: „Ich nenne Ereignis der Stätte X eine Vielheit, die sich zum einen aus den Elementen der
Stätte und zum anderen aus sich selbst zusammensetzt."[34]

5.   ‚Anti-Ontologie' als Denken dessen, was (theologisch) sein könnte

Die hier philosophisch rekonstruierte Ontologie des Ereignisses zeitigt in poli-
tisch-theologischer Hinsicht theoretische wie praktische Konsequenzen. Badious
Ausgangsfrage lautete: Wie kommt Neues in die Welt? Michael Ramminger
hat die Frage mit Francis Fukuyama im Blick auf das von diesem in die Debatte eingebrachte ‚Ende der Geschichte' reformuliert[35]: Wenn die These Fuku-
yamas stimmt, nach der das Ende der Geschichte eine sehr traurige Zeit sein
wird („The end of history will be a very sad time"[36]), dann steht die Frage im
Raum, wie eventuell diese Traurigkeit der Zeit überwunden werden und vielleicht doch ein Neubeginn von Geschichte gedacht und realisiert werden
kann.[37] Das Ziel, die Traurigkeit zu überwinden impliziert nach Marx auf jeden
Fall die Anstrengung, *„alle Verhältnisse umzuwerfen*, in denen der Mensch ein
erniedrigtes, ein geknechtetes, ein verlassenes, ein verächtliches Wesen ist."[38]
    Geschichte wird von Badiou jedoch nicht im klassischen marxistischen
Sinne als ein unaufhaltsam voranschreitender Emanzipationsprozess gedacht,
sondern ganz im Gegenteil als Unterbrechung der Perpetuierung des ewig
Gleichen. Das immer Gleiche ist aber nichts anderes als die andauernde Exklu-
sion der Machtlosen. Unterbrechung meint dann nicht weniger als eine Praxis,
die das in der Unrechtsgeschichte akkumulierte Leid umzukehren und aufzu-

---

[33] *Geitzhaus*, Paulus und das Ereignis (wie Anm. 18), 64.
[34] *Badiou*, Das Sein und das Ereignis (wie Anm. 11), 206.
[35] Vgl. zum folgenden Gedankengang: *Michael Ramminger*, Ereignis, Treue, Unterbre-
     chung. Badiou und die politische Theologie, in: P. Geitzhaus /ders. (Hg.), Ereignis, Frei-
     heit, Transzendenz, Münster 2020, 29–47, bes. 31–36.
[36] *Francis Fukuyama*, The End of History?, in: The National Interest No. 16 (Summer
     1989), 3–18, hier 18.
[37] Vgl. Ebd.: „Perhaps this very prospect of centuries of boredom at the end of history will
     serve to get history started once again."
[38] *Karl Marx*, Zur Kritik der Hegelschen Rechtsphilosophie. Einleitung, in: ders./F.
     Engels, Werke (1), Berlin/DDR 1976, 378–391, hier 385.

heben willens und in der Lage ist. Der Begriff, den Badiou für diesen Versuch wählt, Geschichte anders zu denken – weder als zu Ende gekommenes Projekt (Fukuyama) noch als revolutionäre Notwendigkeit (Marx) –, ist der des Ereignisses.

Spätestens an dieser Stelle bereits wird deutlich, wie sehr Badious Reflexionen dem „apokalyptischen Geschichts- und Zeitverständnis in Judentum und Christentum"[39] verwandt sind, das in prominenter Weise von Metz in die neue Politische Theologie implementiert worden ist.[40] Metz hatte sich seiner Zeit ja ebenfalls, so erinnert Ramminger, „auf die Suche nach der Begründung der Möglichkeit von Geschichte begeben, ohne den Fallstricken marxscher, aber auch hegelscher Dialektik zu erliegen, denen das Neue entweder das aus dem Alten entstehende (Marx) oder das im Vorgriff bereits existierende (Hegel) war."[41] Apokalyptisches Denken bei Metz ist charakterisiert durch die vorbehaltlose Wahrnehmung des durch und durch katastrophischen Charakters von Zeit und Geschichte. Daraus ergibt sich für eine politische Theologie die Notwendigkeit, ein Ende bzw. den Abbruch der Zeit zu denken. Dies geschieht nicht in Modus der Resignation, sondern in der Hoffnung auf eine Wiederherstellung der Schöpfung und die praktische Verwirklichung des verheißenen Gottesreiches.[42] Rettung angesichts der Katastrophe verheißt allein eine Solidarität, die auch die Opfer vergangener Unrechtsgeschichte miteinschließt. Nur eine solche, alle Menschen in Geschichte, Gegenwart und Zukunft umfassende Solidarität kann als wirklich universal bezeichnet werden.

Diese auch nach rückwärts rettende Universalität ist theologisch gesehen allerdings nicht allein dem Einfall des absolut Neuen geschuldet, sondern ebenso – das gilt es gegen Badiou zu betonen – dem Eingedenken des Vergangenen: „Das Eingedenken kann [...] das Abgeschlossene (das Leid) zu einem Unabgeschlossenen machen. Das ist Theologie; aber im Eingedenken machen wir eine Erfahrung, die uns verbietet, die Geschichte grundsätzlich atheologisch zu begreifen"[43]. So formulierte es Walter Benjamin.

---

[39] *Ramminger*, Ereignis, Treue, Unterbrechung (wie Anm. 35), 34.

[40] Vgl. z.B. *Johann Baptist Metz*, Der Kampf um die verlorene Zeit. Thesen zur Apokalyptik, in: J. Manemann (Hg.), Befristete Zeit (Jahrbuch Politische Theologie 3), Münster 1999, 212–221.

[41] *Ramminger*, Ereignis, Treue, Unterbrechung (wie Anm. 35), 35.

[42] Vgl. dazu *Ulrich Engel*, „Das Zeitgenössische ist das Unzeitgemäße". Betrachtungen zu Dauer und Ende der Zeit mit Walter Benjamin und Giorgio Agamben, in: T. Dienberg/ T. Eggensperger/U. Engel (Hg.), Zeit ohne Ewigkeit. Lebensgefühl und Last des gehetzten Menschen, Ostfildern 2018, 82–122.

[43] *Walter Benjamin*, Gesammelte Schriften. Unter Mitwirkung von Theodor W. Adorno und Gershom Scholem, hrsg. von Rolf Tiedemann und Hermann Schweppenhäuser, Frankfurt/M. 1991, V/1,45–V/2,1063, hier V/1,589.

In dieser Spur hat Michael Ramminger Badious Ereignis-Philosophie als „Anti-Ontologie"[44] charakterisiert. Diese zeichne sich dadurch aus, dass „in ihrem Zentrum nicht so sehr das Denken des Seins, also dessen, was ist, sondern das Denken dessen, was sein könnte"[45], stehe.

6. Konsequenzen aus der paulinischen Ereignis-Theorie nach Badiou

Was folgt für Badiou aus der Konversionserfahrung des Paulus vor Damaskus? Ich hebe vier Punkte heraus: *Subjektwerdung, Universalismus, Kritik identitärer Macht- und Herrschaftsformen, Wahrheitsprozedur.*

6.1 Subjektwerdung

Das Ereignis markiert Ort und Zeitpunkt, an dem Transzendenz in Geschichte einbricht und diese in ihrem Lauf unterbricht. ‚Transzendenz' ist hier ein Synonym für ‚Wahrheit', denn im Damaskus-Ereignis erweist sich der lebendige Christus für Paulus als wahr. Bewiesen werden kann diese Wahrheit allerdings nur von der:dem, die:der sie erfahren hat und sich zu ihr bekennt.[46] Paulus ist durch das Ereignis vor den Toren von Damaskus zu einem neuen Subjekt – d.h. zum Subjekt überhaupt erst – geworden. Der Bruch konstituiert das Subjekt. Das alte Sein des Paulus ist unter- und zerbrochen worden: „Das Alte ist vergangen, siehe, Neues ist geworden." (2 Kor 5,17b[47]) Und Paulus, dem das Ereignis widerfahren ist, ist dieses neue, veränderte Subjekt, „solange und insoweit [...] er dem Christusereignis *treu* bleibt."[48] Nach Badiou ist es die Praxis der Liebe und Gerechtigkeit, die an der Möglichkeit des Subjekt-Seins im Hier und Jetzt festhält. Subjekt meint bei Badiou einen subjektiven Prozess, der sich auf der einen Seite der Gabe des Ereignisses verdankt und auf der anderen Seite das Ereignis durch Wahrnehmung, Bekenntnis und Liebes- bzw.

---

[44] *Ramminger*, Ereignis, Treue, Unterbrechung (wie Anm. 35), 32.
[45] Ebd.
[46] Vgl. *Badiou*, Paulus (wie Anm. 10), 13.
[47] Einheitsübersetzung der Heiligen Schrift.
[48] *Geitzhaus*, Paulus und das Ereignis (wie Anm. 18), 57.

Gerechtigkeitspraxis erst aktiviert. „Das Subjekt sowie das Ereignis ist nicht ohne die Praxis des Subjekts zu denken."[49]

Als Zwischenfazit kann mit Badiou festgehalten werden: „Das Auftreten des christlichen Subjekts ist voraussetzungslos."[50] Die Begründung für diese These findet Badiou in der Auferstehung: „So, wie die Auferstehung vollkommen unkalkulierbar […] ist […], so ist der Glaube des Paulus das, wovon er selbst als Subjekt ausgeht und wo nichts hinführt."[51]

Die christliche Tradition kennt allerdings nicht bloß voraussetzungslose, quasi jetztzeitige Ereignisse, die über einen Menschen kommen und Subjekte neu konzipieren. In der Treue nach ‚rückwärts' im Modus der *Memoria passionis* gilt das Gedenken den oben erwähnten Opfern der Geschichte. In der Treue nach ‚vorwärts' geht es um die *Hoffnung* auf die endzeitliche Rettung aller, die sich aus dem (Christus-)Ereignis und der Verheißung des bereits angebrochenen Reich Gottes speist.[52] Beide das Ereignis ergänzende Modi – Memoria und Hoffnung – sind nach Metz praktische, die das Subjekt in seiner Würde rekonstruieren.[53]

6.2 Universalismus im Widerstand gegen Partikularinteressen

Badiou hat seinem Paulus-Buch den Untertitel „La fondation de l'universalisme" („Die Begründung des Universalismus") gegeben. Er begreift den Universalismus als „geschichtliche Möglichkeit"[54]. Das bedeutet für ihn, dass das Ereignis, das die Geschichte des Immergleichen unterbricht und vom durch diese Erfahrung konstituierten Subjekt als wahr erkannt und bekannt wird, gesellschaftliche Konsequenzen für alle zeitigt. Dabei interpretiert Badiou den paulinisch abgeleiteten Universalismus primär politisch: Keine Interessengruppe, keine Nation und keine Elite, keine Ethnie und auch sonst keine wie auch immer geartete, in sich geschlossene und von anderen abgegrenzte Gemein-

---

[49] *Philipp Geitzhaus*, Paulinischer Universalismus. Alain Badiou im Lichte der Politischen Theologie (Edition ITP-Kompass 26), Münster 2018, 75.

[50] *Badiou*, Paulus (wie Anm. 10), 36.

[51] Ebd., 35.

[52] Zum Reich-Gottes-Theologumenon und seiner politisch-theologischen Relevanz vgl. exemplarisch: *Ulrich Engel*, Kollektive Reich Gottes-Praxen im Konjunktiv. Politisch-theologische Reflexionen wider die rechte Normalisierung, in: J.-N. Collet/J. Lis/G. Taxacher (Hg.), Rechte Normalisierung und politische Theologie. Eine Standortbestimmung, Regensburg/Münster 2021, 139–157.

[53] Vgl. dazu die Selbstkennzeichnung der Metz'schen Theologie als praktische Fundamentaltheologie: *Johann Baptist Metz*, Glaube in Geschichte und Gesellschaft. Studien zu einer praktischen Fundamentaltheologie, Mainz 1977.

[54] *Badiou*, Paulus (wie Anm. 10), 12.

schaft kann exklusiv und exklusiven Anspruch auf die Wahrheit erheben. Diese alle Ab- und Ausschließungen unterminierende Maxime gilt selbstredend auch hinsichtlich der Religionen und Kirchen: in Bezug auf das Gesetz bzw. Dogma (für Paulus: das jüdische Gesetz als Voraussetzung der Taufe), in Bezug auf die Tradition, in Bezug auf die ἐκκλησία, in Bezug auf alle religiös verbrämten Identitätspolitiken. Keine partielle Kommunität kann sich mit der Wahrheit identifizieren.

6.3 Kritik identitärer Macht- und Herrschaftsformen

Die Wahrheit sprengt alle Identitäten auf. Wie auch umgekehrt gilt: „The truth does not need any prior identity to do its work"[55]. In diesem Sinne zielt der im Ereignis grundgelegte Wahrheitsprozess auf Universalität. Mehr noch unterstreicht Ezra Delahaye: „[T]he truth has to be universal."[56] Dem Universalismus kommt dabei eine politische Widerstandskraft gegen alle real existierenden Formen von Nationalismus und Neoliberalismus samt den damit einhergehenden ökonomischen und sozialen Ungleichheiten zu. „Badiou geht davon aus, dass diesen Ideologien nur mittels der Proklamation eines bestimmten Universalismus zu begegnen ist, der die Gleichheit aller Menschen unterhalb der jeweiligen Identität bedeuten soll."[57] Badious Universalismus ist also dezidiert macht- und herrschaftskritisch konnotiert. Diese ‚Gleichheit aller Menschen unterhalb der jeweiligen Identität' findet Badiou in Gal 3,28 wieder, wenn Paulus dort (im Blick auf die ‚Fabel' des Christusereignisses) die trennenden Partikularismen unterläuft und aufgehoben sieht: „Es gibt nicht mehr Juden und Griechen, nicht Sklaven und Freie, nicht männlich und weiblich; denn ihr alle seid einer in Christus Jesus."[58] Ich stimme Michael Ramminger zu, der die paulinische Aussage als einen Aufruf zu einer Form der Universalität interpretiert, „die die Differenzen gerade nicht negiert, ihnen aber ihre trennende Bedeutung bestreitet."[59] Die Pointe der Verkündigung des Völkerapostels liegt eben darin, dass er keine Nivellierung im Sinne einer Gleichmacherei betreibt, sondern auf eine in Christus Jesus gegründete nicht mehr exkludierende Egalität aller Menschen *in* ihren Verschiedenheiten zielt.

---

[55] *Ezra Delahaye*, The Philosopher's Paul: A Radically Subversive Thinker, in: G.-J. van der Heiden / G. van Kooten / A. Cimino (Eds.), Saint Paul and Philosophy. The Consonance of Ancient and Modern Thought, Berlin/Boston 2017, 81–93, hier 87.
[56] Ebd.
[57] *Geitzhaus*, Paulus und das Ereignis (wie Anm. 18), 57.
[58] Einheitsübersetzung der Heiligen Schrift.
[59] *Ramminger*, Ereignis, Treue, Unterbrechung (wie Anm. 35), 41.

Badiou bezeichnet diesen egalitären, alle trennenden Partikularismen aufhebenden und damit dezidiert herrschaftskritischen paulinische Diskurs in seiner Bezogenheit auf den auferstandenen Christus Jesus als ‚Diskurs des Sohnes': „Nur derjenige Diskurs hat die Chance, universal zu sein, sich aller Partikularismen zu entledigen, der sich als ein *Diskurs des Sohnes* darstellt."[60] Dabei steht der Diskurs des Sohnes in Opposition zum Diskurs des Herren. Denn „[d]er auferstandene Sohn macht die ganze Menschheit zu Söhnen."[61] ... und Töchtern!

6.4 Wahrheitsprozedur zwischen Gottesfurcht und messianischer Praxis

Das Ereignis ist Gabe und Gnade. Es ist „weder ein Vermächtnis, noch eine Tradition, noch eine Vorhersage. Es ist überabzählbar zu all dem und wird als reine Gabe präsentiert."[62] In diesem Sinne ist das Ereignis Einbruch von Transzendenz und deshalb überzählig zu einer kapitalistischen Welt, in der ökonomisches und technisches Kalkül die Agenda bestimmen.[63] Zugleich jedoch bedarf es in Konsequenz der geschenkten Gabe auch des menschlichen Handelns im Sinne der von Martin Buber betonten „messianische[n] Kraft"[64], die allen Kreaturen zu eigen ist. Zentrale Kriterien einer solchen messianischen Praxis von Einzelnen oder Vielen sind nach Apg 10,34b–35 *Gottesfurcht* und *Gerechtigkeit*: „Wahrhaftig, jetzt begreife ich, dass Gott nicht auf die Person

---

[60] *Badiou*, Paulus (wie Anm. 10), 82.

[61] Ebd., 113.

[62] *Alain Badiou*, Paulus. Der Begründer des universalen Subjekts, in: Geitzhaus/Ramminger (Hg.), Ereignis, Freiheit, Transzendenz (wie Anm. 35). 11–27, hier 19. Die deutsche Fassung bezieht sich auf einen Vortrag Badious, „den er in Münster nicht halten konnte"; ebd., 9.

[63] Vgl. *Badiou*, Paulus (wie Anm. 10), 119: „Dieses Ereignis ist ‚Gnade' (χάρις). Es ist also weder ein Vermächtnis noch eine Tradition noch eine Predigt. Es ist überzählig zu all dem und stellt sich als reine Gabe dar."

[64] *Martin Buber*, Geleitwort zur Gesamtausgabe [Geleitwort zu „Die chassidischen Bücher"], in: M. Buber, Chassidismus II: Theoretische Schriften, hrsg., eingeleitet und kommentiert von Susanne Talabardon (Martin Buber Werkausgabe 17), Gütersloh 2019, 129–143, hier 140. Im Blick auf den Chassidismus führt Buber aus: „Allem Menschentum ist die mitwirkende Kraft zugeteilt, alle Zeit ist erlösungsunmittelbar, alles Handeln um Gottes willen darf messianisches Handeln heißen." Ebd., 142. In eine ähnliche Richtung weist auch die These vom βασιλεία-Kollektiv der Armen und sonstig Exkludierten in Israel, das Träger des Reiches Gottes angesehen wird; vgl. *Gerd Theißen*, Gruppenmessianismus. Überlegungen zum Ursprung der Kirche im Jüngerkreis Jesu, in: A. Merz (Hg.), Jesus als historische Gestalt. Beiträge zur Jesusforschung. Zum 60. Geburtstag von Gerd Theißen (FRALANT 202), Göttingen 2003, 255–281.

sieht, sondern dass ihm in jedem Volk willkommen ist, wer ihn fürchtet und tut, was recht ist."[65] Gemäß dieser lukanischen Einsicht gilt, was Badiou im Blick auf die Rezeption des Ereignisses feststellt: „Alles hängt dann von der Art und Weise ab, wie diese Möglichkeit, die vom Ereignis vorgeschlagen wurde, in der Welt ergriffen, bearbeitet, inkorporiert und entfaltet wird."[66] Genau das nennt Badiou „Wahrheitsprozedur"[67].

7.   Fragen an Liturgiewissenschaft und liturgische Praxis

Liturgische Vollzüge nehmen für sich in Anspruch, das Christusereignis in seinen verschiedenen Akten – Gottesreichbotschaft, Gerichtsworte, Kreuz, Auferstehung, Geistsendung[68] – zu aktualisieren. Dabei stehen die Menschen im Zentrum dieses Geschehens. Denn nach Karl Rahner ist der Mensch „das Ereignis einer freien, ungeschuldeten und vergebenden, absoluten Selbstmitteilung Gottes"[69]. Wenn also das gottesdienstliche Ereignis das Christus*ereignis* selbst aktualisiert, in dem wiederum der Mensch *Ereignis* der Selbstmitteilung Gottes ist, dann ist unter politisch-theologischen Vorzeichen vor allem nach den Kategorien zu fragen, die nach Badiou das Ereignis in der Vielheit der Vielheiten anti-ontologisch – d.h. im Sinne eines Denkens und einer Praxis dessen, was (theologisch) sein könnte – strukturieren. Vor diesem Hintergrund seien abschließend die folgenden Fragen formuliert. Sie verstehen sich als Vorschläge an die Fachvertreter:innen der Liturgiewissenschaft für ihre Debatten über m.E. dringend notwendige Reformen der liturgischen Praxis:

– Entfalten die Badiouschen Ereignis-Kategorien Subjektwerdung, Universalismus, Kritik identitärer Macht-/Herrschaftsformen und Wahrheitsprozedur in den aktuell üblichen liturgischen Vollzügen ihr Potential?

---

[65]   Einheitsübersetzung der Heiligen Schrift.

[66]   *Badiou/Tarby*, Die Philosophie und das Ereignis (wie Anm. 11), 17.

[67]   Ebd.

[68]   Vgl. *Raymund Schwager*, Jesus im Heilsdrama. Entwurf einer biblischen Erlösungslehre (Innsbrucker theologische Studien 9), Innsbruck/Wien 1990, bes. 43–75 („Die anbrechende Gottesherrschaft"). Es muss an dieser Stelle offenbleiben, wie weit die von Schwager benannten fünf Akte des christlichen Heilsgeschehens – Gottesreichbotschaft, Gerichtsworte, Kreuz, Auferstehung, Geistsendung – mit den fünf von Badiou erarbeiteten politisch-philosophischen Aspekten Subjekt, Gesetz, Identität, Ereignis und Universalismus parallelisierbar sind.

[69]   *Karl Rahner*, Grundkurs des Glaubens. Einführung in den Begriff des Christentums, Freiburg/Br. 1976, 122.

– Unter welchen Umständen werden Gottesdienste als Unterbrechung des Immergleichen erfahren?

– Wo ermächtigen liturgisch-rituelle Vollzüge Menschen zur Subjektwerdung?

– An welcher Stelle im Ereignis des Gottesdienstes wird Altes gelassen, wo ereignet sich Neues?

– Durch welche Vollzüge stiften liturgische Ereignisse Universalität und helfen, exkludierende Partikularinteressen aufzubrechen und wenigsten ansatzweise Egalität ins Werk zu setzen?

– Unter welchen Bedingungen wird die liturgisch gefeierte Verheißung als Kritik am Bestehenden verstanden, sodass das Gottesdienst-Ereignis gesellschaftspolitische Wirkung entfaltet?

– Welcher Form und Gestalt bedürfen liturgische Riten und Rituale, damit in ihnen der rettende ‚Diskurs des Sohnes‘ für die ganze Menschheit erfahrbar werden kann?

– Wo in den sonn- oder werktäglichen Gottesdiensten wird das kritische Potential des liturgischen Handelns im Blick auf identitäre Macht- und Herrschaftsformen in unserer Gesellschaft und in der Kirche selbst erkennbar?

– Erwächst aus dem Ereignis der Liturgie ein solches kritisches Bewusstsein auch und besonders im Blick auf die kirchliche „Arena des Missbrauchs"[70]?

– Was bedarf es architektonisch, damit Kirchengebäude Ereignisstätten und als solche ermöglichende Seinsbedingungen für das Christusereignis werden?

– Welche Wahrheits- und Konversionsprozeduren werden im Ereignis der Liturgie, so wie es zelebriert wird, initiiert?

– Und wie muss eine ‚Ars celebrandi‘ gestaltet sein, die zumindest gewillt ist, bei den Feiernden ein spirituelles Bewusstsein dafür zu öffnen, dass überhaupt etwas Unvorhergesehenes in ihr Leben und das von Kirche und Welt einbrechen kann, ein Ereignis, das alle Verhältnisse radikal und revolutionär auf den Kopf stellt?

– Schlussendlich und vielleicht ganz lapidar: Was braucht es in pastoralliturgischer Hinsicht, damit unsere Gottesdienste endlich wieder ereignisförmiger werden?[71]

[70]   *Hans-Joachim Höhn*, Anders glauben, nicht trotzdem. Sexueller Missbrauch in der Katholischen Kirche und die theologischen Folgen, Ostfildern 2021, 185.

[71]   Ich danke meinem Kollegen Thomas Eggensperger OP für die kritische Durchsicht meines Textes, und Sidney Kaufmann, studentischer Mitarbeiter am Institut M.-Dominique Chenu Berlin, für die formale Einrichtung meines Beitrags.

Kirchenentwicklung und Liturgie

Liturgie als Quelle auf Wegen kirchlicher Erneuerung

Theologische Akzente und Momentaufnahmen aus der deutschsprachigen Schweiz

Gunda Brüske

„Die Eucharistie [und die Liturgie] ist bereits aus sich selbst heraus ‚Quelle und Gipfel [Höhepunkt]‘ der synodalen Dynamik der Kirche."[1] So formuliert es das Arbeitsdokument „Mach den Raum deines Zeltes weit" für die kontinentale Etappe des synodalen Prozesses. Die berühmten Metaphern (vgl. SC 10; LG 11) werden im Hinblick auf Synodalität weitergeschrieben. Das ist überraschend. Es sieht so aus, als stünde vermittelt über den synodalen Prozess Kirchenerneuerung durch Liturgie weit oben auf der Agenda der Kirche.

Die Begriffe „Kirchenerneuerung" und „Kirchenentwicklung" sind in den aktuellen Diskussionen nicht eindeutig bestimmt. Der kleinste gemeinsame Nenner ist der Impuls „weiter wie bisher geht nicht". Was erneuert oder entwickelt werden kann und soll, darüber sagen die Begriffe ebenso wenig wie über die Zielperspektive oder den Weg dorthin. Doch immer geht es darum, ernsthaften Problemen nicht länger aus dem Weg zu gehen, sie vielmehr entschlossen anzupacken. Es fallen alte und neue Stichworte wie „Relevanzverlust der Kirchen", „Krise des kirchlichen Amtes", „Klerikalismus", „Missachtung der

---

[1] „Mach den Raum deines Zeltes weit" (Jes 54,2). Arbeitsdokument für die kontinentale Etappe, Nr. 89, vgl. Nr. 11, siehe: https://www.dbk.de/fileadmin/redaktion/diverse_downloads/presse_2022/2022-172a_Mach-den-Raum-deines-Zeltes-weit-Synode_2021-2024-Arbeitsdokument-kontinentale-Etappe.pdf (aufgerufen am 2.12.2022). Die Formulierung findet sich ähnlich bereits im Schlussdokument der Amazonassynode als Überschrift zu Nr. 109–111 „Eucharistie – Quelle und Höhepunkt synodaler Gemeinschaft" und Nr. 109: „Sie ist Quelle und Höhepunkt aller Evangelisierung", in: Bischofssynode – Sonderversammlung für Amazonien. Neue Wege für die Kirche und für eine ganzheitliche Ökologie. Schlussdokument, 25.10. 2019, Bischöfliches Hilfswerk MISEREOR (Hg.), Aachen 2019. Vgl. auch Internationale Theologenkommission, Die Synodalität in Leben und Sendung der Kirche (Bonn 2018, Verlautbarungen des Apostolischen Stuhls Nr. 215): „Die Synodalität hat ihren Ursprung und ihren Höhepunkt in der liturgischen Feier und in einzigartiger Weise in der vollen, bewussten und aktiven Teilnahme an der eucharistischen Versammlung." Nr. 47.

Rolle der Frauen", „Sexuallehre der Kirche", „Priester- und Gläubigenmangel",
„Verdunstung des Glaubens", „Krise der Sakramentenpastoral" und anderes
mehr. Das gottesdienstliche Leben ist eminent betroffen.

Wer von Kirchenerneuerung oder -entwicklung spricht, begibt sich in ein
komplexes Handlungsfeld. Wie dieses Feld dann beschrieben wird, hängt z. B.
an Kirchenbildern, sozialisatorischen Prägungen, kirchenpolitischen Einstellungen und theologischen Optionen. Es ist also notwendig, eine dem eigenen
Aufgabenbereich entsprechend spezifische Perspektive zu benennen. Ich biete
dafür im ersten Abschnitt (nur) drei liturgietheologische Ansatzpunkte an. Im
zweiten Abschnitt wird es einerseits um Erwartungen gehen, die in den
Schweizer Synodenberichten zum Ausdruck kommen, andererseits um Pilot-
projekte des Liturgischen Instituts der deutschsprachigen Schweiz, die einen
Weg der Kirchenerneuerung durch Liturgie anstreben.[2]

1. Drei liturgietheologische Grundsätze als Movens für Erneuerung

1.1 Liturgie als Dialog zwischen Gott und den Menschen

Liturgie ist Dialog zwischen Gott und den Menschen. Gott ist kein Dialogver-
weigerer, er spricht in der Liturgie noch immer zu seinem Volk. Wenn man
den Begriff „Volk" auf die getauften Mitglieder der katholischen Kirche bezieht, stellt die Tatsache, dass im deutschen Sprachgebiet etwa 90–95 % der
Katholikinnen und Katholiken dem sonntäglichen Gottesdienst regelmäßig
fernbleiben, eine ernsthafte Anfrage dar. Das hat zahlreiche Gründe, die zu
nennen den Rahmen sprengen würde.

So oder so: Der größte Anteil der Fernbleibenden wird von diesem liturgischen Dialog nichts wissen, kann ihn nicht mit persönlichen Erfahrungen verbinden und auch nicht immer mit dem personalen Gottesbild, das die Liturgie
voraussetzt. Viele Gläubige sind, um es mit einer Formel zu sagen, „sakramentalisiert nicht evangelisiert"[3]. In der Konsequenz heißt das: Der Weg zur Liturgie beginnt weit außerhalb des Kirchenraums. Die Kirche muss, mit Papst

---

[2] Der erste Teil dieses Beitrags stellt die weitgehend unveränderte liturgietheologische
Grundlegung zu den drei Länderstatements aus Deutschland, Österreich und der
Schweiz dar. Für die schriftliche Fassung wurde das Statement zur Schweiz im zweiten
Teil des Beitrags erweitert und aktualisiert.

[3] Kard. Basil Hume zugeschrieben, aber häufig ohne Namensangabe angeführt.

Franziskus gesprochen, „an die Ränder gehen", an ihre eigenen Ränder zu den „nur" Sakramentalisierten und darüber hinaus zu allen Menschen, denn darin besteht nach Mt 28,19f. ihre Sendung.

Liturgietheologisch formuliert geht es hier um Martyria, die der Leitourgia vorausliegt (vgl. SC 9), also nicht um Verkündigung innerhalb der Liturgie (Predigt etc.), auch nicht um Formen von katechetischer oder geistlicher Begleitung, was grundsätzlich Evangelisierte voraussetzt. Vielmehr geht es um eine kraftvolle Erstverkündigung. Das würde die Kirche zweifellos verändern. Es würde bedeuten, dass die seit mindestens 50 Jahren als Auslaufmodell erkannte Volkskirche als historisch gewachsene, lange tragende Sozialform von Kirche gewürdigt und in Ehren verabschiedet wird. Papst Franziskus hat sich immer wieder für diesen Paradigmenwechsel, der sich bei ihm mit den Stichworten „Mission", „Evangelisation", „Jüngerschaft" verbindet, ausgesprochen. Mit dem Dokument von Aparecida, an dem er maßgeblich beteiligt war, spricht er in „Evangelii Gaudium" von der Notwendigkeit, „von einer rein bewahrenden zu einer entschieden missionarischen Pastoral überzugehen" (EG Nr. 15).[4] Der Schritt hin zu einer missionalen[5] Pastoral ist gewaltig und mitunter ein heißes Eisen. Dieser Wechsel sollte dazu führen, dass der Anteil von Evangelisierten und nicht nur Sakramentalisierten zunimmt und damit auch von solchen, die aufgrund ihrer persönlichen Glaubensentscheidung in jenen Dialog Gottes mit den Menschen eintreten können und wollen, der in der Liturgie vollzogen wird. Zweifellos würde dies das Miteinander als Gottesdienst feiernde Kirche ebenso verändern, wie es durch das erneuerte Katechumenat in den USA geschah.

1.2   Liturgie als Feier des Pascha-Mysteriums

Liturgie ist Feier des Pascha-Mysteriums, der österliche Schritt vom Tod zum Leben, ein für alle Mal durch Jesu Tod am Kreuz und die Auferweckung durch

---

[4]   Apostolisches Schreiben EVANGELII GAUDIUM des Heiligen Vaters Papst Franziskus an die Bischöfe, an die Priester und Diakone, an die Personen geweihten Lebens und an die christgläubigen Laien über die Verkündigung des Evangeliums in der Welt von heute. 24. November 2013 (Verlautbarungen des Apostolischen Stuhls Nr. 194), Bonn 2013.

[5]   Ich bevorzuge das Adjektiv „missional", nicht nur um die negativen Assoziationen von „missionarisch" zu überwinden, sondern auch um auf die Dynamik von Erneuerung in der anglikanischen Kirche in England hinzuweisen. Vgl. *Michael Moynagh*, Fresh Expressions of Church. Eine Einführung in Theologie und Praxis. Zusammen mit Philip Harrold. Hg. von Jochen Cornelius-Bundschuh u. a., Gießen 2016. Zum Ort der Liturgie in der Missio Dei vgl. *Gunda Brüske*, „Gang in das Magnetfeld des Positiven". Gottesdienst neu kontextualisieren, in: HlD 74 (2020) 48–56, hier 51 f.

den Vater vollzogen, bleibende Wirklichkeit, in die alle Getauften hineingenommen sind. Eine Kirche, die sich selbst erhalten will, dreht sich um sich selbst. Sie hat offenbar Mühe, das Todesschicksal Jesu zu teilen. Ohne am Sterben Anteil zu nehmen, kann die Kirche nicht vom Auferstandenen her neu werden. Liturgie als Feier des Pascha-Mysteriums konfrontiert die Kirche und nicht nur die Gläubigen als Individuen mit dem Sterben, übt sie darin ein und eröffnet die Möglichkeit, vom Auferstandenen her neu zu werden: „Das Geheimnis von Ostern ist das Geheimnis von der Verwandlung maximaler Unsicherheit in maximale Chance".[6]

Die Liturgie muss also so gefeiert werden, dass das Pascha-Mysterium nicht nur der wertvolle theologische Begriff ist, mit dem wir arbeiten, sondern eine erfahrbare Wirklichkeit. Dazu braucht es, abgesehen von einer unbedingt zu fordernden *ars celebrandi* (nicht nur der Vorstehenden!), sicher Arbeit an der Sprache der Liturgie, eine Qualitätssteigerung von Predigten, eine Kräftigung des Gemeindegesangs ggf. mit anderen Musikstilen, eine Weiterentwicklung von Partizipation, gottesdienstliche Willkommenskultur und anderes mehr. Dabei wird auch Liebgewonnenes auf den Prüfstand kommen. Das eine oder andere wird sterben, Neues entsteht, manchmal auch durch Trial-and-Error.

Im Vertrauen auf die österliche Dynamik kann man jedoch sagen: Gott entwickelt oder (m. E. treffender:) erneuert Kirche. Eine Kirche, die sich selbst ins Zentrum stellt, um sich aus eigener Kraft zu entwickeln, steht sich im Weg. Es gehört zu ihrer sakramentalen Struktur, dass sie sich von außerhalb ihrer selbst empfängt: vom Vater durch den Sohn im Heiligen Geist. Ausdruck dieser Unverfügbarkeit ist das kirchliche Amt.

Die sakramentale Struktur muss daher wie in der Vergangenheit auch in sich verändernden Sozialformen der Kirche erhalten bleiben. Das gewährleistet auch die Rückbindung an ihre biblischen bzw. altkirchlichen Fundamente. Das sakramentale Amt steht dafür, dass Kirche immer wieder neu aus Taufe, Eucharistie und nicht zu unterschätzen aus der biblischen Verkündigung vom Auferstandenen her entsteht. Die Herausforderung besteht dann darin, die mit dem Amt gegebene Verantwortung in einer partizipativen Kultur „unter der Führung des Evangeliums" (Regula Benedicti, Prolog 21) auszuüben.

---

[6] *Florian Sobetzko/Matthias Sellmann*, Gründer*innen Handbuch für pastorale Start-ups und Innovationsprojekte, Würzburg ²2017, 208.

1.3   Liturgie als Versammlung in Christus

Gottesdienst als Versammlung (*synaxis*) von Christinnen und Christen im Namen Jesu ist die zentrale Erscheinungsweise von Kirche, so Peter Brunner in seiner fast namensgleichen Liturgietheologie.[7] Es ist für ihn *das* Merkmal des neutestamentlichen Gottesdienstes. Die christozentrische Perspektive gehört zum urchristlichen Gottesdienst ebenso wie zur liturgischen Spiritualität der Regula Benedicti, die mit einem Satz zum Gottesdienst weit über den Orden hinaus prägend war: Dem Gottesdienst nichts vorziehen (RB 43,3). Das begründet sich daraus, dass die Mönche und Nonnen Christus überhaupt nichts (*omnino nihil* RB 72,11) vorziehen sollen.[8] Man darf auch an den letzten Satz der berühmten Nr. 10 der Liturgiekonstitution zur Liturgie als Quelle und Höhepunkt denken: „Aus der Liturgie … fließt uns wie aus einer Quelle die Gnade zu; in höchstem Maß werden *in Christus* die Heiligung des Menschen und die Verherrlichung Gottes verwirklicht, auf die alles Tun der Kirche als auf sein Ziel zustrebt." (Hervorhebung GB) *In Christus*, der als der zum Vater Erhöhte seiner Kirche immer voraus ist, aber durch das liturgische Gedächtnishandeln seiner Kirche immer gleichzeitig ist, geschieht, was geschehen soll, wenn Getaufte sich zur Feier der Liturgie versammeln.

In Christus spielt sich die Liturgie auf der eschalogischen Bühne ab, die bestimmt ist vom „schon" und „noch nicht". Die Zukunft der Kirche muss daher in einer liturgietheologischen Perspektive nicht erfunden werden, sie ist schon da. Die liturgische Vergegenwärtigung der biblischen Urzeit erweist sich dann nicht nur als ein starker, biblisch fundierter Schlüssel zum Verständnis liturgischen Handeln. Die Feier der Liturgie als Versammlung von Christinnen und Christen leistet in dieser Hinsicht einen doppelten Beitrag zur Kirchenerneuerung: einen quietiven, beruhigenden, salopp gesagt: „don't panic", denn die Zukunft der Kirche ist in einer christologisch-eschatologischen Perspektive gut aufgehoben; und einen inzentiven Beitrag, indem das Gedächtnis der früheren Heilstaten zum Anstoß für das Kirche erneuernde Handeln in dieser Welt wird. Kurz: die Liturgie ist Quelle für Prozesse von Kirchenerneuerung. Ihr Beitrag ist damit meines Erachtens in erster Linie ein geistlicher, der in der Sendung in die Welt konkret werden muss.

---

[7]   Vgl. *Peter Brunner*, Zur Lehre vom Gottesdienst der im Namen Jesu versammelten Gemeinde, in: Leitourgia Bd. 1. 1954, 106.

[8]   Vgl. *Angelus A. Häußling*, „Ergo nihil operi dei praeponatur" (RB 43,3). Relecture eines benediktinischen Axioms, in: ders., Christliche Identität aus der Liturgie. Theologische und historische Studien zum Gottesdienst der Kirche, hg. v. M. Klöckener/B. Kranemann/M. Merz (LQF 79), Münster 1997, 114–130.

2.   Momentaufnahmen aus der deutschsprachigen Schweiz

Der Weg von den theologischen Erwägungen führt hier wie im wirklichen Leben nicht einfach geradeaus weiter. Das gilt um so mehr, als die Kirche in einem gewaltigen Umbruchsprozess steht, dessen Ende noch nicht absehbar ist. So ist der Blick auf Liturgie und Erneuerung in den Schweizer Synodenberichten ein anderer als in den Pilotprojekten des Liturgischen Instituts. Das muss sich nicht ausschließen. Diese Momentaufnahmen sind nicht repräsentativ und sie können schnell veralten.

2.1   Erwartungen an Erneuerung: Schweizer Synodenberichte

In der ersten Phase des synodalen Prozesses, die von der Eröffnung der Synode im Oktober 2021 bis zum Einreichen der nationalen Dokumente im August 2022 dauerte, fanden in allen Bistümern Gruppengespräche statt. In den Bistümern Basel, Chur und St. Gallen[9] konnten die Gruppen online ihre Antworten bei einem Forschungsinstitut eingeben, das für jedes Bistum eine eigene Auswertung vorlegte. Die Auswertung der Gruppenantworten wurde zusammen mit Stimmen von Einzelnen und weiteren Konsultationen in diözesanen Synodenberichten gebündelt.[10] Im nächsten Schritt erstellte die Pastoralkommission der Bischofskonferenz aus den diözesanen Berichten eine Vorlage für den nationalen Bericht, die in einem Hearing beraten und nach einer Schlussredaktion von der Schweizer Bischofskonferenz verabschiedet wurde.[11] Das Vorgehen ist insofern synodal, als zahlreiche Gläubige zu den zehn Themenfeldern der Vorlage für die erste Phase des synodalen Prozesses Stellung nehmen könnten. Dass nicht alle erreicht werden konnten (weniger vertreten: die Jugend, Kirchenferne, Migrationskirchen), vermerken die Dokumente.[12] Ich konzentriere mich im Folgenden auf den Bereich Gottesdienst.[13]

---

[9]   Sie sind überwiegend deutschsprachig, während die Bistümer Sitten und Lausanne-Genf-Freiburg nur einen kleinen Teil mit deutschsprachiger Bevölkerung haben. Dort wurden Rückmeldungen anders abgerufen.

[10]   Die diözesanen Berichte, siehe: https://pk.spi-sg.ch/synodaler-prozess/ (aufgerufen am: 30.11.2022).

[11]   Nationaler Synodenbericht Schweiz, siehe: https://www.bischoefe.ch/schweizer-synodenbericht-2022/ (aufgerufen am: 30.11.2022).

[12]   Kritisch ist auch zu vermerken, dass der Anteil der Theologinnen und Theologen an diesen Berichten hoch ist: Häufig luden sie die Gesprächsgruppen ein. Sie und andere Institutionelle machten in der Auswertung des Forschungsinstituts gfs.bern für die Bistümer Basel, Chur und St. Gallen 20–25% aus. Vor allem waren bei den Konsultationen sowie bei der Erstellung der schriftlichen Berichte auf der diözesanen wie nationalen

Die Umfrage der drei Bistümer zeigt das hohe Interesse am Themenfeld Feiern, wobei nicht definiert ist, was unter „Liturgie", „Gottesdienst", „Gebet" verstanden wird. Feiern steht im Ranking der zehn Themenfelder an zweiter oder dritter Stelle. Die Gruppen, die sich mit diesem Themenfeld beschäftigten, gehörten überwiegend zur Altersgruppe 18–39 Jahre, was in Spannung steht zur Mehrheit der Mitfeiernden und zum Durchschnittsalter jener, die in der Umfrage am stärksten vertreten sind: die 40–64jährigen (60%). Da sich der Gruppentyp informell/freiwillig mehr als andere beteiligt hat – auch als die Institutionellen –, stellt sich die Frage, ob hier die Stimme von Menschen in liturgischen Diensten, Chören, vielleicht auch Ministranteneltern herauszuhören ist. Diese Tätigkeiten finden sich auch in den Freitextfeldern. Das Interesse der Dialoggruppen ist erfreulich, doch sie sind keineswegs unkritisch, wie sich noch zeigen wird.

Im Hinblick auf den nationalen Schlussbericht ist zunächst eine Leerstelle zu vermerken: Die Eucharistiefeier kommt im Schlussdokument nicht explizit vor. Gesprochen wird von „Liturgie", „Gottesdienst", „liturgischen Feiern und spirituellen Formen".[14] Gewiss ist sie mitgemeint, doch als Quelle und Höhepunkt der synodalen Dynamik tritt sie nicht hervor. Wenn die Auswertung der Umfrage für das Bistum Basel aus den Freitextantworten die Meinung generiert, „die traditionellen Formen seien nicht zeitgemäß und sollten überdacht werden",[15] wird das kaum die Mehrheitsmeinung sein, aber meiner Erfahrung nach ist es doch mehr als eine Einzelstimme.

Das Themenfeld Feiern präsentiert der nationale Schlussbericht mit zwei widersprüchlichen Beobachtungen: „Einerseits wird die Liturgie der Kirche als Ort synodaler Kirchenerfahrung und Gemeinschaftsförderung erlebt. Hier kann sich tiefe Gotteserfahrung ereignen."[16] In der Umfrage kommt der Gemeinschaftsaspekt sehr stark zur Geltung. Die Frage „Auf welche Weise inspirieren und orientieren das Gebet und die Gottesdienste das ‚gemeinsame Gehen', also das Leben in Ihrer Gruppe oder Ihrer Gemeinschaft?" wird in der Umfrage des Bistums Basel so beantwortet: „Der Gottesdienst und das Gebet verbindet die Menschen (62%). … Der Gottesdienst bringt verschiedenste Menschen zusammen und ermöglicht ihnen ein Zusammensein (55%). … Gebete fördern

---

Ebene Theologinnen und Theologen stark beteiligt. Selbstverständlich verdienen die diözesanen Berichte wie der nationale Schlussbericht Beachtung, auch wenn sie nicht einfach als *vox populi* zu hören sind.

[13] Empfindliche Schnittstellen zu sakramententheologischen, moraltheologischen oder kanonistischen Fragen können hier nicht berücksichtigt werden.

[14] Vgl. Nationaler Schlussbericht Schweiz 4. Feiern.

[15] *Forschungsinstitut gfs.bern,* Ergebnisse aus den Dialoggruppen Bistum Basel, siehe: https://www.bistum-basel.ch/Htdocs/Files/v/17753.pdf/News/Schlussbericht_Synodaler-Prozess_Bistum-Basel.pdf?download=1 (aufgerufen am: 30.1.2022), 40.

[16] Nationaler Synodenbericht Schweiz (wie Anm. 11), Nr. 4.1.1.

Lebensfreude und Gemeinschaftsgefühl (38 %). ... Der Gottesdienst und das Gebet sorgen für ein Gemeinschaftserlebnis (34 %)."[17]

Man wird das starke Gemeinschaftsempfinden nicht vorschnell als Versammlung im Namen Jesu oder in Christus deuten dürfen, darin aber dennoch eine positive Grundlage für Erneuerung aus dem Gottesdienst bei jenen vermuten können, die (noch) mitfeiern. Sie ist jedoch nicht voraussetzungslos und hier kommt die zweite Beobachtung ins Spiel: „Andererseits werden die Ausdrucksweisen der Liturgie, ihre Sprache und Formen, als unverständlich, kaum erfahrungs- und aktualitätsbezogen sowie wenig einladend erlebt. ... Für viele ..., selbst für viele kirchlich Engagierte, bleibt sie unverständlich und unzugänglich."[18] Ein Drittel der teilnehmenden Gesprächsgruppen der Umfrage in den drei Bistümern stimmt der Aussage zu: „Die unverständliche Sprache in der Liturgie und ihre Rituale wirken für viele fremd." Positiv gewendet, aber im selben Sinn findet der Satz „Die Liturgie (Gebet) wird zeitgemäß gestaltet"[19] bei einem guten Drittel Zustimmung. Daher benennt der nationale Schlussbericht die Erwartung, dass „die Sprache und Formen der Liturgie den kulturellen Kontexten angepasst und ihre Schönheit und ihr Reichtum bewusster und kulturell angemessen gefördert werden [sollen]."[20] Zwei diözesane Berichte formulieren die Erwartung an die Sprache noch direkter: „Die SBK [Schweizer Bischofskonferenz] sollte sich dafür einsetzen, dass die liturgische Sprache in den liturgischen Büchern deutlicher dem Sprachgefühl heutiger Zeitgenossinnen und Zeitgenossen entspricht."[21] Im Bistum Basel wird gefordert: „Die Sprache soll zeitgemäß, verständlich und adressatengerecht sein. Weil dies bei den aktuellen liturgischen Texten leider oft nicht der Fall ist, müssen die offiziellen Gebetstexte jeweils vor Ort geschaffen werden können."[22] Eine Entwicklungsperspektive der Liturgie und ihrer synodalen Kraft verknüpft sich hier sehr stark mit der Sprache der Liturgie. Wenn das, wovon gesprochen wird, unverständlich ist wie z.B. der Ausdruck „Auferstehung", wird die notwendige und sinnvolle Arbeit an der liturgischen Sprache nicht genügen, um eine Erneuerung in Gang zu setzen, die aus Sakramentalisierten Evangelisierte macht.

Eine weitere Erwartung lautet: „Die Vielfalt liturgischer Feiern und spiritueller Formen soll gefördert werden, um unterschiedliche Menschen zu errei-

---

[17] Ergebnisse aus den Dialoggruppen Bistum Basel (wie Anm. 15), 38. Die Auswertung für die Bistümer Chur und St. Gallen führt zu ähnlichen Zahlen.
[18] Nationaler Synodenbericht Schweiz (wie Anm. 11), Nr. 4.1.2.
[19] Beides Ergebnisse aus den Dialoggruppen Bistum Basel (wie Anm. 15), 41.
[20] Nationaler Synodenbericht Schweiz (wie Anm. 11), Nr. 4.2.1.
[21] Schlussbericht des synodalen Prozesses im Bistum Chur (wie Anm. 10), 7.
[22] Synodaler Prozess im Bistum Basel (wie Anm. 10), 6.

chen.“[23] Was mit „Vielfalt“ gemeint ist, lässt der nationale Schlussbericht offen. Da der Umfrage der drei Bistümer zufolge spezielle Gottesdienste wie Agape-Feiern und Erntedank sowie Feiern mit kindgerechten Elementen geschätzt werden, wird man daran denken dürfen. Um dieser Erwartung zu entsprechen, braucht es allerdings keine gesamtkirchliche Synode, sondern Liturgieverant-wortliche, die zu dieser in fachlicher Hinsicht unumstrittenen Vielfalt ermutigen und befähigen. Dennoch möchte ich diese Erwartung mit Fragezeichen versehen: Wen erreichen diese Feiern? Die Sakramentalisierten am Rand der Kirche oder Menschen außerhalb der Kirche? Beides ist nicht einfach. Zu Evangelisierten werden sie dadurch wahrscheinlich nicht. In einer missionalen Dynamik braucht es m. E. unbedingt Feiern in Vielfalt, doch diese Dynamik ist nicht die Stoßrichtung der Berichte der Deutschschweizer Bistümer[24] und auch nicht die des nationalen Synodenberichts.

Schließlich gibt es im nationalen Bericht eine Erwartung, die sich direkt auf den synodalen Prozess bezieht: „Die synodale Dimension der Liturgie soll stärker geachtet und klerikale Engführungen sollen unterbunden werden.“ Für Kirchenerneuerung durch Liturgie scheinen mir beide Aussagen zentral. Damit ist noch nicht gesagt, worin die zu stärkende synodale Dimension der Liturgie besteht, doch man darf von einem knappen Bericht nicht alles erwarten. Mit einem Liturgieverständnis im Hinterkopf, das sich von der im Gedächtnis ge-feierten biblischen Urzeit bis zum schon und noch nicht der eschatologischen Erfüllung spannt, darf man das dem weiteren synodalen Prozess überlassen.

2.2   Gott feiern verändert – Pilotprojekte

2.2.1   Der Ansatz des Liturgischen Instituts der deutschsprachigen Schweiz

In einem mehrjährigen Denk- und Lernweg entwickelte das Team des Liturgi-schen Institut (LI) eine Kurzformel und eine Zielformulierung für die Arbeit der nächsten Jahre: „Gott feiern verändert. Das Liturgische Institut fördert kraftvolle Gottesdienste, aus denen die Feiernden verändert hinausgehen. Da-mit trägt es bei zum Leben und zur Erneuerung der Kirche als Gemeinschaft von Gemeinschaften.“

Mit der Kurzformel „Gott feiern verändert“ setzt das LI den Akzent auf geistliche Erneuerung, ohne strukturelle Probleme zu übersehen. Der Gottes-dienst stößt Veränderung an, insofern der dreifaltige Gott in der Liturgie der

---

[23]   Nationaler Synodenbericht Schweiz (wie Anm. 11), Nr. 4.2.2.
[24]   Eine Ausnahme ist der Bericht aus dem französischsprachigen Teil des Bistums Lausanne-Genf-Fribourg.

zuerst handelnde und Einzelne wie Kirche verändernde Akteur ist: durch sein Wort und die Sakramente – insbesondere die Eucharistie, die neu als „Quelle und Höhepunkt synodaler Dynamik" bezeichnet wird. Die Feiernden entsprechen als Vorstehende, Mitwirkende und Volk Gottes seinem Handeln durch die Qualität ihrer Gottesdienste (*ars celebrandi*, Partizipation, Kirchenmusik u. a.). So ereignet sich Wandlung, so erneuert sich Kirche.

Das im Kontext des Bibelteilens entstandene visionäre (!) Bild (!) einer „Kirche als Gemeinschaft von Gemeinschaften"[25] ist christologisch grundiert, fördert Partizipation in kleinen Gemeinschaften und stellt die Eucharistie als Sakrament der Einheit ins Zentrum. Es zeigt eine ideale, nicht klerikale Kirche der Weggefährten, die sich bestehend aus geistlichen Kleingruppen (mit Bibelteilen, man ergänze: mit einfachen Gottesdiensten) zur Einheit einer Pfarrei formt. Papst Franziskus sagt es in seiner Vision von Kirche so: „Die Pfarrei ist eine kirchliche Präsenz im Territorium, ein Bereich des Hörens des Wortes Gottes, des Wachstums des christlichen Lebens, des Dialogs, der Verkündigung, der großherzigen Nächstenliebe, der Anbetung und der liturgischen Feier. Durch all ihre Aktivitäten ermutigt und formt die Pfarrei ihre Mitglieder, damit sie aktiv Handelnde in der Evangelisierung sind. Sie ist eine Gemeinde der Gemeinschaft [it. comunità di comunità, also Gemeinschaft von Gemeinschaften] ..." (Evangelii Gaudium Nr. 28). Würde man dieses Kirchenbild weniger als Vision und mehr als Strukturmodell denken, dürfe es auch Eigenschaften von Netzwerken abbilden, insofern diese Beziehungen unterschiedlicher Nähe und Verbindlichkeit ermöglichen, was sowohl für eine missionale Dynamik wie für Synodalität notwendig ist.

Das LI kann das nicht „machen". Vielmehr braucht es Gruppen mit geistlichem Glutkern und dem Wunsch nach erneuernder Wandlung, die zusammen losgehen. Synodal eben. Nicht als Einzelkämpfer. Es braucht also neue Formate für Gruppen und die Zusammenarbeit mit Gruppen, die bereits auf diese Weise miteinander unterwegs sind. Sie sollten nicht nur aus Theologinnen und Theologen bestehen, sondern möglichst gemischt sein: Freiwillige, Nebenamtliche wie z. B. Katechetinnen, Kirchenmusizierende, Vertreterinnen und Vertreter aus Gremien einer Pfarrei.

---

[25] Es ist das letzte in einer Reihe von fünf Kirchenbildern. Vgl. *Christian Hennecke/ Gabriele Viecens*, Der Kirchenkurs. Wege zu einer Kirche der Beteiligung. Ein Praxisbuch, Würzburg 2016, 76–111; *Gunda Brüske*, „Gang in das Magnetfeld des Positiven" (wie Anm. 5), 53 f.

2.2.2   Die Zukunftswerkstatt Liturgie

Das erste Pilotprojekt dieser Art war die „Zukunftswerkstatt Liturgie" (2018–2020)[26] für gemischte Projektgruppen mit der Arbeit an einem neuen oder bestehenden Gottesdienst. Das Konzept ging davon aus, dass eine grundlegende Erschließung von Gottesdienst (liturgische Bildung), die Förderung der Feierkultur (*ars celebrandi*), die Vertiefung christlichen Lebens (Glauben) und der Aufbau von Kirche (Erneuerung) sich gegenseitig bedingen und beeinflussen. Mehrere Gruppen meldeten sich, erlebten einen zündenden Beginn mit einem eintägigen Workshop, überstanden fast alle das erste Jahr, arbeiteten bis zum zweiten Workshop weiter an ihrem Gottesdienst, feierten ihn und gingen ihren Weg weiter, bis Corona vieles blockierte. Neben Gelungenem zeigte sich auch, dass 1. Vernetzung im Sinne von Weggefährtenschaft mit gegenseitiger Unterstützung für die Beteiligten leider kein Thema war, dass 2. das Entwickeln eines neuen Gottesdienstes Energie generiert, dass aber das Zusammenspiel von liturgischer Bildung, *ars celebrandi*, Glaubensleben und (Kirchen-)erneuerung einen längeren und intensiveren Lernweg erfordert hätte, als unter den gegebenen Bedingungen möglich war.

2.2.3   Studienreisen

Bereits vor der Zukunftswerkstatt Liturgie war die Erkenntnis gereift, dass Studienreisen an Orte, in denen ein Weg von Kirchenerneuerung schon begonnen hat, helfen, durch neue Ansätze Vorstellungen davon zu entwickeln, was möglich ist. Die erste Reise führte nach Hildesheim. Die Gespräche u.a. mit Christian Hennecke und Sandra Bils zum Thema regionale Kirchenentwicklung führten zwar zu motivierenden Einsichten, aber meines Wissens nicht zu eigenen Schritten. Dafür wären Projektgruppen oder wenigstens Tandems als Teilnehmende an der Reise hilfreich gewesen. Doch das Thema blieb bei Teilnehmenden präsent. Außerdem war die Verknüpfung von Liturgie und Kirchenerneuerung bei dieser Reise noch wenig ausgeprägt.

Das änderte sich bei der zweiten Studienreise: „Eine neue Apostelgeschichte schreiben? Liturgie und Kirchenentwicklung".[27] Es ging nach Wien, um den diözesanen Erneuerungsprozess Apg 2.1 kennenzulernen. Im Zentrum der Studienreise, die coronabedingt zweimal verschoben im September 2022 durchgeführt wurde, stand ein eintägiger Workshop mit Personen, die den Prozess Apg 2.1 leiteten und begleiteten, darunter auch der Leiter des Referats Bibel-

---

[26]   *Zukunftswerkstatt Liturgie*, siehe: https://www.liturgie.ch/kurse/zukunftswerkstatt (aufgerufen am: 30.11.2022).

[27]   *Studienreise nach Wien*, siehe: https://www.liturgie.ch/ueber-uns/projekte/vergangene-projekte/2114-bericht-projekt-studienreise-wien (aufgerufen am: 30.11.2022).

Liturgie-Kirchenraum, Martin Sindelar. Sie arbeiteten mit der hauptsächlich aus Theologinnen und Theologen bestehenden Studiengruppe so wie z. B. mit ihren Dekanen in einem biblisch-liturgischen Setting inklusive Seminarmethoden. Der Zusammenhang von Liturgie und Kirchenerneuerung war einerseits sinnlich erfahrbar und wurde andererseits durch die Berichte vom diözesanen Prozess der Erzdiözese Wien narrativ wie reflexiv präsentiert. Die Intensität der Erfahrungen und teilweise schon bestehende Vernetzung schafft bessere Voraussetzungen für die Umsetzung, die jedoch voraussetzungsreich bleibt. Sie wurde initiiert durch eine Arbeitseinheit zum Transfer. Eine Fortsetzung mit der Werkstatt für Wandung (s. u.) und Wandlungstagen oder als exemplarischer liturgischer Ort ist möglich.

2.2.4 Exemplarische liturgische Orte begleiten

Als Beispiele für Kirchenerneuerung durch Liturgie lassen sich jene Orte verstehen, die in der Zeit der liturgischen Bewegung als Experimentier- und Erfahrungsraum Ausstrahlung entwickelten. Heute würde man die Metapher des Leuchtturms dafür verwenden. Bestehende exemplarische liturgische Orte zu identifizieren oder zu begleiten, ist insofern ein naheliegender Ansatzpunkt. Das LI kennzeichnet sie folgendermaßen: „Exemplarische liturgische Orte sind geistliche Zentren, die durch ihre Feierpraxis und die Art, wie Christsein und Kirche gelebt wird, Ausstrahlung entwickeln. Ihre Gottesdienste (alle oder einzelne) erfüllen liturgische und kirchenmusikalische Qualitätskriterien. Als kirchliche Gemeinschaft üben sich Christinnen und Christen in ihren unterschiedlichen kirchlichen Rollen und als Gläubige an diesen Orten in partizipativer Kultur. Sie wollen wachsen – sei es in die Tiefe des gefeierten Glaubens, in der Intensität der Beteiligung am liturgischen und kirchlichen Leben oder der Anzahl von bewusst und geistlich mitfeiernden Menschen."[28]

Der Projektbeginn in der Coronazeit erforderte methodisch einen innovativen Ansatz. Die Stoßrichtung lag nicht auf Orten mit schon erfüllten Qualitätskriterien, sondern auf der Begleitung von Orten, die Partizipation und Wachstum fördern wollen. Die Entscheidung fiel auf zwei Orte im Wallis, einer in einer Agglomeration mit dem erweiterten Team als Projektgruppe und einer im ländlichen Raum mit der Seelsorgerin und der Liturgiegruppe. Die Begleitung erfolgte fast ausschließlich online in Videokonferenzen. Eine geistliche Prägung erfuhr der Prozess durch Gebet zu Beginn des Meetings und einen Segen am Ende. Außerdem hatten die Teilnehmenden zum ersten Meeting ausge-

---

[28] *Exemplarische liturgische Orte*, siehe: https://www.liturgie.ch/ueber-uns/projekte/aktuelle-projekte/1915-projekt-exemplarische-liturgische-orte (aufgerufen am: 30. 11. 2022).

wählte Schriftworte für den gemeinsamen Weg mitgebracht, die später immer wieder eingespielt wurden.

Kirchenerneuerung durch Liturgie, die auf Wachstum, Partizipation, Qualität zielt, braucht Zeit. Sie braucht ein Konzept, das schrittweise zu Ergebnissen führt. Dazu habe ich einen wiederholbaren, durch fünf Schritte gegliederten Zyklus als Modul entwickelt. In dieses Modul ist nicht nur Literatur zum Thema Kirchenerneuerung eingegangen, sondern auch Tools aus dem Bereich Organisationsentwicklung und Methoden von Qualitätsentwicklung im Gottesdienst[29] und natürlich viele Erfahrungen mit Gruppen in Kursveranstaltungen oder Workshops. Der erste Schritt dieses Moduls für Liturgie und Kirchenerneuerung ist die Wahrnehmung und Evaluation der Gottesdienste vor Ort. Dafür können in den wiederkehrenden Zyklen verschiedene Tools verwendet und unterschiedliche Feedbackgeber einbezogen werden. Im zweiten Schritt geht es um das Verstehen der Situation von Kirche und Gottesdienst allgemein und konkret vor Ort. Sehr fruchtbar ist die Auseinandersetzung mit Kirchenbildern[30] und der diesen entsprechenden liturgischen Praxis. In weiteren Zyklen müssen m. E. auch kirchensoziologische Erkenntnisse einfließen. Im dritten Schritt soll die Vision für das gottesdienstliche Leben vor Ort Gestalt gewinnen und in Zielen formuliert werden (in weiteren Zyklen sind sie zu überprüfen oder/und mit weiteren Personen oder Gruppen vor Ort zu teilen). Erst der vierte Schritt führt zur Planung von Maßnahmen, die im fünften Schritt zur Durchführung gelangen. Im ersten Schritt des nächsten Zyklus sollten sie evaluiert werden.

Natürlich läuft nicht alles nach diesem Schema. Die dörfliche Projektgruppe initiierte nach den Schritten Wahrnehmen/Evaluieren und Verstehen einen Workshop, zu dem aus dem Tal 40 Personen unterschiedlicher Nähe zur Kirche und unterschiedlichen Alters zusammenkamen, um über ihre Wünsche und Vorstellungen von Liturgie und kirchlichem Leben vor Ort zu sprechen. Die Gruppe aus der Agglomeration durchlief alle Schritte und etablierte eine monatliche Predigt für Kirchenferne und führte Maßnahmen zur Verbesserung des Gemeindegesangs durch. Schritte zur Stärkung einer Kultur des Willkommens und der Gastfreundschaft zeichnen sich ab.[31] Dieselben drei Bereiche – Predigt, Gesang, Willkommenskultur – selektierte die dörfliche Projektgruppe als Ergebnis aus ihrem Workshop. Diese drei Bereichen dürften die Kraft von He-

---

[29] Vgl. *Zentrum für Qualitätsentwicklung im Gottesdienst/Folkert Fendler u. a.* (Hg.), Handbuch Gottesdienstqualität. (Kirche im Aufbruch 22), Leipzig 2017.

[30] S.o. *Hennecke/Viecens*, Kirchenkurs (wie Anm. 25).

[31] Als Werte, die die Kultur einer Pfarrei verändern, finden sie sich bei *James Mallon*, Divine Ronovation. Wenn Gott sein Haus saniert. Von einer bewahrenden zu einer missionarischen Kirchengemeinde, Grünkraut 2017. Das Team hatte sich vor dem Beginn des Liturgieprozesses damit beschäftigt.

belwirkungen haben. Das LI strebt an, sie auch unabhängig von den Pilotprojekten zu fördern.

2.2.5 Die Werkstatt für Wandlung

Kurz nach der Studienreise nach Wien fand erstmals die gleichfalls coronabedingt mehrfach verschobene „Werkstatt für Wandlung" statt.[32] Sie war ausgeschrieben für katholische und reformierte Projektgruppen, die weder dem „weiter so" noch der Sterbebegleitung für leerer werdende Kirchen folgen, vielmehr neue Möglichkeiten erfahren wollen, die die eigene Situation besser verstehen wollen, um zusammen entschlossen zu handeln.

Zusammen mit Christian Hennecke als erfahrenem Initiator und Moderator von Erneuerungsprozessen, Bernward Konermann, dem Gründer und Leiter von GottesdienstWerkstatt, und Ralph Kunz, Professor für Praktische Theologie in Zürich mit ausgeprägtem liturgischem Engagement, und mir als Projektleiterin entstand das Konzept der Werkstatt für Wandlung. Wandlung wird verstanden als eine theologische Kategorie, die von Wort und Sakrament ausgeht, und als eine Wirklichkeit, die Kirche bewegt. Dementsprechend ist die Werkstatt mit zahlreichen kurzen, freien Gottesdiensten und biblischer Kräftigung stark geistlich geprägt. Das Ziel des LI ist ja, kraftvolle Gottesdienste zu fördern, aus denen die Mitfeiernden verwandelt hinausgehen.

In diesem Rahmen arbeiteten die fünf aus Haupt-, Neben- und Ehrenamtlichen bestehenden Projektgruppen in nur 48 Stunden an der Wahrnehmung und dem Verstehen des Ist-Zustands, der Entwicklung einer Vision, der Formulierung von Zielen, erster Maßnahmen und der Planung der nächsten Schritte. Die Arbeitsformen wie die Zusammensetzung der Gruppen förderten Partizipation. Das energetische Niveau dieser zwei Tage war so hoch, dass aus der Werkstatt heraus die Entscheidung für neu zu entwickelnde vierteljährliche „Wandlungstage" beginnend im Januar 2023 fiel. Sie sollen der gegenseitigen Stärkung der anwesenden Projektgruppen und einer weiteren Vernetzung u.a. mit den exemplarischen liturgischen Orten und den Teilnehmenden der Studienreise dienen. Für die Initiativen des LI ist das ein Meilenstein.

---

[32] *Werkstatt für Wandlung*, siehe: https://www.liturgie.ch/ueber-uns/projekte/vergangene-projekte/1916-projekt-werkstatt-fuer-wandlung (aufgerufen am: 30.11.2022).

3. Mit kraftvollen Gottesdiensten Erneuerung fördern

Der Weg hat schon begonnen, denn vom Ende her, vom auferstandenen Herrn her, rollt er sich bis in unsere Gegenwart auf. Die Perspektive einer Kirchenerneuerung durch Liturgie ist, wenn nicht alles täuscht, im deutschen Sprachgebiet recht neu. Sie steht auf einem soliden liturgietheologischen Fundament, wie ich exemplarisch über eine knappe Entfaltung der Liturgie als Dialog zwischen Gott und den Menschen, als Feier des Pascha-Mysteriums und als Versammlung in Christus für eine Erneuerungsdynamik deutlich zu machen versuchte. Erneuerungsprozesse, die das Wandlungspotenzial von kraftvollen liturgischen Feiern nicht im Blick haben, müssen um diese Perspektive ergänzt werden. Innerhalb des gesamtkirchlichen synodalen Prozesses bietet das Arbeitsdokument für die kontinentale Etappe dafür Anknüpfungspunkte. Es werden Gottesdienste in Vielfalt sein und vermutlich auch in Stilen, die nicht dem volkskirchlichen Paradigma entsprechen, wenn und weil sie von suchenden wie von evangelisierten Menschen gefeiert werden.

Der Beitrag der Liturgiewissenschaft kann darin bestehen, interdisziplinär verbunden mit einer anwendungsorientierten, über das deutsche Sprachgebiet hinausschauenden Pastoraltheologie Prozesse von Kirchenerneuerung theologisch zu begründen und neue Ansätze kritisch und konstruktiv zu reflektieren.

Save enough to try

Beobachtungen zur Schnittmenge von Liturgie und Kirchenentwicklung

Martin Sindelar

„Save enough to try?" ist eine Testfrage in agilen Organisationsformen, um zu prüfen, ob es valide Einwände gegen Ideen oder erfolgsverprechendere Lösungen im Umgang mit Herausforderungen vorhanden sind. Fehler werden dabei nicht ausgeschlossen, das Risiko aber abschätzbar. Auch in der Schrift mutet Christus uns zu, Dinge neu und anders zu denken und zu tun. Davon angesteckt blicke ich auf vier Themenfelder aus der Perspektive eines Beobachters, Mittäters und Kirchenentwicklers aus Leidenschaft:

1. Partizipation: ein (un)geliebtes Kind, dass nie erwachsen geworden ist?
   Das leere Netz und die Zumutung Jesu, die andere Seite zu nehmen.
   Joh 21,1–14

Wir haben ein System liturgischer Dienste etabliert, das der Sache nach richtig und notwendig erscheint und sind mehr oder weniger stolz auf den Ausbildungsgrad liturgischer Dienste. Wir haben aber mit aufbauenden Curricula unserer Kurssysteme, bischöflichen Berufungen und – neuerdings – Beauftragungen auch eine gefühlte „Hierarchie neben der Hierarchie" eingeführt. Als ob es Dienste gäbe, die „näher am Altar" sind als andere, die mehr Anteil haben am hohepriesterlichen Dienst Christi als andere. Liturgische Dienste scheinen in der subjektiven Wahrnehmung mehr oder weniger Partizipation an Leitung zu suggerieren, die Mann und (eingeschränkter) Frau mit dem nötigen Sitzfleisch in Kursen erwerben kann. Hier bildet die Liturgie ein System ab, das wir, bis ins allerletzte Detail geregelt, auch in vielen anderen Strukturen unserer Kirchengemeinden finden. Entspricht dieses System aber der Vision liturgischer Bildung, wie sie schon Romano Guardini beschreibt: als gemeinschaftlicher Prozess einer ganzen Kirchengemeinde, die wächst in und am gemeinsamen Feiern der Liturgie?

Wir haben in der Regel ein klares Bild davon was es für die Feier des Ritus „braucht" und suchen für dieses, in uns fast fertige Bild, die passenden Menschen mit den „passenden" Charismen. Dann definieren wir Partizipation über den Grad von Beauftragung durch Dritte, sakramentaler Potestas oder strukturelles Beauvoir in unserer Gemeinschaft. Und wir reproduzieren damit in einer Schleife eine Performanz unserer Gottesdienste, wie sie war und wir sie kennen und nicht jene, wie sie vielleicht sein könnte durch jene Menschen, die sich konkret versammeln. Pointiert gesagt: Wir (re)produzieren ungewollt Vergangenheit, wenn wir Partizipation immer noch strukturell oder sakramental hierarchisch denken. Davor sind praktisch alle relevanten Dimensionen liturgischer Performance nicht gefeit.

> „Simon Petrus sagte zu ihnen: Ich gehe fischen. Sie sagten zu ihm: Wir kommen auch mit." (Joh 21,4a)

Wir denken in gewohnten Bahnen und vertrauen lieber auf die bewährten Strukturen, auf unsere Erfahrung. Wie die Jünger, die wieder fischen gehen, nachdem das Jesus-Projekt in Jerusalem gründlich gescheitert war. Richtig: Schmerzliches Scheitern kann nicht ausgelassen werden, wenn es um Entwicklung und Wachstum geht. Das Netz auf der anderen Seite des Bootes auszuwerfen würde bedeuten, wir nehmen die Talente und Fähigkeiten jener Menschen radikal an, für die wir als Kirche da sind. Die Schlüsselfrage in Gesprächen mit Menschen, die wir für das Mittragen der Gottesdienste gewinnen möchten, ist daher nicht die Frage, ob denn dieses oder jenes Engagement/Dienst möglich wäre, sondern die Frage: Was machst Du gerne (und dann in der Regel auch gut)? Wo liegen die Stärken und Ansatzpunkte eines neuen oder alten Ortes, wo Liturgie gefeiert wird? Wie wird Gottesdienst hier aussehen, weil Kirche hier wie aussehen wird? Es rechnet mit dem Wirken des Schöpfergeistes auf allen Ebenen, die da sind und in jener Konkretion von „Welt" und Gesellschaft, die um uns ist, und nicht jener, die wir gerne hätten.

Wenn wir über Partizipation in der Liturgie sprechen, meinen wir die spürbare Teilhabe an der universellen Zuneigung Gottes, an seiner Heilsgeschichte mit den Menschen, mit mir, in menschlichen Worten, Zeichen und Gesten. Wir müssen uns aber in aller „brutalen" Deutlichkeit dem Faktum stellen, dass ein Großteil der getauften Menschen dies nicht (oder noch immer nicht) so empfindet. In der Regel ist die erste Reaktion darauf eher eine Form innerkirchlichen Selbstmitleides angesichts von so viel Unverständnis und der reflexartige Verweis auf die Liturgiekonstitution SC 10: Liturgie sei doch Quelle und Höhepunkt des kirchlichen Lebens.

Im Rahmen einer von der Erzdiözese Wien beauftragten qualitativen Studie[1] wurden unter anderem zwei Dinge deutlich. Das zentrale Anliegen der liturgischen (Erneuerungs-)Bewegung und von SC, „actuosa participatio", ist bei den regelmäßig Mitfeiernden nach rund 50 Jahren mangelhaft rezipiert und es besteht auch wenig Sehnsucht oder Leidensdruck, dies für sich verändern zu wollen. In den Interviews mit Personen, die sich in unterschiedlichen Funktionen im Haupt- und Ehrenamt für die Gestalt der Liturgie verantwortlich wissen, wurde deutlich: Alle geben indirekt oder direkt die Antwort „Quelle und Höhepunkt" auf die Frage nach der Rolle der Liturgie im Leben der Kirche. Aber auch sie können diese Aussage für ihr Leben nicht existentiell einholen. Dies geht einher mit einem individualistischen Verständnis des eigenen Kommunionempfanges als Akt ganz persönlicher Gottesbegegnung. Eine innere Einheit zwischen der sog. Kommunionepiklese in der Prex Eucharistica und dem Akt, das „Brot des Lebens" und den „Kelch des Heiles" untereinander zu teilen, besteht bei den Befragten de facto nicht. Müssten wir dem Phänomen nicht unsere zentrale Aufmerksamkeit zuwenden, wenn es um die Entwicklung der Kirche(n) gehen soll? Ich halte diese Beobachtung deswegen für besonders wichtig, weil die Liturgische Bewegung gerne als frühes Vorbild für jene Prozesse genannt wird, die wir gerade heute mit dem Begriff „Kirchenentwicklung" fassen wollen. Könnte es an der Zeit sein, in der liturgiewissenschaftlichen Forschung einen Schritt weiter zu gehen und nach der systematischen Aufarbeitung des Erbes der Liturgischen Bewegung weiter zu fragen, warum das liturgische Leben de facto hinter dem Anspruch der Liturgischen Bewegung zurückgeblieben ist? Könnte die liturgische Bildung und Ausbildung daraus für eine Kirche der Zukunft lernen? Oder musste der Gottesdienst des Gottesvolkes sogar zurückbleiben, weil das implizite Kirchenbild in SC de facto immer noch zur Diskussion steht? Oder aber es fehlt der generelle ekklesiologische Konsens in unseren Teilkirchen und die ekklesiologische Praxis in den Gemeinden. Umgekehrt erlebe ich gottesdienstliche Momente, die ohne liturgisches Buch im engen Sinn auskommen, die gar nicht den eigenen Anspruch erheben würden, „Liturgie der r.k. Kirche" sein zu wollen. Ich erlebe dort jenen Geist, den ich in den euchologischen Texten, den Praenotandae und Pastoralen Einführungen, und vielen Rubriken unserer liturgischen Bücher zu spüren meine.

Ich meine, dass wir im Blick auf die sinnfällige Participatio in unserem Feiern dem Geist der liturgischen Bücher in der Praxis nicht gerecht werden, sondern mit einem Bein in Gewohnheiten stecken geblieben sind, indem wir einen

---

[1] *Liturgiereferat der Erzdiözese Wien*, im Auftrag des Leitungsteams des Diözesanen Entwicklungsprozesses APG2.1, Umfrage Gottesdienst, Eine exemplarische Momentaufnahme des liturgischen Lebens und der „Sonntagskultur" in der Erzdiözese Wien, Wien 2015.

gewohnten Usus über den Ritus stellen. Pointiert gefragt: Glauben wir im ekklesiologischen Sinn nicht nur nicht, was wir beten, sondern tun wir an vielen
Stellen unserer rituellen Praxis auch nicht, was wir beten?

Könnte es sein, dass ein Konzept innerer Teilhabe an der Liturgie, die sich
aus einer äußeren Teilnahme nährt und sich umgekehrt auch im gemeinschaftlichen Tun wieder ihren Ausdruck verleiht, den einzelnen überfordert? Ich
möchte zwei Beobachtungen exemplarisch schildern, die mich nachdenklich
gestimmt haben: Ich durfte die Architekturstudenten eines Entwurf-Seminars
für Kirchenbau an der Technischen Universität in Wien begleiten. Die Übungs-
annahme war ein Kirchenneubau im größten Stadtentwicklungsgebiet in Wien.
Am Ende des sehr ganzheitlichen Schaffens- und Planungsprozesses standen
rund 15 Pläne, Modelle und Varianten der Standortwahl. Drei Entwürfe gab es,
hinter denen eine katholische Sozialisation der StudentInnen stand. Auffallend
waren die vielen Entwürfe, die sich dem Thema Privatsphäre und Intimität für
GottesdienstteilnehmerInnen widmeten, und wie wenig Communio-Konzepte
die Studenten inspirieren konnten. Ein beindruckend monumentaler Entwurf
war gar außerhalb des Baugebietes situiert und gar kein Versammlungsraum
mehr. Auch den Versuch von Klangräumen gab es. Die zweite Beobachtung ist
kurz: Bei unseren Anglikanischen Freunden habe ich gelernt, dass für die Ver-
stärkung von Worship-Musikern eine mittlerweile fest etablierte Dezibel-Laut-
stärke angewendet wird: Die Musik ist gerade so laut, dass ich den Nachbarn
neben mir nicht mehr singen höre. Denn viel wichtiger ist es, dass ich mitsingen kann, nicht wichtig ist, ob richtig oder falsch. Partizipation wird gefördert,
indem Privatsphäre geschützt wird!

Ist ein solcher Ansatz überhaupt denkmöglich in einer Gemeinschaft, die
sich als Organismus verstehen will? Oder könnte es sein, dass wir aus der liturgietheologischen Logik heraus den Menschen seit längerem in seiner Spiritualität überfordern? Haben wir genug bedacht, dass Partizipation eine individuelle handlungsgeleitete Option ist? Die jüngsten Erfahrungen mit der
Digitalisierung führen gerade überdeutlich vor Augen, dass zur Partizipation
auch Resonanz und Synchronisation im eigenen Handeln gehören, und die Kategorien von Zeit und Raum nicht ausreichen, um das Phänomen der Partizipation im spirituellen Sinne zu fassen.

> „Er aber sagte zu ihnen: Werft das Netz auf der rechten Seite des Bootes aus." (Joh
> 21,6)

Christus mutet uns zu, Dinge neu und ganz anders zu tun. Es ist aber schwer
dieses kirchliche Expertentum (auf aller strukturellen Ebene) aufzugeben und
wieder Lehrling, Lehrling des Auferstanden zu werden. Er scheut die Provokation nicht, erfahrenen Fischern vom Ufer aus Tipps zu geben. Und er scheut
die Provokation nicht, bereits Brot und Fisch am Feuer zu haben und die er-

folglosen Jünger trotzdem nach Fisch zum Essen zu fragen, damit sie endlich anfangen zu verstehen. Darin steckt das beruhigende Moment, dass neue Fischfänge auch schiefgehen dürfen, den Christus sorgt für seine Jünger. Es ist also „Safe enough to try"!

2. Glaube: ganzheitliche Kirchenentwicklung braucht einen kontextuell relevanten Vollzug der Liturgie, der das Leben bereichert und den Glauben bestärkt
Philippus und der Kämmerer der Kandake, Apg 8,26–40.

Ich beobachte bei kirchlichen Entwicklungsprozessen, dass Wachstum (im persönlichen, spirituellen und gemeinschaftlichen Sinn), das Feiern der Liturgie und die notwendigen Struktur- und Entscheidungsprozesse getrennt, nebeneinander oder hintereinander gedacht werden. Das behindert umfassende, ganzheitliche Kirchenentwicklung. Und ich war umso erstaunter, dass ich dieses Phänomen auch auf den Philippinen bei jenen entdeckt habe, die uns im deutschsprachigen Raum zum Thema Kirchenbilder seit Jahren inspirieren. Liturgie ist als Objekt Thema: um in neuen Strukturen die „Sakramentalisierung" der Gläubigen zu sichern, aber nicht als Subjekt einer „Evangelisierung" im Sinne der Sakramentalisierung einer Kirche unter den Menschen und für die Welt, kurz gesagt: als Kraftquelle einer missionarischen Kirche. Oder aber das Thema wird – mit sehr viel Respekt – ausgeblendet, weil Liturgie als „beharrendes" Moment wahrgenommen wird, das per se Entwicklung und Veränderung entgegenstehen muss. Eine alte Engführung beginnt: Liturgie, das sind die Eucharistie und dann noch weitere Sakramente, vielleicht noch das „Offizium" des Klerus, sie sind der „Pflichtteil" kirchlichen Lebens. Neue Formen werden zwar gesucht oder ermöglicht, die dem individuellen geistlichen Wachstum dienen, denen aber keine ekklesiologische Relevanz zukommen soll oder darf. Übrig bleiben liturgische Kernvollzüge, deren Bedeutungen in dogmatischen Glaubensaussagen gebetsmühlenartig wiederholt werden, deren Worte, Zeichen und Gesten aber wenig oder keine existentielle Kraft zugetraut wird. Warum trauen wir bei kirchlichen Entscheidungs- und Veränderungsprozessen der Liturgie nicht jene Kraft zu, die wir als Theologen vollmundig propagieren? Haben wir Angst, dass die tradierten Riten und Texte Schaden nehmen? Wenn ja, was soll denn geschehen? Oder meinen wir nicht manchmal mehr Gewohnheiten als die „Norm der Väter". Mir kommt vor, dass die Liturgie in einer kirchlichen Glasvitrine zum Stehen gekommen ist. Wie ein goldener Kelch und eine kostbare Bibelhandschrift im Museum, um die wir uns täglich zu versammeln haben, auch wenn das all unsere Kraft aufsaugt. Geschützt und behütet, angestrahlt stehen sie bewundert und verehrt da. Aber beides verliert schleichend seine Strahlkraft. Wer wird es wagen, den Hammer zu nehmen und den Panzerglasschrank einer „Sakralität" zu zerschlagen, die sich selbst genügt – ohne spürbare, lebensrelevante Kausalität des Alltags in Kirche und Gesellschaft. An vielen Stellen scheint der Mut zu fehlen den „goldenen Kelch und die wertvolle Bibel" wieder auf den Tisch unseres Alltags, auf die Sitzungstische der Ordinariate, Kirchengemeinden, Konferenzen; auf die Tische unserer Pfarrzentren, unserer Wohnungen, auf die Nachtkästen unserer Krankenhäuser, auf die Spielplätze der Kinder und den schmutzigsten Platz der Stadt... zu stellen bzw. zu legen. Die Gefahr ist groß, dass dabei der Kelch verbeult wird und die Bibel Eselsohren und Flecken bekommt. Aber sind sie nicht dafür gemacht worden, und ist es nicht die einzig mögliche Variante, die Feier der Inkarnation im Sinne der Heilsgeschichte zu denken? Dass die Liturgiewissenschaft im Fächerkanon wieder eher zu den historischen Fächern tendiert, ist aus der Perspektive der Kirchenentwicklung ein Signal, das zumindest nachdenklich macht.

Dazu möchte ich eine Kirchenentwicklung der anderen Art stellen, die vor unseren Augen stattfindet und die in ihrem Selbstverständnis grundlegenden Prinzipien und liturgischen Formen und ihrer Gestaltung wenig nachstehen: Die direkte oder indirekte Inspiration der Liedtexte durch die Schrift, die zentrale Rolle der Verheutigung der Heiligen Schrift, eine dialogische Struktur im Grund – nicht im Detail, Streben nach geistlicher Partizipation aller Anwesenden, breite epikletische Motivik und das Heilig-Geist-Gebet, ein der Versammlung dienendes Selbstverständnis aller Dienste, klare Rollenverteilung unter ihnen, eine inhaltliche Stringenz in der Gestaltung mit dem Anspruch der Verkündigung, Streben nach Schönheit und Exzellenz im Umgang mit dem Heiligen. Bei allen Anfragen, die sich stellen: aus der Perspektive Kirchenentwicklung kann man am Phänomen „Worship" nicht länger aus liturgischer Perspektive vorbeisehen. Es gehört zu den Missverständnissen gegenüber diesen jungen evangelischen und katholischen Entwicklungen, dass unter „Worship" oder „Lobpreisgottesdienst" nicht genuin katholische Gottesdienst- und Gebetsformen subsumiert werden, die in ihrem Musikstil nicht anschlussfähig an die traditionelle Kirchenmusik sind. Worshipping ist vielmehr Ausdruck einer inneren Haltung der Verehrung Gottes, der Anbetung, aus Dankbarkeit für die Erlösung in Jesus Christus, der mit dem unmittelbaren Handeln Gottes in meiner Gegenwart rechnet. Die Teilnehmer und Teilnehmerinnen suchen nach Formen, in denen sie ihren Glauben nicht nur ausdrücken können, sondern in der Begegnung mit Christus ihr Leben immer wieder neu ausrichten können. Sie spüren eine Sendung in ihrem Leben und wollen mit Christus die Welt verändern: das biblische „Königreich Gottes" verwirklichen durch die Mitarbeit an der Transformation der Gesellschaft. Der klassische Gemeindegottesdienst, der durch ein Kulturchristentum geprägt ist, ist ihnen oft nicht fremd, bereichert ihr Leben aber nicht! Sie suchen persönliche, existentielle und ganzheitliche Berührung im Gottesdienst. Viele von ihnen feiern auch regelmäßig die Eucharistiefeier aus Überzeugung. Sie vermissen aber darin die innere, geistliche Freiheit und die tiefe existentielle Berührung, die sie zum eigenen „Commitment" (im Sinne des breiten engl. Bedeutungshorizonts: von der Zusage, zur Hingabe, der inneren Verpflichtung und dem Engagement) führt.

Hier entwickelt sich gerade Kirche vor unseren Augen und verjüngt sich ohne Anknüpfungspunkte an das Kulturchristentum. Statt konfessionelle Unterscheidungen zu verfestigen, sind Initiativen und Initiatoren vernetzt. Es gibt keine Berührungsängste. Es besteht nicht nur die Bereitschaft, miteinander zu beten und zu feiern, sondern voneinander zu lernen (!) und gemeinsam zu wachsen. Lobpreisgottesdienst- und Gebetsformen entwickeln sich stätig transformativ weiter. Zuletzt deutlich durch den pandemiebedingten Digitalisierungsschub. Weitgehend unbeachtet gibt es ein breites Angebot an Kongressen, Akademien und Kursen. Ich sehe im gesamten katholischen Bereich kein solch breites Interesse, wenn es um aktives Qualitätsmanagement von Gottesdiensten geht, wie rund um das Thema Worship- oder Lobpreisgottesdienste durch die Teilnahme an Kongressen und die Gründung von Akademien.

> „Ich bitte dich, von wem sagt der Prophet das? Von sich selbst oder von einem anderen? Da tat Philippus seinen Mund auf und, ausgehend von diesem Schriftwort, verkündete er ihm das Evangelium von Jesus." (Apg. 8,34–35)

Der Taufe des Äthiopiers geht ein Prozess voran der in der Apostelgeschichte wie in einer großen Metapher beschrieben wird, wir nennen es Katechumenat. Auf der einen Seite möchten Menschen diesen existentiellen Zugang zur Taufe selbst erringen, nicht selten im Nachhinein, bis zu ihrer ganz persönlichen Frage: Was hindert mich (!), dass ich getauft werde? Auf der anderen Seite verändert die Qualität dieser Begegnung Philippus: „Und der tat seinen Mund auf…" und verkündete von da an. Diese beidseitige, wechselwirkende Kraft der Evangelisation ist es, die den Heiligen Zeichen ihre existentielle Relevanz (zurück)gibt.

3. Sprache: Verpflichtung zur Fruchtbarkeit liturgischen Handelns in wechselndem Kontext
Der Auferstandene geht mit, fragt nach, legt die Schrift aus, setzt sich an unsere Tische. Lk 24,13–35

Die Einführung der Muttersprache ist logische Konsequenz, die sich aus dem Anspruch einer tätigen Teilnahme aller Anwesenden ergibt. Wer zum Feiern und Beten von der Taufe her nicht nur berufen, sondern auch beauftragt ist, muss die Möglichkeit haben, Texte und Riten für sich zu verstehen. Die Liturgie muss eine Sprache sprechen, die, mehrdimensional gedacht, hilfreich für jeden Mitfeiernden ist, um die Liturgie für seinen Glauben und sein Leben fruchtbar werden zu lassen. Was aber tun, wenn der Mensch einfach nicht versteht? Was, wenn es am allerwenigsten um die gesprochene Sprache selbst geht, sondern um eine, den modernen Menschen manchmal unterstellte, fehlende „Liturgiefähigkeit"? Aus kirchenentwicklerischer Sicht wird die Perspektive gewechselt und gefragt: Könnte es sein, dass die gefeierte Liturgie in unseren Kirchen nicht menschenfähig ist? Ist die Performanz unserer Gottesdienste in ihrer inhaltlichen, sozialen, räumlichen und zeitlichen Dimension anschlussfähig an die Mehrheit der Menschen unserer Gesellschaft? Erfüllt sie, so gesehen, ihre heilige Pflicht zur Befriedigung der liturgischen Bedürfnisse der Menschen? Verstehen wir die Liturgie wirklich als das Ereignis göttlichen Handels in menschlichen Worten, Zeichen und Gesten? Dann ist sie eine Intervention im Leben aller, die sie feiern. Will sie nicht nur ein theologisches Ereignis sein, sondern existenzverändernd, also ein Ereignis im Leben, das bewegt, muss sie in allen oben genannten, vier Dimensionen Anschlussfähigkeit suchen. Alles andere wäre wohl Magie. Wenn wir also über die „Sprache der Liturgie" sprechen, müssen wir über diese vier Dimensionen und ihr Zueinander sprechen: Inhalt, Interaktion, Raum und Zeit (im Sinne von Zeitpunkt und Zeitspanne). Es ist lohnenswert, dazu die Evangelien herzunehmen und nachzulesen, wie die Art Jesu ist. Etwa wie Jesus im Emmausevangelium agiert, in dem er in das Leben der beiden enttäuschten Emmausjünger tritt und Interventionen setzt, ohne ihre Autonomie zu missachten. Dies verändert die Jünger, am Ende steht ihre Metanoia und sie kehren nach Jerusalem zurück und werden zu Erstverkündern des Auferstandenen.

> „Was sind das für Dinge, über die ihr auf eurem Weg miteinander redet?" (Lk 24,17). Mit dieser Frage Jesu beginnt alles. „Da blieben sie traurig stehen." (Lk 24,17)

Gerade weil dieses Evangelium sehr gerne „eucharistisch" interpretiert wird, ist es eine perfekte Schule für die Anschlussfähigkeit der Feier der Liturgie: Ich meine, dass die Westeuropäer der Gegenwart sehr liturgiefähig sind, wenn

man ihnen auf die Finger schaut. Sie entwickeln durch die Bank Ausdrucksformen inmitten des gesellschaftlichen Lebens, um sich am Kreuzungspunkt
von Transzendenz und individuellem oder gesellschaftlichem Lebensweg auszudrücken. Und sie können Zeichen lesen und deuten, wenn es dafür nicht einen ganzen Katechismus davor braucht, um „den Film zu verstehen, der in der
Kirche läuft". Die Achtung und Beachtung der Diversität unserer gegenwärtigen Gesellschaft wird uns Inkulturation der Liturgie extrem divers denken lassen müssen. Damit wird auch deutlich: jedes zentralistisch gedachte Modell
von Liturgie, das die Einheit über Pluralität stellt, müsste irgendwann zum
Scheitern verurteilt sein. Die Herausforderung heißt: Die Orthodoxie des Glaubens und die Anschlussfähigkeit der Liturgie an eine diverse Gesellschaft zu
denken, in der die Kirche keine Deutungshoheit hat, sondern die Aussagekraft
ihrer Zeichen in diversen Kontexten neu buchstabieren muss. Es wäre nicht so
schwierig, würden wir in unserer gottesdienstlichen Praxis die Formen und
Gewohnheiten hinterfragen dürfen, die die Inhalte immer noch verformen.

Zwei exemplarische Beobachtungen dazu: In der anglikanischen Kirche
gibt es die historisch gewachsene Struktur der Low Church und der High
Church, die rund um die von der Kirchengemeinde Holy Trinity Brompton[2]
ausgehende Evangelisierung und Church-Plant-Bewegung neue und hilfreiche
Relevanz bekommen hat. Mit Hilfe dieses Denkmodells schaffen es diese Gemeinden heute in der Church of England jenen Spagat zu leben, den ich gerade
beschrieben habe. In der Reihe „Theologie der Liturgie" publiziert J. Daniel H.
Schmitz zum Thema Liturgie 4.0.[3] und stellt die Frage nach einer Liturgie nach
der Digitalisierung, mit Menschen, für die es selbstverständlich ist, sich im virtuellen wie auch im realen Raum in ihrer hybriden Existenz auszudrücken.

4. Amt: Selbstblockade und Synodalität in einem Atemzug
Die Salzsäule, Lk 17,32 und Gen 19,26

Es gibt eine gläserne Decke beim Thema Kirchenentwicklung und die heißt
„Amt". Praktisch jeder Höhenflug im Denken und jedes aktuelle Wachstum in
der Katholischen Kirche stößt relativ rasch an diese Decke. Argumentiert in einem hier simplifizierten Dreischritt: Sakramentalität der Kirche wächst aus den
(sieben?) Sakramenten. Die Feier der Sakramente braucht das besondere Priestertum des Dienstes, das sich im dreistufigen Ordo ausdrückt. Die Kirche wird

---

[2] Siehe: www.htb.org (aufgerufen am: 23.12.2022).
[3] *J. Daniel H. Schmitz*, Liturgie 4.0. Anforderungen des Homo digitalis in liturgischer
     Theorie und Praxis, Theologie der Liturgie 18, Regensburg 2021.

„amtlich". So weit so gut. Auffällig ist aber, wie dieses Thema als einziges der bisher besprochenen Themen geeignet ist, Emotionalität zu erzeugen. Aus organisationsentwicklerischer Sicht müsste man schon deswegen genau darauf, genau dorthin setzen. Denn Emotionalität bedeutet Energie und Antrieb. Daher müssen wir diese Energie mit den anderen Baustellen vernetzen. Solange wir das aber nicht tun wollen, weil niemand diesen „Elefanten im Raum" ansprechen möchte, verharren wir in einer selbst verordneten Blockade. Eine menschliche Erfahrung, die wir schon in Genesis finden: Die Frau des Lot erstarrt zur Salzsäule und wird bewegungs-, also handlungsunfähig, weil sie zurückblickt. Spannend ist, wovon sie ihren Blick nicht lassen kann: Sie blickt zurück in ein pralles, gesättigtes Leben.

> „Sie aßen und tranken, kauften und verkauften, pflanzten und bauten." (Lk 17,28a)

So beschreibt es Jesus. Vielleicht ist es symptomatisch, dass wir uns mit der praktischen Anwendung dieser biblischen Erfahrung schwertun, weil es eine Frau ist, die darin erstarrt? Vielleicht hilft es, an die feminine „Ecclesia" zu denken und nicht zu vergessen, dass Christus von seiner Parusie spricht, als er darauf laut Lukasevangelium Bezug nimmt.

Den liturgischen Formen kommt dabei aber noch eine andere, wesentliche Funktion zu, die Gemeinschaft braucht: Sie inszeniert Machtverhältnisse rituell und macht Unsichtbares, im spirituellen wie auch strukturellen Sinne offenbar. Wir haben dazu ein breites Repertoire an Zeichen und den individuellen Habitus aller Persönlichkeitsstrukturen. Tatsächlich zeichnet sich in der individuellen Performance eines Gottesdienstes aus der Kombination beider Komponenten, wie Kirche vor Ort konkret gelebt wird. Gerne wirft man den Riten der erneuerten Liturgie dies als Schwäche vor. Ich behaupte, es könnte eine Stärke sein, weil eine gewollte und ungewollte Transparenz schafft. Es lohnt also am Weg zu einer synodalen Kirche auf die Liturgie in den Kathedralen und Gemeinden zu sehen, wenn wir wissen wollen welches Selbstverständnis von Kirche dort gelebt wird. ist. Eine synodale Kirche kann der Liturgie zu vertrauen, weil sie das Selbstverständnis aller Handelnden und ihr Zueinander in ihrem Kontext sichtbar, angreifbar und damit reflektierbar und weiterentwickelbar macht.

Überall, wo es im kleinen oder großen Rahmen um Kirchenentwicklungsprozesse und/oder Unterscheidungsprozesse geht, braucht es ein Ineinander synodaler und liturgischer Logik. Ich beobachte immer wieder, wie schwer das fällt, wie „spirituelle oder liturgische Momente" natürlich vorkommen, aber nicht als Teil des Prozesses verstanden werden oder nicht organisch mit den Prozessschritten verbunden sind. Vielleicht geschieht dies auch, weil man sich dieser Transparenz von Macht in der Liturgie nicht aussetzten will, aus dem einen oder anderen Grund. Oder sich nicht aussetzen kann, wegen des „Elefanten im Raum". Könnte es sein, dass wir in der Erstarrung vor der Erstarrung stecken und auf die Salzsäule starren und einfach vergessen haben, dass das Buch Genesis noch 22 weitere Kapitel hat?

Ich bringe hierzu das Beispiel der Wiener Diözesanversammlungen im Wiener Stephansdom. Seit 2010 gab es fünf solche Versammlungen mit jeweils etwa 1000 TeilnehmerInnen. Sie wurden durch „Tage der Räte" und die Diözesanwallfahrt auf den „Spuren des Paulus" ergänzt. Diözesanversammlungen mit Delegierten aus allen „kirchlichen Orten", aber keine Diözesansynode – so lautete der Auftrag. Eine kirchenentwicklerische Intervention par excellence wurde es erst durch folgende Grundentscheidungen:

– Die ganzheitliche biblische Orientierung des gesamten Diözesanprozesses und jeder Versammlung an der gesamten Apostelgeschichte und Paulus als Lehrer, inklusive seiner Schiffbrüche und der misslungenen Predigt am Areopag.

– Die Kathedrale sowohl als Versammlungsaula als auch als Gottesdienstraum zu nutzen. Davor aber ein Zelt zu errichten, um der Willkommenskultur Raum geben zu können.

– Ein Ineinander von Liturgie und synodaler Teile als Grenzgang, um sich des missionarischen Auftrages zur Evangelisierung neu bewusst zu werden: Momente des Innehaltens und der Bitte um Unterscheidung: Tagzeiten, Gebet, Eucharistische Anbetung, Abend der Barmherzigkeit, Lobpreisabend, Schriftmediation, Bibel-Teilen, Wort-Gottes-Feiern, Segensfeiern, das Gebet untereinander-füreinander und die Feier der Eucharistie. Musiker, die immer anwesend waren und sich auch für die Atmosphäre der Versammlungsteile verantwortlich fühlten.

– Die Versammlung nicht als einen Ort der Beschlussfassung zu verstehen, sondern als einen Ort universalen Hörens: Aufeinander und gemeinsam auf das Wort Gottes. Als einen Ort des Klagens, der Stärkung und Vergemeinschaftung im Sinne der Kommunionepiklese. Als Impuls für eine innerkirchliche Kulturveränderung, die Entscheidungen und Aufbrüche erst ermöglicht.

– Die Leitungsvollmacht (des Erzbischofs) in solchen Zeichen zu buchstabieren, die den persönlichen Stil seiner Leitung und die angestrebte Leitungskultur transparent und auch angreifbar macht. Auch wir haben nicht gewagt den „Elefanten im Raum" anzusprechen. Wir haben aber versucht, einen Impuls zu setzen, indem wir uns einen Stil durch Wiederholung zur Gewohnheit machten.

Der schwerste Punkt am Weg zur Synodalität ist aber unser strukturelles oder ganz persönliches Bedürfnis nach Kontrolle. Das ist die logische Grenze von persönlichem und kollektivem Wachstum, das wir uns so sehr wünschen. Jede

Versammlung begann immer gleich, mit dem Hereintragen der Schrift und der Verkündigung. Jede Versammlung hatte einen Moment des ganz persönlichen „Commitments" mit ihrer Sendung durch den Meister, der Christus ist. Es hat einige Zeit gedauert, bis wir die innere Freiheit gefunden hatten, das freie Gebet in den Diözesanversammlungen zuzulassen, das regelmäßige konkrete Beten füreinander und den Austausch über die Schrift auf Augenhöhe anstatt einer Predigt. Ich werde den Moment auf unserer Schiffswallfahrt nie vergessen, als unser Erzbischof statt zu predigen zu den anwesenden Italienisch sprechenden Offizieren des Schiffes ging, um mit ihnen über das eben verkündete Evangelium in den Austausch zu kommen. Die Offiziere, selbst Teil eines hierarchischen Systems, hatten mit dieser Musterbrechung nicht gerechnet. Wir hatten keine Kontrolle, wie die Schrift in den spontan gebildeten Murmelgruppen ausgelegt wurde. Aber wir haben die Früchte sehen dürfen: Bis heute gibt es Kontakte zur Crew und dem Kapitän.

Wer auf die innere Kraft der Liturgie für kirchliche Entwicklungsprozesse vertrauen will, muss mit großen Spannungen und einem zähen, geistlichen Ringen in vielen Phasen rechnen. Ganz egal, ob die Sendung dafür aus dem Dienstamt oder dem gemeinsamen Priestertum aller Getauften kommt. Wer dafür Verantwortung trägt, hat immer Anteil an geistlicher Leitungsvollmacht in der Kirche, egal auf welcher Ebene. Wo solche Initiativen in ein Vakuum spiritueller Leitung stoßen und stattdessen nur strukturelle Macht bleibt, enden sie entweder in persönlicher oder gemeinschaftlicher Frustration, oder gar in Spaltung. Das wäre nach Paulus das genaue Gegenteil dazu, wie wir zur Liturgie etwas beitragen sollen. Die Verlockung, nach hinten zu schauen und nicht in das Wagnis neuer Kirchenbilder aufzubrechen, ist riesig und, wie wir gelernt haben, emotional-irrational. Daher gibt es nicht wenige Situationen und Konstellationen, in denen es ratsamer sein kann, die Liturgie aus Kirchenentwicklungsprozessen so gut es geht herauszuhalten, damit aus dem „Elefant im Raum" nicht ein „Elefant im Porzellanladen" wird und ein Scherbenhaufen auf dem Altar zurückbleibt, der Jahre braucht, um aufgeräumt zu werden.

5. Fazit: Don't panic!

Kann es sein, dass die Liturgie „gerade nicht dran" ist und trotzdem an allen Themen mitleidet und mitgestaltet, mitgestalten muss? Aus organisationsentwicklerischer Perspektive ist die Liturgie DAS Kulturthema der Kirche. In ihr wird alles direkt oder indirekt sichtbar, was die Kirche umtreibt. Dem kann sie sich nicht entziehen. Als Kirchenentwickler gesagt: Liturgie ist nicht die Lösung. Liturgie ist aber (!) auch nicht das Problem. „Don´t panic!" Sorgfältig müssen wir auf die beiden Extreme achten: Liturgie als einzige inhaltlichen Variable in kirchlichen Strukturprozessen. Man kann mit Liturgie eben nicht alles in Pastoralplänen und Gottesdienstgroßräumen machen, wenn sie ihre innere, für die Kirche spirituell-existentielle Kraft nicht einbüßen soll. Oder Liturgie als beharrendes Moment der Tradition zu sehen, die jede Kulturveränderung im Keim ersticken würde und deswegen keine substantielle Rolle in den unaufschiebbaren kirchlichen Erneuerungen haben soll, von denen Papst Franziskus schreibt: „Ich träume von einer missionarischen Entscheidung, die fähig ist, alles zu verwandeln, damit die Gewohnheiten, die Stile, die Zeitpläne, der Sprachgebrauch und jede kirchliche Struktur ein Kanal werden, der mehr der Evangelisierung der heutigen Welt als der Selbstbewahrung dient."[4]

---

[4]   *Papst Franziskus*, Evangelii Gaudium 27.

Liturgie als Quelle und Feuer für eine Erneuerung der Kirche

Momentaufnahmen aus den deutschen Diözesen

Stephan Steger

Nahezu alle deutschen Diözesen befinden sich derzeit in Prozessen der Umge-staltung ihrer pastoralen Struktur und Seelsorge. Dies ist in vielen Bistümern verbunden mit einer Neuorganisierung der Verwaltung und mit der inhaltlichen Neuausrichtung von pastoralen Zielen und Strategien. Oft sind dabei die inhalt-lichen Veränderungen den strukturellen zeitlich nachgeordnet. Dies dürfte an den äußeren Auslösern für diese Prozesse liegen: wachsender Personalmangel mit gleichzeitig zunehmenden Anforderungen im Verwaltungsbereich und Rückgang der Finanzen mit einhergehender schwindender gesellschaftlicher Akzeptanz von Kirche nicht zuletzt aufgrund der immer neu auftretenden Missbrauchsvorwürfe. Gerade dieser letzte Aspekt hat deutlichen Niederschlag auf die traditionellen Handlungsfelder von Kirche. So werden mit manchem Bedauern die Abbrüche sogenannter „volkskirchlicher" Strukturen und Voll-züge konstatiert.[1] Trotz dieser zum Teil schmerzlichen Verlusterfahrungen lohnt es sich, auf die Chancen zu schauen, die sich durch die Veränderungen ergeben, verbunden mit Impulsen, um im liturgischen Handeln neue Akzente zu setzen. Dabei erwecken manche Pastoralkonzepte den Eindruck, dass die Liturgie und ihre kirchenbildende Kraft noch zu wenig wahrgenommen wer-den.[2] Dieses Defizit ist nicht nur aus liturgietheologischer Sicht zu bedauern,

---

[1] Sehr stark davon betroffen sind die regelmäßigen gottesdienstlichen Feiern, vor allem die tägliche Eucharistie, aber auch die Mitfeier der Sonntagsgottesdienste und kirchliche Verbands- und Zielgruppenveranstaltungen.

[2] Vgl. *Stefan Kopp*, Kirche ohne Liturgie? Zur Bedeutung des Gottesdienstes in den diözesanen Pastoralkonzepten, in: ders. (Hg.), Von Zukunftsbildern und Reformplänen. Kirchliches Change-Management zwischen Anspruch und Wirklichkeit. Kirche in Zei-ten der Veränderung 1, Freiburg/Br. 2020, 97–129. Die von Kopp untersuchten Pastoral-pläne sind allerdings zum Teil bis zu 20 Jahre alt. Trotzdem noch in Kraft spiegeln diese nur bedingt die derzeitigen Prozesse der Neuorientierung wider. Die immer noch aktuel-len pastoralen Leitlinien des Bistums Würzburg sind aus dem Jahr 2003 (2010 gering-fügig ergänzt, Leitlinien und Perspektiven der Seelsorge in der Kirche von Würzburg, Würzburg ²2010). Dieser Sachverhalt belegt das zeitliche Auseinanderdriften von

da ein wesentlicher Kernbereich ekklesialen Handelns in seiner Bedeutung für Kirchenentwicklung unterbelichtet bleibt.[3] Auch die pastoralen Chancen neuer liturgischer Formen und Entwicklungen scheinen in ihrer Bedeutung zu wenig eingebunden in die neuen Konzeptionen. Dabei erfreuen sich neue Liturgieformen besonders im Bereich der Kasualien und der Lebensbegleitung von Menschen zunehmender Akzeptanz und Relevanz. Hier werden Menschen in ganz unterschiedlichen Lebenssituationen erreicht, die den Zugang zu den traditionellen Gottesdienstformen im bisher bewährten Gemeindekontext nur selten gefunden haben bzw. finden.

> „Solche Liturgien besitzen […] ekklesiologische Relevanz und stellen Kirche dar […]. Hier kommen andere Rollenverteilungen ins Spiel: Ist dabei das diakonische Moment beispielsweise deutlicher ausgeprägt, zeigt sich eine neue Weite gegenüber unterschiedlichen Lebenssituationen von Menschen, ohne dass dies unmittelbar mit einem moralischen Urteil verbunden wird. In der Dynamik solcher Feiern spiegelt sich die Dynamik der Kirche wider."[4]

Im Folgenden werden drei liturgische Themenfelder vorgestellt, an welchen sich diese ekklesiologischen Chancen und Impulse zeigen bzw. die Frage nach der ekklesiologischen Implikation deutlich wird. Ein erstes Beispiel lässt bereits die positiven Impulse für den ekklesialen Erneuerungsprozess erkennen. Die beiden weiteren Beispiele verdeutlichen eher das Entwicklungspotential, die Chancen und Perspektiven. Die Beschreibung erfolgt aus den Diskussionen und Entwicklungen im Bistum Würzburg. Die Themen sind aber in anderen deutschen Diözesen ähnlich und vergleichbar virulent oder bereits im interdiözesanen Austausch aktuell.

---

struktureller und inhaltlicher Neuausrichtung. Es stellt sich allerdings auch die Frage ob bei der Kurzlebigkeit der strukturellen Änderungen langfristige Pastoralpläne überhaupt noch Sinn machen. Hier wird es in der kommenden Zeit einer Neuorientierung und - bewertung bedürfen.

[3] Vgl. *Alexander Saberschinsky*, Ecclesia de eucharistia? Kirchenentwicklung aus der Liturgie unter heutigen Bedingungen, in: J. Bärsch/S. Kopp/C. Rentsch (Hg.), Ecclesia de Liturgia. Zur Bedeutung des Gottesdienstes für Kirche und Gesellschaft (FS Winfried Haunerland), Regensburg 2021, 45.

[4] *Stefan Kopp/Benedikt Kranemann*, Liturgie als praktische Ekklesiologie, in: Dies (Hg.), Gottesdienst und Kirchenbilder. Theologische Neuakzentuierungen, QD 313, Freiburg u. a. 2021, 14.

1.   Die Feier des Sterbesegens

Im Dezember 2013 wurde das völlig neu konzipierte und erarbeitete Gotteslob in seiner zweiten Variante (nach 1976) in den Diözesen Deutschlands, Österreichs, Bozen-Brixen und Lüttich eingeführt. Seit 2003 in der Konzeption und in den Jahren 2008 bis 2011 im Wesentlichen erarbeitet, bietet es unter der Überschrift „Im Angesicht des Todes"[5] in komprimierter Form das Angebot der Sterbegebete und -impulse[6] wie sie auch im liturgischen Buch „Die Feier der Krankensakramente"[7] enthalten sind: Schriftworte, Lesungen, Psalmen, Litaneien und Gebete. Nur kurz zuvor im Jahr 2011 stellte die Diözese Rottenburg-Stuttgart eine Handreichung zur Verfügung, die kurze Zeit später auch im Erzbistum Freiburg übernommen wurde[8], und eine neue liturgische Form der Sterbebegleitung anregt: den Sterbesegen.

> „Segnen ist ein Zeichen der Gegenwart Gottes. Segnen heißt, einen Menschen Gott anvertrauen. Wer segnet, glaubt, dass Gott sich diesem Menschen zuwendet. Für die Situation des Lebensendes heißt das: Alles, was das Leben der sterbenden Person ausmacht, möge bei Gott ein gutes Ende finden, mit Jesus Christus zur Auferstehung gelangen."[9]

Mit diesen einführenden und erklärenden Worten beginnt der Sterbesegen 2011 und Erzbischof Robert Zollitsch ergänzt in seiner Einführung der Freiburger Ausgabe: „Eine besondere Bedeutung kommt dem Segen zu, wenn sich das Leben ein letztes Mal wendet und der Mensch seinen letzten Weg geht. In dieser Situation suchen viele Trost in einem Zeichen des Vertrauens und der Hoffnung, das über den Tod hinausreicht."[10] Der Segen als Ritus des Trostes und der Stärkung im Übergang in eine neue Wirklichkeit für Sterbende und deren Angehörige zugleich hat eine andere Bedeutung als die begleitenden Gebete oder auch die sakramentalen Vollzüge der Feier der Krankensalbung und der Wegzehrung.

In ihrer Jahrestagung 2012 haben sich die Krankenhausseelsorger und -seelsorgerinnen im Bistum Würzburg eingängig mit ritueller Sterbebegleitung

---

5   GL 608,1.
6   Vgl ebd. 608,2+3.
7   Vgl. *Bischofskonferenzen Deutschlands, Österreichs und der Schweiz, die (Erz-) Bischöfe von Bozen-Brixen, Lüttich, Luxemburg und Straßburg* (Hg.), Die Feier der Krankensakramente. Die Krankensalbung und die Ordnung der Krankenpastoral in den katholischen Bistümern des deutschen Sprachgebietes, 2. Auflage, Kapitel VI. Die Begleitung Sterbender, Freiburg 1994, 151–177.
8   Vgl. *Erzbistum Freiburg*, Handreichung zum Sterbesegen, Freiburg 2012.
9   *Diözese Rottenburg-Stuttgart*, Sterbesegen, Rottenburg 2011, 3.
10   *Robert Zollitsch*, Vorwort, in: Erzdiözese Freiburg, Handreichung zum Sterbesegen, Freiburg 2012, 4.

beschäftigt. Zum einen aufgrund des Vorstoßes der beiden Bistümer in Baden-Württemberg, zum anderen aber wegen der sich stark verändernden Bedarfe im Kontext von Sterben und Abschied nehmen. So war von Anfang an in dieser Diskussion klar, dass es bei einer liturgischen Feier des Sterbesegens nicht um einen Ersatz oder um Konkurrenz zur Krankensalbung oder Wegzehrung gehen soll. Der Sterbesegen war gewünscht als rituelle Abschiedsfeier von einem bzw. einer Sterbenden und nicht als sakramentale Stärkung wie die Krankensalbung oder als Christusvergegenwärtigung wie das Sterbesakrament der Eucharistie für den Übergang in eine andere Wirklichkeit. Dieser Sterbesegen sollte ergänzend zu den sakramentalen Vollzügen gefeiert oder völlig unabhängig davon als Abschiedsfeier vor allem auch für die Angehörigen gestaltet werden. Deshalb beschäftigte sich die Tagung 2012 ausführlich mit den theologischen Grundlagen der Krankensalbung und des Viaticums, um die klare Abgrenzung zum Wunsch nach einem Sterbesegen vollziehen zu können und den Bedarf nach einer eigenständigen Segensfeier zu schärfen. Bischof Friedhelm Hofmann schreibt in seinem Vorwort zum Würzburger Sterbesegen: „Die Erfahrung lehrt, dass die Spendung [der Krankensalbung] nicht immer angebracht ist, wenn [sie] z.B. erst ein paar Tage zuvor gespendet wurde. Auch die Wegzehrung kann nicht immer gereicht werden, da viele Patientinnen und Patienten beatmet werden oder komatös sind. Von den Seelsorgerinnen und Seelsorgern wurde daher ein Segensritual gewünscht, das in solchen Situationen des Sterbens von Menschen gefeiert werden kann. Damit erfahren Sterbende die Begleitung durch die Kirche, Angehörige erleben Trost und Stärkung."[11] Die Diskussionen um die Feiervollmacht für die Krankensalbung spielte deshalb in dieser Diskussion zur Einführung des Sterbesegens keine Rolle. Natürlich konnte und kann der Sterbesegen sehr vielfältig zum Einsatz kommen, weil er als nichtsakramentale Feier keiner amtlichen Einschränkung unterworfen ist. Er wird von all jenen gefeiert und vollzogen, die in seelsorglicher Beziehung zu einem bzw. einer Sterbenden und deren Angehörigen stehen. Insofern ist seine Feier sehr leicht möglich und die Feiergestalt als Wortverkündigung mit anschließendem Segensritus niederschwellig. In der Erprobungsphase des Würzburger Sterbesegens bis 2014 zeigte sich rasch, dass ein Bedarf nicht nur bei allen hauptberuflichen und ehrenamtlichen liturgischen Diensten bestand, die in der Begleitung von Kranken und Sterbenden stehen, sondern vor allem auch bei vielen Menschen in der Hospizbewegung und in den Besuchsdiensten in Krankenhäusern und Altenheimen.

Seine Grundgestalt, die von Rottenburg-Stuttgart entwickelt und von den anderen Bistümern im Wesentlichen übernommen wurde, ist einfach und leicht

---

[11] *Diözese Würzburg*, Die Feier des Sterbesegens. Eine liturgische Handreichung für die Kranken- und Altenseelsorge im Bistum Würzburg, Würzburg ⁵2018, 7.

anpassungsfähig. Im Bistum Würzburg setzt sich die Grundform des Sterbesegens folgendermaßen zusammen: Kreuzzeichen mit anschließender Einführung, fakultativem Kyrie, Eröffnungsgebet, Schriftlesung, stilles Gebet, Sterbesegen (ggf. als Einzelsegen durch alle Anwesenden), Vaterunser, Segen für die
Angehörigen und fakultativer Mariengruß am Ende.[12] Hinzu kamen in der ursprünglichen Fassung fünf Varianten für besondere Situationen: Wenn ein
Mensch unerwartet im Sterben liegt, wenn ein Mensch in der Mitte des Lebens
nach langer Krankheit im Sterben liegt, wenn ein Kind im Sterben liegt, wenn
ein junger Mensch im Sterben liegt, wenn ein Mensch Suizid verübt hat.[13] Gerade das letzte Formular zeigt, dass die Angehörigen gleichberechtigte Adressaten dieser Feiern sind, wie die Sterbenden selbst. Folgerichtig ergänzt der
Würzburger Sterbesegen bei dieser Variante die Rubrik: „Sehr oft handelt es
sich bei diesem Sterbesegen um ein Totengebet."[14] Auch erweitert die Würzburger Ausgabe die Formulare um die beiden Modelle: Wenn ein Kind tot zur
Welt kommt und wenn ein an Demenz erkrankter Mensch im Sterben liegt.[15]
Spätere Ausgaben des Sterbesegens in anderen Diözesen ergänzen noch weitere Modelle: wenn bei einem Menschen die lebenserhaltenden Geräte abgeschaltet werden sollen, wenn ein Mensch hirntot ist und eine Organspende geplant ist, wenn ein Mensch mit geistiger Behinderung im Sterben liegt (leichte
Sprache), wenn keine Angehörigen anwesend sein können.[16] Auch werden alternative Grundmodelle erarbeitet und angeboten.[17] Schließlich erweitern diözesane Ausgaben zusätzlich zu Gebetsalternativen, Schrifttexten, Liedern und
einem Gebetsschatz an Grundgebeten das Angebot auch durch Sterbesegen in
mehreren Sprachen z. B. Englisch, Französisch, Italienisch, Polnisch, Kroatisch[18], Portugiesisch, Spanisch[19] oder Niederländisch[20].

---

[12] Vgl. ebd. 13–19.
[13] Vgl. *Erzdiözese Freiburg*, Handreichung zum Sterbesegen, Freiburg 2012.
[14] *Diözese Würzburg*, Die Feier des Sterbesegens (wie Anm. 11), 47.
[15] Vgl. ebd. 21–25.39–42.
[16] Vgl. *Liturgiekommission des Bistums Limburg* (Hg.), Der Sterbesegen. Ich dein Gott,
      bin mit dir (nach Jesaja 43,5). Liturgische Vorschläge für die Begleitung von Sterbenden
      und ihnen nahestehenden Personen, Limburg ²2022.
[17] Vgl. ebd.
[18] Vgl. *Bistum Speyer*, Sterbesegen, Speyer ²2018.
[19] Vgl. *Diözese Rottenburg-Stuttgart*, Der Sterbesegen. Liturgische Handreichung für
      Haupt- und Ehrenamtliche in Krankenhäusern und Hospizen, in Senioren- und Pflegeheimen, in der Notfallseelsorge und in Gemeinden und Pfarreien, Ostfildern ²2019.
[20] Vgl. *Bistum Münster*, Sterbesegen. Liturgische Handreichung für Haupt- und Ehrenamtliche in Krankenhäusern und Hospizen, in Senioren- und Pflegeheimen, in der Notfallseelsorge und in Gemeinden und Pfarreien, Ostfildern 2021.

Nach einer Erprobungsphase im Bistum Würzburg bis Herbst 2013[21] wurde die Feier des Sterbesegens als festes Feierrituale konzipiert, endredigiert, vom Bischof als diözesane Liturgie am 24. März 2014 approbiert und veröffentlicht.[22] Mittlerweile ist die 5. Auflage erschienen[23], die im Vergleich zur ersten Auflage zwar nur geringfügige Ergänzungen enthält und die Einheitsübersetzung von 2016 übernommen hat, aber dennoch zeigt, wie hoch der Bedarf nach einem solchen liturgischen Buch ist. Gleiches belegt die Übernahme und Weiterbearbeitung durch andere Diözesen. Die beiden (Erz-)Diözesen Feldkirch und Wien haben die Würzburger Ausgabe komplett für ihren Eigenbedarf übernommen und nur mit einem eigenen Vorwort und Einband versehen.[24] Interessant ist die Weitung des Adressatenkreises in der Wiener Ausgabe: „Eine Handreichung für alle Getauften"[25]. In diesem Untertitel zeigt sich nicht nur der flächendeckende Gebrauch dieser Feierform, sondern auch die ekklesiale Bedeutung des Segnens als Abschiedsritual. Die Bistümer Speyer[26] und Limburg[27] haben auf der Grundlage der Ausgaben von Rottenburg-Stuttgart und Würzburg eigene und eigenständige erweiterte Ausgaben des Sterbesegens erstellt und veröffentlicht. Osnabrück bezieht sich deutlicher auf die Grundkonzeption des Sterbesegens aus Rottenburg-Stuttgart[28] und Münster übernimmt die mittlerweile in einer neuen Auflage als liturgisches Buch konzipierte Rot-

---

[21] Zur Erprobung war der erarbeitete Sterbesegen mit seinen Varianten und Materialien im endgültigen Format in broschierter Form gedruckt und ausgesuchten Personen mit einem Evaluierungsfragebogen an die Hand gegeben worden. Vgl. *Bischöfliches Ordinariat Würzburg. Hauptabteilung II – Seelsorge. Sonderseelsorge* (Hg.), Der Sterbesegen. Eine liturgische Handreichung der Krankenhausseelsorger, -innen und Altenheimseelsorger, -innen im Bistum Würzburg zur Erprobung, Würzburg 2013.

[22] Vgl. *Diözese Würzburg*, Die Feier des Sterbesegens. Eine liturgische Handreichung für die Kranken- und Altenseelsorge im Bistum Würzburg, Würzburg 2014.

[23] Vgl. *Diözese Würzburg*, Die Feier des Sterbesegens (wie Anm. 11).

[24] Vgl. *Diözese Feldkirch* (Hg.), Die Feier des Sterbesegens. Eine liturgische Handreichung für die Krankenhausseelsorge und Altenpastoral der Diözese Feldkirch, die vom Bistum Würzburg bzw. dem Echter Verlag für den Gebrauch in der Diözese Feldkirch zur Verfügung gestellt wird, Würzburg 2014; *Arbeitskreis Sterbesegen, Krankenhaus- und Pflegeheimseelsorge, Kategoriale Seelsorge der Erzdiözese Wien und Liturgiereferat der Erzdiözese Wien* (Hg.), Die Feier des Sterbesegens. Eine liturgische Handreichung für alle Getauften. Nach einer Vorlage aus der Diözese Würzburg. Auf Empfehlung der Liturgischen Kommission approbiert für den Gebrauch in der Erzdiözese Wien, Würzburg 2015.

[25] *Arbeitskreis Sterbesegen, Krankenhaus- und Pflegeheimseelsorge, Kategoriale Seelsorge der Erzdiözese Wien und Liturgiereferat der Erzdiözese Wien* (Hg.), Die Feier des Sterbesegens 2015 (wie Anm. 24), 3.

[26] Vgl. *Bistum Speyer*, Sterbesegen, (wie Anm. 18).

[27] Vgl. *Liturgiekommission des Bistums Limburg* (Hg.), Der Sterbesegen (wie Anm. 16).

[28] *Bistum Osnabrück. Bischöfliches Generalvikariat*, Sterbesegen, Osnabrück 2015.

tenburg-Stuttgarter Fassung[29] in erweiterter Form.[30] Schließlich hat der Sterbesegen in einer komprimierten und allgemeinen Fassung neben all den liturgischen Ritualetexten der römischen Liturgie in deutscher Sprache Aufnahme
gefunden in das „Kleine Rituale" in seiner neuen Fassung.[31] Auch dies unterstreicht die Bedeutung und Relevanz einer neuen und aus der Praxis und dem
Bedarf der Menschen erwachsenen liturgischen Feierform.

Im Bistum Würzburg wird im Moment die 6. Auflage des Sterbesegens
vorbereitet, die noch einmal deutlich erweitert werden soll. Es werden Texte
für den Abschied von Sterbenden aufgenommen, die sich keiner Religion oder
Weltanschauung zugehörig fühlen. Die Feier des Sterbesegens hat als Ab-
schieds- und Segensritual Bedeutung über den kirchlichen Bereich hinaus und
wird so einem ritendiakonischen Anspruch gerecht. Hier ist in den vergangenen Jahren aus dem Bedarf heraus Liturgie erwachsen, die ganz im Dienst der
Menschen steht. In ihrer Einfachheit ist sie für viele leicht mitvollziehbar. In
der Zeichenhandlung des Segnens, das durch alle Anwesenden vollzogen werden kann, schafft der Sterbesegen eine Nähe und Intensität, die vielen Angehörigen wichtig ist. Dass der Sterbesegen gleichzeitig der Botschaft des Evangeliums verpflichtet ist und bleibt, belegen die zahlreichen Be- und Überarbei-
tungen, Erweiterungen und Korrekturen. Dabei scheint auch die Vielfalt
zwischen den einzelnen Diözesen ein Gewinn zu sein, weil so eine permanente
Entwicklung und Fortschreibung möglich ist, die sich dennoch an der gleichen
Basis, der Grundform des Sterbesegens, orientiert. Was bei der Erarbeitung des
Gotteslob noch kein Thema war, hat in kürzester Zeit Niederschlag in vielen
deutschen und deutschsprachigen Diözesen gefunden. Mit der Übernahme in
das „Kleine Rituale" ist der Sterbesegen in seiner Relevanz den römisch-
kirchlichen Feierformen der Sakramente und Sakramentalien gleichbedeutend
zur Seite gestellt. Im Sterbesegen bezeugt Liturgie lebendige Kirchenentwicklung und ist selbst aktiver Teil der Kirchenentwicklung geworden.

---

[29]   Vgl. *Diözese Rottenburg-Stuttgart*, Der Sterbesegen (wie Anm. 19).
[30]   Vgl. *Bistum Münster*, Sterbesegen (wie Anm. 20).
[31]   Vgl. Die Feier des Sterbesegens, in: Liturgische Institute Deutschlands, Österreichs und
       der Schweiz (Hg.), Kleines Rituale für besondere pastorale Situationen erarbeitet gemäß
       den geltenden liturgischen Büchern und Studienausgaben in den katholischen Bistümern
       des deutschen Sprachgebiets, Freiburg u. a. 2022, 141–150.

2. Sozialraumorientierung und Pastorale Standards im Bistum Würzburg

Wie in vielen anderen Diözesen wird auch im Bistum Würzburg ein Prozess der pastoralen Umstrukturierung und Neuorientierung durchgeführt. Seit 2016 begann unter dem Stichwort „Pastoral der Zukunft" dieser neue Prozess, der allerdings recht unmittelbar an den Vorgängerprozess zur Errichtung von Pfarreiengemeinschaften angeschlossen hat.[32] Die direkte Aufeinanderfolge pastoraler Umstrukturierungs- und Neuorientierungsprozesse zeigt den starken Druck, mit dem sich die Diözesen und ihre Verantwortlichen durch die äußeren Veränderungen wie Personal- und Finanzrückgang und Akzeptanz und Relevanz in der Gesellschaft konfrontiert sehen. Insofern ist es erklärbar, dass oft erst die Strukturen und Organisationsfragen im Vordergrund stehen und nicht die inhaltliche Neuausrichtung.

Im Bistum Würzburg sind mittlerweile aus 162 Pfarreiengemeinschaften und 16 Einzelpfarreien 43 Pastorale Räume erwachsen, die die Vorgängerstrukturen nicht außer Kraft setzen, sondern noch hinzugekommen sind. Gleichzeitig wurden 20 (ursprünglich 22) Dekanate zu 9 Dekanaten zusammengelegt. Die Dekanate sind nun deckungsgleich mit den Landkreisen und die Pastoralen Räume bündeln das Personal, die Verwaltung und bestimmte Aufgabenbereiche über die Pfarreiengemeinschaften hinweg.[33]

Der inhaltliche Erneuerungsprozess des inzwischen als „Gemeinsam Kirche sein" betitelten Projektes gliedert sich in vier unterschiedliche aber aufeinander bezogene Schritte. Nach der Erstellung eines diözesanen Visions- und Missionspapiers[34] arbeiten nun zwei Projektgruppen an „Strategischen Zielen" und an „Pastoralen Standards", während eine weitere Gruppe die eher im diakonisch-caritativen Bereich verortete „Sozialraumorientierung"[35] auf die gesamte Pastoral des Bistums überträgt.[36]

---

[32] Vgl. https://pastoralderzukunft.bistum-wuerzburg.de/neuigkeiten/?tx_news_pi1%5B%40 widget_news-_0%5D%5BcurrentPage%5D=9&cHash=bd5449a4632b893d829bd5ee4af faaa (dieser und alle folgenden Links aufgerufen am: 4.12.2022).

[33] Vgl. https://pastoralderzukunft.bistum-wuerzburg.de/pastorale-raeume/inhalte/.

[34] Vgl. https://www.bistum-wuerzburg.de/fileadmin/Bistum/PDF/2022-04-28_Vision_und_ Mission_Bistum_Wuerzburg_-_Christsein_unter_den_Menschen.pdf.

[35] Zur Sozialraumorientierung vgl. *Wolfgang Hinte*, Original oder Karaoke – was kennzeichnet das Fachkonzept Sozialraumorientierung?, in: R. Fürst/W. Hinte (Hg.), Sozialraumorientierung 4.0. Das Fachkonzept: Prinzipien, Prozesse & Perspektiven, Wien 2020, 11–26; *Michael Noack*, Kompendium Sozialraumorientierung. Geschichte, theoretische Grundlagen, Methoden und kritische Positionen, Weinheim u.a. 2015.

[36] Vgl. https://pastoralderzukunft.bistum-wuerzburg.de/programm/projektteams/.

Bei der Erarbeitung der Pastoralen Standards nehmen die Liturgie und das liturgische Handeln der Kirche einen breiten Raum ein. Auch der Verkündigungsdienst knüpft meist direkt oder indirekt an die Liturgie an. Der zentrale seelsorgliche Blick auf den Bedarf und das Leben der Menschen, der im Visions- und Missionspapier grundgelegt ist („Christsein unter den Menschen"[37]) lässt die Pastoralen Standards an den Berührungspunkten der Menschen mit Kirche anknüpfen, die im überwiegenden Teil in und bei der Liturgie liegen. Das heißt nicht, dass es in den Pastoralen Standards im Wesentlichen um Liturgie gehen würde. Alle kirchlichen Grundvollzüge sind gleichermaßen gewichtet. Die Liturgie, die Feierformen des Glaubens und des Lebens sind aber die Tür zu Kirche und somit primäre Kirchenvermittlung und Kirchenentwicklung. Die Pastoralen Standards sollen in allen Pastoralen Räumen gleich gelten und den Menschen ein Mindestmaß an Verlässlichkeit garantieren und zugleich den kirchlich Agierenden die Freiheit vermitteln, eigene Schwerpunkte über das pastorale Grundcurriculum hinaus zu entwickeln. Sie setzen beim Leben der Menschen an, nehmen den Mensch in den Situationen in Blick, in welchen er rituelle Begleitung, Gottesbegegnung in einer besonderen Form des Gottesdienstes und gefeierten Glauben in Gemeinschaft sucht und wünscht. Von daher generieren sich die Pastoralen Standards entlang des menschlichen Lebens und setzen neben Geburt und Tod vor allem an den Übergängen und Veränderungen im Lebensbogen eines Menschen an. An diesen Stellen muss die Liturgie nicht nur präsent sein, sondern auch in der Gestalt den Menschen nahe, dass deren jeweilige Lebenssituation in dieser Liturgie widerscheinen darf, ohne dass die Liturgie ihren Sinngehalt und ihre eigenständige Botschaft verliert. An anderen Stellen des menschlichen Lebens besteht noch liturgisches Defizit, das bei der Frage nach Pastoralen Standards deutlich zutage tritt. Hier gibt die Arbeit an den Standards ähnlich wie beim Sterbesegen den Impuls, auf christlich-kirchlicher Basis gottesdienstliche Formen zu entwickeln, die dem Bedarf der Menschen gerecht werden. Dies trifft vor allem in Situationen des Scheiterns und der Lebenskrisen. Die Sozialraumorientierung hilft in diesem Zusammenhang, die Lebenssituationen der Menschen wahrzunehmen, sensibel zu werden für mehr anlassbezogene Gottesdienstformen und Liturgien in den jeweils eigenen Lebensräumen. Sie nimmt die Kompetenz der Menschen selbst ernst und gibt ihnen die Freiheit zu eigenem Handeln. So wächst die Aufgabe zur Lebensbegleitung, die eine rituell-liturgische Begleitung beinhaltet und die die Eigenkompetenz und Selbstständigkeit der Menschen stärkt. Sehr gut ist dies bei den rund 1.200 Gottesdienstbeauftragten im Bistum zu beobachten, die neben ihrer Tätigkeit in Gemeindegottesdiensten auch viel anlassbezogene Fei-

---

37 Vgl. https://www.bistum-wuerzburg.de/fileadmin/Bistum/PDF/2022-04-28_Vision_und_ Mission_Bistum_Wuerzburg_-_Christsein_unter_den_Menschen.pdf.

ern in kleineren Kreisen und Gruppen konzipieren und gestalten. Dabei dürfen vorhandene Ressourcen und eine Vernetzung im Pastoralen Raum verstärkt genutzt werden. So ist Kirchenentwicklung durch die Liturgie zu erhoffen, wenn von der überkommenen Form der Zielgruppengottesdienste innerhalb der Gemeinde und des eigenen Gottesdienstraumes zu neuen Gottesdienstformen in den Lebensräumen der Menschen gefunden wird (z. B. Gestaltung eines Gottesdienstes bei der Jugendfreizeit der freiwilligen Feierwehr statt Jugendgottesdienstangebote in der Kirche, eine Segens- und Gedenkfeier bei der Jahresversammlung des örtlichen Sportvereins u.ä.)[38].

So wird es im Kontext der weiteren Beratungen zu diskutieren sein, ob bei einer Ausrichtung des pastoralen Handelns am Leben der Menschen die Liturgie für und mit den Menschen eher anlassbezogen ausgerichtet werden muss als periodisch und zyklisch (z. B. Vorrang der Feier der Kasualien vor einem regelmäßigen täglichen oder wöchentlichen Gottesdienstangebot).

3. Außerordentliche Taufspendebeauftragung in der aktuellen Diskussion

Seit der Ankündigung des Essener Bischofs, hauptberufliche pastorale Mitarbeiter:innen zur Taufspendung zu beauftragen, hat in den meisten Diözesen Deutschlands eine lebendige und zum Teil auch kontroverse Diskussion begonnen. Zwar gibt es diese Praxis in den deutschsprachigen Diözesen der Schweiz schon seit geraumer Zeit[39], doch wird in den Bistümern Deutschlands mit diesem Schritt ein völlig neuer Weg im Miteinander von kirchlichen Amtsträgern und pastoralen Mitarbeiter:innen beschritten. Erstmalig werden Laien in den unmittelbaren Mittlerdienst in der Feier der Sakramente hineingenommen. Somit steht neben der Frage um die Sakramentalität des Amtes auch die Frage nach der Sakramentalität der Kirche insgesamt im Raum. Ist die Kirche seit den Tagen des Neuen Testaments der Überzeugung, dass die Sakramentalität der Kirche durch die Übertragung der Aufgaben in einem Geschehen von

---

[38] Nicht erst aufgrund der Coronabeschränkungen erfreuen sich gottesdienstliche Feiern an „Anders"-Orten besonderen Zuspruchs. Gerade niederschwellige Gottesdienstformen an den Lebensorten der Menschen oder eben bewusst an gottesdienst-untypischen Orten sprechen Menschen an, die den Weg in Kirchen scheuen.

[39] Darüber hinaus gibt es nur den Bischof einer österreichischen Diözese, der vereinzelt auf Bedarf diese Beauftragung vornimmt. Vgl. *Winfried Haunerland*, Taufe durch Laien. Notlösung oder Reformschritt? in: HerKorr 6 (2022) 37–41, 37.

Handauflegung und Gebet sichtbar wird (Apg 14,23; 1 Tim 4,14; 2Tim 1,6)[40], so ist gerade deshalb die Spendung der Sakramente mit dem sakramentalen Amt verbunden. Der Bischof von Essen nennt in seiner Begründung zur Einführung außerordentlicher Taufspender:innen die personelle Notlage in den Gemeinden seiner Diözese.[41] Damit konstatiert er den im Kirchenrecht vorgesehenen Fall, der einen Ortsordinarius ermächtigt, außerordentliche Taufspender:innen zu beauftragen.[42] Das Kirchenrecht wiederum legt mit Blick auf die heilsvermittelnde Wirksamkeit des Sakraments der Taufe die Rahmenbedingungen für eine Nottaufe zugrunde, in der allein die Spendeformel, die Materie (Wasser) und die Intention notwendig sind. In der Feier der Taufe mit ihren ausdeutenden Riten aber spiegelt sich das breite Spektrum sakramentaler Wirklichkeit wider: die reale Christusgegenwart, die Teilhabe des neuen Lebens an der priesterlichen, prophetischen und königlichen Würde Christi und die Aufnahme in die Kirche – zusätzlich zur heilswirkenden Loslösung von der Erbschuld.

Es zeigt sich an dieser Stelle, dass sich in der laufenden Diskussion der Blick in den gefeierten Glauben lohnt. Wiederum kann Liturgie und die Reflexion der Liturgie kirchenbildend und orientierend sein. In seinem Dekret verpflichtet der Bischof von Essen[43] die außerordentlichen Taufspender:innen auf einen Taufritus, der in der römisch-lateinischen Liturgie zwar vorgesehen[44], ins deutschsprachige Rituale aber nicht aufgenommen wurde.[45] In diesem Ritus, der anders als die Nottaufe ausdeutende Riten vorsieht, also eine volle Feierform der Taufe im Blick hat, sind trotzdem bestimmte Vollzüge nicht aufgeführt. Weil die Taufe nicht durch das sakramentale Amt gespendet wird, entfallen die Katechumenen- und die Chrisamsalbung. Das Deutewort vom Anteil an der priesterlichen, prophetischen und königlichen Würde des Täuflings wird

---

40 Vgl. ebd. – Zur Frage nach dem Verhältnis von Sakramentalität von Amt und Kirche vgl. auch *Winfried Haunerland*, „… ob es das Priesteramt überhaupt braucht". Notwendige Auseinandersetzung anlässlich eines irritierenden Beschlusses des Synodalen Weges, in: Klerusblatt 102 (2022) 188–195.

41 Vgl. *Franz-Josef Overbeck*, Dekret Nr. 102 Richtlinien für die Beauftragung von außerordentlichen Taufspendern/-innen, in: Diözesanblatt Essen 64 (2022) 169.

42 Vgl. CIC 1983 can. 861 § 2.

43 Vgl. *Franz-Josef Overbeck*, Dekret Nr. 102 Richtlinien für die Beauftragung von außerordentlichen Taufspendern/-innen, in: Diözesanblatt Essen 64 (2022) 169, Nr.3.

44 Vgl. Rituale Romanum ex decreto sacrosancti oecumenici concilii Vaticani II instauratum auctoritate Pauli PP. VI promulgatum. Ordo Baptismi parvulorum. Editio typica altera. Caput IV. Ordo Baptismi parvulorum, absente sacerdote et diacono, a catechistis adhibendus, Vatikan 1986, 58–67.

45 Vgl. Die Feier der Kindertaufe in den Bistümern des deutschen Sprachgebietes. Zweite authentische Ausgabe auf der Grundlage der Editio typica altera 1973, Freiburg u. a. 2007.

trotzdem gesprochen.[46] Aufgrund des fehlenden kirchlichen Amtes in diesen
Feiern entfallen mit den Salbungen (und dem „Effata"-Ritus) die neben dem
Wasserritus besonders sinnenfälligen Zeichen und machen die Feier so zu einer
abgestuften Feierform. Die Vorsteherfrage bewirkt also, dass in dieser Feierform die Täuflinge nicht den ganzen Reichtum der Taufliturgie erfahren dürfen. Aus Sicht der Taufliturgie und ihrer inhaltlichen und zeichenhaften Bedeutung kann dies nur als ein deutlicher Mangel gewertet werden. Es ist deshalb
zu begrüßen, dass dieser Ritus nicht in dieser Form in die deutsche Ausgabe
des Rituale 2007 übernommen wurde.

Aufgrund des reichen Sinngehalts der Taufe, der in der Feiergestalt zum
Ausdruck kommt, darf es keine abgestufte Feierform geben. Selbst die Nottaufe, die durch den heilsvermittelnden Aspekt der Taufe motiviert ist, kennt eine
nachgeholte Feier der ausdeutenden Riten.[47] Vielmehr legt der theologische
Gehalt der Taufe nahe, den Bedarf der um die Taufe bittenden Eltern zu klären.
Zudem öffnet sich der Blick für die Feiergemeinschaft: nur die Familie als lebendige Ekklesia oder eine größere Gemeinschaft mehrerer Täuflinge oder die
Taufe in der Gemeindeeucharistie? Auch die Frage nach dem Taufort darf in
der sich verändernden Gesamtsituation neu gestellt werden: welche Bedeutung
hat die Privilegierung der Pfarrkirche als Taufort im Gegensatz zu allen anderen Kirchen noch im Angesicht pastoraler Neustrukturierung? Und schließlich
sollte auch die Frage nach der Leitungsvollmacht in dieser Gesamtperspektive
diskutiert werden: welche Personen sind für die um die Taufe bittenden Eltern
die Bezugspersonen zu und die Identifikationspersonen für Kirche, sodass sich
Kirche in der Taufe zeigt – sichtbar und erfahrbar wird? Wenn sich Kirche als
Raum versteht, in dem das Heilshandeln Gottes erfahrbar wird, und deshalb
Sakramentalität für sich und ein sakramentales Amt für die eigenen Kernvollzüge in Anspruch nehmen kann, dann darf auch die Feier der Taufe als grundlegendes Sakrament nicht ohne Bezug zum sakramentalen Amt verstanden
werden. Somit führt die rechtliche Argumentation der personellen Notlage auf
Dauer nicht weiter. Vielmehr wird man an den Fragen nach den Zugängen zum
Amt und der Teilhabe am Amt (seelsorgliche Qualifikation und seelsorgliche
Legitimation) nicht vorbeikommen, will man die Sakramentalität von Kirche
nicht infrage stellen. In diesem Zusammenhang weist die Liturgie noch auf einen weiteren Punkt, der zu diskutieren und gegebenenfalls neu zu bewerten
wäre. Interessanterweise verzichtet der besondere Taufritus bei Abwesenheit

---

[46] Vgl. Rituale Romanum ex decreto sacrosancti oecumenici concilii Vaticani II instaura-
      tum auctoritate Pauli PP. VI promulgatum. Ordo Baptismi parvulorum. Editio typica al-
      tera. Caput IV. Ordo Baptismi parvulorum, absente sacerdote et diacono, a catechistis
      adhibendus, Vatikan 1986, Nr. 151.
[47] Vgl. Einführung in die Kirche für ein Kind, das die Nottaufe empfangen hat, in: Die
      Feier der Kindertaufe (wie Anm 45), 121–138.

eines Priesters oder Diakons auf die Chrisamsalbung nicht aber auf die Deutung der Taufe als Teilhabe am dreifachen Amt Jesu Christi.[48] Gleichzeitig wird in der Tradition der westlichen Kirche die Chrisamsalbung als Firmsakrament immer noch mit dem Bischofamt verbunden und deshalb losgelöst von der Taufe gespendet.[49] Wenn das Bischofsamt die Taufe in der Firmung besiegelt und somit den Blick einer jeden Christin und eines jeden Christen auf die gesamte Kirche hin weitet, dann müsste doch der klaren Zeichenhaftigkeit wegen auf die zweite (bzw. erste) Chrisamsalbung in der Taufe verzichtet werden, was mit Blick auf den besonderen Taufritus ohne kirchliches Amt kein Problem zu sein scheint. Auch hier gibt der liturgische Vollzug lohnende Impulse.

Schließlich stellt sich die Frage, ob die Feier der Taufe in ihrer inhaltlichen Fülle für alle gleichermaßen die richtige Feierform ist, die um einen Segen für das neugeborene Leben bitten: noch einmal die Bedarfsfrage. Die Feier der Kindertaufe von 2007 kennt im Anhang die Kindertaufe in zwei Stufen. Mit der „Eröffnung des Weges"[50] bietet sie eine Segensfeierform, die zwar zur Taufe selbst hinführen soll, aber mit dem „Lobpreis Gottes und Dank für die Geburt"[51] eine Gebetsform enthält, die dem Wunsch vieler Eltern nach dem segnenden Zuspruch Gottes für das neue Leben gerecht wird. Hier sollte überlegt werden, ob diese Feierform nicht weiterentwickelt und entfaltet werden kann, um dem Bedarf der Menschen zu entsprechen.

---

[48] Vgl. Anm. 46.

[49] Bereits im 5. Jahrhundert zeigt sich die Trennung von Taufe und Firmung (Innozenz I. 416 vgl. DH 215), weil nicht mehr alle Taufen in Anwesenheit des Bischofs stattfinden. Allerdings ist hier bereits von einer eigenen Chrisamsalbung in der Taufe die Rede (postbaptismal). Die Salbung der Stirn bzw. des Hauptes wird zur Zeichenhandlung der Firmung, die wohl ursprünglich stärker mit der Handauflegung identifiziert wurde. Vgl. *Bruno Kleinheyer*, Sakramentliche Feiern I. Die Feiern der Eingliederung in die Kirche (GdK 7,1) 195; *Vincent Twomey*, Die Firmung, in: H. Luthe (Hg.), Christusbegegnung in den Sakramenten, Kevelaer [2]1982, 255–261.

[50] Vgl. Die Feier der Eröffnung des Weges zur Taufe, in: Die Feier der Kindertaufe in den Bistümern des deutschen Sprachgebietes. Zweite authentische Ausgabe auf der Grundlage der Editio typica altera 1973, Freiburg u.a. 2007, 141–157.

[51] Vgl. ebd. 147–150.

4.   Perspektiven

Bei seiner Bischofsweihe im Juni 2018 hat der Bischof von Würzburg, Dr.
Franz Jung seinen Wunsch für die Zukunft von Kirche so formuliert:

> „Den Glauben an die Auferstehung zu betonen scheint mir wichtig. Denn mir begegnet
> immer wieder, dass Menschen eher auf Wiederbelebung setzen statt auf Auferstehung.
> Man träumt davon, die alte Herrlichkeit möge wiedererstehen. Es möge doch alles
> wieder so sein wie vor einigen Jahrzehnten, als die Kirchen noch stark und die
> Gottesdienste noch voll waren. […] Auferstehung meint aber nicht Wiederbelebung des
> Vergangenen."[52]

Der Wunsch nach Wiederbelebung begegnet gerade im Kontext von Liturgie
und liturgischer Bildung immer wieder, weil die Liturgie die Emotionen der
Menschen anspricht und deshalb viel stärker als alle anderen kirchlichen Vollzüge von der jeweiligen Prägung bestimmt wird. Wiederbelebung bezieht sich
dabei nicht nur auf ein glorifiziertes Kirchenbild einer Kirchenverfasstheit des
ausgehenden 19. und beginnenden 20. Jahrhunderts. In gleicher Weise sind
manche Kirchenerneuerungsträume von einem Kirchengefühl der 1970er Jahre
bestimmt. Es ist die Hoffnung auf Sicherheit und Beständigkeit im Bewältigen
immer schneller werdender Veränderungsprozesse, die Erneuerung mit Wiederbelebung gleichsetzt.

In der fortschreitenden Erosion institutioneller Kirchenstrukturen treten dagegen die theologischen Orte von Kirche wieder deutlicher hervor. Dort wo
Menschen ihren Glauben leben, dort wo Menschen Gott suchen, dort wo Menschen ihr Leben zu bewältigen versuchen und von anderen Menschen motiviert
durch den Glauben begleitet werden, entsteht und existiert Kirche. Dies geschieht in Formen der dienenden Nächstenliebe, im Gebet und im gemeinschaftlich gefeierten Glauben und Leben. Und deshalb lohnt es sich auf die Liturgie und ihren Vollzug zu schauen, wenn es um Kirchenerneuerung geht.

Es braucht eine Liturgie bzw. eines Verständnisses von Liturgie für und mit
den Menschen. Gottesdienst, der zum Ziel hat, Menschen an Kirche zu binden,
entspricht nicht diesem Sinngehalt. Auch sollte noch viel deutlicher auf den
Bedarf der Menschen geachtet werden. Wenn es stimmt, was die Kirche in der
vierten Präfation an Wochentagen betet: „Du bedarfst nicht unseres Lobes, es
ist ein Geschenk deiner Gnade, daß wir dir danken. Unser Lobpreis kann deine

---

[52] *Bischof Franz Jung*, Dankesansprache, in: Domkapitel zu Würzburg (Hg.), „Die Hoffnung als Anker der Seele". Bischofsweihe und Amtseinführung von Dr. Franz Jung in
Würzburg, Würzburg 2018, 60–67, 64.

Größe nicht mehren, doch uns bringt er Segen und Heil [...]"[53], dann kann es in einer pluralen Welt nicht nur liturgische Vollzüge geben, die von nur einer Form von Kirchlichkeit ausgehen und diese bei den Mitfeiernden voraussetzen. Eine Formen- und Feiervielfalt der Liturgie ist nicht nur bedarfsgerecht, sie stärkt auch die Bedeutung der sakramentalen Feiern selbst, wenn diese dann von jenen gewählt werden, die ihren Sinngehalt ganz mitvollziehen wollen und können.

Der Sterbesegen in den deutschen und deutschsprachigen Bistümern ist ein gutes Beispiel dieser notwendigen Vielfalt: bedarfsorientiert, ganz auf die Menschen ausgerichtet, die sakramentalen Formen ergänzend und in seiner Entwicklung und Fortschreibung weiter wandelbar und dynamisch. Auch die diözesanen Erneuerungsprozesse und die Diskussion um die Taufe bieten das Potential und zeigen die Notwendigkeit den Schatz des gefeierten Glaubens so aufzubereiten, dass er dem Anspruch von Liturgie und Kirche gerecht wird: im Gottesdienst Christus begegnen und das Heilshandeln Gottes spüren im und für das Leben der Menschen.

---

[53] *Bischofskonferenzen Deutschlands, Österreichs und der Schweiz u. a.* (Hg.), Die Feier der heiligen Messe. Messbuch für die Bistümer des deutschen Sprachgebietes. Authentische Ausgabe für den liturgischen Gebrauch. Teil II, Freiburg u. a. ²1988, 446 f.

Darstellungen von Kirche in Gottesdiensten
als *cultus publicus* und
manifestatio ecclesiae ad extram

Der Ökumenische Gottesdienst für die Opfer der Flutkatastrophe aus dem Hohen Dom zu Aachen am 28. August 2021

Peter Dückers

Ende Juli 2021 erreichte das Domkapitel Aachen seitens des Sekretariats der Deutschen Bischofskonferenz die Anfrage, ob Ende August ein ökumenischer Gottesdienst zum Gedenken an die Opfer der Flutkatastrophe Mitte Juli stattfinden könne. Nach kurzer Beratung und in Abstimmung mit dem Bischofshaus hat das Kapitel dieser Bitte entsprochen, wohl wissend oder zumindest ahnend, dass dies für die Beteiligten vor Ort, insbesondere für die Mitarbeiterinnen und Mitarbeiter der Domliturgie und der Dommusik, mit erheblichem zeitlichem Aufwand verbunden sein würde.

Zwar liegt das Ahrtal als Zentrum der Katastrophe gut 80 km südöstlich von Aachen entfernt, aber auch die Region und das Bistum waren betroffen. In Stolberg und Eschweiler, gut 10 km östlich von Aachen, waren große Teile der Innenstädte zerstört, in Kornelimünster im Süden der Stadt die ehemalige Abtei- und heutige Propsteikirche überflutet und bis heute unbenutzbar geworden. Die Betroffenheit war also auch in Aachen groß.

1. Veranstalter und Verantwortliche

Die Verantwortung für den Gedenkgottesdienst lag bei den christlichen Kirchen. Es war aber von Anfang an klar – zumindest zu dem Zeitpunkt, als der Aachener Dom beteiligt wurde –, dass das staatliche Gedenken zeitlich und räumlich damit verbunden werden sollte.

Die fünf höchsten Repräsentanten der Bundesrepublik Deutschland hatten ihre Teilnahme am Gottesdienst zugesagt. Bundespräsident Steinmeier hielt im Anschluss – wie genau dieser Anschluss aussah, dazu später mehr – eine Gedenkrede im Namen aller staatlichen Institutionen. Neben ihm waren Bundestagspräsident Schäuble, Bundeskanzlerin Merkel, Bundesratspräsident Haseloff und der Präsident des Bundesverfassungsgerichts, Harbarth, im Dom, ferner die Ministerpräsidentin von Rheinland-Pfalz, Dreyer, und der Ministerpräsident von Nordrhein-Westfalen, Laschet. Entsprechend groß war der Sicherheitsaufwand in der überschaubaren Innenstadt von Aachen. Der örtliche Einzelhandel zeigte sich nicht begeistert von der Polizeipräsenz und den Sicherheitsvorkehrungen – was zeitweise auch auf die (katholische) Kirche zurückzufallen drohte.

Von seiten der Kirchen waren die Deutsche Bischofskonferenz, die Evangelische Kirche in Deutschland und die Arbeitsgemeinschaft Christlicher Kirchen beteiligt. Bischof Dieser und Dompropst Cremer hatten auf eine aktive Mitwirkung im Gottesdienst verzichtet, was die liturgisch in Erscheinung tretenden Amtsträger reduzierte auf Bischof Georg Bätzing als Vorsitzendem der DBK, Landesbischof Heinrich Bedford-Strohm als Ratsvorsitzendem der EKD und Erzpriester Radu Constantin Miron als Vorsitzendem der ACK.

Zwei Arbeitsgruppen wurden gebildet, eine Steuerungsgruppe für die Organisation der gesamten Veranstaltung und eine Liturgiegruppe für die inhaltliche Gestaltung. In letzterer waren Vertreter der EKD, der DBK und der ACK beteiligt, von Seiten des Domes der Verfasser und Domkapellmeister Botzet. Mit der Anfrage nach dem Dom als Ort des Gedenkgottesdienstes war nämlich zugleich über die Mitwirkung der Dommusik bei Planung und Ausführung der musikalischen Teile entschieden worden.

Es liegt in der Natur der Sache, dass die beteiligten Personen unterschiedliche Ansichten und Interessen in die Vorbereitung eingebracht haben, was bei allem Bemühen um eine würdige Gedenkveranstaltung in einigen Punkten auch Differenzen und Konflikte offenbarte. Die Durchführung war in Manchem auch ein Kompromiss. Einige Details waren auch von der Steuerungsgruppe vorgegeben und standen nicht in der Entscheidungskompetenz des Arbeitskreises Liturgie.

2.   Christlicher Gottesdienst

Klar war, dass es ein christlicher Gottesdienst sein sollte, geleitet von drei christlichen Amtsträgern, von denen zwei, Bischof Bätzing und Landesbischof Bedford-Strohm, jeweils eine Kurzpredigt gehalten haben. Klar war auch, dass biblische Texte zur Verkündigung kommen sollten, als Evangelium Lk 24,38–43, die sich an die Emmaus-Perikope anschließende Erzählung von der Begegnung des Auferstandenen mit den zunächst erschrockenen und angsterfüllten Jüngern, bei der Jesus ihnen den Frieden zuspricht.

Als Leitmotiv, das auch musikalisch aufgegriffen wurde, diente der „Ahr-Psalm" des Trierer Diözesanpriesters Stephan Wahl. Wahl stammt aus dem Ahrtal und hat den Psalm der Lebenshilfe Sinzig und allen Toten der Flutkatastrophe gewidmet. Mit Einverständnis des Autors wurde der Ahr-Psalm im Gottesdienst gekürzt vorgetragen, und zwar von der Aachener Schauspielerin Annette Schmidt. Der Vortrag wurde begleitet von Improvisationen von Domorganist Michael Hoppe und bei der Übertragung im ZDF unterlegt mit Bildern von der Flutkatastrophe aus dem Ahrtal.

Auffällig war, dass auch das Evangelium von Annette Schmidt – und nicht von einem Amtsträger – verkündet wurde. Dadurch wirkte die Verkündigung von Psalm und Evangelium zwar einheitlich und professionell, aber es stellte sich doch die Frage nach der amtlichen Vollmacht zur Verkündigung des Evangeliums in einem öffentlichen Gottesdienst der christlichen Kirchen.

Besonderer Wert wurde auch darauf gelegt, dass nicht nur Kirchenvertreter zu Wort kommen, sondern auch direkt von der Flutkatastrophe Betroffene. Es war nicht einfach, Menschen zu finden, die einerseits authentisch, andererseits hinsichtlich der Präsentation qualitätvoll, von ihren Erlebnissen bei der Flut Zeugnis geben, zumal wegen der Dominanz von Männern bei der Leitung und bei den nichtchristlichen Religionsvertretern bevorzugt Frauen für die Testimonials vorgesehen werden sollten. Mit Renate Steffes, der Notfallseelsorgerin Rita Nagel und dem Pfarrer Hans-Peter Brockhoff fanden sich schließlich drei Personen bereit, von ihren Erfahrungen zu berichten.

3. Beteiligung nichtchristlicher Religionen

Zwar war gesetzt, dass es ein christlicher Gottesdienst sein sollte, der mit dem Einzug der Liturgen – auch das eine im Vorfeld umstrittene Entscheidung – und dem Kreuzzeichen beginnen sollte. Den Schlusspunkt des Gottesdienstes bildete der Segen der Liturgen. Einen Auszug gab es nicht, die Liturgen gingen zur Rede des Bundespräsidenten auf die Vorstehersitze hinter dem Altar zurück. Nachdem das Nachspiel, die Fantasie g-moll BW 542 von Johann Sebastian Bach, verklungen war – die Übertragung im ZDF war beendet –, zogen die Liturgen ungeordnet und gemeinsam mit den politischen Repräsentanten in den Kreuzgang des Aachener Doms, wo ein Empfang vorbereitet war.

Trotz dem christlichen Charakter des Gottesdienstes sollten, auch das eine zu Beginn der Vorbereitungen gesetzte Entscheidung, nichtchristliche Religionsvertreter zu Wort kommen. Sie trugen zwei der drei „Antworten" auf die Testimonials vor: eine jüdische auf das erste und eine islamische auf das zweite Zeugnis. Dies war mit verschiedenen Schwierigkeiten verbunden, einerseits formal (für das Judentum), andererseits inhaltlich (für den Islam).

Der Termin an einem Samstagvormittag ließ die Mitwirkung eines Rabbiners nicht zu. Adrian Flohr, Gemeinderatsvorsitzender der jüdischen Gemeinde Düsseldorf, trug Ps 38 vor. Damit war der jüdische Beitrag inhaltlich insofern unproblematisch, als der Psalm als biblische Klage eines Kranken zum Grundbestand jüdisch-christlicher Verkündigung gehört.

Schwieriger war der islamische Beitrag. Zwar konnte nach einigen Schwierigkeiten mit Mücahid Yediyildiz, Imam des Türkischen Integrations- und Bildungsvereins Setterich, ein islamischer Religionsvertreter für die Rezitation einiger Suren des Koran gewonnen werden. Seine eindrucksvolle Rezitation gehörte sicher zu den emotionalen Höhepunkten des Gottesdienstes. Inhaltlich war es allerdings insofern problematisch, dass insbesondere mit Sure 2:155 („Und wir werden euch ganz gewiss mit ein wenig Furcht und Hunger und Mangel an Besitz, Seelen und Früchten prüfen") und Sure 21:35 („Und Wir prüfen Euch mit Schlechtem und Gutem als Versuchung") die Flut als Prüfung Gottes gedeutet wurde.

Dies stand in einem ausdrücklichen Widerspruch oder zumindest in einer deutlichen Spannung zu den christlichen Predigten und dem Ahr-Psalm („Die Eifernden, die dich zu kennen glauben, sagen, eine Lektion hättest du uns erteilen wollen … Niemals will ich das glauben, niemals, du bist kein grausamer Götze des Elends, du sendest kein Leid, kein gnadenloses Unheil und hast kein Gefallen an unseren Schmerzen."). Vielleicht ist es der Preis für die wünschenswerte Beteiligung nichtchristlicher Religionen – und damit der Würdigung des Leids von nichtchristlichen Opfern von Katastrophen – solche Gegensätze unverbunden nebeneinander stehen zu lassen.

4. Kirche und Staat

Veranstalter und Einladende waren die genannten kirchlichen Institutionen. Gleichwohl sollte auch ein staatliches Gedenken damit verbunden werden. Nach dem Segen der drei Liturgen gab es eine Zäsur, musikalisch markiert durch das „Gebet" des Großen Zapfenstreichs, das von einem Trompeter im Hochmünster vorgetragen wurde.

Bei der Vorbereitung der Liturgie gab es Interventionen staatlicherseits nur insofern, als die Länge der Präsidentenrede (zunächst acht, später neun Minuten) vorgegeben war. Von seiten des Kanzleramtes wurde darauf gedrängt, dass alle Teilnehmenden während des gesamten Gottesdienstes Maske trugen – nach der geltenden Corona-Schutzverordnung der nordrhein-westfälischen Bistümer wäre es hingegen erlaubt gewesen, am Platz und außerhalb des Gemeindegesangs die Maske abzulegen. Die Idee, dass das Trompetensolo durch einen Soldaten – als Vertreter der Bundeswehr als einer der in der Flutkatastrophe helfenden Institutionen – gespielt werden könnte, ließ sich nicht verwirklichen.

Es gab also so gut wie keinen Einfluss staatlicher Institutionen auf die Liturgie, sehr wohl aber einen Einfluss der Liturgie auf das staatliche Gedenken. Denn bei aller Trennung der beiden Vollzüge fand doch das Gedenken in einer Kirche und in unmittelbarer Nähe zu einem christlichen Gottesdienst statt, an dem wie selbstverständlich auch die Vertreter des Staates teilnahmen. Zwar wurde ein separates Rednerpult hereingetragen und aufgestellt, damit der Bundespräsident nicht am Ambo, der somit für die Lesungen des Ahr-Psalms, von Ps 38 und des Evangeliums reserviert war, sprechen musste. Zwar wurde das Kreuz am Altar entfernt und war während der Rede des Bundespräsidenten nicht in seinem Rücken zu sehen.

Aber das staatliche Gedenken war eindeutig christlich geprägt, ertönte doch nach der Rede des Bundespräsidenten die Fantasie g-moll BWV 542, wahrlich keine weltanschaulich neutrale Musik. Bei der Live-Übertragung erschien als Schlussbild eben auch des staatlichen Gedenkens das Kuppelmosaik des Aachener Doms: die vollendeten Gerechten der Apokalypse, die dem Pantokrator entgegen schreiten.

5. ZDF

Damit ist die Bedeutung des Fernsehens angesprochen. Nahmen im Dom 250 Personen am Gottesdienst teil, verfolgten ihn 950.000 Menschen (und somit ein Marktanteil von 7,1 %) im ZDF. Es versteht sich von selbst, dass damit die Übertragung bzw. das Bereitstellen fernsehgerechter Bilder in allen Vorüberlegungen stets präsent war und oft die Entscheidungen beeinflusste. Die Testimonials wurden nicht von vorne für die Feiernden im Dom, sondern im Oktogon in die Fernsehkameras hinein gesprochen.

Das Einspielen von Bildern der Flut war sowieso nur im Fernsehen zu sehen. Die Katholische Fernseharbeit, die auch das Drehbuch verfasste, war bei allen Planungen eingebunden und mit entscheidend, was die Abläufe, die agierenden Personen, die Musik etc. anging. Nach der Generalprobe am Vorabend gab faktisch das Votum des Regisseurs den Ausschlag für Änderungen des Ablaufs und der Inszenierung. Damit war nicht die vor Ort versammelte Gemeinde – die ohnehin aus sehr vielen Funktionären bestand –, sondern die Fernsehgemeinde die aktuell partizipierende Trägerin der Liturgie.

6. Musik

Auch musikalisch war der Ahr-Psalm von Stephan Wahl prägend. Eigens für den Gottesdienst komponierte der Düsseldorfer Kirchenmusiker Klaus Wall-rath, mit dem die Dommusik schon öfter zusammengearbeitet hatte, zwei Stü-cke.

Im Eingangsgesang zitiert der Solist a capella den Ahr-Psalm wörtlich: „Schreien will ich zu dir, Gott, mit verwundeter Seele, mit verwundeter Seele! Schreien! Schreien! Schreien! Wo warst du, Gott?" Die Vertonung der Verse aus dem Ahr-Psalm ist so angelegt, dass sie einem musikalisch-emotionalen Aufschrei ähnelt, der aus dem Mund eines direkt Betroffenen kommen könnte. Der große Tonumfang sprengt fast die Grenzen der stimmlichen Umsetzbar-keit, von äußerster Tiefe bis hin zur hochbaritonalen Lage. Die Verzweiflung und auch die Wut auf Gott, der das alles wohl ohne Einschreiten zulässt, mün-det zu Beginn des Gottesdienstes in ein hilfloses und Gott suchendes Kyrie eleison.

Von Wallrath stammt auch die dritte, die „christliche" Antwort auf das drit-te Testimonial, wiederum mit Zitaten aus dem Ahr-Psalm („So werfe ich meine Tränen in den Himmel, meine Wut schleudere ich dir vor die Füße. Hörst du mein Klagen, mein verzweifeltes Stammeln, ist das auch ein Beten, ein Beten in deinen Augen?") und mündend in ein Kyrie, das an dieser Stelle vom Chor übernommen und aus einem Pianissimoklang in ein zehnstimmiges dissonantes Fortissimo geführt wird. Bewusst wurde auf Orgelbegleitung verzichtet, um die Hilf- und Haltlosigkeit der Menschen spürbar zu machen.

Da Gemeindegesang aufgrund der Corona-Bedingungen und der anwesen-den Menge politischer Funktionäre schwierig war, wurden die musikalischen Beiträge der Gemeinde im Wechsel von Solist und Chor vorgetragen, und zwar GL 434 (Noch eh die Sonne am Himmel stand) als Antwort auf den Ahr-Psalm und GL 453 (Bewahre uns Gott, behüte uns Gott) vor dem Segen. Insbesondere das im Aachener Dom bis dahin kaum gesungene Lied GL 434 (Text: Eugen Eckert nach Ps 90, Musik: Sergej A. Bazuk) brachte in der vierten Strophe die Stimmung des Gottesdienstes ins Wort: „Der du deine Kinder sterben lässt, gib Weisheit, unsre Zeit in Lob und Klage zu bestehn, und sei im Tod nicht weit. Du bist Gott, unser Gott, die Zuflucht für und für. Dir leben wir, dir sterben wir, wir gehen von dir zu dir."

Nach den Predigten sang der Chor „Amen" von John Rutter und „Ubi cari-tas et amor" von Maurice Duruflé. Damit wurde die thematische Entwicklung von Klage – Zuspruch und Zuversicht auch musikalisch vermittelt. Der Über-gang von Gottesdienst (kirchliches Gedenken) zur Rede des Bundespräsidenten (staatliches Gedenken) – und damit der Aufbau eines zusätzlichen Rednerpultes und der Abbau des Kreuzes am Altar – wurde musikalisch markiert durch das Trompetensolo „Ich bete an die Macht der Liebe" von Dimitry Bortniansky (1751–1825) aus dem Großen Zapfenstreich.

Das Nachspiel bildete die Fantasie g-moll BWV 542, eine der expressivsten Orgelwerke und mit der extremen Verwendung chromatischer Tonskalen und Wendungen („passus duriusculus", tonsprachliches Mittel für Kreuz, Tod und Leid) kühnsten Kompositionen Bachs – noch einmal eine große Klage, ein Aufschrei.

Zeug:innen des Leids

Beteiligung von Betroffenen in Gottesdiensten angesichts von Krisen und Katastrophen

Kerstin Menzel

„Was braucht es von uns, von denen, die verschont wurden, den ‚Ungeprügelten‘, die wir nur zuhören und für andere erzählen können? Was können wir herstellen, damit dieser fundamentale Bruch die Opfer von extremer Gewalt nicht für immer isoliert zurücklässt? Was sind die Bedingungen und Möglichkeiten der Zeugenschaft für andere?"[1]

Diese Frage, die Carolin Emcke als Berichterstatterin aus Kriegs- und Krisengebieten stellt, ist eine grundlegende für Gottesdienste nach einer Naturkatastrophe, einem Anschlag, einem Unglück. Wie kann das geschehene Unrecht, der Schmerz, das vorher Undenkbare so zur Sprache kommen, dass die Betroffenen sich gehört und anerkannt fühlen? Unter welchen Rahmenbedingungen kann erzählt werden, kann zur Sprache kommen, was das eigene Leben und das einer Gemeinschaft fundamental verändert hat? Denn das wäre doch der Anspruch von Gottesdiensten in einer solchen Situation – dass vor Gott und der christlichen Gemeinde bezeugt und ausgehalten werden kann, was geschehen ist.

Ausgangspunkt dieses Textes ist die sich etablierende Form der Einbindung von Zeugnissen der Betroffenheit in Gottesdiensten[2] und die tragende Rolle

---

[1] *Carolin Emcke*, Weil es sagbar ist. Über Zeugenschaft und Gerechtigkeit, Frankfurt/M. [2]2016, 95 f. Emcke bedenkt in diesem Essay „Entrechtung und Gewalt" in einem sehr umfassenden Sinne: Einbezogen sind Völkermord und Kriegsverbrechen, die in der Shoa gipfeln, aber auch individuelle Vergewaltigung oder Entführung sowie die Erfahrung von Naturkatastrophen. Ich nehme ihre Überlegungen hier in dieser Offenheit auf, um die sehr unterschiedlichen Weisen von überwältigenden und gewaltvollen Erfahrungen in den hier behandelten Feiern wissend.

[2] Wann dieses Element in große Trauergottesdienste eingeführt wurde, konnte ich nicht rekonstruieren. Es fällt jedoch auf, dass die praktisch-theologische Literatur zum Thema Beteiligung bisher v.a. die Mitwirkung von Betroffenen in der liturgischen Gestaltung, etwa beim Anzünden der Kerzen, bei den Fürbitten, dem Vortragen von Lesungen oder musikalischen Beiträgen, beschreibt; vgl. etwa *Alexander Saberschinsky*, „Staatsgottesdienste" – staatliches Gedenken oder Feier des Glaubens? Ein Grenzgang zwischen Sozialethik und Liturgiewissenschaft, in: J. Bärsch/B. Schneider (Hg.), Liturgie und

von Angehörigen in staatlichen Gedenkfeiern der letzten Jahre. Aus dem weiten Feld der *testimonial studies*, des wissenschaftlichen Nachdenkens über Zeugenschaft,[3] geht es mir hier also nicht um die Struktur des religiösen Zeugnisses,[4] auch nicht um eine juristische oder forensische Kategorie, sondern um die Rolle der Überlebens- oder Augenzeug:in im rituellen Kontext.

1. Darstellungen von Kirche in Gottesdiensten als *cultus publicus* und *manifestatio ecclesiae ad extra*

Mit diesem Titel war die Sektion der Tagung der Arbeitsgemeinschaft katholischer Liturgiewissenschaftlerinnen und Liturgiewissenschaftler überschrieben, für die dieser Beitrag entstand. In welcher Hinsicht trifft diese Bezeichnung zu? In welcher Öffentlichkeit bewegen sich Gottesdienste angesichts von Krisen und Katastrophen?[5] Ich sehe hier vier Aspekte:

1. In besonderer Weise sind diese Gottesdienste durch die Präsenz einer *medialen Öffentlichkeit* geprägt – sie werden im Fernsehen übertragen oder live gestreamt, und sie sind Gegenstand breiter medialer Berichterstattung. Damit verbunden ist zum einen die Vergrößerung der Reichweite,[6] zum anderen

---

Lebenswelt. Studien zur Gottesdienst- und Frömmigkeitsgeschichte zwischen Tridentinum und Vatikanum II, Münster 2006, 121–140, 126–128, der nur für einen Gottesdienst zum 60-jährigen Kriegsende 2005 Zeugnisse von Jugendlichen erwähnt. In anderen Gottesdiensten mit politischer Dimension, etwa den Friedensgebeten, sind Zeugnisse der Betroffenheit schon deutlich früher etabliert worden; vgl. *Peter Cornehl*, Öffentlicher Gottesdienst? Zwanzig Jahre nach der friedlichen Revolution, in: PTh 99 (2010) 136–155, 142 sowie *Kerstin Menzel*, Viva vox – Stimme des Lebens. Die Bibel im Kontext von Berichten über gegenwärtige Erfahrungen in Gottesdiensten, in: A. von Legat/M. Schneider (Hg.), Große Botschaft in kleinen Texten. Bibelauslegung in und durch Medien der Gegenwartskultur (Biblische Argumente in gegenwärtigen Debatten 2), Paderborn 2022, 221–230.

[3] Vgl. etwa *Matthias Däumer/Aurélia Kalisky/Heike Schlie* (Hg.), Über Zeugen. Szenarien von Zeugenschaft und ihre Akteure, Paderborn 2017.

[4] Vgl. hierzu erhellend die Beiträge von *Henning Theißen* und *Günter Thomas* in: M. Däumer et al, Über Zeugen (wie Anm. 3).

[5] Mit dieser Bezeichnung intendiere ich einen bewussten Bezug zur kultur- und religionswissenschaftlichen Forschung zu *desaster rituals* und fokussiere hier enger als etwa die Rede von „riskanten Ritualen" (*Kristian Fechtner/Thomas Klie* (Hg.), Riskante Rituale. Gottesdienste in der gesellschaftlichen Öffentlichkeit, Stuttgart 2011), die auch Eröffnungs- und Einweihungsgottesdienste inkludieren.

[6] In der Pandemie kam diesem Aspekt entsprechend noch einmal gesteigerte Bedeutung zu, wenn etwa der Gottesdienst und der Staatsakt zum Gedenken an die Verstorbenen in der Corona-Pandemie beinahe ausschließlich medial rezipiert werden konnten.

die Eröffnung einer selektiven und gedeuteten Rezeption – Ausschnitte aus Predigten, kurze Bildsequenzen, Kommentierung und Rahmung nach journalistischen Logiken.[7]

2. Verbunden ist diese mediale Aufmerksamkeit mit dem Charakter *repräsentativer Öffentlichkeit*, der diesen Gottesdiensten häufig zukommt. Sie finden auf Wunsch oder in Absprache mit staatlichen Organen statt und sind – in Vorbereitung, Sicherheitsvorkehrungen[8] und Durchführung – durch die Anwesenheit staatlicher Repräsentant:innen geprägt. In dieser Weise sind sie auch *cultus publicus* und erfüllen eine stellvertretende Funktion für das Gemeinwesen.[9] Dies gilt umso mehr, als zumindest auf Bundesebene keine vergleichbaren Rituale von anderen Religionsgemeinschaften gefeiert werden.

3. Sie erreichen eine kirchliche Teilöffentlichkeit, aber auch eine religiös und weltanschaulich plural geprägte weitere Öffentlichkeit. Sie sind daher nicht allein *manifestatio ecclesiae ad extra*, sondern dienen auch der Vergewisserung derjenigen, die sich der Kirche zugehörig fühlen, und involvieren – übrigens auch unter den Politiker:innen in ihren professionellen Rollen – Christinnen und Christen.

4. Die Gottesdienste kommunizieren im Rahmen *kollektiver Betroffenheit*, also einer Öffentlichkeit, die durch ähnliche emotionale Reaktionen auf ein Ereignis verbunden ist. Zugleich sind im Gottesdienst Menschen mit sehr unterschiedlicher Beziehung zum Geschehen präsent: direkte Angehörige, Helfer:innen und staatliche Repräsentant:innen sind in unterschiedlicher Weise von einem Unglück, einem Anschlag oder einer Naturkatastrophe betroffen – abhängig auch vom konkreten Ereignis und den damit verbundenen Fragen nach der Verantwortung. Damit sind diese Gottesdienste mit einer kollektiven

---

[7] Vgl. hier analog die Rezeption von kirchenleitenden Predigten an hohen Fest- und Feiertagen.

[8] Vgl. *Alexander Saberschinsky*, Gottesdienst im Spannungsfeld von kirchlicher und staatlicher Feier. Ein Blick in die Werkstatt mit liturgietheologischem Erkenntnisinteresse, in Benz/Kranemann, 2016, 95–110, 98 sowie den Beitrag von *Peter Dückers* im vorliegenden Band.

[9] Vgl. z.B. *Kristian Fechtner*, Öffentlichkeit. Praktisch-theologische Erwägungen zu einer Dimension der Kirche, in: K. Merzyn/R. Schnelle/C. Stäblein (Hg.), Reflektierte Kirche. Beiträge Zur Kirchentheorie (APrTh 73), Leipzig 2018, 291–302, 294 f.; *Benedikt Kranemann*, Liturgie in der Öffentlichkeit. Trauerfeiern nach Großkatastrophen, in: ders./B. Benz (Hg.), Trauerfeiern nach Großkatastrophen. Theologische und sozialwissenschaftliche Zugänge (EKGP 3), Neukirchen-Vluyn 2016, 21–39, 33; *Thomas Klie*, Deutungsmacht riskanter Liturgien. Öffentliche Trauer in theologischer Deutung, in: Kranemann/Benz, Trauerfeiern, 104–113, hier 110–112; *Ansgar Hense*, Öffentliche Trauerfeiern – aus staatskirchenrechtlicher Perspektive, in: Benz/Kranemann, Trauerfeiern, 57–71.

Kasualöffentlichkeit konfrontiert und zugleich einer heterogenen Adressat:innen-Gruppe.

Die Frage nach der Öffentlichkeit des Gottesdienstes wäre jedoch missverstanden, wenn sie auf die Frage der Reichweite verkürzt würde. Sie ist zutiefst eine Frage der Gestaltung, und das gilt nicht nur für Gottesdienste in Krisen oder nach Katastrophen. Peter Cornehl, der evangelische Liturgiewissenschaftler, der über viele Jahrzehnte die Frage der Öffentlichkeit bedacht und abgewogen hat, benennt neben der „gemischten Gemeinde […] aus Christen und Nichtchristen, Frommen und Distanzierten, Kirchenmitgliedern und Konfessionslosen"[10] als zunehmendem Regelfall gottesdienstlicher Feier die folgenden Charakteristika: Gottesdienst sei öffentlich, wenn er „öffentliche, allgemein betreffende Lebens- und Überlebensfragen zum Thema macht und wenn dabei die Verbindung zwischen dem Politischen und dem Persönlichen ein wesentliches Kennzeichen ist."[11] Weiterhin beziehe öffentlicher Gottesdienst „seinen Inhalt und seine emotionale Kraft aus dem Evangelium. Öffentlicher Gottesdienst lebt aus der Heiligen Schrift."[12] Schließlich „braucht [er] Beteiligung und lebt von der inneren und äußeren Beteiligung der Menschen."[13]

In diesem Beitrag möchte ich die Dimension der Beteiligung sowie die Dimension der Verbindung von Persönlichem und Politischen anhand der Mitwirkung von Betroffenen reflektieren. Bevor ich zu diesem Thema komme, möchte ich sich abzeichnende Veränderungen im Feld der Trauerfeiern und Gedenkgottesdienste nach großen Unglücken und Krisen kurz skizzieren, um die Auswahl meines Materials zu begründen.

2. Entwicklungen gegenwärtiger Gedenkkultur in Deutschland

Im Vergleich zu anderen Ländern waren die staatliche Gedenkfeier und der Gedenkgottesdienst in Deutschland bisher eng verbunden: zumeist fanden beide am selben Ort, in oder vor einer Kirche statt, wobei der zentrale symbolische Akt zumeist im – dem Staatsakt vorangehenden – Gottesdienst geschah. Außerdem waren die staatlichen Repräsentant:innen im Gottesdienst anwesend und die Kirchenleitenden (ggf. nach Ablegen der liturgischen Gewänder) im Staatsakt. In den vergangenen Jahren zeigen sich Irritationen dieser scheinbar

---

[10] *Cornehl*, Öffentlicher Gottesdienst (wie Anm. 2), 143.
[11] Ebd., 142.
[12] Ebd.
[13] Ebd., 143.

selbstverständlichen Konstellation. Neue Gestaltungsformen etablieren sich in zwei Richtungen – einer interreligiösen und einer zivilreligiösen.

Während die ökumenische Verantwortung der Feiern seit vielen Jahren selbstverständlich ist und dort neben den beiden großen Kirchen auch die ACK eingebunden wird, finden sich in den letzten Feiern zunehmend Elemente, die von jüdischen und muslimischen Vertreter:innen gestaltet werden. Die konkrete Gestalt dieser Beteiligung variiert – es finden sich multireligiöse Fürbitten wie nach dem Anschlag im Olympia-Einkaufszentrum 2016,[14] Erklärungen der Solidarität wie nach dem Anschlag auf dem Breitscheidplatz ebenfalls 2016 oder liturgische Rezitationen wie beim Gedenken an die Verstorbenen in der Pandemie und der Flut im Ahrtal 2021. Bisher bewegen sich die Gestaltungen auf Bundesebene aber im Rahmen der Modelle liturgischer Gastfreundschaft oder multireligiöser Beteiligung und wurden nicht als interreligiöse Feiern gestaltet.[15] Ich stelle die zahlreichen Fragen in Bezug auf eine interreligiöse Beteiligung hier jedoch zurück,[16] weil für den Fokus meines Beitrags die Gestaltung der staatlichen bzw. zivilreligiösen Feiern interessanter ist.

In der Forschung zu Gottesdiensten nach Krisen und Katastrophen sind die staatlichen Feiern der letzten Jahre nach den rechtsterroristischen Anschlägen bisher weitgehend unbeachtet. Dabei zeigen sich hier interessante Entwicklungen der Gestaltung: Bereits bei der Trauerfeier für die Opfer des NSU 2012 im Konzerthaus in Berlin sprachen Angehörige der Ermordeten und bildeten schlichte weiße Kerzen in hohen Glasgefäßen das zentrale Symbol des Gedenkens. Auch die Trauerfeier nach dem Anschlag in Hanau am 19. Februar 2020 fand als rein staatliches Gedenken statt und war in der Choreographie sehr ähnlich gestaltet wie das Gedenken an die Verstorbenen in der Corona-Pandemie im April 2021: Die Angehörigen nahmen eine zentrale Rolle unter den Spre-

---

[14]   Diese Tat wurde aufgrund psychischer Dispositionen des Täters über mehrere Jahre als Amoklauf eingeordnet, erst 2019 wurde sie als politisch motiviert eingeordnet, https:// mediendienst-integration.de/artikel/der-verkannte-anschlag.html (aufgerufen am: 23.12. 2022).

[15]   Zur Darstellung dieser Modelle *Jochen M. Arnold*, Zur Praxis und Theologie öffentlicher Rituale und multireligiöser Feiern – eine evangelische Perspektive, in: B. Benz/B. Kranemann, Deutschland trauert. Trauerfeiern nach Großkatastrophen als gesellschaftliche Herausforderung, Würzburg 2019, 141–163. Auf regionaler und lokaler Ebene gibt es durchaus Beispiele interreligiöser Gedenkfeiern.

[16]   Vgl. hierzu *Arnold*, Zur Praxis (wie Anm. 15); *Winfried Haunerland*, Multireligiöse Feiern als Herausforderung für die Kirchen, in: Benz/Kranemann, Deutschland trauert (wie Anm. 15), 125–140; *Benedikt Kranemann*, Deutschland trauert. Gedenkgottesdienste in pluraler Gesellschaft, ebd., 9–32, hier 28f; *Stephan Winter*, Das „... letzte unsagbare Geheimnis unserer Existenz…". Überlegungen zu multireligiösen Gebetsakten anlässlich von Großschadensereignissen aus einer römisch-katholischen Sicht, ebd., 165–186.

chenden ein, und der zentrale symbolische Akt stellte die staatlichen Repräsentant:innen in die Rolle der Begleitung der Angehörigen beim Ablegen von Rosen (Hanau) bzw. beim Abstellen von Kerzen (Corona).

Während für die rechtsterroristischen Anschläge eine Gedenkfeier ohne die Kirchen über die religiöse Zugehörigkeit vieler, wenn auch nicht aller Opfer zum Islam naheliegender ist,[17] und etwa das jährliche dezentrale Gedenken in Hanau neben Moscheen auch Kirchen umfasst,[18] lässt sich die Feier zum Corona-Gedenken als grundlegender Paradigmenwechsel interpretieren. Dafür sehe ich gemeinsam mit Benedikt Kranemann, mit dem ich erste Überlegungen zu diesen Feiern vorgelegt habe,[19] mindestens vier Indizien: 1.) Der Bundespräsident kündigte die Gedenkfeier ohne vorhergehende Vorabsprachen mit den Kirchen zunächst ohne einen korrespondierenden Gottesdienst an, erst auf irritierte Reaktionen der Kirchen hin wurde der Gottesdienst im Vorfeld des Staatsakts mit Anwesenheit derselben Akteure geplant. 2.) Der Gottesdienst fand in der Kaiser-Wilhelm-Gedächtniskirche statt, der Staatsakt im Konzerthaus. Damit war die sonst kennzeichnende Einheit des Ortes zwischen kirchlichem und staatlichem Gedenken zerrissen. 3.) Damit verbunden war auch die Auslagerung des zentralen symbolischen Kerzenrituals in den Staatsakt, der erst am Nachmittag stattfand. Für den Gottesdienst stellte diese Auswanderung

---

[17] Ein einfacher Schluss von (zugeschriebenem) Migrationshintergrund auf Zugehörigkeit zum Islam ist ebenso problematisch wie die Verdrängung der Frage, wie muslimische Gemeinschaften am Gedenken nach rechtsterroristischen Anschlägen mit islamophobem Hintergrund beteiligt werden können. Wie komplex die Zuordnung von Trägerschaft der Trauerfeier und religiöser Zugehörigkeit der Opfer ist, zeigen die Feiern nach dem Anschlag auf die Synagoge in Halle 2019, wo eines der Todesopfer aus Merseburg dort mit einer Trauerfeier in der Kirche verabschiedet wurde, die Angehörigen der getöteten Frau keine öffentliche Aufmerksamkeit wünschen, und wo die zentrale Trauerfeier zum ersten Jahrestag durch Stadt und jüdische Gemeinde in einer zum Konzertsaal umgenutzten Kirche, bei weiteren Feiern im Hof der Synagoge stattfand. Ich finde daher das Plädoyer von *Alexander Thumfart*, Öffentliche Trauerfeiern und der Abschlussbericht von Bündnis 90/Die Grünen ,Weltanschauungen, Religionsgemeinschaften und Staat' – aus politikwissenschaftlicher Perspektive, in: Benz/Kranemann, Trauerfeiern (wie Anm. 9), 73–92, 87 überzeugend, nicht von den Opfern, sondern vom im Ritual konstituierten „wir" der Zivilgesellschaft auszugehen und daher eine religiös und weltanschaulich plurale Feier als Standard zu etablieren.

[18] Vgl. die Veranstaltungsübersicht: https://www.hanau-steht-zusammen.de/gedenktag (aufgerufen am: 23. 12. 2022).

[19] Vgl. hierzu ausführlicher *Benedikt Kranemann / Kerstin Menzel*, Ein Paradigmenwechsel in der öffentlichen Trauer? Das staatliche wie kirchliche Gedenken an die Verstorbenen in der Corona-Pandemie am 18. April, in: Pastoraltheologie 110 (2021) 9, 297–318, zu Gottesdienst und Staatsakt vgl. auch *Kerstin Menzel*, Spannungen inszenieren und halten. Gottesdienste in Pandemiezeiten, in: A. Deeg / C. Lehnert, Krieg und Frieden. Metaphern der Gewalt und der Versöhnung im christlichen Gottesdienst (BLSp 34), Leipzig 2022, 101–130.

eine nicht unerhebliche Gestaltungsherausforderung dar. 4.) Aufgrund der Versammlungsbeschränkungen in der dritten Welle der Pandemie war die Zahl der Anwesenden im Konzerthaus extrem reduziert – nur die Angehörigen (jeweils zu zweit) und die Repräsentant:innen der verfassunggebenden Organe waren anwesend.[20] Stattdessen wurde der Ratsvorsitzende der EKD, Heinrich Bedford-Strohm vor dem Konzerthaus interviewt. Vom Handelnden zum Kommentierenden – ein, zunächst einmal pandemiebedingt, durchaus gewichtiger Rollenwechsel.

Es ist nicht so, dass nach diesem Gottesdienst keine verbundenen kirchlichen und staatlichen Feiern mehr stattgefunden hätten: so folgte etwa das Flutgedenken im Aachener Dom dem bisherigen Paradigma: Gottesdienst mit multireligiöser Beteiligung und anschließende Rede des Bundespräsidenten. Die Möglichkeit einer Trennung und Verlagerung des symbolischen Akts ist mit dem April 2021 aber vernehmlich im Raum, und auch anlässlich der Flut fand einige Tage nach dem Gottesdienst ein weiterer, rein säkularer Staatsakt in der Ring-Arena am Nürburgring in Verantwortung von Ministerpräsidentin Dreyer statt, ebenfalls unter Beteiligung des Bundespräsidenten. Aufgrund dieser Präzedenzfälle, aber auch im Blick auf die Beteiligung von Betroffenen in diesen Feiern lohnt es sich, die säkularen Feiern in eine liturgiewissenschaftliche und praktisch-theologische Analyse vergleichend zu inkludieren.

3. Zeug:innen des Leids

Eine der Wirkungen von Gedenkritualen ist die Definition von Opfergruppen. Mit Pierre Bourdieu lassen sich Gedenkrituale in dieser Hinsicht als „Einsetzungsrituale" verstehen: „Aus einer willkürlichen diskursiven Zuschreibung wird [durch den Ritus] eine legitime soziale Kategorie."[21] Die Konstituierung von Opfergruppen wird im Ritual durch Symbole wie Kerzen, durch die Nennung der Namen oder durch die Beteiligung von Repräsentant:innen performa-

---

[20] Die Kleidung des Apostolischen Nuntius mag für Uneingeweihte auf die Anwesenheit eines kirchlichen Repräsentanten hingedeutet haben, de facto war er jedoch als Doyen des Diplomatischen Korps anwesend, was im TV-Kommentar auch explizit gemacht wurde.

[21] *Stefanie Hammer*, Die Trauerfeier als Einsetzungsritual. Zentrale Trauerfeiern nach Großkatastrophen aus politikwissenschaftlicher Perspektive, in: Kranemann/Benz (Hg.), Trauerfeiern (wie Anm. 9), 155–172, hier 157; *dies.*, Wie der Staat trauert. Zivilreligionspolitik in der Bundesrepublik Deutschland. Wiesbaden 2015, 9.166–220. Vgl. *Pierre Bourdieu*, Was heißt sprechen? Zur Ökonomie des sprachlichen Tausches, Wien ²2005.

tiv hergestellt. Dabei werden einerseits zwischen Opfern und Tätern, andererseits zwischen unterschiedlichen Opfergruppen Differenzen etabliert. An umstrittenen Fällen wie dem Entzünden einer Kerze für die Amokläufer in Erfurt, Winnenden oder den Attentäter in München sowie den Copiloten des Germanwings-Fluges, der über den französischen Alpen Suizid verübt hat, wird deutlich: Sowohl staatliche wie kirchliche Feiern wirken an der entsprechenden gesellschaftlichen Aushandlung über den Opferstatus wesentlich mit.[22] Dies gilt nicht nur für die symbolischen Inszenierungen, sondern auch für die Auswahl von Zeugnissen der Betroffenheit. Gerade ihre Erzählungen tragen in Gedenkritualen zur Konstruktion kollektiver Erinnerung bei. Dies ist im Kontext des Gedenkens an die Opfer rassistischer Gewalt in den letzten Jahren neu ins Bewusstsein gekommen, und es ist vielleicht kein Zufall, dass Angehörige und Freunde in den Gedenkfeiern für die Opfer des NSU und für die Ermordeten in Hanau eine so tragende Rolle spielten wie vielleicht vorher noch nie, bilden doch diese beiden Ereignisse Wendepunkte in der Auseinandersetzung um rassistische und rechtsextreme Gewalt in Deutschland und das damit verbundene Gedenken.[23]

Im Folgenden will ich die Einbindung von Betroffenen-Berichten in einigen Gottesdiensten und staatlichen Gedenkfeiern der letzten drei Jahre exemplarisch und vergleichend in den Blick nehmen. Eine umfassende Einordnung und Darstellung aller Feiern ist in diesem begrenzten Rahmen leider nicht möglich. Neben den beiden bereits erwähnten Trauerfeiern von Bundespräsident Steinmeier für die Opfer des Anschlags von Hanau[24] und die Verstorbenen der Corona-Pandemie beziehe ich die Gottesdienste für die Opfer der Flutkatastrophe in Aachen[25] und zum Corona-Gedenken in Berlin[26] ein. Die Anlässe für

---

[22] *Alexander Saberschinsky*, Gottesdienst im Spannungsfeld (wie Anm. 8), 103 f.; *Klaus Eulenberger*, „Der Boden unserer Herzen ist aufgebrochen." Trauerfeiern nach den Amokläufen in Erfurt (2002) und Winnenden (2009), in: Fechtner/Klie (Hg.), Riskante Liturgien (wie Anm. 5), 33–42.

[23] Vgl. *Onur Suzan Nobrega/Matthias Quent/Jonas Zipf* (Hg.), Rassismus. Macht. Vergessen. Von München über den NSU bis Hanau: Symbolische und materielle Kämpfe entlang rechten Terrors, Bielefeld 2021.

[24] Die Trauerfeier ist hier abrufbar: https://www.ardmediathek.de/video/phoenix-vor-ort/trauerfeier-in-hanau/phoenix/Y3JpZDovL3dkci5kZS9CZWl0cmFnLTY5ODFhYW NjLTlhMzctNDFmYS1hN2JjLTkwNmVhODcxZDQ4Mw (aufgerufen am: 23. 12. 2022).

25 Zum Flutgedenken vgl. auch den Beitrag von Peter Dückers in diesem Band. Weil die Verantwortung für den Staatsakt hier nicht beim Bundespräsidenten lag und mir in der Gestaltung auch eine andere Handschrift zu tragen scheint, beziehe ich diesen hier aus Platzgründen nicht ein. Der Gottesdienst ist abrufbar unter: https://www1.wdr.de/ nachrichten/rheinland/gedenkgottesdienst-aachen-flutopfer-100.html.

[26] Zum staatlichen und gottesdienstlichen Gedenken der Verstorbenen der Corona-Pandemie vgl. Kranemann/Menzel, Paradigmenwechsel (wie Anm. 19). Die Aufzeichnung des Gottesdienstes ist hier abrufbar: https://rundfunk.evangelisch.de/kirche-im-tv/ard-

die analysierten Feiern sind dabei unterschiedlich – ein Anschlag, eine punktuelle Naturkatastrophe und eine andauernde Pandemie. Bei allen Unterschieden der Auslöser zeigen sich in der Gestaltung drei Aspekte, die eine Reflexion lohnen: Zeugnisse der Betroffenheit fächern das unterschiedliche Erleben auf und repräsentieren die Bandbreite dessen, was eine Katastrophe an Folgen haben kann (3.1). Die Einbindung von Zeugnissen kann sowohl direkt wie indirekt geschehen (3.2). Die Einbindung von Betroffenen wirft die Frage auf, wer die Deutungsmacht im Geschehen hat und in welche Rolle sich die Leitenden des Rituals begeben (3.3).

Eine Vorbemerkung sei noch erlaubt: Ich habe hohen Respekt vor all denen, die in diesem Feld schnell, manchmal binnen Stunden oder wenigen Tagen eine mit hoher medialer Aufmerksamkeit versehene Feier vorbereiten müssen. Weil es im Fall der Fälle aber schnell gehen muss, lohnt es sich m.E. sehr, *ex post* zu reflektieren, auch kritisch zu bedenken, Alternativen und mögliche Entwicklungspfade zu sondieren.

3.1   Differenzierung der Betroffenheit

Wenn Menschen ihre Erfahrung berichten, dann konfrontieren sie die Zuhörenden mit dem konkreten, unbestreitbaren Erleben eines schlimmen Ereignisses.[27] Diese Konkretion löst bei den Zuhörenden wohl zumeist in besonderer Weise Mitgefühl, Betroffenheit, Traurigkeit aus. Jaques Derrida schreibt:

> „Was will ich sagen, wenn ich ‚Ich zeuge‘ sage (denn man zeugt nur in der ersten Person)? Ich will nicht sagen, dass ich beweise, sondern dass ich von dem zeuge, was ich gesehen, gehört, berührt, gemerkt habe, dass ich als Zeuge anwesend gewesen bin. Solcherart ist die irreduzibel sinnliche Dimension der Anwesenheit und der vergangenen Anwesenheit; es ist die Dimension all dessen, was ‚anwesend sein‘ und vor allem ‚anwesend gewesen sein‘ bedeuten kann und in dem Zeugnis zu bedeuten hat.“[28]

Wo mehrere Menschen ihr Erleben schildern, können unterschiedliche Facetten des Geschehenen zum Ausdruck kommen, auch widersprüchliche Erfah-

---

gottesdienst/oekumenischer-gottesdienst-trauerfeier-opfer-der-corona-pandemie-11739 (aufgerufen am: 23.12. 2022), die Aufzeichnung des Staatsakts hier: https://www.you tube.com/watch?v=cvxybBvUMYg (aufgerufen am: 23.12. 2022).

[27]   Zur Konfrontation als einem Beitrag von Ritualen zum Coping vgl. *Hessel Zondag*, Rituals and coping with trauma: the silent procession and memorial service after the café fire in Volendam (2001), in: P. Post et al., Disaster Ritual. Explorations of an emerging ritual repertoire, Leuven 2003, 115–144.

[28]   *Jaques Derrida*, „A Self-Unsealing Poetic Text". Zur Poetik und Politik des Zeugnisses (übersetzt von K. Hvidtfelt Nielsen), in: P. Buhrmann (Hg.): Zur Lyrik Paul Celans (Text & Kontext Sonderreihe, Bd. 44), Kopenhagen/München 2000, 147–182. 158.

rungen. Damit werden Gottesdienste der Komplexität und Mehrschichtigkeit von Krisen und Katastrophen, den differenzierten Weisen der Betroffenheit in besonderer Weise gerecht.

Im *Gottesdienst für die Opfer der Flut* kommt eine Überlebende aus Ahrweiler zu Wort, die von der Todesangst im Zuge der Rettung und der erst allmählichen Realisierung des Verlusts aller Erinnerungsstücke berichtet, von fehlender Versorgung und Gestank auf den Straßen auch knapp sieben Wochen nach der Flutnacht und bleibenden Ängsten bei Regen und vor dem Vergessenwerden. Als zweites spricht eine Notfallseelsorgerin, gekleidet in die lila Weste, über den gemeinsamen Weg mit den Betroffenen, den roten Faden bieten die Verben „geteilt, gesprochen, geschwiegen, getrauert". Als drittes schildert ein Superintendent, wie seine Frau im Pfarrhaus und er – an anderem Ort – die Flutnacht erlebten, von der Zerstörung des Pfarrhauses und dem Wiedersehen am nächsten Morgen. Er hält eine Kerze in den Händen, Geschenk des Bischofs zum Reformationsjubiläum und in der Flutnacht beschädigt. Gemeinsam mit dem von einem jüdischen Gemeinderatsvorsitzenden gelesenen Psalm, der Koranrezitation eines Imams und dem Kyrie des Chores als Responsorium auf jedes der Zeugnisse, bildeten diese einen knapp zwölf Minuten langen Abschnitt im Eingangsteil des Gottesdienstes. Damit waren hier die Gruppen der Überlebenden und ihrer Angehörigen sowie der Helfenden repräsentiert. Ein weiteres Element lässt sich als Zeugnis der Betroffenheit lesen: der bereits vorher durch eine Schauspielerin verlesene Ahrpsalm des Priesters Stephan Wahl.

Der *Gottesdienst zum Gedenken an die Verstorbenen in der Pandemie* war mit den Herausforderungen der Konstruktion von Opfergruppen in der widersprüchlichen Situation der Pandemie konfrontiert – im Frühjahr 2021 angesichts der hohen Todeszahlen der zweiten und dritten Welle sowie des langen und harten Lockdowns in besonders zugespitzter Weise.[29] Darüber hinaus war es offenbar nicht möglich, die Angehörigen, die im Staatsakt sprechen würden, auch im Gottesdienst aktiv zu beteiligen. Analog zu vorhergehenden Gottesdiensten in der Pandemie[30] sprachen daher ein Journalist, der einen schweren Krankheitsverlauf überlebt hat, für die Gruppe der unmittelbar Betroffenen, ein Intensivpfleger für die Gruppe der (im medizinischen Bereich) Helfenden und eine Sängerin für den vom Lockdown schwer betroffenen Kulturbereich. Vor allem der Bericht des Überlebenden und der Bericht der Sängerin standen jedoch inhaltlich in Spannung zum vom Bundespräsidenten fokussierten Kasus des Totengedenkens. Diese zog sich durch den gesamten Gottesdienst: die drei

---

[29] Vgl. hierzu ausführlicher *Kranemann/Menzel*, Paradigmenwechsel (wie Anm. 19), 302–306 und *Kerstin Menzel*, Spannungen inszenieren (wie Anm. 19), 112–121.

[30] Vgl. besonders den Gottesdienst im Berliner Dom am Volkstrauertag 2020, dazu *Menzel*, ebd.

Berichte und die damit verbundenen Fürbitten einerseits, die Begrüßung und die Predigten andererseits. eine Spannung, die im Gottesdienst selbst aber nicht explizit thematisiert und gedeutet wurde.[31]

In beiden Gottesdiensten sprachen die Betroffenen am Ende auch die Fürbitten, inhaltlich jeweils verbunden mit ihrem Zeugnis. Damit gewannen – um eine Chance dieser Form der Beteiligung schon einmal zu nennen – auch die Fürbitten an Konkretion. Mit einer Bitte für die Opfer von zeitgleichen Naturkatastrophen in anderen Ländern wurde auch in Aachen die Perspektive auf die Opfer noch einmal geweitet.

Die Differenzierung der Betroffenheit wurde auch im *staatlichen Pandemie-Gedenken* gezielt in Szene gesetzt. So sprach neben Angehörigen von an Covid-19 verstorbenen Menschen auch eine junge Frau, deren Vater an Krebs starb, ohne dass eine Begleitung durch seine Familie möglich war. Durch die Tochter eines in Kurzzeitpflege Verstorbenen wurde die Generation der türkischen Einwanderer repräsentiert. Die erste Angehörige, die während der Feier eine Kerze abstellte, hatte ihre Tochter verloren, die sich in ihrer Werkstatt für Menschen mit Beeinträchtigung angesteckt hatte. Der Bundespräsident rahmte die Reden der Betroffenen am Beginn der Feier und weitete hier einerseits die Gruppe der Betroffenen international auf Verstorbene in Europa und weltweit. Nach den Verstorbenen erinnerte Steinmeier an die Helfenden – Ärzt:innen und Pfleger:innen, Sterbebegleitende – und wandte sich dann explizit den Angehörigen zu. Danach wurde die Anteilnahme in der Gesellschaft beschrieben, die das Mitgefühl für die Trauernden umfasste und zugleich bereits den Horizont öffnete für die gesamtgesellschaftliche Betroffenheit durch die Pandemie, wo der Bundespräsident Steinmeier Langzeiterkrankte und an psychischen Folgen Leidende benannte, ebenso wie Menschen, die Gewalt erlebt haben oder in wirtschaftliche Not geraten sind, sowie Kinder und Jugendliche.[32]

Während der Bundespräsident implizit also ein Modell konzentrischer Kreise von Opfergruppen zog, standen im ökumenischen Gottesdienst Helfende direkt neben vom Lockdown Betroffenen. Die Stellung der Trauernden im Gottesdienst wurde damit deutlich relativiert, was besonders im Blick auf die Fürbitten kritisch betrachtet werden kann, wo durch die inhaltliche Entsprechung zwischen Klagen am Beginn und Gebet eine Fürbitte für die Verstorbenen und ihre Angehörigen im Grunde fehlte. Die folgende Stille war überaus kurz und wurde außer mit einem sehr generalisierten Verstorbenen-Gedenken auch mit weiteren Anliegen verbunden.[33] Daraus lässt sich schließen: Der *Ein-*

---

[31] Anders dagegen im vorhergehenden Gottesdienst im Dom, vgl. ebd.

[32] Vgl. https://www.bundespraesident.de/SharedDocs/Reden/DE/Frank-Walter-Steinmeier/Reden/2021/04/210418-Corona-Gedenken.html (aufgerufen am: 23.12.2022).

[33] Vgl. hier ausführlicher *Kranemann/Menzel*, Paradigmenwechsel (wie Anm. 19), 302–306. 314.

bindung von Zeugnissen der Betroffenheit in den restlichen Gottesdienst ist besondere Aufmerksamkeit zu schenken. In der Auswahl der Sprechenden kommt es darauf an, die Stimmigkeit des Kasus zu halten, Spannungen sind produktiv, sollten aber benannt und eingebunden werden.

Eine besondere Gelegenheit, die Zeugnisse direkten Erlebens aufzunehmen, bietet die *Predigt*. Es ist davon auszugehen, dass für solche Gottesdienste, die aufgrund der medialen Aufzeichnung ein detailliertes Drehbuch erfordern, eine erste Fassung der Statements zumeist so vorliegt, dass sie in die Predigt(en) eingebunden werden könnten. Im Gottesdienst für die Flutopfer dankt Bischof Bätzing den drei Menschen, die ihre Erfahrungen geteilt haben, explizit. Dem voran geht jedoch eine eigene Beschreibung der Situation mit einem weiteren ergreifenden Bild – dem Fund eines toten Mädchens in der Baggerschaufel beim Aufräumen. Weder dieses noch die Berichte der Betroffenen werden jedoch im Folgenden konkret aufgegriffen, nur der Ahr-Psalm dient als Zentrum dieses ersten Predigtteils. Während Bätzing über diesen Text nur allgemein auf die Psalmen und deren Sprachkraft verweist, verbindet Bedford-Strohm im zweiten Predigtteil die Situation mit der biblischen Lesung der Begegnung des Auferstandenen mit den Jüngern und Psalm 69,2. In diesem Teil lassen sich Anklänge an die Zeugnisse wahrnehmen – die weggespülten Erinnerungen und die Betroffenheit der Helfenden, aber auch hier werden deren Bilder oder Metaphern nicht wiederholt oder vertieft.[34] Das ist in diesem Gottesdienst weniger augenfällig als im Gottesdienst zum Corona-Gedenken, bedauerlich ist es aber auch hier.

Eine letzte Anmerkung: Ich weiß aus Gesprächen mit Vorbereitenden, dass es nicht leicht ist, Menschen zu finden, die bereit sind, in einem solchen Gottesdienst zu sprechen, und es spricht auch viel dafür, die Gruppen der unmittelbar Betroffenen und die Helfenden zu repräsentieren. Im Blick auf die Auswahl der beiden Gottesdienste könnte es sich jedoch lohnen, den Blick noch einmal zu weiten und *besonders vulnerable Gruppen* (Geflüchtete, Obdachlose, Kinder, sozial prekär Lebende etc.) *einzubeziehen*. Gerade diejenigen, die in der medialen Berichterstattung oft nur am Rande erwähnt werden, könnten im Gottesdienst Stimme und Sichtbarkeit bekommen. Für Menschen mit Beeinträchtigung etwa ist das durch den Ahr-Psalm und dessen Widmung im Flut-Gedenken oder durch eine der Betroffenen im Staatsakt zur Pandemie gelungen. Nicht immer wird das mit direkten Zeugnissen möglich sein – und damit komme ich zu meinem zweiten Punkt.

---

[34] Vgl. für beide Predigten https://www.ekd.de/predigten-oekumenischer-gottesdienstes-flutopfer-aachen-67801.htm (aufgerufen am: 23.12.2022).

3.2   Zwischen Zutrauen und Schutzbedürfnis –
direkte oder indirekte Zeugnisse

Während in beiden hier analysierten staatlichen Gedenkfeiern unmittelbare Angehörige von Ermordeten bzw. Verstorbenen sprachen, standen einige der Zeugnisse in den Gottesdiensten mit etwas mehr Abstand zum Geschehen. Ich vermute, dass es unter den kirchlich Vorbereitenden die Sorge gibt, direkt Betroffene im Gottesdienst bloßzustellen. Auch bei Beerdigungen sind Pfarrer:innen oft bestrebt, die Angehörigen in dieser emotionalen Situation zu schützen. Angesichts der großen medialen Aufmerksamkeit ist diese Sorge noch einmal mehr begründet.

Zugleich fällt auf, wie viel der Bundespräsident denen zutraut, die er in seinen Gedenkfeiern beteiligt. Er führt im Vorfeld mit ihnen Gespräche, und ich gehe davon aus, dass sie auch in der Vorbereitung auf den Staatsakt durch das Bundespräsidialamt begleitet werden. Und auch in diesen Feiern gibt es Schutzräume. So spricht die erste Angehörige im Corona-Gedenkakt nicht, sondern stellt nur gemeinsam mit dem Bundespräsidenten nach dessen Rede eine Kerze im Zentrum des Raumes ab. Nur der Kommentar spielt ihre Erfahrung, den Verlust ihrer Tochter, knapp ein.

Einerseits wird in den Feiern des Bundespräsidenten die Kraft der Betroffenen sichtbar, die emotional, aber sicher ihre Berichte vortragen, denen auch einmal die Stimme bricht oder die einen Moment innehalten müssen, aber die doch fortsetzen und offenbar von der Situation stabilisiert werden. Immer wieder drücken die Sprechenden ihre Dankbarkeit aus, dass sie diese Gelegenheit erhalten. Gerade bei den Feiern für die Opfer von rassistischer Gewalt lässt sich die prominente Stellung der Angehörigen als Versuch interpretieren, den kollektiv Betroffenen ihre *agency* zurückzugeben, sie wieder zu Handelnden, selbst Sprechenden und Deutenden zu machen.

> „Den Opfern ihre Subjektivität und ihre Sprache zu nehmen gehört zu den Absichten verbrecherischer Regime, sie zu de-individualisieren, zu isolieren und schließlich zu entmenschlichen, all das sind Mechanismen der Entrechtung und Gewalt. Deswegen kann das miteinander Sprechen, einander Erzählen und Zuhören, das ‚Bezugsgewebe menschlicher Angelegenheiten‘, wie Hannah Arendt es nennt, als Versuch einer Gegen-Strategie verstanden werden, die die Überlebenden wieder ihrer Subjektivität zu versichern sucht."[35]

Könnte es nicht auch angesichts von überwältigendem Leid in einer Pandemie oder einer Naturkatastrophe ein seelsorglicher Dienst sein, dass sich Menschen in einem Gedenkgottesdienst als wirksam und aktiv erleben? Das öffentliche

---

[35] *Emcke*, Weil es sagbar ist (wie Anm. 1), 99.

Aussprechen bietet zumindest auch die Möglichkeit, dass damit das Leid konfrontiert und stückweise bewältigt wird – mit aller Notwendigkeit fürsorglicher und vor Retraumatisierung schützender Begleitung.

Carolin Emcke hebt in ihrem Nachdenken über Zeugenschaft, das aus ihrer Berichterstattung in Kriegs- und Krisenregionen hervorgeht, die *Rolle der Adressat:innen*, der Gemeinschaft, in die hinein gesprochen wird, hervor:

> „Mir scheint in der ausschließlichen Betonung des beschädigten Opfers die Gefahr zu liegen, die moralisch-hermeneutische Aufgabe der Zeugenschaft zu ignorieren. Die Erfahrung extremer Entrechtung und Gewalt, die Einzelne durchlitten und überlebt haben, stellt auch eine Vielzahl an normativen Problemen einer sozialen Gemeinschaft dar, die einen solchen zivilisatorischen Bruch zugelassen hat. Wie von diesen Erfahrungen zu erzählen sei, ist – in dieser Perspektive – nicht nur eine subjektive Frage der Überlebenden, sondern eine kollektive Frage aller, die nachfragen und beobachten, aller, die zuhören oder weitererzählen wollen, es ist die kollektive Aufgabe einer Gemeinschaft, die sich an Gerechtigkeit orientiert.“[36]

Dies gilt – so schreibt sie unter Verweis auf Jean Améry und eine von serbischen Milizen mehrfach missbrauchten Frau –, weil in der Erfahrung des ersten Schlags, der ersten Vergewaltigung vor allem das Weltvertrauen erschüttert wird. Deshalb müsse es auch weniger darum gehen, inwiefern Zeug:innen vertraut werden kann, sondern wie Zeug:innen auf die Zuhörenden vertrauen können.

> „In der Rolle der Zuhörenden müssen wir vor allem den überlebenden Zeugen signalisieren, dass sie uns nicht schonen müssen, dass wir uns vorstellen wollen (und müssen), was unvorstellbar grausam war, dass wir bereit sind, sie in ihrer Dopplung wahrzunehmen: als die Person, die sie früher einmal waren, bevor sie aus der Welt gedrängt wurden, und als die Person, zu der sie gemacht wurden durch die Erfahrung von extremer Entrechtung und Gewalt.“[37]

Wie werden Gottesdienste dieser Anforderung gerecht? Ist die Bereitschaft da, sich dem Leiden wirklich auszusetzen, sich nicht zu schonen? Oder trägt nicht nur der Wunsch, die Betroffenen zu schützen, sondern auch die Absicht, mit dem Gottesdienst Trost zu spenden, dazu bei, diese konkreten Erzählungen zu begrenzen? Wenn solche Zeugnisse nur am Anfang des Gottesdienstes stehen und im weiteren Verlauf nicht explizit aufgenommen werden, lässt sich fragen,

---

[36] Ebd., 23 f. Vgl. dazu *Rolf Schieder*, Die Inszenierung einer Tragödie. Praktisch-theologische Überlegungen zu einer Trauerfeier im Kölner Dom am 17. April 2015, in: Kranemann/Benz (Hg.), Trauerfeiern nach Großkatastrophen (wie Anm. 9), 140–154.

[37] *Emcke*, Weil es sagbar ist (wie Anm. 1), 98.

wie sehr man wirklich bereit war, zuzuhören und sich diesen Erfahrungen auszusetzen.[38]

Der Begriff der Zeugenschaft lässt sich jedoch noch einmal wenden. Wo ein Bericht direkter Betroffenheit nicht möglich ist, können andere *indirekt erzählen* und die Konkretion des Leidens bezeugen. Das ist im Raum der Kirche, wo Menschen etwa in Notfallseelsorge, Pflege und anderen diakonischen Feldern in vielfältiger Weise als Helfende engagiert sind, vielleicht sogar besonders gut möglich. So wären Begleitende des Sterbens (Pflegende, Seelsorgende, Bestatter:innen etc.) mögliche Personen gewesen, die im Gottesdienst zum Corona-Gedenken hätten sprechen können, ohne Redundanz zum staatlichen Gedenken zu erzeugen.

Eine weitere Möglichkeit indirekter Bezeugung scheint mir ebenfalls eher im Vollzug denn als reflektierte Form im Blick: die *künstlerische*. Im Gottesdienst zum Flut-Gedenken finden sich dafür gleich zwei verheißungsvolle Beispiele: der Ahrpsalm als poetische Form des Zeugnisses[39] und die eigens dafür komponierten Chorstücke als musikalische Adaption.[40] Letzteres wird im Gottesdienst selbst leider nicht erwähnt. Mit der eindrücklichen Lesung, in der Übertragung mit Bildern der Flutnacht unterlegt, und der musikalischen Aufnahme bildet der Ahrpsalm ein zentrales Element des Gottesdienstes, und es ist gut, dass die Predigt darauf Bezug nimmt.

3.3   Geteilte Deutungsmacht und die Rolle der Leitenden

Den Beitrag von Ritualen zum Coping nach Katastrophen differenziert Hessel Zondag in drei Dimensionen:[41] Erstens haben sie eine „soziale" Dimension, die erlebte Solidarität und Anerkennung des Leidens, die sich durch die reine Teilnahme vieler Menschen am Ritual vermittelt, in besonderer Weise in der Teilnahme von Repräsentant:innen gesellschaftlicher und politischer Institutionen und einer prominenten Stellung der Betroffenen. Zweitens ist dies die „konfrontative" Dimension, die allein durch das Stattfinden des Rituals evoziert wird, in den Erzählungen des Ereignisses und den Beschreibungen der Folgen für die Angehörigen verbal und ggf. im Aufsuchen des Unglücksorts physisch

---

[38]   Vgl. *Alexander Deeg*, Das geschlachtete Lamm. Die Toxische Positivität und die heilsame Ambiguität der Liturgie, in: Heiliger Dienst 75 (2021) 4, 258–274 sowie *Menzel*, Spannungen inszenieren (wie Anm. 19).

[39]   So geht die bereits zitierte Reflexion über Zeugenschaft von Derrida eng an dem Gedicht „Aschenglorie" von Paul Celan entlang.

[40]   Viele berühmte Musikstücke sind nicht zuletzt künstlerische Zeugnisse von Krieg oder Katastrophen.

[41]   Vgl. zum Folgenden *Zondag*, Rituals and coping with trauma (wie Anm. 27).

stattfindet. Vor allem in diesen beiden Dimensionen bewegen sich die Zeugnisse in den beiden Gottesdiensten: Sie beschreiben das Erlebte und Erlittene. Durch den gegebenen Raum für die Zeugnisse und ihre Einbettung in die Gottesdienste wird das Leiden anerkannt. Sie bewegen sich jedoch deutlich weniger in der dritten von Zondag beschriebenen Dimension: der „mythologischen" Dimension, der Geschichten oder Narrative, derer sich Menschen bedienen, um schwierige Situationen zu bewältigen.[42] Diese können säkular oder religiös sein und unterscheiden sich v.a. in der Konzeption der Kräfte, die zur Überwindung der gegenwärtigen Situation beitragen könnten. Anders gesagt: die Zeugnisse in den Gottesdiensten verzichten weitgehend auf eine Deutung der Situation, bleiben im Berichten. Ausgerechnet der Superintendent im Aachener Dom ist hier eine Ausnahme: Er endet mit dem Verweis auf die Liebe Christi, die man brauchen werde. Im Dom ist es der Überlebende eines schweren Krankheitsverlaufs, der stärker deutet: Er warnt davor, das Virus zu unterschätzen.

Wiederum steht die prominente Rolle der Betroffenen in den Gedenkfeiern des Bundespräsidenten hierzu in Kontrast, und zwar sowohl in der Dramaturgie wie im Inhalt: Ihre Zeugnisse sind nicht allein die Eröffnung am Beginn, sondern folgen – in Hanau – den Reden jedes politischen Repräsentanten (Oberbürgermeister, Ministerpräsident, Bundespräsident) oder sind nach einer rahmenden Ansprache Steinmeiers – im Konzerthaus zum Gedenken in der Pandemie – die einzigen Sprechenden. Inhaltlich gehen sie weit in die Deutung des Geschehens hinein, beschwören angesichts rassistischer Gewalt Ideale des Zusammenlebens und der Identität Deutschlands, interpretieren die Schutzmaßnahmen und klagen die Verletzung der Würde von Sterbenden an, appellieren an die Politik und alle in der Gesellschaft, Gleiches nicht erneut geschehen zu lassen. Dabei verlassen sie – wie etwa der Kioskbesitzer Kemal Kocak in Hanau – auch einmal die rhetorischen Konventionen einer Rede bei einem Staatsakt.[43] Diese Rituale ertragen aber offenbar diese Unmittelbarkeit und Direktheit. Bereits ihre Dramaturgie macht deutlich, dass Deutungsmacht[44] hier

---

[42] Übersetzung KM von: "in stories people reach out in order to conquer negative situations", a. a. O., 143.

[43] Seine Rede beginnt so: „Erst mal hallo an alle. Ich hab versucht, irgendwas vorzubereiten, den ich gern vortragen möchte. Aber vorab möchte ich einiges loswerden. Das, was vorgefallen ist, tut mir so in der Seele weh. Mein Herz blutet dermaßen, ich kann nicht in Worten beschreiben, was passiert ist. Ihr müsst einfach mal euch vorstellen, jeder von den Angehörigen, von den Freunden isst gerade irgendwo, und hat noch so viele Ziele für den nächsten Tag. Und einer kommt, der nicht so denkt wie wir, und der nicht so ist, wie wir, und nimmt das Leben von den Brüdern, und der Schwestern. Ich verstehe das nicht. Wie so was passieren konnte und wie so was passieren kann in unserer Stadt." Zitiert nach der Aufzeichnung, vgl. Anm. 24.

[44] Vgl. zum Begriff *Klie*, Deutungsmacht (wie Anm. 9).

nicht (allein) von staatlichen Amtsträger:innen in Anspruch genommen, sondern geteilt oder gar übergeben wird.

Damit verändert sich auch die Rolle der staatlichen Repräsentant:innen – augenfällig besonders in den symbolischen Akten des Abstellens einer Kerze und dem Niederlegen einer Rose, zu dem sie die Angehörigen stumm begleiten, durch Gesten und Blicke ihre Anteilnahme ausdrücken und vor allem mitgehen – eine Geste der Solidarität, der Selbstzurücknahme, der Anerkennung und Zuwendung. Solche Gesten finden sich in den Fernsehaufzeichnungen auch während der Feiern. Beim Gedenken nach dem Anschlag in Hanau kurz vor Beginn der Pandemie konnten noch alle dicht an dicht sitzen, an einer Stelle etwa beginnt die Mutter eines der Ermordeten neben Walter Steinmeier zu weinen, und er legt ihr die Hand auf den Arm und schaut sie an. Beim Gedenken an die Verstorbenen in der Pandemie ist das aufgrund der Distanzvorgaben nicht möglich, aber auch hier reiht die Sitzordnung die staatlichen Repräsentant:innen im Oval auf Augenhöhe unter die Angehörigen,[45] gibt es Blickkontakte und nonverbale Signale der Anteilnahme.

In den Gottesdiensten sind die Leitenden und die Gemeinde in der Sitzordnung dagegen klar getrennt und einander gegenüber angeordnet. Während die Zeugnisse der Betroffenheit am Beginn v.a. die Ereignisse und ihr Erleben schildern, bleibt die Deutung klar bei den Amtsträger:innen, v.a. in der Predigt, aber auch in Begrüßung und weiteren rahmenden Worten.

In den staatlichen Gedenkfeiern zeigen sich die Zeug:innen nicht nur als Opfer, sondern auch als Menschen, die das Leiden zu bewältigen versuchen und es bewältigen. Sie sprechen von der Hoffnung, die im Überleben und der fortschreitenden Genesung eines weiteren Bruders liegt, der den Anschlag in Hanau überlebt hat, von der Ermutigung zum Weiterleben, die der an Corona verstorbene Partner gegeben hätte, von der Bedeutung der Veranstaltung selbst und der Aktion #lichtfenster. Sie knüpfen an die „kleinen, widerständigen Momente" an, die Carolin Emcke als Weg beschreibt: „an den Dingen, den Gewohnheiten, den Ritualen, den Ausbrüchen, all den Augenblicken der Dissidenz, in denen sich die Kontinuität zu dem früheren Leben herstellen lässt."[46] In ihren Berichten kommen nicht nur die eigene Resilienz zum Ausdruck, son-

---

[45] Ich vermute, dass es für diese Sitzordnung vielleicht internationale Anregungen gibt, vgl. etwa die von Paul Post beschriebene Trauerfeier nach dem Absturz von MH17 über der Ukraine 2014: "Some 2.000 people sat around an open space in the middle of which burnt 298 candles, and along the walls were large video screens. [...] Dignitaries, the king and queen among them, were seated not in the first row, but somewhere among the rest of the people present.", vgl. *Paul Post*, Current Post-Desaster Ritual. An Exploration of Established, Absent, and Emerging Repertoires. National and International Perspectives, in: Kranemann/Benz, Trauerfeiern (wie Anm. 9), 51–75, 61.

[46] *Emcke*, Weil es sagbar ist (wie Anm. 1), 105.

dern auch die unterstützenden Netzwerke. Beides könnte auch in den Gottesdiensten stärker Teil der Zeugnisse werden.[47]

4. Ausblick: Zeug:innen vor Gott – Wechsel der Sprechrichtung als Spezifikum religiösen Gedenkens

„[…] Alles wurde mir genommen. Alles!
Weggespült das, was ich mein Leben nannte.
Mir blieb nur das Hemd nasskalt am Körper,
ohne Schuhe kauerte ich auf dem Dach.
Stundenlang schrie ich um Hilfe,
um mich herum die reißenden Wasser.
Wo warst du Gott, Ewiger,
hast du uns endgültig verlassen?

Baust du längst an einer neuen Erde,
irgendwo fern in deinen unendlichen Weiten?
Mit tödlichem Tempo füllten schlammige Wasser die Häuser,
grausig ertranken Menschen in ihren eigenen Zimmern.
Ist dir das alles völlig egal, Unbegreiflicher?
Du bist doch allmächtig, dein Fingerschnippen hätte genügt.

[…] So werfe ich meine Tränen in den Himmel
meine Wut schleudere ich dir vor die Füße.
Hörst du mein Klagen, mein verzweifeltes Stammeln,
ist das auch ein Beten in deinen Augen?"[48]

Es ist auf der Textebene nicht eindeutig, ob hier ein direktes oder ein indirektes
Zeugnis gegeben wird. Aber die Bilder sind eindrücklich, nah am Erleben und
doch verfremdet durch die biblische Sprache. Weit geht dieser Text in die Deutung. Folgt der Struktur der Klagepsalmen, bringt das Geschehen in drastischer
Schonungslosigkeit zur Sprache, erinnert aber auch an Gottes vergangenes
Heilshandeln und bekennt sich zur Treue zu diesem Gott in aller Rätselhaf-
tigkeit.

---

[47] Zur Präsenz der diakonischen Netzwerke *Stephan Winter*, „… Oder bleibt nichts?". Zu
Herausforderungen biblisch begründeter Gott-Rede angesichts von Großkatastrophen,
in: Kranemann / Benz, Trauerfeiern (wie Anm. 9), 89–103, 102. In diesen sind die Kirchen in Seelsorge und unmittelbarer Hilfe ja auch beteiligt, vgl. *Kranemann*, Liturgie in
der Öffentlichkeit (wie Anm. 9), 33.

[48] *Stephan Wahl*, Ahrpsalm, abrufbar hier: https://www.bistum-trier.de/fileadmin/user_
upload/Ahr-Psalm_-_Stephan-Wahl_-_Hochwasser_2021.pdf (aufgerufen am: 23.12.
2022).

Die Stärke des Ahrpsalms ist vielleicht begründet in dieser biblischen Sprachkraft und Dynamik,[49] aber auch in der Schonungslosigkeit der theologischen Konfrontation mit dem Leiden. Die Spannung zwischen dem Festhalten an Gottes Treue und der erlebten Gottesferne wird nicht aufgelöst, sondern gehalten.[50]

Gegenüber den anderen Zeugnissen der Betroffenheit in diesem Gottesdienst fällt aber noch eine Dimension auf: Dieser Text wendet sich direkt an Gott, wechselt die Sprechrichtung. Liegt nicht hier eines der Spezifika und große Potentiale des religiösen Rituals bzw. christlichen Gottesdienstes? Sicher hat auch der Appell an die Gemeinschaft, an die Verantwortlichen, an die „Ungeprügelten", im Gottesdienst seinen Ort, solches Leid nicht wieder zuzulassen, alles zu seiner Linderung zu tun. Wenn das Zeugnis aber zutiefst ein „performativer Vorgang" ist, „in dem nicht nur der Zeuge selbst agiert, sondern das Zeugnis als solches von anderen Akteuren (und v.a. vom Rezipienten) mit konstituiert wird"[51], dann wäre auch Gott als Adressat aller Zeugnisse immer wieder präsent zu halten. Die Rezitation von Klagetexten aus der Tradition zwischen den Zeugnissen hat dafür Potential, scheint mir aber noch nicht vollends ausgeschöpft.

Insgesamt können Verantwortliche für Gottesdienst in Krisensituationen vieles von den Gestaltungen staatlicher Feiern lernen – an Zutrauen in die Betroffenen, an Demut im Blick auf die Rolle der Leitenden, an Stimmigkeit und Konzentration. Zugleich wären die spezifischen Rahmenbedingungen des Gottesdienstes für Zeugnisse des Leidens noch weiter zu bedenken.

---

[49] Die Verbindung zwischen biblischen Texten, die ja häufig aus analogen Kontexten stammen, würde wohl auch über eine Kombination projizierter aktueller Bilder mit dem biblischen Text allein funktionieren, wenn nicht gar die erlebten oder medial omnipräsenten und damit inneren Bilder der Katastrophe ausreichen. *Kay-Ulrich Bronk*, Der Flug der Taube und der Fall der Mauer. Die Wittenberger Gebete um Erneuerung im Herbst 1989, Leipzig 1999, 248 hat etwa für die Friedensgebete gezeigt, dass „[d]ie Grammatik jener Situationen, die die biblischen Texte beschreiben oder die sie voraussetzen, und die Grammatik des historischen Moments [...] voller Analogien [waren]". Gerade die Psalmen „führten die eigene Situation und die eigenen Gefühle schonungslos und drastisch vor Augen und boten zugleich einen Blick über den Rand des Erlebten.", ebd., 266. Vgl. dazu *Menzel*, Viva vox (wie Anm. 2).

[50] Vgl. *Menzel*, Spannungen inszenieren (wie Anm. 19), 121–130; *Winter*, „... Oder bleibt nichts?" (wie Anm. 47), hier 97. Vgl. oben Anm. 38.

[51] *Matthias Däumer / Aurélia Kalisky / Heike Schlie*, Zur Einführung: Über Zeugen. Testimoniale Konstellationen und Szenarien, in: Dies., Über Zeugen, 7–28, 16.

Bergend begegnen und sanftmütig segnen

Klaus Nelißen

2021 wurden zwei „unerlaubte" Gottesdienste gefeiert, beide in einer Agneskirche, jedoch an unterschiedlichen Orten und zu unterschiedlichen Anlässen: Beide Gottesdienste waren in dem Sinne populär, dass sie vom Kirchenvolk getragen wurden. Unerlaubt, aber nicht unerhört. Beide Gottesdienste bedingen einander, daher werfe ich in einem persönlichen Bericht das Schlaglicht auf beide Populär-Liturgien: den Rosenmontagsgottesdienst in St. Agnes, Köln, und den „#liebegewinnt"-Gottesdienst in St. Agnes, Hamm. Sie sind noch heute als Stream bei youtube.de dokumentiert und gehören zu den Klickstärksten, die dort aufzufinden sind.

Der erste Gottesdienst, der den zweiten bedingte, fand aus reiner Not statt: Als das Festkomitee Kölner Karneval bekanntgab, dass der Rosenmontagszug 2021 ausfallen würde, fragten sich Mitte Januar Georg Hinz (Gründer von „Loss mer Singe" und Kulturreferent im Domforum), Peter Otten (Pastoralreferent in St. Agnes und Autor bei Kirche im WDR) und ich (Rundfunkbeauftragter beim WDR, ehrenamtlich engagiert in St. Agnes und im Kuratorium des Domforums): Was tun?

Karnevalsveranstaltungen waren verboten, Gottesdienste jedoch nicht. Und so schmiedeten wir den Plan, binnen vier Wochen einen Gottesdienst aus der Kölner Agneskirche zu streamen, der zweitgrößten Kirche in Köln. Ziel war es, möglichst viel vom Kölner Karneval zu „bergen". Dieses Verb leitete uns bei der Gottesdienstplanung. Die Gottesdienstform zu wählen war zunächst tatsächlich eine „Kölsche Lösung", um doch in einem erlaubten Rahmen Karneval zu feiern, als dies auf der Straße und in Sitzungsräumen nicht möglich war. Und erst mit der Gestaltung des Gottesdienstes nahm es eine neue Form an, Karneval in einem Gottesdienst zu feiern.

1. Bergend begegnen

Wir drei Initiatoren sind in Köln vernetzt, und so konnten wir mit der Firma Farhouse Media ein befreundetes Medienschaffenden-Team gewinnen, um den Stream kostenfrei, aber hochprofessionell zu realisieren. Binnen kurzer Zeit erhielten wir auch Zusagen von Künstler:innen wie Karnevalist:innen: Von der Kult-Band „Brings" über die alt-ehrwürdige „Große KG von 1823" und zwei „Tünnes und Schäl"-Figuren aus dem Kölner Karnevalsmuseum bis hin zum Kabarettisten Jürgen Becker. Beckers Engagement war im Vorfeld am umstrittensten: Würde er mit seiner „Predigt" den Rahmen des Gottesdienstes sprengen? Immerhin aber ist die Büttenrede eine Verballhornung der kirchlichen Predigt, und wir Initiatoren waren uns auch einig: Auch die Büttenpredigt soll „geborgen" sein in diesem Gottesdienst, denn Karneval, der nicht wehtut, ist kein Karneval. So fand auch dieses subversiv-anarchische Element Platz im Rosenmontagsgottesdienst 2021. Wir suchten nach einer Bibelstelle, über die der Miterfinder der „Stunksitzung" predigen könnte. Mit dem Magnificat wurde ein Text identifiziert, der spirituell robust wie karnevalistisch („er stürzt die Mächtigen vom Thron") anschlussfähig erschien.

Herzstück für uns Initiatoren war jedoch nicht die „Predigt", sondern waren die Musikbeiträge der Kölner Musiker und kurze Interviews, mit denen Georg Hinz die „Tiefenschicht" der Kölschen Lieder auf Werte und Hoffnungsdimensionen hin erschloss – als eine ganz neue Form der musikalischen Mystagogie im Kölner Karneval und der spirituellen Begegnung mit dem Kölschen Liedgut. Hinz spricht, entlehnt von einem Buchtitel, vom Karneval als einem „Fest der Sehnsüchte"[1]. In den Gesprächen mit den Künstlern fragte Hinz nach den Motiven und Werten, die in den jeweiligen Liedern aufscheinen. Gerade die diskursive Grundierung in einem Gottesdienst war das Novum des Kölner Rosenmontagsgottesdienstes von 2021.

Sicher: Karnevalsmessen gab es zuvor schon in Köln und wird es weiter geben; mit Predigten in Reimform und Kölschen Liedern. Diese Gottesdienste finden meist in der liturgischen Hochform statt, der Eucharistiefeier. Beim Rosenmontagsgottesdienst 2021 und 2022 entschieden wir uns für einen Wortgottesdienst, da durch die Vorab-Werbung auf Social-Media-Plattformen für Karnevalist:innen erwartet wurde, dass viele nicht katholisch Sozialisierte dem Gottesdienst beiwohnen würden. Wir wollten die Würde der Eucharistiefeier wahren und zugleich eine möglichst inklusive Gottesdienstgestaltung schaffen.

Und so wurde eine neue Feierform geschaffen: ein Gottesdienst, mit dem das Kölsche Liedgut quasi ebenso wie die Sorgen und Nöte der Karnevalisten „vor Gott getragen werden". Zwei partizipative Elemente wurden von den Gottesdienstteilnehmenden vor Ort wie von den Mitfeiernden im Stream genutzt: Durch eine entsprechenden Insertierung gleich zu Beginn konnten Menschen ihre Fürbitten per SMS an den Gottesdienstleiter Peter Otten senden. Dabei kamen derart viele Bitten, dass er nur eine Auswahl verlesen konnte.

---

[1]   *Wolfgang Oelsner*, Fest der Sehnsüchte. Warum Menschen Karneval brauchen. Psychologie, Kultur und Unkultur des Narrenfests, Köln 2004.

Mit einer spontanen Einführung brachte Peter Otten auch „liturgisch Nicht-musikalischen" den Sinn des Fürbittgebetes nahe:

> „In jedem Gottesdienst gibt es Fürbitten. Es sagt sich so leicht, dass Gott an meiner Seite ist, oder an Deiner Seite. Menschen fällt es manchmal leichter, an den Beistand oder die Solidarität Gottes zu glauben, wenn sie einander versprechen: Ich lass Dich nicht im Stich. Und das passiert in jedem Gottesdienst in den Fürbitten." (youtube.de-Video ab Minute 51:22)[2]

Ein weiteres partizipatives Element war das „Totengedenken", das gefeiert wurde in Erinnerung an Menschen, die während der Coronazeit verstarben und die die aktuelle Session nicht mehr feiern konnten. Begleitet durch eine Meditation von Pfarrer Thomas Frings (gleichzeitig Sitzungspräsident der „Großen KG von 1823") fand es eine hohe emotionale Anteilnahme – durch zahlreiche brennende Kerzen (was sich 2022 nochmals verstärkte, als die Kirche voll besetzt war) und durch entsprechende Kommentare im Livechat des Streams. Zwei Social-Media-Administratoren begleiteten und moderierten die überdurchschnittlich vielen Kommentare, die gerade beim ersten Streaming 2021 gepostet wurden, als rund 8.000 Menschen live zuschauten auf Facebook und Youtube.

2021 zog die „Predigt" vom Gründer der „Stunksitzung", Jürgen Becker, ein hohes Maß der medialen Aufmerksamkeit auf sich. Seine unverblümte Kirchenkritik erzeugte z.T. heftige Anfragen aus konservativen Kreisen, auch aus dem Kölner Domklerus, auf die Angemessenheit des Gottesdienstes hin. Weil daraufhin keine Mittel zur Finanzierung der Neuauflage 2022 seitens der Kirchengemeinde bereitgestellt wurden, entschieden sich die Initiatoren, die Mittel zur Bezahlung des professionellen Streams von 7500 Euro spendenbasiert zu akquirieren. Eine Social-Media-Spendenkampagne brachte 9000 Euro ein, womit die Anschubfinanzierung einer Neuauflage 2023 bereits gesichert war.

Doch nicht nur die Predigt von Jürgen Becker war folgenreich. Auch das Engagement der Band „Brings" und des Streamingteams sollten einen Monat nach dem Rosenmontagsgottesdienst noch einmal ganz anders zum Tragen kommen. Ironie der Geschichte: Im Rosenmontagsgottesdienst berichtet Stephan Brings im Interview zu dem Lied „Liebe gewinnt", dass „Liebe" in diesem Song nicht die zwischenmenschliche Liebe meine, sondern eine politische Dimension habe – der Song entstand in der Zeit des Aufkommens der AfD.

---

[2] Siehe: https://www.youtube.com/watch?v=Bqg_PO35YfA (abgerufen am: 2.12.2022).

2.   Von Rosenmontag zu #liebegewinnt

Als aber am Montag, dem 15. März, der Vatikan sein „Nein" erneuerte zu Segensfeiern gleichgeschlechtlicher Paare, unter hoher medialer Aufmerksamkeit
und mit heftigen Reaktionen in den sozialen Medien, da erhielt der Songtitel
aus einer spontanen Idee heraus einen neuen Verweisungszusammenhang. Der
15. März 2021 machte nämlich auch mich für eine gewisse Zeit zum Aktivis-
ten. Als einstiger „FUNK"-Beauftragter, für das junge Angebot für ARD und
ZDF, als Seelsorger in der Jugendarbeit und als Theologe, der sich in seinem
Studienjahr in Berkeley, Kalifornien, näher mit der Queer-Theology auseinandergesetzt hatte, platzte mir an jenem Tag meine „theologische Hutschnur".
Die Aussage „Gott segnet nicht die Sünde" empfand ich nicht nur als Verletzung, sondern ich sah in dem Schreiben die Gefahr, dass spätestens hiermit die
junge Generation abgeschnitten werde von einem Zugang zur Kirche. Denn in
der „Generation Z" ist das Thema Queerness im Grunde „durch". Und eine
Kirche, die Derartiges verlautet, wird noch nicht mal mehr ernst genommen.

Insofern wollte ich noch am selben Tag ein kommunikatives Signal setzen,
das eine Art katholische Parallelerzählung ermöglicht: von engagierten Kirchenmitgliedern, die queeres Leben und Lieben wertschätzen, ja: sogar segnen.
Relativ schnell formierte sich an jenem 15. März in mir ein Wunsch, der auch
biografisch begründet ist: Ich möchte nicht mehr, dass queere Menschen ihre
Identität in der katholischen Kirche derart verleugnen müssen, dass sie daran
krank werden.

Spontan gewann ich den Publizisten und Medienberater Erik Flügge dafür,
mit mir eine überdimensionierte Regenbogenfahne vom Turm der Kölner Agneskirche aus zu entrollen. Hierzu holten wir uns per Telefonkette das Einverständnis der erforderlichen Mehrheit des Pfarrgemeinderates ein. Kurz nachdem gegen 20.20 Uhr die Regenbogenfahne an St. Agnes wehte, „wehte" sie
dank der große Social-Media-Community von Erik Flügge auch im Internet.
Die Aktion war für viele Gemeinden wie eine Art Erlaubnis, und das Regen-
bogenfahnenhissen an Kirchen wurde in den kommenden Wochen sehr populär. Im Laufe jener Woche nach dem 15. März beobachtete ich jedoch in meinen Social-Media-Kanälen, dass die meisten Solidaritätsbekundungen meiner
pastoralen Kolleg:innen mit der queeren Community eher den Charakter von
Absichtserklärungen hatten.

In meinem US-Studium imponierte mir der Leitsatz „show, don't tell". Und
ich erinnerte mich in jener Woche daran, wie der damalige Bürgermeister von
San Francisco, Gavin Newsom, mit der ad-hoc-Erlaubnis von gleichgeschlechtlichen Partnerschaften im Februar 2004 ein Momentum schuf, hinter
das die Bürgerrechtsbewegung in den USA nicht mehr zurück gehen

konnte[3]: Binnen weniger Tage ließen hunderte queere Paare ihre Partnerschaft eintragen. Die medialen Bilder der Schlange stehenden Paare veränderten den öffentlichen Diskurs in den USA.

In der Mitte jener März-Woche 2021 rief ich den Freund an, der mit seinem Team das Streaming des Rosenmontagsgottesdienstes ermöglichte und der freundschaftlich verbunden ist mit Stephan Brings, der „Liebe gewinnt" in der Agneskirche spielte. Als ich wusste, dass der Künstler sowie das Team vom Farhouse Media bereit waren, bei einem öffentlichen Segnungsgottesdienst zu spielen und dies zu streamen, suchte ich einen Verbündeten. Zeitgleich erwuchsen im Netz verschiedene Initiativen zum Segensverbot, etwa „#mutwilligsegnen" von Pfarrer Carsten Leinhäuser aus Winnweiler. Für Aufmerksamkeit sorgte auch die Unterschriftenliste der beiden Pfarrer Burkhard Hose und Bernd Mönkebüscher.

Die Entscheidung, Bernd Mönkebüscher in Hamm anzurufen, fiel aufgrund der kürzesten Wegstrecke, die das Streamingteam und die Band Brings von Köln aus hätte auf sich nehmen müssen. Im ersten Telefonat bereits leuchtete Pfarrer Mönkebüscher unter Verweis auf San Francisco ein, dass eine konzertierte Segensaktion an einem festzusetzenden Datum eine stärkere öffentliche Wahrnehmung erzeugen würde, als vereinzelte Segensfeiern, wie sie bereits hier und dort praktiziert wurden – jedoch ausschließlich im Verborgenen. Die Segensfeiern, die uns vorschwebten, sollten bewusst öffentlich sein: „Show, don't tell". Im ersten Telefonat suchten wir bereits nach einem günstigen Termin, und durch Zufall stießen wir auf den 10. Mai, da dies laut Wikipedia einer der Gedenktage des Noah ist[4]. Passend schien ebenfalls, dass der Mai als „Wonnemonat" gilt, und da der 10. Mai 2021 ein Montag war, an dem Priester traditionell „frei" haben, konnte auch Pfarrer Mönkebüscher eine Segensfeier in seiner Freizeit ansetzen.

Bevor Bernd Mönkebüscher jedoch einer öffentlichen, weil gestreamten Segensfeier unter Beteiligung der Band Brings zustimmte, wünschte er sich mindestens zehn Mit-Initiator:innen, um nicht allein den damals noch zu erwartenden Disziplinarmaßnahmen seitens der Kirchenleitung ausgesetzt zu sein. Nach zwei Tagen mit vielen Telefonaten hatten wir die von Pfarrer Mönkebüscher gewünschte Anzahl von Mitstreiter:innen gesammelt: Es waren Priester, Laien, Männer, Frauen, Hauptamtliche, Ehrenamtliche, Homosexuelle, Bi- und Heterosexuelle, Menschen aus Norddeutschland, aus Süddeutschland, ein Theologieprofessor und sogar ein ehemaliger Generalvikar[5].

---

[3]   Vgl. https://en.wikipedia.org/wiki/San_Francisco_2004_same-sex_weddings (abgerufen am: 6. 12. 2022).

[4]   https://de.wikipedia.org/wiki/Noach (abgerufen am: 6. 12. 2022).

[5]   Vgl. https://www.liebegewinnt.de/ (abgerufen am: 6. 12. 2022).

Eine gemeinsame Videokonferenz diente der Vernetzung und der Konzeption der Segensaktion. Darin kristallisierte sich auch deren Namen heraus, der dem Fakt geschuldet war, dass die Band Brings ihr Kommen zu dem Gottesdienst in Hamm zugesagt hatte und ihren Song spielen würde: „#liebegewinnt" war geboren. Der Initiator:innenkreis war sehr heterogen und durch persönliche Kontakte zusammengestellt. In einem Artikel im Herder Korrespondenz Spezial zur Pastoral schrieb ich einmal, es bräuchte so etwas wie die „digitalen Jesuiten"[6]. In der Rückschau erst ist mir klar geworden, dass in diesem Kreis sehr viel von den „digitalen Jesuiten" aufgeschienen ist – als einer Gruppierung von exzellenten Menschen, die schnell, kräftig und dabei überlegt und auf ihre Weise „fromm" zusammenwirkten. Die Aktion #liebegewinnt wurde nur durch fünf Videokonferenzen und das jeweilige Zutun der Mitinitiator:innen getragen. Es gab weder ein Budget noch Planstellen. Es gab auch keine Prognose, wie viele Gemeinden sich überhaupt beteiligen würden, und ebenso gab es wenig Aussicht darauf, dass sich sonderlich viele queere Paare überhaupt noch im Rahmen eines Gottesdienstes segnen lassen würden. Aber dadurch, dass die vielen ad-hoc-Initiativen aus jener Woche nach dem 15. März nun eine gemeinsame Richtung bekamen, wurden viele Kräfte aktiviert, in Kirchengemeinden, aber auch bei queeren Paaren, die ihren Wunsch nach einer kirchlichen Segnung wiederentdeckten.

Schon bei der ersten Videokonferenz, auf die sofort die mediale Kommunikation des Segnungstermins folgte, war klar: Wir wollten auf die Art der Gestaltung der jeweiligen Segnungsgottesdienste möglichst wenig Einfluss nehmen. Auf eine Gängelung von Rom wollten wir nicht mit einer Art „liturgischen Gängelung" antworten. Auf der Homepage www.liebegewinnt.de dokumentierten wir zum einen die Sammlung von Gottesdiensten mittels einer verlinkten Deutschlandkarte, zum anderen boten wir den Gemeinden Ressourcen für die Gottesdienstgestaltung an, aber dies in einer offenen Form. Wir haben alle Gottesdienstformulare und Segenstexte, die uns zugesendet wurden, online gestellt. Dieser Graswurzel-Impuls war uns wichtig, und er vermied „redaktionelle Schleifen", wie sie in anderen kirchlichen Planungen üblich sind, was aber Zeit kostet. Wir hatten sechs Wochen bis zum 10. Mai und mussten uns fokussieren. Und wir vertrauten, dass die Gemeinden, die einen Gottesdienst vor Ort anbieten würden, sehr gut wissen, wie so ein Gottesdienst zu gestalten sei. Zwei Dinge waren uns im Initiator:innenkreis jedoch wichtig: Wir sahen einen Wortgottesdienst als die angemessenere Form für so eine „Graswurzel-Segensfeier" an, und wir entschieden uns, die mediale Öffentlichkeit auf den Gottesdienst in

---

[6] Vgl. *Klaus Nelißen*, Die Community zählt. Wird die Kirche digital kampagnefähig?, in: HerKorr Spezial 2 (2019) 39–43, siehe: https://www.herder.de/hk/hefte/spezial/letzter-aufruf-pastoral-unter-neuen-bedingungen/die-community-zaehlt-wie-wird-die-kirche-digital-kampagnenfaehig/ (abgerufen am: 2.12.2022).

Hamm zu lenken, um die anderen Feiern vor zu viel Aufmerksamkeit sowie die Intimität des Segensaktes zu bewahren. Denn auch wenn die Wahl eines gemeinsamen Datums und eines Kampagnennamens etwas Demonstratives hatte: Wir wollten ja nicht demonstrieren, wir wollten segnen. Wir wollten uns auch nicht im Vorfeld durch viele Debattenbeiträge in Position bringen, anders als zum Beispiel „Maria 2.0" oder „Wir sind Kirche". Im Initiator:innenkreis war uns klar: Unser Statement sind die Gottesdienste, dass sie stattfinden, dass sie von Schönheit und Würde getragen sind, und viel mehr brauchte es dafür nicht an Erklärung.

3. Sanftmütig Segnen

Neben der Koordination des Gesamtprojektes setzte ich mich mit Bernd Mönkebüscher zügig an die Gestaltung des gestreamten Gottesdienstes aus Hamm. All dies machte ich ehrenamtlich und in Randzeiten meiner Tätigkeit als stellvertretender Rundfunkbeauftragter beim WDR. Um einen Interessenskonflikt zu vermeiden (als Rundfunkbeauftragter obliegt mir im Auftrag der NRW-Bischöfe die inhaltliche Verantwortung für einen übertragenen Gottesdienst), hatte ich auf die inhaltliche wie textliche Gestaltung des Gottesdienstes keinen Einfluss genommen. Auch ich sorgte mich um Konsequenzen in meinem Anstellungsverhältnis. Vor dem Gottesdienst lag mir kein schriftlicher Gottesdienstablauf vor, und er tut es bis heute nicht. Ich kann also nur referieren auf den Videostream, der den Gottesdienst am besten dokumentiert[7]. Mit Pfarrer Mönkebüscher entwickelten wir aber eine Vision für die Art des Gottesdienstes: Das Wort „sanftmütig" leitete uns dabei. Wir wollten keinen „Krawall" veranstalten, keine liturgische Demo, sondern eine Feier gestalten, die die Menschen, die zum Teil seit Jahrzehnten auf den Segen in einer Kirche für ihre Beziehung warten, auf eine Weise spirituell bewegt, ihre Würde feiert und vielleicht so etwas Heilsames hat in ihrer verwundeten Kirchenidentität.

Obwohl ich mich aus der inhaltlichen Gestaltung des Gottesdienstes aus den o. g. Gründen heraushielt, hatte ich an vier Stellen gemeinsam mit Bernd Mönkebüscher wesentliche Impulse zur Ermöglichung eines Gottesdienstes vor der erwarteten medialen Öffentlichkeit erarbeitet.

Bereits genannt ist die Organisation des Streamingteams und die Koordinierung, dass z. B. ein zuverlässiges Sendesignal geregelt ist, oder ein Online-Moderatoren-Team für den zu erwartenden „Shit-Storm" von homophoben Christen. Dann entwickelten wir ein musikalisches Konzept, das neben dem Liedbeitrag

---

[7] Siehe: https://www.youtube.com/watch?v=0q2WKPxsMlo (aufgerufen am: 2.12. 2022).

„Liebe gewinnt" von Brings auf den jungen Musiker Dominik Maxelon setzte. Er war zu der Zeit „Pop-Kantor" an der evangelischen Jugendkirche in Hamm, und wir waren daran interessiert, dass der Gottesdienst von einer Musikfarbe getragen war, die Widerhall finden könne in der queeren Community. Beispiel hierfür ist die Wahl des Songs „This is me" aus dem Musicalfilm „Greatest Showmann". Damit die Mitfeiernden den Text verstanden, insertierten wir die deutsche Übersetzung. Hier der Refrain:

> „Wenn die schlimmsten Wörter mich verletzen,
> werde ich eine Flut schicken und sie ertrinken.
> Ich bin mutig, ich bin verletzt.
> Ich bin so, wie ich gemeint war, das bin Ich.
> Schaut her, denn hier komme ich.
> Und ich marschiere weiter in dem Takt, den ich gebe.
> Ich fürchte mich nicht, gesehen zu werden
> Ich mache keine Entschuldigungen, das bin Ich"[8].

Die Textzeile drückt eine gewisse Kompromisslosigkeit aus, und diese strahlte der Gottesdienst an vielen Stellen aus. Aber: Allen, die den Gottesdienst vorbereiteten, war es wichtig, dass diese Kompromisslosigkeit in ihrer Darbietungsform „sanftmütig" kommuniziert werden müsse. Wer den Gottesdienst im Stream schaut, wird merken, wie die Sängerin diesen Song verhalten, aber bestimmt vorträgt. Dieser „sanfte Mut" trug die Gestaltung des Gottesdienstes auf vielen Ebenen:

Um eine Bildsprache zu finden, die auch für Pressefotografen eingängig sei, baten wir den Künstler und Diakon Ralph Knoblauch um seine „kleinen Könige". Diese strahlten eine freundliche, aber präsente „Würde" aus, einen „Pride".

Ebenso baten wir den Graffiti-Künstler Mika Springwald um die Gestaltung einer Eingangssituation. Da das Äußere der Kirche sich im Umbau befand, wurde Springwald gebeten, einen ikonischen Moment zu schaffen, sodass Medienteams, die über den Gottesdienst berichteten, nicht in den Kirchenraum gehen mussten, um z. B. Interviews mit Mitfeiernden zu führen. Und das mediale Interesse war enorm: Es fanden Telefoninterviews mit Medien wie z. B. der „Washington Post" oder allen großen (internationalen) Agenturen statt, und es waren Kamerateams vor Ort.

Springwald schuf einen überdimensionalen Graffiti-Noah, der unter dem Regenbogen die Arche Noah in Händen hielt. Zusätzlich schuf er für das Kirchenportal eine Mariendarstellung mit einem Regenbogenmantel, gesprayet auf

---

[8] Siehe: https://www.songtexte.com/uebersetzung/the-greatest-showman-ensemble/this-is-me-deutsch-1bd66d64.html (aufgerufen am: 2. 12. 2022).

150 Jahre altes Holz aus einem Chorgestühl im Osnabrücker Land. Diese „Regenbogenmadonna" ist bis heute im Besitz der Pfarrkirche St. Agnes in Hamm.

Neben dem Schaffen von medial gut vermittelbaren, „ikonischen" Momenten, waren mir zwei liturgische Elemente persönlich wichtig, sodass ich mich nachdrücklich dafür stark machte: Einerseits war mir gelegen an dem Zeugnis eines queeren Paares, eines queeren Menschen, gleichgewichtet zur Predigt des Priesters. Gerade im Zeugnisgeben sehe ich eine Kraft, die Veränderung bewirkt. Es hat etwas mit einer wohl verstandenen „Ermächtigung" zu tun, wenn gerade in einem derartigen Gottesdienst Menschen nicht „bepredigt" werden, sondern zu Wort kommen.

Mit Rainer Teuber von der Essener Domschatzkammer erklärte sich einer der prominentesten, damals schon geouteten kirchlichen Mitarbeiter[9] bereit für ein persönliches Zeugnis[10].

Das andere liturgische Element, das partizipatorischen Charakter haben sollte, waren die Fürbitten. War der Gottesdienst in den liturgischen Diensten getragen von Gemeindemitgliedern, sollte hier bei den „Bitten des Volkes" das größere Anliegen Ausdruck finden. Und so baten wir Birgit Mock, Mitglied des Synodalforums IV des Synodalen Weges, „Leben in gelingenden Beziehungen", und WDR-Moderatorin und ZdK-Mitglied Yvonne Willicks um Bitten. Mock formulierte persönliche Bitten, Willicks setzte unsere Anfrage um, indem sie wiederum ihre Social-Media-Community um Fürbitten bat, was einen großen Widerhall fand. Willicks las ausgewählte Bitten im Gottesdienst vor.

Wie nun war der Gottesdienst? Kurz danach veröffentlichte ich am 19. Mai einen Blog-Eintrag im Facebook-Stream von #liebegewinnt, der meine Eindrücke noch immer treffend und aus der damaligen Situation heraus in Worte fasst[11]:

„Wer an böse Omen glaubt, der sollte das hier nicht lesen: Aber beim Aufbau für den Segnungsgottesdienst in Hamm ging das Ewige Licht kaputt. Ein Techniker von der Streamingfirma hatte einen falschen Handgriff an der Beleuchtung für die Musik-Ecke mit Brings getan und schon lag das edle Gefäß in Scherben auf dem Boden. Und Pfarrer Bernd Mönkebüscher pickte jede auch noch so kleine Scherbe dieses Lichtes auf, als sei

---

[9] Vgl. *Geraldine Oetken*, Homosexueller Katholik nach Segnung im Essener Dom: „Drei Menschen sind gegangen, viele haben applaudiert", siehe: https://www.rnd.de/panorama/schwuler-katholik-laesst-sich-im-essener-dom-segnen-interview-ueber-christliche-werte-und-ANCOZHROWVF6BOEO7GTZQI7AQQ.html (aufgerufen am: 2.12.2022).

[10] Vgl. https://www.facebook.com/liebegewinnt2021/videos/352770846824936/ (aufgerufen am: 2.12.2022).

[11] Siehe: https://www.facebook.com/liebegewinnt2021/posts/114928590753567 (aufgerufen am: 19.12.2022).

da etwas mehr zersprungen. Nicht, weil er abergläubig wäre, das denke ich nicht. Sondern weil er Mitleid hatte mit dem Techniker, dem das Ganze sichtbar peinlich war. Und weil Mönkebüscher für seinen Kirchenraum brennt. Das merkt man, wenn man St. Agnes in Hamm betritt. Ein Raum, der Sinn macht und Sinn gibt – barrierefrei, lichtdurchflutet und klar.

Als das Ewige Licht zerbrach, waren es noch vier Stunden bis zur Übertragung. Und obwohl RTL schon in der Kirche drehte, mein Handy explodierte, ich meist nur noch Englisch sprach, weil plötzlich nicht nur die US-Presse mehr darüber wissen wollte, was „the Germans" da machen, sondern auch Frankreich ansprang, vermittelte ich ad hoc und schnell Interviews auf die letzte Minute. Pfarrer Mönkebüscher kochte derweil Kaffee für die Crew der Streamingfirma. „Es ist die WASHINGTEN POST", fauchte ich ihn irgendwann an, als ich merkte, dass für ihn in dem Moment Kaffeekochen wichtiger war als Interviews zu führen. Das hat mich zur Weißglut gebracht, und das hat mich berührt. Denn Mönkebüscher spielt nicht Zugewandtheit, er lebt sie. Und so hatte er auch mit nahezu allen Paaren, die sich angemeldet hatten für den Gottesdienst, Korrespondenz geführt. Und mit etwas Ehrfurcht in der Stimme und einem Strahlen verriet er mir am Morgen des 10. Mai: „Heute kommt ein Paar, das ist seit 40 Jahren zusammen."

Als dieses Paar kam, waren es noch 7 Minuten bis zum Beginn des Livestreams. Und ich war in heller Aufregung. Denn wir hatten die Gottesdienstbesucher:innen zu 18.30 Uhr bestellt. Eine Viertelstunde vor Aufzeichnung gab ich eine Einweisung, wie ich sie gebe, wenn ich hauptberuflich Gottesdienstübertragungen verantworte: „Handys aus, möglichst freundlich und aufmerksam dem Gottesdienstgeschehen folgen, bitte nicht Klatschen", und es folgte mein Standardsatz „Sie sind gleich auf ‚Sendung'", den ich wegen seiner Doppeldeutigkeit mag – denn tatsächlich hat jeder Gottesdienst auch etwas mit der Sendung der Kirche zu tun. Und während ich sprach, musterte ich den Raum nach zwei alten Damen ab. Und ich fand keine. Und so stob ich nach meiner Einweisung vor die Kirche und suchte den Platz ab. Und da sah ich zwei betagte Damen. Die Kleidung abgewetzt. Die eine trug einen Hocker, und ich dachte mir: „Die können es nicht sein". Aber dann fragte die mit dem Hocker: „Ist das die Kirche?", und es macht „klick" und ich zeigte mit beiden Händen auf die Kirche, die offensichtlich durch die schönen Kunstwerke von Mika Springwald von außen derart in Regenbogenfarben erstrahlte, dass ich schier verzweifelte ob dieser Frage.

Ich kann sehr anstrengend sein, wenn ich unter Druck stehe. Und so eilte ich die Stufen, die zur Kirche führen (Agnes liegt ca. 2 Meter unterm Hammer Straßenniveau), wie von der Tarantel gestochen hoch, wollte der Dame ihren Hocker entreißen, damit sie schneller die Treppen runter gehen könne. Aber die Dame wurde energisch: „Nein, nein – meine Frau braucht den. Sonst kommt sie die Treppe nicht runter". Und dann erst fiel mir auf: Die zweite Dame rang sich jeden Schritt zur Kirche ab. Und als sie an der Treppe war, nahm sie jede Stufe, indem sie sich auf den Hocker setzte, ihn drehte und dann wieder eine Stufe. Und ich sah die Zeit rinnen. Und da ich das nicht länger mit ansehen konnte, fragte ich: Darf ich der Gemeinde sagen, dass Sie 40 Jahre zusammen sind? Und die, die den Hocker bis zur Treppe trug, sagte mit verhaltenem Stolz: „Aber gerne".

Und so flitzte ich zurück in die Kirche, ging zum Mikro und sagte. „Ich habe Ihnen ja eben gesagt: bitte nicht klatschen wegen der Akustik. Aber wenn gleich zwei Damen hereineinkommen: Dann bitte ich um Applaus. Die beiden haben seit 40 Jahren auf den Segen in einer Kirche gewartet." Und kaum sagte ich das, waren die beiden Damen schon da. Und der Applaus brandete auf, Tränen kullerten, und es war eine Stimmung im Kirchenraum, wie ich sie selten erlebt habe.

Das war auch während des Gottesdienstes zu spüren, obwohl ich ihn nur via Handy vor der Sakristei verfolgte. Da ich für die Übertragung mit zuständig war, wollte ich sehen, ob es technisch funktionierte und ob die beiden Channel-Manager die Trolle im Griff hatten; sie sorgten – ebenso wie ich – ehrenamtlich dafür, dass alles reibungslos ablief. Und falls Sie im Stream die Segnung dieses Paares suchen – Sie werden sie nicht finden. Da war die Kamera irgendwo anders. Und es gäb so viele Geschichten zu erzählen von Paaren, wie z.B. die von Tanja und Claudia aus Hamm, die tapfer für RTL, AFP, Washington Post usw. an jenem Tag Rede und Antwort standen.

Aber mein Herz bewegt haben diese beiden Damen. Denn 40 Jahre nicht nur sich selbst treu zu sein, sondern auch der Kirche – das, finde ich, ist ein Segen. Und da kann dann auch mal das Ewige Licht kaputt gehen. Ich bin ja nicht abergläubig, sondern katholisch."

Bei der Ausstrahlung der ARD-Dokumentation „Wie Gott uns schuf" erkannte ich schnell die beiden Damen wieder, die mir vom Gottesdienst in Erinnerung geblieben sind. Monika Schmelter und Marie Kortenbusch gaben darin ein starkes wie erschütterndes Zeugnis über ihr Leben in der katholischen Kirche, das geprägt war von großem Druck und enormen Existenzängsten.

Ob und inwieweit ein Paar einen Segnungsgottesdienst im Rahmen von #liebegewinnt als Zuspruch und Bestärkung empfunden hat, das wage ich abschließend nicht zu beurteilen. In Hamm haben wir alles darangesetzt, eine katholische Willkommens- und Segenskultur zu schaffen, in der das möglich wurde.

5.   Die verwundeten Heiler

Bei aller Resonanz, die es medial wie kirchlich gab[12], und bei allem Zuspruch
wie bei aller Kritik war mir persönlich aber gerade daran gelegen: einen Gottesdienst zu feiern, in dem etwas Heilsames sich ereignet. Queere Katho-
lik:innen tragen mitunter tiefe Kränkungen und Verwundungen mit sich. Vom
Gefühl, nicht dazu zu gehören, bis hin zu biografischen Verstellungen, die im
späteren Leben therapeutischer Hilfe bedürfen – all dies ist mir bereits begegnet und kenne ich persönlich.

In der Reflexion über #liebegewinnt stand mir die Typologie von Henri
Nouwen einmal mehr vor Augen. Der niederländische Psychologe und Theo-
loge unterscheidet im Umgang mit seelischen Verwundungen drei Typen von
Menschen[13].

Den ersten Typ nennt er den „verwundeten Verwunder". Mit der erfahrenen
Aggression geht er wie folgt um: Er wird selber zum Aggressor und teilt aus.
Der verwundete Verwunder dringt damit allerdings nie zum Kern der Verwun-
dung vor.

Den zweiten Typ nennt Nouwen den „verwundeten Vermeider". Dieser
zieht sich zurück, kapselt sich ein, um nur ja nicht wieder verwundet zu werden; Depression kann Folge einer solchen Abkapselung und Aggression nach
Innen sein.

Der dritte Typ schafft es, seine Wunden wahrzunehmen und anzunehmen.
Diesen Typ nennt Nouwen den „verwundeten Heiler". Die Verwundung wird
integriert ins eigene Leben, das nie mehr frei von Narben ist. Die Chance: Die
Verwundungen können zu einem zusätzlichen Sinn fürs Leben werden. Und
damit kann der „verwundete Heiler" anderen helfen, mit deren Verwundungen
umzugehen, weil er die Tiefen – und ja auch die Abgründe des menschlichen
Lebens kennt. Er wird zu einem guten Gefährten, zu einem „guten Hirten".

Selten zuvor habe ich die „verwundeten Heiler" derart häufig aufscheinen
sehen, wie in den Gottesdiensten von #liebegewinnt, in denen Seelsorgende –
z.T. aus eigenen biografischen Verwundungen heraus – zu Segnenden wurden,
frei nach dem biblischen Imperativ „Segnet, denn dazu seid ihr berufen worden" (1Petr 3,9). Viele der Seelsorgenden, die bei #liebegewinnt gesegnet haben, sind selbst Betroffene.

Erst im Prozess von #liebegewinnt ist mir klar geworden, wie wenig de-
monstrativ, sondern vielmehr heilsam diese Gottesdienste waren. Das –
ursprünglich im o.g. Kontext geschriebene – Lied der Kölner Band Brings hat

---

[12] Vgl. https://www.theologie-und-kirche.de/liebegewinnt.html (aufgerufen am: 2.12.
2022).
[13] Vgl. https://henrinouwen.org/read/the-wounded-healer/ (aufgerufen am: 2.12. 2022).

der Aktion das Motto gegeben, und es bringt das Grundanliegen dieser Gottesdienste und die fast österliche Hoffnung im Refrain auf den Punkt: „Wir beten dafür, dass ein Wunder passiert, dass wir endlich kapieren, dass wir alle gleich sind und nur die Liebe gewinnt".

Was erzählt ein Kirchenraum
über das jeweilige Kirchenverständnis?

Was erzählt ein Kirchenraum über das jeweilige Kirchenverständnis?

Zur Interaktion zwischen Raumgestalt und ihrer Deutung in der Geschichte und angesichts aktueller Infragestellungen

Martin Klöckener

Kirchenräume gleich welcher Epoche „erzählen" auf vielfältige Weise etwas über das Kirchenverständnis zur Zeit ihrer Erbauung genauso wie bei späteren Umbauten und Umgestaltungen.[1] In diesem Beitrag wird der Fragestellung primär aus historischer Perspektive nachgegangen, ehe Kirchenbau und Kirchenverständnis in der Gegenwart und Erschütterungen klassischer Denk- und Handlungsmodelle in den Blick genommen werden, wie sie sich angesichts der inneren und äußeren Hinterfragungen des aktuellen kirchlichen Lebens und Wirkens darstellen. Da der Artikel auf einen Vortrag in der Neumünsterkirche in Würzburg zurückgeht, wird die Fragestellung zunächst anhand dieses Kirchenraumes eröffnet, ehe anschließend weitere Kirchenräume und Epochen mit einbezogen werden.[2]

---

[1] Aus den letzten Jahrzehnten liegen mehrere kleine Monografien mit leicht variierenden Schwerpunkten vor, die einen alles in allem guten Gesamtüberblick über die Geschichte des Kirchenbaus bis in die ersten Jahre nach der Liturgiereform des Zweiten Vatikanischen Konzils geben: *Adolf Adam*, Wo sich Gottes Volk versammelt. Gestalt und Symbolik des Kirchenbaus, Freiburg/Br. [u. a.] 1984; *Hans Bernhard Meyer*, Was Kirchenbau bedeutet. Ein Führer zu Sinn, Geschichte und Gegenwart, Freiburg/Br. [u. a.] 1984; *Klemens Richter*, Kirchenräume und Kirchenträume. Die Bedeutung des Kirchenraums für eine lebendige Gemeinde, Freiburg/Br. [u. a.] 1998. Auch neuere Fragestellungen werden aufgegriffen von *Stefan Kopp*, Der liturgische Raum in der westlichen Tradition. Fragen und Standpunkte am Beginn des 21. Jahrhunderts (Ästhetik – Theologie – Liturgik 54), Wien/ Münster 2011. Anders angelegt ist: *Johannes H. Emminghaus*, Der gottesdienstliche Raum und seine Ausstattung, in: R. Berger [u. a.], Gestalt des Gottesdienstes. Sprachliche und nichtsprachliche Ausdrucksformen (GdK 3), Regensburg ²1990, 347–416. Für die Neuzeit in einer ökumenischen Perspektive vgl. *Nigel Yates*, Liturgical Space. Christian Worship and Church Buildings in Western Europe 1500–2000 (Liturgy, Worship and Society), Aldershot 2008. Einen konzisen historischen Überblick mit wichtigen Fragestellungen bietet auch *Thomas Sternberg*, Kirchenbau: Historische Vergewisserungen, in: A. Gerhards/T. Sternberg/W. Zahner (Hg.), Communio-Räume. Auf der Suche nach der angemessenen Raumgestalt katholischer Liturgie (Bild – Raum – Feier. Studien zu Kirche u. Kunst 2), Regensburg 2003, 37–69.

[2] Bezüglich der nachreformatorischen Epoche liegt der Schwerpunkt beim katholischen

1.   Das Neumünster in Würzburg:
Kirche als Gedächtnisort im Überlieferungsgeschehen

Warum hatte Würzburg im Laufe der Jahrhunderte so viele Kirchen, die auch heute unverändert das Stadtbild prägen? Die Gläubigen hätten nicht so zahlreicher Kirchenbauten bedurft, um am Gottesdienst teilnehmen zu können. Außerdem zeichnen sich viele von ihnen durch eine Größe aus, die kaum zweckmäßig war, wenn man das heute in manchen Diözesen zu hörende Kriterium angelegt hätte, dass der Raum bei einer gottesdienstlichen Versammlung einigermaßen gefüllt sein sollte. Die Zahl und die Vielfalt der Kirchen in den meisten mittelalterlichen Städten – hier exemplarisch in Würzburg – lassen rasch erkennen, dass die Kirchen nicht nur eine einzige Bedeutung besaßen, sondern für verschiedene Funktionen, Anlässe und Kontexte konzipiert waren. Die Motive für die Errichtung und Ausstattung der Kirchengebäude gehen weit über ihre unmittelbare Verwendung für die gottesdienstliche Vollversammlung der Gemeinde hinaus. Multifunktionalität im Laufe der Jahrhunderte ist eine Wesenseigenschaft von Kirchengebäuden, aus der auch unterschiedliche Kirchenverständnisse zu erschließen sind, die dann doch in einem einzigen Raum zusammenfließen können.

Die Geschichte des Neumünsters beginnt im frühen Mittelalter. Am Platz der heutigen Kirche errichtete in der zweiten Hälfte des 8. Jahrhunderts der Würzburger Bischof Megingoz (Megingaud; 754–769) einen Memorialbau, um das Gedächtnis der Frankenmissionare iro-schottischer Herkunft Kilian und Gefährten (d.h. Kolonat und Totnan) wachzuhalten, die der Überlieferung nach um 689 hier den Märtyrertod erlitten hatten. Auch wenn die Gebeine später in den Kiliansdom überführt wurden, hielt man trotzdem am Gedächtnis*ort* des Martyriums fest. Einer späteren Überlieferung zufolge wurde Bischof Burkard (Burghard) von Würzburg (742–754) ebenfalls hier beigesetzt.[3]

Kirchenbau. Zu den Kirchen der Reformation vgl. in diesem Band den Beitrag von *Alexander Deeg*. In eine ähnliche Richtung wie unser Beitrag, wenn auch anders durchgeführt, zielen *Bertram Stubenrauch/Ysabel von Künsberg*, Kirchenbau und Glaube, in: A. Nollert [u.a.] (Hg.), Kirchenbauten in der Gegenwart. Architektur zwischen Sakralität und sozialer Wirklichkeit, Regensburg 2011, 144–149.

[3]   Vgl. *Alfred Wendehorst*, Das Bistum Würzburg, Bd. 4: Das Stift Neumünster in Würzburg (Germania Sacra N.F. 26,4), Berlin/New York 1989, 47–50. 197; *Christian Antz*, Sacrum Theatrum Romanum. Das Würzburger Neumünster und die katholische Baukunst in Deutschland zwischen 1680 und 1720, Weimar 1997, 66f.; *Jürgen Lenssen* (Hg.), Das Neumünster zu Würzburg. „Der heyl. Fränkischen Patronen und Aposteln Ruhestatt", Regensburg 2010, darin besonders der Beitrag von *Jürgen Lenssen*, Das Neumünster in seiner Bestimmung und neuen Gestaltnahme, 13–21; vgl. auch den Bildteil, bes. 88–91. Das Neumünster und seine Fassade werden auch in mehreren ausführlichen Beiträgen im Internet behandelt.

Abb. 1: Die Frankenheiligen Kilian (Mitte), Kolonat und Totnan im Neumünster, Würzburg. Foto: Martin Klöckener

Damit stoßen wir auf ein zentrales Motiv, in dem sich Kirchenbau und Kirchenverständnis treffen: Seit der Frühzeit der Kirche sind die Kirchengebäude Memorialbauten, in denen in der Eucharistiefeier orts- und anlassbezogen der Verstorbenen gedacht wurde. Im Nordafrika der ersten drei Jahrhunderte beispielsweise errichtete man an Hinrichtungsstätten von Märtyrern Gedenkorte und erbaute über den Gräbern Kapellen und Kirchen, wo sich die örtlichen Gemeinden genauso wie Pilger und andere Gläubige zur Eucharistiefeier und anderen Formen des Gedächtnisses versammelten. Später übertrug man Reliquien von Märtyrern, in einem nächsten Schritt auch von anderen als heiligmäßig anerkannten Gestalten in Kirchen und brachte sie besonders mit dem Altar in Verbindung, an dem das Opfer Christi gefeiert wurde, für den die Märtyrer und anderen Heiligen ihr Leben hingegeben hatten. Die Märtyrertheologie der Alten Kirche kommt vielfach darauf zu sprechen.[4] Damit tritt eine Dimension

---

[4] Vgl. etwa *Theofried Baumeister*, Die Anfänge der Theologie des Martyriums (MBT 45), Münster 1980; *Willy Rordorf*, Martyre, in: DSp X (1980) 718–732; *Victor Saxer*, Morts, martyrs, reliques en Afrique chrétien aux premiers siècles. Les témoignages de Tertullien, Cyprien et Augustin à la lumière de l'archéologie africaine (ThH 55), Paris 1980; *Peter Brown*, Die Heiligenverehrung. Ihre Entstehung und Funktion in der lateinischen Christenheit, Leipzig 1990; *Theofried Baumeister*, Martyrium, Hagiographie und Heili-

von Kirche in den Blick, die sich nicht nur in ihrer irdischen Sozialgestalt begreift, sondern die seit dem frühen Christentum immer auch als *communio sanctorum* die untrennbare Gemeinschaft von irdischer und himmlischer Kirche unterstrichen hat. Vor diesem Hintergrund erhalten Kirchenräume als Gedächtnisstätten ihren Sinn. Sie sind Zeichen einer Wirklichkeit, die über die reine Immanenz hinausweist; der darin stattfindende Gottesdienst selbst verwirklicht unter Zeichen und Symbolen das ewige Lob Gottes und die immerwährende Gemeinschaft mit ihm. Sowohl in den Texten als auch in den Gesängen der Liturgie klingt diese umfassende Sicht von Kirche als Gemeinschaft *der* Heiligen und *mit den* Heiligen vor dem Angesicht Gottes regelmäßig an. Durch die räumliche Nähe zu den Heiligengräbern erhoffte man sich zudem wirksamen Schutz und Hilfe in den vielfältigen Gefahren des Lebens, was sich vor allem in der Bestattung *ad sanctos* in der Spätantike auswirkte; bis in die Neuzeit hinein verkörpert der Friedhof oder Kirchhof um die Kirche herum seinerseits diese bleibende Lebensgemeinschaft, die in der Liturgie je neu realisiert wird.[5] Das Neumünster in Würzburg setzt dieses beschriebene Kirchenverständnis voraus und beflügelt es zugleich.

genverehrung im christlichen Altertum (RQ.S 61), Rom [u.a.] 2009; *Martin Klöckener*, Martyres, martyrium, in: Augustinus-Lexikon III (2004–2010) 1185–1196. Über die Alte Kirche hinaus besonders *Arnold Angenendt*, Heilige und Reliquien. Die Geschichte ihres Kultes vom frühen Christentum bis zur Gegenwart, München 1994.

5   Vgl. besonders *Yvette Duval*, Auprès des saints, corps et âme. L'inhumation „ad sanctos" dans la chrétienté d'Orient et d'Occident du IIIe au VIIe siècle (CEAug. Série Antiquité 122), Paris 1988. Die Einheit von Kirche und Kirchhof wurde erst in der Neuzeit mit der Auslagerung der Friedhöfe vor die Tore der Städte aufgehoben.

Abb. 2: Neumünster, Würzburg, Barockfassade.
Foto: Martin Klöckener

Und wenn bei der Errichtung der Barockfassade zu Beginn des 18. Jahrhunderts der damalige Bischof nicht nur seinen Namen einmeißeln ließ, um sich selbst dem Vergessen der Nachfahren zu entreißen, sondern auch eine Widmung an Kilian, Kolonat und Totnan hinzufügte,[6] so darf man nicht nur persönliche Ruhmsucht und kirchenpolitisches Kalkül vermuten, sondern er wollte sich in die Tradition seit den Frankenaposteln hineinstellen und die Kirche seiner Gegenwart in eine lebendige Beziehung zu den iro-schottischen Bis-

---

6 Die Inschrift lautet: „SS MM [Sanctis Martyribus] CHILIANO ET SOCIIS PATRIAE PATRONIS ANNO MDCCXVI POSUIT JOANNES PHILIPPUS EPISCOPUS HERBIPOLENSIS F.O.D. [Franciae orientalis dux]". – Den heiligen Märtyrern Kilian und Gefährten, den Patronen der Heimat, hat Bischof Johannes Philippus, Bischof von Würzburg, Herzog von Ostfranken, [diese Fassade] im Jahr 1716 errichtet. Bei dem Bischof handelte es sich um Johann Philipp von Greiffenclau zu Vollrads. Vgl. zu dieser Umgestaltung des Neumünsters *Wendehorst*, Stift Neumünster (wie Anm. 3) 73–75; aus kunstgeschichtlicher Perspektive *Antz*, Sacrum Theatrum Romanum (wie Anm. 3) 111–131, der im Anschluss an Ignatius Gropp (1738) unter anderem die Inschrift in der Fassade als nichts anderes als „die in Besitz nehmende Signatur des Schaubildes aus Heiligen- und Heilsgeschichte" (ebd. 111) deutet.

tumsgründern setzen; der Kirchenbau wurde somit zum Träger der Tradition im Glauben, wie sie konkret vor Ort gewachsen war.

Letztlich theologisch motiviert ist ebenfalls das Faktum, dass in vielen mittelalterlichen Städten eine „Kirchenfamilie" konzipiert wurde, mit der man das römische Stationskirchensystem zu kopieren suchte, vor allem mit den vier großen römischen Patriarchalbasiliken.[7] Der Gedanke der *romanitas*, der in der westlichen Überlieferung auch aus anderen liturgischen Kontexten seit dem Frühmittelalter bis in die Gegenwart hinein bekannt ist,[8] spielte dabei eine zentrale Rolle: Verbundenheit mit Rom als dem Zentrum des Glaubens, weil dort die apostolische Tradition durch die Apostelgräber von Petrus und Paulus in besonderer Weise verbürgt ist. Die Kirchenbauten und ihre wechselseitigen Beziehungen, die unter anderem in Prozessionen zu den verschiedenen Orten gelebt wurden, waren Ausdruck dieser Verbundenheit mit dem Bischof von Rom und über ihn mit der von den Aposteln überlieferten Tradition. Welche normative Autorität diese apostolische Überlieferung für die Liturgie hatte, lässt sich unter anderem bei Augustinus aus seinen bekannten Briefen 54 und 55 an Ianuarius ablesen.[9]

Beim Neumünster erfolgt ein weiterer für das Kirchenverständnis aussagekräftiger Schritt im 11. Jahrhundert: Vermutlich der Würzburger Bischof Adalbero gründete an dieser Kirche um das Jahr 1057 ein Chorherrenstift.[10] Neben

---

[7]   Für das römische Stationskirchensystem immer noch beizuziehen: *Johann Peter Kirsch*, Die Stationskirchen des Missale Romanum. Mit einer Untersuchung über Ursprung und Entwicklung der liturgischen Stationsfeier (EcOra 19), Freiburg/Br. 1926; vgl. auch *John F. Baldovin*, The Urban Character of Christian Worship. The origins, development, and meaning of stational liturgy (OCA 228), Roma 1987. In seinen liturgischen Dimensionen über Rom hinaus dargelegt von *Angelus A. Häußling*, Mönchskonvent und Eucharistiefeier. Eine Studie über die Messe in der abendländischen Klosterliturgie des frühen Mittelalters und zur Geschichte der Meßhäufigkeit (LQF 58), Münster 1973. Für Köln vgl. *Andreas Odenthal*, Vom Stephanusfest zum Palmsonntag. Die theologische Bedeutung der Gereonskirche für die mittelalterliche Kölner Stationsliturgie, in: ders./ A. Gerhards (Hg.), Märtyrergrab, Kirchenraum, Gottesdienst. Interdisziplinäre Studien zu St. Gereon in Köln (SKKG 35), Siegburg 2005, 223–243. Mit zahlreichen weiteren Belegen wird dies dargelegt in *Franz Kohlschein/Peter Wünsche* (Hg.), Heiliger Raum. Architektur, Kunst und Liturgie in mittelalterlichen Kathedralen und Stiftskirchen (LQF 82), Münster 1998.

[8]   Vgl. für das Frühmittelalter *Arnold Angenendt*, Liturgie im Frühmittelalter, in: J. Bärsch/B. Kranemann in Verb. mit W. Haunerland/M. Klöckener (Hg.), Geschichte der Liturgie in den Kirchen des Westens. Rituelle Entwicklungen, theologische Konzepte und kulturelle Kontexte, Bd. 1: Von der Antike bis zur Neuzeit, Münster 2018, 273–292, bes. 276; *Martin Klöckener*, Liturgische Quellen des Frühmittelalters, ebd. 293–328, bes. 294. 300. 306–308 u. ö.

[9]   Vgl. *Martin Klöckener*, Augustins Kriterien zu Einheit und Vielfalt in der Liturgie nach seinen Briefen 54 und 55, in: LJ 41 (1991) 24–39.

[10] Vgl. *Wendehorst*, Stift Neumünster (wie Anm. 3) 50–53.

dem Domstift sollte eine weitere Chorherrengemeinschaft ein kommunitäres Leben führen und regelmäßige Gebetsdienste für das Wohlergehen der städtischen Gemeinschaft genauso wie für die Einzelnen versehen, für deren Seelenheil meistens nahestehende Verwandte Jahrzeitgedächtnisse oder andere Seelmessen in Auftrag gaben und damit zugleich den Bestand des Stiftes sicherten. Innerhalb der Stadt hatte jede solche Klerikergemeinschaft genauso wie die Orden, deren Niederlassungen sich hier zum größten Teil erst später entwickelten, eine klare Funktion. Das reibungslose Zusammenspiel der verschiedenen Träger des kirchlichen Lebens, wie es vielfach die Libri ordinarii und andere Quellen bezeugen, war wichtig. Die Kirche in ihren verschiedenen Organisationsformen und geistlichen Einheiten war eine Größe, die das gesamte Zusammenleben in der Stadt maßgeblich prägte.[11] Nicht umsonst befindet sich in den meisten älteren Städten auch die Kirche im Zentrum, wo sich die Verkehrsachsen kreuzten. Der wichtigste Bau ist in vielen historischen Stadtplänen eindeutig die Kirche; ihr Platz, ihre Größe und ihre Ausstattung zeigen: Bis in die jüngste Vergangenheit hinein begnügten sich die tragenden Kräfte der Gesellschaft nicht allein mit der Gestaltung des Diesseits, sondern bezogen dessen transzendente Verwiesenheit als Maßstab und Ziel mit in ihr Handeln ein. Dabei ging es nicht nur um das Verhältnis von Gesellschaft und Kirche und um zentrale ekklesiologische Fragen, sondern vielmehr um die praktische Ausgestaltung des Anspruchs und ekklesiologischen Selbstverständnisses, die für das Seelenheil der Gemeinschaft zuständige, ja unverzichtbare Institution zu sein. Dementsprechend wurde das kirchliche Gebäude eingerichtet; die Vielzahl von Altären, an denen die einzelnen Priester oft allein, mitunter aber auch in Anwesenheit einer kleinen Gemeinschaft von Angehörigen, Zünften und Bruderschaften die Messe zum Heil der Seelen lasen, zeugen ebenfalls von diesem Verständnis der Kirche.[12] Über das Würzburger Neumünster hinaus ließe sich dies für wohl jede Stiftskirche und ebenso für viele Pfarrkirchen das Mittelalter hindurch erheben.

Es wäre interessant, noch die Ausstattung des Neumünsters unter der hier behandelten Fragestellung näher zu betrachten: den barocken Umbau, die Umgestaltungen im 20. Jahrhundert sowie bei der letzten Renovierung bis 2009 durch Aufnahme einer größeren Zahl moderner Kunstwerke. Auch dabei geht es um weitaus mehr als um eine einfache Ausschmückung, sondern um ein

---

[11] Vgl. am Beispiel von Freiburg in der Schweiz *Martin Klöckener*, „Wenn der Herr das Haus nicht baut …" (Ps 127,1). Die Bedeutung der Liturgie für die mittelalterliche Stadt anhand des Beispiels Freiburg im Uechtland, in: H.-J. Schmidt (Hg.), Stadtgründung und Stadtplanung – Freiburg/Fribourg während des Mittelalters. Fondation et planification urbaine – Fribourg au moyen âge (Geschichte. Forschung u. Wissenschaft 33), Münster 2010, 149–176.

[12] Vgl. *Wendehorst*, Stift Neumünster (wie Anm. 3) 20 f. 148–178. 210–231.

verändertes Selbstverständnis der Kirche nach innen wie im Dialog mit Gesellschaft und Kultur.[13] Doch sei der Fokus im Folgenden auf andere Epochen der
Geschichte und andere Kirchen gelegt.

2.   Der Vorrang der ekklesía als versammelter Gemeinde vor jedem Kirchenbau: neutestamentliche Orientierungen

So schön, so ansprechend, architektonisch und künstlerisch wertvoll, symbol-
geladen und durch lebendige Frömmigkeit über Jahrhunderte hinweg geprägt
viele Kirchen auch sein mögen: Bei alledem gilt als erstes das neutestamentliche Prinzip, dass die ekklesía als versammelte Gemeinde des Herrn unbedingten Vorrang vor jedem Kirchengebäude hat. Die Gemeinden des Neuen Testaments versammelten sich in den Häusern, am ehesten in den Speiseräumen,
den *coenacula* der wohlhabenderen Gemeindeglieder.[14] Religionsgeschichtlich
waren den jungen Christen zwar im Judentum der Tempel als Zentralheiligtum
sowie die Synagogen als Gemeindehäuser, die sie anfangs noch mitgenutzt haben, sowie in den paganen Religionen diverse Tempel und Kultstätten, zu denen die Christen eine scharfe Trennlinie zogen, bekannt. Sie setzten der Bindung kultischer Praxis an bestimmte feste Orte aber entgegen, dass der wahre
Ort der Gottesverehrung der Leib des Herrn sei (Joh 2,18–22). Paulus verkündete auf dem Areopag in Athen, dass „der Gott, der die Welt erschaffen hat
und alles in ihr, er, der Herr über Himmel und Erde, … nicht in Tempeln
[wohnt], die von Menschenhand gemacht sind" (Apg 17,24). Andere neutestamentliche Passagen zielen in dieselbe Richtung (z. B. Hebr 8,1 f.; Offb 11,19;
21,1–22,5). Wiederholt bringt gerade Paulus als theologischen Grundgedanken
ein, dass die ekklesía, die Gemeinde des Herrn, Tempel Gottes ist, von seinem
Geist beseelt. Programmatisch lässt er längere diesbezügliche Überlegungen
mit dem zugespitzten Wort ausklingen: „Wisst ihr nicht, dass ihr Gottes Tempel seid und der Geist Gottes in euch wohnt?" (1 Kor 3,10–17, hier V. 16; vgl.
2 Kor 6,16–18; Eph 2,19–22; 1 Petr 2,4 f.).

---

[13] Vgl. *Lenssen*, Das Neumünster zu Würzburg (wie Anm. 3), der verschiedentlich diese
Fragen anspricht.

[14] Zum ntl. Gottesdienst vgl. *Michael Theobald*, Anfänge christlichen Gottesdienstes in
neutestamentlicher Zeit, in: Bärsch/Kranemann, Geschichte der Liturgie in den Kirchen
des Westens (wie Anm. 8) 1, 37–82, bes. 43 f. 46 f. 71; *Jean-Claude Reichert*, Des
espaces dans le Nouveau Testament, in: *Gilles Drouin* (Hg.), L'espace liturgique, un
espace d'initiation. Actes du Colloque de l'Institut Supérieur de Liturgie, 23-24-25 janvier 2019, Paris 2019, 35–49.

Bei der Frage nach dem Zusammenhang von Kirchenbau und Kirchenverständnis gilt es, diesen überzeitlichen neutestamentlichen Kern im Blick zu behalten. Jeder noch so schöne, große, künstlerisch wertvolle Kirchenbau ist wertlos im Vergleich zur Gemeinde der Getauften, in der der Geist Gottes wirkt. Weil es seit den Anfängen zur Identität der Christen gehört, sich zu versammeln, brauchen sie einen Versammlungsraum. Ein Versammlungsraum aber ohne eine Gemeinde, die darin lebt, das Wort Gottes hört, betet und singt, lobpreist und dankt, bittet und fleht, ist trotz aller religionspsychologischen, kunstgeschichtlichen und sonstigen Werte, die sich darin zeigen mögen, theologisch gesehen wertlos.

3. Kirche als tragende Institution der Gesellschaft: der Kirchenbau in der Spätantike und am Übergang zum Mittelalter

Pragmatische Gründe im Zuge des Anwachsens der Gemeinden, vor allem aber die veränderte Situation im Römischen Reich seit Beginn des 4. Jahrhunderts führen bekanntlich zu einer erheblichen Ausweitung des Kirchenbaus. Die Freiheit der Kirche, die staatliche Unterstützung, die sie erfährt, die Einbindung der Bischöfe in die politische Hierarchie und manches mehr schaffen für den Kirchenbau überaus günstige Bedingungen. In den Städten wird die Basilika zum Ort, der nun liturgische Großversammlungen des Gottesvolkes erlaubt.[15] Der Baustil wird von profanen Bauten wie dem kaiserlichen Palast abgeleitet; nördlich der Alpen ist die Trierer Konstantinsbasilika als ursprüngliche kaiserliche Residenz ein solches Modell. In Rom, Mailand, Ravenna, Konstantinopel, Karthago, Arles und anderswo entstehen Bauten, die Hunderte, ja Tausende von Gläubigen aufnehmen können. Der Lateran, Santa Maria Maggiore und andere Kirchen Roms spiegeln die neuen Möglichkeiten kirchlichen Lebens, aber auch das gewandelte Selbstverständnis wider. Kirche lebt nicht mehr in kleinen Zirkeln oder, wie es mancherorts in Verfolgungen notwendig gewesen war, im Verborgenen. Die Größe der Bauten dokumentiert

---

[15] Vgl. *Gerard Rouwhorst*, Liturgie in der Alten Kirche des Ostens, in: Bärsch/ Kranemann, Geschichte der Liturgie in den Kirchen des Westens (wie Anm. 8) 1, 155– 200, bes. 171–173; *Martin Klöckener*, Liturgie in der Alten Kirche des Westens, ebd. 201–269, bes. 219–223. Zum Kirchenbau von der Alten Kirche bis zum Ausgang des Mittelalters, jeweils in Wechselwirkung mit den liturgischen Vollzügen, sehr informativ ist *Allan Doig*, Liturgy and Architecture. From the Early Church to the Middle Ages (Liturgy, Worship and Society), Aldershot 2008.

*Abb. 3: Trier, Konstantinsbasilika, erbaut als spätantiker Kaiserpalast.
Foto: Martin Klöckener*

die tragende Rolle in der Gesellschaft, ihre Ausstattung mit kompletten Bild-
programmen mit biblischen Motiven, aber auch mit Darstellungen der Gegenwart schafft darüber hinaus eine neue kirchliche Ästhetik und dient zugleich
der Unterweisung der Gläubigen. Eine Geschichtstheologie, wie sie etwa Augustinus in seinem Werk „De civitate dei" bietet, reflektiert das Selbstverständnis der Kirche, ihren Platz in der Gesellschaft und ihr Verhältnis vor allem zu den paganen Religionen.[16] Demgemäß versteht sich die Kirche nun auf
breiter Ebene als das von Gott auserwählte Volk; eine neue Zeit in der Heilsgeschichte, die *christiana tempora* sind angebrochen, die alles bis dahin im religiösen Bereich Geltende und Praktizierte ablösen.

Liturgiewissenschaftlich zu fragen ist, wie die Gemeinde tatsächlich solche
Räume genutzt hat. Wieviele Gläubige waren bei den Gottesdiensten anwesend? Wie haben sie realiter teilgenommen? Wie muss man sich bei den damaligen Möglichkeiten der Tonübertragung die Verkündigung und das gemeinschaftliche Gebet in einer Kirche wie dem Lateran vorstellen? Wer konnte
überhaupt eine Lesung oder ein vom Vorsteher gesprochenes Gebet verste-

---

[16] Vgl. zusammenfassend *Gerard J.P. O'Daly*, Ciuitate dei (De –), in: Augustinus-Lexikon I (1986–1994) 969–1010.

hen?[17] In den kirchlichen Zentren übernahm ein entwickelter Klerus die liturgischen Dienste. Die große Zahl der Anwesenden, aber auch die Differenzierung der Dienste ließ das frühere Modell einer Haus- oder Quartierkirche in Vergessenheit geraten. Dass aber nicht das Gebäude, sondern die Gläubigen die ekklesía im eigentlichen Sinn darstellten, blieb zumindest in Theologie und Verkündigung präsent, wie man beispielsweise aus den Kirchweihpredigten des Augustinus ersehen kann.[18] Trotzdem setzte sich ein kirchliches Selbstverständnis durch, das schon in der Traditio Apostolica anklingt: Der Bischof steht im Zentrum und ist umgeben von zahlreichen liturgischen Spezialisten.[19] Allerdings bezeugen Bischöfe wie Ambrosius und Augustinus, dass die Unmittelbarkeit zwischen Vorsteher und Gemeinde anfangs fortbestand. Mit *cancelli*, Altarschranken begann man zwar, den Raum zu unterteilen, ohne darin aber eine strikte Schranke zu sehen. Von Augustinus ist überliefert, dass die Zuhörer sich an die *cancelli* drängten, wenn er von der Kathedra in der Apsis predigte; bei anderer Gelegenheit beschwerten sich die Gläubigen mit Zwischenrufen und verlangten, dass der Bischof näher zu ihnen hinträte, weil sie ihn in dem großen Raum wegen seiner schwachen Stimme nicht verstehen konnten, was er dann auch ohne Bedenken machte.[20]

---

[17] Vgl. am Beispiel Nordafrikas *Angelo Marini*, La celebrazione eucaristica presieduta da Sant'Agostino. La partecipazione dei fedeli alla Liturgia della Parola et al Sacrifizio Eucaristico, Brescia 1989.

[18] Vgl. *Aurelius Augustinus*, Predigten zu Kirch- und Bischofsweihe (Sermones 336–340/A). Einleitung, revidierter Mauriner-Text, Übersetzung u. Anmerkungen: *Hubertus R. Drobner* (Patrologia 9), Frankfurt/M. 2003); *Martin Klöckener*, Dedicare, dedicatio, in: Augustinus-Lexikon II (1996–2002) 256–258.

[19] In der Traditio Apostolica klingt dies besonders in den Kapiteln über die Ordinationen an, findet sich jedoch auch in späteren Kapiteln. Vgl. Didache. Zwölf-Apostel-Lehre. Übersetzt u. eingeleitet von *Georg Schöllgen*. Traditio Apostolica. Apostolische Überlieferung. Übersetzt u. eingeleitet von *Wilhelm Geerlings* (FC 1), Freiburg/Br. [u. a.] ²1992.

[20] Vgl. *Martin Klöckener*, Die Bedeutung der neu entdeckten Augustinus-Predigten (*Sermones Dolbeau*) für die liturgiegeschichtliche Forschung, in: *Goulven Madec* (Éd.), Augustin prédicateur (395–411). Actes du Colloque International de Chantilly (5–7 septembre 1996) (CEAug. Série Antiquité 159), Paris 1998, 129–170, hier 167f.; *François Dolbeau*, Praedicatio, in: Augustinus-Lexikon IV (2012–2018) 846–865, hier 853–858; *Alexander Olivar*, La predicación cristiana antigua (BHer 189), Barcelona 1991. – Schon hier setzt sich auf der Grundlage der zumeist mehrschiffigen Basilika der längsgerichtete Raum durch, der außerdem oft, aber nicht grundsätzlich nach Osten orientiert ist. Die Bauform und die Ausrichtung geben zu erkennen, dass die irdische Kirche auf das Eschaton und die endzeitliche Wiederkunft Christi ausgerichtet ist.

Abb. 4: Rom, Santa Sabina, Choranlage mit den Cancelli. Foto: Martin Klöckener

Wie muss man sich in diesen neuen großen Räumen konkrete liturgische Abläufe vorstellen? Wie lassen sich bekannte Kirchenräume und schriftliche Quellen wie beispielsweise der Ordo Romanus I und seine fränkischen Überlieferungen miteinander in Einklang bringen? In diesem Ordo der päpstlichen Liturgie ist die Distanz zwischen der Vorstehergruppe und den übrigen Teilnehmern schon unverkennbar.[21] Etwas später ist für den Karfreitag in Rom aus dem Ordo Romanus XXIII im Vergleich zum Ordo Romanus XXVII zu erschließen, dass ein durchwegs gemeinschaftliches Handeln aller im Kirchenraum Versammelten kaum zu erwarten war; vielmehr kam es zu Parallelhandlungen zwischen dem, was der Klerus vollzog, und den Mitvollzügen der Gläubigen.[22] Der große Kirchenbau förderte solche Ungleichzeitigkeiten; liturgische Disziplin nach heutiger Vorstellung und in Bänken aufgereihte Gläubige sind ja im Wesentlichen erst nachreformatorische Phänomene.[23] Die weitere

---

[21] Vgl. Isaia Gazzola, Comment célébrer la messe? L'Ordo romanus I et ses transformations en pays francs, in: H. Bricout/M. Klöckener (Hg.), Liturgie, pensée théologique et mentalités religieuses au haut Moyen Âge. Le témoignage des sources liturgiques (LQF 106), Münster 2016, 49–75.

[22] Vgl. *Martin Klöckener*, Die „Feier vom Leiden und Sterben Jesu Christi" am Karfreitag: gewordene Liturgie vor dem Anspruch der Gegenwart, in: LJ 41 (1991) 210–251, hier 220–226.

[23] Vgl. *Sternberg*, Kirchenbau (wie Anm. 1) 49 f. 60–63.

Geschichte zeigt, wie sich die räumliche Trennung zwischen dem liturgischen Fachpersonal und den übrigen Gläubigen verfestigte. Hierfür wurden recht bald auch theologische Gründe ins Feld geführt, wenn zum Beispiel alttestamentliche Vorstellungen vom Tempelkult auf die christliche Liturgie sowie den Kirchenraum und seine Teile übertragen wurden.[24] Die altkirchlichen Ordinationsgebete mit ihren alttestamentlichen Typologien bereiteten dafür schon den Raum,[25] die frühmittelalterliche Allegorese nördlich der Alpen verfeinerte solche Konzepte und reflektierte sie auf neue Weise. Das Kirchenverständnis entfernte sich immer weiter vom altchristlichen Gemeinschaftsgedanken; die Kirchengebäude mit ihren neuen architektonischen Lösungen setzten solche Konzepte in Stein um.

Nicht zu unterschätzen ist der Einfluss, den das Repräsentationsstreben der Bischöfe und anderer Kirchenstifter mit sich brachte. Der Kirchenbau dokumentierte auch Macht und Einfluss. Jahrhundertelang wurde er darüber hinaus primärer Ausdruck architektonischer Möglichkeiten und künstlerischer Entwicklung der jeweiligen Zeit. Im Konkurrenzkampf der Kirchen und Städte untereinander möchte man zugleich – sehr weltlich gedacht – nach außen eine Vorrangstellung zeigen.[26] Die Frage nach der lebendigen Mitfeier aller Gläubigen, die heute zu Recht zentral ist, dürfte in solchen Konzepten weit hinten gestanden haben.

---

[24] Vgl. zum Beispiel das äußerst nachhaltig wirkende *Rationale* des Durandus, Buch I: *Wilhelm Durandus,* Rationale divinorum officiorum. Übersetzung und Verzeichnisse von *Herbert Douteil*, mit einer Einführung hg. u. bearbeitet von *Rudolf Suntrup* (LQF 107/I-III), Münster 2016, hier Bd. 1, 53–154.

[25] Das vermutlich aus dem 5. Jahrhundert stammende Ordinationsgebet für die Bischöfe, das bis zur Liturgiereform des Zweiten Vatikanischen Konzils (1968) in Gebrauch blieb, ist in dieser Hinsicht am prägnantesten. Vgl. den Text in der gregorianischen Sakramentarüberlieferung bei *Jean Deshusses*, Le Sacramentaire grégorien. Ses principales formes d'après les plus anciens manuscrits. Édition comparative, vol. 1: Le Sacramentaire, le Supplément d'Aniane (SpicFri 16), Fribourg ³1992, 93 f. Nr. 23a.

[26] Ein historisches wie aktuelles Beispiel bieten die beiden Zähringerstädte Freiburg im Uechtland und Bern mit ihrem Konkurrenzkampf unter anderem um die mittelalterlichen, bis heute erhaltenen Hauptkirchen, das Berner Münster St. Vinzenz und die Freiburger Pfarr- und späteren Stiftskirche St. Nikolaus (heute Kathedrale der Diözese Lausanne-Genf-Freiburg). Die Konkurrenz zieht sich heute durch unterschiedliche Bereiche des öffentlichen, allerdings nicht mehr des kirchlichen Lebens; besonderer Exponent ist vor allem das Eishockey als schweizerischer Nationalsport.

4. Hierarchische Trennung, eucharistischer Durchblick, aufkommender Volk-Gottes-Gedanke: historische Streiflichter

Der Niederschlag des Kirchenverständnisses im Kirchenbau verfolgt die seit dem frühen Mittelalter gegebene Linie weiter. Romanik und Gotik bringen neue Bauformen mit sich, ohne die Grundgestalt des Kirchenbaus wesentlich zu verändern. Der Lettner als Raumteiler unterstreicht die Trennung von Klerus und Volk.[27] Der eigentliche Kult geschieht im vorderen abgetrennten Teil; um daran teilnehmen zu können, muss man dem Klerus angehören, der eine kleine, in sich abgeschlossene Gruppe darstellt. Gläubige waren im Kirchenraum vor dem Lettner anwesend, während sich die liturgische Haupthandlung in der Regel dahinter vollzog. Über das, was die Gläubigen gemacht haben, wird aber kaum einmal etwas berichtet. Dass sie verschiedentlich einbezogen wurden, zeigt die Funktion des Lettners als Verkündigungsort für die Heilige Schrift, den Gesang und gelegentlich die Predigt.[28] Darüber hinaus ist das immer wieder eingeschärfte Kirchengebot zu bedenken, dass die Gläubigen an Festen, Sonntagen und bei vielen anderen Gelegenheiten bei der Messe anwesend sein mussten, wobei man bis in die Frühe Neuzeit weitaus mehr kirchlich gebotene Feiertage kannte als seit der Reformationszeit und besonders seit der Aufklärung, in der die Zahl der Feiertage wegen der fehlenden Produktivität massiv beschnitten wurde. Auf jeden Fall ist der Lettner die architektonische Verkörperung der kirchlichen Ständegesellschaft, die sich auf die Kleruszugehörigkeit durch die Ordination abstützt. Zugleich ist für die Ausgegrenzten der vom Lettner abgegrenzte Raum ein Ort besonderer Ehrfurcht, die sich bis hin zur Furcht steigern kann. Aus dem Kirchenraum als Ort der liturgischen Begegnung von Gott und Mensch war ein zum Teil mit kultgeschichtlich zwar erklärbaren, aber nicht evangeliumsgemäßen Assoziationen verbundener Ort des *mysterium tremendum* geworden.[29]

---

[27] Vgl. *Monika Schmelzer*, Der mittelalterliche Lettner im deutschsprachigen Raum. Typologie und Funktion (Studien zur internationalen Architektur- u. Kunstgeschichte 33), Petersberg 2004.

[28] Vgl. Vgl. *Sternberg*, Kirchenbau (wie Anm. 1) 57–60; *Kopp*, Der liturgische Raum (s. Anm. 1) 85–87.

[29] Der Kirchweihritus förderte solche Vorstellungen noch. Vgl. die aus unterschiedlicher Perspektive die Frage behandelnden Studien von: *Torsten-Christian Forneck*, Die Feier der Dedicatio ecclesiae im römischen Ritus. Die Feier der Dedikation einer Kirche nach dem deutschen Pontifikale und dem Meßbuch vor dem Hintergrund ihrer Geschichte und im Vergleich zum Ordo dedicationis ecclesiae und zu einigen ausgewählten landessprachlichen Dedikationsordines (Theologische Studien), Aachen 1999; *Hanno Schmitt*, „Mache dieses Haus zu einem Haus der Gnade und des Heiles". Der Kirchweihritus in

Bild 5: Halberstadt, ehemalige Domkirche
St. Stephanus und St. Sixtus, Lettner
(Seitenansicht). Foto: Martin Klöckener

Das Motiv des „reinen Kults" und in Folge dessen die Ausgrenzung von vermeintlich Unreinen hing ebenfalls damit zusammen und zeitigte Auswirkungen, gerade in Bezug auf Frauen, bis in die zweite Hälfte des 20. Jahrhunderts.[30]

Nach dem Tridentinum werden in den katholischen Kirchen die Lettner abgerissen, um einen neuen Durchblick auf den Hochaltar, der längst an die Stirnwand gerückt war, zu ermöglichen; aber dahinter steht eher das Eucharistieverständnis als ein gewandeltes Kirchenbild.[31] Der Barock als Stilepoche re-

---

Geschichte und Gegenwart als Spiegel des jeweiligen Kirchen- und Liturgieverständnisses im 2. Jahrtausend (PaThSt 40), Paderborn 2004; *Ralf M. W. Stammberger/ Claudia Sticher* (Hg.), „Das Haus Gottes, das seid ihr selbst". Mittelalterliches und barockes Kirchenverständnis im Spiegel der Kirchweihe (ErS 6), Berlin 2006.

[30] Zu diesem Phänomen vgl. *Arnold Angenendt*, Pollutio. Die ‚kultische Reinheit' in Religion und Liturgie, in: ALw 52 (2010) 52–93; *ders.*, Liturgie im Frühmittelalter (wie Anm. 8) 279.

[31] Mustergültig dargelegt anhand mehrerer Kirchen in Frankreich, unter anderem von Saint-Sulpice (Paris), von *Hélène Bricout/Gilles Drouin*, Liturgie in Frankreich in der

agiert seinerseits unter anderem auf die Reformation und bringt eine neue Üppigkeit in die Kirchen, die zumindest im deutschen Sprachraum nicht zuletzt der Konkurrenz mit den Kirchen der Reformation geschuldet ist. Erst mit der Liturgischen Bewegung des 20. Jahrhunderts kommt wieder konzeptionell neues Gedankengut auf, wofür bestimmte Architekten, im deutschen Sprachraum allen voran Rudolf Schwarz, der viele Inspirationen aus dem theologischen Austausch mit Romano Guardini empfangen hat, stehen;[32] Fortschritte bei den Bautechniken befördern auf ihre Weise die Formen des Kirchenbaus. Der Längsbau herrscht weiterhin vor, doch werden bestimmte Selbstverständnisse von Kirche und Liturgie im Zuge der Liturgischen Bewegung neu bewusst gemacht, so etwa die Wegkirche, in der die Prozession zum Altar die Prozession der Erlösten auf die Ewigkeit hin symbolisiert. Gleichzeitig wächst aber die Vielfalt in der Formensprache, und man kann immer weniger von einem einheitlichen Typ des Kirchenbaus sprechen, wobei noch einmal die Epochen vor und nach dem Zweiten Vatikanischen Konzil zu unterscheiden sind.

nachtridentinischen Epoche, in: Bärsch/Kranemann (Hg.), Geschichte der Liturgie in den Kirchen des Westens (wie Anm. 8), Bd. 2: Moderne und Gegenwart, Münster 2018, 7–50, hier 25–28; ausführlich und mit vertiefter liturgietheologischer Einordnung zu Saint-Sulpice: *Gilles Drouin*, Architecture et liturgie au XVIIIᵉ siècle. Offrir avec et pour le peuple (Lex orandi N.S. 8), Paris 2019, 93–147.

[32] Vgl. die einflussreiche Arbeit von *Rudolf Schwarz*, Vom Bau der Kirche. [3.], in Titelei u. äußerer Gestalt veränderte u. um originale Handskizzen erw. Neuaufl., Salzburg [u.a.] 1998 (zuerst 1938). Zu R. Schwarz u.a. *Walter Zahner*, Rudolf Schwarz: Baumeister der Neuen Gemeinde. Ein Beitrag zum Gespräch zwischen Liturgietheologie und Architektur in der Liturgischen Bewegung (MThA 15), Altenberge 1992; *Rudolf Stegers*, Räume der Wandlung, Wände und Wege. Studien zum Werk von Rudolf Schwarz (Bauwelt Fundamente 114), Braunschweig [u.a.] 2000; *Bert Daelemans*, Revisiter Rothenfels avec Guardini et Schwarz: Relecture théologique d'un espace mystagogique, in: Drouin, L'espace liturgique (wie Anm. 14) 137–178. Zu einem weniger bekannten, gleichwohl innovativen Architekten der genannten Epoche, der überwiegend in Norddeutschland tätig war, vgl. *Anja Becker-Chouati*, Sakralbauten zwischen Tradition und Moderne. Entwürfe und Bauten des Architekten Theodor Burlage (1894–1971) (Bild – Raum – Feier. Studien zu Kirche u. Kunst 20), Regensburg 2022. Für die Schweiz besteht eine ausgezeichnete Dokumentation des Kirchenbaus dieser Epoche von *Fabrizio Brentini*, Bauen für die Kirche. Katholischer Kirchenbau des 20. Jahrhunderts in der Schweiz (Brückenschlag zwischen Kunst und Kirche 4), Luzern 1994.

5. Christus inmitten seiner pilgernden Gemeinde: Kirchenbau und Kirchenverständnis in der Gegenwart

Mit dem Zweiten Vatikanischen Konzil und den ungefähr gleichzeitigen ge-sellschaftlichen Umwälzungen setzen sich andere Kriterien für den Kirchenbau durch, als sie jahrhundertelang bestimmend waren. Wenn die volle, bewusste, tätige, innere und äußere, geistlich fruchtbringende Teilnahme an der Liturgie von der ganzen Gemeinde erwartet wird, und zwar nicht als ein Zugeständnis, sondern als ein Recht und eine theologische Notwendigkeit aufgrund der Taufe (vgl. SC 11, 14 u.ö.), reicht der klassische Längsbau kaum mehr aus. Es be-durfte vieler Versuche, von denen bei weitem nicht alle gelungen sind, um eine tragfähige Entwicklung voranzubringen. Das Abrücken von den herkömmli-chen Hochaltären und die Einrichtung von sogenannten „Volksaltären" – der Name ist verräterisch – ab 1964 zeigte bereits an, dass sich aufgrund von „Sacrosanctum Concilium" und „Lumen gentium" Grundlegendes ändern wür-de, konnte aber nur ein Zwischenschritt sein.[33] Das Prinzip, das Balthasar Fi-scher im Titel seines kleinen Buches „Volk Gottes um den Altar" von 1960 formuliert hat[34] (wobei es bei ihm nicht um den Kirchenbau ging), setzte sich durch und konnte bei Neubauten weitaus besser umgesetzt werden als bei der Renovierung älterer Kirchen. Bei den Neubauten rückt man immer mehr vom Längsbau ab, in dem das Volk in eine Richtung auf den Altar hin ausgerichtet ist, um nicht nur theologisch, sondern eben auch räumlich die Versammlung des Gottesvolkes um den Altar in Gestalt zu überführen. Die Kirche erscheint als von Gott einberufene Versammlung all jener, die aufgrund ihrer Taufe die-selbe Berufung und Würde haben und in der die früher einseitig bestimmende Differenzierung aufgrund von Ordination und besonderen Beauftragungen zwar nicht aufgegeben, aber doch zu einem gewissen Teil hintangestellt wird. Hat diese Tendenz im Kirchenbau aber auch schon zu einem neuen Kirchen-verständnis beigetragen?

---

[33] Ermöglicht wurde dies durch die 1. Instruktion zur ordnungsgemäßen Ausführung der Liturgiekonstitution „Inter Oecumenici" vom 26.9. 1964, Nr. 90–91; Text in: H. Ren-nings/M. Klöckener (Hg.), Dokumente zur Erneuerung der Liturgie, Bd. 1: Dokumente des Apostolischen Stuhls 1963–1973 und des Zweiten Vatikanischen Konzils, 2., um Aktualisierungen erg. Aufl., Kevelaer/Fribourg 2002, Nr. 288–289.

[34] Vgl. *Balthasar Fischer*, Volk Gottes um den Altar. Die Stimme der Gläubigen bei der eucharistischen Feier, Trier 1960. Das Buch wurde in den 1960er- und 1970er-Jahren in fünf Sprachen übersetzt. Eine 5. Auflage mit Vorbemerkungen besorgte kürzlich *Andreas Heinz*, Trier 2021.

„Communio-Räume" – so wurde ein 2003 erschienener Band „auf der Suche nach der angemessenen Raumgestalt katholischer Liturgie" bezeichnet.[35] Damit ist ein zentrales liturgisches Raumkonzept der Gegenwart, das aus dem Kirchenverständnis hervorgeht, ausgedrückt. Kirche ist *communio*, Gemeinschaft der Heiligen im Sinne der Getauften. Zahlreiche Raumkonzepte setzen dies inzwischen verschiedenartig um, vom Halbkreis, der auf den Altar ausgerichtet ist, über mehrere Kirchenschiffe mit Haupt- und Querschiff, in deren Zentrum der Altar steht, bis hin zur Ellipse mit zwei Scheitelpunkten, in denen sich Altar und Ambo als die zentralen Orte für die Eucharistiefeier befinden.[36] Die Platzierung anderer liturgischer Funktionsorte und deren Zueinander variieren je nach den Gegebenheiten. Viele dieser Räume haben die Plätze für die Vorstehergruppe und die anderen Getauften auf derselben Ebene. Die Gemeinsamkeit der Berufung durch die Taufe steht im Vordergrund, nicht mehr eine aufgrund von Ordination und Beauftragung hierarchisch gegliederte Versammlung. Dieses Modell wurde sowohl in traditionellen Längsbauten integriert als auch in Neubauten von Pfarrkirchen und Kapellen in Seminaren oder Ordenshäusern realisiert.[37]

Zwei Beispiele für katholische Communio-Räume seien explizit genannt, zum einen St. Christophorus in Westerland auf Sylt,[38] zum anderen Stella Maris in Binz auf Rügen.[39] Beide bringen auf je andere Weise zum Ausdruck, dass sich hier Gottes Volk versammelt und dass Christus, gegenwärtig in der betenden und singenden Gemeinde, in seinem Wort und in der Eucharistie (vgl. das theologische Konzept von SC 7), seinen Platz in der Mitte hat. Der Raum versinnbildet, wie die Schranken überbrückt werden, die Gott gegenüber den Menschen in der Inkarnation Jesu niedergerissen hat und die die Menschen nicht in voraufgeklärten religiösen Haltungen und Raumanordnungen durch Lettner,

---

[35] Vgl. *Gerhards [u. a.]* (Hg.), Communio-Räume (wie Anm. 1). Das Thema vertieft auch *Klaus Raschzok*, Die Wiedergewinnung des Gemeinderaums als liturgischer Aktionsraum. Zum Konzept der Communio-Räume im katholischen Kirchenbau, in: I. Mildenberger / W. Ratzmann (Hg.), Beteiligung? Der Gottesdienst als Sache der Gemeinde (BLSp 15), Leipzig 2006, 133–151.

[36] Vgl. zahlreiche mit Skizzen und Fotografien dokumentierte Beispiele in: Gerhards [u. a.] (Hg.), Communio-Räume (wie Anm. 1) 106–196.

[37] Im deutschen Sprachgebiet hat es in Bischofskirchen, die meistens durch ihre Baugeschichte festgelegter sind, meines Wissens noch nicht Einzug gehalten.

[38] Vgl. aus der Feder des Architekten dieser Kirche: *Dieter G. Baumewerd*, Der Communio-Raum am Beispiel der St. Christophorus Kirche in Westerland auf Sylt, in: Gerhards [u. a.], Communio-Räume (s. Anm. 1) 142–146; *Kopp*, Der liturgische Raum (wie Anm. 1) 163–165. S. auch: https://www.strasse-der-moderne.de/kirchen/westerland-sylt-st-christophorus/ (aufgerufen am: 12.12.2022).

[39] Unter den verschiedenen Präsentationen im Internet vgl. besonders https://www.strasse-der-moderne.de/kirchen/binz-stella-maris/ (aufgerufen am: 12.12.2022).

 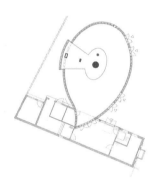

Bild 6 o. l.: Westerland (Sylt), St. Christophorus, Innenraum in Ellipsenform.
Foto: Martin Klöckener
Bild 7 o. r.: Westerland (Sylt), St. Christophorus, Grundriss. © strasse-der-moderne.de
Bild 8 u. l.: Binz (Rügen), Stella Maris. Foto: Martin Klöckener
Bild 9 u. r.: Binz (Rügen), Stella Maris, Grundriss. © strasse-der-moderne.de

Gitter, Kommunionbänke und ähnliche Installationen von neuem errichten sollten. Sakralität als Ausgrenzung eines bestimmten Raumes und Bezirks aus der Welt ist keine Dimension, die dem Kirchenraum an sich eignet, so sehr man durchaus von einer Andersheit des Raumes sprechen kann. Sakralität ist aber im christlichen Verständnis in erster Linie eine personale Dimension, die aus der Begegnung zwischen Gott und Mensch beziehungsweise der Gemeinschaft in der Liturgie entspringt. Weil sich dieses personale Geschehen in einem Raum ereignet, bekommt dieser eine eigene Qualität, wird er symbolisch aufgeladen, transparent auf Gott hin. Über den Raum hinaus geht es auch um das Kirchenverständnis: Kirche ist nicht Selbstzweck, ist nicht das Ziel des irdischen Pilgerweges, sondern sie ist Raum, Gemeinschaft, Ereignis der Ermöglichung für die Begegnung von Gott und Mensch – nicht exklusiv, aber doch von besonderer Qualität. Was für die Kirche insgesamt gilt, kann auch auf den Kirchenraum übertragen werden.

Abb. 10: Mainz, Seminarkapelle St. Bonifatius. Foto: Martin Klöckener

Im selben Sinn, jedoch noch einmal anders im Detail ist die 2008 eingeweihte Bonifatius-Kapelle des Priesterseminars in Mainz angelegt, die das Konzept der „orientierten Versammlung" umsetzt (von Johannes Krämer, Mainz).[40] Hier unterstreicht zusätzlich das durchlaufende Band zwischen Ambo und Altar symbolisch, dass die Kirche aus dem Wort Gottes und der Eucharistie lebt. So ist diese Kapelle ein Raum, in dem man sich versammelt, um in der Gemeinschaft der Kirche aus den zentralen Quellen des Glaubens zu schöpfen; Versammlung, Hören auf das Wort Gottes, Lobpreis, Dank und Bitte greifen ineinander. Jesus Christus mit seiner verheißenen Gegenwart steht im Zentrum, nicht der von Menschen gemachte, wenn auch Gott dargebrachte Überfluss, wie er sich in Barockkirchen, jedoch auch in manchen neueren Kirchen antreffen lässt. Mit relativ einfachen, aber ausdrucksstarken Mitteln zeigt der Kapellenraum, worauf es in der Kirche ankommt.

---

[40] Vgl. die Broschüre: Die Bonifatius-Kapelle im Bischöflichen Priesterseminar St. Bonifatius Mainz. Umsetzung des Raumkonzeptes der orientierten Versammlung. Redaktion: *Martin Berker*. Mainz 2009. S. auch: https://bistummainz.de/pressemedien/ pressestelle/ nachrichten/nachricht/Kardinal-Lehmann-weihte-Altar-der-Kapelle-des-Mainzer-Priesterseminars/ (aufgerufen am: 7.12. 2022). Zum Konzept der „Orientierten Versammlung" vgl. schon *Johannes Krämer*, Offener Raum und orientierte Versammlung, in: Gottesdienst 35 (2001) 81–83.

6. Die Erschütterung klassischer Denkmodelle: Welcher Kirchenbau ist noch zu rechtfertigen?

Die Selbstverständlichkeit, mit der in der Vergangenheit Kirchenbauten errichtet wurden, schwindet gegenwärtig mehr und mehr und verliert mancherorts vollends ihre Plausibilität.

Welche Konsequenzen haben die vielfältigen Infragestellungen der Kirche und ihrer Ämter, wie sie im deutschen Sprachgebiet verstärkt seit einem guten Jahrzehnt durch die Missbrauchskrise virulent sind, für die Gestaltung des liturgischen Raumes? Welche Relevanz haben der immense Vertrauensverlust in die Kirche und der Autoritätsverlust ihrer Amtsträger für die hier behandelte Thematik? Kann man noch unbefangen einen Bischof auf eine erhöhte Kathedra setzen, umgeben von seinem Presbyterium und den anderen liturgischen Diensten, das alles inmitten „seines" Volkes, wie es das Kirchenverständnis des Zweiten Vatikanischen Konzils unter dem Eindruck altkirchlicher Modelle der ekklesía in Art. 41–42 der Liturgiekonstitution idealtypisch zum Ausdruck bringt?[41] Muss die Kirche angesichts der ungezählten und ungesühnten Schandtaten nicht eine tiefe Demut leben und eine Haltung der Buße annehmen? In der Alten Kirche wurden öffentliche Büßer vorübergehend aus der Kirche ausgeschlossen und trugen ein Bußgewand; mancherorts gab es für sie einen Platz im Vorraum der Kirche. Welche Konsequenzen haben die Vergehen in der Kirche durch viele ihrer Amtsträger für die Gestaltung und Nutzung des liturgischen Raumes heute? Hat es nicht zu viele Erschütterungen des geistlichen Anspruchs und der Glaubwürdigkeit gegeben, als dass man ordinierte Amtsträger nach höfischer Art auf einen erhabenen Stuhl setzen kann? Wie zeigt sich ehrlich gelebte Demut im liturgischen Raum?

Das Zweite Vatikanische Konzil hat, ebenfalls nach altkirchlichen Vorbildern, die eucharistische Konzelebration wiedereingeführt. Damit wird in der Eucharistiefeier die Kollegialität zwischen dem Bischof und seinem Presbyterium, zwischen Bischöfen untereinander sowie im priesterlichen Miteinander als ein in der Eucharistie konstituiertes Prinzip kirchlicher Leitung ausgedrückt. Die Konzelebration bringt entsprechende räumliche Anforderungen mit sich, weniger wenn es um zwei oder drei Konzelebranten geht, wohl aber bei mehreren Dutzenden oder noch mehr, wie man es bei eucharistischen Großversammlungen erleben kann. In solchen Fällen entsteht durch die Gestaltung und Nutzung des Kirchenraumes oft eine neue scharfe Scheidung von Klerus und Volk. Was kann der Kirchenraum dazu beitragen, dass auch bei solchen Gele-

---

[41] Vgl. *Franz Frühmorgen*, Bischof und Bistum – Bischof und Presbyterium. Eine liturgiewissenschaftliche Studie zu den Artikeln 41 und 42 der Liturgiekonstitution des Zweiten Vatikanums (StPaLi 9), Regensburg 1994.

genheiten deutlich bleibt, dass das Volk Gottes als Ganzes einschließlich der Ordinierten auch bei solchen Anlässen gemeinsam lebt und wirkt? Wie kann der Raum dazu beitragen, dass die Konzelebration nicht in erster Linie als Manifestation hierarchischer Unterschiede aufgrund der Ordination missverstanden oder – oft ideologisch aufgeladen – mit der vermeintlichen Christusrepräsentanz begründet wird?[42]

Im selben Zusammenhang sei angesichts der letzten kirchlichen Entwicklungen gefragt, welche Konsequenzen für den Kirchenraum, seine Gestaltung und Nutzung die von Papst Franziskus so stark betonte Synodalität als Prinzip kirchlichen Lebens hat. Darf es in einer synodalen Kirche noch Altarräume geben, die wie Bühnen angelegt sind, auf der die Akteure wie Schauspieler vor dem Publikum agieren? Sind aufgereihte Bänke für die Gläubigen angemessene Plätze für den weitaus größten Teil des Volkes Gottes? Muss Synodalität nicht dazu führen, hierarchische Ordnungen im Kirchenraum abzubauen und noch viel mehr Communio-Räume einzurichten, in denen sich die Stimme des ganzen Volkes Gottes unter dem Antrieb des Heiligen Geistes Gehör verschaffen kann? Die Diskussion darüber ist erst ansatzweise geführt worden.

In der liturgischen Realität sind die meisten Kirchenräume zuvorderst auf die eucharistische Versammlung ausgerichtet, gliedern vor allem dafür den Raum und stellen die zentralen Funktionsorte mit Vorstehersitz, Altar und Ambo bereit. In einer Pfarrkirche wird außerdem dem Taufort zumeist größere Beachtung geschenkt; halb versteckt in der Ecke gibt es darüber hinaus einen zumeist nur selten benutzten Beichtort. In der Vergangenheit war gerade in größeren Kirchen aber eine weitere Gottesdienstform durch die räumliche Ausstattung im Blick: die Tagzeitenliturgie. In Klöstern je nach Regel, in Dom- und Stiftskirchen, mancherorts auch sonst, wo sich eine Klerikergemeinschaft gebildet hatte, war die Kirche als eine betende Gemeinde den Tag hindurch erfahrbar. Auch wenn in der katholischen Tradition dieses Gebet und diese Feier der Kleriker und Ordensleute bis auf Ausnahmen ohne Beteiligung des übrigen Volkes Gottes stattfand, verdeutlichte der Raum dennoch, dass die Kirche im Rhythmus des Tages wie die Gemeinde des Neuen Testaments im Gebet verharrte. In Kirchenneu- und -umbauten der letzten Jahrzehnte weist in der Regel nichts mehr auf die Tagzeitenliturgie hin; die Frage nach deren Realisierung

---

[42] Christusrepräsentanz wird teilweise im Sinne einer Identität mit Christus beim Sprechen der Konsekrationsworte gedeutet. Dem liegt ein tiefes theologisches Missverständnis zugrunde, das für manche Priester allerdings identitätsstiftend ist. Und muss man, auch mit Respekt gegenüber der Symbolik des Raumes, nicht verlangen, dass nur der konzelebriert, der am Altar steht, und dass, wer nicht am Altar steht oder stehen kann, eben nicht konzelebriert? Was spricht dagegen, dass ein Priester wie die anderen Getauften an einer Eucharistiefeier teilnimmt, wenn er nicht explizit am Vorsteherdienst teilhat?

dürfte kaum einmal einen Architekten, Kirchenbaumeister oder für die Liturgiepastoral Verantwortlichen beschäftigt haben. Welche Anforderungen sind an den Kirchenraum zu stellen, damit die Tagzeitenliturgie wieder regelmäßiges Gebet aller Glieder des Volkes Gottes wird? Der Raum mit seiner Zeichenhaftigkeit könnte klare Auskunft darüber geben, ob sich die Kirche auch heute als eine betende Kirche versteht.[43]

Ein letzter Aspekt: Auch in den aktuellen säkularen Zeiten sind und bleiben Kirchen Anlaufpunkte für Menschen auf der Suche nach Orientierung, selbst wenn diese möglicherweise keine lebendige Beziehung zur Kirche an sich (mehr) haben. Als „Orte des Gottesgedächtnisses in säkularer Gesellschaft" hat Benedikt Kranemann die Kirchen der Gegenwart bezeichnet.[44] Kerzen sind dabei das beliebteste Ausdrucksmittel; sie verbinden sich mit Gedächtnis von Menschen und Situationen, mit Fürbitte, Hilferuf, Hoffnung auf Licht in dunklen Zeiten. Wo sonst außer in der Kirche ist der rechte Platz, solche Empfindungen, solches Vertrauen in die Welt und doch wohl auch in Gott, von dem manchmal nur ein dunkles Ahnen besteht, auszudrücken? Zur Kirche als einem Sehnsuchtsort gehören solche privaten Devotionsorte hinzu, auch wenn die eine oder andere Kerze Schmutz verursachen mag.[45] Solche Devotionsorte benötigen – wie der übrige Kirchenraum auch – Kriterien der Gestaltung. Ein problematisches Beispiel veranschaulicht dies: Es widerspricht allem Bemühen um einen zeitgenössischen Dialog zwischen Kirche und Kunst, wenn sich in manchen Gegenden mehr und mehr das kitschige Offenbarungsbild Jesu der polnischen Ordensfrau Faustyna Kowalska, die von Papst Johannes Paul II. im Jahr 2000 heiliggesprochen wurde, als Bestandteil katholischer Gotteshäuser durchsetzt. Welche Theologie, welche gemeinschaftlichen geistlichen Ausdrucksformen und welches kirchliche Kunstverständnis kommen da zum Ausdruck? Was man als ein spezifisches Frömmigkeitsbild privater Devotion mit Respekt hinnehmen wird, kann nicht zum Bilderkanon katholischer Kirchen werden.

---

43 Vgl. *Martin Klöckener*, Betende Menschen – betende Kirche: Utopie oder Zukunft christlicher Existenz?, in: ders./B. Bürki (Hg.), Tagzeitenliturgie. Ökumenische Erfahrungen und Perspektiven – Liturgie des Heures. Expériences et perspectives œcuméniques, Fribourg 2004; *Arnaud Join-Lambert*, La liturgie des heures pour tous les baptisés. L'expérience quotidienne du mystère pascal (LiCo 23), Leuven [u.a.] 2009.

44 *Benedikt Kranemann*, Symbole des Religiösen im Urbanen. Ein Versuch über Architektur der Religionen in säkularer Gesellschaft, in: Nollert [u.a.], Kirchenbauten in der Gegenwart (wie Anm. 2) 175–180, hier 180.

45 Mögen die Kirchen aber verschont bleiben von elektrischen Kerzen, die für 20 Cent ein paar Minuten lang müde flackern! Und ebenso wenig respektvoll gegenüber den Betenden sind sterile Installationen, in denen klinisch rein die verbrannte Luft der Flammen gleich abgesaugt wird! Hier geraten die materielle Sorge um den Raum und tiefe menschliche Sehnsüchte leicht in Konflikt miteinander.

Das Beispiel zeigt die Notwendigkeit einer kritischen Auseinandersetzung mit der Ästhetik christlichen Glaubens und somit auch des Kirchenraums.

„Kirchenräume und Kirchenträume": So betitelte Klemens Richter seinen Band über die Bedeutung des Kirchenraums für eine lebendige Gemeinde.[46] Auf der Suche nach dem Zusammenhang von Kirchenbau und Kirchenverständnis haben wir gesehen, welche Kirchenträume die Brüder und Schwestern im Glauben in unterschiedlichen Epochen mit ihren Kirchenräumen verbunden haben. Kirchenräume spiegeln Theologie und Spiritualität, präsentieren immer wieder neu, wie Kirche nach innen und nach außen lebt und sich darstellt. Für die Gemeinschaft der Getauften, die sich als ekklesía konstituiert hat und in der der Geist lebendig ist, gehören sie unter den Bedingungen von Raum und Zeit zum Lebensnotwendigen, dem mit höchster Achtung zu begegnen und das mit höchster Sorgfalt zu gestalten und – mehr noch – zu beleben ist, und zwar von Gläubigen, die als Getaufte selbst Tempel des Heiligen Geistes sind.

---

[46] Vgl. *Richter*, Kirchenräume (wie Anm. 1).

Inszenierungen pastoraler Macht und ihre Unterbrechungen

Evangelische Perspektiven zum Verhältnis von Raum- und Kirchenverständnissen und zum gegenwärtigen Potential sakraler Räume[1]

Alexander Deeg

„Zeige mir deinen Kirchenraum, und ich sage dir, wie du Gottesdienst verstehst." Dass dieser Satz gilt, ist offensichtlich (auch wenn der Zusammenhang zwischen liturgischen Leitbildern und Kirchenraumgestaltungen erst seit Ende des 19. Jahrhunderts explizit so formuliert wurde).[2] Dass Räume auch mit leitenden Kirchenverständnissen und Kirchenbildern zu tun haben, scheint mir weniger im Bewusstsein, ist aber ebenso evident. Zusammenhänge werden wechselseitig erkennbar, wenn beides ins Spiel gebracht wird: die materialen Konkretionen der Räume und das dahinterstehende Gemeinde- bzw. Kirchenbild. Ich setze im Zeitalter der Reformation vor 500 Jahren ein – und schlage einen weiten Bogen zu diesem Thema in insgesamt sieben Thesen.

These 1

Die Frage nach Kirchenraumgestaltung ist mit der Bewegung der Reformation gleichursprünglich; die reformatorischen Neuakzentuierungen werden im Kirchenraum und seiner grundlegenden Wort-Orientierung sichtbar.

---

[1]   Überarbeiteter Vortrag, gehalten im Kollegiatsstift Neumünster in Würzburg am 31. August 2022. Der Stil der mündlichen Rede ist weitgehend beibehalten.

[2]   Vgl. dazu das unten bei These 4 näher Ausgeführte sowie *Alexander Deeg*, Ecclesia de verbo et eucharistia. Eine evangelische Perspektive zur Frage nach dem Verhältnis von Kirchenbild und Liturgie, in: S. Kopp / B. Kranemann (Hg.), Gottesdienst und Kirchenbilder. Theologische Neuakzentuierungen, Freiburg/Br. 2021, 164–190.

*Abb. 1: Flugblatt um 1522; Wittenberger
Bildersturm mit Bild von C(K)arlstadt*[3]

Die Wartburgzeit Martin Luthers ging 1522 auch deshalb zu Ende, weil der
Wittenberger Kirchenraum zum Ort massiver Veränderungen wurde. Andreas
Bodenstein aus Karlstadt (1486–1541) war daran nicht unbeteiligt, ließ es geschehen oder wirkte sogar aktiv mit, als Bilder und Altäre aus der Stadtkirche
St. Marien geschafft wurden und die Messe in dieser Kirche auf Deutsch gefeiert wurde. Ein Flugblatt aus dem Jahr 1522 zeigt ihn als unmittelbar Beteiligten der Wittenberger Bilderstürme.

Zurück in Wittenberg hielt Luther seine berühmten Invokavitpredigten, in
der er Kirche normativ auf das Wort und seine Wirkung konzentrierte. Nicht
Menschen sollten und könnten das Entscheidende hervorbringen, so Luther.
Das Wort tue alles und habe auch das Papsttum ganz schwach gemacht.

Auf spezifische Weise hat sich diese Wort-Orientierung in evangelische
Kirchenräume eingeschrieben, die zunächst und vor allem Wort-Räume sind –
mit all den liturgischen, ekklesiologischen, pastoraltheologischen u.a. Konsequenzen, die dies hat.

---

[3]   https://upload.wikimedia.org/wikipedia/commons/1/15/Bodenstein_1522.jpg (aufgeru-
      fen am: 24.9.2022). *Johann Jakob Vogel*, Leipzigisches Geschicht-Buch Oder Annales,
      Das ist: Jahr- und Tage-Bücher Der Weltberühmten Königl. und Churfürstlichen Säch-
      sischen Kauff- und Handels-Stadt Leipzig. Lanckisch, Leipzig 1714 [eingebundener
      Kupferstich, Stadtgeschichtliches Museum Leipzig, Sign.: I A 355/71].

Was die Kirche nach evangelischem Verständnis sei, so lässt sich fragen. Und Martin Luther gab darauf bekanntlich seine ganz schlichte Antwort in den Schmalkaldischen Artikeln 1537:

> „… denn es weiß gottlob ein Kind von 7 Jahren, was die Kirche sei, nämlich die heiligen Gläubigen und ‚die Schäflin, die ihres Hirten Stimme hören‘."[4] Und weiter: „Diese [im Bekenntnis formulierte] Heiligkeit steht nicht in Chorhembden, Platten, langen Rocken und andern ihren Zeremonien, durch sie über die heilige Schrift ertichtet, sondern im Wort Gottes und rechtem Glauben."[5]

Woher weiß ein Kind von sieben Jahren, dass das so ist? Vielleicht weiß es das Kind, weil es sich sehr früh im evangelischen Gottesdienst zeigte – und auch in evangelischen Raumarrangements. Der Hirte ist ja nicht nur der himmlische Hirte Jesus Christus, sondern ganz irdisch: der Pastor, der den ‚Hirten‘ im Namen trägt und nun zwar nicht mehr „in persona Christi" handelt, wenn er das Mahl einsetzt,[6] aber dessen Stimme die Schäflein doch hören. Im Protestantismus wird die Macht des Geistlichen als Wort-Macht konzipiert.

Im Blick auf den Gottesdienst bedeutet sie eine Konzentration auf die Predigt, die nach Luther niemals fehlen solle, wenn sich die Gemeinde zum Gottesdienst versammelt.[7] So wurde die Kanzel, die keineswegs eine evangelische Erfindung war, zum wichtigsten strukturbildenden Einrichtungsgegenstand in evangelischen Kirchen. ‚Evangelischer‘ Kirchenbau war zunächst ja nicht ein Phänomen des Neubaus, sondern des *Umräumens und Umbauens*.

Dabei waren die Reformierten entschiedener als die Lutherischen.[8] Sie räumten den Kirchenraum leer und es kam zur Entfernung „aller Ausstattungsstücke,

---

4   BSLK 459; ASm 3, XII.

5   BSLK 460.

6   Vgl. zur gegenwärtigen Diskussion um die mit der Priesterweihe verbundene Formel „in persona Christi (capitis)" *Birgit Jeggle-Merz*, In persona Christi agere. Identitätsmerkmal allein des Amtspriestertums oder auch des gemeinsamen Priestertums?, in: M. Eckholt/J. Rahner (Hg.), Christusrepräsentanz. Zur aktuellen Debatte um die Zulassung von Frauen zum priesterlichen Amt (QD 319), Freiburg/Br. 2021, 371–385.

7   So Martin Luther in einer seiner ersten expliziten Schriften zum Gottesdienst aus dem Jahr 1523: „Von Ordnung Gottesdiensts in der Gemeinde" (WA 12,31–37). Es ist immer wieder erstaunlich, wie sehr die Sakramente bei dieser Betonung des Wortes in den Hintergrund treten, obwohl sie in CA V und CA VII in ihrer grundlegenden Bedeutung gewürdigt werden.

8   Bereits 1522 hatte Martin Luther in seinen Invokavit-Predigten gegen die Bilderstürmer in Wittenberg Stellung bezogen und vor einer Überbewertung des ‚Äußerlichen‘ gewarnt. Wie die ‚Päpstlichen‘ sich an die Bilder klammerten und damit ihren Glauben an das Äußere binden würden, so würde auch der Bildersturm der ‚Schwärmer‘ zu einem Versuch der Verankerung des Glaubens in der äußeren Evidenz führen. Dieses Argument führt Luther vor allem in seiner Schrift „Wider die himmlischen Propheten. Von den Bildern und Sakrament" (1524/25) vor Augen. Darin schreibt er: „Sie brechen

die dem alten Ritus dienten, wie Hauptaltar, Nebenaltäre, Andachtsbilder, Kerzen […]. Bilder, die mit dem Mauerwerk verbunden waren, wurden übertüncht, Skulpturen abgeschlagen, jedoch nur zum Teil. […] Durch diese Massnahmen erhielten die Kirchen ein neues Erscheinungsbild."[9] Das Leerräumen der ‚äußeren Bühne' sollte die ‚innere Bühne' der individuellen liturgischen Partizipation eröffnen. Die Konzentration auf das Wort bedeutete zudem eine neue Orientierung der Kirchen: „Während die mittelalterlichen Kirchen auf den Chor ausgerichtet waren, hat man die reformierten Kirchen mit Bänken ausgestattet, die man in drei Blöcken auf die Kanzel ausrichtete, die sich in der Regel […] an einer der Seitenschiffwände befand."[10] Häufig wurde vor der Kanzel der Taufstein platziert, der mit einer Platte abgedeckt gleichzeitig zum Abendmahlstisch wurde. Johannes Stückelberger schreibt dazu: „Dieses Ausstattungsstück mit seiner doppelten liturgischen Funktion ist typisch reformiert."[11]

Demgegenüber wurden die veränderten Lehren in der lutherischen Reformation weit weniger konsequent in architektonische Neugestaltungen übertragen. Aber klar war, dass die Bewegung hin zur Kanzel, die sich bereits seit dem Hoch- und dann vermehrt im Spätmittelalter wahrnehmen lässt, nun weitergeführt wurde. Es brauchte die erhöhte Kanzel – aus optischen und akustischen Gründen. Der Predigtort musste markiert werden.

Gleichzeitig wurden Kirchenbänke flächendeckend üblich – die wahrscheinlich entscheidendste Veränderung der Kirchenräume und der in ihnen möglichen Partizipation seit der Zeit der Alten Kirche (wobei es sich auch hierbei nicht um ein neues Phänomen in der Bewegung der Reformation, sondern um die Fortsetzung einer bereits spätmittelalterlichen Entwicklung handelte). Das Sitzen in Bänken sollte die Konzentration auf die Predigt erleichtern. Der katholische Theologe Alex Stock spricht an dieser Stelle von der Schaffung eines „protestantische[n] Hörsaal[s] des Wortes Gottes"[12] und von einer „stärkere[n] Disziplinierung" der Gemeinde.[13] Damit hat Stock zweifellos einen Aspekt der neuen Raumwirkung richtig beschrieben. Er hätte noch hinzufügen können: Damit wurde auch die Machtverschiebung hin zur pastoralen Macht inszeniert.

---

beyde die Christliche freyheyt und sind beyde widderchristlich, Aber der Bapst thuts durch gepot, D. Carlstad durch verbot, Der Bapst heysst thun, D. Carlstadt heyst lassen […]" (WA 18, 111, 14–16).

[9] *Johannes Stückelberger*, Raum und Bild als Elemente des reformierten Gottesdienstes, in: D. Plüss / K. Kusmierz / M.s Zeindler / R. Kunz (Hg.), Gottesdienst in der reformierten Kirche. Einführung und Perspektiven (Praktische Theologie im reformierten Kontext 15), Zürich 2017, 375–389, 379.

[10] Ebd., 379.

[11] Ebd., 379.

[12] *Alex Stock*, Poetische Dogmatik. Ekklesiologie. 1. Raum, Paderborn 2014, 63.

[13] Ebd., 116.

Die Veränderung der Wahrnehmung von Kirchen kann gar nicht hoch genug eingeschätzt werden: Der Kirchenraum ohne Bänke ermöglichte eine Bewegung der Gemeinde im Raum und zur Predigt ein Sich-Versammeln unter der Kanzel und eine zeitweise Neuorientierung. Im durch Bänke klar ausgerichteten Raum ist dies nicht möglich. Gleichzeitig fand die Einheit der Gemeinde eine – so noch nie dagewesene – Darstellung: als hörende Gemeinde ausgerichtet auf die Predigt. Dass die Kanzel eine gewisse Sogwirkung entfaltete, lässt sich ebenfalls wahrnehmen: Sie wurde zu einem wesentlichen Ort der Liturgie; Kanzelliturgien wurden eingeführt. Der Kanzelauftritt umfasste auch das Fürbittgebet, die (häufig langen) Abkündigungen, ggf. eine Abendmahlsvermahnung (und so die Überleitung zum Mahl). Nach und nach wurde auf der Kanzel ein ‚kleiner Gottesdienst‘ im Gottesdienst gefeiert. Es lässt sich fragen, ob sich die Kanzel für die Pastores einfach als bequemer Ort erwies: die Kanzel als pastorale Komfortzone, die nur äußerst ungern verlassen wird? Oder ob auch hier der pragmatische Grund der guten Sicht- und Hörbarkeit von der Kanzel die entscheidende Rolle spielte.

In lutherischen Kirchen ergab sich durch die Einführung der Bänke eine nicht unproblematische Raumantinomie: Kanzel und Altar, Wort und Sakrament waren im liturgischen Geschehen gleichermaßen bedeutsam. Da der Altar im Chorraum erhalten blieb (anders als in vielen reformierten Kirchen), die Kanzel aber häufig an einer Säule im Langraum positioniert war, wurde in den Raum eine Spannung eingezeichnet. Teilweise wurde sie dadurch aufgelöst, dass der Altar versetzt und in der Nähe der Kanzel positioniert wurde (wodurch sich eine Raumanordnung ergab, die vielen reformierten Kirchen entspricht). Teilweise wurden im vorderen Teil des Kirchenschiffs Bänke mit klapp- und verstellbaren Lehnen eingeführt, die eine Ausrichtung auf Altar bzw. Kanzel ermöglichen.

Die Raumantinomie wird in unzähligen evangelischen Kirchen sichtbar, die bereits vor der Reformation erbaut wurden. In Leipzig zeigt die Thomaskirche m.E. am deutlichsten, wie schwierig sich ein Raum nutzen lässt, der einst auf eine longitudinale Ausrichtung nach Osten hin gebaut war, aber durch die Kanzel einen neuen Schwerpunkt in der Raummitte erhält. Die Kanzel der Thomaskirche befindet sich auf der südlichen Seite der Kirche an der dritten Säule, wie die Lithografie aus dem Jahr 1884 zeigt. Das Kirchengestühl ist chorisch angeordnet, was manchen die Ausrichtung auf die Kanzel und den davor befindlichen Ambo ermöglicht; andere sitzen mit dem Rücken zur Kanzel. Der Blick nach vorne (oder umgekehrt auf die Orgelempore, den Ort des Thomanerchores und Thomasorganisten) ist mit einer Wendung des Kopfes um 90 Grad möglich. In der neugotischen Renovierung der Kirche 1888 wurde unterhalb der Kanzel auch ein Altar eingerichtet, der sich bis heute an dieser Stelle befindet, womit die Kirche teilweise zu einem Querraum gemacht wurde.

*Abb. 2: Lithographie der Thomaskirche
von 1884[14]*

Unterschiedliche Raumlogiken verbinden sich in der Leipziger Thomaskirche und in vielen anderen vor der Reformation erbauten evangelischen Kirchenräumen. Gerade das Beispiel der Leipziger Thomaskirche macht deutlich, dass für evangelische Räume nicht nur der Wort-Ort (Kanzel) und der Ort des Mahles (Abendmahl) bedeutsam wurde, sondern auch der Ort der Musik. Die zentrale Bedeutung der Kirchenmusik und des gemeinsamen Gesangs für die Reformation ließ spätestens seit der Aufklärung auch danach fragen, wo und wie die Orgel bzw. ein Chor im Raum sichtbar werden kann.

These 2

(2) Die Reformation bedeutete eine Machtverschiebung: weg von der hierarchisch-traditionalen Machtauffassung der römischen Kirche hin zu pastoraler Deutungs- und Gestaltungsmacht. Vor allem diese manifestiert sich in den Räumen und Raumkonstellationen.

---

[14] Abbildung: https://commons.wikimedia.org/wiki/File:Thomaskirche_Leipzig_(1815-1884)-Altar.jpg (aufgerufen am: 24. 9. 2022).

Abb. 3: Pfarrstuhl mit Kanzelaufgang – Evangelische Pfarrkirche Ebersgöns[15]

Zu dieser These ist mit dem Verweis auf die raumdominierende Bedeutung der Kanzel das Entscheidende bereits gesagt. Es lohnt sich freilich, die Kanzel nicht zu isolieren, sondern mindestens ein weiteres, in der Innenarchitektur evangelischer Kirchen auffälliges, Merkmal wahrzunehmen: das Pfarrgestühl. Seine Entwicklung ist weit weniger erforscht als die der Kanzel. Aber es gehörte in vielen Kirchen dazu und wies den Pfarrern einen hervorgehobenen Ort im Kirchenraum zu. Das in seiner Bedeutung eigentlich radikal reduzierte und als funktional bestimmtes ‚ordiniertes Amt' der Reformation[16] hat sich sehr bald und sehr deutlich in seiner (m.E. nicht unbedingt evangelischen!) Bedeutung inszeniert. Besonders dort, wo es einen direkten Weg vom Pfarrgestühl auf die Kanzel gab, wurden Pfarrer auf durchaus erstaunliche Weise aus dem liturgischen Vollzug der Gemeinde herausgenommen (wobei dies in vielen Kirchen auch für die Presbyter/Kirchenvorsteher galt, die auf besonderen und besonders sichtbaren Plätzen sitzen durften oder mussten). Irritierend wirkt bisweilen, dass Pfarrstühle mit vergitterten Holzfenstern gestaltet wurden. Ein Grund hierfür lag darin, dass sie häufig der Ort waren, an dem evangelische Pfarrer sich für den Gottesdienst kleideten – und aus Dezenzgründen ein Blickschutz geschaffen wurde.

---

[15] https://de.wikipedia.org/wiki/Pfarrstuhl#/media/Datei:Ev._Pfarrkirche_Ebersg%C3%B6ns Pfarrstuhl_02.JPG (aufgerufen am: 24. 9. 2022).

[16] Vgl. dazu ausführlicher *Alexander Deeg*, Von Pfarrern und Priestern in der evangelischen Kirche oder: Was Kirche ist und was das für ihr Personal und all die anderen bedeutet, in: Korrespondenzblatt 131 (2016), 104–112. Neu abgedruckt in: A. Kurschus / D. Beese (Hg.), Der Pfarrdienst in der Dienstgemeinschaft der Kirche, Wissenschaft und Kirche im Dialog, Bielefeld 2018, 62–85.

Abb. 4: Kanzelaltar, St. Pankratius, Hamburg-Neuenfelde, 1688 (ältester Kanzelaltar Norddeutschlands)[17]

In der Barock-Zeit, in der explizite liturgiewissenschaftliche Reflexionen einsetzen, wurde erstmals ein genuin evangelisches Kirchenbild realisiert, indem Kanzelaltäre geschaffen wurden. Sie können im Kontext dieser Thesen zweifach gelesen werden: (1) als endgültiger Ausdruck der überhöhten Pastoralmacht im Protestantismus oder (2) als architektonisch-künstlerische Realisierung der Verbindung von Wort und Sakrament und damit als ein erster Schritt hin zur Eindämmung der Predigtdominanz. Auch in reformierten, durch den Calvinismus geprägten Kirchen wird die Verbindung von zentraler Kanzel und Abendmahlstisch zum dominanten Raumprogramm.

---

[17] Abb.: https://de.m.wikipedia.org/wiki/Datei:St_Pankratius_P7250050.JPG (aufgerufen am: 24.9.2022).

Durch die Einrichtung von Kanzelaltären wird die Raumantinomie in Longitudinalräumen aufgelöst: Der Blick kann sich durchgehend nach vorne wenden. In gewisser Weise werden ‚die Körper' der Feiernden damit aber erst recht ‚arretiert'. Es ist möglich, den gesamten Gottesdienst in derselben Haltung zu verfolgen. Gleichzeitig kann ein Kanzelaltar als nochmalige Steigerung der Selbstinszenierung pastoraler Macht gelesen werden, die in einer Kirche des allgemeinen Priestertums immer fraglich sein sollte.[18]

Genau diese Frage zieht sich durch die evangelische Kirchengeschichte – bis in die jüngste Zeit. Metaphorisch gesprochen, wurde und wird an der Kanzel immer wieder ‚gesägt'. Und zwar nicht nur metaphorisch. Medienwirksam zersägte Pfarrerin Kathrin Bolt 2021 in der Schweizer Kirchgemeinde Straubenzell in St. Gallen eine (allerdings dorthin zu diesem Zweck verbrachte) Kanzel. Die Aktion war der erste Teil einer Einladung zu „predigtfreien Gottesdiensten", für die – aus der Kanzel – ein Tisch gefertigt wurde, an dem Interessierte zur gemeinsamen Diskussion Platz nehmen konnten. Pfarrerin Bolt wollte Schluss machen mit der monologen Predigt und sucht nach mehr Dialog im Sinne eines Empowerments der Gemeinde. Eine veränderte Innenarchitektur der Kirche soll zu einem veränderten Bild und einer transformierten Praxis von Gemeinde und Gottesdienst beitragen.

Freilich kann gefragt werden, ob eine Kommunikation an einem Tisch immer mit weniger Macht(strukturen) besetzt ist als ein Monolog eines Pfarrers oder einer Pfarrerin. Und mindestens einige der Bilder, die von der Aktion im Netz zu sehen sind, lassen mich zweifeln, ob gerade so die pastorale Macht überwunden oder nicht auf sehr subtile und letztlich paradoxe Weise neu inszeniert wird. Dass das Pfarrteam in Talaren abgebildet ist und für predigtfreie Gottesdienste wirbt, ist ebenso eigentümlich wie die sich im Talar selbst inszenierende, sägende Pfarrerin.[19]

[18] Vgl. ausführlicher zur fraglichen Bedeutung des allgemeinen Priestertums *Alexander Deeg*, Luthers kühnste Idee. Protestanten sollten das Allgemeine Priestertum praktizieren, in: Zeitzeichen 6 (2017), 52–54.

[19] Die beiden folgenden Bilder sind dieser Seite entnommen: https://www.jesus.de/nachrichten-themen/pfarrerin-zersaegt-kanzel/ (aufgerufen am: 24. 9. 2022).

Abb. 5: Pfarrerin Kathrin Bolt mit Motorsäge

Abb. 6: Das Pfarrteam hinter dem Projekt (v.l.n.r.): Regula Hermann, Kathrin Bolt, Uwe Habenicht und Carl Boetschi.

These 3

In jeden Kirchenraum schreiben sich verschiedene Logiken ein; sie spiegeln keineswegs nur herrschende (explizite oder implizite) Kirchenbilder, sondern immer auch gesellschaftliche Leibilder, Vorstellungen und Mentalitäten.

Die dritte These ist so evident, dass ich in der Ausführung knapp bleiben kann; andererseits ist sie so umfassend, dass sehr viel eingehendere Analysen nötig wären, um die vielfältigen Zusammenhänge zwischen Kirchenbildern, Kirchenbauten und gesellschaftlichen Kontexten deutlich zu machen. Ich denke exemplarisch an das Kirchengestühl und die gesellschaftliche Strukturierung, die häufig mit ihm performativ zum Ausdruck gebracht wurde: Es gab über viele Jahrhunderte getrennte Plätze für Männer und Frauen, sowie strenge Abbildungen der (ständischen bzw. ökonomischen) Gliederung der Gesellschaft in den Kirchenbänken. Es gab Fürsten- oder Patronatslogen, zu denen das ‚normale Kirchenvolk‘ keinen Zugang hatte. Teilweise war das Vermieten von Sitzplätzen eine Einnahmemöglichkeit für Kirchen, wodurch sich das Wohlstandsgefälle der Gemeinde auch in der gottesdienstlichen Sitzordnung spiegelte. Neben der Möglichkeit, soziale und wirtschaftliche Hierarchien so abzubilden, dass die ‚Höhergestellten‘ bessere Plätze erhielten, gab es auch das Gegenprogramm: „Ein Hurenstuhl oder Hurenschemel war ein spezieller Kirchenstuhl für Frauen, die wegen ‚Unzucht‘ bestraft wurden.“[20]

In Kirchenraumkonzeptionen haben sich aber auch andere normative gesellschaftlich-politische Vorstellungen eingeschrieben. Ich erwähne dazu nur noch ein Beispiel aus dem 19. Jahrhundert. Das 1861 beschlossene „Eisenacher Regulativ“, das den „Anschluss an einen der geschichtlich entwickelten *christlichen Baustile*“ sucht und dafür „in der Grundform des länglichen Vierecks neben der altchristlichen Basilika und der sogenannten romanischen (vorgotischen) Bauart vorzugsweise den sogenannten germanischen (gotischen) Styl“[21] empfiehlt. In der Einbringungsrede durch Carl von Grüneisen wird es mit dem Ziel des evangelischen Charakters des Kirchenbaus verbunden.[22] Evangelisch = germanisch = gotisch – das war die für uns heute überaus merkwürdige Gleichung (übrigens auch gegenüber der Barockliebhaberei der in ihrer nationalen Gesinnung ohnehin als zweifelhaft betrachteten Katholiken[23]). Sie führte dazu, dass dieser ‚deutsche‘ Stil etwa Jüdinnen und Juden verboten werden konnte. Die Tendenz zu orientalisierendem Synagogenbau im 19. Jahrhundert hat nicht nur mit dem Wunsch jüdischer Gemeinden zu tun, etwas ‚Eigenes‘ auch architektonisch zum Ausdruck zu bringen, sondern auch mit diesem äußeren Druck.

[20] Zitiert aus https://de.wikipedia.org/wiki/Kirchengest%C3%BChl (aufgerufen am: 24.9. 2022).

[21] Regulativ für den Evangelischen Kirchenbau. Eisenach 1961, in: *Georg Langmaak*, Evangelischer Kirchenbau im 19. und 20. Jahrhundert. Geschichte – Dokumentation – Synopse, Kassel 1971, 272–274, 272.

[22] *Sonja Keller*, Kirchengebäude in urbanen Gebieten. Wahrnehmung – Deutung – Umnutzung in praktisch-theologischer Perspektive (Praktische Theologie im Wissenschaftsdiskurs 19), Berlin/Boston 2016, 167.

[23] Wobei zu bemerken ist, dass es im 19. Jahrhundert Annäherungen gab – und der Neubau auch katholischer Kirchen meist in Anlehnung an diese mittelalterlichen Vorbilder erfolgte.

Abb. 7: Große Gemeindesynagoge Leipzig, 1854/55[24]

Auf ganz andere Weise bedeuteten die Aufbrüche der späten 1960er und 1970er Jahre auch eine Veränderung des Kirchenbaus – in einer Bewegung, in der sich gesellschaftliche und theologische Transformation mit einer radikalen Veränderung liturgischer und sonstiger kirchlicher Praktiken verbanden. Der Bau von Gemeindezentren statt etablierter Kirchen – teilweise mit multifunktionalen Räumen – war die Folge. An diesem Punkt freilich sind es keineswegs nur externe Logiken, die zu diesen Aufbrüchen führen, sondern auch explizite Verbindungen von kirchentheoretischer Reflexion (avant la lettre) und Kirchenbau: Kirche verstand sich als Teil der Gesellschaft und als offen gegenüber ‚der Welt'; Christologie wurde deutlich von der Inkarnation und der kenotischen Bewegung Gottes gedacht – beides spiegelte sich im Bau der Kirchen und verband sich mit den gesellschaftlichen Aufbrüchen der „68er".[25]

---

[24] Abb.: https://de.wikipedia.org/wiki/Gro%C3%9Fe_Gemeindesynagoge#/media/Datei:Gro%C3%9Fe_Gemeindesynagoge_Leipzig.jpg (aufgerufen am: 24.9.2022).

[25] Vgl. zum Zusammenhang gesellschaftlicher und kirchlicher Transformationen im Kontext der 68er-Bewegung *Johannes Greifenstein* (Hg.), Praxisrelevanz und Theoriefähigkeit. Transformationen der Praktischen Theologie um 1968 (Praktische Theologie in Geschichte und Gegenwart 27), Tübingen 2018.

These 4

Die explizite Reflexion von Liturgieverständnissen, Kirchenbildern und Kirchenraumkonzeptionen prägt die Diskussion seit dem späten 19. Jahrhundert bis in die Gegenwart und führte zu unterschiedlichen Raumlösungen.

Der Architekt und Kunsthistoriker Cornelius Gurlitt schrieb 1921: „Bauherr in der Kirche ist die Liturgie."[26] Diese Idee war nicht neu, sondern wurde beinahe wortgleich in den 1880er Jahren schon geäußert;[27] aber sie erwies sich nun für die evangelische, besonders aber auch für die katholische Kirche und ihre Liturgiereformen des 20. Jahrhunderts als prägend.

Es kam zu Aufbrüchen im Kirchenbau. Bereits 1891 hatte das „Wiesbadener Programm" das 30 Jahre vorher erstellte Eisenacher Regulativ scharf kritisiert und als katholisierend bezeichnet. Es sollte die Idee des Kanzelaltars auf modifizierte Weise wieder aufgenommen werden – und erstmals dabei auch die Rolle der Kirchenmusik bedacht werden. Angestrebt wurde eine organische Lösung im Miteinander von Altar, Kanzel, Orgel und im Ausweis klar bestimmter Funktionsorte.

Gerhard Langmaack spricht in seinem Artikel in „Leiturgia" kurz nach dem Zweiten Weltkrieg davon, dass erst die Zeit ab 1919 einen wirklichen Zusammenhang von „theologischen, baukünstlerischen und kirchbaulichen" sowie liturgischen Fragen ermöglicht habe.[28] Erst die liturgischen Bewegungen hätten neuen Schwung in die Überlegungen gebracht. Er verweist auf Otto Bartning und seine Schrift „Vom neuen Kirchenbau" (1919) und natürlich auf seinen immer wieder zitierten, aber nie realisierten Entwurf einer Sternkirche (1922), bei der die Räume für die religiöse Feier und für die Predigt getrennt und doch verbunden werden. Bartning löst mit diesem Entwurf die oben beschriebene grundlegende evangelische Raumantinomie.[29]

Nach dem Zweiten Weltkrieg wurden 1951 die „Rummelsberger Grundsätze" verabschiedet – ein Neuansatz mit eher restaurativer Tendenz, der aber die Einsicht festhält, dass sich die Räume vom Gottesdienst her bestimmen müs-

---

[26] *Cornelius Gurlitt*, Die Pflege der kirchlichen Kunstdenkmäler. Ein Handbuch für Geistliche, Gemeinden und Kunstfreunde, Leipzig 1921, 45 (im Original hervorgehoben).

[27] Bei *Karl Emil Otto Fritsch*, Der Kirchenbau des Protestantismus von der Reformation bis zur Gegenwart, hg. v. der Vereinigung Berliner Architekten, Berlin 1893, 289 f., findet sich der Verweis auf Karl Emil Jaehn, der 1882 vom Zusammenhang von Kirchbau und Liturgie sprach.

[28] Vgl. *Gerhard Langmaack*, Der gottesdienstliche Ort, in: Leiturgia 1, Kassel 1954, 365–433, 398 f., Zitat: 399.

[29] Der Entwurf der Sternkirche ist vielfach im Internet greifbar.

sen, und gleichzeitig die Pragmatik angesichts der riesigen Bauaufgaben nach dem Krieg betont.

Freilich: Lange ließ sich die Dominanz des Gottesdienstes als entscheidende Vorgabe für den Kirchenbau nicht mehr halten. Es zeigt sich eine weitere Verschiebung des Kirchenbildes von einem Bild, das die Kirche um die Mitte des Gottesdienstes versteht, zu einem Bild, das die Kirche umfassender und in ihren verschiedenen, vor allem auch diakonischen, pädagogischen und auf Gemeinschaft orientierten Vollzügen inmitten der Gesellschaft und der jeweiligen Sozialräume verankert. Das Bild, das zu vielen neuen Raumlösungen führte, war das einer Kirche, die ohne Schwellen unmittelbar für die Menschen da sein will und die den Begriff „Gottesdienst" keineswegs nur liturgisch versteht, sondern etwa auch sozial-diakonisch.

Dieses Kirchenbild war dezidiert auch ökumenisch – und dieser Aspekt spielte auch für Kirchenbauten eine Rolle. Es entstanden Ökumenische Kirchenzentren – freilich mit ihren eigenen Schwierigkeiten.[30]

In seiner Studie zu Ökumenischen Kirchenzentren blickt Gerald Hagmann unter anderem ausführlich auf das „Gemeinsame Kirchenzentrum Meschede-Gartenstadt", das 1976 geweiht wurde.[31] Die Idee in der Planung war es, *einen* Kirchenraum für die gemeinsame Nutzung zu schaffen, was sich in der Realisierung als nicht leicht erwies. Die pragmatische Lösung bestand schließlich darin, einen katholischen Raum einzurichten, der von der evangelischen Kirche mitgenutzt wird.[32]

Interessant ist auch das Beispiel des Ökumenischen Zentrums Baunatal bei Kassel, das 1974 eröffnet wurde.[33] Das Raumkonzept sah – neben einem kleinen evangelischen Meditationsraum und einer größeren katholischen Kapelle – eine gemeinsame Halle vor, die als Gottesdienstraum gedacht war. Bereits 1985 zog sich die katholische Kirche aus dem Zentrum zurück und baute eine eigene Kirche. Die evangelische Kirche ist weiterhin im Zentrum aktiv, baute

---

[30] Vgl. zu den beiden folgenden Absätzen dieses Beitrags *Alexander Deeg/Kerstin Menzel*, Ökumene der Dritten Räume und der Konvivenz. Konfessionelle Prägung von Raumerfahrung und die Potenziale Ökumenischer Kirchenzentren, in: S. Kopp/A. Gerhards (Hg.), Von der Simultankirche zum ökumenischen Kirchenzentrum. Sakralbauten im Spannungsfeld christlicher Konfessionen, Kirche in Zeiten der Veränderung 10, Freiburg/Br. 2021, 211–238.

[31] Vgl. *Gerald Hagmann*, Ökumenische Zusammenarbeit unter einem Dach. Eine Studie über evangelisch-katholische Kirchen- und Gemeindezentren (APrTh 32), Leipzig 2007, 100–143.

[32] Vgl. ebd., 122 f. Die Spannungen, die sich bereits bei der Gestaltung der Kirchweihe zeigten, schildert Hagmann, ebd., 125 f.

[33] Vgl. *Marta Binaghi*, Ökumenische Kirchenzentren. Bild der Einheit oder Spiegel der Trennung? Architekturanalyse und theologisch-soziologische Reflexion, Bild – Raum – Feier 16, Regensburg 2015, CD-Dokumentation, 12.

1995 aber ebenfalls eine eigene Kirche. Gerald Hagmann, der dieses Zentrum untersuchte, schreibt: „Elemente, die für die Architektur und Gestaltung von Kirchen typisch sind und auf die im ökumenischen Kirchenzentrum verzichtet wurde, haben in den neuen Kirchen wieder Raum gefunden. Dazu gehören unter anderem ein Kirchturm, eine feste Bestuhlung und eine kirchlich-identitätsstiftende Architektur, die die Kirchen eindeutig von anderen öffentlichen Gebäuden unterscheidet."[34]

Die Einheit darzustellen, ist nicht so leicht, wie sich das viele zurecht wünschen würden. Und immer wieder sind es, so zeigen Studien, ‚Kleinigkeiten', die Trennendes deutlich machen: Kniebänke z.B., Weihwasserkessel, Tabernakel.

In den Folgejahren wurden bewusster als in vielen Jahrzehnten und Jahrhunderten zuvor Kirchen*bilder* zur Vorlage für Kirchen*räume* und Kirchen*bauten*: Kirchen wurden explizit zu gebauten Ekklesiologien: Kirche als Zelt, Kirche als Schiff, Kirche als Marktplatz mit vielfältigen Öffnungen hin zur umgebenden Gesellschaft etc.

These 5

Evangelische Kirchenräume orientierten sich primär an einer gemeindlich-gottesdienstlichen Logik („Wir"-Räume); erst spät wurde wieder entdeckt, dass sie auch für die individuelle Spiritualität/Religiosität von Bedeutung sind („Ich"-Räume) und dass sie in dieser und weiteren Perspektiven immer auch Räume der „Anderen" sind.[35]

Evangelische Kirchenräume waren wie Schulräume Versammlungsräume zu einem bestimmten Zweck, die Menschen dann aufsuchten, wenn eine Veranstaltung, hier also: ein Gottesdienst, stattfand. Im 16. Jahrhundert waren das nicht wenige Veranstaltungen im Lauf der Woche: tägliche Gebete, Wochengottesdienste, heutzutage so genannte Kasualien, mehrere Gottesdienste am Sonntag. Im Lauf der Zeit aber reduzierten sich die wöchentlichen Gottesdienste und nicht wenige Kirchen waren pro Woche ca. eineinhalb Stunden für die gemeinsame Feier geöffnet – und blieben die restliche Zeit verschlossen.

Seit einigen Jahren haben evangelische Christenmenschen wieder gelernt

---

[34] *Hagmann*, Ökumenische Zusammenarbeit (wie Anm. 31), 82 f.
[35] Vgl. zu dieser und zu den beiden folgenden Thesen meinen Aufsatz *Alexander Deeg*, „Zwischen-Räume: Wir – Ich – die Anderen oder: Zu gegenwärtigen Transformationsdynamiken sakraler Räume zwischen Entgrenzungen und Grenzziehungen", der in Kürze in „Theologie der Gegenwart" erscheinen wird.

und erkannt, welche Bedeutung Kirchenräume jenseits der darin gefeierten Gottesdienste für das „Ich", für Praktiken individueller Religiosität bzw. Spiritualität haben: als Räume der Stille, als Orte für innere Einkehr, Meditation und Gebet, für eine Kerze, die angezündet wird, für ein Gebet, das auf eine Gebetswand geschrieben und ggf. im Gottesdienst verlesen wird (womit sich individuelle und gemeinschaftliche Frömmigkeit verbinden).[36] Gerade in Zeiten der Corona-Pandemie wurde die Bedeutung ‚offener Kirchen' neu wahrgenommen – und es ist für mich immer wieder erstaunlich, dass ausgerechnet evangelische Kirchen, die den neuzeitlichen Entwicklungen der Individualisierung und Subjektorientierung vielfach weit engagierter gefolgt sind als katholische, so lange gebraucht haben, um die Bedeutung von Kirchenräumen für die *individuelle* Praxis von Frömmigkeit zu entdecken – oder weiter gefasst: für individuelle Religionspraxis.[37]

Neben „Wir" und „Ich" scheint es mir nötig, auch „die Anderen" zu bedenken – womit ich die multiperspektivische Öffnung der Kirchenräume für die sie umgebende Gesellschaft meine. Das führe ich in den beiden nächsten Thesen weiter.

These 6

Kirchenräume bewegen sich zwischen zwei bethlehemitischen Raumlogiken, zwischen wahrnehmbarer Grenzziehung nach außen und größtmöglicher Offenheit zur Umwelt (Bethlehem I und Bethlehem II).

Die Geburtskirche in Bethlehem ist in vielfacher Hinsicht ein ‚Unfall' der Architekturgeschichte (obwohl sie die älteste durchgängig genutzte Kirche im Heiligen Land darstellt). Unzählige Um-, An- und Rückbauten prägen den Raumeindruck, vielleicht nicht ganz so heftig wie bei der in ihrer ursprünglichen Gestalt kaum noch erkennbaren Anasthasis in Jerusalem, aber wenigstens im Blick auf den Eingang eher noch dramatischer.

---

[36] Vgl. zur vielfältigen Nutzung und Wahrnehmung von Kirchen u. a. *Clemens W. Bethge*, Kirchenraum. Eine raumtheoretische Konzeptualisierung der Wirkungsästhetik, Praktische Theologie heute 140, Stuttgart 2015.

[37] Ich erinnere mich noch gut an die Aktion „Offene Kirchen", die Ende der 1990er in der evangelisch-lutherischen Kirche in Bayern gestartet wurde und die zum Ziel hatte, dass Kirchenräume nach Möglichkeit täglich verlässlich geöffnet werden und bleiben – nicht nur die großen Kirchen der Innenstadt, sondern auch die kleinen Kirchen auf dem Dorf. Nicht wenige Gemeinden wunderten sich – so auch die Landgemeinde, in der ich damals als Vikar Dienst tun durfte –, wie gerne und häufig Menschen den Raum aufsuchten.

Abb. 8: Bethlehem – Eingang zur Geburtskirche[38]

Das alte Eingangsportal der von Konstantin und Helena ursprünglich erbauten fünfschiffigen Basilika wurde in der Kreuzfahrerzeit so vermauert, dass nur noch ein schmaler und niedriger Durchgang entstand. Es ist möglich, dies als architektonische Problematik zu sehen – oder als einen Eingriff mit hoher theologischer und spiritueller Bedeutung: Wer hineinwill, muss sich klein machen; nur Kinder kommen hindurch, ohne den Kopf einzuziehen. Wer aus dem in aller Regel betriebsamen Manger Square in die Kirche will, nimmt die Unterbrechung deutlich wahr. Ich nenne dies *Bethlehem I*, eine erste Raumlogik, die zu Kirchenräumen gehört: Sie sind *andere* Orte, Heterotopien, wie Foucault meinte, Orte, die die gesellschaftlichen Logiken unterbrechen.[39] Sie sind umfriedete Räume – wie es generell für ‚heilige Räume‘ in religionsphänomenologischer Perspektive gilt.[40]

---

[38] Abbildung nach https://de.wikipedia.org/wiki/Geburtskirche#/media/Datei:Bethlehem_-_Eingang_zur_Geburtskirche.jpg (Aufgerufen am: 9. 6. 2022).

[39] Vgl. *Michel Foucault*, Die Heterotopien / Der utopische Körper. Zwei Radiovorträge. Zweisprachige Ausgabe, übersetzt von Michael Bischoff, mit einem Nachwort von Daniel Defert, Frankfurt/M. 2005.

[40] Vgl. *Manfred Josuttis*, Die Einführung in das Leben. Pastoraltheologie zwischen Phänomenologie und Spiritualität, Gütersloh 1996, 34–49.

Abb. 9: Martin Schongauer (ca. 1450–1491): um 1480: staatliche Museen Berlin[41]

Neben *Bethlehem I* gibt es aber auch die ganz andere bethlehemitische Raumlogik: *Bethlehem II*, der offene Stall, in dem das Kind liegt und der allen die Möglichkeit zum Zugang gewährt – exemplarisch den Hirten und den Königen. Freilich, sobald sie hinzutreten, erfahren sie eine Unterbrechung, die sich gestisch und in den Praktiken im Stall ausdrückt: Sie fallen nieder, beten an, bringen Geschenke. Ein ganz alltäglicher Raum wird durch den, der da liegt, anders; ein offener Raum steht für die große göttliche Unterbrechung der Logiken dieser Welt.[42]

---

[41] Abbildung nach: https://de.wikipedia.org/wiki/Datei:Martin_Schongauer_001.jpg (aufgerufen am: 9.6. 2022).

[42] Nicht im Blick auf Räume, sondern grundlegender epistemologisch und fundamentaltheologisch haben Charles Campbell und Johan Cilliers diese ‚närrische' Unterbrechung der innerweltlichen Logiken in Aufnahme von 1 Kor 1 dargestellt: *Charles Campbell/ Johan Cilli*ers, Preaching Fools: The Gospel as a Rhetoric of Folly, Waco (TX) 2012;

Das Bild von Martin Schongauer (um 1440–1491), einem der begnadetsten spätgotischen Maler in Deutschland, der wegen seiner Kunst auch „Martin Schön" oder „Hipsch Martin" genannt wurde,[43] ist kein Altar-, sondern ein Andachtsbild, gedacht für die individuelle Frömmigkeit. Der zerbrechlich wirkende Jesus liegt auf dem Boden; ihm wenden sich alle Blicke zu. Die Decke, auf der er liegt, ist zerschlissen. Wie die abgenutzten Bündel am Tragestab Josefs weist diese Decke auf die Armut der heiligen Familie hin.

Die Diagonale von links oben nach rechts unten trennt Innen und Außen: das Innen der Heiligen Familie, das Außen der Welt – und die Pointe ist, dass beides in dem Christuskind wie in dem Kopf der Maria miteinander verbunden wird. Von außen nähern sich die Hirten – mit rauen Händen, zerschlissener Kleidung, unrasierten Gesichtern – und dennoch voller Würde.

In der Spannung von „Bethlehem I" und „Bethlehem II" lebt die Kirche – und viele gegenwärtige Kirchenbilder nehmen diese Spannung als herausfordernde, aber auch bereichernde Spannung wahr. Gerade bei Transformationen von Kirchenräumen werden diese Spannungen sichtbar – und bisweilen auf kreative Weise genutzt.

Die Leipziger Heilandskirche befindet sich derzeit in einem Prozess der Transformation, der 2022 mit dem Preis der Stiftung „KiBa" ausgezeichnet wurde.[44] Die 1886–1888 von Johannes Otzen gebaute neugotische Kirche im damaligen Arbeitergebiet Plagwitz, das heute ein überaus junges, von vielen Studierenden bewohntes, durch eine starke linke Szene geprägtes Gebiet ist, wurde bereits in DDR-Zeiten umgestaltet, indem ein Untergeschoss eingezogen wurde. Oben gab es weiterhin einen, in seiner Höhe reduzierten Gottesdienstraum, unten entstanden mehrere Räume, die vor allem als Lagerraum für kirchliche Kunst genutzt wurden. Bei den Räumen unten setzt die Idee zur Transformation an. Die sakralen Gegenstände wurden ausgelagert; stattdessen soll mithilfe der Räume unten und durch deren Umbau ein Beitrag zu einem „Stadtteilzentrum Westkreuz" geleistet werden.[45] Für Pfarrer und Kirchenvorstand ergibt sich die herausfordernde Aufgabe, mit den weiteren Playern im Sozialraum in einen Dialog zu treten. Die Räume stoßen auf Interesse – als Räume für Gruppen, als Probenräume etc. Teilweise ergeben sich, ohne dass dies forciert würde (oder werden könnte), Verbindungen zwischen dem Kirchenraum in seiner religiösen Logik und den weiteren Raumnutzungen. Die Idee einer Tango-Tänzerin, die den Kirchenraum als Probenraum nutzte, einmal ‚etwas' mit der Gemeinde zu machen, führte zu Tango-Gottesdiensten, die seither in unregelmäßigen Abständen gefeiert werden. Die kurzen Andachten beim Adventsmarkt, der im Kirchenraum stattfindet, stoßen auf Interesse. Eine Künstlerin bat darum, ihre

---

vgl. dazu auch *Johannes M. Modeß*, Gottesdienst als Skandal. Eine kreuzestheologische Fundamentalliturgik, HUT 85, Tübingen 2022.

[43] Vgl. http://syndrome-de-stendhal.blogspot.com/2016/12/heiland-auf-der-mottendecke-martin.html (aufgerufen am: 9. 6. 2022).

[44] Vgl. https://www.ekd.de/preis-der-stiftung-kiba-2022-fuer-innovative-kirchennutzung-72748.htm (aufgerufen am: 12. 6. 2022).

[45] Vgl. https://westkreuz.org/ (aufgerufen am: 12. 6. 2022).

Werke im Kirchenraum ausstellen zu dürfen; was u.a. zu einem Gottesdienstprojekt führte. Die kirchliche Logik erscheint auf einmal wieder attraktiv für manche, die die Gemeinde ganz bewusst in das Haus gelassen hat. Und so gibt es zahlreiche Bewegungen der Transformation, die die Grenzen zwischen „Innen" und „Außen" vielfältig begehbar werden lassen. Künftig, nach Fertigstellung des Ausbaus der Räume ‚unten', wird es spannend sein zu beobachten, welche Interaktionen zwischen ‚oben' und ‚unten' sich ergeben und wie die Grenze zwischen unterschiedlichen Logiken weiter perforiert wird. Eine Gemeinschaft wird sichtbar, die über das „Wir" der auch in Plagwitz überschaubaren Gemeinde deutlich hinausgeht.

These 7

Egal ob Bethlehem I oder Bethlehem II – entscheidend geht es in evangelischer Kirche und in evangelischen Kirchenräumen darum, „dass unser lieber Herr selbst mit uns rede durch sein heiliges Wort und wir wiederum mit ihm durch Gebet und Lobgesang".

Mit Luthers berühmt gewordenen Worten zur Torgauer Kirchweihpredigt 1544 sind Kirchenräume bleibend eine Versuchsanordnung für das, wofür Kirche insgesamt steht: für die Gott-menschliche Interaktion.[46] Und immer neu stellt sich die Frage, ob Kirche als solche wahrgenommen wird oder als Inszenierung einer traditionellen Autoritätsstruktur und überkommener Hierarchien Es geht auch in den Räumen darum, die Macht- und Systemlogiken, in denen wir stecken, so gut es geht zu durchbrechen (auch wenn wir, wie die Geschichte zeigt, immer in diesen gefangen bleiben).

Vielen Räumen gelingt dies auf herausragende Weise. Peter Zumthors „Bruder-Klaus-Kapelle" in Mechernich-Wachendorf (Eifel) zu Ehren von Nikolaus von Flüe (gebaut 2005–2007) ist nur ein Beispiel.[47]

---

[46] Vgl. WA49, 588, 15–18.

[47] Abb.: https://de.wikipedia.org/wiki/Bruder-Klaus-Feldkapelle#/media/Datei:Wachendorf_Feldkapelle_interior_1.jpg (aufgerufen am: 24.9. 2022).

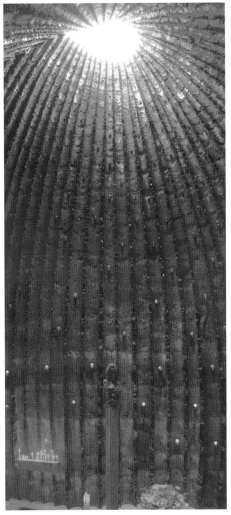

*Abb. 10: Peter Zumthor, Bruder-Klaus-Kapelle,
Innenansicht*

Wir sind und bleiben unterwegs zu dem, von dem wir hergekommen und der uns immer voraus ist. Unterwegs als Menschen, die hier in der Horizontalen auf dem Weg sind und doch vertikale Sehnsucht haben.

Manchmal frage ich mich: Was eigentlich heißt es, wenn wir als Evangelische nicht ohne Begeisterung immer wieder das von Hans von Lehndorf 1968 gedichtete und von Manfred Schlenker 1982 vertonte Lied „Komm in unsre stolze Welt" singen (EG 428) – mit der für mitteleuropäische Christ:innen doch erstaunlichen vierten Strophe:

„Komm in unser festes Haus,
der du nackt und ungeborgen.
Mach ein leichtes Zelt daraus,
das uns deckt kaum bis zum Morgen;
denn wer sicher wohnt, vergisst,
dass er auf dem Weg noch ist.“

Biblische Themen und Motive für eine Kirche
aus dem Gottesdienst

Opfer, Mahl, Herrscherlob?

Soziale Konzeptionen der Eucharistiefeier in neutestamentlicher Perspektive

Hildegard Scherer

Der Vortrag befragt ausgewählte sozialen Konzeptionen für die Eucharistiefeier nach ihrer neutestamentlichen Fundierung und im Gegenzug neutestamentliche Konzeptionen nach ihren Anregungen für die heutige Gestalt der Feier.

Die Eucharistiefeier ist als katholisches Markenzeichen nicht nur prototypisch, sondern ebenso problematisch. Sie wird von der Mehrzahl der Katholikinnen und Katholiken kaum mehr regelmäßig mitgefeiert. Ich möchte in diesem Beitrag eine Problemanalyse zur Diskussion stellen, die nach den sozialen Konzeptionen im Hintergrund der Eucharistiefeier fragt.

1.   Zur Frage nach sozialen Konzeptionen

Theologische Erklärungsversuche belegen die Eucharistiefeier mit unterschiedlichen Zuschreibungen wie: Opfer, Mahlfeier oder Mysterium. All dies sind kulturell geprägte paradigmatische Abläufe mit einer charakteristischen Sozialgestalt. Ihre sozialen Konstellationen nehmen im Raum Gestalt an. Solche sozialen Konzeptionen möchte ich von einer neutestamentlichen Warte aus betrachten, denn aus der neutestamentlichen Überlieferung stammen diese Zuschreibungen vermeintlich her.

Ein Einwand gegen diesen Fokus mag sich stellen: Weshalb soziale Konstellationen betrachten, wo doch in der Liturgie der Mensch vor Gott tritt? Kreist die Frage nicht um das allzu Menschliche, führt sie nicht in energiefressende Strukturdebatten, mit denen sich Kirche zum zivilen Club macht und ihre geistliche Mitte aus dem Blick verliert?

Aus neutestamentlicher Perspektive ist dieser Einwand zu entkräften: Paulus wäre über ihn wohl verwundert, denn er insistiert darauf, soziale Konstellationen und theologische Inhalte in Übereinstimmung zu bringen, und investiert große Teile des Ersten Korintherbriefs, um durch Eloquenz entstandenes Statusgerangel (1 Kor 1,10–4,21),[1] soziale Distinktion an den Tischgruppen des Herrenmahls (1 Kor 11,17–34)[2] und Irritationen aufgrund pneumatischer Sonderbegabungen (1 Kor 12,1–14,40) zu bearbeiten. Sein Kriterium einer gelungenen Gebetsversammlung ist der „Aufbau" (οἰκοδομή), wenn er unverständliche Sprache im Gottesdienst kritisiert: „Du hast zwar gut die Danksagung gesprochen, aber der andere wird nicht aufgebaut" (1 Kor 14,17). Als höchstes Charisma (1 Kor 13,31) schätzt er die Liebe (ἀγάπη), einschlägiges Kriterium christlicher Gruppen[3] für ihre zwischenmenschlichen Beziehungen: „Wenn ich in den Sprachen der Menschen rede und der Engel, aber die Liebe nicht habe, bin ich tönendes Kupfer oder gellende Zimbel" (1 Kor 13,1).

Aufbau und Liebe als Maßstäbe spiegeln das Interesse am empirisch vorfindlichen Wohlbefinden der anwesenden Personen. Das Johannesevangelium sekundiert. Als Vermächtnis bei seinem letzten Mal trägt Jesus seinen Schülern auf: „Liebt einander!" (Joh 13,34). Sprechendes Paradigma dafür ist die Fußwaschung (Joh 13,2–14), ein Dienst am spürbaren Wohlbefinden.

Damit gilt es, soziale Ausdrucksgestalten liturgischer Feiern, ihre Implikationen und Wirkungen kritisch zu überprüfen. Wenn dies anhand des Neuen Testamentes geschieht, so nicht in der biblizistischen Absicht, dort Beschriebenes unreflektiert zu heutiger Nachahmung zu empfehlen. Vielmehr dienen die neutestamentlichen Anregungen als Diagnoseaspekte, die im heutigen kulturellen Kontext zu bewerten sind. In diesem Sinn werden im Folgenden die Sozialformen von Opfer, Mahl und Herrscherlob, die mit der Eucharistiefeier in Verbindung gebracht worden sind, untersucht.

2.   Opfer

An prominenter Stelle ist in LG 10 die Eucharistiefeier als Opfer charakterisiert:[4]

> „... Der Amtspriester (*Sacerdos ... ministerialis*) nämlich bildet kraft seiner heiligen Gewalt, die er innehat, das priesterliche Volk (*populum sacerdotalem*) heran und leitet es; er vollzieht in der Person Christi das eucharistische Opfer (*sacrificium eucharisticum*) und bringt es (*offert*) im Namen des ganzen Volkes (*totius populi*) Gott dar; ..."

---

[1] Vgl. zum Hintergrund z. B. *Dieter Zeller*, Der erste Brief an die Korinther (KEK 5), Göttingen 2010, 96–104.

[2] Vgl. *Konrad Vössing*, Das „Herrenmahl" und 1 Cor. 11 im Kontext antiker Gemeinschaftsmähler, in: JAC 54 (2011) 41–72.

[3] Vgl. die Liebesgebote Mk 12,31/Mt 22,39/Lk 10,27; Gal 5,14; Röm 12,8–10.

[4] Vgl. auch IGRM³, 4.27 (*sacerdote praeside ... sacrificium eucharisticum celebrandum*).

Aufgerufen wird dabei ein stark reduziertes Modell des antiken Tieropfers, in dem ein Priester Gott für und im Angesicht des Volkes das Opfer darbringt. Menschen der Antike, sei es zur Zeit des Jerusalemer Tempels oder in den Städten des Imperium Romanum, kennen dagegen ein reiches kulturelles Repertoire rund um die Opfer. Sie können bei Festen verbunden sein mit Prozessionen, Banketten, musischen oder athletischen Agonen.[5] Sie können von privat dargebracht und anschließend beim Mahl mit Familie und Freunden verzehrt werden.[6] Im griechisch-römischen Bereich leitet ein rituell geschulter, von der Stadt oder einem Priesterkollegium bestellter, finanzkräftiger Angehöriger der Elite die öffentliche Zeremonie am Altar.[7] Am Jerusalemer Tempel existieren Brandopfer, Sündopfer mit Blutritus und Fleischverzehr durch den Priester (Lev 4) oder Pessachopfer mit Gruppenmählern.[8]

Das reduzierte Modell kann vereinfachend zur Darstellung des Opfers am Versöhnungstag (Lev 16) verwendet werden, das der Hohepriester für das gesamte Volk darbringt.[9] Darauf bezieht sich der Hebräerbrief und schreibt das Modell damit ins christliche Repertoire ein. Hebr 9,11–14.24–28 deutet entsprechend metaphorisch den Tod Jesu, den ihm bekanntlich römische Soldaten auf einer Erhebung vor der Stadt zufügten und nicht Priester an einem Altar.[10]

Die Versammlungen der ersten Christinnen und Christen zum Mahl haben ausweislich der kanonischen Texte nichts mit einem öffentlichen Tempelopfer zu tun. Dies wird deutlich, wenn man sich die Sozialgestalt des Opfers vor Au-

---

[5] Vgl. *Angelos Chaniotis*, Der Kaiserkult im Osten des Römischen Reiches im Kontext der zeitgenössischen Ritualpraxis, in: H. Cancik / K. Hitzl (Hg.), Die Praxis der Herrscherverehrung in Rom und seinen Provinzen, Tübingen 2003, 3–28, hier 7–11 (zum Grundaufbau des Festes, das in Götter- und Kaiserkult analog verläuft). Zur konstitutiven Mahlzeit nach dem Opfer vgl. *Benedikt Eckhardt*, Mahl V (Kultmahl). B. Griechisch-römisch, in: RAC 23 (2010) 1004–1048, hier 1015–1018.

[6] Vgl. *Martin Ebner*, Die Stadt als Lebensraum der ersten Christen. Das Urchristentum in seiner Umwelt I (GNT 1,1), Göttingen 2012, 127–129.

[7] Vgl. *Joseph G. Mueller*, Priester (übers. v. Gerhard Rexin), in: RAC 28 (2018) 112–155, hier 113–116 – v. a. im griechischen Bereich gab es auch Priesterinnen; vgl. auch prägnant *Martin Ebner*, Braucht die katholische Kirche Priester? Eine Vergewisserung aus dem Neuen Testament, Würzburg 2022, 19–25.

[8] Vgl. *Robert J. Daly*, Opfer. A. B. C. I. III. D. I. II. a–l.o.q–u.E.F., in: RAC 26 (2015) 143–167.169–183.185–206, hier 162–167; das Pessachopfer wurde im Rahmen einer Wallfahrt nach Jerusalem in Gruppen verzehrt, vgl. *Clemens Leonhard*, Mahl V (Kultmahl), in: DNP 23 (2010) 1012–1014.1051–1054.1067–1105, hier 1053 f.

[9] Daneben gab es am Jerusalemer Tempel Opfer für Einzelne, vgl. *Ebner*, Priester (wie Anm. 7), 27–31.

[10] Vgl. *Jörg Frey*, Die kultische Deutung des Todes Jesu, in: Michael Hüttenhoff / Wolfgang Kraus / Karlo Meyer (Hg.), „… mein Blut für Euch". Theologische Perspektiven zum Verständnis des Todes Jesu heute (Biblisch-theologische Schwerpunkte 38), Göttingen 2018, 97–117, hier 100 f. und 114–116; *Ebner*, Priester (wie Anm. 7), 51–53.

gen hält: Im reduzierten Modell wendet sich der Priester als Einzelner Gott zu. Komplementär zu ihm steht das Volk in rezipierender Rolle. Das Volk ist dabei als Menge gedacht, deren konkrete Zusammensetzung und Anzahl irrelevant sind, solange die überblickbare Größe überstiegen ist.[11] Ein solches Bild scheinen implizit Eucharistiekonzepte wie die hinter LG 10 vor Augen zu haben. Es passt zu monumentalen Basiliken, gotischen Kathedralen oder riesigen Stadtkirchen mit gefüllten Bankreihen. Dagegen legt es sich nicht nahe, wenn sich ein Dutzend Mitfeiernde in möglichst großer Distanz in einer Kirche verlieren.

Die neutestamentlichen Texte beschreiben die Versammlungen der Christinnen und Christen nicht als Opferrituale. Die Glaubenden sind Ekklesia, Bürgerinnen und Bürger mit Sitz und Stimme, Schwestern und Brüder mit Namen und Geschichte, aktive Netzwerkerinnen mit eigenen Begabungen. Ihre Rollenträger sind Inspektoren (ἐπίσκοποι)[12], Mittelsleute (διάκονοι), Sprecherinnen und Sprecher (προφῆται), Gesandte (ἀπόστολοι), Senatoren (πρεσβύτεροι), nicht Priester im Sinne des ἱερεύς bzw. *sacerdos*.[13]

Keineswegs meiden die ersten Christinnen und Christen den Kult- und Tempeldiskurs, doch sie gestalten ihn kreativ und metaphorisch aus.[14] Im Bild von 1 Petr 2,4–8 sind die Glaubenden Steine eines geistigen Tempels. Christus ist dessen Eckstein, nicht dessen Opfermaterie. Dieser metaphorische Tempel, der aus Menschen besteht, kann mit der Priesterschaft in eins fallen. Ihre Aufgabe ist es, geistige Opfer zu bringen. Nach 1 Korinther 3,16 ist die Versammlung Tempel Gottes, bewohnt vom Geist Gottes. Sie ist damit heilig und sakrosankt in dem Sinne, dass ihr Bestand unbedingt zu erhalten ist. Eph 2,21 f. kehrt mit diesem Bild die Heiligkeit der ehemaligen Heiden hervor. Nach Röm 12,1 bringen alle Glaubenden ihre Leiber, also ihr gestalthaftes Agieren in der

---

[11] Zum Begriff „Menge" vgl. *Bernhard Kroner*, Menge, in: D. Klimke u. a., Lexikon zur Soziologie, Wiesbaden [6]2020, 494.

[12] Auch wenn es Überschneidungen im Aufgabenspektrum mit den – organisatorisch vielfältigen – Aufgaben der Priester gibt und auch in kultischen Kontexten davon die Rede sein kann (vgl. *Mueller*, Priester [wie Anm. 7], 130), wird durch die Wahl der offenen Terminologie anstelle von ἱερεύς m. E. der spezifisch kultische Kontext gerade nicht aufgerufen.

[13] Vgl. zum Fehlen des Priester-Amtes *Ebner*, Priester (wie Anm. 7), 15–17. Wenn in 1 Petr 2,5.9 vom viel zitierten priesterlichen Volk die Rede ist, dann nicht in einem liturgischen Kontext, sondern in einem metaphorisch-heilsgeschichtlichen, ethischen und missionarischen; vgl. *Christoph G. Müller*, Der erste Petrusbrief (EKK XXI), Ostfildern/Göttingen 2022, 193–198.202–204; *Ebner*, Priester (wie Anm. 8), 58–61.

[14] Vgl. *Ebner*, Priester (wie Anm. 7), 57 f.; als Überblick zu den unumstrittenen Paulusbriefen *Martin Vahrenhorst*, Kultische Sprache in den Paulusbriefen (WUNT 230), Tübingen 2008, 327–332.

Welt,[15] als Opfer dar. Nach Röm 15,16 werden in kultischer Terminologie die Völker zur Weihegabe, die Paulus übermittelt.[16] Phil 2,17 verbindet Lebenshingabe und Glaube zu Opfern.

Die Versammlung der Glaubenden umschließt also einerseits einen Raum, heilig wie der Tempel und Wohnung Gottes. Andererseits bringen alle permanent durch fortlaufende Vollzüge metaphorische Opfer dar. Ein Opferritual im Sinn ihrer kulturellen Umgebung praktizieren sie dagegen nicht.

3. Mahl

Das Ritual, auf das sich die Eucharistie-Feier gründet, ist ein Mahl. Welche Bedeutung auch immer Jesus in den Erzählungen vom letzten Mahl dem Brot und dem Becher zuspricht, er tut dies ausweislich des NT in der sozialen Konstellation eines Mahles (Mt 26,26; Mk 14,22; Lk 22,14; 1 Kor 11,25). Paulus wendet in 1 Kor 11,17–34 diese Erzählung an, um die soziale Konstellation eines Mahles an ihr abzulesen.[17]

Dennoch erscheint das Mahl in SC 4 hinter die Opfervorstellung zurückgedrängt und ausschließlich im übertragenen Sinn, bei dem nichts auf ein echtes Sättigungsmahl hindeutet:

> „Unser Erlöser hat beim Letzten Abendmahl (*Cena novissima*) in der Nacht, da er überliefert wurde, das eucharistische Opfer seines Leibes und Blutes eingesetzt, um dadurch das Opfer des Kreuzes durch die Zeiten hindurch bis zu seiner Wiederkunft fortdauern zu lassen und so der Kirche, seiner geliebten Braut, eine Gedächtnisfeier (*memoriale*) seines Todes und seiner Auferstehung anzuvertrauen: das Sakrament huldvollen Erbarmens, das Zeichen der Einheit, das Band der Liebe, das Ostermahl (*convivium paschale*), in dem Christus genossen, das Herz mit Gnade erfüllt und uns das Unterpfand der künftigen Herrlichkeit gegeben wird."

Die Bezeichnung als Eucharistie-Feier hält in Erinnerung, dass das besagte Mahl ein gegliederter Vorgang mit mehreren Etappen gewesen ist. Es umfasst

---

[15] Vgl. *Michael Wolter*, Der Brief an die Römer, Bd. 2: Röm 9–16 (EKK VI/2), Ostfildern / Göttingen 2019, 252: zur Wortbedeutung von Leib: „steht hier für die ethisch darzustellende und erfahrbare Außenseite der Identität." Mit Verweis auf andere Stellen bei Paulus: „synekdochisch die Gesamtheit der menschlichen Existenz unter ihren alltagsweltlichen Bedingungen und in ihren lebensweltlichen Bezügen", ebd. 255: „Gesamtheit der christlichen Lebensführung".

[16] Vgl. zur Auslegung *Wolter*, Röm II (wie Anm. 15), 424–427.

[17] Auch die eschatologischen Bilder der Jesustraditionen sehen der Frucht des Weinstocks (Mk 14,25) oder dem Zu-Tisch-Liegen mit Abraham, Isaak und Jakob entgegen (Mt 8,11/Lk 13,28 f.).

das Dankgebet (Eucharistie), den mit Sinn aufgeladenen rituellen Verzehr von Brot und Wein und zudem die eigentliche Mahlzeit. Solche gegliederten Abläufe sind in der Antike kulturelle Normalität und ohne weitere Erklärung abzurufen; dem etablierten Grundgerüst kann mit einzelnen Akzenten ein spezifischer Charakter beigegeben werden.[18] Für die christlichen Mähler ist typisch der inklusive Teilnehmerkreis, die erinnernde Verbindung zu Jesus, insbesondere seiner Hingabe im Tod,[19] und eine hohe Verbindlichkeit, die Paulus mit der Leibmetapher (1 Kor 10,16; 12,12–27) auf die Spitze treibt.[20]

Von der sozialen Konstellation her findet das Mahl in einem Kommunikationsraum statt. Wie Konrad Vössing[21] herausgearbeitet hat, ist die ungezwungene Unterhaltung konstitutiv für das antike Mahl. Ihr dient die räumliche Anordnung des Trikliniums, auch der Sigma-förmigen Liegen. Größere Gästezahlen wurden jeweils in Liegegruppen von um die 12 Personen ggf. auf verschiedene Räume aufgeteilt, die überschaubar blieben und interaktive Unterhaltungen mit allen Beteiligten ermöglichten. So können sich über die freie Mitte hinweg alle ansehen und miteinander kommunizieren. Sie greifen in die gleiche Schüssel, lassen den Becher kreisen. Innerhalb der sich formierenden Kleingruppen mögen bei der Bildung solcher Tischgruppen Sympathiebeziehungen oder ohnehin vorhandene soziale Nähe eine Rolle gespielt haben.

Die Rollen in einer solchen Konstellation sind die der Gastgebenden und der Gäste. Von Gastgeberin bzw. Organisator wird erwartet, für das Wohlbefinden der Gäste zu sorgen: für ein spürbares Sattwerden,[22] für Komfort, Willkommensgefühl, geregelten Ablauf, Anregungen, individuelles Gesehen- und Gehörtwerden und gelingendes Zusammensein in der Gruppe.[23]

Doch aus heutiger Sicht stellen sich Anfragen: Wie weit kann man gehen mit der menschlichen Begegnung? Konstituiert sich der „Leib", wenn alle am

---

[18] Vgl. zu prototypischen Merkmalen *Peter Altmann/Soham Al Suadi*, Essen und Trinken (Lebenswelten der Bibel), Gütersloh 2019, 90–124; Ebner 2011, 180–182.

[19] Vgl. zu *Ebner*, Stadt (wie Anm. 6), 185 f.

[20] Vgl. ausführlich zum Gemeinschaftsaspekt *Altmann/Al-Suadi*, Essen und Trinken (wie Anm. 18), 127–130.

[21] Vgl. *Vössing*, Herrenmahl (wie Anm. 2), 51–62, der auch größere Gemeinschaftsmähler einbezieht.

[22] Wenn bei Vereinsmählern ergänzende Speisen von den Teilnehmenden mitgebracht wurden, war für die Grundausstattung mit Brot, Wein und Wasser gesorgt, entweder aus der Vereinskasse oder durch Einzelne, vgl. *Vössing*, Herrenmahl (wie Anm. 2), 56.59 f.

[23] In der Antike wird nach *Altmann/Al-Suadi*, Essen und Trinken (wie Anm. 18) zwischen Gastgeber und Symposiarch differenziert: „Während der Gastgeber den Raum und die Infrastruktur zur Verfügung stellt, ist der Symposiarch für den reibungslosen Ablauf und die Koordination der Gäste sowie ggf. der Künstler verantwortlich." (95) Er „steuert, abhängig von dem Verhalten der Gemeinschaft, mit seinen bewussten und aktiven Handlungen das Verhalten der Gruppe" (96).

gleichen Ort sind, wenn sie entsprechend liturgischen Vorgaben das Gleiche tun, oder wenn sie persönlich interagieren? Das antike Mahl geht selbstverständlich davon aus, Leben zu teilen, und wenn ein Glied leidet, leiden alle anderen mit (1 Kor 12,26). Doch ist das in bestimmten Kulturen nicht eine Überforderung? Menschliche Interaktion ist anspruchsvoll, mitunter belastend, und schon bei Paulus zeigt sich zerstörerische Gruppendynamik. Ist zudem nicht auch ein möglicherweise verändertes Empfinden für Distanz und Nähe zu berücksichtigen, sodass Menschen eine solche Unmittelbarkeit außerhalb ihrer Sympathiegruppen als aufdringlich empfänden? Eine Praxis, die der Weisung „Grüßt einander mit dem heiligen Kuss!" (Röm 16,16) entspricht,[24] wäre je nach kulturellen Gewohnheiten ein handfester Grund, eine solche Gruppe zu meiden.

Würde die Rückbesinnung auf die Mahlfeier dazu beitragen, die Liturgiekrise zu lösen? Das menschliche Grundbedürfnis, gesehen und gehört zu werden, ist abzuwägen mit dem Bedürfnis nach Distanz und Grenzen.

4. Herrscherlob

Distanz jenseits persönlicher Kontakte ermöglicht dagegen die Sozialform des Herrscherlobs, wie es in SC 33 aufgegriffen ist:

> „Obwohl die heilige Liturgie vor allem Anbetung der göttlichen Majestät (*cultus divinae maiestatis*) ist, birgt sie doch auch viel Belehrung für das gläubige Volk in sich. Denn in der Liturgie spricht Gott zu seinem Volk; in ihr verkündet Christus noch immer die Frohe Botschaft. Das Volk aber antwortet mit Gesang und Gebet (*tum cantibus tum oratione*). Überdies werden die Gebete, die der Priester, in der Rolle Christi an der Spitze der Gemeinde stehend, an Gott richtet, im Namen des ganzen heiligen Volkes und aller Umstehenden gesprochen."

Wie SC 8 zeigt, sind Gottes- und Herrscherlob von der sozialen Konstellation her bisweilen schwer zu unterscheiden:

> „In der irdischen Liturgie nehmen wir vorauskostend an jener himmlischen Liturgie teil, die in der heiligen Stadt Jerusalem gefeiert wird, zu der wir pilgernd unterwegs sind, wo Christus sitzt zur Rechten Gottes, der Diener des Heiligtums und des wahren Zeltes. In

---

[24] Zur Bedeutung vgl. *Wolter*, Röm II (wie Anm. 15), 481: „ekklesiales Realsymbol" für „freundschaftliche Verbundenheit der Christen", auch familial konnotiert; 482: nach dem „Prinzip der egalitären Reziprozität" bestünde die Heiligkeit des Kusses deshalb, da er „nicht durch alltagsweltliche Beziehungen zustandegekommen ist, sondern einzig und allein durch die gemeinsame Zugehörigkeit der Christen zu Jesus Christus".

der irdischen Liturgie singen wir dem Herrn mit der ganzen Schar des himmlischen Heeres (*cum omni militia caelestis exercitus*) den Lobgesang der Herrlichkeit (*hymnum gloriae*)".

Die „Schar des himmlischen Heeres" greift das Bild des himmlischen Heeres (*multitudo militiae caelestis*) aus der Geburtserzählung Lk 2,13 f. auf. Dort akklamiert allerdings das himmlische Heer die Ehre (*gloria*) Gottes und den Frieden auf Erden.[25] Im Kontext der Augustus-Notiz von Lk 2,1 zeigt sich deutlich eine politische Semantik, die den Kontrast zur imperialen Pax Romana-Konzeption sucht.[26]

Der Modus des Herrscherlobs ist anschlussfähig an das antike Mahl, das mit der Eucharistie bereits ein Gebetselement enthält und mit Anbetung und Gesang[27] erweitert werden kann. Das Herrscherlob fügt sich darüber hinaus in die Vorstellung der Gottesherrschaft ein, die Altes und Neues Testament durchzieht. Als Grundstein der Verkündigung Jesu ist sie im Bewusstsein der Glaubenden vorauszusetzen.

Die Antike kennt feste Formen für eine soziale Konstellation, in der ein exponierter Machthaber von den Untergebenen angegangen wird. Einschlägig im Neuen Testament sind dafür die Bilder der Johannesoffenbarung, die Einblick in den idealen himmlischen Thronsaal gewähren (Offb 4–5).[28] Dort findet sich eine konzentrische Anordnung, die von innen nach außen gegliedert ist. In ihrer Mitte ist die wichtigste Person durch die symbolische Repräsentation von Thron und Erscheinung hervorgehoben. Die Artikulation der Untergebenen ist affirmativ. Sie bestätigt die Macht und bedient sich dafür kurzer, eingängiger, gemeinsam vorgetragener Elemente. Hier sind Hymnen und Akklamationen zuhause,[29] ebenso musikalische Begleitung, welche die optische Inszenierung ergänzen. Hierher gehören die körperlichen Gesten der Proskynese o. Ä.

---

[25] Die Nähe zur Herrscherszenerie zeigt auch das Bild, in dem ἡ στρατιὰ τοῦ οὐρανοῦ/*omnem exercitum caeli* in 1 Kön 22,19 verwendet wird: Es rahmt den Thron Gottes zur Rechten und zur Linken. Auch die „Doxologie" für Gott (*Michael Wolter*, Das Lukasevangelium [HNT 5], Tübingen 2008, 130) ist in den Ps 28,1 f. und 95,7 f. LXX bzw. Vulgata mit Königssemantik verbunden, vgl. Ps 28,2: *gloriam et imperium*; V. 10: *rex in aeternum*: Ps 95,7: *gloriam et fortitudinem*; V. 10: *Dominus regnavit ... iudicabit populos in aequitate*. (Alle drei Parallelstellen sind genannt bei *Wolter* ebd.).

[26] Vgl. *Josef Pichler*, Friede als Weihnachtsgabe. Die Geburtserzählung im Lukasevangelium, in: GuL 88 (2015) 393–401.

[27] Vgl. *Altmann/Al-Suadi*, Essen und Trinken (wie Anm. 18), 104–107.

[28] *Martin Ebner*, Spiegelungen: himmlischer Thronsaal und himmlische Stadt. Theologie und Politik in Offb 4 f. und 21 f., in: B. Heininger (Hg.), Mächtige Bilder. Zeit- und Wirkungsgeschichte der Johannesoffenbarung (SBS 225), Stuttgart 2011, 100–131, hier 100–111.

[29] Zu Hymnen im Götter- und Kaiserkult vgl. *Chaniotis,* Kaiserkult (wie Anm. 5) 12–14; *Ebner*, Stadt (wie Anm. 6), 154. Der Adventus, die kaiserliche Ankunft an einem Ort, ist

Solche Rituale nutzt auch das römische Kaiserzeremoniell, um die Macht des Herrschers zu manifestieren. Doch die Offb entzieht dem irdischen Machthaber jede rituelle Berechtigung: Das wäre Proskynese vor dem Tier (Offb 13,4).[30] Allein die Huldigung Gottes ist legitim. Am Schluss der Offb steht als eschatologischer Ausblick das himmlische Jerusalem mit seinem unmittelbar zugänglichen Gottes- und Christusthron und dem ewigen Gottesdienst der Bewohnerinnen und Bewohner (Offb 22,3).

Wenn der wahre Souverän im Himmel thront, so bedeutet dies, dass letztlich kein Irdischer seinen Platz einnehmen kann und keinem anderen die Ehre gebührt. Die christliche Liturgie kann dies zeichenhaft ausdrücken, indem das irdische Zentrum und der übliche Thron-Ort freibleiben und Platz lassen für den, an dessen Stelle sich keiner setzen kann. Dies entspricht den symbolischen Raumkonstellationen der christlichen Gemeinden, welche die Mitte aussparen, wie die Vorstellung von der Gemeinde als Naos Gottes (1 Kor 3,16), das Versprechen Jesu, „inmitten" von zwei oder drei in seinem Namen Versammelten zu sein (Mt 18,20), oder die Osterzählungen, die Jesus in die Mitte der Schülerinnen und Schüler treten lassen (Lk 24,30; Joh 20,19).

Der Modus des majestätischen Lobs mit festlichem Gesang und Musik, Weihrauch und Schmuck spricht die Sinne und Affekte der Teilnehmenden u. U. auf stark positive Weise an. In der Rolle des Königsvolks mit ihrer ästhetisch aufgeladenen Konzentration scheint Potential zu stecken. Doch lässt sich fragen, ob es nicht daneben noch Rituale für die schweren Seiten des Lebens braucht, und ob eine solche Lobpreisform auch die zwischenmenschlichen Beziehungen ausreichend im Blick hat.

Zudem steht kirchliche Liturgie vor der Versuchung, die leere Mitte vielleicht doch zu füllen: Als die christlichen Gruppen sich in der Basilika,[31] der

---

rituell inszeniert und von feierlichen affirmativen Elementen geprägt: Beim Zusammentreffen vor der Stadt – oder je nach Umfang auch später – stand eine feierliche Rede auf dem Programm, dazu spontane wie auch vorbereitete längere, musikalisch gestaltete lobende Akklamationen, vgl. *Joachim Lehnen*, Adventus Principis. Untersuchungen zum Sinngehalt und Zeremoniell der Kaiserankunft in den Städten des Imperium Romanum (Prismata 7), Frankfurt/M. 1997, 145–149; Akklamationen begleiteten den Einzug (vgl. ebd. 169 f.); auch bei den folgenden Spielen, die der Kaiser im Theater veranstalten ließ, bot sich Gelegenheit für die Artikulation der Menge, die dann aber auch fordernd sein konnte (vgl. ebd. 193–195). Zu Akklamationen vgl. auch *Ebner*, Spiegelungen (wie Anm. 28), 105 f.

30 Vgl. zu diesem Thema in Offb *Hildegard Scherer*, „Geh hinaus, mein Volk, damit ihr nicht teilhabt an ihren Sünden…" (Offb 18,4)? Zu Anliegen und Erinnerungspotential der Weltsicht der Offenbarung des Johannes, in: Michael Durst / Margit Wasmeier-Sailer (Hg.), Christsein in der Welt (ThBer 40), Einsiedeln/CH 2020, 93–123.

31 Vgl. hierzu *E. Langlotz*, Basilika. A. Nichtchristlich, in: RAC 1 (1950) 1225–1249, hier 1225 ff.: Die ursprüngliche orientalische „Thron- oder Palasthalle" (1231) konnte vielfältige Funktionen erfüllen, wie Beamtensitz, Markthalle (mit „Aufsichtsbehörde" in der

„königlichen Halle", zu versammeln beginnen, gibt es dort Orte, die für die Machthaber vorgesehen sind. Wie damit umgehen? Eine Lösung ist, diesen Ort mit der als „gut" deklarierten Hierarchie zu besetzen und ihr eine Repräsentationsfunktion beizumessen, ihre Mitglieder also als Mandatare der Gottesherrschaft zu inszenieren. Eine andere Lösung ist, die Orte freizulassen oder aber symbolisch (mit einem Altar)[32] zu füllen und alle Glaubenden im Kreis darum anzuordnen. Gerade bei der Verwendung von zentrierten Räumen ist somit Vorsicht geboten. Wenn nun ein liturgischer Dienst, vielleicht noch mit prachtvoll gewandetem Amtsträger und seinen Spezialinsignien unter majestätischen Orgelklängen zur Apsis zieht: werden nicht die übrigen Teilnehmenden, die sich dazu erheben müssen, in die Rolle der untergebenen Menge gedrängt?

5.   Fazit

Blickt man mit neutestamentlicher Perspektive auf die Sozialformen der heutigen Eucharistiefeier, so zeigt sich ein hybrides Gebilde: Die Eucharistiefeier verwendet Elemente der Herrscherverehrung, welche die Gruppe auf ein gemeinsames Zentrum ausrichten und feierliche Stimmung erzeugen. Sie überlagert Mahl und Opfer mit der Folge, dass anstelle des Mahls eine individuelle, symbolische Teilhabe am Brot tritt. Die Konstellation von Priester und Volk überlagert, auch bei wenigen Teilnehmenden, die Konstellation von Gastgebern und Gästen. Kommunikative Elemente fallen aus, wenn sie nicht in seltenem Effort nach außerhalb des gottesdienstlichen Rahmens verlegt werden.[33]

Die Resonanzen im Neuen Testament zeigen, dass sich die Eucharistiefeier Sozialgestalten zuschreibt, die heute hierzulande nicht mehr kulturell etabliert sind. Weder gegliederte Mähler noch Tieropfer noch Herrscherakklamationen sind vertraut. Bundeskanzlerinnen nehmen den Großen Zapfenstreich entgegen, Menschen essen gemeinsam beim Brunch, im Bierzelt oder beim Candlelight-Dinner, und wer Aussöhnung sucht, bucht eine Mediatorin. So stellt sich die Frage, wie das Erinnerte sich so bewahren lässt, dass es kulturell vermittelbar bleibt. Doch auch die Gegenfrage sei gestellt: Wie kann die eigene Kultur

---

Apsis (1226), Raum für Gruppenkulte; *Martin Klöckener*, Liturgie in der Alten Kirche des Westens, in: J. Bärsch / B. Kranemann (Hg.) Rituelle Entwicklungen, theologische Konzepte und kulturelle Kontexte, Bd. 1: Von der Antike bis zur Neuzeit, Münster 2018, 201–269, hier 220–222.

[32]   Zur alten Christussymbolik vgl. *Klöckener*, Liturgie (wie Anm. 31) 221.

[33]   Am Rande sei noch die hier nicht ausgeführte Sozialform zu nennen, die heutige Predigten voraussetzen, nämlich die Rede vom Podium zur Menge.

so gestaltet werden, dass in ihr bewährte existentielle Erfahrungsräume des Zwischenmenschlichen und der Anbetung nicht verloren gehen?

Die kanonischen Texte spiegeln das Interesse an der Wirkung der Rituale auf den oder die Einzelne. Ob eine Feier von „Liebe" oder „Aufbau" geprägt ist, lässt sich nur an der Wahrnehmung der Feiernden verifizieren. Die Befindlichkeit der Beteiligten interessiert. Das drängt hin zur redlichen Überprüfung im synodalen Gespräch, wo die kreative Suche nach vermittelbaren Formen weitergehen kann.

Λαϊκός – Die Rechte und Pflichten von Laien in der Liturgie

Florian Wegscheider

Die liturgiewissenschaftliche Auseinandersetzung und die Ergänzung durch die Außenperspektive von Nachbardisziplinen zum Begriffspaar „Laie" und „Liturgie" sind mannigfaltig[1] und werden aufgrund der aktuellen innerkirchlichen

---

[1] Im Folgenden findet sich eine Auswahl aus der Fülle an Publikationen: *Reiner Kaczynski*, Gottesdienstleitung durch beauftragte Laien, in: M. Weitlauff/P. Neuner (Hg.), Für euch bin ich Bischof – mit euch Christ. FS Friedrich Kardinal Wetter, St. Ottilien 1998, 857–878; *Hans Bernhard Meyer*, Liturgischer Leitungsdienst durch Laien, in: M. Klöckener/ K. Richter (Hg.), Wie weit trägt das gemeinsame Priestertum? Liturgischer Leitungsdienst zwischen Ordination und Beauftragung (QD 171), Freiburg/Br. 1998, 107–144; *Reiner Kaczynski*, Die Leitung von Gottesdiensten durch beauftragte Laien, in: ebd., 145–166; *Silvano Sirboni*, La ministerialità laicale nella celebrazione liturgica, in: I laici nella liturgia. Quale ministerialità? hrsg. v. Centro di Azione Liturgica (BEL.Pa 22), Roma 2001, 51–64; *Adrian Loretan*, Liturgische Leitungsdienste der Laien. Zur Situation in der Schweiz, in: S. Demel u.a. (Hg.), Im Dienst der Gemeinde. Wirklichkeit und Zukunftsgestalt der kirchlichen Ämter (Kirchenrechtliche Bibliothek 5), Münster 2002, 163–186; *Manfred Probst*, Die Leitung von Wort-Gottes-Feiern durch beauftragte Laien, in: B. Kranemann/T. Sternberg (Hg.), Wie das Wort Gottes feiern? Der Wortgottesdienst als theologische Herausforderung (QD 194), Freiburg/Br. 2002, 181–204; *Angelo Lameri*, Ruoli laicali nel benedizionale, in: A. Montan/M. Sodi (Hg.), Actuosa participatio. Conoscere, comprendere e vivere la liturgia (Monumenta studia instrumenta liturgica 18), Vatikanstadt 2002, 289–303; *Benedikt Kranemann*, Teilnahme, Mitverantwortung, Leitung. Die Rolle von Laien angesichts „missionarischer" Feiern und Gottesdienste, in: J. Block/I. Mildenberger (Hg.), Herausforderungen: missionarischer Gottesdienst. Liturgie kommt zur Welt. FS Wolfgang Ratzmann (BLSp 19), Leipzig 2007, 95–111; *Rudolf Pacik*, Laien und Liturgie, in: G. Ritzer (Hg.), „Mit euch bin ich Mensch ..." FS Friedrich Schleinzer (STSud 34), Innsbruck/Wien 2008, 461–477; *Michael Kunzler*, Laie und Liturgie. Neuevangelisierung durch Mystagogie?, in: G. Augustin/M. Schulze (Hg.), Freude an Gott. Auf dem Weg zu einem lebendigen Glauben. FS Kurt Kardinal Koch, Bd. 1, Freiburg/Br. 2015, 377–407; *Samuel-Kim Schwope*, Gesandt, nicht geweiht? Sendungs- und Beauftragungsfeiern von Gemeinde- und Pastoralreferentinnen/-referenten (ETS 116), Würzburg 2020; *Benedikt Kranemann*, Laienpredigt – eine liturgiewissenschaftliche Perspektive, in: C. Bauer/W. Rees (Hg.), Laienpredigt – Neue pastorale Chancen, Freiburg/Br. 2021, 152–175.

Weichenstellungen stetig vorangetrieben.[2] An dieser Stelle soll nach einem Blick in die Begriffsgeschichte der derzeitige katholisch-lehramtliche Stand zum Verhältnis von Laie und Liturgie betrachtet werden. Ausgehend von den einschlägigen Schriften des Zweiten Vatikanischen Konzils und ihren Konkretisierungen durch nachkonziliare lehramtliche Texte wird der Frage nachgegangen, wie Laien ihre Taufberufung in der Liturgie verwirklichen können und sollen.

1. Begriffsgeschichte

Wenn man sich dem Begriff „Laie" nähert und ihn biblisch rückbinden möchte, wird man zu Beginn sogleich einwenden können, dass es sich hierbei nicht um einen Begriff biblischen Ursprungs handelt, denn die Septuaginta kennt zwar das Nomen Λαός für das Volk Gottes oder auch für Fremdvölker, der Adjektivbegriff Λαϊκός ist hingegen nicht zu finden. Das Adjektiv Λαϊκός ist zuerst in ägyptischen Papyri des 3. Jahrhunderts v. Chr. auszumachen und wird als etwas dem Landvolk gehörend oder dem Landvolk angehörig verstanden.[3] Erst die AT-Übersetzungen in nachjesuanischer Zeit verwenden vereinzelt Λαϊκός, um das Profane vom Heiligen abzuheben. Dabei ist es die Aufgabe der Priester, dem Volk den Unterschied zwischen dem, was Λαϊκός, also gemein und zugänglich ist, und dem, was heilig, also reserviert und nicht allgemein ist, zu erklären (vgl. Ez 44,23).[4] In den Texten des Neuen Testaments ist Λαϊκός hingegen gar nicht zu finden.

Die erste nachweisbare christliche Verwendung von Λαϊκός ist im 1. Clemensbrief auszumachen[5], wo vermutlich von Mitgliedern der Synagoge gesprochen wird, die keine Priester oder Leviten waren.[6] Generell kann festgestellt werden, dass Λαϊκός in der Antike dem Bereich der ἰδιώτης (Bürger ohne

---

2 Vgl. u. a. *Winfried Haunerland*, Taufe durch Laien. Notlösung oder Reformschritt?, in: HerKorr 6 (2022) 37–41; *Julia Knop*, Amt und Würden, Macht und Dienst, in: V. Dessoy / P. Klasvogt / J. Knop (Hg.), Riskierte Berufung – ambitionierter Beruf. Priester sein in einer Zeit des Übergangs (Kirche in Zeiten der Veränderung 11) Freiburg/Br. 2022, 23–42.

3 Vgl. *Alexandre Faivre*, Laie, in: RAC XXII (2008) 826–853, hier: 827 f.

4 Vgl. *Johannes Baptist Bauer*, Die Wortgeschichte von „laicus", in: ZKTh 81 (1959) 224–228.

5 Vgl. 1 Clemens 40,5 (FC 15, 164 Schneider): „ὁ λαϊκὸς ἄνθρωπος τοῖς λαϊκοῖς προστάγμασιν δέδεται."

6 Vergleiche hierzu auch den Beitrag von Predrag Bukovec in diesem Band.

öffentliches Amt, Ungebildete) zugerechnet wurde.[7] Die Tatsache, dass der Begriff Λαϊκός ins Neue Testament keinen Eingang gefunden hat, ist auch der Ausrichtung geschuldet, dass in den neutestamentlichen Texten in Hinblick auf die Gemeindemitglieder verstärkt das Verständnis des Kollektivs in den Vordergrund rückt, wenn z. B. im 1. Petrusbrief der Begriff κλῆρος noch auf die gesamte den Presbytern anvertraute Gemeinde Anwendung findet (vgl. 1 Petr 5,3). Im Laufe der ersten Jahrhunderte ändert sich aber der Blick auf die Gemeinde. Der Begriff Λαϊκός als christlicher Terminus technicus tritt jedoch erst zu Beginn des 3. Jahrhunderts bei Clemens von Alexandrien bzw. bei Tertullian auf. Auch wenn de facto die Gegenüberstellung von Klerikern und Laien als soziologisches Phänomen in der Kirche in den ersten beiden Jahrhunderten rasch Einzug gefunden hatte, ist die klare Abtrennung und die damit verbundene Bedeutung des Begriffes „Laie" ein Resultat der Etablierung von Klerikern auf Lebenszeit. Damit einhergehend bzw. damit verflochten sind auch weitere Fragen wie die Sazerdotalisierung von Ämtern, die Stellung der Frau in der Gemeinde, die Verwaltung von kirchlichen Gütern etc. Der Begriff des Laien tritt in seiner Selbstständigkeit in den Hintergrund und fungierte hingegen immer stärker als Schablone für die Klärung des Begriffes „Kleriker", um damit die Professionalisierung des Amtes voranzutreiben und darüber hinaus auch anzuzeigen.[8] Nichtsdestotrotz betrachtet Tertullian – trotz der vorgenommenen Trennung von Klerikern und Laien – das Verbindende als wesentlicher, denn Laien und Priester sind seiner Ansicht nach in der Würde gleich und besitzen damit auch implizit dieselben Pflichten.[9] Trotz der zugesprochenen selben Würde sieht es Tertullian interessanter Weise als notwendige Pflicht, dass Laien gegebenenfalls bereit sein müssen, dem hierarchischen Ordo beizutreten, wenn dies von ihnen verlangt werde.[10] Was Tertullian den Laien zuspricht bzw. von ihnen einfordert, das beschränkt er wie selbstverständlich auf Männer.[11]

Im Zuge der Professionalisierung des kirchlichen Amtes kam den Laien die Aufgabe zu, die Kleriker zu finanzieren[12], denn selbst die bis dahin hochgeschätzten Konfessoren erlitten einen für das Laien-Verständnis entscheidenden Bedeutungsverlust, da sie nicht mehr im Rang eines Presbyters gesehen wurden[13], und damit waren auch die letzten Laien aus der Sphäre der Kleriker verbannt. Denn mit der ansteigenden Zahl an Gläubigen wurde das hierarchische

---

7   Vgl. *Jürgen Werbick*, Laie. I. Begriff, in: LThK³ VI (2006) 589 f., hier: 590.
8   Vgl. *Faivre*, Laie (wie Anm. 3), 826–853, hier: 829 f.
9   Vgl. *Tertullian*, De exhort. cast. 7,2 f. (CCSL 2, 1024 f. Kroymann).
10 Vgl. *Faivre*, Laie (wie Anm. 3), 826–853, hier: 835 f.
11 Vgl. *Tertullian*, De virginibus velandis 9,1 f. (CCSL 2, 1218 f. Dekkers).
12 Vgl. u. a. *Origenes*, Hom., in: Jos. 17,3 (SC 71, 381 Jaubert).
13 Vgl. *Cyprian*, ep. 38–40 (CCSL 3B, 183–195 Diercks).

Strukturgeflecht rasch gefestigt, um vor Spontanität gewappnet zu sein. Die Implementierung des Monepiskopats tolerierte immer weniger Autoritäten, die sich anderweitig begründeten. Funktionsträger, die sich von Disziplin und Liturgie unterschieden, wurden seltener, die Befugnisse sammelten sich in den Händen des Bischofs.[14] Die Konsequenz dieser Professionalisierungswelle war, dass bei Vergehen durch Kleriker diese in den Laienstand zurückversetzt wurden und damit den Anspruch auf Versorgung verloren. Damit galt die Rückstufung oder die Reduzierung auf die *laica communio* mit dem Verlust der Existenzgrundlage als härtere Strafe als die Exkommunikation. Die Strafe der *laica communio* musste damit als eine der deutlichsten Abwertungen des Laienstandes verstanden werden, wenn das Kommunizieren nach Laienart pars pro toto für den Verlust der institutionellen Lebensversorgung stand.[15] Die primäre innerkirchliche Aufgabe von Laien war es, die Kleriker zu ehren und zu versorgen, denn – so Theodoret von Cyrus[16] – die Laien seien gleichzusetzen mit den Nichteingeweihten (ἰδιῶται) in 1 Kor 14,23. Diese in der Antike aufkommende scharfe Trennung zwischen christlichen Klerikern und Laien bzw. die mitunter damit einhergehende Abwertung von Laien führte im Mittelalter zu teilweise heftigen Auseinandersetzungen zwischen geistlichen und weltlichen Machtansprüchen.[17] Auch wenn die Bedeutung der Laien für das christliche Leben mitunter eine nicht zu übersehende Marginalisierung erfahren hat, so darf dennoch nicht außeracht gelassen werden, dass Laien im kulturellen und sozialen Leben der Kirche stets eine Rolle spielten. In den unterschiedlichen Jahrhunderten[18] haben sich neue Laien-Funktionen ergeben wie jene des christlichen Kaisers[19], der Inhaber entsprechender Patronate, der Mitglieder von Bruderschaften oder später jene der Bildungsbürger und Träger von christlichen Vereinen, die entscheidenden Einfluss auf die kirchliche Entwicklung nahmen. Dennoch hatten die Auseinandersetzungen und Spannungen aufgrund der Abgrenzung von Klerikern und Laien bis zum Zweiten Vatikanischen Konzil und möglicherweise auch über dieses hinaus Bestand.

---

[14] Vgl. *Faivre*, Laie (wie Anm. 3), 847.

[15] Vgl. ebd., 850.

[16] Vgl. *Theodoret*, comm. in 1 Cor. 14 (PG 82, 344).

[17] Vgl. *Alexandre Faivre*, Attori e strutture del campo religioso, in: G. Alberigo / G. Ruggieri / R. Rusconi (Hg.), Il Cristianesimo. Grande atlante, Torino 2006, 627–646.

[18] Vgl. hierzu u. a. den Sammelband *Jonathan Reinert / Volker Leppin* (Hg.), Kleriker und Laien. Verfestigung und Verflüssigung einer Grenze im Mittelalter (SMHR 121), Tübingen 2021.

[19] Vgl. *Gerhard Hartmann*, Der vornehmste Laie. Über die Sakralität des Kaisertums, in: M. Sohn-Kronthaler / R. F. Höfer (Hg.), Laien gestalten Kirche. Diskurs – Entwicklungen – Profile. FS Maximilian Liebmann (TKD 18), Innsbruck 2009, 63–82.

2.   Das Zweite Vatikanische Konzil und der Blick auf die Laien

Nach dem Blick auf das Volk Gottes und die hierarchische Ordnung der Kirche folgt im Kapitel IV der Dogmatischen Konstitution über die Kirche *Lumen Gentium* der Versuch, den Begriff des Laien neu in der kirchlichen Verfassung zu verankern.[20] Trotz aller Bemühungen erfolgt die Definition von Laien erneut ex negativo, anhand der Abgrenzung von den Gliedern des Weihe- und Ordensstandes: „Unter der Bezeichnung Laien sind hier alle Christgläubigen verstanden mit Ausnahme der Glieder des Weihestandes und des in der Kirche anerkannten Ordensstandes" (LG 31). Dieser Beschreibung folgt die Darlegung der Aufgabe bzw. des Propriums der Laien: „Sache der Laien ist es, kraft der ihnen eigenen Berufung in der Verwaltung und gottgemäßen Regelung der zeitlichen Dinge das Reich Gottes zu suchen." (LG 31) Das Konzil spricht davon, dass die Laien „in der Verwaltung und gottgemäßen Regelung der zeitlichen Dinge" ihre Berufung zu leben haben. Diese Einordnung präzisiert *Lumen Gentium*, wenn es davon spricht, dass die Laien in besonderer Verbindung mit der Welt gesehen werden, ihnen „ist der Weltcharakter in besonderer Weise [zu] eigen." (LG 31) Damit setzt das Konzil einen entscheidenden Maßstab, wenn das erste Mal in der Kirchengeschichte[21] der Begriff „Laie" lehramtlich mit der Ausbreitung des Reiches Gottes in der Welt in Verbindung gesetzt wird.

Als Fundament dieser Lehraussage fungiert die Rückbesinnung auf die Bedeutung der Taufe, die durch die je eigene Berufung zur Verwirklichung gebracht werden soll (vgl. LG 32). Mit dieser auf die Taufe gegründeten Ekklesiologie, gemäß der alle Getauften Anteil haben an den drei munera Christi (vgl. LG 31), muss auch einhergehen, dass sich die Gläubigen in ihrer Subjekthaftigkeit ernstgenommen fühlen, aber sich auch dieser Subjekthaftigkeit entsprechend in die kirchliche Gemeinschaft einbringen. Sie dürfen dabei nicht in die Rolle der Konsumenten und Konsumentinnen gedrängt werden bzw. sich darauf zurückziehen, sondern müssen sich der existenziellen Herausforderung des Glaubens stellen.[22] Im Sinne dieser existenziell-ekklesialen Herausforderung tragen Laien sowohl kirchlich wie auch gesellschaftlich Verantwortung und befinden sich in der mystisch-politischen Doppelstruktur des Glaubens, wie es Johann Baptist Metz[23] nennt. Laien müssen die Dichotomie des Glau-

---

[20]   Vgl. u. a. *Maria Clara Lucchetti Bingemer*, Das Konzil: Die Laien treten aus dem Schatten heraus, in: Conc(D) 48 (2012) 305–314.

[21]   Vgl. *Peter Hünermann*, Theologischer Kommentar zur dogmatischen Konstitution über die Kirche Lumen gentium, in: HThKVatII 2, 263–582, hier: 466.

[22]   Vgl. *Marianne Heimbach-Steins,* Laie. V. Spiritualität, in: LThK³ VI, 595 f., hier: 595.

[23]   Vgl. *Johann Baptist Metz*, Zeit der Orden? Zur Mystik und Politik der Nachfolge, Freiburg/Br. 1977, 93 f.

bens von innerkirchlicher Gottesverehrung und politischer Weltgestaltung in einer vitalen Spannung umsetzen.

Der Ausgangspunkt für Λαϊκός, das Nomen Λαός, beschreibt im Sinne von 1 Petr 2,9 die unterschiedslose Zugehörigkeit zum Volk Gottes. Dieser Ausgangspunkt, der christlich wie erwähnt in der Taufe gründet, bildet auch in *Lumen Gentium* die Grundlage für alle weiteren Reflexionen des Begriffes Laie (vgl. LG 9). Jeder und jede Getaufte besitzt die Zugehörigkeit zum Leib Christi. Im Sinne der existenziellen Verbundenheit aller Glieder ist die Taufweihe zum „gemeinsame[n] Priestertum der Gläubigen" (LG 10) primär eine Ausrichtung auf die Gegenseitigkeit. Jeder und jede Glaubende besitzt das Recht, aber auch die Pflicht, das von Christus verheißene Heil weiterzugeben. Dies ernstnehmend kann und darf es im Verständnis der Heilsvermittlung zwischen Klerus und Laien nicht zu einer Subjekt-Objekt-Spannung kommen, denn gegen eine allzu glatte Inkarnationstheologie – wie es Joseph Ratzinger schreibt[24] – ist die Heilsvermittlung als eine Fortführung der Liturgie in die Welt zu verstehen, im gemeinsamen priesterlichen Dienst der Weitergabe der empfangenen Gaben (vgl. 1 Petr 4,10). Christusähnlich wenden sich alle Getauften, aber aufgrund ihres Weltcharakters in besonderer Weise – im Sinne von LG 31 – die Laien anderen Menschen zu, lehren sie, und darüber hinaus leiden sie auch mit ihnen „und dienen einander mit den ihnen von Gott geschenkten Gaben bzw. Charismen."[25] Sie realisieren damit die ihnen bei ihrer Taufe geschenkten drei munera Christi[26] und müssen zur Verwirklichung einer umfassenden Ekklesiologie in der Liturgie die ihnen zukommende Rolle übernehmen und „vollziehen einen wahrhaft liturgischen Dienst" (SC 29). In dieser Auffassung kann nicht anders von der Gemeinde gesprochen werden, als dass sie Trägerin der Liturgie ist (vgl. SC 7). Indem die Laien Zeugnis ablegen für ein christliches Leben kommt ihnen die Verkündigung des Evangeliums vor allem in der zeitlichen Ordnung (vgl. LG 31) zu. Diese Zeugenschaft gründet in der Taufe und wird durch die Firmung gestärkt, dabei bringen die Laien geistliche Opfergaben dar. Diese, vom Konzil als laienspezifische betrachtete Ausrichtung muss nach dem Konzilsdekret über das Laienapostolat *Apostolicam actuositatem* rückgebunden sein an die Liturgie; daher ist die tätige Teilnahme in der Liturgie Abbild des Apostolats (vgl. AA 2–4). Des Weiteren weist *Apostolicam actuositatem* darauf hin, dass aufgrund des spezifischen Weltcharakters der Laien ihnen auch gewisse Ämter und Funktionen zugewiesen werden sollen, die ihrem Auftrag in besonderer Weise

---

[24] Vgl. *Joseph Ratzinger*, Sentire Ecclesiam, in: GuL 36 (1963) 321–326, hier: 325.

[25] *Hans-Martin Barth*, Laie II. Systematisch-theologisch, in: TRE XX, 385–393, hier: 389.

[26] Vgl. *Benedikt Kranemann*, „Priester, König und Prophet" – Taufberufung und Christsein, in: C. Freilinger/F. Wegscheider (Hg.), „… und Christus wird dein Licht sein." (Eph 5,14). Taufberufung als dialogisches Christus-Geschehen (Schriften der Katholischen Privat-Universität Linz 11), Regensburg 2022, 229–252, hier: 251 f.

entsprechen. Dazu gehören unter anderem die Unterweisung in der christlichen Lehre oder auch gewisse liturgische Handlungen oder Aufgaben in der Seelsorge (vgl. AA 24).

Die in _Lumen Gentium_ angesprochene Weltzugewandtheit der Laien ist ein Wesensbestandteil von Kirche[27] und spiegelt sich wider in der katholischen Ekklesiologie, wenn das Nachsynodale Schreiben über die Berufung und Sendung der Laien in der Kirche _Christifideles Laici_ von 1988[28] dazu auffordert, dass das In-der-Welt-Handeln der Laien eine theologische Konsequenz für das Kirchenverständnis mit sich bringen müsse (Nr. 15). Das In-der-Welt-Handeln zeige auch den Ort der Laien in der Kirche an, so _Christifideles Laici_ weiter.[29] Die Laien sollen durch ihre spezifische Sendung am Schöpfungs- und Erlösungsakt Gottes mitwirken. Diese Sendung soll auf das engste mit der Verantwortung der Laien in der Kirche verknüpft und so ein grundlegender Beitrag zum Aufbau der Kirche als _Communio Sanctorum_ geleistet werden (Nr. 17).

Das Zweite Vatikanische Konzil und die sich darauf beziehenden Texte sehen die Laien in entscheidender Verantwortung, sowohl in institutionellen als auch liturgischen Belangen. Angesichts der signifikanten Veränderungen im Bereich des kirchlichen Laien-Verständnisses und der mitunter stockenden Umsetzung der konziliaren Vorgaben, sei an dieser Stelle die kritische Anmerkung von Peter Hünermann angeführt:

Wenn das Konzil gehofft haben sollte, die im Folgenden aufgeführten Ziele allein durch die Ermahnung und das Idealbild eines familiären Umgangs zwischen Laien und Hirten zu erreichen, dann wirkt dies wie weltfremde Romantik. Die Ziele, die genannt werden – Weckung des Sinns für eigene Verantwortung bei den Laien, Bereitwilligkeit zur Zusammenarbeit mit den Hirten, Einbringung der Erfahrung der Laien in geistlichen wie weltlichen Dingen – sind Ziele, die nur erreicht werden können, wenn zur spirituellen Dynamik zugleich entsprechende institutionelle Regelungen gefunden werden. Betrachtet man die grundsätzlichen theologischen Erklärungen über die Aufgabe der Laien in der Kirche nicht nur als theologische Rhetorik, sondern als ernstgemeinte Glaubensaussagen, dann bedarf es entsprechender rechtlich umrissener Strukturen,

---

[27] Vgl. _Paul VI._, Ansprache an Mitglieder von Säkularinstituten vom 2. Februar 1972, in: AAS 64 (1972) 206–212, hier: 208.

[28] Nachsynodales Apostolisches Schreiben _Christifideles Laici_ von Papst Johannes Paul II. über die Berufung und Sendung der Laien in Kirche und Welt, vom 30. Dezember 1988, in: VApS 87.

[29] Hier soll nicht unerwähnt bleiben, dass dem Nachsynodalen Schreiben eine Instruktion zu einigen Fragen über die Mitarbeit der Laien am Dienst der Priester folgte, die eine Vielzahl an angesprochenen Aufgaben durch Laien relativierte und von nicht weniger als acht römischen Dikasterien unterzeichnet wurde. Eine äußerst beachtliche Anzahl an Unterzeichnern.

Freiräume und Interventionsmöglichkeiten für die Laien, damit sie ihrer Sendung entsprechen können.[30]

Das hier von Peter Hünermann Ausgeführte muss im Sinne der Ekklesiologie auch für die Liturgie Gültigkeit besitzen.

Damit stellt sich die Frage[31], um welche liturgischen Aufgaben es sich handeln könnte, die unabdingbar mit den Pflichten der Laien korrespondieren. In Anbetracht der in *Apostolicam actuositatem* geschilderten Aufgabenfelder von Laien lassen sich vor allem vier Bereiche der Liturgie ausmachen, die m.E. hervorzuheben sind.[32]

3.   Laien und Liturgie

3.1   Die Verkündigung des Wortes Gottes

Mit dem Motu proprio *Spiritus Domini*[33] hat Papst Franziskus das Lektorat auch für Frauen geöffnet und es damit zu einem tatsächlichen Laiendienst gemacht. Das bedeutet, in der Liturgie kommt es den Laien zu, das Wort Gottes zu verkünden. Dass es sich hierbei um nichtevangelische Lesungen handelt, darf nicht dazu verwendet werden, eine Hierarchisierung der biblischen Texte und damit der liturgischen Dienste vorzunehmen. Ist es doch so, dass die unterschiedlichen Teile der Heiligen Schrift als gleichwertig betrachtet werden, was unter anderem auch die Bischöfe der deutschsprachigen Schweiz in der Pastoralen Einführung (Nr. 27) in die Wort-Gottes-Feier am Sonntag (2014) deutlich herausgestrichen haben[34]. Des Weiteren kommt den Lektoren und Lektorinnen zu, außerhalb der Eucharistiefeier auch die evangelischen Lesungen zu ver-

---

[30]   *Peter Hünermann*, Theologischer Kommentar zur dogmatischen Konstitution über die Kirche *Lumen gentium*, in: HThKVatII 2, 263–582, hier: 481.

[31]   Vgl. *Martin Stuflesser/Stephan Winter*, Gefährten und Helfer. Liturgische Dienste zwischen Ordination und Beauftragung (Grundkurs Liturgie 5), Regensburg 2005, 62–78.

[32]   Die aktuelle theologische Debatte geht in den unterschiedlichen Forderungen hinsichtlich der Beteiligung von Laien in der Liturgie weit über das hier Präsentierte hinaus. An dieser Stelle sollen hingegen jene Punkte exemplarisch dargestellt werden, welche in der konkreten Umsetzung der aktuell gültigen liturgischen Normen in Hinsicht auf die Lehre des Zweiten Vatikanischen Konzils zu wenig Berücksichtigung finden.

[33]   Apostolisches Schreiben in Form eines Motu proprio *Spiritus Domini* von Papst Franziskus zur Modifikation von Canon 230 §1 des Codex des Kanonischen Rechts betreffend den Zugang von Frauen und Männern zum Dienst des Lektors und des Akolythen vom 10. Januar 2021.

[34]   Vgl. Die Wort-Gottes-Feier am Sonntag. Hrsg. v. Liturgischen Institut in Freiburg im Auftrag der Bischöfe der deutschsprachigen Schweiz, Freiburg/Schw. 2014, 15.

künden, so z.B. in Wort-Gottes-Feiern, Tagzeitenliturgien etc. In Ausnahme-
fällen ist es des Weiteren auch Laien gestattet innerhalb der Eucharistiefeier
das Evangelium zu verkünden, wenn der Diakon und der Priester nicht der betreffenden Muttersprache mächtig sind.[35] Das bedeutet, wenn es durch den
Vortrag des Evangeliums durch den Diakon oder gegebenenfalls durch den
Priester aufgrund von sprachlichen Barrieren nicht zu einem Verkündigungs-
geschehen kommen kann, haben Laien dies zu bewerkstelligen. Der eigentliche
Grund, warum nicht der Lektor, die Lektorin in der Eucharistiefeier das Evangelium verkündet, ist im Sinne der Amtstheologie des Zweiten Vatikanischen
Konzils, dass der eigentliche Verkünder des Evangeliums der Bischof ist (vgl.
LG 25), in dessen Namen der Diakon die Verkündigung übernimmt.[36] Durch
ihren Dienst in der Welt verwirklichen Laien den prophetischen Auftrag des
Amtes Christi (vgl. LG 12). Im Sinne dieser prophetischen Dimension kommt
ihnen nicht nur die Bezeugung der Botschaft Christi in der Welt zu, sondern
auch im verbalen Verkündigungsdienst innerhalb der Liturgie.[37] Was für das
Lektorat Geltung besitzt, müsste in gleicher Weise auch für den Kirchenmusi-
ker, für die Kirchenmusikerin Geltung haben. Laien verkündigen innerhalb der
Liturgie die biblische Botschaft, weil sie dies auch in der Welt tun bzw. den
Auftrag dazu haben.

3.2   Das Allgemeine Gebet der Getauften

Im Idealfall der christlichen Initiation, also der Feier der Initiation Erwachse-
ner in der Osternacht, ist der zeitlich primäre sichtbare Ausdruck, dass die
Neugetauften zum ersten Mal am priesterlichen Dienst teilnehmen, das Allgemeine Gebet der Getauften, die Fürbitten. Die Fürbitten sind im Sinn der Allgemeinen Einführung ins Messbuch Ausdruck des gemeinsamen priesterlichen
Amtes (vgl. AEM 45). Diese Dimension der priesterlichen Würde[38] wird ganz
bewusst in der zentralen Feier der Kirche sichtbar: Für die Osternacht findet
sich die Rubrik, dass die Fürbitten trotz vorausgegangener Allerheiligenlitanei
zu sprechen seien.[39] Im Gegensatz zu allen weiteren Feiern, wo die Allerheili-

---

[35] Vgl. Generaldekret für die Bischöfe der Elfenbeinküste vom 4. Oktober 1970, in: Not. 6
      (1970) 384.

[36] Der Bischof ist u.a. verpflichtet, dem Wortgottesdienst in der Eucharistiefeier vorzu-
      stehen, selbst wenn er der weiteren Eucharistiefeier nicht selbst vorsteht (vgl. Zeremo-
      niale, Nr. 175). Liturgiehistorisch betrachtet entstammt das Verlesen des Evangeliums
      durch den Diakon dem niedrigen (sklavischen) Dienst des Vorlesers.

[37] Vgl. *Sabine Demel*, Zur Verantwortung berufen. Nagelproben des Laienapostolats (QD
      230), Freiburg/Br. 2009, 33.

[38] Vgl. *Kranemann*, „Priester, König und Prophet" (wie Anm. 26), 237–240.

[39] Für diesen Hinweis danke ich Stefan Gugerel sehr herzlich.

genlitanei ebenso vorgesehen ist, werden in der Osternacht die Fürbitten dennoch gesprochen, obwohl diese an sich in die Litanei eingefügt werden. Damit entspricht die Teilnahme am Allgemeinen Gebet dem in der Taufe und vor allem in der Firmung verliehenen Sendungsauftrag[40]. Durch ihren Dienst in der Welt werden die Gläubigen mit den Anliegen, Sorgen und Nöten der Menschen konfrontiert, versuchen, diese zu lindern und halten sie in der Liturgie Gott und der gesamten Kirche vor. Im Allgemeinen Gebet wird die Verpflichtung der Gläubigen erkennbar, für andere da zu sein und für sie zu beten. Dieser Charakter des Gebetes für andere wird im alltäglichen Leben der Gläubigen liturgisch besonders deutlich, wenn sie sich zur Vesper versammeln, um beim kollektiven Abschluss des Tages die im Alltag vorfindlichen Anliegen vorzutragen. Daher ist es auch nur folgerichtig, dass *Sacrosanctum Concilium* die gemeinschaftliche Feier der Vesper als genuinen Ort des fürbittenden Gebetes (vgl. AES 179–193) besonders einfordert:

> „Die Seelsorger sollen darum bemüht sein, daß die Haupthoren, besonders die Vesper an Sonntagen und höheren Festen, in der Kirche gemeinsam gefeiert werden. Auch den Laien wird empfohlen, das Stundengebet zu verrichten, sei es mit den Priestern, sei es unter sich oder auch jeder einzelne allein." (SC 100)

Die gemeinsam gefeierte Vesper bedarf auch keiner Änderung des geltenden kirchlichen Rechts und keiner Beauftragung. Die gemeinsame Feier wäre liturgischer Ausdruck der Verantwortung der Laien für das kirchliche und gesellschaftliche Leben, Ausdruck der priesterlichen Dimension ihrer Taufberufung.

3.3 Die Gabenbereitung

Ähnlich wie beim Allgemeinen Gebet verhält es sich bei der Gabenbereitung innerhalb der Eucharistiefeier. Die Laien bringen die Gaben zum Altar (vgl. AEM 49). Damit wird der Weltcharakter, dass die Gaben nicht zuletzt Ergebnis menschlicher Arbeit sind, sichtbar. Neben der herstellenden Tätigkeit betrachtet *Apostolicam actuositatem* auch die von Laien dargebrachten geistlichen Opfergaben in Rückbindung an die Eucharistie:

> „Sie werden zu einer königlichen Priesterschaft und zu einem heiligen Volk (vgl. 1 Petr 2,4–10) geweiht, damit sie durch alle ihre Werke geistliche Opfergaben darbringen und überall auf Erden Zeugnis für Christus ablegen. Durch die Sakramente, vor allem die heilige Eucharistie, wird jene Liebe mitgeteilt und genährt, die sozusagen die Seele des gesamten Apostolates ist." (AA 3)

---

[40] Vgl. *Eva-Maria Faber*, Einführung in die Sakramententheologie, Darmstadt ³2011, 96.

Aber nicht nur die „Werke der geistliche[n] Opfergaben" erhalten in der Gabenbereitung ihren Platz, sondern auch die Komponente der konkreten Armenfürsorge. Die Laien bringen das von ihnen erwirtschaftete Geld bzw. andere materielle Gaben dar, damit diese weitergegeben werden an die Armen, auch an jene, die nicht der Kirche angehören (vgl. AEM 49). Mit dem Herbeibringen der Gaben ist die konkrete Handlungsbevollmächtigung an den Priester bzw. den Bischof verbunden. Ohne die dargereichten Gaben der Laien ist keine Fortführung der Eucharistiefeier möglich. Diese Komponente der Gabenbereitung scheint noch zu wenig Berücksichtigung gefunden zu haben. Das hier hinsichtlich der Gesamtgesellschaft Skizzierte gilt auch für die Sozietät der Familie. Im Verständnis von *Apostolicam actuositatem* konkretisiert sich der Auftrag der Laien in ganz besonderer Weise in der Familie als *ecclesiola* (vgl. AA 11), als Kernzelle der Gesellschaft und der Kirche. In ihr soll sich auch die angesprochene Dimension der Nächstenliebe manifestieren. Die Liturgie hebt diese durch Laien getätigte Nächstenliebe in prominenter Weise hervor, wenn in der Feier der Trauung, genauer gesagt im Hochgebet über das Brautpaar, die erste Bitte für die Konkretisierung der christlichen Ehe lautet: „verleihe ihnen [den Brautleuten] Offenheit für andere Menschen und die Bereitschaft, fremde Not zu lindern."[41] Erst danach folgt die Bitte um Elternschaft. Gleiches gilt am Schluss der Trauung, wenn beim allgemeinen Segensgebet darum gebeten wird, dass die Brautleute am Ende ihres Lebens von jenen im Himmel empfangen werden sollen, denen sie zu Lebzeiten geholfen haben: „Seid in der Welt Zeugen der göttlichen Liebe und hilfsbereit zu den Armen und Bedrückten, damit sie euch einst in den ewigen Wohnungen empfangen."[42] Daher scheint es nur folgerichtig zu sein, dass – wie in den entsprechenden Rubriken vorgesehen[43] – das Brautpaar die Gaben, inkl. die Gaben für die Armen, zum Altar bringt als sichtbares Zeichen seines Einsatzes für die Ausbreitung des Reiches Gottes. In der Gabenprozession manifestiert sich: Der Einsatz der Laien in der Welt ist konstitutiv und zugleich Handlungsbevollmächtigung für die Eucharistiefeier. Der Einsatz der Laien für die Welt und für die Kirche kann nicht losgelöst werden von der konkreten Feier der Liturgie.

---

[41] Die Feier der Trauung in der Messe, Nr. 37, in: Die Feier der Trauung. In den katholischen Bistümern des deutschen Sprachgebiets. Zweite authentische Auflage auf der Grundlage der Editio typica altera 1990, Freiburg/Br. u.a. 2020, 59.

[42] Feierlicher Schlusssegen Trauungsmesse A I, in: Die Feier der Heiligen Messe. Messbuch. Für die Bistümer des deutschen Sprachgebietes. Authentische Ausgabe für den liturgischen Gebrauch. Kleinausgabe. Das Meßbuch deutsch für alle Tage des Jahres, Einsiedeln u.a. 1988, 981.

[43] Vgl. Die Feier der Trauung in der Messe, Nr. 40, in: Die Feier der Trauung, 64.

3.4   Das Patenamt

Ein liturgisches Amt, das weder in *Apostolicam actuositatem* noch in *Christifideles Laici* Erwähnung findet, ist jenes des Paten, der Patin, obwohl ihnen die Verkündigung des Glaubens bei Katechumenen und Neophyten zukommt. Die Paten nehmen – so der Codex von 1983 – neben den Eltern des Taufbewerbers, der Taufbewerberin eine hervorgehobene Rolle ein, indem sie durch Wort und Beispiel den Glauben verkünden (vgl. can. 774 § 2 CIC/1983). Sie sollen des Weiteren mithelfen, dass „der Getaufte ein der Taufe entsprechendes christliches Leben führt und die damit verbundenen Pflichten getreu erfüllt." (can. 872 CIC/1983) Dies gilt sowohl für die Kindertaufe wie auch für die Erwachseneninitiation. Das Patenamt besitzt als gelebtes Glaubenszeugnis einen missionarischen Charakter, oder wie es das Apostolische Schreiben *Evangelii nuntiandi* von 1975[44] ausdrückt, ist der Ort „ihrer [der Laien] evangelisierenden Tätigkeit [...] die weite und schwierige Welt der Politik, des Sozialen und der Wirtschaft, aber auch der Kultur, der Wissenschaften und Künste, des internationalen Lebens und der Massenmedien", um abgrenzend fortzufahren „der Aufbau und die Entwicklung der kirchlichen Gemeinschaft [ist hingegen die] besondere Aufgabe der Hirten." (Nr. 70) Damit definiert *Evangelii nuntiandi* sehr deutlich die unterschiedlichen Aufgabenfelder von Laien und Klerikern. Im Sinne von *Evangelii nuntiandi* repräsentieren die Paten bei der Initiation die missionarische Kirche, ihnen kommt hierbei vor allem das prophetische Amt zu, das ihnen in ihrer eigenen Taufe übertragen wurde. Nur im Zusammenwirken der verschiedenen liturgischen Ämter wird die konkrete Sozialgestalt von Kirche deutlich. Nicht zuletzt deswegen muss das Patenamt als wahrhaft liturgischer Dienst ernstgenommen werden.

4.   Abschlussbeobachtungen

Die in der Antike begonnene Abgrenzung von Klerikern und Laien aufgrund der Definition ex negativo wurde, wie man an *Lumen Gentium* und *Apostolicam actuositatem* beobachten kann, trotz aller Bemühungen bis heute nicht überwunden. Zugleich ist auszumachen, dass die Beschreibung der Aufgabenfelder der Laien seit dem Zweiten Vatikanischen Konzil deutlich vorangeschritten ist, vor allem in den Dokumenten *Evangelii nuntiandi* und *Christifideles Laici*. Mit der Skizzierung der theologischen Landkarte der genuinen

---

44   Vgl. Apostolisches Schreiben *Evangelii nuntiandi* von Papst Paul VI. über die Evangelisierung in der Welt von heute, vom 8. Dezember 1975, in: VApS 2.

Aufgaben der Laien geht die Konkretisierung der Pflichten und Rechte einher. Diese Konkretisierung der Pflichten und Rechte muss sich auch widerspiegeln in der Liturgie, wenn man davon ausgeht, dass sich Kirche in der Liturgie zum Ausdruck bringt. Laien kommen hierbei wesentliche Teile der Liturgie zu, doch es wäre im Sinne der Forderungen des Konzils vonnöten, dass dies im konkreten liturgischen Leben entsprechend umgesetzt wird, damit die Liturgie mit dem Leben der Laien in der Welt und den damit verbundenen Verkündigungsauftrag korrespondiert. Bei aller legitimen aktuellen Diskussion um Macht und Verantwortung in Liturgie und Kirche ist es liturgietheologisch unumgänglich, die vier skizzenhaft vorgestellten liturgischen Aufgaben als genuin Laien zukommende Dienste ernsthaft umzusetzen. Damit soll neben dem priesterlichen und königlichen Amt der Laien das in *Lumen Gentium* hervorgehobene prophetische Amt (vgl. LG 35) verstärkt Sichtbarkeit in der Liturgie erfahren.

Identitätspolitiken und Liturgie

Postkoloniale Reflexionen zum Spannungsfeld von Identität und Transformation

Sigrid Rettenbacher

1. Ein anderer Blick

In der Bestimmung dessen, was Kirche ist, hat das 2. Vatikanische Konzil den Blick auf den theologischen Wert von Außenperspektiven gelenkt.[1] Nicht nur das Evangelium erleuchtet die Zeichen der Zeit, auch die Zeichen der Zeit haben Erkenntnispotential für das Evangelium und stellen somit potentielle Erkenntnisräume Gottes bereit. Damit macht das 2. Vatikanische Konzil mit einer Einsicht ernst, die wesentlich für das christliche Selbstverständnis ist und die die Christentumsgeschichte von Anfang an durchzieht, auch wenn sie nicht immer ausgesprochen und explizit gemacht wurde: In der wechselseitigen Verwobenheit von Identitäten ist das Christentum immer auch auf das Außen seiner selbst verwiesen, um sich selbst zu erkennen und besser zu verstehen. Das beginnt mit der Kenosis, in der sich Gott selbst in das andere seiner selbst ent-äußert, und verweist die Kirche(n) unausweichlich auf den inkarnatorischen Charakter ihrer eigenen Sendung: Nur im Kontakt mit den Kontexten ihrer Zeit findet die Gemeinschaft der Christ:innen, also Kirche, die Sprache, um ihren Glauben auszudrücken und über Räume und Zeiten hinweg zu vermitteln. Natürlich war diese kenotisch-inkarnatorische Qualität von Kirche immer auch gefährdet. Die wechselseitige Bedingtheit von Innen- und Außenperspektive wurde oft ausgeblendet und auf die exklusive, mit universalen Ansprüchen aufgeladene Bedeutung des eigenen Innenraums verwiesen, der vorgeblich ohne Bezüge zu einem Außen seiner selbst auskam. Diese Trennung von Innen und Außen wurde inhaltlich mit normativen, dichotom strukturierten Wertungen aufgeladen, die das Innen und Außen mit inhaltlichen Differenzierungen von wahr und falsch, Orthodoxie und Häresie, gut und böse markierten – Dif-

---

[1] *Sigrid Rettenbacher*, Außerhalb der Ekklesiologie keine Religionstheologie. Eine postkoloniale Theologie der Religionen (Beiträge zu einer Theologie der Religionen 15), Zürich 2019, 13–32.

ferenzierungen, die konkrete, oftmals leidvolle Konsequenzen für bestimmte Menschen nach sich zogen.[2]

Insofern ist es erfreulich und ganz dem Geist des 2. Vatikanischen Konzils entsprechend – mit dem die Liturgiewissenschaft über die Liturgiereform ja engstens verbunden ist –, wenn auf der Jahrestagung der deutschsprachigen Liturgiewissenschaftler:innen die liturgiewissenschaftliche Perspektive mit Außenperspektiven ins Gespräch gebracht wird, von denen man sich Inspirationen für die eigenen liturgiewissenschaftlichen Positionen erhofft. Diese Außenblicke sollen Perspektiven einbringen, die mit der eigenen Brille nicht zu erkennen sind. Die Anfrage einer solchen Außenperspektive wurde auch an mich herangetragen, wobei in diesem Fall der Beitrag einer anderen theologischen Disziplin erwünscht war. Konkret ging es um die Wechselbeziehung von Liturgie und Ekklesiologie mit besonderem Blick auf die „liturgia/ecclesia semper reformanda". Gefragt war eine systematisch-theologische Perspektive auf Theologumena und Bilder im Wandel mit einem Fokus darauf, inwiefern dieser Wandel das Verständnis vom Volk Gottes betrifft. Im Nachdenken über die gestellte Aufgabe kristallisierte sich schnell heraus, dass ich selbst auch eine Außenperspektive – diesmal eine tatsächlich nicht-theologische – zu Rate ziehen würde, um die gestellte Aufgabe inhaltlich anzugehen. Denn im Zusammendenken von Volk Gottes, Wandel und Liturgie scheint sich insbesondere ein aus den Kulturwissenschaften kommender postkolonialer Blickwinkel anzubieten, um manche Zusammenhänge zu beleuchten, die mit einer rein theologischen oder liturgiewissenschaftlichen Brille nicht in den Blick geraten.

Warum gerade eine postkoloniale Perspektive mit Blick auf die Liturgie im Wandel? Zunächst einmal scheint ein aus den Kulturwissenschaften kommender, postkolonial inspirierter Blick tatsächlich eine andere Sichtweise auf liturgische Zusammenhänge freizulegen. Dies zeigt sich im Vergleich der beiden Perspektiven. Ein liturgiewissenschaftlicher Blick geht von einem komplexen Ineinander vom Handeln Gottes und Handeln des Menschen im liturgischen Geschehen aus.[3] Dabei ist der Verweis auf Gott unhintergehbar in eine Glau-

---

[2] „Ohne Zweifel spielt die Innen-Außen-Regelung überhaupt und zumal in den religiösen Systemen eine ausschlaggebende Rolle, dort vor allem deswegen, weil diese sozialen Probleme zugleich mit den inhaltlichen Differenzen zwischen wahr und falsch, zwischen Orthodoxie und Häresie sowie mit den moralischen Antithesen zwischen gut und böse aufgeladen sind. Dieser Tatbestand, verbunden mit einem die anderen abstufenden bis verteufelnden Fundamentalismus, hat in entsprechend akuten historischen Situationen unzählig viel Leid, den Verlust der Menschenwürde und des Lebens gebracht." (*Ottmar Fuchs*, Wer ist drinnen – Wer ist draußen? Aphorismen zu einem alten Thema, in: H. Keul/H.-J. Sander [Hg.], Das Volk Gottes – Ein Ort der Befreiung, Würzburg 1998, 95–106, 96 f.)

[3] *Stephan Winter*, Liturgie – Gottes Raum. Studien zu einer Theologie aus der *lex orandi* (Theologie der Liturgie 3), Regensburg 2013, 14, 155–229.

benstradition eingebunden, hat also auch eine soziale Komponente,[4] die Liturgie und Ekklesiologie aufs Engste miteinander verbindet.[5] Unter anderem ist der Raum der Liturgie auch ein Ort, um den „Gebrauch von ‚Gott' zu erlernen"[6]. In der liturgiewissenschaftlichen Reflexion stehen dabei – wie in jeder theologischen Reflexion – Glaubensvollzug und Glaubensreflexion in einer komplexen Beziehung. Ein wichtiger Bezugspunkt liturgiewissenschaftlicher Reflexionen – insofern sie sich mit dem offiziellen liturgischen Handeln beschäftigen – sind klarerweise liturgische Normen bzw. Vorgaben, die das liturgische Handeln strukturieren und sich in Texten niederschlagen. Diese liturgischen Vorgaben haben eine rituelle und eine inhaltliche Dimension und sind durch Verbindlichkeit, Schriftlichkeit und Universalität charakterisiert.[7] So können sie Einheitlichkeit gewährleisten, was dem „Wesen des Liturgieverständnisses der römisch-katholischen Kirche [entspricht], dass die liturgische Praxis innerhalb eines Ritus weltweit einheitlich sein soll"[8]. Normen zielen also auf Identität ab.[9] Und diese Identität ist mit Macht verbunden. In den letzten Jahren ist der liturgiewissenschaftliche Blick vermehrt auch auf die Frage nach der Unterlaufung liturgischer Vorgaben gelenkt worden.[10] Der Machtaspekt tritt ebenfalls immer mehr in den Fokus der Aufmerksamkeit – nicht zuletzt

---

4   Ebd., 33.
5   Stefan Böntert hält fest, dass „die Feier des Glaubens und das Selbstverständnis der Kirche unmittelbar zusammenhängen. Spätestens seit dem Zweiten Vatikanischen Konzil wird die Liturgie ausdrücklich zu den tragenden Säulen der Ekklesiologie gezählt, wenn es dort heißt, die Feier sei Quelle und Gipfel allen kirchlichen Lebens. Nimmt man diesen Zusammenhang ernst, ist die Liturgie geradezu ein Hotspot, in dem und aus dem sich kirchliches Leben realisiert: Das Geflecht von Zeichen und Texten schafft theologische Leitbilder, inszeniert Differenzen, weist den Mitwirkenden bestimmte Rollen zu und setzt sie relational zueinander ins Verhältnis. Was in der Feier geschieht, bleibt nicht auf den Kirchenraum beschränkt, sondern hat erhebliche Auswirkungen auf andere Bereiche des kirchlichen Lebens." (*Stefan Böntert*, Performanz. Macht. Gottesdienst. Herausforderungen aus dem Denken Judith Butlers für die Liturgiewissenschaft, in: B. Grümme/G. Werner [Hg.], Judith Butler und die Theologie. Herausforderung und Rezeption [Religionswissenschaft 15], Bielefeld 2020, 79–95, 80.)
6   *Winter*, Liturgie (wie Anm. 3), 33.
7   *Tobias Weyler*, Liturgische Normen. Eine Hinführung zu ihren funktionalen Begründungen, praktisch-theologischen Anfragen und pastoralen Perspektiven, in: M. Stuflesser/T. Weyler (Hg.), Liturgische Normen. Begründungen, Anfragen, Perspektiven (Theologie der Liturgie 14), Regensburg 2018, 39–53, 40.
8   *Martin Stuflesser/Hans-Georg Ziebertz/Tobias Weyler/Susanne Döhnert*, Liturgische Normen und gottesdienstliche Praxis. Ein empirisch-theologisches Forschungsprojekt zum Handeln liturgischer Akteure, in: Stuflesser/Weyler (Hg.), Liturgische Normen. (wie Anm. 7), 11–35, 22.
9   *Böntert*, Performanz (wie Anm. 5), 80.
10   Vgl. Stuflesser/Weyler (Hg.), Liturgische Normen (wie Anm. 7).

bestärkt durch die Missbrauchskrise.[11] Stefan Böntert weist jedoch darauf hin, dass die Gefahr gegeben ist, in den liturgiewissenschaftlichen Reflexionen den Machtbegriff einseitig auf das Handeln Gottes zu beziehen und so „über die Machtverhältnisse, die aus anthropologischer Sicht die Beziehungen zwischen den Mitfeiernden bestimmen"[12] – also das Handeln der Menschen bzw. die institutionelle Dimension – zu schweigen. So konstatiert er eine „weitgehende Unsichtbarkeit der Kategorie ‚Macht' in der Liturgiewissenschaft"[13]. Mithilfe der Ritualwissenschaften verweist Böntert auf den unausweichlichen Zusammenhang von Zeichen, Symbolen und Machtkonstellationen.[14] Denn Rituale bilden „bereits bestehende Machtverhältnisse ab"[15], sind also eine „expressive Darstellung und Stabilisierung von Machtsystemen"[16], aber auch „energischer Ausdruck von Machtansprüchen, die bisher noch nicht eingelöst sind"[17]. Postkoloniale Perspektiven setzen nun gerade an diesem Punkt an, indem sie Machtbeziehungen als diskursiv konstruierte Wirklichkeiten im menschlichen Zusammenleben in den Blick nehmen. Mit ihrem kulturwissenschaftlichen Außenblick und ihrer Spezialisierung auf Machtprozesse in sozialen Konstellationen und Identitätsverhandlungen können sie also einen Blick auf die sozialen, im menschlichen Handeln basierten Machtaspekte lenken, die die ekklesiologische Dimensionen im Rahmen der Liturgie betreffen. Pointiert gefasst kann mit einer postkolonialen Lesart die Aufmerksamkeit auf den diskursiven und performativen Konstruktionscharakter gelenkt werden, der ekklesiologischen – also auch liturgischen – Vollzügen immer schon zugrunde liegt und der die Rede vom Handeln Gottes in gewisser Weise erst ermöglicht.[18] Wenn im Folgenden über Identitätspolitiken und Liturgie nachgedacht wird, soll der Fokus dabei insbesondere auf die kirchenoffizielle, normative Seite der Liturgie gelegt werden und was sich mithilfe postkolonialer Theorien dazu unter besonderer Berücksichtigung von Volk Gottes und Wandel sagen lässt. Denn wenn sich das Volk Gottes zur Liturgie versammelt, dann dient das nicht nur dem Gebet und dem Lobpreis Gottes. In der Liturgie findet auch eine Selbstvergewisserung der eigenen christlichen Identität statt. Diese Selbstvergewisse-

---

[11] *Gregor Maria Hoff / Julia Knop / Benedikt Kranemann* (Hg.), Amt – Macht – Liturgie. Theologische Zwischenrufe für eine Kirche auf dem Synodalen Weg (Quaestiones disputatae 308), Freiburg/Basel/Wien 2020; *Stefan Böntert / Winfried Haunerland / Julia Knop / Martin Stuflesser* (Hg.), Gottesdienst und Macht. Klerikalismus in der Liturgie, Regensburg 2021.

[12] *Böntert*, Performanz (wie Anm. 5), 87.

[13] Ebd.

[14] Ebd.

[15] Ebd.

[16] Ebd., 88.

[17] Ebd.

[18] *Rettenbacher*, Ekklesiologie (wie Anm. 1), 370 f., 423–457, 509.

rung der eigenen Identität[19] beruht auf einer interessanten Verknüpfung von Theorie und Praxis, von diskursiven und performativen Elementen – also von verbalen und non-verbalen Vollzügen: Die christliche Identität – Glaubensinhalt und Selbstverständnis im Glauben – wird performativ-rituell inszeniert, wobei Glaubensinhalte durch diese rituelle Inszenierung zugleich – quasi zirkulär – diskursiv festgeschrieben und normativ aufgeladen werden. In der rituellen Inszenierung wird die christliche Identität also zugleich zelebriert und zementiert, gefeiert und im Feiern diskursiv und performativ bestätigt.[20] Wiederholung ist Teil dieser rituellen Inszenierung der christlichen Identität,[21] die auf Dauerhaftigkeit und Beständigkeit zielt. Wandlung ist zwar ein zentrales Moment des christlich-katholischen Identitätsverständnisses, wie es sich – als Quelle und Höhepunkt – in der Eucharistie zeigt, die Frage nach faktischem Wandel bleibt dabei allerdings eher ausgeblendet. Auch wenn Wandel tatsächlich immer schon Bestandteil der christlichen Identitätsgeschichte war, so ist er nicht immer expliziter Teil des Identitätsdiskurses, der eher auf die Betonung von Einheit abzielt. Die Frage nach Wandel ist also eine spannungsgeladene – gerade im Rahmen christlich-liturgischer Identitätsverhandlungen.

Die Thematik des Volkes Gottes in der Liturgie und des Wandels sind also über den Identitätsbegriff und die Frage nach der Konstruktion von Identitäten verknüpft, wozu postkoloniale Theorien erhellende Einsichten liefern können. Denn das Volk Gottes ist nur auf den ersten Blick ein klarer Begriff. Wer zum

---

[19]   In der produktiven Innen-Außen-Beziehung, die das 2. Vatikanischen Konzil stark gemacht hat, ist die Liturgie ein durchaus ambivalenter Ort. Einerseits ist der liturgische Bereich über die Liturgiereform ganz stark mit dem 2. Vatikanischen Konzil verknüpft. Andererseits ist allerdings die Liturgie einer der wenigen theologischen Bereiche, der im Vollzug vor allem auf die Innenperspektive fokussiert ist. Natürlich gibt es Bereiche – etwa die Fürbitten –, wo die Welt explizit hineingenommen ist. Grundsätzlich ist die Liturgie aber ein Binnenraum, in dem es um die christliche Identität jenseits ihrer kritischen Infragestellung geht.

[20]   Vgl. dazu aus ritual- und normtheoretischer Perspektive *Judith Hahn*, Liturgische Normen – normierende Liturgien. Ritual- und normtheoretische Beobachtungen zum Zusammenhang von Liturgie, Hierarchie, Macht und Geschlecht, in: Böntert/Haunerland/Knop/Stuflesser (Hg.), Gottesdienst und Macht (wie Anm. 11), 187–202. Vgl. auch *Kranemann Benedikt*, Machtspiele und Liturgie, in: V. Dessoy / U. Hahmann / G. Lames (Hg.), Macht und Kirche, Würzburg 2021, 156–160, 156.

[21]   Im Blick auf die diskursive Konstruktion des Geschlechts – ein Bereich, der ja auch für die Liturgie nicht unerheblich ist – entlarvt Judith Butler den diskursiven Akt der Konstruktion als Wiederholung von Normen, wodurch die Wirklichkeit, auch wenn sie uns als natürlich gegeben erscheint, „sowohl hervorgebracht als auch destabilisiert [wird]. […] und doch tun sich in diesen ständigen Wiederholungen auch Brüche und feine Risse auf als die konstitutiven Instabilitäten in solchen Konstruktionen, dasjenige, was der Norm entgeht oder über sie hinausschießt, was von der wiederholenden Bearbeitung durch die Norm nicht vollständig definiert und festgelegt werden kann." (*Judith Butler*, Körper von Gewicht. Die diskursiven Grenzen des Geschlechts, Frankfurt/M. 1997, 32 f.)

Volk Gottes gehört, wird durch die Einziehung von Grenzen – Ein- und Ausschlussmechanismen – festgelegt. Volk Gottes ist also ein diskursiv ausverhandelter Begriff, wobei die Bestimmung, wo die Grenzen gezogen werden, sich im Laufe der Geschichte immer wieder gewandelt hat.[22] Als eine über Ein- und Ausschließungsmechanismen konstruierte Identitätsbestimmung ist das Volk Gottes somit sehr anschlussfähig an postkoloniale Diskurse, die sich ja gerade mit der Frage nach diskursiven Identitätsverhandlungen – also der Frage, wie Identitäten zustande kommen und welche Machtpolitiken hier im Spiel sind – auseinandersetzen. Denn der postkoloniale Blickwinkel verweist gerade darauf, dass die Identität des Volkes Gottes nur scheinbar eine klar definierbare und fix vorgegebene Entität ist. Faktisch ist das Volk Gottes ein sehr wandelbarer und nicht genau vorgegebener Begriff, der immer wieder Fragen aufwirft: Wer gehört zum Volk Gottes dazu? Wer nicht? Warum? Wer zieht die Grenzen der Zugehörigkeit? Wer bleibt bei diesen Identitätsbestimmungen des Volkes Gottes durch Marginalisierung außen vor und wird ausgeschlossen? Und wie finden diese Identitätsverhandlungen (nicht) Ausdruck in der rituellen Inszenierung im Rahmen der Liturgie? Wie wird das Verhältnis von Volk Gottes und Kirche konkret bestimmt?[23] Diesen Fragen zeigen bereits, dass die Frage der Identität nicht von der Frage nach dem Wandel – ob ausgesprochen oder nicht – getrennt werden kann. In dieser Verknüpfung von Identität und Wandel

---

[22] Das zeigt sich bereits im biblischen Befund (vgl. *Christian Frevel*, Volk Gottes. I. Biblisch-theologisch: Altes Testament und Judentum, in: LThK X (2006) 844 f.) und ist in einer theologischen Bestimmung von Volk Gottes und Kirche stets mitzubedenken (vgl. *Medard Kehl*, Volk Gottes. III. Systematisch-theologisch, in: LThK 10 (2006) 848 f.).

[23] Kirchenrechtlich ist die Teilhabe am Volk Gottes durch das überprüfbare Zeichen der Taufe geregelt. Über die Taufe ist die Zugehörigkeit zum Volk Gottes praktikabel und sichtbar feststellbar. Allerdings muss man sich fragen, ob die Situation angesichts der Komplexität der heutigen Zeit und angesichts des Geflechtes an *entangled histories* nicht viel komplexer und ambivalenter ist. Parallel zum sichtbaren Zeichen der Taufe ging man in der Bestimmung der Heilsmöglichkeit einzelner Menschen früher in dem bekannten Axiom „Extra ecclesiam nulla salus est" von einem leicht identifizierbaren Kriterium für die Erlangung des Heiles aus. Angesichts sich wandelnder gesellschaftlicher Umstände erkannte man dieses Kriterium für die Heilsmöglichkeit von Nicht-Christ:innen als unterkomplex und entwickelte neue Denkwege, was schließlich zu religionstheologischen Reflexionen führte (vgl. *Rettenbacher*, Ekklesiologie). Spannend wäre es, die in der religionstheologischen Debatte entwickelten Gedanken mit der kirchenrechtlichen und liturgischen Definition des Volk Gottes zusammenzudenken. Es würde die Ambivalenz des Volk-Gottes-Begriff sichtbar machen. Dies hätte nicht nur Relevanz für die jüdisch-christliche Verhältnisbestimmung und multi- bzw. interreligiöse Feiern, die in einem religiös pluralen Kontext vermehrt an Bedeutung gewinnen. Es würde auch im christlichen Innenraum noch einige Fragen zuspitzen – etwa im ökumenischen Bereich und der Frage der Kirchengemeinschaft wie auch im pastoralen Umgang mit aus der Kirche Ausgetretenen.

wird es – auch kirchenpolitisch – spannend: Wie viel Wandel darf sein, wenn es doch in der Kirche um die Wahrung der christlichen Identität geht, die noch dazu weltumspannend bzw. weltkirchlich markiert ist? Wann ist Identität durch Wandel gefährdet? Wann gefährdet vielleicht aber auch der Ausschluss von Wandel die Identität? Passiert faktischer Wandel, der im Diskurs der Tradition ausgeschlossen wird? Zur Beantwortung dieser kirchenpolitisch durchaus nicht unumstrittenen Fragen[24] können postkoloniale Theorien hilfreich sein: Denn postkoloniale Theorien erhellen Identitätsverhandlungen – wie oben bereits erwähnt – aus einer machtanalytischen Perspektive und bringen so einen Blickwinkel ein, der theologisch nicht immer explizit gemacht wird. Die machtförmigen Aspekte der christlichen bzw. kirchlichen Identität werden tendenziell eher verschwiegen.[25] Gerade die Liturgie scheint an der Schnittstelle von Identitätsverhandlung und Macht aber ein besonders heißer Schauplatz zu sein, weil es in der Liturgie – wie aufgezeigt – um Fragen der christlichen Identität geht, die im liturgischen Geschehen rituell inszeniert wird. Und diese christliche Identität, wie sie sich im liturgischen Geschehen zeigt, ist stark normiert, zentralistisch organisiert[26] und mit starren Kompetenzzuweisungen versehen – also mit Macht besetzt.[27] Es gilt also, die Frage nach der Sakralisierung der Macht innerhalb der Theologie und der Liturgie zu stellen.[28]

Dass postkoloniale Theorien, die bereits in vielen Disziplinen Verwendung finden, auch für die Theologie wichtige Inspirationen liefern können, zeigt die Tatsache, dass postkoloniale Theorien nun auch in der Theologie im Kommen

---

[24] Brisant in der Zuordnung von Identität und Wandel ist hier beispielsweise die – zutreffende – Feststellung von Papst Franziskus in seinem apostolischen Schreiben *Desiderio desideravi* 31, dass es ekklesiologisch nicht vertretbar ist, die Liturgiereform abzulehnen und dennoch zu behaupten, dass man das 2. Vatikanische Konzil anerkennt. Indem er Weichenstellungen seines Vorgängers Benedikt XVI. korrigiert, ist diese Aussage selbst nicht nur in ihrem materialen Gehalt, sondern auch in ihrer performativen Qualität eine produktive Zuordnung von Identität und Wandel, die klar macht, dass Wandel eben nicht nur bedrohlich, sondern letztlich auch wesentlicher Bestandteil der christlichen Identität ist.

[25] Eine explizite Auseinandersetzung mit der Thematik Macht in der Kirche liefert dagegen *Johannes Ludwig*, System Kirche. Machtausübung zwischen Idee, Interesse und Institution (Studien zur theologischen Ethik 162), Basel/Würzburg 2022.

[26] Eine Weichenstellung weg von der zentralistischen Mentalität in Sachen Liturgie markiert Papst Franziskus' apostolisches Schreiben *Magnum principium*, das den Bischofskonferenzen mehr Verantwortung und Spielraum hinsichtlich der Übersetzung liturgischer Bücher einräumt.

[27] Dieser Machtaspekt in der Liturgie drückt sich unter anderem über Ausschließungsmechanismen aus – etwa wer welche Dienste verrichten darf oder wer welche Sakramente empfangen darf (vgl. Böntert/Haunerland/Knop/Stuflesser [Hg.], Gottesdienst und Macht [wie Anm. 11]).

[28] *Ludwig*, System (wie Anm. 25), 133–138.

sind – mehr und mehr auch im deutschsprachigen Bereich.[29] Von den Bibel-
wissenschaften und feministischen Theologien ausgehend haben sie mittlerweile auch Einzug in die systematische Theologie und einige praktische Fächer
gefunden. Es sticht eklatant ins Auge, dass das Feld der Liturgiewissenschaften
ein beinahe unberührtes Feld von postkolonialen Theorien ist – insbesondere
im römisch-katholischen Bereich. *Christian Worship. Postcolonial Perspectives*[30] ist eine der ersten und bislang wenigen Publikationen, die man zu dieser
Thematik findet, und darf sicher als wichtiger Anstoß für ein Einbringen postkolonialer Fragestellungen in der Liturgiewissenschaft gesehen werden. Die
beiden Autoren Michael N. Jagessar und Stephen Burns kommen aus dem pro-
testantischen bzw. anglikanischen Bereich und reflektieren ihre Beobachtungen, dass trotz differenzierter und kritischer theologischer Lehre im universitä-
ren Kontext – im englischsprachigen Kontext auch unter Einbezug einer
postkolonialen Hermeneutik – diese differenzierten Perspektiven vor der Kir-
chentür abgelegt werden und im liturgischen Raum keinen Widerhall finden.[31]
Im deutschen Sprachraum ist die Leerstelle in Bezug auf postkoloniale Reflexionen innerhalb der Liturgie(-wissenschaft) noch größer. Bertram J. Schirr
darf – von evangelischer Seite – als eine Ausnahme in einem nahezu nicht
existenten postkolonial reflektierten liturgiewissenschaftlichen Raum genannt
werden.[32] Das Fehlen postkolonialer Theorien innerhalb der Liturgie(wissenschaft) ist einerseits verständlich, weil postkoloniale Theorien tatsächlich große und herausfordernde Fragen aufwerfen in einem Bereich, der – insbesondere in kirchenoffiziell-normativer Hinsicht – mit der Wahrung und Inszenierung
der christlichen Identität in einem reinen Binnenraum befasst ist. Andererseits
wäre die Liturgie angesichts ihrer Identitätsfunktion umso mehr gefordert, sich
mit den Anfragen postkolonialer Theorien auseinanderzusetzen, um hier auch
reflektiert und nachvollziehbar Auskunft geben zu können. Gerade weil die Liturgie eine wichtige Schnittstelle von Theorie und Praxis ist, an der Inhalte
theologischer Reflexion unmittelbar und auf leichtem Weg zu den Gläubigen
kommen, wäre es umso gebotener, sich auch auf Ebene der Liturgie(wissen-

---

[29] *Andreas Nehring/Simon Wiesgickl* (Hg.), Postkoloniale Theologien II. Perspektiven aus
     dem deutschsprachigen Raum, Stuttgart 2018; *Stefan Silber*, Postkoloniale Theologien,
     Tübingen 2021.
[30] *Michael N. Jagessar/Stephen Burns*, Christian Worship. Postcolonial Perspectives
     (Cross Cultural Theologies), London 2011. *Claudio Carvalhaes* (Hg.), Liturgy in Post-
     colonial Perspectives. Only One is Holy, New York 2015 kann als weiteres Beispiel
     genannt werden.
[31] *Jagessar/Burns*, Worship (wie Anm. 30), 1–6.
[32] *Bertram J. Schirr*, Postkoloniale Liturgiewissenschaft. Kritische Ansätze in Theorie und
     Praxis des Gottesdienstes im deutschen Kontext, in: A. Nehring/S. Wiesgickl (Hg.),
     Postkoloniale Theologien II. Perspektiven aus dem deutschsprachigen Raum, Stuttgart
     2018, 287–301.

schaft) mit Anfragen auseinanderzusetzen, die sich aus einem postkolonialen Außenblick ergeben[33] – ganz im Verständnis des 2. Vatikanischen Konzils, dass in dieser Außenperspektive Potential verborgen liegt, die eigene Identität und das Geheimnis Gottes noch einmal besser kennenzulernen und vertiefter zu verstehen.

Was sind nun postkoloniale Theorien? Im Rahmen des vorliegenden Artikels können nur in aller Kürze grobe Grundlinien des postkolonialen Diskurses und seines Methodenrepertoires skizziert werden.[34] Postkoloniale Theorien sind ein – ursprünglich von den Literaturwissenschaften ausgehendes – interdisziplinäres Unterfangen, dass seinen historischen Ausgang in der Zeit der Unabhängigkeitsbewegungen ehemaliger Kolonien nach dem Zweiten Weltkrieg nahm. Im Zentrum der Aufmerksamkeit steht dementsprechend die Frage nach Identitäten. Nach der Unabhängigkeit mussten ehemalige Kolonien wie auch ehemalige Kolonialmächte ihre Identität neu finden. Dabei konnte man nicht einfach auf vorkoloniale Identitäten zurückgreifen, da die Brüche, die die Kolonialzeit mit sich gebracht hatte, zu groß waren. Postkoloniale Theorien reflektieren die Genese von Identitäten mit unterschiedlichen Methoden. Dabei stehen postmoderne Perspektiven mit diskursanalytischen und dekonstruktiven Ansätzen im Zentrum. Eine zentrale Einsicht postkolonialer Theorien ist, dass Identitäten nicht von Anfang an als fixe Entitäten feststehen, sondern dass Identitäten das Produkt diskursiver Ausverhandlungsprozesse sind, bei denen die eigene Identität in Bezug und in Abgrenzung zu anderen Identitäten – und natürlich auch umgekehrt – konstruiert wird. Identitäten sind also in komplexen verwobenen Geschichten (*entangled histories*) miteinander verknüpft und aufeinander verwiesen, wobei dem Zwischenraum der Grenze (*third space*)[35] eine besondere Bedeutung in diesen diskursiven Identitätsverhandlungen zukommt. Im besonderen Fokus postkolonialer Theorien steht nun die Tatsache,

---

[33] Für die Auseinandersetzung mit der kirchenoffiziell geregelten Praxis ergeben sich aus einer solchen postkolonialen Perspektive sicherlich gewisse Verunsicherungen. Demgegenüber gibt es allerdings gerade in der jüngeren Liturgiewissenschaft, die mit einer Fülle von Methoden rituell-gottesdienstliche Praxis in ihrer ganzen Vielfalt bearbeitet, interessante Schnittstellen zu postkolonialen Ansätzen.

[34] Für einen ausführlichen Überblick vgl. *María do Mar Castro Varela / Nikita Dhawan*, Postkoloniale Theorie. Eine kritische Einführung, Bielefeld ³2020.

[35] *Homi Bhabha*, The Location of Culture, London / New York 1994; *ders.*, Auf der Innenseite kultureller Differenz: „in the middle of differences", in: S. Moebius / D. Quadflieg (Hg.), Kultur. Theorien der Gegenwart, Wiesbaden 2006, 140–153. Der Zwischenraum ist ebenfalls Teil der jüngeren liturgiewissenschaftlichen Forschung: *Kim de Wildt / Benedikt Kranemann / Andreas Odenthal* (Hg.), Zwischen-Raum Gottesdienst (Praktische Theologie heute 144), Stuttgart 2016; *Andrea Bieler*, Gottesdienst interkulturell. Predigen und Gottesdienst feiern im Zwischenraum (Christentum heute 9), Stuttgart 2008.

dass bei der Ausverhandlung von Identitäten ein Ungleichgewicht von Macht besteht. Es gibt diejenigen, die festlegen können, wer sie selbst und andere sind, und es gibt diejenigen, deren Identität festgeschrieben wird, ohne dass sie selbst eine Stimme im Diskurs haben. Identitäten sind also auch das Produkt von machtgeleiteten Repräsentationen – markiert durch das Spannungsfeld von Macht und Ohnmacht. Die Marginalisierten oder auch Subalternen, die von anderen repräsentiert werden, und ihr subversives Widerstandspotential sind ebenfalls Gegenstand postkolonialer Forschung.[36] Die ungleiche Verteilung von Macht geht oft mit einem eurozentrischen Blickwinkel einher, der die westlich-europäische Wahrnehmung zum nicht hinterfragten, normativen Ausgangspunkt von Diskursen macht.[37] Damit verknüpft ist eine Konstruktion von Zentrum und Peripherie, die festlegt, was wesentlich und normativ ist, und dabei so operiert, dass sie vergisst, dass diese Unterscheidung von Zentrum und Peripherie ein ebenfalls diskursiv konstruiertes Produkt ist. So werden scheinbare Selbstverständlichkeiten normativ aufgeladen und vor Kritik immunisiert. Im Prozess der Alterisierung (*othering*) werden dabei „die anderen" als das andere seiner selbst erst konstruiert und zu anderen gemacht, auf die man herabblicken kann. Postkoloniale Theorien sind also ein sehr komplexes Forschungsfeld, das sich sowohl historisch mit der Kolonialzeit und ihren Nachwirkungen in neokolonialen Strukturen beschäftigt als auch erkenntnistheoretisch scheinbar selbstverständliche Formen von Wissen hinterfragt. Die Fragen nach Kolonialität – den Erblasten des Kolonialismus in Mentalität und Epistemologie[38] – und nach neokolonialen Strukturen sind dabei von besonderer Wichtigkeit: Wo prägt die westlich-eurozentrische Perspektive unsere vermeintlich objektive Wahrnehmung der Welt, ohne dass wir uns darüber bewusst sind? Eine selbstreflexive kritische Perspektive, die scheinbare Selbstverständlichkeiten hinterfragt, ist also zentraler Bestandteil postkolonialer Theorien. Dazu gehört auch, die Produktion von Wissen selbst noch einmal in den Blick zu nehmen – etwa im Wissenschaftsbetrieb oder – angewendet auf Theologie und Kirche – in der Festschreibung von Tradition und ihrer normativen Aufladung. Postkoloniale Reflexionen münden also letztlich „in Reflexionen über eine Ethik des Schreibens und Sprechens, die vor allem danach fragt, welchen Standpunkt der:die Autor:in einnimmt (*subject-position*), welche Sichtweisen er:sie zu Wort kommen lässt oder verschweigt (*representation*) und welche

---

[36] *Gayatri Chakravorty Spivak*, Can the Subaltern Speak?, in: P. Williams / L. Chrisman (Hg.), Colonial Discourse and Post-Colonial Theory. A Reader, New York 1994, 66–111.

[37] *Silber*, Theologien (wie Anm. 29), 60–65.

[38] Ebd., 19 f., 115–120, 248.

Formen des Handelns er:sie unterstützt (*agency*)."[39] Dass eine solche Ethik des Sprechens und Schreibens für die Theo-logie, also die Rede von Gott, besonders angebracht ist und reflektiert werden muss, liegt auf der Hand. Die Fragen nach Standpunkt, Repräsentation und Agency führen dabei geradewegs in das liturgische Geschehen als diskursiv-rituellem Vollzug, in dem Identitäten besiegelt und reflektiert werden. Im Folgenden sollen deshalb schlaglichtartig einige Themenfelder benannt werden, wo postkoloniale Reflexionen für die Liturgie(-wissenschaft) besonders relevant sein können. Dabei sollen drei Themenfelder in den Blick genommen werden: (1) die weltkirchliche Dimension von Liturgie und Kirche und ihr Spannungsverhältnis zur partikularkirchlichen Verortung, (2) Repräsentationen, die in der Leseordnung (nicht) vorgenommen werden – welche Stimmen und Perspektiven also zur Sprache kommen und gehört werden und welche nicht –, und (3) schließlich die Frage nach dem Volk Gottes und die Zuordnung von Zentrum und Peripherie innerhalb des Volkes Gottes, die unausgesprochen im liturgischen Geschehen vorgenommen wird. Die aufgeworfenen Fragen sind vielleicht etwas ungewöhnlich und für die Praxis sowie geläufige, vertraute Identitätskonstruktionen und normative Zuschreibungen durchaus herausfordernd. Dennoch sollte man aus Gründen der Redlichkeit und eines verantworteten Glaubens diese Fragen gestellt und reflektiert haben, auch wenn manches sich in der liturgischen Praxis nicht ändern wird. Die folgenden Ausführungen sind als erste Annäherung an postkoloniale Reflexionen im Raum der Liturgie zu verstehen. Mein eigener Ausgangspunkt ist ein europäisch, weißer, weiblicher. Aus dieser Perspektive, die intersektionell sowohl an den dem Zentrum zugeschriebenen Bereichen (europäisch, weiß) als auch den als peripher konstruierten (weiblich im Raum der Liturgie) angesiedelt ist, soll eine erste Erprobung erfolgen, wie ein alternativer Blick auf das liturgische Geschehen aussehen könnte, der vorgegebene Denkweisen zu provinzialisieren sucht. Der Fokus wird dabei auf der römisch-katholischen Eucharistiefeier im Sinne der kirchenoffiziell geregelten rituellen Praxis liegen, der in weltkirchlicher Perspektive mit universaler und normativer Bedeutung aufgeladen ist.

---

[39] *Lukas Bormann*, Der Exodus des Volkes Israel und die kanaanäische Perspektive. Kolonialismus, postkoloniale Exegese und die Debatte zwischen Michael Walzer (*1935) und Edward Said (1935–2003), in: U. Winkler / C. Boerger / J. Klenk (Hg.), Von Peripherien und Zentren, Mächten und Gewalten. Jerusalemer Ansätze für eine postkoloniale Theologie (Jerusalemer Theologisches Forum 41), Münster 2021, 61–91, 62.

2.   Postkoloniale Schlaglichter auf liturgische Zusammenhänge

Ein Spezifikum der römisch-katholischen Kirche ist, dass sie in ihrem welt-kirchlichen Selbstverständnis stets die Spannung von Universalität und Parti-kularität, von Weltkirche und Ortskirche, von universaler Gültigkeit und kon-textueller Ausdrucksgestalt des Glaubens austarieren muss. Mit dem 2. Vati-kanischen Konzil ist die weltkirchliche Dimension der katholischen Kirche voll ins Bewusstsein der Kirche gerückt. Papst Franziskus setzt als einer der wenigen außereuropäischer Päpste, die es in der Kirchengeschichte bisher ge-geben hat, immer wieder Akzente, die diese weltkirchlichen Zusammenhänge sichtbar werden lassen.[40] Das 2. Vatikanische Konzil brachte unter anderem auch wichtige Impulse zur Reflexion der kulturell und kontextuell bedingten Ausdrucksgestalt des christlichen Glaubens und der Ortskirchen, welche in der sich im letzten Drittel des 20. Jahrhunderts herausbildenden Disziplin der kon-textuellen Theologien und der Theologie Interkulturell thematisiert werden. Das spannungsreiche Gefüge von Universal- und Ortskirche trifft nicht zuletzt auch den Bereich der Liturgie. Denn einige Fragen, mit denen sich kontextuel-le Theologien und Theologie Interkulturell beschäftigen, betreffen explizit li-turgische Bereiche, wie auch lehramtliche Entscheidungen zeigen.[41] Das span-nungsreiche und durchaus ambivalente Verhältnis von Universalität und Partikularität ist gerade auch aus postkolonialer Perspektive interessant, wobei postkoloniale Theorien hier vielleicht noch einen Schritt weiter gehen als kon-textuelle Theologien bzw. Theologie Interkulturell. Denn postkoloniale Theo-rien bzw. postkoloniale Theologien stellen nicht nur die Frage, inwiefern die Kultur und der spezifische Kontext die Ausdrucksgestalt des Glaubens beein-flussen, sondern sie fragen auch nach den Machtverhältnissen, die (lehramtli-che) Entscheidungen bezüglich des Verhältnisses von Universalität und Parti-kularität prägen, und werfen einen Blick darauf, wer bzw. welche Perspektiven dabei nicht gehört und gesehen werden und so übersehen und unsichtbar ge-macht werden. Postkoloniale Theorien richten ihre Aufmerksamkeit also expli-zit auf die Marginalisierten. Dieser Blick auf die Marginalisierten in verschie-denen Bereichen ist nicht beliebig, sondern eine theologische Notwendigkeit, da Gott selbst ein Gott der Marginalisierten ist, der sich selbst hat marginali-

---

[40]   Das zeigt sich etwa an Papst Franziskus' Politik der Kardinalsernennungen, wo er einen Fokus auf die weltkirchlichen Dimensionen legt und die Verengung der eurozentrischen Fokussierung aufheben will.

[41]   Ein Beispiel ist die Frage nach der Materie der eucharistischen Gaben (vgl. *Anselm Schubert*, Gott essen. Eine kulinarische Geschichte des Abendmahls, München 2018, 121–125).

sieren lassen – bis hin zum Tod am Kreuz. In der Frage nach dem und den Ausgeschlossenen ist man also Gott selbst auf der Spur.

Aus postkolonialer Perspektive ist hier festzuhalten, dass die Theologie der Weltkirche – wenn man auf den Einfluss und die Wahrnehmung von theologischen Strömungen, aber auch die Rezeption von Rom her schaut – meist eine europäische Theologie ist. Die europäische Theologie wird im akademischen Betrieb weltweit gelehrt. Andere Zugänge zur Theologie, die sich aus den Kontexten anderer Kulturräume speisen, sind eher marginal vertreten und werden an europäischen und nordamerikanischen Universitäten kaum gelehrt[42] – und das, obwohl sich die Mehrheitsverhältnisse des Christentums seit der Zeit der Kolonisierung und Missionierung entscheidend geändert haben mit einer eindeutigen Tendenz weg von westlichen Mehrheiten. Im Zentrum der Wahrnehmung der Weltkirche steht also – obwohl sich die Mehrheit der Christ:innen zunehmend in außereuropäische Kulturräume verlagert – meist nach wie vor noch eine eurozentrische Perspektive, also eine weiße, männliche, europäisch-patriarchal und auch klerikal geprägte Kirche. Das bildet sich auch in der Liturgie ab. Wenn es also in Bezug auf das Verhältnis von Welt- und Ortskirche um die Frage geht, wie eine spezifisch christliche Theologie weltweit Ausdruck findet, wie eine verbindende und verbindliche christliche Identität sichtbar und erkennbar wird, und wieviel Gemeinsamkeiten es unter den Ortskirchen braucht, damit die Zusammengehörigkeit des Volkes Gottes im Rahmen der römisch-katholischen Kirche erkennbar und sichtbar bleibt, so gilt die europäische Theologie und auch Liturgie nach wie vor unhinterfragt als Ausgangspunkt und Maßstab. Im Folgenden soll anhand einiger Beispiele – sehr kurz und exemplarisch – aufgezeigt werden, wie selbstverständlich und unhinterfragt ein solcher eurozentrischer, weißer und männlicher Blick in der Liturgie vorausgesetzt wird, indem alternative Sichtweisen präsentiert werden.

2.1 Weltkirchliche Dimension

Zu Beginn soll ein Blick auf die weltkirchliche Dimension der Liturgie geworfen und der Frage nachgegangen werden, wo im liturgischen Kontext ganz selbstverständlich eurozentrische Perspektiven in die theologische Verhältnisbestimmung von Orts- und Weltkirche eingetragen werden. Natürlich haben seit dem 2. Vatikanischen Konzil verschiedene je spezifische kulturelle Elemente Eingang in die Liturgie gefunden – was nicht zuletzt in der Einführung der Landessprache in der Liturgie selbst sichtbar wird. Nichtsdestotrotz bleiben manche liturgischen Elemente ganz selbstverständlich westlich geprägt, ohne

---

[42] *Silber*, Theologien (wie Anm. 29), 60–65.

dass weiter über die enthaltenen Implikationen und auch Komplikationen nachgedacht wird.

Ein erstes Beispiel betrifft die Schriftlesungen in der Liturgie und ihre Interpretation aus einer eurozentrischen Perspektive – und die damit einhergehende Konstruktion von Zentrum und Peripherie. Schriftlesungen innerhalb der Liturgie sind als Teil der christlichen Identitätsbestimmung nicht unschuldig. Sie operieren selbstverständlich mit Ein- und Ausschließungsdiskursen, die durch den Diskurs der Erwählung aus einer Innenperspektive positiv besetzt werden und nicht weiter auf ihr inhärentes Macht- und Gewaltpotential befragt werden.[43] Als Beispiel kann etwa die Exoduserzählung genannt werden, die ein so integraler Bestandteil der jüdisch-christlichen Identität ist, dass sie als einzige der sieben alttestamentlichen Lesungen in der Osternacht – also dem in der katholischen Tradition normativ gesehen wichtigsten Gottesdienst im liturgischen Jahr – verpflichtend vorgetragen wird. Diese Exoduserzählung wird als befreiende Botschaft des Heilshandelns Gottes verkündet. Dass dies die Vernichtung der anderen – schuldig Gewordene wie auch unschuldig Involvierte – impliziert, wird meist nicht hinterfragt. Mir selbst wurde dies unangenehm bewusst, als ich in meiner Studienzeit gebeten wurde, mit einer jungen Taufwerberin aus Ägypten die Osternacht zu besuchen. Selten habe ich mich in meiner christlichen Identität so unwohl gefühlt wie beim Hören der Exodusstelle neben einer (noch) nicht-christlichen jungen Ägypterin. Auch postkolonialen Theoretiker:innen ist die inhärente Ambivalenz und Problematik der Exodusnarrative nicht entgangen, wie etwa die Auseinandersetzung zwischen Michael Walzer und Edward Said um die Interpretation der Befreiungs- und Erwählungskategorie in der Exoduserzählung und ihre politische Instrumentalisierung zeigt.[44] Eng mit der Exoduserzählung verknüpft ist die Geschichte der Landnahme – aus jüdisch-christlicher Perspektive ebenfalls als verheißungsvolle Befreiungstat Gottes interpretiert. Hier ist interessant anzumerken, dass sich in der postkolonialen Bibelhermeneutik – beinahe unrezipiert von westlich-theologischen Perspektiven und liturgischen Reflexionen – eine andere Interpretation der betreffenden Bibelstellen herausgebildet hat. Im Zuge der Schuldgeschichte, die mit der christlichen Missionierung und Kolonisierung verknüpft ist, wird diese Geschichte im Gefolge des Landraubs christlicher Kolonialmächte und Missionar:innen aus der Perspektive ehemals Kolonialisierter anders gelesen.[45] Sie identifizieren sich mit der Seite der Kanaaniter:innen, die im Namen Gottes völlig unschuldig um ihren Besitz und ihre Existenzgrundla-

---

[43] Ebd., 163 f.
[44] *Bormann*, Exodus (wie Anm. 39).
[45] *Musa W. Dube*, Postcolonial Feminist Interpretation of the Bible, St. Louis 2000, 1–21.

ge gebracht wurden.[46] Die Erzählung der Landnahme konfrontiert also mit der eigenen christlichen Schuldgeschichte, sodass die Dichotomie von Befreiung und Unterdrückung noch einmal anderes gelesen werden muss. Der christliche Identitätsdiskurs operiert als Innendiskurs auch mit gewaltsamen Bildern. Manchmal brechen diese Bilder und werden fragwürdig – und zwar nicht nur in der Unterscheidung von Innen- und Außenperspektive, sondern auch im christlichen Innenraum mit Blick auf das Handeln der Kirche, das nicht frei von Schuld war bzw. ist und von Machtmissbrauch gefährdet ist. Dies gehört theologisch und liturgisch reflektiert und es muss gefragt werden, was es im Hinblick auf Verkündigung und Zeugnisgeben bedeutet – wobei diese Frage nicht nur in den ehemals kolonialisierten Kontexten, sondern auch in einer weltkirchlichen Perspektive gestellt werden muss.

Auch ein zweites Beispiel offenbart, dass die weltkirchlichen Bezüge im Hinblick auf Selbstverständlichkeiten innerhalb der Liturgie nicht nochmals daraufhin befragt wurden bzw. werden, wie eurozentrisch aufgeladen sie tatsächlich sind. Im Zuge eines Weihnachtskonzerts, an dem auch ein südafrikanischer Chor beteiligt war, fiel mir auf, dass die südafrikanischen Weihnachtslieder ein ganz anderes Bild von Weihnachten besingen: Von lauen Sommernächten unter dem Sternenhimmel am Strand war dort die Rede – weit entfernt von der dunkelsten und kältesten Jahreszeit. Interessanterweise hat sich in den südlichen Hemisphären schon eine eigene Weihnachtsliedproduktion entwickelt, die sich bewusst von den Stereotypen von weißen Weihnachten und Schnee abwendet, die in diesen Regionen natürlich keinen Bezug zum tatsächlichen Erleben der Menschen haben.[47] Die viel grundlegendere Frage, die sich dahinter verbirgt, ist der unreflektierte Export des Weihnachtsdatums in die ganze Welt, der einen Bruch der Bilder und Symbolik in Kauf nimmt. Während sich das Osterdatum an historischen Gegebenheiten orientiert, ist das Weihnachtsdatum in seiner Genese symbolisch aufgeladen.[48] Durch die Festlegung des Weihnachtsdatums auf die Wintersonnenwende konnten Erfahrungen

---

[46] *Robert A. Warrior*, A Native American Perspective. Canaanites, Cowboys, and Indians, in: R. S. Sugirtharajah (Hg.), Voices from the Margin. Interpreting the Bible in the Third World, Maryknoll [3]2006, 235–241.

[47] Zu einer Dekolonisierung der weißen Weihnachten vgl. *Bertram J. Schirr*, Zu weiße Weihnachten. Einfach mal X-Mas dekolonisieren, siehe: http://theopop.de/2020/12/zu-weisse-weihnachten-einfach-mal-x-mas-dekolonisieren/ (aufgerufen am: 21.10. 2022). Eine Hermeneutik der Inkarnation erlaubt natürlich eine reflektierte kulturelle Ausdrucksgestalt des christlichen Glaubens, diese darf aber nicht einfach unreflektiert anderen kulturellen Kontexten aufgezwungen werden.

[48] *Susan K. Roll*, Weihnachten. I. Liturgiegeschichtlich u. liturgisch, in: LThK 10 (2006) 1018. Vgl. auch *Walraff, Martin*, Christus verus sol. Sonnenverehrung und Christentum in der Spätantike (Jahrbuch für Antike und Christentum – Ergänzungsband 32), Münster 2001, 174–195.

aus der Natur mit theologischen Bildern verknüpft werden. Wie die Sonne wieder an Kraft gewinnt und über die Dunkelheit siegt, so kam Christus als Licht in unsere Welt, um die Menschen zu erlösen. Diese Verknüpfung von schöpfungstheologischen und christologischen Interpretationen funktioniert natürlich nur in der nördlichen Hemisphäre. Indem dieses Weihnachtsdatum nun in alle Regionen der Erde exportiert wurde, nahm man in Kauf, dass manche Regionen der Erde Weihnachten in einem völligen Bruch der Bilder feiern, wo die Lichtsymbolik von Weihnachten nicht in der Natur erfahren wird. Die weihnachtliche Symbolik und ihr Bezug zur Schöpfungswahrnehmung wurden so also getrennt. Wie aus der Kirchengeschichte bekannt ist, gab es immer wieder Streitpunkte um das Datum von wichtigen christlichen Festen.[49] Auch Ostern wird bis heute nicht an einem einheitlichen Datum gefeiert, ohne dass es der Bedeutung des Festes einen Abbruch tut. Wenn die Lichter des Weihnachtsbaumes an der Osterkerze entzündet werden, wäre die Frage möglich, ob grundsätzlich auch eine versetzte, aber breiter andauernder symbolische Repräsentanz der Inkarnation und somit des Ostermysteriums denkbar wäre. Man wird nicht erwarten dürfen, dass der liturgische Kalender verschiedener Regionen von Grund auf geändert wird, aber eine Wahrnehmung, dass eurozentrische Gegebenheiten anderen Regionen auf Kosten der theologischen Symbolik übergestülpt wurden, wäre zumindest angebracht.

Der Bruch der theologischen Bilder und Sprache führt schließlich – um einen dritten Themenbereich zu nennen – direkt zur Frage der Übersetzbarkeit und der damit verknüpften Herausforderung, ob im Verhältnis von Orts- und Weltkirche die Einheitlichkeit oder die innere Nachvollziehbarkeit höher zu gewichten ist. Das ist eine Frage, die direkt in den Zentralbereich der Liturgie führt. Die Debatte um die Gestalt der eucharistischen Gaben jenseits von Brot und Wein[50] ist hinlänglich bekannt und muss nicht eigens thematisiert werden. Interessant ist allerdings, dass sich diese Frage in vielen anderen Bereichen der Liturgie fortsetzt, wo sie vielleicht nicht so augenscheinlich ist, weil sie auf Ebene der Sprache und nicht der materialen Symbole angesiedelt ist. So wie es bei der Frage nach der Gestalt der eucharistischen Gaben letztlich um die Frage nach der Verstehbarkeit des Glaubens und seiner Verknüpfung mit der Lebenswelt der Menschen vor Ort geht, so stellt sich diese Frage auch mit der sprachlichen Ausdrucksgestalt des Glaubens und der Übersetzung bzw. Über-

---

[49]　Wobei der Streit über den rechten Ostertermin immer auch Fragen der christlichen Identität involvierte und über den jüdischen Pesachtermin auch als Teil der jüdisch-christlichen Verhältnisbestimmung begriffen werden kann (vgl. *Reinhard Meßner*, Einführung in die Liturgiewissenschaft, Paderborn/München/Wien/Zürich 2001, 306–308).

[50]　Vgl. dazu in epochen- und kulturübergreifender Perspektive – auch unter Einbeziehung postkolonialer Reflexionen – das Buch des evangelischen Theologen Anselm Schubert über die eucharistischen Gaben (*Schubert*, Gott [wie Anm. 41]).

setzbarkeit liturgischer Texte.[51] Wenn in der Lebenswelt der Inuit etwa Brot keine Lebensrelevanz hat, ist es dann legitim die Bitte um das tägliche Brot im Vater Unser durch die Bitte um Robbenfleisch zu ersetzen? Wie verfährt man mit Kategorien vom Himmel und Reich Gottes oder auch dem Begriff der Versuchung, die in der Sprachwelt der Inuit nicht vorkommen?[52] Ein anderes Beispiel ist die Mission in Teilen Indonesiens, wo Schafe den Menschen nicht bekannt waren.[53] Jenseits der Frage nach Bibelübersetzungen muss man darüber nachdenken, wie sinnvoll es ist, in einem solchen Kontext das Agnus Dei in dieser Bildsprache zu beten? Kann der zentrale Inhalt dieses Gebets bei den Menschen ankommen, wenn sie die dazugehörigen Bilder nicht verstehen? Natürlich ist der sprachliche Ausdruck in der Liturgie – für die, welche die jeweilige Sprache nicht beherrschen – weniger sinnenfällig und Übersetzungen stechen weniger leicht ins Auge als die konkrete, materiale Gestalt von Brot und Wein in der Eucharistiefeier. In beiden Fällen stellt sich dennoch die Frage, was schwerer wiegt: Geht es um die Einheitlichkeit im liturgischen Ausdruck weltweit oder ist die innere Nachvollziehbarkeit für die Gläubigen vor Ort das höhere Gut? Natürlich spielen postkolonial gesprochen hier auch Machtfragen eine Rolle, da liturgische Entscheidungen ja im Zentrum der Weltkirche getroffen werden, wobei sich dieses Zentrum selbst erst durch die Konstruktion von Zentrum und Peripherie Autorität verleiht. Theologisch führen diese Fragen nach Übersetzbarkeit innerhalb der Liturgie ins Zentrum des christlichen Glaubens selbst: Es geht um nichts weniger als um die Frage welche Hermeneutik von Inkarnation man der eigenen Theologie und dem liturgischen Geschehen zugrunde legt und wie sich dieses Verständnis von Menschwerdung in den konkreten Vollzügen vor Ort widerspiegelt.

2.2 Leseordnung

Ein zweites Themenfeld, das aus postkolonialer Perspektive relevant erscheint, ist die Frage nach der Leseordnung. Bekanntermaßen hat das 2. Vatikanischen Konzil die Leseordnung der katholischen Kirche geweitet mit dem Ziel, den Gläubigen durch eine Anreicherung des Tisches des Wortes – nun auch unter bewusster Einbeziehung des Alten Testaments und der jüdischen Wurzeln des

---

51 Vgl. Anm. 26 oben.
52 *David Hirzel*, An Inuit Translation of the Lord's Prayer, siehe: https://davidhirzel.Word press.com/2012/12/28/an-inuit-translation-of-the-lords-prayer/ (aufgerufen am: 21.10. 2022).
53 *Andrew Scott Brake*, The Christology of *Ho Amnos tou Theou* in the Contextualization of Yohannine theology. *Domba* and *Adomba* in the History of Translation in Indonesia, in: Jurnal Jaffray 17 (2019) 157–170.

christlichen Glaubens – ein tieferes Verständnis der Heiligen Schrift zu ermög-lichen.[54] Mit der Leseordnung betritt man nun ein Feld, das im Sinn der oben beschrieben Ethik des Sprechens und Schreibens aus postkolonialer Perspekti-ve höchst spannend ist: Welche Perspektiven kommen zu Wort? Was wird ge-sagt und was verschwiegen? Und welche Formen des Handelns werden dadurch begünstigt? Diese Frage nach der Ethik des Sprechens und Schreibens und nach Repräsentanz in Bezug auf die Bibel beginnt freilich nicht erst bei der liturgischen Leseordnung. Sie trifft bereits die Frage der Kanonbildung als gewordener Norm. Wie postkoloniale Theorien Geschichtsschreibung nicht einfach als Abbildung historischer Ereignisse, sondern im wahrsten Sinne des Wortes auch als Schreibung von Geschichte verstehen, so lesen sie auch den biblischen Kanon als normativ gewordenes Produkt, das die Spuren seiner Zeit in sich trägt. Es ist – trotz aller Normativität, die den biblischen Schriften bei-gemessen wird – auch danach zu fragen, welche Stimmen und Perspektiven im Zuge der Kanonbildung ausgeschlossen und unsichtbar gemacht wurden und warum.[55] Die Leseordnung führt nun diesen Auswahlprozess der Kanon-bildung noch einmal normativ fort, indem sie festlegt, welche Stellen aus der Bibel im Laufe des Kirchenjahres von den Gläubigen gehört werden und wel-che nicht. Diese Auswahl ist, wenn man Liturgie als Teil der christlichen Iden-titätsformierung sieht, nicht unwesentlich – umso mehr als man nicht davon ausgehen kann, dass sich alle Gläubigen privat mit Bibellektüre jenseits des Gottesdienstes beschäftigen. Es ist also durchaus erhellend, aus postkolonialer Perspektive die Leseordnung auch als Ergebnis eines interessengeleiteten Aus-schlusses zu lesen: Welche biblischen Perspektiven finden keine Repräsentanz in der sonntäglichen Leseordnung?[56]

In Bezug auf Ostern als Zentralereignis des christlichen Glaubens ist eine genauere Analyse der sonntäglichen Leseordnung ernüchternd, um nicht zu sa-gen erschütternd. Maria Magdalena, die als Erstzeugin der Auferstehung gut

---

[54] SC 24, 35,1, 51. Vgl. auch *Reiner Kaczynski*, Theologischer Kommentar zur Konstitu-tion über die heilige Liturgie *Sacrosanctum Concilium*, in: P. Hünermann / B. Hilberath, (Hg.), Herders Theologischer Kommentar zum Zweiten Vatikanischen Konzil 2, Frei-burg/Br. 2009, 1–227, 126–128.

[55] *Jagessar / Burns*, Worship (wie Anm. 30), 71 f.

[56] Hier treffen sich die postkolonialen Fragen nach Ausschließungen in normativen Traditionen mit den Einsichten der feministischen Theologie und den Einsichten aus dem jüdisch-christlichen Dialog, wo ebenfalls die Frage nach der Repräsentanz in der offiziellen Leseordnung gestellt wird. Vgl. dazu etwa *Andrea Tafferner*, Die Leseord-nung aus der Perspektive von Frauen, in: G. Steins (Hg.), Leseordnung. Altes und Neues Testament in der Liturgie (Sonderband von „Gottes Volk. Bibel und Liturgie im Leben der Gemeinde"), Stuttgart 1997, 47–55 und *Josef Peter Zauner*, Erstes Testament und Judentum in der römischen Liturgie: https://www.jcrelations.net/de/ artikel/artikel/ erstes-testament-und-judentum-in-der-roemischen-liturgie.html (aufgerufen am: 21.10.2022).

bezeugt ist – da sie auch von einer männlich geschriebenen Tradition nicht aus dem christlichen Gedächtnis gestrichen werden konnte[57] – und die unter Papst Franziskus wieder eine Aufwertung als „apostola apostolorum" erfahren hat, wird in der sonntäglichen Leseordnung mehr als stiefmütterlich behandelt. Wird am Ostersonntag am Tag aus pastoralen Gründen die Kurzfassung des Evangeliums verwendet, was sicher vielerorts üblich ist, so erfährt man – selbst wenn man an jedem Sonn- und Feiertag die Messe besucht – nichts von der Begegnung zwischen Maria Magdalena und dem Auferstanden, wie sie ausführlich und berührend in Joh 20,11–18 geschildert wird. Der Wettlauf des Petrus mit dem Lieblingsjünger zum leeren Grab wird von den Verfassern[58] der Leseordnung offensichtlich für wichtiger gehalten als die Begegnung des Auferstandenen mit der Erstzeugin der Auferstehung. Der Befund der Evangelienstellen der Osternacht fällt nicht viel erbaulicher aus: Zwar erfährt man dort immerhin von der Botschaft des Engels an die Frauen am leeren Grab. Während in der Osternacht im Lesejahr A – wie auch am Ostermontag, wenn nicht – wie oft üblich – die Emmausperikope gewählt wird – immerhin noch die Erscheinung des Auferstandenen vor den Frauen erwähnt wird – dass Maria Magdalena dabei war, wird nur den besonders aufmerksamen Zuhörer:innen auffallen, da der Erwähnung ihres Namens bereits einige Verse zurück liegt –, ist in der Osternacht im Lesejahr B der Vers, der Maria Magdalena explizit als Erstzeugin der Auferstehung erwähnt, kurzerhand gestrichen und wird nicht mehr gelesen. Dieser Befund der Leseordnung an Ostern sollte durchaus beunruhigen und weist darauf hin, dass die Frage nach einer Ethik des Sprechens und Schreibens und auch einer Ethik der Repräsentation in der Auswahl der Bibelstellen für die Sonn- und Feiertage nicht angemessen berücksichtig und reflektiert wurde. Ähnlich sieht es übrigens mit der Repräsentanz von Frauen allgemein in der Leseordnung aus: Die Bücher Ester und Judith – immerhin zwei biblische Bücher, in denen eine Frau im Zentrum steht – kommen in der sonntäglichen Leseordnung ebenso wenig vor wie das Hohelied der Liebe, das doch tiefgründige und nicht leibverachtende Bilder für die Beziehung des Menschen zu Gott zur Verfügung stellt. Die aktuelle Leseordnung – so wesentlich und fortschrittlich sie auch im Gefolge des 2. Vatikanischen Konzils gewesen sein mag – gehört dringend einer Analyse unterzogen, welche Bilder

---

57 *Silke Petersen*, Maria aus Magdala. Die Jüngerin, die Jesus liebte (Biblische Gestalten 23), Leipzig 2011.

58 Die zu dieser Zeit wohl noch mehrheitlich männliche Handschrift, die die Leseordnung trägt, zeigt sich gerade in dem mangelnden Bewusstsein für eine weibliche Repräsentanz in der Leseordnung, die – jenseits der Fokussierung auf Maria, die Mutter Jesu – für die christliche Identitätsbildung durchaus wichtig wäre.

(nicht) gezeigt werden und wer bzw. was (nicht) repräsentiert wird.[59] Aktuell stellt sich die Leseordnung so dar, dass durchaus relevante Passagen der biblischen Botschaft, die eng mit den christlichen Ursprüngen und dem christlichen Selbstverständnis verknüpft sind, nicht gezeigt und gelesen werden.

Jenseits der Frage der Repräsentanz in der Leseordnung muss aus postkolonialer Perspektive auch die Frage nach der Hermeneutik gestellt werden, mit der die Perikopen für die Liturgie ausgewählt und gelesen werden. Jagessar und Burns werfen etwa die Frage nach dem Eigenwert der Bücher des Alten Testament innerhalb der christlichen liturgischen Leseordnungen auf.[60] Während es in der Bibelwissenschaft selbstverständlich ist, das Alte Testament in seinem Eigenwert und in seiner Relevanz für die jüdische Tradition anzuerkennen, wird das Alte Testament innerhalb der christlichen Liturgie vor allem in seiner Hinordnung auf das Neue Testament gelesen, da ja die alttestamentlichen Lesungen immer dem Evangelium zugeordnet sind.[61] In der Adventzeit wird das etwa besonders deutlich. Zwar ist es in der Liturgie durchaus legitim, die eigene Identität zu zelebrieren, weil das ja im Auftrag der Liturgie grundgelegt ist, aber es bedarf doch eines Bewusstmachungsprozesses, dass dabei andere Maßstäbe an die Hermeneutik des Alten Testaments gelegt werden als etwa in der fachwissenschaftlichen Beschäftigung mit dem Alten Testament innerhalb der bibelwissenschaftlichen Forschung. Auch die Frage nach dem Prinzip der Auswahl der Texte für die Leseordnung greifen Jagessar und Burns auf: Ist die Einheitlichkeit tatsächlich das einzig legitime Prinzip der Auswahl oder hätte nicht auch die Sichtbarmachung von Pluralität und Differenzen innerhalb der biblischen Texte einen Mehrwert für die Liturgie?[62] Auch wenn Differenzen verunsichern können, würde eine Abbildung der Differenzen in der Leseordnung einerseits ein realistisches Bild der biblischen Texte vermitteln, andererseits könnte sie auch ein Verweis auf die je größere Fülle Gottes darstellen, der nur in einer Pluralität der Bilder fassbar ist.[63] Auf die Frage nach alternativen Verstehensweisen von biblischen Texten jenseits des eurozentrischen Blickes wurde bereits weiter oben hingewiesen.[64]

---

[59] Dazu gibt es bereits seit Jahrzehnten Debatten sowie konkrete Vorschläge, die auf dem Tisch liegen (vgl. etwa *Norbert Lohfink*, Zur Perikopenordnung für die Sonntage im Jahreskreis, in: Heiliger Dienst 55 (2001) 37–57).

[60] *Jagessar/Burns*, Worship (wie Anm. 30), 72–75.

[61] Vgl. etwa *Zauner*, Erstes Testament (wie Anm 56).

[62] *Jagessar/Burns*, Worship (wie Anm. 30), 69–85.

[63] Den Zusammenhang von Ambiguitätstoleranz, Pluralitätskompetenz und Gottesbild führt Thomas Bauer für den Bereich des Islams aus: *Thomas Bauer*, Die Kultur der Ambiguität. Eine andere Geschichte des Islams, Berlin 2011. Die aufgeworfenen Fragen sind durchaus auch für ein christliches Gottesverständnis erhellend.

[64] Siehe Abschnitt 2.1.

2.3 Zur internen Strukturierung des Volkes Gottes

Als drittes Beispiel von postkolonial inspirierten Einsichten für die Liturgie sei abschließend noch auf die Konstruktion von Zentrum und Peripherie innerhalb der Liturgie hingewiesen. Wie bereits erwähnt wurde, ist die Konstruktion von Zentrum und Peripherie immer auch mit Machtfragen verbunden, da der Konstruktionscharakter von Zentrum und Peripherie meist vergessen wird und so Vorgaben des Zentrums der Kritik entzogen werden.[65] Im Raum der Kirche ist die Konstruktion des Zentrums diskursiv zudem noch sakral aufgeladen. Eine Analyse der internen Strukturierung des Volkes Gottes im Raum der Liturgie kann hier sehr erhellend sein. Hier soll der Blick vor allem auf die Eucharistiefeier als Quelle und Höhepunkt – wiederum eine Kategorie von Zentrum und Peripherie – der Liturgie gelenkt werden, da sie einerseits zentral für das katholische Selbstverständnis ist und da sie anderseits sehr gut geeignet ist, um Konstruktionen von Zentrum und Peripherie innerhalb der christlich-katholischen Identität zu verstehen.

Interessant ist, dass das 2. Vatikanische Konzil zwar den Tisch des Wortes aufgewertet und ihn gleichberechtigt neben den Tisch des Brotes gestellt hat, dass allerdings in der Wahrnehmung das Geschehen am Altar gewissermaßen immer noch als zentraler eingestuft wird. Das zeigt sich nicht zuletzt daran, dass etwa in Bezug auf die Wort-Gottes-Feier – zwar regional verschieden, aber dennoch einigermaßen beharrlich – immer wieder die Frage nach der – offiziell in der Wort-Gottes-Feier nicht vorgesehenen – Kommunionspendung gestellt wird.[66] Darin drückt sich die implizite Überzeugung aus, dass die Prä-

---

[65] Vgl. dazu den Dreischritt von Externalisierung, Objektivation und Internalisierung in *Ludwig*, System (wie Anm. 25), 133: „Im Dreischritt von Externalisierung, Objektivation und Internalisierung analysieren Peter L. Berger und Thomas Luckmann, dass eine vom Menschen externalisierte, das heißt gesetzte Ordnung im Zuge der Objektivation eine Eigendynamik entfaltet und auf dem Wege der Internalisierung das Individuum ebenso prägt, wie sie ihrerseits durch dieses geprägt wird: ,Gesellschaft ist ein menschliches Produkt. Gesellschaft ist eine objektive Wirklichkeit. Der Mensch ist ein gesellschaftliches Produkt.' Diese Zirkularität von Mensch und sozialer Wirklichkeit bleibt auch für die Konstruktion der Macht als Teil der sozialen Wirklichkeit im Binnenraum der Kirche nicht folgenlos. Einerseits ist die Konzeptualisierung der Macht in Anlehnung an einen im begrifflichen Rahmen der Totalität verhafteten Allmachtsbegriff vom Menschen gesetzte, das heißt externalisierte Wirklichkeit. Anderseits entwickelt ebendiese Machtkonzeption im Zuge der Objektivation eine Eigendynamik und tritt dem Individuum im Rahmen innerkirchlicher Sozialisation als verobjektivierte und letztlich naturalisierte Wirklichkeit gegenüber, die internalisiert und dadurch verstetigt wird."

[66] Vgl. dazu auch die Ergebnisse einer empirischen Untersuchung von *Patrick Heiser/ Christian Ludwig* (Hg.), Sozialformen der Religionen im Wandel, Wiesbaden 2014, 198–205: Nur in einem Drittel der untersuchten Pfarren wird die Kommunion bei Wort-Gottes-Feiern nicht gespendet. Ein Drittel der Pfarren sieht – entgegen den offiziellen

senz Gottes im Kommunionempfang doch irgendwie realer oder intensiver ist als in der Schriftlesung allein – oder dass zumindest etwas fehlt, wenn die Kommunion nicht gespendet wird. Diese Tatsache ist aus postkolonialer Perspektive auf den ersten Blick durchaus überraschend, da in kultur- und religionswissenschaftlichen Zusammenhängen immer wieder auf ein *literary bias* hingewiesen wird, dass also alles, was mit Schriftlichkeit assoziiert wird, gegenüber nicht-schriftlichen Ausdrucksweisen als höherstehend eingeschätzt wird.[67] Bei genauerem Hinsehen ist es allerdings nicht überraschend, dass in der Eucharistiefeier die Kommunion – entgegen der theologischen Lehrmeinung – landläufig höher angesehen wird als die Wortverkündigung.[68] Es entspricht gewissermaßen dem katholischen Identitätsverständnis innerhalb der Eucharistie, wie es sich über die Konstruktion von zentraleren und periphereren Elementen ausdrückt und wie es über Jahrhunderte performativ in das Selbstverständnis von Kirche eingeschrieben wurde.

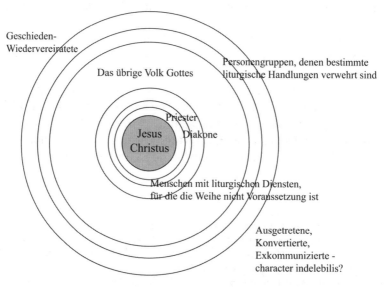

Abb. 1 Zur internen Sturkturierung des Volkes Gottes

Vorgaben – eine regelmäßige Kommunionspendung bei Wort-Gottes-Feiern vor, ein weiteres Drittel spendet die vorkonsekrierte Kommunion anlassbezogen (ebd. 201 f.).

[67] Dies wirkt sich auch auf die christliche Wahrnehmung anderer religiöser Traditionen aus, wie die in *Rettenbacher*, Ekklesiologie (wie Anm. 1), 56–331 angeführten Beispiele zeigen.

[68] Erhellend ist in diesem Zusammenhang auch, dass die Predigt in der sonntäglichen Eucharistiefeier ebenso an die Weihe gebunden ist wie die Leitung des Mahlteiles im Rahmen der Eucharistie – beide operieren also über Ausschließungsmechanismen –, dass man allerdings von Seiten der Amtskirche eher bereit ist, Lockerungen bzw. Ausnahmen am Tisch des Wortes – also Predigt – zu formulieren als am Tisch des Brotes.

Im Zentrum der Eucharistiefeier steht Jesus Christus selbst. Um ihn werden durch die kirchliche Lehre und Praxis nun in konzentrischen Kreisen unterschiedliche Nähegrade zu diesem Zentrum durch Kompetenzen und Befugnisse etabliert, die performativ das Volk Gottes, in dem allen Gläubigen – auch wenn die gelebte bzw. erlebte Praxis manchmal anders aussieht – durch die Taufgnade „eine wahre Gleichheit in ihrer Würde und Tätigkeit"[69] zukommt,[70] intern strukturieren. Ganz im Zentrum steht der geweihte Priester, der allein zum Dienst der Wandlung als zentrales Element der Eucharistiefeier befähigt ist. Ihm zur Seite steht – ebenfalls im Status des Geweihten – der Diakon, der ebenfalls Dienst am Altar tun darf. Hier zeichnet sich bereits ab, dass im Kernbereich die Repräsentanz des Volkes Gottes männlich und (zumindest vorgeblich) heterosexuell[71] ist. Lange Zeit war das Zentrum der Repräsentanz sicher auch weiß, männlich und heterosexuell. Durch den Mangel an Priestern und der gleichzeitigen Weigerung eines Umdenkens in Bezug auf Amt und Repräsentanz Christi wird das Zentrum im Hinblick auf die Hautfarbe natürlich immer diverser.[72] Auf ausländische Priester wird allerdings später noch separat einzugehen sein. Durchaus spannend ist es, dass der Zentralbereich der Eucharistiefeier zwar patriarchal-heteronormativ organisiert ist, dass hier allerdings – durch die männliche Exklusivität der Befugnisse – eine interessante Umkehrung von Geschlechtsstereotypen stattfindet, die dem gesellschaftlichen Mainstream entgegenstehen. Nicht nur ist der Altarraum einer der wenigen Ort, wo „Kleider" für Männer gesellschaftlich ganz und gar akzeptiert sind, neben dem Priester, der die Wandlung vornimmt, hat der Diakon, der ja für das Bereiten und Abräumen des Tisches zuständig ist, typische Care-Aufgaben (was ja durchaus zur Ursprungsbedeutung der Diakonie passt) zu verrichten. Während im gesellschaftlichen Mainstream also die Tätigkeiten von Kochen und Geschirrabräumen und -abwaschen noch oft als Frauenarbeit angesehen werden,

---

69 CIC 1983 can. 208.

70 Vgl. *Sabine Demel*, Kirche als Gemeinschaft des Volkes Gottes. Eine fromme Utopie gegen die hierarchische Realität?, in: Wort und Antwort 50 (2009) 11–16.

71 Es stellt sich die Frage, inwiefern die sexuelle Orientierung inkl. einer positiven Annahme seiner selbst ein Ausschließungsgrund für die Weihe sein kann, wenn vom Priester ohnehin eine zölibatäre Lebensform erwartet wird. Aber auch jenseits der Frage des Zölibats zeigt sich gerade im liturgischen Bereich oft die Ambivalenz der kirchlichen Haltung zu sexuellen Orientierungen und Beziehungsformen jenseits der Ehe zwischen Mann und Frau.

72 Was eine interessante Umkehrung zur Zeit der kolonialen Missionszeit ist, wo eine rassistische Dichotomie vorherrschte, die auch in die Zeit hineinwirkte als Einheimische als Priester und Missionar:innen zugelassen wurden (vgl. *Thoralf Klein*, Mission und Kolonialismus – Mission als Kolonialismus. Anmerkungen zu einer Wahlverwandtschaft, in: C. Kraft / A. Lüdtke / J. Martschukat [Hg.], Kolonialgeschichten. Regionale Perspektiven auf ein globales Phänomen, Frankfurt / M. / New York 2010, 142–161).

sind sie in der Kirche den Männern vorbehalten. Da dies allerdings auf dem völligen Ausschluss von Frauen beruht, wird man die Eucharistiefeier dennoch nicht als Hort der Emanzipation bezeichnen dürfen. Um das Zentrum mit Jesus Christus und geweihten Amtsträgern steht das „übrige" Volk Gottes, das aber bei genauerem Hinsehen auch noch einmal intern über Nähe und Distanz strukturiert ist. Sehr nah am Zentrum stehen Laien mit besonderen Aufgaben oder Beauftragungen innerhalb der Eucharistiefeier: Lektor:innen, Kommunionhelfer:innen, Ministrant:innen. Eventuell könnte man auch Kirchenmusiker:innen hinzufügen, die aber interessanterweise oft räumlich und durch die Nicht-Möglichkeit des Kommunionempfang auch wieder gewissermaßen am Rande stehen. Den großen Kernbereich bilden wahrscheinlich die Mitglieder des Volkes Gottes, die an der Eucharistie und den Sakramenten teilnehmen und diese empfangen, ohne bestimmte Aufgaben innezuhaben. In den Kreisen am Rand sind Personengruppen einzuordnen, denen bestimmte liturgische Handlungen verwehrt werden – etwa homosexuell Liebende, die zwar an der Eucharistiegemeinschaft teilnehmen, die aber offiziell keinen kirchlichen Segen für ihre Liebe empfangen dürfen. Noch weiter außen stehen Geschieden-Wiederverheiratete, die explizit vom Empfang der Eucharistie ausgeschlossen sind, was ein radikaler Schritt ist, wenn man die von der Kirche selbst gelehrte Zentralität der Eucharistiefeier und die Bedeutung des Gemeinschaftsmahls ernstnimmt. Wie im Kernbereich der Eucharistiefeier in Bezug auf Geschlecht und sexuelle Orientierung sind also auch in den Randbereichen ganz klare Ausschlussmechanismen am Werk. Interessant wäre auch noch zu fragen, wo etwa Ausgetretene, Konvertierte oder exkommunizierte Katholik:innen zu verorten sind, die ja mit der Taufe durch den *character indelebilis* unauslöschlich mit dem Volk Gottes verbunden bleiben. Diese Skizzierung der konzentrischen Kreise, die über die Konstruktion von Zentrum und Peripherie das Volks Gottes intern strukturieren, ist keine persönliche Wertung. Es ist eine Beschreibung der Wahrnehmung, wie sich Strukturen innerhalb des Volks Gottes im Bereich der Liturgie, konkret der Eucharistiefeier, zeigen. Diese deskriptiven Wahrnehmungen sind allerdings unbedingt auf ihre normativen Implikationen hin zu befragen, da die beschriebenen Zuordnungen von Seiten der Kirche mit normativem Status aufgeladen sind und nicht einfach geändert werden dürfen oder können. Noch komplexer und herausfordernder wird der Blick auf die Konstruktion von Zentrum und Peripherie, wenn man den Blick ökumenisch weitet. Dann findet man sich vor der abstrusen Situation, dass Christ:innen, die vielleicht nicht in voller Einheit mit der katholischen Kirche stehen – die diskursive Konstruktion von Zentrum und Peripherie im Bereich der Ökumene wäre ein eigenes ergiebiges Thema –, durch Möglichkeiten des Kommunionsempfang näher an das Zentrum rücken als etwa katholische Geschieden-Wiederverheiratete. Die Frage nach dem Volk Gottes und seinen Ein- und

Ausschließungsmechanismen ist also eine durchaus komplexe und ambivalente.[73]

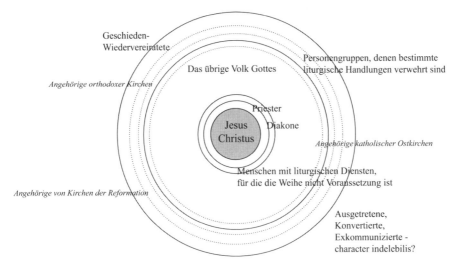

Abb. 2: Zur internen Strukturierung des Volkes Gottes

Die Brisanz solcher Ein- und Ausschließungen innerhalb der Eucharistiefeier über Differenzierungen und Grenzziehungen, die nicht natürlich vorgegeben sind, sondern machtvoll eingezogen werden, zeigt sich aber auch anhand jüngerer Debatten im innerkatholischen Bereich, wenn man etwa in die USA blickt. Dort war man beispielsweise mit der paradoxen Situation konfrontiert, dass Abtreibungsbefürworter:innen von bestimmten Amtsträgern der Kommunionempfang verwehrt wurde, während Missbrauchstäter:innen die Kommunion empfingen oder sogar spendeten. Durch die ideelle Aufladung, die mit dem Sakramentsempfang verknüpft ist, sind solche Ausschließungen natürlich umso mehr machtvoll aufgeladen. Einmal mehr gilt es an die Frage nach der Sakralisierung von Macht zu erinnern.[74]

Ein weiteres Themenfeld, das mit postkolonialen Reflexionen zur Liturgie im Bereich der internen Strukturierung des Volkes Gottes in Zusammenhang steht, ist der „Import" ausländischer Priester, um die Möglichkeit der Eucharistiefeier auch im westlichen Bereich abdecken zu können.[75] Unter postkolonia-

---

73 Vgl. Anm. 23 oben.
74 Vgl. Anm. 28 oben.
75 Natürlich geht es hier nicht um eine Abwertung ausländischer Priester. Vielmehr soll die Aufmerksamkeit auf die komplexen Strukturen gelenkt werden, in die die Praxis, ausländische Priester nach Europa zu holen, eingebunden ist, und auf die theologischen Themen, die damit (nicht) verhandelt werden. Die Machtförmigkeit dieser Praxis zeigt

ler Perspektive ist die Frage zu stellen, ob eine solche Einführung ausländischer Priester eine Fortschreibung neokolonialer Ausbeutungsmuster ist und auf wessen Kosten sie gehen. Denn letztlich steht dahinter auch die Denkfigur, die für Kolonialität und neokoloniale Strukturen verantwortlich ist: „Der Westen" kann es sich leisten, auf Ressourcen anderer Länder zuzugreifen, und holt sich ganz selbstverständlich, was er für ein bequemes Leben und die Aufrechterhaltung der bestehenden Strukturen braucht. Natürlich kommen diese ausländischen Priester heute unter umgekehrten Vorzeichen in den europäischen Raum als damals westliche Priester, die zu Missionszwecken in die kolonialisierte Welt auszogen. Die westliche Ausdrucksgestalt der Liturgie wird selbstverständlich beibehalten, anders-kulturelle Elemente werden den europäischen Gläubigen nicht übergestülpt – d. h. die Priester haben sich der neuen Kultur anzupassen, um keine Konflikte heraufzubeschwören. Dahinter steht natürlich eine Weiterentwicklung von kontextuellen Formen der Theologie und ein Bewusstsein, dass der jeweilige Kontext auch das Gesicht der Theologie und Liturgie prägt. Man muss aber auch fragen, ob nicht ein versteckter Anteil an Kolonialität hinter dieser Praxis steckt, Priester aus anderen Ländern zur Arbeit in Europa zu lukrieren. Vor allem zieht das Geschäft mit den ausländischen Priestern zwei Konsequenzen nach sich, die in der Debatte meist nicht eigens benannt werden: Einerseits verhindert die Handhabe, Lücken mit ausländischen Priestern zu füllen, ein grundlegendes und systemisches Um- und Weiterdenken, da die Notwendigkeit, sich mit der Amtsfrage auseinanderzusetzen, ausgeblendet wird. Andererseits geht diese Praxis auch auf Kosten der Gleichstellung der Frauen innerhalb der katholischen Kirche, weil Engpässe mit ausländischen geweihten Männern behoben werden, um sich nicht mit der Frage nach den Kompetenzen und Forderungen der Frauen in Bezug auf das Amt auseinandersetzen zu müssen.

Es zeigt sich also, dass ein Blick auf die Konstruktion von Zentrum und Peripherie im Raum der Liturgie viele notwendige und relevante Fragen aufwirft, denen man sich nicht entziehen darf. Eine wesentliche Frage ist auch die nach Repräsentanz innerhalb der Liturgie. Für Jesus Christus gibt es bekanntlich viele Repräsentanzen im Raum der Liturgie: Von der Person des Priesters, über den Altar und die gewandelten Hostien gibt es viele Weisen, wie die Gegenwart Jesu Christi bezeugt werden soll – während der Liturgiefeier selbst, aber auch bleibend darüber hinaus im Kirchenraum. Wenn mit dem 2. Vatikanischen Konzil allerdings das Volk zum notwendigen und selbstständigen Akteur in der Liturgie wurde, stellt sich die Frage nach einer angemessenen Repräsen-

sich nicht zuletzt auch daran, dass ausländische Priester – die der Leitungsebene der Kirche angehören – zumindest im offiziellen innerkirchlichen Bereich nicht von der – leider – zunehmenden gesellschaftlichen Abwertung der Migration und den betreffenden Diskurspolitiken betroffen sind.

tanz des Volkes Gottes im Raum der Liturgie. Denn das Volk Gottes ist zugleich Leib Christi. Das führt zur Frage, wie das Volk Gottes in seinem Bezug zu Jesus Christus angemessen repräsentiert werden kann – das betrifft die baulich-ästhetische Repräsentation ebenso wie die symbolische sowie die Repräsentanz des Volkes Gottes im Vollzug der Liturgie selbst. Interessant wäre es hier, auch über neue Formen der Liturgie nachzudenken, wo das Volk Gottes als Leib Christi gewissermaßen im Vollzug von der Peripherie ins Zentrum rückt. Ein interessantes Beispiel ist hier etwa der Salzburger Evensong, der ohne einzelne Person als Vorsteher auskommt und wo die gesamte Liturgie vom Chor – quasi als Sinnbild der singenden Gemeinschaft der Heiligen – getragen wird und dem Chor als Vorsteher durch die Musik eine verkündende Aufgabe zukommt.[76]

3. Ausblick

Mit diesen drei exemplarischen Themenfeldern soll der postkoloniale Blick auf liturgie(-wissenschaftliche) Handlungsfelder abgeschlossen werden. Natürlich sind die aufgezeigten Themenstellungen nur ein erster Versuch, auszuloten, welche Erkenntnisgewinne durch eine postkoloniale Perspektive auf Liturgie gewonnen werden können. Die Fragestellungen sind auch nur exemplarisch ausgewählt. Es gäbe noch eine Fülle anderer Bereiche, die eine postkoloniale Lektüre liturgiewissenschaftlich relevanter Fragestellungen wert wären. Genannt kann beispielsweise eine Analyse des Umgangs mit dem Begriff „empire" – ein postkolonialer Zentralbegriff – in liturgischen Texten werden. In den deutschen Übersetzungen wäre eine solche Analyse auch hinsichtlich der feministischen Implikationen der Begriffe „Herrschaft" und „Herrlichkeit", die im liturgischen Sprachgebrauch ganz selbstverständlich sind, lohnenswert. Aber auch ein Blick auf die Lichtmetaphorik und die binäre Gegenüberstellung von hell und dunkel bzw. schwarz und weiß würde sich aus postkolonialer Perspektive anbieten, um zu fragen, ob oder inwiefern rassistische Implikationen in dieser Dichotomie verborgen liegen.[77] Das Thema Schöpfung, das in liturgischen Zusammenhängen zentral ist, ist über Fragen des Klimas und der Res-

---

[76] Dazu gibt es einen Schwerpunkt im Kirchenmusikreferat der Erzdiözese Salzburg, wo sich der Kirchenmusiker und Komponist Andreas Gassner intensiv mit dem Salzburger Evensong beschäftigt und zahlreiche Behelfe dazu herausgegeben hat: https://www.kirchen.net/kirchenmusik/noten-und-cds/noten-kaufen/salzburger-evensong-1 (aufgerufen am: 21.10.2022).

[77] *Jagessar/Burns*, Worship (wie Anm. 30), 22 f., 37–49, 51–65.

sourcenverteilung auch postkolonial relevant und eine gemeinsame Lektüre könnte hier sicherlich ertragreich sein. Auch andere postkoloniale Reflexionsgegenstände liegen im Nahbereich der Liturgie – wie etwa die Migrationsthematik und damit einhergehend die Konstruktion von anderen. Hier gibt es nicht nur eine Fülle an biblischem Material, es könnte im Gespräch mit postkolonialen Reflexionen zu Repräsentation, Identität und Macht durchaus auch darüber nachgedacht werden, ob und wie etwa die Themen Migration und Flucht in der Liturgie repräsentiert werden und ob sich etwa eine Verknüpfung dieser Themen mit Kernbeständen der Liturgie – etwa dem Weihnachtsfestkreis – nahelegen würde. In der liturgischen Verquickung von Identitäts- und Bildungsauftrag wären solche postkoloniale Perspektive in der Liturgie sicherlich förderlich – gerade da ja die Dimension des Gebets und der Spiritualität auch immer rückgebunden ist an konkrete Lebenswelten und damit auch an Ausschließungsmechanismen, die hier zum Tragen kommen. Eine Weitung der Perspektive wäre hier sicherlich wünschenswert und auch theologisch relevant.

Zusammenfassend lässt sich festhalten, dass postkoloniale Theorien insofern für den Bereich der Liturgie interessant sein können, da sie Machtfragen, die in diesem Bereich gerne ausgeblendet werden,[78] explizit zum Thema machen. Dabei können postkoloniale Reflexionen an die machtförmigen Aspekte liturgischer Vollzüge und an Machtfragen, die mit Identitätsverhandlungen und -zuschreibungen verknüpft sind und die über die Konstruktion von Zentrum und Peripherie gesteuert werden, anschließen. Sowohl liturgisches Handeln als auch Identitätskonstruktionen, die sich darin vollziehen, sind eng mit der Frage von Wandel und der Frage, inwiefern Wandel sichtbar und verhandelbar ist, verknüpft. Allerdings stellen postkoloniale Theorien durchaus manche liturgischen Selbstverständlichkeiten infrage, indem sie gewohnte theologische Interpretationen provinzialisieren. Postkoloniale Theorien lenken ihren Blick dabei natürlich auf die menschlich-institutionelle Seite und fragen, wie diese den Diskurs über Gott und über das Handeln Gottes formieren. Wenn die Liturgie, wie eingangs skizziert, auch als performative und diskursive Identitätsvergewisserung fungiert, muss man sicherlich darüber nachdenken, inwiefern es im Raum der Liturgie möglich ist, dass aufgerüttelt wird, Selbstverständlichkeiten hinterfragt und Fragen aufgeworfen werden. Allerdings wäre eine Ausblendung von Fragen, die verunsichern, gerade ein Zeichen einer schwachen Identität, da nur für schwache Identitäten die Notwendigkeit besteht, sich vor Anfra-

---

[78] „Wenn über Macht in der Kirche diskutiert wird, bleibt die Liturgie zumeist außen vor. Dass sich Machtstrukturen im Gottesdienst abbilden und sich einprägen, ist nicht im Blick. Mehr noch: Ein solcher Zusammenhang wird häufig sogar empört zurückgewiesen. Entsprechende Nachfragen tangieren offensichtlich für manchen den sakralen Charakter des Gottesdienstes, rühren an die persönliche Glaubenspraxis und betreffen die eigene Identität." (*Kranemann*, Machtspiele [wie Anm. 20], 156)

gen und dem Hinterfragen von Selbstverständlichen, was zu Verunsicherungen führen kann, schützen zu müssen. Zudem ist die Liturgie ja, wie erwähnt, auch ein Ort der Bildung, wo im Vollzug des Gebets theologische Inhalte an den Mann bzw. die Frau gebracht werden. Oft ist die Liturgie auch der einzige regelmäßige Bezugspunkt, wo Fragen des Glaubens angesprochen und reflektiert werden. Insofern ist es wichtig, sich des Bildungsauftrages der Liturgie bewusst zu sein. Die Fragen, die postkoloniale Theorien für die Liturgie und die Theologie aufwerfen, sind nicht nebensächlich. Sie führen direkt zu zentralen theologischen Fragestellungen. Wenn die aufgeworfenen Fragen nicht gestellt bzw. ausgeblendet werden, bleibt der Status quo zementiert. Denn Repräsentationen – auch von Themen und Perspektiven – haben mit Macht zu tun und es ist symptomatisch, ob Fragen zugelassen werden oder nicht. Wenn mit dem 2. Vatikanischen Konzil die Gläubigen in der Liturgie zu einem aktiven Mitvollzug und zu einem Selbstand im Glauben aufgerufen sind und sie sich schon längst einer Bevormundung durch die Amtskirche entzogen haben, indem sie verstehen wollen und Anfragen an die Amtskirche herantragen, so müssen die Gläubigen darin ernstgenommen werden. Man muss den Gläubigen auch die Möglichkeit bieten, sich mit Fragen, die ihre Lebenswelt berühren, auseinanderzusetzen. Und dazu braucht es das Thematisieren dieser Fragen, die – nimmt man die wechselseitige Bedingtheit von Kirche und Welt ernst, die sowohl dem Prinzip der Inkarnation als auch der Theologie des 2. Vatikanischen Konzils zugrunde liegt – nicht dem Verschweigen anheimgegeben werden dürfen. Dann ist es aber auch eine theologische Notwendigkeit, postkolonial inspirierte Fragen im Raum der Liturgie zu stellen: Gibt es Alternativen zu einem weißen, männlich geprägten, eurozentristische Gottes- und Kirchenbild? Und ist es nicht eine theologische Verpflichtung, das Volk Gottes auch aufzuklären und ihm einen weiten Horizont anzubieten, der zum Nachdenken und Reflektieren einlädt und eine Pluralität von Perspektiven anbietet, um Gott in seiner ganzen Weite kennenzulernen? Dann wären Ambiguitätstoleranz und ein konstruktiver Umgang mit Differenzen eine Voraussetzung für liturgisches Denken und Tun sowie ein wesentlicher Bestandteil eines christlichen Identitätsvollzugs, da nur sie – in ihrer Spannung zur Einheit – erlauben, Gott, der alles Begreifen übersteigt, zu erkennen und die Fragen der Identität des Volkes Gottes und der Transformation einander produktiv zuzuordnen.

Volk Gottes

Versuch einer liturgietheologischen Begriffsbestimmung auf Grundlage liturgischer Texte

Johannes P. Chavanne

1. Aufriss der Fragestellung

Das zweite Kapitel der Kirchenkonstitution des Zweiten Vatikanischen Konzils (LG 9–17) beschreibt die Kirche im Anschluss an biblische Texte als das pilgernde Volk Gottes.[1] Seit damals hat der Begriff vom „Volk Gottes" im Kontext der Ekklesiologie einen hohen Stellenwert und bedarf einer dauernden theologischen Begriffsklärung. Wenn die Kirche treffend mit dem Theologumenon vom ‚Volk Gottes' beschrieben wird[2], liegt es nahe, dass das Folgen für das Verständnis von Liturgie hat. Wenn die Liturgie Handeln der Kirche ist und wenn diese Kirche als das ‚Volk Gottes' verstanden wird, dann ist das liturgische Handeln der Kirche Handeln dieses Volkes. Liturgie ist dann zu verstehen als feiernder Vollzug des Volkes Gottes.

[1] Vgl. dazu: *Hanjo Sauer*, Die Kirche als das pilgernde Volk Gottes. Zur Entstehung und Bedeutung der dogmatischen Konstitution Lumen Gentium, in: ders./W. Haunerland, Liturgie – Spiegel des Kirchenbildes. Wer das Volk Gottes ist und wie es feiert (Kardinal König Bibliothek 3), Wien/Graz/Klagenfurt 2013, 10–62. Hier wie auch in anderen Publikationen wird darauf verwiesen, dass die neue Aktzentsetzung in der Ekklesiologie des Konzils Folge der in SC 14 aus der Taufe begründeten Berechtigung und Verpflichtung zur tätigen Teilnahme an der Liturgie gewesen ist. Vgl. zur biblischen Grundlage des ‚Volk-Gottes'-Begriffs: *Franz Mussner*, „Volk Gottes" im Neuen Testament, in: ders., Praesentia Salutis. Gesammelte Studien zu Fragen und Themen des Neuen Testamentes, Düsseldorf 1967, 244–252.

[2] Vgl. etwa: *Johann Baptist Metz*, Kirche und Volk. Vom vergessenen Subjekt des Glaubens, in: ders., Glaube in Geschichte und Gesellschaft. Studien zu einer praktischen Fundamentaltheologie (Johann Baptist Metz Gesammelte Schriften 3/1), Freiburg/Basel/Wien 2016, 151–167. Kirche dürfe sich nicht bloß als „Kirche für das Volk", sondern müsse sich als „Kirche des Volkes" verstehen (ebd., 152). „Theologie, auch progressive, sozial und politisch engagierte Theologie, ist vor allem Buchtheologie, Bildungstheologie, in der man von der Meinung oder Gegenmeinung des Kollegen weit mehr erfährt als von der religiösen Lebens- und Leidensgeschichte und von der zumeist sich selbst verborgene Mystik des christlichen Volkes" (ebd.). Es bestünde eine „Vulgarisierungsangst in der Theologie" (Ebd., 153). Bei einer Ekklesiologie des Volkes gehe es um die „Hoffnung, dass Volk Kirche werde und Kirche sei – nicht nur Konsument der Religion, nicht nur Betreuungsobjekt, sondern Subjekt der Kirche und der in ihr repräsentierten neuen Geschichte der Menschheit mit Gott, kurzum: Volk Gottes" (ebd., 156).

Schon die Etymologie des Wortes Liturgie (λειτουργια) – von λειτὸς (öffentlich, dem Volk zugeordnet) bzw. λαὸς (Volk) und εργον (Werk)[3] – legt ein Verständnis der Liturgie als Tun des Volkes für das Volk nahe.

So wurden in Folge des Zweiten Vatikanischen Konzils und der von diesem in die Wege geleiteten Reform der Liturgie von liturgiewissenschaftlicher Seite Anstrengungen unternommen, um zu zeigen, dass Liturgie Werk des ganzen Volkes Gottes ist. Ausgehend von der Liturgiekonstitution SC wurde das besonders über das Wort von der bewussten, tätigen und vollen Teilnahme aller an den liturgischen Feiern verdeutlicht.[4]

Im Folgenden steht eine konkrete liturgietheologische Fragestellung im Fokus. Wo ist in liturgischen Feiertexten, die ja liturgischen Feiern normativ zugrunde liegen und in diesen zur Sprache kommen, vom Volk Gottes die Rede? Und wie wird in den jeweiligen Texten dieses Volk Gottes theologisch verstanden? Auf Taufe und Eucharistie als die Kirche begründenden Sakramentenfeiern liegt das Augenmerk. Versucht wird eine liturgietheologische Begriffsbestimmung anhand exemplarisch ausgewählter Textbeispiele aus liturgischen Büchern. Von Interesse ist auch der Vergleich zwischen den lateinischen Ausgaben der jeweiligen *Editiones typicae* und den entsprechenden approbierten Büchern deutscher Sprache.

2. *Populus Dei* – Volk des Alten Bundes und Kirche Gottes

Ein erstes Beispiel ist das Tagesgebet am Hochfest der Geburt Johannes d. Täufers (24. Juni). Dieser Text ist aus inhaltlichen Gründen geeignet als erster behandelt zu werden, da er die Beziehung des Volkes des Alten Bundes mit dem Volk des Neuen Bundes in liturgischer Sprache formuliert.

Gott, du hast den heiligen Johannes den Täufer berufen, das Volk des Alten Bundes Christus, seinem Erlöser, entgegenzuführen. Schenke deiner Kirche die Freude im Heiligen Geist und führe alle, die an dich glauben, auf dem Weg des Heiles und des Friedens.[5]

Deus, qui beatum Ioannem Baptismam suscitasti, ut perfectam plebem Christo Domino praepararet, da populis tuis spiritalium gratiam gaudiorum, et omnium fidelium mentes dirige in viam salutis et pacis.[6]

---

[3] Vgl. etwa die entsprechende Worterklärung in: *Adolf Adam / Winfried Haunerland*, Grundriss Liturgie, Freiburg/Br. [10]2014, 19.

[4] Vgl. *Winfried Haunerland*, Participatio Actuosa. Programmwort liturgischer Erneuerung, in: IkaZ 37 (2008), 585–595.

[5] Die Feier der Heiligen Messe. Messbuch. Für die Bistümer des deutschen Sprachgebietes. Authentische Ausgabe für den liturgischen Gebrauch. Kleinausgabe, Einsiedeln u. a. 1994, 698.

Auffällig ist an der lateinischen Version des Textes, dass das Alte Bundesvolk mit ‚plebs' bezeichnet wird, das Neue Bundesvolk dagegen mit dem Wort ‚populus' wiedergegeben wird. Eine bewusste Entscheidung dürfte dem aber nicht zugrunde liegen.[7] Hier ist die Übersetzung von ‚populis tuis' – eine Pluralformulierung, also eigentliche ‚deine Völker'[8] – mit ‚deiner Kirche' zu bemerken. Was im Lateinischen mit ‚dein [Gottes] Volk' bezeichnet wird, kann offenbar als ‚Kirche Gottes' verstanden und entsprechend übersetzt werden.

Johannes der Täufer wird in dem anamnetischen Teil des Gebetstextes verstanden als der, der das auserwählte Volk („perfectam plebem") für Christus, den Herrn („Christo Domino") bereitet. Gebetet wird dann für das Volk Gottes, verstanden als die Kirche, um geistgewirkte Freude – wohl eine Anspielung Lk 1,41.44. Interessant ist, dass dann noch ein Subjekt eingefügt ist, nämlich „alle, die an dich glauben", das können Menschen des alten, wie des neuen Bundesvolkes sein; sie alle, mögen geführt werden auf den Weg des Heils und des Friedens[9]. Der Volk-Gottes-Begriff ist in diesem Text also durchaus weit gefasst: er umfasst hier auch das Volk des Alten Bundes.

3. Die Taufe als Eingefügt-Werden in das Volk Gottes

Die Aufnahme in das neue Bundes-Volk geschieht in der Taufe, wie folgender liturgischer Textzeuge aufweist. Es geht hier um den Text, der die Scheitelsalbung im Rahmen der Feier einer Kindertaufe begleitet:

---

[6] Missale Romanum ex decreto sacrosancti oecumenici Concilii Vaticani II instauratum Auctoritate Pauli PP. VI promulgatum Ionannis Pauli PP. II cura recognitum. Editio Typica Tertia, Città del Vaticano 2008, 772.

[7] Jedenfalls kann das neue Bundesvolk auch als ‚plebs' bezeichnet werden, wie kein geringerer Zeuge als das ‚Erste Hochgebet' belegt, wo im ‚Unde et memores' von der ‚plebs tua sancta' die Rede ist, die das Gedächtnis des Herrn begeht.

[8] Von „populis tuis" ist auch in der Oration des Messformulars zum 21. Sonntag im Jahreskreis die Rede: „da populis tuis id amare quod praecipis", Missale Romanum, 471. Anders in der deutschen Übersetzung in: Messbuch, 232. Vgl. *Alex Stock*, Orationen. Die Tagesgebet im Jahreskreis neu übersetzt und erklärt, Regensburg 2011, 69. Demnach seien mit „populis tuis" „Gottes Völker" gemeint, näherhin „christliche Nationen", die es im historischen Kontext der Entstehung des Gebetstextes gegeben haben mag, jedoch heute nicht mehr gäbe. Vielmehr gelte: „Die Gläubigen sind unter die Völker zerstreut, wo sie leben als Angehörige Gottes, seines Volkes."

[9] Vgl. dazu den ‚Lobgesang des Zacharias zur Geburt des Johannes': Lk 1,79.

Der allmächtige Gott, der Vater unseres Herrn Jesus Christus, hat euch von der Schuld Adams befreit und euch aus dem Wasser und dem Heiligen Geist neues Leben geschenkt. Aufgenommen in das Volk Gottes werdet ihr nun mit dem heiligen Chrisam gesalbt, damit ihr für immer Glieder Christi bleibt, der Priester, König und Prophet ist in Ewigkeit.[10]	Deus omnipotens, Pater Domini nostri Iesu Christi, qui vos a peccato liberavit et regeneravit ex aqua et Spiritu Sancto, ipse vos linit chrismate salutis, ut, eius aggregati populo, Christi sacerdotis, prophetae et regis membra permaneatis in vitam aeternam.[11]

Die Aufnahme in das Volk Gottes geschieht in der Feier der Taufe.[12] Diese Taufe befreit – diesem Text entsprechend – von Schuld und schenkt neues Leben. Neben dem Volk-Gottes-Motiv steht hier ein weiteres ekklesiologisches Bild: der/die Neugetaufte ist auch Glied Christi. Biblischer Hintergrund ist die paulinische Leib-Christi-Ekklesiologie.[13] Das Volk Gottes, das in der Taufe begründet wird, besteht demnach aus Gliedern Christi. Dieser Christus, dem der Neugetaufte eingefügt wird und so Teil des Volkes Gottes wird, ist selbst der Priester, Prophet und König. Wer durch die Taufe als Glied in den Leib Christi eingefügt wird, wird eingefügt in den Leib dessen, der Priester, Prophet und König ist: „Christi sacerdotis, prophetae et regis membra permaneatis" – es wird auf 1 Petr 2,5.9 angespielt[14]. Glied am Leib Christi zu sein, heißt folg-

---

[10] Die Feier der Kindertaufe in den Bistümern des deutschen Sprachgebietes. Zweite authentische Ausgabe auf der Grundlage der Editio typica altera 1973, Freiburg u.a. 2007, 63.

[11] Rituale Romanum ex Decreto Sacrosancti Oecumenici Concilii Vaticani II instauratum Auctoritate Pauli PP. VI promulgatum. Ordo Baptismi Parvulorum, Città del Vaticano 1986 [Neudruck: 2003], 32.

[12] Dass diese Aussage nicht exklusiv verstanden werden muss, und dass in liturgischen Texten auch etwa das Volk des Alten Bundes als Teil Gottes Volk verstanden wird, hat schon das vorhin bedachte Gebet am Hochfest der Geburt Johannes des Täufers gezeigt. In der 6. Karfreitagsfürbitte wird in der entsprechenden Oration etwa ausdrücklich für das „Volk, das du als erstes zu deinem Eigentum erwählt hast" gebetet. Vgl. Messbuch, [48].

[13] Vgl. dazu: *Matthias Remenyi/Saskia Wendel* (Hg.), Die Kirche als Leib Christi. Geltung und Grenze einer umstrittenen Metapher (QD 288), Freiburg/Br. 2017.

[14] 1 Petr 2,5: „Lasst euch als lebendige Steine zu einem geistigen Haus aufbauen, zu einer heiligen Priesterschaft, um durch Jesus Christus geistige Opfer darzubringen, die Gott gefallen!" 1 Petr 2,9: „Ihr aber seid ein auserwähltes Geschlecht [genus electum], eine königliche Priesterschaft [regale sacerdotium], ein heiliger Stamm [gens sancta], ein Volk, das sein besonderes Eigentum wurde [populus acquisitionis], damit ihr die großen Taten dessen verkündet, der euch aus der Finsternis in sein wunderbares Licht gerufen hat." Vgl. Ex 19,5–6: „Mir gehört die ganze Erde, ihr aber sollt mir als ein Königreich von Priestern und als ein heiliges Volk gehören." Vgl. zum dreifachen Amt Christi und die Teilhabe daran durch die Taufe: *Ludwig Schick*, Teilhabe der Laien am dreifachen

lich zum Volk Gottes zu gehören und Anteil-Haben an seinem dreifachen priesterlichen, prophetischen und königlichen Dienst.

Aus diesem kleinen liturgischen Text, der den sinnenstarken Ritus der Chrisamsalbung begleitet und deutet, lässt sich über das in dem Text ausgesprochene Wort vom „Volk Gottes" eine weitreichende Volk-Gottes-Ekklesiologie entwickeln. Das Volk Gottes ist baptismal grundgelegt. Es entsteht in und durch die Taufe „aus Wasser und Heiligem Geist". Mit der Nennung der drei göttlichen Personen – der allmächtige Gott, der Vater unseres Herrn Jesus Christus hat in Wasser und Heiligem Geist neues Leben geschenkt und das bedeutet die Aufnahmen in den Leib Jesu Christi und in das Volk Gottes – wird die trinitarische Taufformel aufgenommen. Der Vater des Herrn Jesus Christus schenkt das neue Leben aus dem Heiligen Geist. Das Volk Gottes entsteht durch und in dem trinitarischen Gott, der in der Taufe an dem/der zu Taufenden wirkt.[15]

Gleichzeitig ist in dem Text auch eine christologisch begründete Ekklesiologie enthalten. Diese ist schon durch das Zeichen der Chrisamsalbung selbst angezeigt. Christus ist ja „der Gesalbte"[16], wobei sich über diese Salbung von Christus her wieder eine trinitarische Offenheit ergibt, insofern man die Salbung als Salbung durch den Geist versteht. Klar christologisch ist das paulinische Bild von der Aufnahme als Glied in den Leib Christi (1 Kor 12,12–30). Über Christus wird die Salbung als eine Salbung zum Priester, zum König und zum Propheten gedeutet und damit das Volk Gottes, zu dem der/die Getaufte gehört, als ein priesterliches, prophetisches und königliches Volk interpretiert.

Schließlich sind auch soteriologische Motive zu nennen. Das Volk Gottes ist ein Volk, das aus Menschen besteht, die von Schuld befreit sind und denen neues Leben geschenkt wurde. Wer aufgenommen wurde in das Volk Gottes ist Teil des priesterlichen, königlichen und prophetischen λαός του Θεού, ist also Träger des Titels Laie, der sich ja bekanntlich von λαός her ableitet. Die Bezeichnung als Laie meint positiv zunächst nichts anderes als eine Anteilhabe

---

Amt Christi. Ein zu realisierendes Programm, in: J. Pfammatter/F. Furger (Hg.), Die Kirche und ihr Recht (ThB 15), Zürich [u. a.] 1986, 39–61.

[15] Vgl. die trinitarische Ekklesiologie in LG 2–4. „So erscheint die ganze Kirche als ‚das von der Einheit des Vaters und des Sohnes und des Heiligen Geistes her geeinte Volk.'" (LG 4). Vgl. dazu: *Benjamin Bihl*, Die Kirche als Abbild der Dreifaltigkeit. Untersuchung der trinitarischen Ekklesiologie aus katholischer Perspektive (MThS.S 77), St. Ottilien 2015, 69–103.

[16] Vgl. dazu die Formulierung in Lobpreis und Anrufung Gottes über dem Wasser im Rahmen der Tauffeier: „Er [Jesus Christus] wurde von Johannes im Jordan getauft und von dir gesalbt mit Heiligem Geiste." Feier der Taufe, 51.

am dem einen Volk Gottes. Sie liegt daher allen Differenzierungen zwischen ‚Klerikern' und ‚Laien' zugrunde und voraus.[17]

Durch die Aufnahme in das Volk Gottes in der Taufe, wird der/die Getaufte Teil des Subjektes, das Träger der Liturgie ist. SC 14: „Die Mutter Kirche wünscht sehr, alle Gläubigen möchten zu der vollen, bewussten und tätigen Teilnahme an den liturgischen Feiern geführt werden, wie sie das Wesen der Liturgie selbst verlangt und zu der das christliche Volk, das ‚auserwählte Geschlecht, das königliche Priestertum, der heilige Stamm, das Eigentumsvolk' (1 Petr 2,9; vgl. 2,4–5) kraft der Taufe berechtigt und verpflichtet ist." Die Taufe, die in das Volk Gottes einfügt, wird als Berechtigung und Verpflichtung zur participatio actuosa[18] an der Liturgie dieses Volkes verstanden. Das Volk Gottes ist als Ganzes Träger der Liturgie und Subjekt der Liturgie. In der Feier der Eucharistie wird das liturgische Tun des Volkes Gottes in besonders deutlicher Weise sichtbar und auch zur Sprache gebracht.

4. Das Volk Gottes in seiner trinitarischen Struktur

Von der trinitarischen Taufformel her ist sichtbar, was auch in dem die Scheitelsalbung begleitenden Text ausgesagt ist: das Volk Gottes ist Volk des dreieinen Gottes. Von daher eignet ihm eine trinitarische Struktur. Dieser Befund bestätigt sich mit Blick auf Gebetstexte der Eucharistiefeier.

4.1 Das Volk Gottes – vom Vater versammelt

Das Volk Gottes lässt sich auf Grundlage des folgenden liturgischen Textes als das von Gott dem Vater versammelte Volk verstehen. Es handelt sich um einen Teil des dritten eucharistischen Hochgebets:

---

[17] Vgl. LG 32: „Wenn auch einige nach Gottes Willen als Lehrer, Ausspender der Geheimnisse und Hirten für die anderen bestellt sind, so waltet doch unter allen eine wahre Gleichheit in der allen Gläubigen gemeinsamen Würde und Tätigkeit zum Aufbau des Leibes Christi. Der Unterschied, den der Herr zwischen geweihten Amtsträgern und dem übrigen Gottesvolk gesetzt hat, schließt eine Verbundenheit ein, da ja die Hirten und die anderen Gläubigen in enger Beziehung miteinander verbunden sind."

[18] Vgl. *Martin Stuflesser*, Actuosa Participatio. Zwischen hektischem Aktionismus und neuer Innerlichkeit. Überlegungen zur „tätigen Teilnahme" am Gottesdienst der Kirche als Recht und Pflicht der Getauften, in: LJ 59 (2009) 147–186, bes.: 170–186.

Denn durch deinen Sohn, unseren Herrn Jesus Christus, und in der Kraft des Heiligen
Geistes erfüllst du die ganze Schöpfung mit
Leben und Gnade. Bis ans Ende der Zeiten
versammelst du dir ein Volk, damit deinem
Namen das reine Opfer dargebracht werde
vom Aufgang der Sonne bis zum Untergang.[19]

[...], quia per Filium tuum, Dominum nostrum Iesum Christum, Spiritus Sancti ope-
rante virtute, vivificas et sanctifica universa,
et populum tibi congregare non desinis, ut a
solis ortu usque ad occasum oblatio munda
offeratur nomini tuo.[20]

Wieder lässt sich eine trinitarische Struktur ausmachen: der Vater versammelt
sich das Volk. Dies ist im Kontext des trinitarischen Wirkens Gottes in der
Schöpfung beschrieben: die ganze Schöpfung wird belebt und geheiligt von
Vater und Sohn und Geist. Teil des trinitarischen Wirkens in der Schöpfung ist
die Sammlung eines Volkes. Dieses Volk hat eine innere Sinnbestimmung. Es
wird von Gott gesammelt, damit seinem Namen ein reines Opfer dargebracht
wird.[21]

Dies ist insofern von besonderem liturgietheologischem Interesse, als ja die
Versammlung des Volkes Gottes als Grundakt liturgischen Handelns verstanden werden kann. GORM 47 gibt die Anweisung, dass der von Gesang begleitete Einzug der liturgischen Dienste, dann zu erfolgen hat, wenn das Volk versammelt ist.[22] In dem betrachteten Text ist das Subjekt des Versammlungs-
vorganges aber nicht das Volk selbst, sondern Gott ist es, der dieses Volk (ver-
)sammelt, damit dann seinem Namen das reine Opfer dargebracht wird. Litur-
gie-Feiern zur Ehre Gottes wird als Verwirklichung des Volk-Seins ausgesagt.

---

[19]　Messbuch, 490.
[20]　Missale Romanum, 585.
[21]　Vgl. Mal 1,11: „Ja, vom Aufgang der Sonne bis zu ihrem Untergang steht mein Name
　　　groß da bei den Völkern und an jedem Ort wird meinem Namen ein Rauchopfer dar-
　　　gebracht und eine reine Opfergabe; ja, mein Name steht groß da bei den Völkern, spricht
　　　der Herr der Heerscharen."
[22]　GORM, 47: „Ist das Volk versammelt, beginnt der Gesang zum Einzug, während der
　　　Priester mit dem Diakon und den liturgischen Diensten einzieht." Vgl. zu dieser Frage-
　　　stellung: *Werner Hahne*, Gottes Volksversammlung. Die Liturgie als Ort lebendiger
　　　Erfahrung, Freiburg/Br. 1999. Vgl. auch: *Kurt Koch*, Die Gemeinde und ihre gottes-
　　　dienstliche Feier. Ekklesiologische Anmerkungen zum Subjekt der Liturgie, in: StZ 214
　　　(1996) 75–89.

4.2 Das Volk Gottes – von Christus erworben

Eine christologisch-soteriologische Begründung für das Volk-Gottes-Sein findet sich in einem weiteren liturgischen Text. In der Eigenpräfation des Zweiten Hochgebetes des Messbuchs heißt es:

Um deinen [des Vaters] Ratschluss zu erfüllen und dir ein heiliges Volk zu erwerben, hat er [Jesus Christus] sterbend die Arme ausgebreitet am Holze des Kreuzes. Er hat die Macht des Todes gebrochen und die Auferstehung kundgetan.[23]	Qui voluntatem tuam adimplens et populum tibi sanctum acquirens extendit manus cum pateretur, ut mortem solveret et resurrectionem manifestaret.[24]

Das Kreuzesgeschehen wird hier als Gehorsam des Sohnes gegenüber dem Vater dargestellt[25] – insofern wieder als (inner-)trinitarisches Geschehen – mit dem inneren Ziel dem Vater ein „heiliges Volk" („populum sanctum") (vgl. „gens sancta" in 1 Petr 2,9) zu erwerben. Das Volk ist in dem Sinne Volk Gottes, dass der Sohn es durch seinen Gehorsam am Kreuz für ihn erworben hat.[26]

Ein soteriologischer Volk-Gottes-Begriff findet sich etwa auch im dritten Eucharistischen Hochgebet, wo im Deutschen vom „Volk deiner Erlösten"[27] gesprochen wird. Hier sei deshalb bewusst darauf verwiesen, weil im Lateinischen an dieser Stelle vom „populo acquisitionis tuae" die Rede ist, also dasselbe Wort wie in der eben besprochenen Präfation zur Anwendung kommt: acquisitio – Erwerbung/acquirere – hinzuerwerben (vgl. wieder 1 Petr 2,9: „populus acquisitionis").

Durch das soteriologisch wirksam geglaubte Kreuzesgeschehen erwirbt Christus Gott, seinem Vater, ein Volk. Wie gesehen, erhält der Mensch durch die Taufe Anteil an dem soteriologischen Heil und wird so Teil dieses Volkes.

---

[23] Messbuch, 479.
[24] Missale Romanum, 580.
[25] Vgl. Mt 26,39: „Mein Vater, wenn es möglich ist, gehe dieser Kelch an mir vorüber. Aber nicht wie ich will, sondern wie du willst."
[26] Vgl. dazu: Apg 20,28, wo von der „Kirche des Herrn" die Rede ist, „die er sich durch sein eigenes Blut erworben hat".
[27] Messbuch, 497.

4.3   Das Volk Gottes – vom Heiligen Geist geeint

Die liturgischen Texte von Pfingsten machen im Anschluss an den biblischen Pfingstbericht (Apg 2,1–42) deutlich, dass die Kirche durch das Wirken des Heiligen Geistes entsteht und als solche eine Gemeinschaft aus vielen Völkern und Sprachen ist. So etwa in der Präfation von Pfingsten, wenn es heißt: „Dein Geist schenkt allen Völkern die Erkenntnis des lebendigen Gottes und vereint die vielen Sprachen im Bekenntnis des einen Glaubens."[28] Besonders deutlich wird die Kirche als ein Volk aus allen Völkern und damit als ein universal-katholisches Volk im Tagesgebet vom Pfingstmontag beschrieben: „[…], im Neuen Bund berufst du aus allen Völkern dein Volk und führst es zusammen im Heiligen Geist."[29] Auch hier lässt sich neben der pneumatischen Akzentset-zung eine trinitarische Grundierung erkennen. Das Gebet richtet sich an den Vater, der im Neuen Bund, der in seinen Sohn Jesus Christus geschlossen wur-de, sich ein Volk aus vielen Völkern beruft und dieses zusammenführt im Hei-ligen Geist, dessen Sendung zu Pfingsten anamnetisch-feiernd begangen wird.[30] Dass mit diesem Volk aus allen Völkern die Kirche gemeint ist, wird deutlich, wenn das Gebet fortsetzt: „Gib, daß deine Kirche ihrer Sendung treu bleibt, daß sie Sauerteig ist für die Menschheit, die du in Christus erneuern und zu deiner Familie umgestalten willst."[31]

5.   Die Einheit des Volk Gottes in seiner hierarchischen Struktur

Das Volk Gottes feiert die Eucharistie. Im Folgenden wenden wir uns einem Text des ersten Hochgebetes zu, in dem dies zur Sprache kommt:

---

[28] Ebd., 203.

[29] Ebd., 205. Das lateinische ‚Missale Romanum' hat kein eigenes Messformular für den Pfingstmontag.

[30] Johann Baptist Metz formuliert die „Vision einer Weltkirche, die weitgehend eine Kirche des Volkes geworden ist; in der das Volk herausgetreten ist aus seinen natür-lichen kollektiven Identitätsmustern, heraus aus Nation, Rasse und Klasse; in der das Volk auch geschichtlich zu einem ‚neuen Volk' geworden ist und eine neue Identität vor Gott gefunden hat und in der der Satz: ‚die Kirche ist für alle da' nicht wie eine inhaltslose Vereinnahmung gerade der Schwachen und Sprachlosen anmutet, weil in ihr alle zum Subjekt geworden sind." *Metz*, Kirche und Volk, 166.

[31] Messbuch, 205.

Darum, gütiger Vater, feiern wir, deine Diener und dein heiliges Volk, das Gedächtnis deines Sohnes, unseres Herrn Jesus Christus.[32]	Unde et memores, Domine, nos servi tui, sed et plebs tua sancta, ejusdem Christi Filii tui, Domini nostri.[33]

Hier scheinen auf den ersten Blick zwei Subjekte das Gedächtnis Jesu zu feiern: die Diener des angesprochenen Vaters und sein heiliges Volk.[34] Mit den ‚Dienern‘ – im Plural! – sind wohl die Kleriker gemeint, das heilige Volk wird neben ihnen genannt. Man könnte von einer additiven Aneinanderreihung reden. Es scheint: zuerst spricht der priesterliche Vorsteher von sich und den anderen Dienern Gottes um dann auch noch („sed et") das heilige Volk zu nennen. Freilich kann dieses „sed et" auch in einem hervorhebenden Sinne verstanden werden, als würde gesagt: ‚nicht nur wir, deine Diener, sondern alle, die hier als dein Volk versammelt sind‘, feiern das Gedächtnis Jesu. Gemeint wäre die ganze Kirche: In gleicher Weise wie die Priester feiert das heilige Volk das Gedächtnis des Herrn indem es sich an der eucharistischen Darbringung beteiligt.[35]

In weiterer Folge ist dann jedenfalls in diesem anamentischen Teil des Ersten Hochgebetes konsequent von einem „wir" der liturgischen Anamnese die Rede: „Wir verkünden …"; „So bringen wir […] dar."[36] Alle genannten, die ‚servi Dei‘ und das ‚plebs sancta‘ sind in dieses Wir der liturgischen Handlung einbezogen. Im Übrigen klingt wieder 1 Petr 2,9 an, wo von einem ‚gens sancta‘ die Rede ist und einem ‚regale sacerdotium‘, das geistige Opfer darbringt (vgl. 1 Petr 2,5).

---

[32] Ebd., 474.

[33] Missale Romanum, 576.

[34] Ähnlich aufgeteilt in Kleriker und andere erscheint die Feiergemeinschaft im ‚Hanc igitur‘, wenn es heißt: „Nimm gnädig an, o Gott, diese Gaben deiner Diener und deiner ganzen Gemeinde" (Messbuch, 470). Auch hier werden im Lateinischen die „servitutis nostræ" mit einem „sed et" um die „cunctae familiae tuae" ergänzt. Interessant ist der lateinische Begriff von der „cunctae familiae tuae" (Missale Romanum, 574), womit eine Vorstellung einer Familie Gottes evoziert wird: Kirche, das sind die Kinder des einen Gottes, den sie als ihren Vater anrufen.

[35] Vgl. dazu: *Josef Andreas Jungmann*, Missarum Sollemnia. Eine genetische Erklärung der römischen Messe, Bd. 2., Freiburg ⁵1962 [Nachdruck: 2003], 278.

[36] Auch im ‚Memento Domine‘ ist in den älteren Textzeugen ein ‚Wir‘ der Darbringung bestimmend. Erst ab dem 10. Jahrhundert setzt sich die Formulierung „pro quibus offerimus: vel qui tibi offerunt" („für sie bringen wir […] dar, und sie selber weihen es dir") durch, in der eine Differenz zwischen dem darbringenden Klerus – auch hier im Plural! – und denen, für die dargebracht wird, eingezogen wird. Vgl. *Jungmann*, Missarum Sollemnia 2 (wie Anmm 35), 209.

Im dritten Hochgebet wird die Kirche als das „Volk der Erlösten" bezeichnet, jedoch erst nachdem dieses Volk, die Kirche in ihrer hierarchischen Struktur beschrieben wurde.

Beschütze deine Kirche auf ihrem Weg durch die Zeit und stärke sie im Glauben und in der Liebe: deinen Diener, unseren Papst N., unseren Bischof N. und die Gemeinschaft der Bischöfe, unsere Priester und Diakone, alle, die zum Dienst in der Kirche bestellt sind, und das ganze Volk deiner Erlösten.[37]	Ecclesiam tuam, peregrinantem in terra, in fide et caritate firmare digneris cum famulo tuo Papa nostro N. et Episcopo nostro N., com episcopali ordine et universo clero et omni populo acquisitionis tuae.[38]

Das Volk Gottes, wird im Deutschen Messbuch als „Volk der Erlösten" beschrieben. Im Missale Romanum taucht wieder, wie in der bereits behandelten Präfation des Zweiten Hochgebetes, das Wort ‚acquisitio' auf (s. o.). Dieses Volk wird hier in doppelter Hinsicht näher beschrieben. Einerseits als hierarchisch gegliedertes Volk[39] mit persönlichen Konstitutiven dieser hierarchischen Struktur, namentlich des Papstes, des Ortsbischofs und der „Gemeinschaft der Bischöfe" sowie des „universo clero", der seinerseits im deutschen Messbuch noch einmal differenzierter als „unsere Priester und Diakone" bezeichnet wird.[40] Gerade durch diese Nennung geweihter Amtsträger in diesem Kontext, werden diese als Teil dieses einen Volkes Gottes dargestellt. Andererseits wird dieses entsprechend aufgebaute und gegliederte Volk als „peregrinantem in terra" näher beschrieben. Das deutsche Messbuch spricht von der Kirche auf dem „Weg durch die Zeit". Gemeint ist wohl das, was mit ‚das pilgernde Gottesvolk' ausgesagt werden kann. Wobei mit dem lateinischen ‚peregrinatio' mehr gemeint ist, als was mit ‚Pilgerschaft' ausgesagt und assoziiert ist. In dem Begriff schwingt auch das Fremd-Sein, das In-Der-Fremde-Sein, das Umherwandern in einem Land der Fremde mit. Das Volk Gottes, das die Kirche ist, wandert auf einer Welt (terra), in der sie fremd ist und bleibt.[41]

---

[37] Messbuch, 497.

[38] Missale Romanum, 588.

[39] GORM 16 versteht die Messe als „Werk Christi und des hierarchisch gegliederten Volkes Gottes".

[40] Vgl. *Theodor Maas-Ewerd*, Nominari debent. Zur Nennung des Papstes des Ortsbischofs und des Kollegiums der Bischöfe im Eucharistischen Hochgebet, in: A. Heinz / H. Rennings (Hg.), Gratias agamus. Studien zum eucharistischen Hochgebet. FS Balthasar Fischer, Freiburg/Basel/Wien 1992, 269–281.

[41] Vgl. Joh 15,16: „Wenn ihr von der Welt stammen würdet, würde die Welt euch als ihr Eigentum lieben. Aber weil ihr nicht von der Welt stammt, sondern weil ich euch aus der Welt erwählt habe, darum hasst euch die Welt." Joh 17,16: „Sie sind nicht von der

Auch das Zweite Hochgebet spricht – wenn auch nur in der deutschen Übersetzung – vom Volk, bevor es dann dieses in seiner hierarchischen Struktur beschreibt:

Gedenke deiner Kirche auf der ganzen Erde und vollende dein Volk in der Liebe, vereint mit unserem Papst N., […][42]	Recordare, Domine, Ecclesiae tuae toto orbe diffusae, ut eam in caritate perficias una cum Papa nostro N. […][43]

Es kann also nicht nur – wie gesehen – ‚populus‘ mit ‚Kirche‘ übersetzt werden, sondern auch umgekehrt ‚Ecclesia‘ im Deutschen durch die Wendung ‚dein Volk‘ wiedergegeben werden. Festzuhalten bleibt in unserem Zusammenhang: auch hier wird das Volk Gottes genannt, um dann gleich seine hierarchische Struktur zu beschreiben. Gerade so werden geweihte Amtsträger aber als in das Volk Gottes integriert verstanden. Die Formulierung „una cum“, die so auch im Ersten Hochgebet vorkommt, wird mit „vereint mit“ wiedergegeben. Diese Aussage kann also nicht nur als eine Vergewisserung der hierarchischen Struktur des Volkes Gottes sondern auch als Ausdruck der Einheit dieses Volkes verstanden werden.

Von Interesse ist, dass im Vierten Hochgebet in ähnlichem Zusammenhang vom Volk Gottes die Rede ist. Hier werden zuerst Papst, Ortsbischof und die Gemeinschaft der Bischöfe, dann weitere Kleriker genannt, worauf dann „alle, die zum Dienst in der Kirche bestellt sind“, alle, die „ihre Gaben spenden“ und die „hier versammelte Gemeinde“ genannt werden. Danach heißt es „für dein ganzes Volk“, das noch ergänzt und erweitert wird mit „alle Menschen, die mit lauterem Herzen dich suchen.“[44] Diese suchenden Menschen werden zwar dem Volk Gottes nicht direkt zugerechnet, erscheinen diesem Volk aber in gewisser Hinsicht zugeordnet.

6. Das Volk Gottes feiert Liturgie

Aus dem Text, der die Scheitel-Chrisamsalbung in der Feier der Taufe begleitet, ließ sich die allen Getauften gleiche Würde in und aus der Anteil-Habe am Volk-Gottes-Sein schließen. In den Texten der eucharistischen Hochgebete, die

---

Welt, wie auch ich nicht von der Welt bin.“ Phil 3,20: „Denn unsere Heimat ist im Himmel.“

[42] Messbuch, 486.
[43] Missale Romanum, 583.
[44] Messbuch, 508–509. Vgl. Missale Romanum, 595: „[…] et cuncti populi tui, et omnium, qui te quaerunt corde sincero.“

das Volk Gottes nennen, ließ sich zeigen, dass diese das Volk Gottes in seiner hierarchischen Struktur darstellen. Dies geschieht jedoch, ohne Anlass zum Zweifel zu geben, dass alle, die an der Eucharistiefeier teilnehmen zu diesem einen Volk Gottes gehören. Ausgesagt ist in den aufgeführten Texten ja eine Gemeinschaft aller untereinander („una cum" – eins mit/in Einheit/Gemeinschaft mit). Kraft der Taufe haben alle, die zum Volk Gottes gehören ‚das Recht und die Pflicht voll, tätig und bewusst auf ihre je eigene Weise an der Liturgie dieses Volkes mitzuwirken.

Das wird unter anderem an der in erster Person Plural formulierten Gestalt der eucharistischen Hochgebete deutlich. Dieses priesterliche Volk ist im „wir" der vom priesterlichen Vorsteher gesprochenen Hochgebete gemeint:[45] „Wir gedenken." „Wir bringen dar." „Wir empfangen."[46]

Besonders bei der Bereitung der Gaben im Rahmen der Eucharistiefeier wird dieser Aspekt der Liturgie als Handlung des ganzen Volkes Gottes deutlich. So werden die Gaben von Brot und Wein für die Feier der Eucharistie im Rahmen der Weihe von Priestern ausdrücklich als „Gaben des Volkes für die Feier des Opfers"[47] bezeichnet. Die entsprechende Rubrik fordert: „Gläubige aus der Gemeinde bringen die Hostienschale mit dem Brot sowie den Kelch mit Wein, dem bereits Wasser beigemischt ist, für die Eucharistiefeier."[48] In der Darbringung der Gaben im Rahmen jeder Eucharistiefeier kommt die Teilnahme aller an dieser Darbringung in der liturgischen Gestalt deutlich zum Ausdruck. „Es empfiehlt sich, die Teilnahme der Gläubigen dadurch sichtbar zu machen, dass diese entweder das Brot und den Wein für die Eucharistiefeier

---

[45] Vgl. LG 10: „Der Amtspriester nämlich bildet kraft seiner heiligen Gewalt, die er innehat, das priesterliche Volk heran und leitet es; er vollzieht in der Person Christi das eucharistische Opfer und bringt es im Namen des ganzen Volkes Gottes dar; die Gläubigen hingegen wirken kraft ihres königlichen Priestertums an der eucharistischen Darbringung mit."

[46] Vgl. *Franziskus*, Apostolisches Schreiben ‚Desiderio Desideravi' vom 29. Juni 2022, Nr. 19: „Die feierliche Handlung gehört nicht dem Einzelnen, sondern Christus-Kirche, der Gesamtheit der mit Christus vereinten Gläubigen. In der Liturgie heißt es nicht ‚ich', sondern ‚wir', und jede Einschränkung des Umfangs dieses ‚wir' ist immer dämonisch."

[47] Die Weihe der Priester, in: Pontifikale für die katholischen Bistümer des deutschen Sprachgebietes 1, hrsg. im Auftrag der Bischofskonferenzen Deutschlands, Österreichs und der Schweiz sowie der (Erz-)bischöfe von Bozen-Brixen, Lüttich, Luxemburg und Straßburg, Trier ²1994, 69–95, hier: 94.

[48] Ebd. Vgl. auch das Begleitwort zur Salbung der Hände eines Neupriesters: „Er [Jesus Christus] stärke dich in deinem Dienst, das Volk Gottes zu heiligen und Gott das Opfer darzubringen" (ebd.). Vgl. auch die Frage an die Kandidaten für die Weihe: „Seid ihr bereit, die Mysterien Christi, besonders die Sakramente der Eucharistie und der Versöhnung, gemäß kirchlicher Überlieferung zum Lobe Gottes und zum Heil seines Volkes in gläubiger Ehrfurcht zu feiern?" (Ebd., 78.) Der Dienst der Priester wird als Dienst der Heiligung des Volkes Gottes in Relation zu diesem Volk gestellt.

oder andere Gaben darbringen, die den Bedürfnissen der Kirche und der Armen zugute zu kommen haben."[49]

Vor allen Differenzierungen in unterschiedliche Dienste und damit je eigene Tätigkeiten im Rahmen der liturgischen Feier ist es das eine Volk Gottes, das in der Liturgie tätig wird. Der priesterliche Vorsteher spricht die ihm zukommenden Teile im Namen aller Anwesenden, die sich innerlich und äußerlich an der Feier beteiligen.

7. Fazit

Das Material zu dem hier behandelten Thema ließe sich leicht vermehren. Dies wäre für eine umfassendere liturgietheologische Begriffsfindung auch notwendig. Hier konnten nur erste Andeutungen gegeben werden, die einer Vertiefung bedürften. Es lässt sich aber auf Grundlage der angeführten Textbeispiele immerhin festhalten: Der Vergleich von Texten aus den *Editiones typicae* mit den Texten in approbierten liturgischen Büchern deutscher Sprache zeigt, dass sich das Wort ‚populum (Dei)‘ mit dem deutschen Wort ‚Kirche‘ und umgekehrt auch das Wort ‚Ecclesia‘ offenbar mit ‚Volk (Gottes)‘ wiedergeben lässt. Die Vokabeln scheinen austauschbar zu sein.

Es entsteht in und aus der Taufe – wobei auch das Volk des Alten Bundes als Volk Gottes verstanden ist – und wird näherhin als priesterliches, königliches und prophetisches Volk verstanden, wobei sich diese drei Charakterisierungen von Jesus Christus her ableiten: Taufe fügt in seinen Leib ein und gibt so Anteil an seiner Sendung.

Das Volk Gottes wird von der Taufe her in und durch den dreieinen Gott begründet. Von daher eignet dem Volk Gottes eine trinitarische Struktur. Die eucharistischen Gebetstexten entnommenen Beispiele lassen erkennen: das Volk Gottes ist vom Vater versammelt; dieses Volk ist soteriologisch von Christus dem Vater erworben (vgl. die häufige Anspielung auf 1 Petr 2,9: ‚gens sancta‘ bzw. ‚populus acquisitionis‘); und dieses Volk ist aus vielen Völkern im Heiligen Geist zusammengeführt und geeint. Von daher eignet diesem Volk eine universal-katholische Charakterisierung.

---

[49] GORM, 139. Vgl. auch die entsprechende Rubrik im Messbuch, 343: „Es empfiehlt sich, dass die Gläubigen ihre Teilnahme durch eine Gabe bekunden. Sie können durch Vertreter Brot und Wein für die Eucharistie oder selber Gaben herbeibringen, die für die Bedürfnisse der Kirche und der Armen bestimmt sind." Vgl. *August Jilek*, Gabenbereitung, in: W. Meurer (Hg.), Volk Gottes auf dem Weg. Bewegungselemente im Gottesdienst, Mainz 1989, 76–82.

Die priesterliche Berufung des Volkes Gottes wird in der gemeinschaftlich gefeierten Liturgie von denen, die zum Volk Gottes gehören, ausgeübt. Dabei wird das Volk Gottes in seiner hierarchischen Struktur beschrieben, wobei jeder inneren Differenzierung ein alle umfassendes „Wir" voraus- und zugrunde liegt. Dieses ‚Wir' des Volkes Gottes ist das primäre Subjekt der Eucharistiefeier, indem sich dieses von Gott versammelte Volk selbst vollzieht.

Von alten Ämtern und neuen
Herausforderungen am Beispiel des Diakonats

Wanderer zwischen den Welten

Überlegungen zum Ständigen Diakonat

Matthias Remenyi

Diakone sind Wanderer zwischen den Welten. Sie knüpfen Netze der Verbundenheit, des Kontakts und der Zusammenarbeit zwischen verschiedenen Lebenswelten und Sozialräumen und bauen dadurch Brücken zwischen gesellschaftlichen Gruppen, die sonst vielleicht nicht oder nur schwer miteinander und mit dem Evangelium in Kontakt kommen würden. Nicht zuletzt helfen sie oft genug mit, die Grenzen zwischen dem Volk Gottes und dem hauptamtlichen Klerus durchlässig zu halten. Das macht sie in gewisser Weise auch zu Grenzgängern.[1] So sind die chronische Vagheit und die bleibende theologische Unbestimmtheit des spezifischen Charakters des sakramentalen Diakonats vielleicht gerade kein Manko, sondern eine Chance. Um diese These zu entfalten, greife ich auf die Theologie des Diakonats, aber auch des Weiheamtes insgesamt zurück. Mein Vorschlag lautet, die sakramentale Einheit des dreigliedrigen Weiheamtes zu betonen (was die theologische Forderung nach dem Zugang nicht-männlicher Personen zu allen Weiheämtern einschließt), dabei aber den Diakonat in besonderer Weise dem prophetischen Amt Christi zuzuordnen.[2]

Der Aufbau ist folgender: Erste, einleitende Bemerkungen applizieren die aktuelle Krisensituation auf die sakramentale Struktur der Kirche. Danach folgen einige Überlegungen zu *Omnium in mentem*, zur Sakramentalität des Diakonats und von da ausgehend zur Frage nach dem Diakonat der Frau. An-

---

[1] Diesem Text liegen zwei Vorträge zur Theologie des Diakonates zugrunde, die ich 2022 gehalten habe: am 30. April auf einem Studientag der Ständigen Diakone der Erzdiözese Bamberg in Nürnberg und am 1. September auf der AKL-Tagung in Würzburg. Ich danke für die Einladungen und den Verantwortlichen der AKL-Tagung für die Aufnahme des Beitrags in den Tagungsband.

[2] Dabei greife ich auch in Übernahme mancher Formulierung auf die beiden folgenden Vorarbeiten zurück: *Matthias Remenyi*, Die Autorität des Dieners. Der Diakonat als Paradigma des kirchlichen Amts, in: ders., Amt und Autorität. Kirche in der späten Moderne, Paderborn 2012, 159–181 sowie ders., Kirche, Amt und Sakramentalität. Eine Bestandsaufnahme angesichts der Missbrauchskrise, in: R. Hartmann / S. Sander (Hg.), Zeichen und Werkzeug. Die sakramentale Grundstruktur der Kirche und ihrer Dienste und Ämter, Ostfildern 2020, 87–116.

schließend konzentriere ich mich auf die Analysen zum griechischen Wortfeld *diakonein/diakonos* von John Neill Collins und Anni Hentschel. Zum Schluss frage ich nach der Relevanz dieses Befundes für den spezifischen Ort des Diakonats in dem einen, aber dreigliedrigen sakramentalen Weiheamt der Kirche.

1.   Missbrauch und sakramentale Struktur der Kirche

2018 war das Schicksalsjahr, in dem mit Veröffentlichung der MHG-Studie nicht nur das bis dato unvorstellbare Ausmaß an sexueller Gewalt im Raum der Kirche in Deutschland öffentlich wurde, sondern auch das damit verbundene, nicht minder unvorstellbare Maß an Vertuschung durch Kirchenobere. Seither kommt die Kirche nicht zur Ruhe. Studie folgt auf Studie, Enthüllung auf Enthüllung. Paradoxerweise scheint es so, als würde das Drama mit jeder neuen Studie nur noch größer. Kaum einer glaubt mehr an die Selbstheilungskräfte der Institution, die Menschen laufen in Scharen davon. Nicht nur das Missbrauchsverbrechen an sich, sondern insbesondere der desaströse Umgang einer Vielzahl an Bischöfen damit, ihr Vertuschen, Verzögern und Verleugnen, die Simulation von Aufklärung bei gleichzeitiger beständiger Systemstabilisierung, haben nicht nur zu einer Krise des sakramentalen und zuvörderst des bischöflichen Amtes geführt, sondern auch zu einer Krise der sakramentalen Struktur der Kirche insgesamt. Es ist gewiss kein Zufall, dass – wie auf der Zweiten Synodalversammlung der Delegierten des Synodalen Wegs im Herbst 2021 geschehen – knapp über die Hälft der Synodal:innen ernsthaft darüber diskutieren wollte, ob es in der katholischen Kirche das sakramentale Weihepriestertum überhaupt noch braucht.[3] Und wenn es noch eines Beleges für die fundamentale Krise des bischöflichen Amtes bedurfte, so lieferte das Verhalten der Bischöfe bei der Ablehnung des Grundtextes über Sexualethik auf der Vierten Synodalversammlung am 8. September 2022 reichlich Anschauungsmaterial.[4] So ist es umgekehrt auch nicht verwunderlich, dass die Angst, die

---

[3]   Vgl. entsprechende Medienberichte; siehe z.B. https://www.kirche-und-leben.de/artikel/
brauchen-wir-priester-synodalversammlung-will-darueber-diskutieren (aufgerufen am:
23.9.2022).

[4]   Für Empörung sorgte nicht nur das Fehlen der notwendigen Zweidrittelmehrheit der
Bischöfe, sodass der Grundtext „Leben in gelingenden Beziehungen – Grundlinien einer
erneuerten Sexualethik" insgesamt durchgefallen ist. Für Empörung sorgte vielmehr,
dass ein Großteil der Bischöfe, die in geheimer Abstimmung die Zustimmung verwiegerten, dies im Vorfeld in keiner Weise haben erkennen lassen. Dieses Verhalten sorgte
für einen solchen Eklat, dass am Abend des 8. September 2022 der Synodale Weg
insgesamt auf der Kippe stand.

derlei krisenhafte Umbrüche auslösen, auf der anderen Seite ein Erstarken fundamentalistischer Kräfte bewirkt, als läge das Heil in der Imagination einer sicheren und ambivalenzfreien Vergangenheit, die es so aber nie gegeben hat.

Trotz des Wissens um die Zumutung, die damit gegeben ist, ist die Kirche dennoch auch weiterhin theologisch als ein Sakrament des Heils zu bezeichnen; – dies nicht nur, weil es neben dem Volk-Gottes-Begriff das wohl wichtigste Charakteristikum des Zweiten Vatikanischen Konzils für die Kirche ist, sondern auch, weil aus dem Gedanken der Sakramentalität der Kirche dieser eine Aufgabe für die Welt erwächst, der sie sich nur unter Preisgabe ihrer eigenen Sendung, ihres Wesens entledigen kann. Kurzum: Ich bin nicht bereit, aufgrund des schier unfassbaren Versagens angesichts der gegenwärtigen Krisen um Machtmissbrauch, sexuelle und spirituelle Gewalt den theologischen Preis für Wesen und Aufgabe der Kirche zu senken. So einfach geht es nicht. Wir dürfen unsere Kirche, wir dürfen auch uns selbst nicht so leichtfertig aus der damit gesetzten Verantwortung entlassen.

Die Kirche hat, so LG 1 programmatisch, eine werkzeugliche Funktion. Das ist die Möglichkeitsbedingung ihrer Sakramentalität. Sie soll sich durchlässig machen auf Christus hin. Je mehr sie von sich absieht, je mehr sie sich transparent macht auf Christus hin, je mehr sie auf ihr eigenes Enden im Reich Gottes hinarbeitet, desto mehr kann sie in und vermittels dieser Werkzeuglichkeit – *instrumentum* – auch ein Zeichen – *signum* – für Christus und seine gnadenhafte Nähe sein. Deshalb ist es so wichtig, den Unterschied zwischen Sakramentalität und Sakralität der Kirche nicht aus den Augen zu verlieren. Schon bald nach Veröffentlichung der MHG-Studie prägte Gregor Maria Hoff das Wort von der „Sakralisierungsfalle"[5], und vor den in Lingen versammelten Bischöfen beschrieb er im März 2019 das systemische Phänomen klerikalen Machtmissbrauchs als eine „Sakralisierung der Macht"[6]. Gemeint ist damit eine idolatrische Selbstüberhöhung der kirchlichen Institution in der theologischen Kommunikation und in der insbesondere liturgischen, aber auch alltäglichen Performanz ihrer Amtsträger. Die sprachlich und habituell ritualisierten Codes der amtlich-sakramentalen Repräsentanz Christi und seines Heilswirkens werden zu Instrumenten des Machtmissbrauchs und der strukturellen Gewalt – bzw. zu deren Verschleierung mittels Dienst- und Demutsrhetorik –

---

[5] *Gregor M. Hoff*, Kirche zu, Problem tot! Theologische Reflexionen zum Missbrauchsproblem in der katholischen Kirche, in: Kursbuch 196 (2018): Religion, zum Teufel!, hg. v. A. Nassehi / P. Felixberger, 26–41, 28.

[6] *Ders.*, Sakralisierung der Macht. Theologische Reflexionen zum katholischen Missbrauch-Komplex; siehe: https://www.dbk.de/fileadmin/redaktion/diverse_downloads/presse_2019/2019-038c-FVV-Lingen-Studientag-Vortrag-Prof.-Hoff.pdf (aufgerufen am: 23.9.2022).

pervertiert.[7] Und mit jeder neuen Missbrauchsstudie wird je länger je mehr deutlich: Die Kirche ist in diese Sakralisierungsfalle nicht irgendwie schicksalhaft hineingeraten, sondern sie hat sich durch ihre klerikalen Strukturen und hierarchisch gestuften Repräsentationsmechanismen selbst da hineinmanövriert.

Diese grundsätzliche theologische Differenzierung zwischen Sakramentalität und Sakralität ist mir sehr wichtig, auch und gerade deshalb, weil die Übergänge in der faktischen Performanz oft fließend und die Umkippeffekte ins Missbräuchliche hinein entsprechend oft schleichend und nur schwer erkennbar sind. Aus diesem Grund erlaube ich mir, nochmals eine These einzuspielen, die ich andernorts[8] bereits geäußert habe: Von einer solchen idolatrischen Selbstsakralisierung zu unterscheiden ist die Sakramentalität des Amtes und der Kirche insgesamt. Sakramentalität ist, wenn sie nicht integralistisch enggeführt wird, das genaue Gegenteil einer transzendenzlosen Sakralität des heiligen Scheins, weil sie erstens die gesamte Schöpfung in die sakramentale Abbildbeziehung zwischen Schöpfer und Geschöpf mit hineinnimmt und weil sie zweitens innerhalb des Vergegenwärtigungsgeschehens das Moment der Differenz zwischen sakramentalem Symbol und sakramental Symbolisiertem stark macht. Die Sakralisierung von Personen, Ämtern oder Institutionen bedeutet dagegen die Häretisierung des Sakramentalen, weil sie das sakramentale Zeichen mit dem Bezeichneten identifiziert und so die für das sakramentale Geschehen charakteristische Differenzstruktur zwischen Symbol und Symbolisiertem leugnet.

2.   Die Sakramentalität des Diakonats

Mit einiger Berechtigung lässt sich das Motu proprio *Omnium in mentem* aus dem Jahr 2009 als ein Beispiel für die Sakralisierungsfalle lesen, in die sich das kirchliche Amt sehenden Auges hineinbegeben hat. Papst Benedikt XVI. nimmt mit dieser Gesetzesänderung die Diakone aus der *repraesentatio Christi capitis* heraus[9] und spricht ihnen fortan in Anlehnung an LG 29 nurmehr die

---

[7] Vgl. *ders.*, Die Sakralisierungsfalle. Zur Ästhetik der Macht in der katholischen Kirche, in: G. Hoff / J. Knop / B. Kranemann (Hg.), Amt – Macht – Liturgie. Theologische Zwischenrufe für eine Kirche auf dem Synodalen Weg (QD 308), Freiburg/Br. 2020, 267–284.

[8] Vgl. *Remenyi*, Kirche (wie Anm. 2), 96 f.

[9] Er vollzieht damit einen Schritt, der mit der entsprechenden Änderung der Nr. 875 des Weltkatechismus im Jahr 1997 bereits vorweggenommen wurde. *Omnium in mentem*

unspezifische „Kraft" – *vis* – zu, „dem Volk Gottes in der Diakonie der Liturgie, des Wortes und der Liebe zu dienen" (can. 1009 § 3, CIC 1983 [2009]).[10] Die Begründungslogik für diesen Schritt liegt ganz auf der *potestas sacra*, der Konsekrations- und Absolutionsvollmacht, die allein dem Priester und dem Bischof zukommt, nicht aber dem Diakon. So lautet zumindest das dem Motu proprio zugrundeliegende Kernargument der vorbereitenden Studie der Internationalen Theologischen Kommission zum sakramentalen Diakonat aus dem Jahr 2002.[11] Eben diese *potestas sacra* aber ist das nervöse Zentrum, aus der die gesamte christologische Repräsentationslogik ihre legitimierende Kraft zieht und die sie so anfällig macht für klerikalistische Verzerrungen. Verselbstständigen sich nämlich die damit verbundenen sprachlichen Codes und Bildensembles im Rahmen einer strikt hierarchisch und ständisch organisierten *societas perfecta*, so droht das ganze Konstrukt in die Eigenlogik „einer sakralen und zugleich sakralisierten Repräsentationsmacht"[12] umzukippen, einer „Sakralmacht […], die das katholische Missbrauchsproblem ermöglichte und trug"[13].

In jedem Fall geht einer solchen kulttheologischen Sazerdotalisierung des Amtes der Bezug des besonderen zum allgemeinen Priestertum aller Gläubigen vollständig verloren. Die Folgen mit Blick auf die innere Einheit des sakramentalen Weiheamtes sind nicht minder problematisch. Episkopat und Presbyterat werden von ihren diakonalen Wurzeln abgeschnitten. Und weil die Begründung für das sakramentale Weiheamt insgesamt zumindest in der aktuellen Schultheologie ganz an der *repraesentatio Christi capitis* festgemacht wird, hängt seit dem päpstlichen Entscheid von 2009 die Sakramentalität des Diakonats theologisch seltsam ortlos in der Luft. Sie kann nur mehr thetisch gesetzt und historisch aufgewiesen, kaum aber noch systematisch-theologisch fundiert werden. Dass der Diakonat Teil des sakramentalen Amts ist, ist spätestens seit den Weichenstellungen des II. Vatikanischen Konzils weithin unstrittig. Auch

---

(s.u. Anm 10) verweist ausdrücklich darauf. Kurioserweise hat man es bis heute unterlassen, den Weltkatechismus im genannten Sinn insgesamt zu vereinheitlichen.

[10] Zum Text von *Omnium in mentem*, gezeichnet am 26.10. 2009 und veröffentlicht am 15.12. 2009, siehe: https://www.vatican.va/content/benedict-xvi/de/apost_letters/documents/hf_ben-xvi_apl_20091026_codex-iuris-canonici.html (aufgerufen am: 30.9. 2022).

[11] Vgl. *Gerhard L. Müller* (Hg.), Der Diakonat – Entwicklung und Perspektiven. Studien der Internationalen Theologischen Kommission zum sakramentalen Diakonat, Würzburg 2004, bes. 53–56; vgl. außerdem den Neuabdruck in *Barbara Hallensleben* (Hg.), Theologie in weltkirchlicher Verantwortung. Die Dokumente der Internationalen Theologischen Kommission (1969–2020), Münster 2022, 417–499, hier bes. 456–459. Ebd., 104 (hg. Müller) bzw. ebd., 498 (hg. Hallensleben) wird bereits notiert, dass eine Revision von can. 1008 CIC geplant sei.

[12] *Hoff*, Sakralisierungsfalle (wie Anm. 7), 275.

[13] Ebd., 283.

in amtlichen bzw. quasi-amtlichen Texten wird beständig betont, dass „der Diakonat eine sakramentale Wirklichkeit ist"[14], und *Omnium in mentem* hat daran nichts geändert. Allerdings fällt auf, wie sehr im Nachgang zur geänderten Rechtslage die theologische Literatur bemüht ist, die Sakramentalität des Diakonats immer wieder neu in Erinnerung zu rufen.[15] Bisweilen mutet das ein wenig wie das berühmte Rufen im Walde an. Wer käme auf die Idee, in der wissenschaftlichen Debatte eigens darauf hinzuweisen, dass das priesterliche Amt gegenwärtig sakramentaler Gestalt ist?

Es gibt also gute Gründe ernsthaft darüber nachzudenken, ob die Formel *repraesentatio Christi capitis* tatsächlich eine geeignete amtstheologische Leitkategorie ist. Verschiedentlich wurde bereits festgestellt, dass es sich um einen Neologismus handelt, der in dieser Form erstmals in PO 2 verwendet wird.[16] Seewald verweist weiters noch auf die mit *Omnium in mentem* deutlich

---

[14] *Müller*, Diakonat (wie Anm. 11), 77 – mit Bezug auf ebd., 49: „Was die Diakone oder den Diakonat in den Texten des II. Vatikanischen Konzils betrifft […], wird die Sakramentalität für seine beiden Formen (den ständigen Diakonat und den Diakonat als Durchgangsstufe) vorausgesetzt"; *Hallensleben*, Theologie (wie Anm. 11), 476 – mit Bezug auf ebd., 452. Prägnant auch die *Kongregation für den Klerus*, Perspektiven zum Diakonat aus weltkirchlicher Warte, in: R. Hartmann / F. Reger / S. Sander (Hg.), Ortsbestimmungen: Der Diakonat als kirchlicher Dienst, Frankfurt/M. 2009, 32–37, 36 unter Nennung der entsprechenden Aussagen der Theologenkommission: „Die Zugehörigkeit des Diakonats zum einen ‚Sacramentum Ordinis' ist Teil der katholischen Lehre und kann als gesicherte oder *endgültig vorgegebene* Lehre betrachtet werden" (Kursivierungen im Zitat hier und im Folgenden immer im Original). Daraus wird dann ebd., 37 der Schluss gezogen: „*Es ist somit endgültig vorgegebene Lehre, dass keine Möglichkeit besteht, den Frauen das Weihesakrament des Diakonats zu spenden.*"

[15] Vgl. z.B. *Matthias Mühl*, Die deutschsprachige Diskussion über das Profil des Diakonats. Eine kritische Bilanz, in: M. Hauke / H. Hoping (Hg.), Der Diakonat. Geschichte und Theologie, Regensburg 2019, 157–175, hier 159–162 (mit einer Vielzahl an weiterer Literatur zu diesem Aspekt); sowie *Klemens Armbruster*, Der Dienst des Ständigen Diakons an der sakramentalen Christusrepräsentanz, in: ders. / P. Höfner (Hg.), In der Dynamik des Anfangs. Beiträge zum Ständigen Diakonat in der Erzdiözese Freiburg, Eggersriet 2013, 153–216, der seine umfängliche Abhandlung zum Diakonat mit dem in Anm. 14 genannten Zitat der Kleruskongregation von 2008 beginnt. Besonders markannte Positionen in dieser Frage nehmen Hauke und Hoping ein. *Manfred Hauke*, Die spezifische Christusrepräsentation des Presbyters und des Diakons, in: ders. / H. Hoping (Hg.), Der Diakonat. Geschichte und Theologie, Regensburg 2019, 341–360, lässt sich von Omnium in mentem nicht beirren und vertritt die These, dass der Diakon auch weiterhin an der repraesentatio Christi capitis partizipiert, und *Helmut Hoping*, Das Priestertum des geistlichen Dienstamtes – Diakonat und Presbyterat, in: M. Hauke / H. Hoping (Hg.), Der Diakonat. Geschichte und Theologie, Regensburg 2019, 285–300, 299 erkennt im Diakonat aufgrund der liturgischen Dienste und unter Berufung auf LG 41,4 sogar ein „diakonales Sacerdotium".

[16] Vgl. *Hoping*, Priestertum (wie Anm. 15), 295; *Hauke*, Christusrepräsentation (wie Anm. 15), 348; *Joao Paulo de Mendoca Dantas*, „Agere in persona Christi Capitis". Eine

gewordene erhebliche Volatilität im nachkonziliaren Umgang mit der Formel sowie auf den Umstand, dass es sich auch in den Texten des II. Vatikanischen Konzils um ein marginal platziertes Hapaxlegomenon handelt.[17] Schließlich darf nicht vergessen werden, dass die Hauptmetapher ihre metaphorische Kraft aus einem wenn schon nicht überholten, so doch problematischen und durch das II. Vatikanische Konzil erheblich relativierten Kirchenbild bezieht: der Kirche als Leib Christi. In Verbindung mit der derzeit – aus der schieren Not des Fehlens besserer Argumente zur Erhaltung des *status quo* bei den Zugangsbedingungen – amtstheologisch gerne gebrauchten Brautschaftsmetapher und unter Zugrundelegung einer bipolaren Geschlechteranthropologie gerät die Formel sogar in eine misogyne Drift, weil damit implizit behauptet wird, dass das männliche Prinzip das Haupt des weiblichen sei.

3. Der Diakonat der Frau

Bisweilen wird gemutmaßt, Benedikt XVI. habe den Diakonat auch deshalb aus der *repraesentatio Christi capitis* herausgenommen, um ihn mittelfristig für die Zulassung von Frauen zu öffnen. Dafür könnte eine Schlussbemerkung in der Studie der Internationalen Theologischen Kommission sprechen, die diese Frage mit Blick auf die Einheit des Weiheamtes kritisch thematisiert und eine autoritative Klärung anmahnt.[18] In der Tat argumentieren Gegner des Frauendiakonats in der Regel mit der Einheit des sakramentalen Amts.[19] Wahrschein-

---

systematische Klärung zur Theologie des Weiheamtes, in: Hauke/Hoping (Hg.), Diakonat (wie Anm. 15), 301–339, 301 – mit sich anschließendem, gleichermaßen erheblichem wie fruchtlosem Bemühen, in Zusammenschau der Formel *in persona Christi* und der Hauptmetapher doch noch eine amtstheologische Traditionslinie zu konstruieren.

[17] Vgl. *Michael Seewald*, Der Dienst des Weiheamtes im Kontext der ekklesialen Vergegenwärtigung Christi. Problemanzeigen und Perspektiven, in: E. Dirscherl/M. Weißer (Hg.), Wirksame Zeichen und Werkzeuge des Heils? Aktuelle Anfragen an die traditionelle Sakramententheologie (QD 321), Freiburg/Br. 2022,324–342, 335 f.

[18] Vgl. *Müller* (Hg.), Diakonat (wie Anm. 11), 92 bzw. *Hallensleben* (Hg.), Theologie (wie Anm. 11), 499. Eben diese Setzung hat dann die Kleruskongregation 2008 (publiziert 2009) vorgenommen (vgl. Anm. 14).

[19] Vgl. neben der Kleruskongregation (s. Anm. 14 und Anm. 18) thetisch *Manfred Hauke*, Die Geschichte der Diakonissen. Nachwort und Literaturnachtrag zum Standardwerk von Aimé-Georges Martimort über die Diakonissen, in: ders./Hoping (Hg.), Diakonat (Anm. 15), 361–394, 393 sowie *Karl-Heinz Menke*, Die triadische Einheit des Ordo und die Frage nach einem Diakonat der Frau, in: ThPh 88 (2013) 340–371, hier 366–371; analytisch *Peter Hünermann*, Die Diskussion um den Frauendiakonat in der katholischen Kirche, in: M. Eckholt/U. Link-Wieczorek/D. Sattler/A. Strübind (Hg.), Frauen

licher ist allerdings, dass es hier schlicht um eine Profilierung des priesterlichen Amts ging. Aber wie auch immer: Seitdem wird die Debatte um den Diakonat der Frau wieder mit großer Intensität geführt. Papst Franziskus hat im August 2016 eine internationale Studienkommission bestellt, die sich der historischen Tradition des Frauendiakonats widmen sollte. Da diese Kommission aber (wenig erstaunlich) zu keinem eindeutigen Ergebnis kam, berief er im April 2020 kurzerhand eine weitere Kommission ein – mit bisher ganz offenem Ausgang. Allerdings erschließt sich der Sinn einer solchen Arbeitsgruppe nur bedingt, und zwar aus zwei Gründen.

Erstens gibt es schon eine Vielzahl an sehr differenzierten und historisch belastbaren Studien.[20] Was wir historisch erheben können, wissen wir wohl, zumindest in den großen Linien:[21] Es gibt eine Fülle von Belegen, dass Frauen zumindest im Osten des Römischen Reiches als Diakoninnen tätig waren. Entsprechende Hinweise finden sich in Kirchenordnungen wie der (syrischen) Didaskalie (um 230) oder den Apostolischen Konstitutionen (um 380, Antiochien). Das Konzil von Chalcedon spricht in can. 15 ganz selbstverständlich von der Ordination – dort: *cheirotonein/cheirotonia* – von Frauen zu Diakoninnen. Ähnliches gilt für literarische, historiographische, aber auch für neutestamentliche Texte, für entsprechende Artefakte und Inschriften. Am bekanntesten sind hier vielleicht die Diakonin Phoebe in Röm 16,1, die Frauen in 1 Tim 3,11 sowie die Diakonin Olympias von Konstantinopel, deren Statue auf den Kolonnaden des Petersplatzes in Rom zu bewundern ist. Ein Gesetz des oströmischen Kaisers Justinian regelt im Jahr 535 die Klerikerzahl an der Hagia Sophia; genannt werden 40 weibliche und 100 männliche Diakone. Besondere Aufmerksamkeit der Forschungsliteratur gilt dabei den Riten und Weihegebe-

---

in kirchlichen Ämtern. Reformbewegungen in der Ökumene, Freiburg/Br. 2018, 247–260, hier 247–253.

[20] Vgl. den umfassenden Literaturüberblick von *Manfred Hauke*, Bibliographischer Nachtrag (2018) zu Aimé-Georges Martimort, Les diaconesses. Essai historique (1982), in: Hauke/Hoping (Hg.), Diakonat (wie Anm. 15), 395–414, dort neben Martimort auch die einschlägigen Studien von Gryson, Jensen und Reininger. Auch die Studie der Internationalen Theologenkommission enthält historische Referate zu Dienst und Verschwinden der Diakonissen (Müller) bzw. Diakoninnen (Hallensleben). Vgl. *Müller* (Hg.), Diakonat (wie Anm. 11), 26–31.40f. bzw. *Hallensleben* (Hg.), Theologie (wie Anm. 11), 434–440.445f.

[21] Zum Folgenden vgl. *Theresia Hainthaler*, Diakonat der Frau, in: Eckholt/Link-Wieczorek/Sattler/Strübind (Hg.), Frauen (wie Anm. 19), 223–246 und *Heike Drieser*, Historische Überlegungen zum Diakonat der Frau im frühen Christentum, in: zur debatte 52/1 (2022) 28–31. Hainthaler weist ebd., 246 auch auf die korrekturbedürftigen Einseitigkeiten in der eher restriktiven Interpretation Martimorts hin (mit entsprechender Literatur).

ten, wie sie in den Apostolischen Konstitutionen oder in der Liturgie der byzantinischen Diakoninnenweihe[22] vorgesehen sind.

Auf der anderen Seite ist diese Tradition im Westen des Reiches nicht nur nicht so breit bezeugt, sondern zum Teil heftiger, auch polemischer Kritik ausgesetzt. Freilich kann man aus dem Umstand, dass z.B. verschiedene gallische Synoden vom 4. bis 6. Jahrhundert Diakoninnen explizit verbieten, schließen, dass es solche auch im Westreich in signifikanter Zahl gegeben haben muss. Entscheidend ist aber, dass all diese historischen Zeugnisse nur bedingt normativ auswertbar sind, weil wohl auf Dauer eine gewisse Randunschärfe darüber bleiben wird, in welchem Sinn die Wortfelder *diakonos/diakonissa* und *cheirotonein/cheirotonia/cheirothesia* gebraucht wurden, eine einfache Rückübertragung unseres heutigen dogmatischen Amts- und Sakramentsverständnisses auf spätantike und frühmittelalterliche Texte daher grundsätzlich problematisch ist. Eine trennscharfe Abgrenzung der verschiedenen Ämter und Dienste in den Gemeinden der frühen Kirche erscheint auf Basis unserer Quellen kaum valide möglich. Die Folge ist, dass die gleichen Quellen je nach theologischer Präferenz sehr unterschiedlich interpretiert werden. Eines scheint allerdings klar, gerade auch mit Blick auf die theologische Dichte der entsprechenden liturgischen Ordinationsformulare: Wenn man bedenkt, wie überaus dynamisch, flexibel und bedürfnisorientiert sich die kirchliche Lehrentwicklung in anderweitigen amtstheologischen Fragen gezeigt hat – zu erinnern ist an die signifikanten Verschiebungen in der Theologie des Bischofsamtes bis hin zu den dogmatischen Setzungen des Zweiten Vatikanischen Konzils (vgl. LG 21)[23] oder an den Austausch von Form und Materie im *sacramentum ordinis* durch Pius XII.[24] – dann ist der sichere historische Befund allemal stabil genug, um ein sakramentales Diakonat der Frau zu installieren, wenn man es denn theologisch und politisch wirklich will.

Damit ist schon angedeutet, dass der zweite, entscheidende Grund für die genannte Skepsis kein historischer, sondern ein systematischer ist. Es ist das schlechthinnige Proprium des Weiheamtes, dass Menschen aus der Gemeinde

---

[22] Vgl. hierzu den Beitrag von Harald Buchinger in diesem Band.

[23] Vgl. *Benjamin Dahlke*, Die Sakramentalität des Bischofsamtes, in: R. Althaus (Hg.), In verbo autem tuo, Domine. Auf dein Wort hin, Herr (FS EB Becker), Paderborn 2018, 15–31. *Klaus Unterburger*, Die bischöfliche Vollmacht im Mittelalter und in der Neuzeit, in: S. Demel/K. Lüdicke (Hg.), Zwischen Vollmacht und Ohnmacht. Die Hirtengewalt des Diözesanbischofs und ihre Grenzen, Freiburg/Br. 2015, 65–89, 82 spricht mit Blick auf das Zweite Vaticanum von der „Neuerfindung des Bischofsamtes"; Zitat und Zitatbeleg bei Seewald, Dienst (wie Anm. 17), 329.

[24] Vgl. *Pius XII.*, Apostolische Konstitution *Sacramentum ordinis*, 30. November 1947: DH 3858–3859. Vgl. *Michael Seewald*, Reform. Dieselbe Kirche anders denken, Freiburg/Br. 2019, 78–85.

und für diese[25] berufen werden, um ihr in spezifischen Handlungen und Rollenfunktionen gegenüberzutreten; um an ihr also den Dienst der Heiligung, Leitung und Lehre auszuüben und sie so für ihren Dienst am Evangelium zuzurüsten. Daher lautet die relevante Frage nicht: Sprechen die historischen Daten dafür, Frauen zu Diakoninnen zu weihen? Sondern die relevante Frage lautet: Gibt es belastbare Gründe, Frauen vom sakramentalen Weiheamt insgesamt auszuschließen?[26] Hierauf ist zu antworten: Wenn die kulturelle und historische Situation und der darin erreichte Wissensstand zu einem bestimmten Zeitpunkt in der Geschichte so sind, dass ein Festhalten am *status quo* in der Amtsfrage klar als Diskriminierung und Ungerechtigkeit gegenüber Frauen erkennbar ist, dann gilt, dass die Kirche nicht nur das Recht, sondern auch die Pflicht hat, Frauen die sakramentale Weihe zu Diakoninnen, Priesterinnen und Bischöfinnen zu ermöglichen. Tut sie das nicht und weigert sich weiterhin, entsprechende Berufungserfahrungen auf ihre pneumatische Authentizität hin zu überprüfen, macht sie sich schuldig. Kein Argument der Tradition ist so stark, dass es einen andauernden Akt der Ungerechtigkeit und Diskriminierung zu legitimieren vermöchte, denn ein solcher ist weder mit der autonomen Vernunft und Ethik (kategorischer Imperativ), noch mit dem Willen Gottes vereinbar. In formaler Hinsicht ist zu sagen, dass *Ordinatio sacerdotalis* 4 und die dahinterstehende Berufung auf die Lehrmeinung der über den Erdkreis verstreuten Bischöfe (can. 749 § 2–3 CIC in Verb. mit LG 25) keine dogmatisch letztverbindliche Aussage ist.[27] Und in inhaltlicher Hinsicht gilt, dass keines der in

---

[25] Es wäre eine eigene Überlegung wert, auf dieser Basis noch einmal neu über das in Chalcedon (can. 6) erlassene Verbot einer absoluten Ordination nachzudenken. Danke an Liborius Lumma für diesen Hinweis!

[26] Vgl. die dritte der Osnabrücker Thesen: „Nicht der Zugang von Frauen zu den kirchlichen Diensten und Ämtern ist begründungspflichtig, sondern deren Ausschluss", in: Eckholt/Link-Wieczorek/Sattler/Strübind (Hg.), Frauen (s. Anm. 19), 465–467, 465. Sie wird aufgegriffen vom Synodalen Weg, vgl. den in zweiter Lesung am 9.9 .2022 beschlossenen Grundtext „Frauen in Diensten und Ämtern der Kirche", S. 2, dort Z. 38–40; siehe: https://www.synodalerweg.de/fileadmin/Synodalerweg/Dokumente_Reden_Beitraege/SV-IV/T5NEU_SV-IV_7_Synodalforum_III-Grundtext-2.Lesung.pdf (aufgerufen am: 7.10. 2022).

[27] Das stärkste mir bekannte Argument zugunsten der dogmatischen Irreversibilität von OS 4 stammt von *Norbert Lüdecke*, Also doch ein Dogma? Fragen zum Verbindlichkeitsanspruch der Lehre über die Unmöglichkeit der Priesterweihe für Frauen aus kanonistischer Perspektive. Eine Nachlese, in: W. Bock/W. Lienemann (Hg.), Frauenordination. Studien zu Kirchenrecht und Theologie. Band III, Heidelberg 2000, 41–119, 99: „Offenkundigkeit des synchronen Konsenses durch eine authentische Erklärung des Papstes". Lüdecke argumentiert, mit OS 4 sei der in can. 749 § 3 geforderte Nachweis der Offenkundigkeit des bischöflichen Konsenses gegeben. Das Argument trägt aber nicht, weil diese Offenkundigkeit dem kollegialen Akt selbst inhärent zu sein hat und nicht in einer nachgeschobenen päpstlichen Erklärung liegen kann. Damit OS 4 diese

Inter Insigniores 1–4 genannten Argumente gegen die Frauenordination wirklich schlagend ist, schon gar nicht das dort nur am Rande in Nr. 5 als Konvenienzargument angeführte Argument der *similitudo naturalis.* Das ist in Verbindung mit einer bipolaren Geschlechteranthropologie und einer ekklesialen Brautmystik bekanntlich das derzeit ventilierte Hauptargument und bezieht sich auf die angeblich nur Männern mögliche Christusrepräsentanz: Es sticht nicht.[28]

4. Wanderer zwischen den Welten

Doch welche Rolle, welches theologische Profil kommt dem Diakon zu? Klar ist, dass er mehr und anderes ist als der Helfer des Ortspfarrers, dass also eine rein hierarchische Zuordnung fehlgeht. Sachangemessener ist ein komplementäres Amtsmodell, bei dem Presbyter und Diakone auf je spezifische Weise Anteil an dem einen sakramentalen Weiheamt haben, das in seiner Fülle der Bischof innehat. Sie bilden also unterschiedliche Weisen der sakramentalen Repräsentation der einen Sendung Jesu Christi, wobei der Schwerpunkt des diakonalen Amtes in der *repraesentatio Christi diaconi* liegt.[29] Freilich ist es notorisch schwer, dieses Spezifikum und ein entsprechendes *ministerium diaconale* theologisch präzise zu fassen, weil der hier besonders in Anschlag

---

Begründungslast tragen könnte, müsste formal eine *ex cathedra*-Entscheidung vorliegen (die ja ebenfalls immer nur den gesamtkirchlichen und also auch bischöflichen Glaubenskonsens zum Ausdruck bringen kann), was aber erkennbar nicht der Fall ist. Vgl. *Matthias Remenyi/Thomas Schärtl,* Normativität – Plausibilität – Ikonizität. Überlegungen zur Frauenordination, in: J. Rahner (Hg.), Christusrepräsentanz. Zur aktuellen Debatte um die Zulassung von Frauen zum priesterlichen Amt (QD 319), Freiburg/Br. 2021, 44–75, hier 46–52. *Bernhard S. Anuth,* Möglichkeit und Konsequenzen eines sakramentalen Frauendiakonats. Kanonistische Perspektiven, in: ders./B. Dennemarck/S. Ihli (Hg.), „Von Barmherzigkeit und Recht will ich singen" (FS Weiß), Regensburg 2020, 41–70 argumentiert luzide für die kirchenrechtliche Zulässigkeit des sakramentalen Frauendiakonats (und leider wohl auch realistisch für die geringe Wahrscheinlichkeit seiner Einführung), nimmt aber das *definitive* in OS 4 mit Blick auf die Unmöglichkeit einer Priesterweihe der Frau rechtspositivistisch und theologisch unhinterfragt als gesetzt an.

28 Zur ausführlichen Begründung dieser These vgl. *Remenyi/Schärtl,* Normativität (wie. Anm. 27), 52–75.

29 Vgl. *Stefan Sander,* Gott begegnet im Anderen. Der Diakon und die Einheit des sakramentalen Amtes, Freiburg/Br. 2006, 20–31; ders., Das Amt des Diakons. Eine Handreichung, Freiburg/Br. 2008, 124–130; Mühl, Diskussion (s. Anm. 15), 167–169 zählt neben W. Kasper und sich selbst auch Hoping und Menke zu den Vertretern dieses Ansatzes.

gebrachte Dienstcharakter des Amtes natürlich allen drei Weihestufen zukommt.[30] Insofern kehren bei einer Fokussierung des Diakonats auf die *repraesentatio Christi diaconi* alle oben besprochenen Schwierigkeiten der *repraesentatio Christi capitis* wieder, nur eben unter umgekehrten Vorzeichen.

Etwas anders angelegt ist die bipolare Zuordnung von Diakonat und Presbyterat, die der im November 2020 verstorbene Stefan Sander im Anschluss an
Bernd Jochen Hilberath[31] vorgelegt hat. Ausgangspunkt ist hier die doppelt-
eine Grunddimension der Kirche, die in dem Nicht-aus-sich-selbst ihrer *communio* und dem Nicht-für-sich-selbst ihrer *missio* besteht. Während nun der
Presbyter die vertikale Dimension des Nicht-aus-uns-selbst rollenspezifisch
vergegenwärtigt, den Verweis auf das *extra nos* des Heils also, das uns vor allem in der Eucharistie sakramental zugesagt wird, erinnert der Diakon an die
horizontale Dimension des Nicht-für-uns-selbst, für das exemplarisch die
Fußwaschung Christi steht.[32] Aber auch dieses bipolare Modell hat Schwä-
chen. Erstens übernimmt der Diakon in der Praxis sehr vielfältige Rollen und
Aufgaben, die weit über das sozial-caritative Engagement hinausgehen, und
zweitens vergegenwärtigt der Diakon in der Sakramentenspendung oder in der
Wortverkündigung selbstredend auch das Moment des Nicht-aus-uns-selbst.
Augenscheinlich greift es also zu kurz, den Diakon lediglich als den „Stellver-
treter der Armen"[33] zu charakterisieren.

Der Diakon ist nicht ausschließlich der kirchliche Sozialarbeiter. Er ist,
bildlich gesprochen, vielmehr ein Wanderer zwischen den Lebenswelten, ein
Brückenbauer, Vermittler und Grenzgänger, und die damit verbundene Kontur-
losigkeit und Vagheit[34] dieses Amts sind vielleicht seine entscheidende Chance
in diesen Zeiten des Übergangs und der Krise.[35] Diese These wird gestützt

---

[30] Nicht ohne Grund hat man eine exklusive Verwendung des Ausdrucks *in persona
     Christi servi* für das sakramentale Handeln des Diakons kurzerhand verboten – in der
     irrigen Annahme, mit dem Sprach- habe sich auch das Sachproblem erledigt. Vgl.
     Kongregation für den Klerus, Perspektiven (s. Anm. 14), 36.
[31] Vgl. *Bernd J. Hilberath*, Thesen zur Theologie des Diakonats, in: K. Kießling (Hg.),
     Ständige Diakone – Stellvertreter der Armen? Projekt Pro Diakonia: Prozess – Positio-
     nen – Perspektiven, Berlin 2006, 92–104.
[32] Vgl. *Sander*, Gott (wie Anm. 29), 31–37; ders., Amt (wie Anm. 29), 130–134.
[33] Ebd., 149.
[34] Vgl. *Rupert Scheule*, Ja zum vagen Amt. Apologie eines offenen theologischen Selbst-
     verständnisses Ständiger Diakone, in: Hartmann/Reger/Sander (Hg.), Ortsbestimmungen
     (wie Anm. 14), 70–77.
[35] Vgl. die These von *Ralf Miggelbrink*, Die „verschiedenen Dienstämter" (LG 18) und die
     Einheit des Ordo. Zum Spezifikum des diakonalen Amtes, in: K. Armbruster/M. Mühl
     (Hg.), Bereit wozu? Geweiht für was? Zur Diskussion um den Ständigen Diakonat (QD
     232), Freiburg/Br. 2009, 204–221, 214: Der Ungenauigkeit hinsichtlich konkreter Tätig-
     keitsfelder des Diakons „eignet allerdings eine tiefe Sachgerechtigkeit [...]: Der Diakon

durch exegetische Forschungen über den paganen und neutestamentlichen Gebrauch des Wortfelds *diakonein/diakonos* von John Neill Collins[36] aus den 1980er- und 1990er-Jahren, die v. a. Anni Hentschel[37] aufgegriffen und weitergeführt hat. Sie spielen eine gewisse Rolle in der Tradition der Freiburger Diakonatsausbildung[38], werden aber auch anderweitig diskutiert, etwa von Stefan Sander[39] und Klaus Kießling[40].

Collins problematisiert die lange gängige These, dass das Wortfeld *diakonein/diakonos* zuvörderst den Tischdienst von sozial Niedriggestellten, insbesondere von Sklaven, meine. Exemplarisch für diese gängige Lehrmeinung steht Apg 6,2, also die durchaus materiell gemeinte tägliche Versorgung (*diakonia*) der Witwen der Hellenisten und der damit verbundene Dienst an den Tischen (*diakonein*), für den die Apostel Helfer suchen. Aus diesem Begriffsver-

---

ist im allgemeinsten Sinne der sakramentale Diener seiner Kirche, der insbesondere da bedeutsam werden kann, wo die festen Strukturen sich auflösen."

[36] Vgl. *John N. Collins*, Diakonia. Re-interpreting the Ancient Sources, New York/Oxford 1990; *ders.*, Die Bedeutung der Diakonia – eine persönliche Erfahrung, in: Diakonia Christi 29 (1994) 51–71; *ders.*, Deacons and the Church. Making Connections Between Old and New, Harrisburg 2002; *ders.*, Diakonia Studies. Critical Issues in Ministry, New York/Oxford 2014.

[37] Vgl. *Anni Hentschel*, Diakonia im Neuen Testament. Studien zur Semantik unter besonderer Berücksichtigung der Rolle von Frauen (WUNT 226), Tübingen 2007; *dies.*, Gemeinde, Ämter, Dienste. Perspektiven zur neutestamentlichen Ekklesiologie, Neukirchen-Vluyn 2013; vgl. außerdem dazu *John Neill Collins*, Rez. Anni Hentschel, Gemeinde, Ämter, Dienste, in: Diaconia Christi 49 (2014) 143–146.

[38] Vgl. Armbruster, Dienst (wie Anm. 15), 160–177. Armbruster war lange Jahre Bischöflicher Beauftragter für den Ständigen Diakonat in der Erzdiözese Freiburg und fasst auf diesen Seiten die gesamte Forschungsgeschichte zu Collins' Thesen zusammen (mit einer Fülle an weiterer Literatur). Vgl. auch (den Freiburger Diakon) *Matthias Mühl*, Diskussion (wie Anm. 15), 169–172. Beide kommen in der zentralen These überein, ausgehend u. a. von den exegetischen Befunden Collins' und Hentschels den Diakon als den Gesandten Christi zu sehen.

[39] Vgl. *Stefan Sander*, Der Diakon – Bote Jesu Christi?, in: Diaconia Christi 50 (2015) 266–277.

[40] Vgl. *Klaus Kießling*, Dienstbares Aufwarten an den Tischen oder missionarisches Dazwischengehen? Zur Diskussion um John N. Collins und Diakonia im Neuen Testament, in: Diakonia Christi 46 (2011) 213–217; *ders.* Tischdiener oder Botschafter? Zur Mission Ständiger Diakone, in: HerKorr Spezial: Delegierte Nächstenliebe. Die Kirche und ihre Caritas. Freiburg/Br. 4/2022, 30–31. Entsprechend der Ausrichtung des Heftes versucht Kießling in diesem aktuellen Beitrag eine Vermittlung von Collins Thesen mit der traditionellen Sicht des (Ständigen) Diakonats als eines caritativen Dienstamts. Das entscheidende Stichwort ist ebd., 31 die „Diakonie der Liebe": „Mein Handeln als Diakon verweist auf denjenigen, von dem ich mich in Anspruch nehmen lasse. Und wenn Gott die Liebe ist, dann handle ich aus Liebe. Dann übe ich als Diakon *caritas*, dann erweist sich die Nächstenliebe als primärer Akt der Gottesliebe, und dann sind Diakonat und caritas untrennbar miteinander verbunden." – Der folgende Abschnitt greift auf diese Sekundärliteratur zurück und skizziert von da ausgehend den Ansatz.

ständnis leitete sich dann die gängige Charakterisierung des Diakonates als eines demütigen, selbstlosen Dienstes an den Nächsten ab. Doch gegen diese rein caritative und sozialdiakonische Ausrichtung des Diakonats sprechen schon neutestamentlich gewichtige Gründe: Unmittelbar im Anschluss an genannte Stelle ist in Apg 6,4 die Rede von der geistlich-spirituellen Diakonie des Wortes. Paulus spricht in 2 Kor 15,18 von der Diakonie der Versöhnung und begründet seine eigene Autorität nicht damit, dass er Apostel, sondern dass er ein *diakonos* sei (1 Kor 3,5; 2 Kor 3,6; 2 Kor 11,23). Und schließlich wird in der Parabel vom großen Weltgericht in Mt 25,31–46 das Verb *diakonein* nur mit Blick auf jenen Dienst verwendet, den die Verworfenen dem König verweigert haten (Mt 25,44) – gerade nicht aber für die gleichzeitige Einschärfung der solidarischen Hinwendung zum Nächsten.[41] Schon ein erster Blick auf den neutestamentlichen Befund zeigt also, dass das Wortfeld disparater, weiter, offener und unklarer ist als bisher angenommen.

Vor allem hat es in der paganen Literatur und Kultur der griechisch-römischen Antike eine gänzlich andere Bedeutung. Es meint hier in der Hauptsache die Rolle des Boten oder Vermittlers. Einige Beispiele, die wiederholt genannt werden: Pagane *diakonoi* müssen nicht zwingend Sklaven oder Dienstboten sein, sie können auch aus gehobenen Schichten stammen. Es sind Boten eines Dritten, die unerschütterlich an dem ihnen übertragenen Auftrag festhalten (z.B. Geldboten, Generäle oder Gouverneure). Der Kyniker ist in seiner inneren und äußeren Bedürfnislosigkeit der *diakonos*, der Botschafter oder Herold seines Gottes. Dieser Boten- oder Mittlerdienst gilt auch für Götter: Der Götterbote Hermes ist der *diakonos* des Zeus, der zwischen Zeus und den Menschen vermitteln soll. Auch der klassische Tischdienst selbst wird im Rahmen religiöser Riten und besonderer Festlichkeiten nicht von Sklaven, sondern von den Söhnen freier Männer ausgeübt. Bei besonderen Anlässen kann sogar der König selbst diese Rolle des *diakonos* übernehmen und den Gast dadurch besonders ehren.[42]

Die Fundamentalthese von Collins lautet nun, dass der biblische Gebrauch des Wortfelds *diakonein/diakonos* nicht im Kontrast zu dessen paganer Verwendung steht, sondern sie aufgreift und sich an sie anlehnt. Die ersten Christen, so Collins, hätten den Sprachgebrauch der hellenistisch-römischen Umwelt übernommen und den Dienst des Diakons primär als einen Boten- und Vermittlungsdienst verstanden.[43] Dazu passt, dass das Amt des Diakons in den frühchristlichen Gemeinden sehr bald schon als die persönliche Vertretung des Bischofs aufgefasst wurde. Zu erinnern ist in dem Zusammenhang an die sie-

---

[41] Vgl. *Collins*, Bedeutung (wie Anm. 36), 53–56.
[42] Vgl. *Sander*, Diakon (wie Anm. 39), 269 f., mit Bezug auf Hentschel, Diakonia (s. Anm. 37), 21–25.34–85 sowie auf *Collins*, Diakonia (wie Anm. 36), 150–168.
[43] Vgl. *Collins*, Bedeutung (wie Anm. 36), 65–69.

ben Ignatiusbriefe, die den Diakon als engen Mitarbeiter des Bischofs[44] sowie als Gesandten Gottes[45] bzw. Christi[46] charakterisieren, oder auch an die Didaskalie, für die der Diakon Ohr, Mund, Herz und Seele des Bischofs[47] ist. Der Amtscharakter des Diakonats ergibt sich dieser These zufolge dann nicht aus dem Verhältnis des Diakons zur Zielgruppe, d.h. den Notleidenden, sondern aus dem Verhältnis des Diakons zur höheren Autorität, deren Bote er ist: „The designation ‚deacon' does not arrive from attendance at table but from attandance on a person. This person is not the needy person or the congregation or the community but the episcopos (the later bishop), whose 'agent' the 'deacon' is".[48]

Folgt man dieser These, geht damit eine erhebliche Verschiebung in der Wortfeldbedeutung von *diakonia/diakonein/diakonos* einher. Der Kern, das Wesen des diakonischen Amtes liegt dann im Gesandtsein von einer entsprechenden Autorität, einer stellvertretenden Bevollmächtigung im Auftrag eines Dritten, im kirchlichen Kontext im Auftrag des Bischofs, letztlich aber Christi bzw. Gottes. Dann ist der Diakon derjenige, der Bote – *courir* – ist, der eine wichtige Nachricht überbringt und ‚dazwischengeht' zwischen Auftraggeber und Adressat; ein Brückenbauer, ein Dazwischengeher und Grenzgänger, ein Wanderer zwischen den Lebenswelten; Collins spricht hier ausdrücklich von *go-between* bzw. *in-between*.[49] Der Diakon ist der Sprecher – *spokesman* –, der Botschafter – *messenger* – und der Mittelsmann – *middleman* – zwischen Gott und den Menschen. Er ist Bevollmächtigter und Repräsentant (*agent, instrument, medium*), dessen zentrale Eigenschaften nicht in der Servilität, sondern in seiner Mobilität, in seiner Effizienz und in seiner Vermittlungskompetenz liegen sollten.[50]

Anni Hentschel greift das in ihren exegetischen Studien auf und arbeitet noch stärker heraus, dass der Bezug zum Auftraggeber das zentrale Moment des Diakonats ist. Es geht nicht primär um Dienste, die anderen gewährt wer-

---

[44] Ignatius (Bischof von Antiochien) spricht von den Diakonen als seinen Mitarbeitern: IgnEph 2,1; IgnMagn 2; IgnPhil 4, IgnSmyrn 12,1–2. Das ist unabhängig von der notorisch strittigen Verfasserfrage themarelevant. Vgl. *J. Fischer*, Schriften des Urchristentums. Erster Teil: Die Apostolischen Väter, Darmstadt 2004, 109–225.

[45] Vgl. IgnPhil 10,1.

[46] Vgl. IgnSmyrn 10,1.

[47] Vgl. *Sander*, Gott (wie Anm. 29), 163–165.

[48] *Collins*, Diakonia (wie Anm. 36), 337; zitiert u.a. auch bei Sander, Diakon (wie Anm. 39), 268 und *Mühl*, Diskussion (wie Anm. 15), 170.

[49] Vgl. *Collins*, Diakonia (wie Anm. 36), 335; aufgegriffen und übersetzt bei Hentschel, Diakonia (wie Anm. 37), 23.

[50] Vgl. *Sander*, Diakon (wie Anm. 39), 268; *Kießling*, Aufwarten (wie Anm. 40), 214; *ders.*, Tischdiener (wie Anm. 40), 30; ebd.: „Entscheidend für einen *diakonos* ist aber offenbar nicht seine Servilität, sondern seine Mobilität."

den, sondern um Tätigkeiten, die im Namen eines anderen erfolgen. Dieser konstitutive Bezug des Diakonats zum Auftraggeber passt in besonderer Weise zum paulinischen Wortgebrauch. Wenn Paulus sich selbst (1 Kor 3,4; 2 Kor 3,5 f.) oder Christus (Röm 15,8; *ex negativo* Gal 2,17) als *diakonos* bezeichnet, so geht es beide Male um eben diesen Grundgedanken der Vermittlung und der Verkündigung des Evangeliums im Auftrag Jesu Christi bzw. Gottes selbst. In den Worten Hentschels: Paulus verwendet das Verbalsubstantiv *diakonos* „für die Vermittlung von Botschaften, zumeist im Sinne der Evangeliumsverkündigung", er beschreibt „mit Hilfe des Terminus Diakonos seine eigene Rolle als von Gott beauftragter und autorisierter Botschafter des Evangeliums"[51].

Eine kleine Randbemerkung sei hier noch angefügt: Angesichts der gegenwärtigen Kirchen- und Amtskrise sowie der manifesten innerkirchlichen Demokratiedefizite gilt es, bei der Umsetzung dieser exegetischen Befunde ins Heute den Diakon primär als den Gesandten Christi und Verkünder des Evangeliums im umfassenden Sinn und nicht nur als den Gesandten des Bischofs zu verstehen. Wenn Armbruster und Mühl den Diakon als den „Gesandten Christi"[52] konturieren, so ist dem im Grundsatz zuzustimmen, es müsste aber gerade mit Blick auf die innerkirchliche Funktion des Diakonats noch mehr amts- und ideologiekritisch zugespitzt werden. Aus der Sendung von Christus her erwächst dem Diakon neben der Sendung in die Welt hinein auch die Aufgabe zu, den Bischof in seiner Amtsführung gegebenenfalls zu kritisieren. Metaphorisch gesprochen: Wenn der Diakon Auge und Ohr des Bischofs sein soll, dann hat er die von ihm wahrgenommene ekklesiale Wirklichkeit vor Ort diesem auch rückzuspiegeln, sei es gelegen oder ungelegen. Gerade in seiner Rolle als jenem Teil des Klerus, dessen spezifisch diakonaler Christusrepräsentanz die *potestas sacra* abgesprochen ist, hat der Diakon eine besondere Sensibilität für das lebensweltliche Zuschnappen der Sakralisierungsfalle zu entwickeln.

Das in etwa ist gemeint, wenn ich vom Diakon als dem Wanderer zwischen den Welten bzw. als Grenzgänger, Brückenbauer und Netzwerker spreche. Mir scheint nun, dass dieses spezifische Profil des Diakonats innerhalb der Lehre von den drei *munera* Christi[53] am ehesten dem prophetischen Amt zuzuordnen ist. Dazu gleich nach der folgenden Zwischenbemerkung noch einige Schlussüberlegungen.

---

[51] *Hentschel*, Diakonia (wie Anm. 37), 182 f. Vgl. auch *dies.*, Gemeinde (wie Anm. 37), 65–136.

[52] *Armbruster*, Dienst (wie Anm. 15), 177; *Mühl*, Diskussion (wie Anm. 15), 173.175.

[53] Hierzu immer noch einschlägig *Ludwig Schick*, Das Dreifache Amt Christi und der Kirche. Zur Entstehung und Entwicklung der Trilogien, Frankfurt/M. 1982.

5.   Geschichtlichkeit des Amtes und Demokratisierung von Macht

Inkarnation statt Inspiration: so lautet eine der zentralen Thesen Karl-Heinz Menkes, mit denen er die aktuellen Reformbemühungen in der amtstheologischen Debatte scharf kritisiert. Ein „[d]esinkarniertes Christentum"[54] sei die tiefste Wunde, unter der die Kirche derzeit zu leiden habe. Die „Ersetzung der Inkarnationslogik durch die Inspirationslogik"[55] sei dafür verantwortlich, dass das sakramentale Denken verdunste, dem Lehramt das Recht abgesprochen werde, die Selbstmitteilung Gottes in Jesus Christus autoritativ auszulegen und die katholische Kirche letztlich in die Protestantisierung abdrifte. Wie sich das mit Menkes früherer Grundthese verträgt, dass gerade der Heilige Geist das „‚Prinzip' aller Sakramentalität"[56] ist, weil er die Möglichkeitsbedingung der direkten Proportionalität von Einheit und Differenz im sakramentalen Ereignis ist, bleibt opak. Nein, die Rede von der sichtbaren Kirche als dem Sakrament des Geistes ist keine gnostizierende oder markionitische Verirrung liberaler Theologie, wie Menke neuerdings zu vermuten scheint[57], sondern folgt präzise aus der Proportionalitätsanalogie in LG 8, der zufolge die Kirche dem Geist ebenso als Heilsorgan dient wie die angenommene Natur dem göttlichen Wort. Wichtiger ist jedoch folgendes: Für Menke bedeutet „der Primat der Inkarnation vor der Inspiration, dass alle Erkenntnis der Wahrheit Christi und der Kirche geschichtlich beziehungsweise inkarnatorisch vermittelt ist"[58]. Das ist richtig. Allerdings trägt gerade diese schlechterdings konstitutive Dimension der Geschichtlichkeit im inkarnatorischen Prinzip des Christentums ein Moment der Kontingenz und damit auch der Vorläufigkeit und Überholbarkeit in alles kirchliche, auch lehramtliche Tun hinein. Das ein für alle Mal ergangene Christusereignis muss je neu in wechselnden Gegenwarten angeeignet werden,

---

[54]   *Karl-Heinz Menke*, Zur Lage der Kirche in Deutschland. Über fünf Wunden, in: C. Ohly / S. Conrad / R. Hangler (Hg.), Aktuelle Herausforderungen des kirchlichen Weiheamtes, Regensburg 2020, 50.

[55]   Ebd., 74. Ähnlich *ders*., Das sakramentale Amt in der Kirche, in: Ohly/Conrad/Hangler (Hg.), Herausforderungen (s. Anm. 54), 85–108, 100: „Das NT kennt keine inspiratorische Selbstoffenbarung Gottes neben der inkarnatorischen des Christusereignisses". Vgl. auch *ders*., Inkarnation. Das Ende aller Wege Gottes, Regensburg 2021, 199–243.288–299.

[56]   *Ders*., Sakramentalität. Wesen und Wunde des Katholizismus, Regensburg 2012, 122.

[57]   Vgl. *ders*., Amt (wie Anm. 55), 95 mit der m. E. unsinnigen Alternative: „Die sichtbare Kirche: Sakrament Christi oder Sakrament des Geistes?". Vgl. dagegen stellvertretend für eine Fülle gleichlautender und gegenteiliger Stimmen *Walter Kasper*, Die Kirche als Sakrament des Geistes, in: *ders*., Die Kirche Jesu Christi. Schriften zur Ekklesiologie I (Gesammelte Schriften 11), Freiburg/Br. 2008, 281–305.

[58]   *Ders*., Einheit (wie Anm. 19), 363.

und die kirchlichen Dogmen sind als normative Sprechakte dazu wichtige Leit-planken. Aber auch sie sind eben nicht vom Himmel einer zeitenthobenen Geistunmittelbarkeit gefallen, sondern Ergebnis zuhöchst kontingenter, kon-fliktiver und machtförmiger – kurz: geschichtlicher – Dynamiken.[59]

Insofern hat es – und das ist alles, was mit dieser kleinen Zwischenbemer-kung ausgesagt werden soll – m.E. keinen Sinn, in der Amtstheologie ein in-karnatorisches gegen ein inspiratorisches Prinzip ausspielen zu wollen oder amtstheologisch bzw. ekklesiologisch Christologie und Pneumatologie als Ge-gensätze aufzubauen. Der Geist, aus dem die Kirche *idealiter* lebt, ist immer der Geist Jesu Christi, und die Kirche Jesu Christi muss je neu in der Bitte um die Geistesgegenwart die Zeichen der Zeit deuten und in ihr Handeln integrie-ren. Fluidität, Variabilität, Kreativität und Innovativität in der Ämterfrage ste-hen nicht im Widerspruch zum inkarnatorischen Prinzip, sondern sind dessen Konsequenz.

Doch wo immer Macht ausgeübt wird, besteht die Gefahr ihres Miss-brauchs. Das gilt in besonderem Maße im kirchlichen Kontext, wo diese Macht einerseits beständig durch Dienst- und Demutsrhetorik geleugnet, andererseits aber im Gegenzug umso mehr durch christologische Repräsentationsfiguratio-nen spirituell aufgeladen und überhöht wird.[60] Aus diesem Grund wäre es ge-rade für den kirchlichen Bereich unbedingt erforderlich, Machtausübung zu demokratisieren. Macht muss, auch im kirchlichen Raum, geteilt und kontrol-liert werden. Mit Recht schlägt daher Michael Seewald vor, die amtliche Chris-tusrepräsentanz insofern „mehrpolig" zu denken, als der ordinierte Amtsträger „kraft seiner Weihe die dem Getauften bereits geschenkte Teilhabe am Amt Christi"[61] aktuiert. Im Hintergrund des Vorschlags steht zum einen die Er-kenntnis, dass nicht nur die Ordinierten, sondern alle Getauften LG 31,1 zufol-ge mit der Taufe seinshaften Anteil an den drei *munera* Christi gewinnen, der spezifische Dienst der sakramental Ordinierten also nicht in einem ontologi-schen Voraus gründet, sondern in der Aufgabe, diese allen Getauften gegebene Seinsqualität lebenspraktisch zu aktivieren. Das ordinierte Amt hat sicherzu-stellen, „dass das, was die Gläubigen kraft ihrer Taufe *sind*, nämlich Priester,

---

[59] Eindrucksvolle Belege hierzu bei *Michael Seewald*, Dogma im Wandel. Wie Glaubens-lehren sich entwickeln, Freiburg/Br. 2018 und *Matthias Daufratshofer*, Das päpstliche Lehramt auf dem Prüfstand der Geschichte. Franz Hürth SJ als „Holy Ghostwriter" von Pius XI. und Pius XII., Freiburg 2021.

[60] Vgl. *Seewald*, Dienst (wie Anm. 17), 331 f.: „Wenn Amtsträger – in diesem Fall die Bischöfe – als ‚Stellvertreter und Gesandte Christi' (LG 27) bezeichnet werden, ‚in' (LG 21) denen Christus vor der Gemeinde gegenwärtig werde, weshalb gelte, wer die Ordinierten ‚hört, hört Christus, und wer sie verachtet, verachtet Christus und ihn, der Christus gesandt hat' (LG 20), lädt dies kaum zu einer kritischen Begleitung des Handelns und einer Aufarbeitung der Verfehlungen von Amtsträgern ein."

[61] *Seewald*, Repräsentation (wie Anm. 7), 265.

Propheten und Könige, in der Kirche auch tatsächlich zu priesterlichem, prophetischem und königlichem *Handeln* in der Mitte der Kirche führt"[62]. Zum anderen bringt Seewald hier bewusst die zweitvatikanische Akzentverschiebung hin zu einer stärkeren Betonung der Pneumatologie ins Spiel. Sie bietet ihm die theologische Grundlage einer (in meinen Worten) funktionalen Bottom-up-Struktur der Amtstheologie, die offen ist für egalitäre, demokratische und partizipative Elemente: Der Heilige Geist ist „das Lebensprinzip" – die „Seele" – (LG 7,7) der Kirche, und als solches wohnt er nicht nur in den Amtsträgern, sondern „als der eine und gleiche im Haupt und in den Gliedern" (LG 7,7).[63]

6. Der Diakonat als prophetisches Amt

Doch wie wäre ein solches mehrpoliges Repräsentationsgeschehen konkret zu denken? Seewald betont das Zueinander vom durch die Taufe verliehenen *sacerdotium commune* und dem durch Ordination übertragenen *sacerdotium ministeriale*[64]. Einen eigenen amtstheologischen Ansatz hat unlängst Thomas Ruster vorgelegt, dessen Grundidee darin liegt, durch eine Aufteilung der drei *munera* auf drei eigenständige Ämter amtstheologisch eine *balance of powers* zu befördern.[65] Auch mein eigener Vorschlag basiert auf einer solchen Aufteilung der drei Ämter Christi, ist aber etwas anders akzentuiert als der Rusters.[66] Unbeschadet der theologischen Zusammengehörigkeit bzw. der sakramentalen Einheit der drei *munera* scheint es mir möglich zu sein, gewisse inhaltliche Schwerpunktsetzungen anzudenken. So wäre es nicht unplausibel, das Leitungsamt bevorzugt dem Bischof, das Heiligungsamt dem Priester und das prophetische Amt dem Diakon zuzusprechen.[67] Der Bischof hätte dann als Lei-

---

[62]   Ebd.
[63]   Vgl. *Seewald*, Dienst (wie Anm. 17), 339 in Aufnahme genannter Zitate aus LG 7 sowie: Christus ist „als der Auferstandene in seiner Kirche *modo pneumatico* gegenwärtig".
[64]   Vgl. ebd., 340.
[65]   Vgl. *Thomas Ruster*, Balance of Powers. Für eine neue Gestalt des kirchlichen Amtes, Regensburg 2019, 15.
[66]   Zum Folgenden vgl. *Remenyi*, Kirche (wie Anm. 2), 114–116.
[67]   Ich will die Hoffnung nicht aufgeben, dass es einmal sachgemäß sein wird, auch hier sprachlich zu gendern. Und nur ganz am Rande: Dass die Ausgestaltung des kirchlichen Amts vor gravierenden Veränderungen steht, liegt auf der Hand. Aber den Vorwurf, dass die Forderung nach Zulassung von Frauen zu bestehenden Weiheämtern diese nur unzulässig stabilisieren würden, teile ich nicht. Ich bin überzeugt, dass eine Öffnung des sakramentalen Amtes für nicht-männliche Personen nicht systemstabilisierend wirken,

ter seines Rechtsbereichs die Möglichkeit, diese Leitungsaufgabe nicht nur an
Priester und Diakone, sondern aufgrund deren königlicher Taufwürde (vgl. LG
31,1; AA 2; AA 10,1) und deren „Einheit mit Christus, dem Haupt, selbst"
(AA 3,1) auch an Laienchristinnen und -christen zu delegieren, sodass sich vor
Ort in den Pfarreien und Gemeinden Weiheamt und Leitung operativ differenzieren ließen, ohne ihre sakramentale Verbindung aufzugeben. Die Kirche
kennt in ihrer Geschichte Traditionen, in denen Frauen für ihren Zuständig-
keitsbereich Jurisdiktionsgewalt wahrnahmen,[68] und es ist vielleicht in diesem
Zusammenhang auch nicht ganz unwichtig, dass Papst Franziskus in *Querida
Amazonia* nicht nur „die stabile Präsenz reifer und mit entsprechenden Voll-
machten ausgestatteter Laien-Gemeindeleiter" (QA 94) fordert, sondern dazu
in der entsprechenden Fußnote auch ausdrücklich auf can. 517 § 2 CIC verweist. Das *munus sanctificandi* oblíge dann als ein in der Tendenz mystagogi-
scher, von Verwaltungs- und Leitungsaufgaben weitgehend entlasteter Dienst
dem priesterlichen Amt, das auf diese Weise seinen Schwerpunkt in Begleitung und Seelsorge hätte. Würde man die Liturgie, insbesondere die Eucharistie, wirklich gemeinschaftlich feiern und trüge diesem Gemeinschaftscharakter
auch in der Ausgestaltung der liturgischen Leitungsaufgaben stärker Rechnung, anstatt alles in einem fast magischen Missverständnis auf die Einsetzungsworte und die Elevation zu fokussieren, ließe sich auch in einer solchen
Ämterzuordnung der klerikalen Sakralisierungsfalle besser entgehen.

Den Diakonat dementsprechend in besonderer Weise mit dem prophetischen Amt Christi zu verbinden, bietet sich nicht nur aus Gründen einer stim-
migen Ämterteilung an, sondern liegt ganz auf der Linie der oben entwickelten
Theologie des Diakonats: Es ist das schlechthinnige Proprium des Propheten,
der Prophetin, nicht in eigenem Namen und Auftrag zu handeln, sondern nichts
als Sprachrohr der Sache oder der Autorität sein zu wollen, die zum prophetischen Tun beauftragt. Die Verbindung des Diakonats zum prophetischen Amt
fügt sich daher aufs Beste in die Wortfeldanalysen ein, die Collins und Hentschel vorgelegt haben und die dann u.a. Armbruster und Mühl dazu bringen,
vom Diakon als dem Gesandten Christi zu sprechen. Der Diakonat ist – in dieser Spur weitergedacht – nicht liturgisch oder auch sozialcaritativ engzuführen,
sondern lebt ganz von seiner Beauftragung, seinem prophetischen Mittlerdienst
her. Dieses Grenzgängertum, dieses Dazwischengehen kann insbesondere der
Ständige Diakon mit Familie und/oder im Zivilberuf gut mit Leben füllen, insofern er *ad intra* manche traditionell-ständische Habitualisierungsdifferenz
zwischen Klerus und Laien aufzubrechen in der Lage ist. *Ad extra* wirkt diese

---

   sondern das Amt verändern und männerbündischen Klerikalismus zumindest reduzieren
   würde.
[68] Vgl. *Hubert Wolf*, Krypta. Unterdrückte Traditionen der Kirchengeschichte, München
   2015, 45–57 (Äbtissinnen, Fürstäbtissinnen) und 146–151 (Eigenkirchenwesen).

Wanderschaft des diakonalen Amtsträgers zwischen den Lebenswelten, wenn schon nicht der faktischen Milieuverengung im kirchlichen Feld, so doch hoffentlich zumindest mancher gesamtgesellschaftlichen Wahrnehmungsverengung entgegen. So hat der Diakon in seinen spezifischen beruflichen oder familiären Lebenswelten eine Kommunikationschance in Milieus und Lebenswelten hinein, die ansonsten vielleicht nur schwer erreichbar sein bzw. leicht aus dem Blick geraten könnten.

Natürlich geht es bei einem so verstandenen prophetischen Amt nicht primär um ein *munus docendi* im Sinne einer propositionalen Lehrunterweisung. Wohl aber geht es darum, wie es in LG 12,1 mit Blick auf das prophetische Amt Christi heißt, „durch ein Leben in Glauben und Liebe" die Menschen in Kontakt mit dem Evangelium zu bringen. Nicht ohne Grund ist in LG 12 die Rede vom *sensus fidei*, dem Glaubenssinn der Gläubigen, dem eine eigene prophetische Kraft eignet und durch den Christus sein prophetisches Amt erfüllt (vgl. auch LG 35,1). Wäre es vermessen, dem Amt des Diakons hier eine gewisse Wächterfunktion zuzuschreiben, dass das bisweilen Sperrige, Traditions- und Ideologiekritische des *sensus fidei* nicht vorschnell geglättet und eingeebnet wird? In jedem Fall aber fußt ein solches prophetisches Lebenszeugnis nicht oder nur zum allerkleinsten Teil auf Worten, sondern viel umfassender auf der Art und Weise, wie man die Welt bewohnt: nämlich nicht im Modus identitärer Selbstabgrenzung und Selbstbehauptung, sondern – mit einer schweren und leicht misszuverstehenden Formulierung Christoph Theobalds gesprochen – im Modus „messianischer Gastfreundschaft".[69] Die Liturgie der Diakonenweihe (und nur sie) bringt bei der Übergabe des Evangeliars diese ganzheitlich-habituelle, lebensweltliche Dimension der prophetischen Christusnachfolge präzise auf den Punkt: „Empfange das Evangelium Christi: Zu seiner Verkündigung bist du bestellt. Was du liest, ergreife im Glauben; was du glaubst, das verkünde, und was du verkündest, erfülle im Leben."[70]

Vieles an diesen Überlegungen ist hypothetisch, tentativ und spekulativ – ich traue mich noch nicht einmal, den Visionsbegriff hierfür zu bemühen. Aber immerhin lässt sich sagen, dass eine solche Zuordnung das Selbstbild zumindest eines signifikanten Teils der Diakone trifft, also keine reine Theorieimplementierung wäre, sondern im praktischen Tun der Diakone zumindest anteilig verankert.[71] Denn bereits im Jahr 2003 hat Paul M. Zulehner auf Basis

---

69 *Christoph Theobald*, Christentum als Stil. Für ein zeitgemäßes Glaubensverständnis in Europa, Freiburg/Br. 2018, 334.

70 Die Weihe des Bischofs, der Priester und der Diakone (Pontifikale I, Studienausgabe), hg. v. den Liturgischen Instituten Salzburg, Trier und Zürich, Freiburg/Br. ²1994.

71 Der Vorwurf, dass das faktische, wohl zumeist eher kleinbürgerliche Milieu der Diakone eine kritisch-prophetische Funktion ihres Amtes erschwere, greift insofern nur bedingt, als er für alle Weiheämter gilt. Es ist daher gewagt, wenn Bischöfe am Pflicht-

einer breit angelegten empirischen Studie den Propheten als einen von drei Grundtypen im Selbstverständnis der Diakone herausgearbeitet (neben dem sozialdiakonischen Samariter und dem kryptopriesterlichen Leviten). Zulehner weist zu Recht darauf hin, dass sich diese prophetische Funktion nicht nur in der binnenkirchlichen Arbeit an der Reform kirchlicher Strukturen, sondern auch im Einsatz gegen gesellschaftliche Unrechtsstrukturen *ad extra* zu erweisen habe. Der prophetische Diakonat ist insofern ein nach innen hin ideologie- und systemkritischer, nach außen hin aber ein sozial- und gesellschaftspolitischer.[72] Damit wäre dem Umstand Rechnung getragen, dass amtstheologische Entwürfe, die den Diakon als den Gesandten Christi *diaconi* zu charakterisieren versuchen, auf die Sendung des Diakons nicht nur *ad intra*, sondern *ad extra*, zu allen Menschen, verweisen.[73] Zugleich wäre aber diese doch sehr allgemeine und unspezifische Form der Sendung – der Diakon als Gesandter Christi – etwas konturiert.

Joachim Kittel, derzeit im Erzbistum Freiburg als Spiritual für den Ständigen Diakonat tätig, will ebenfalls „den Diakonat von der *prophetischen* Sendung Jesu Christi her als *prophetisch-diakonalen* Dienst"[74] profilieren. Kittel bietet besonders in der Langfassung seines Aufsatzes eine Fülle an wertvollem Material zur Validierung seiner These, die ebenso wie der hier vorgelegte Ansatz in der Spur von LG 12 und LG 35 großes Gewicht auf das Zeugnis des ganzen Lebens legt, sich aber inhaltlich ganz am dienenden Nachvollzug der Proexistenz Christi orientiert: „Das Wesen des prophetischen Amtes der Getauften besteht in der Vergegenwärtigung der prophetischen Sendung Jesu durch ein Leben in Glauben und Liebe und des Gotteslobes, das von der heilschaffenden Proexistenz Christi kündet."[75] Das ist überaus nachvollziehbar, weil es erstens den prophetischen Dienst des Diakons nicht auf die Wortverkündigung engführt und zweitens dessen umfassende Orientierung am Lebensbeispiel Jesu Christi in den Mittelpunkt stellt. Allerdings, und hier setzt meine kritische Anfrage an, droht die klare Betonung auf das prophetisch-*diakonale* Moment in der Diktion Kittels dem Ganzen dann doch wieder den Stachel des

---

zölibat mit dem Argument festhalten wollen, damit werde einer Verbürgerlichung der Priester gewehrt. Sie sind es ja zuallermeist schon längst, Zölibat hin oder her.

[72] Vgl. *Paul M. Zulehner*, Dienende Männer – Anstifter zur Solidarität. Diakone in Westeuropa, Ostfildern 2003, 66 f.

[73] Vgl. *Armbruster*, Dienst (wie Anm. 15), 199.

[74] *Joachim Kittel*, Prophetischer Dienst – Überlegungen zum Amt des Diakons im Licht des dreifachen Amtes Christi, in: M. Essig/O. Fingerhut/J. Kittel/C. Wandler, Diakonisierung. Diakonat und Kirchenentwicklung, Nordhausen 2021, 72–90, 72. Der Beitrag ist ebenfalls publiziert in: Diakonia 55,1 (2020) 21–30. Eine Langfassung mit ausführlicherer Darstellung besonders des exegetischen Teils findet sich in: *ders.*, Füreinander. Dienst in der Nachfolge Jesu, Paderborn 2020, 45–88.

[75] Ebd. (in: Essig u.a., Diakonisierung), 83.

Widerständigen und Systemkritischen zu ziehen, der mit dem Prophetischen eigentlich notwendigerweise verknüpft ist. Ganz ausdrücklich hebt er hervor: „Es ist zu unterstreichen, dass hier kein Prophetentum im alttestamentlichen Sinne gemeint ist. Dieser Hinweis ist wichtig."[76] Das ist umso verwunderlicher, als Kittel in der entsprechenden Fußnote ausdrücklich die Studie Zulehners und dessen Rekurs auf die alttestamentlich-prophetische Kritik an Unrechtsstrukturen aufruft – sich aber davon zu distanzieren scheint, jedenfalls vor entsprechenden „Fehlschlüssen"[77] warnt. Demgegenüber scheint mir, dass dem Diakonat als prophetischem Amt gerade diese Dimension nicht nur guttäte, sondern sie nachgerade von unverzichtbarer Bedeutung ist, um angesichts der fundamentalen Krise von Kirche und Amt innerkirchlich einen Beitrag zur – mit Ruster gesprochen – *balance of powers* leisten und nach außen, in die gesellschaftlichen Debatten hinein glaubwürdig für soziale Gerechtigkeit eintreten zu können.

[76] Ebd., 81.
[77] Ebd., 82.

Von alten Ämtern und neuen Herausforderungen am Beispiel des Diakonats

Ordinationsliturgien als *lex credendi*?

Harald Buchinger

Die Entscheidung des Zweiten Vatikanischen Konzils, dass „der Diakonat als eigene beständige Stufe der Hierarchie wiederhergestellt werden kann" (Dogmatische Konstitution Über die Kirche *Lumen Gentium* 29; 1964),[1] war durch intensive Forschung vorbereitet;[2] nachdem auch die tatsächliche Einführung des Ständigen Diakonats publikatorisch begleitet worden war,[3] wurden im Lauf

---

[1] Eine italienische Übersetzung der Quellen mit Schwerpunkt auf den Äußerungen der jüngeren Päpste, des Heiligen Stuhles und der italienischen Amtskirche bietet *Enzo Petrolino*, Enchiridion sul Diaconato. Le fonti e i documenti ufficiali della Chiesa, Città del Vaticano 2009, eine Darstellung der Konzilsdiskussion selbst *Luciano Bertelli*, Il diaconato permanente nel Concilio Vaticano, Diss. Pontificia Universitas Gregoriana, Vicenza 1974. Ein offiziöses Dokument ist Gerhard Ludwig Müller (Hg.), Der Diakonat – Entwicklungen und Perspektiven. Studien der Internationalen Theologischen Kommission zum sakramentalen Diakonat, Würzburg 2004.

[2] Aus der uferlosen Forschung können hier in der Regel nur einige der wichtigsten Monographien zitiert werden, obwohl mitunter auch Zeitschriftenbeiträgen erhebliche Bedeutung zukam; auch werden nur ganz ausnahmsweise Werke genannt, welche die Diakonenordination im größeren Kontext anderer Ordinationen behandeln. Im unmittelbaren Vorfeld des Zweiten Vaticanums vgl. *Paul Winninger*, Vers un renouveau du diaconat (Présence chrétienne), Paris 1958, *Jean Colson*, La fonction diaconale aux origines de l'Église (TET), Paris 1960, *A[ugustin] Kerkvoorde*, Où en est le probléme du diaconat? (ParLi 51), Bruxelles 1961, und besonders reichhaltig Karl Rahner/Herbert Vorgrimler (Hg.), Diaconia in Christo. Über die Erneuerung des Diakonates (QD 15f.), Freiburg/Br. 1962.

[3] Schon *André Guitard/Rolland* (sic) *Litalien*, Bibliographie sur le diaconat (Janvier 1966–Décembre 1969), Montréal 1970, verzeichnet 860 Titel; an Monographien und Sammelbänden der Implementierungsphase vgl. z.B. P[aul] Winninger/Y[ves] Congar (Hg.), Le diacre dans l'église et le monde d'aujourd'hui (UnSa 59), Paris 1966; *Henri Denis/René Schaller*, Diacres dans le monde d'aujourd'hui. Textes conciliaires et postconciliaires avec commentaire et point de la recherche (La voix de l'église 11), Lyon 1967; *Paul Winninger*, Les diacres: histoire et avenir du diaconat (EST), Paris 1967; Domschule e.V. Würzburg (Hg.), Der Diakon heute, Würzburg 1969; Stéphanos Charalambidis/Gustave Lagny/Émile Granger/René Schaller (Hg.), Le Diaconat (ÉglDia

der Jahrzehnte auch die gemachten Erfahrungen reflektiert.[4] Die theologische Forschung ist darum bestens disponiert, auch neuen Herausforderungen zu begegnen.

11), Tours 1969; *Edward Echlin*, The Deacon in the Church. Past and Future, Staten Island 1971.

Henri Bourgeois/René Schaller, Nouveau monde, nouveaux diacres. Dans une église renouvelée quels ministères? Paris 1968, war mir nicht zugänglich.

Die ökumenische Diskussion im unmittelbaren Umfeld von Lumen Gentium dokumentiert Department of Faith and Order (Hg.), The Ministry of Deacons (WCS 2), Geneva 1965; dem ökumenischen Kontext entstammen auch Richard Nolan (Hg.), The Diaconate Now, Washington 1968, und *Donald F. Thomas*, The Deacon in a Changing Church, Valley Forge, PA 1969.

4 Besonders umfassend und mit wissenschaftlichem Anspruch vgl. nach Lothar Ullrich (Hg.), Das Amt des Diakons. Zur Einführung des Diakonates (PKH 56), Leipzig 1977, den Sammelband Josef G. Plöger/Hermann Joh. Weber (Hg.), Der Diakon. Wiederentdeckung und Erneuerung seines Dienstes, Freiburg ²1981 [¹1980]; multiperspektivisch vgl. u. a. Il diaconato permanente (CTC), Napoli 1983, André Haquin/Philippe Weber (Hg.), Diaconat, XXIᵉ siècle. Actes du Colloque de Louvain-la-Neuve (13–15 septembre 1994) (Théologies pratiques), Bruxelles 1997, Alphonse Borras/Bernard Pottier (Hg.), La grâce du diaconat. Questions actuelles autour du diaconat latin (La part-Dieu 2), Bruxelles 2005, *Alphonse Borras*, Le diaconat au risque de sa nouveauté (La part-Dieu 10), Bruxelles 2007, sowie das Themenheft Le ministère du diacre dans la liturgie: MD 249 (2007), neuerdings auch Manfred Hauke/Helmut Hoping (Hg.), Der Diakonat. Geschichte und Theologie, Regensburg 2019; sowohl historisch als auch systematisch angelegt sind auch die unterschiedlich tiefschürfenden Monographien von *Norbert Brockman*, Ordained to Service. A Theology of the Permanent Diaconate, Hicksville, NY 1976, *Serafino Zardoni*, I diaconi nella Chiesa. Ricerca storica e teologica sul diaconato (CTV), Bologna 1983, *Owen F. Cummings*, Deacons and the Church, Mahwah, NJ 2004, *William T. Ditewig*, The Emerging Diaconate. Servant Leaders in a Servant Church, Mahwah, NJ 2007, und *W. Shawn McKnight*, Understanding the Diaconate. Historical, Theological, and Sociological Foundations, Washington, D.C. 2018. Ohne wissenschaftlichen Apparat vgl. u. a. *Michel Cancouët/Bernard Violle*, Les diacres, Paris 1990. *Margret Morche*, Zur Erneuerung des ständigen Diakonats. Ein Beitrag zur Geschichte unter besonderer Berücksichtigung der Arbeit des Internationalen Diakonatszentrums in seiner Verbindung zum Deutschen Caritasverband, Freiburg 1996, verfolgt als Auftragsarbeit des Deutschen Caritasverbandes eine spezifische Perspektive.

Explizit auch praktische Erfahrungen reflektieren u. a. *Richard L. Rashke*, The Deacon in Search of Identity. A report on the present and future status of the permanent diaconate in the United States, New York 1975, [Donna Singles (Hg.)], Des diacres parlent. Originalité et enjeux du diaconat aujourd'hui (Dossiers libres), Paris 1985, Hanspeter Ochs/Barbara Nichtweiß (Hg.), Schauen, worauf es ankommt … Festschrift zum 25jährigen Bestehen des Ständigen Diakonats im Bistum Mainz (Mainzer Perspektiven 9), Mainz 1996, *Owen F. Cummings/William T. Ditewig/Richard Gaillardetz*, Theology of the Diaconate. The State of the Question. The National Association of Diaconate Directors Keynote Addresses, 2004, Mahwah, NJ 2005, Bruno Dumons/Daniel Moulinet (Hg.), Le diaconat permanent. Relectures et perspectives (Théologies), Paris 2007, und

Im Sinne einer Erschließung der Ordinationsliturgien im Lichte des Axioms *legem credendi statuat lex supplicandi*, häufig verkürzt zu *lex orandi – lex credendi*, soll hier das Zeugnis der hervorragend erforschten Ordinationsliturgien[5]

Klemens Armbruster/Matthias Mühl (Hg.), Bereit wozu? Geweiht für was? Zur Diskussion um den Ständigen Diakonat (QD 232), Freiburg 2009, sowie die empirischen Dissertationen von *Gabriele Wollmann*, Die ständigen Diakone. Berufswirklichkeit und Selbstverständnis, Mainz 1983, und *Bernd Lunglmayr*, Der Diakonat. Kirchliches Amt zweiter Klasse? Innsbruck 2002; nach *Stephan Steger*, Der Ständige Diakon und die Liturgie. Anspruch und Lebenswirklichkeit eines wiedererrichteten Dienstes (StPaLi 19), Regensburg 2006, vgl. zuletzt auch *Franz Ferstl*, Im Dienst der Zuversicht. Das Amt des Diakons: Entwicklungen – Erfahrungen – Perspektiven, Innsbruck 2019. Historisch sehr reichhaltig ist Diakonia, *diaconiae*, diaconato. Semantica e storia nei padri della Chiesa. XXXVIII Incontro di studiosi dell'antichità cristiana, Roma, 7–9 maggio 2009 (SEAug 117), Roma 2010.
Ein systematisch-theologisches Anliegen verfolgen die Dissertationen von *Algirdas Jurevičius*, Zur Theologie des Diakonats. Der Ständige Diakonat auf der Suche nach eigenem Profil (Schriften zur Praktischen Theologie 3), Hamburg 2004, und *Stefan Sander*, Gott begegnet im Anderen. Der Diakon und die Einheit des sakramentalen Amtes (FThSt 170), Freiburg 2006; theologisch nicht ganz ausgereift vgl. auch *Kenan B. Osborne*, The Permanent Diaconate. Its History and Place in the Sacrament of Orders, New York 2007.
Kanonistische Perspektiven behandeln nach der nur in Auszügen publizierten Dissertation von *Richard E. Zenk*, The Office of the Deacon in Ecclesiastical Law, Diss., Roma, 1969, ausführlicher *Roch Pagé*, Diaconat permanent et diversité des ministères. Perspective du droit canonique (Les institutions ecclésiales 3), Montréal 1988, und *Joseph Weier*, Der Ständige Diakon im Recht der lateinischen Kirche unter besonderer Berücksichtigung der Rechtslage in der Bundesrepublik Deutschland (MKCIC.B 2), Essen 1989.
Nicht zugänglich waren mir Giuseppe Bellia (Hg.), Il diaconato. Percorsi teologici, Reggio Emilia 2001, und R. Vandebroek/J. Van der Vloet (Hg.), Het permanent diaconaat op zoek naar zichzelf. 35 jaar diakens in Vlaanderen (Cahiers voor praktische theologie 6), Anvers 2006.
Profil und Erneuerung des Ständigen Diakonats auch in der anglikanischen Kirche erörtert die Dissertation von *James Monroe Barnett*, A Full and Equal Order. A Comprehensive and Critical Study of the Origin, Development, and Decline of the Diaconate in the Context of the Church's Total Ministry and The Renewal of the Diaconate Today with Reflections for the Twenty-First Century, revised edition, Harrisburg ²1995 [¹1981]; historisch tiefer und ökumenisch noch breiter ist die Dissertation von *Jeannine E. Olson*, Deacons and Deaconesses Through the Centuries, rev. ed., St. Louis ²2005 [¹1992 unter dem Titel One Ministry, Many Roles].

5   Bleibend grundlegend ist u. a. *B[ernard] Botte*, L'Ordre d'après les prières d'Ordination, in: Études sur le sacrement de l'ordre (LO 22), Paris 1957, 13–35 = Das Weihesakrament nach den Gebeten des Weiheritus, in: Jean Guyot (Hg.), Das apostolische Amt, Mainz 1961, 13–33; weiters vgl. u. a. *Giuseppe Ferraro*, Le preghiere di ordinazione al diaconato, al presbiterato, all'episcopato, Napoli 1977, hier 15–81; ders., Ministri di salvezza. Per una teologia del ministero ordinato a partire dall'esegesi delle preghiere d'ordinazione (Sintesi e proposte 26), San Cataldo/Caltanissetta 2003, hier 207–268. Ein

im Blick auf fünf Fragen gesichtet werden: (1) Welches theologische und praktische Profil des Amtes ergibt sich aus den Ordinationsliturgien?[6] (2) Welche
biblischen Begründungsfiguren werden in den Ordinationsgebeten bemüht?[7]
(3) Was lässt sich aus der Liturgie über die Einheit und Differenzierung der
sogenannten „Höheren Weihen" erheben?[8] (4) Wie verhält sich die im Laufe
der Zeit zur Regel gewordene sukzessive Ordination zum Ständigen Diakonat?[9] (5) Was lassen die Ordinationsliturgien über den Diakonat der Frau erkennen?[10]

dem vorliegenden Aufsatz vergleichbares Anliegen verfolgt *Marcello Pavone*, La preghiera di ordinazione del diacono nel rito romano e nel rito bizantino-greco. Saggio sulla
lex orandi (Monumenta Studia Instrumenta Liturgica 42), Città del Vaticano 2006.

[6]   Zum liturgischen Tätigkeitsprofil des Diakons im christlichen Osten vgl. *S[évérien] Sa-
laville/G. Nowack*, Le rôle du diacre dans la liturgie orientale. Étude d'histoire et de liturgie (AOC 3), Paris 1962.

[7]   Nach *Paul de Clerck*, L'usage de l'Écriture dans les prières d'ordination des liturgies
byzantine, gallicane et romaine, in: A.M. Triacca/A. Pistoia (Hg.), Ordination et ministères. Conférences Saint-Serge. XLIIe semaine d'études liturgiques. 27–30 juin 1995
(BEL.S 85), Roma 1996, 107–117, vgl. *Renato De Zan*, Il lezionario dei riti di ordinazione: tipologie bibliche e rapporti con l'eucologia, in: Le liturgie di ordinazione. Atti
della XXIV Settimana di Studio dell'Associazione Professori di Liturgia. Loreto (AN),
27 agosto–1 settembre 1995 (BEL.S 86), Roma 1996, 99–120.
Die keineswegs einbahnige Linie vom biblischen Wortfeld des Dienens zum kirchlichen
Amt des Diakons erörtern u.a. die Dissertation von *John N. Collins*, Diakonia: Re-inter-
preting the Ancient Sources, Oxford 1990, weitergeführt in ders., Diakonia Studies.
Critical Issues in Ministry, Oxford 2014, und Bart J. Koet/Edwina Murphy/Esko Ryökä
(Hg.), Deacons and Diakonia in Early Christianity. The First Two Centuries (WUNT
2/479), Tübingen 2018.
Die Problematik des Paradigmas der „Sieben" von Apg 6 erörtert zuletzt *Martin
Troupeau*, Les „Sept" et la prière d'ordination des diacres, in: H. Bricout/B. Krane-
mann/D. Pesenti (Hg.), Die Dynamik der Liturgie im Spiegel ihrer Bücher. Festschrift
für Martin Klöckener/La dynamique de la liturgie au miroir de ses livres. Mélanges
offerts à Martin Klöckener (LQF 110), Münster 2020, 465–493.

[8]   Zur Entstehung des dreifachen Amtes vgl. neben allen Standardwerken zur Geschichte
von Amt und Ekklesiologie u.a. *André Lemaire*, Les ministères aux origines de l'église.
Naissance de la triple hiérarchie: évêques, presbytres, diacres (LeDiv 68), Paris 1971,
und *Alexandre Faivre*, Naissance d'une hiérarchie. Les premières étapes du cursus cléri-
cal (ThH 40), Paris 1977, sowie zur Frage in der Liturgiereform *Martin Troupeau*,
L'unité du sacrement de l'ordre dans la réforme des ordinations de 1968 (LQF 113),
Münster 2022.

[9]   Neben der bereits genannten Literatur vgl. u.a. *John St. H. Gibaut*, The *Cursus
Honorum*. A Study of the Origins and Evolution of Sequential Ordination (PatSt[L] 3),
New York 2000.

[10]   Nach der ausgezeichneten Quellensammlung von *Josephine Mayer*, Monumenta de vi-
duis diaconissis virginibusque tractantia (FlorPatr 42), Bonn 1938, sind neben *Aimé-
Georges Martimort*, Les diaconesses. Essai historique (BEL.S 24), Roma 1982, und
Roger Gryson, Le ministère des femmes dans l'église ancienne (RSSR.H 4), Gembloux

1972, vor allem die Beiträge von *Cipriano Vagaggini*, insbesondere L'ordinazione delle diaconesse nella tradizione greca e bizantina, in: OCP 40 (1974) 145–189, von bleibend grundlegender Bedeutung; englische Übersetzung hg. v. Phyllis Zagano, Ordination of Women to the Diaconate in the Eastern Churches (A Michael Glazier Book), Collegeville 2013; *Phyllis Zagano*, Women in the Diaconate, in: Worship 88 (2014) 72–77, gibt auch das von Paul VI. in Auftrag gegebene Gutachten von Cipriano Vagaggini wieder. Eine kommentierte englische Quellensammlung bieten *Kevin Madigan/Carolyn Osiek*, Ordained Women in the Early Church. A Documentary History, Baltimore 2005, einen kritischen Forschungsbericht *Moira Scimmi*, Le antiche diaconesse nella storiografia del XX secolo. Problemi di metodo (Dissertatio: Series Mediolanensis 13), Milano 2004.

Insbesondere die byzantinische Diakoninnenordination ist vielfach umfassend aufgearbeitet; bahnbrechend waren die Beiträge von *Evangelos D. Theodorou*, Ἡ „χειροτονία", ἤ „χειροθεσία" τῶν διακονίσσων, Diss. Athenai, 1954, bis ders., The Institution of Deaconesses in the Orthodox Church And (sic) the Possibility of Its Restoration, in: G. Limouris (Hg.) The Place of the Woman in the Orthodox Church and the Question of the Ordination of Women. Interorthodox Symposium, Rhodos, Greece, 30 October–7 November 1988, Katerini 1992, 207–238. Zahlreiche orthodoxe, aber auch ökumenische Perspektiven vereinigt die Dokumentation einer reichhaltigen, zu Ehren dieses Vorkämpfers für die Erneuerung des weiblichen Diakonats in der Orthodoxie veranstalteten Tagung Vassiliadis Petros/Niki Papageorgiou/Eleni Kasselouri-Hatzivassiliadi (Hg.), Deaconesses, the Ordination of Women and Orthodox Theology, Cambridge 2017, wobei gelegentlich auch die Ordinationsformulare für die Frage fruchtbar gemacht werden, ohne freilich der älteren Forschung diesbezüglich substantiell Neues hinzuzufügen zu können. Auch jenseits des Diakonats vgl. neuerdings Gabrielle Thomas/Elena Narinskaya (Hg.) Women and Ordination in the Orthodox Church. Explorations in Theology and Practice, Eugene, OR 2020, in ost-westlicher ökumenischer Breite auch Margit Eckholt, Ulrike Link-Wieczorek, Dorothea Sattler und Andrea Strübind (Hg.), Frauen in kirchlichen Ämtern. Reformbewegungen in der Ökumene, Freiburg/Göttingen 2018.

Ansonsten braucht die von *Dirk Ansorge*, Der Diakonat der Frau. Zum gegenwärtigen Forschungsstand, in: T. Berger/A. Gerhards (Hg.), Liturgie und Frauenfrage. Ein Beitrag zur Frauenforschung aus liturgiewissenschaftlicher Sicht (PiLi 7), St. Ottilien 1990, 31–65, resümierte Bibliographie hier nicht wiederholt zu werden; in den letzten dreißig Jahren vgl. u.a. die Diskussion im Tagungsband Peter Hünermann/Albert Biesinger/Marianne Heimbach-Steins/Anne Jensen (Hg.), Diakonat. Ein Amt für Frauen in der Kirche – ein frauengerechtes Amt? Ostfildern 1997, die Dissertationen von *Constantina Peppa*, Die Töchter der Kirche Christi und die frohe Botschaft des Sohnes Gottes. Eine Studie über die aktive Präsenz der Frauen und ihre besonderen Dienste im Frühchristentum und in Gemeinden der ungeteilten Alten Kirche, Universität Bern 1994 [Die Publikation Katerini 1998 war mir nicht zugänglich], sowie – ökumenisch breit angelegt – von *Dorothea Reininger*, Diakonat der Frau in der Einen Kirche. Diskussionen, Entscheidungen und pastoral-praktische erfahrungen in der christlichen Ökumene und ihr Beitrag zur römisch-katholischen Diskussion, Ostfildern 1999, weiters die Sammelbände Mutter, Nonne, Diakonin. Frauenbilder im Recht der Ostkirchen (Kanon 16), Egling 2002, Anne Jensen/Grigorios Larentzakis (Hg.), Diakonat und Diakonie in frühchristlicher und ostkirchlicher Tradition (GrTS 23), Graz 2008 (vor allem den Diakoninnen im byzantinischen Osten gewidmet), *Gary Macy/William T. Ditewig/Phyllis*

Da eine umfassende liturgievergleichende Untersuchung den gegebenen Rahmen sprengen würde,[11] soll einerseits zumindest minimale historische Tiefe dadurch erreicht werden, dass das Zeugnis der ältesten römischen Sakramentare mit der nach dem Zweiten Vaticanum erneuerten Form verglichen wird;[12] ansatzweise ökumenische Breite ergibt sich andererseits aus liturgievergleichenden Seitenblicken zum einen auf die gallische Tradition, die aufgrund der frühmittelalterlichen Hybridisierung mit der altrömischen Tradition bis zur jüngsten Liturgiereform im römischen Ritus – konkret: in der hybriden „römisch-fränkischen" Mischliturgie – aufgehoben war, zum anderen auf den byzantinischen Ritus als die Liturgie der größten Ostkirche. Angesichts des hervorragenden Forschungsstandes kann sich die Darstellung auf eine quellenimmanente Sichtung beschränken; ein Anhang bietet erstens das römische Diakonenordinationsgebet in einer Synopse der ältesten römischen Sakramentare[13] mit dem erneuerten Pontificale Romanum,[14] zweitens die altgallischen

Zagano, Women Deacons: Past, Present, Future, New York 2011, Dietmar W. Winkler (Hg.), Diakonat der Frau. Befunde aus biblischer, patristischer, ostkirchlicher, liturgischer und systematisch-theologischer Perspektive (OPOe 2), Wien ²2013 [¹2010], sowie zuletzt Hildegard Warnink (Hg.), Unlocking the Future. Women and the Diaconate (Monisgnor W. Onclin Chair 14), Leuven 2020.
Eine fundierte populäre Gesamtdarstellung mit Quellenanthologie in englischer Übersetzung bietet *John Wijngaards*, The Ordained Women Deacons of the Church's First Millennium, Norwich ²2011 [¹2002: No Women in Holy Orders]; Phyllis Zagano (Hg.), Women Deacons? Essays with Answers (A Michael Glazier Book), Collegeville, MN 2016, enthält praktisch nur Nachdrucke älterer Aufsätze. *Cristina Simonelli / Moira Scimmi*, Donne diacono? La posta in gioco, Padova 2016, und *Bernard Pottier*, Le diaconat féminin. Jadis et bientôt (Le part-Dieu 40), Bruxelles 2021, waren mir nicht zugänglich.
Gegenläufige Argumente auch früherer, darum hier nicht in extenso referierter Beiträge vereint z.B. Leo Scheffczyk (Hg.), Diakonat und Diakonissen, St. Ottilien 2002.

[11] Neben *Paul F. Bradshaw*, Ordination Rites of the Ancient Churches of East and West, New York 1990, und dem Quellenanhang von *Pavone*, La preghiera (wie Anm. 5), vgl. für den Westen *James F. Puglisi*, The Process of Admission to Ordained Ministry. 1: Epistemological Principles and Roman Catholic Rites. A Comparative Study; 2: The First Lutheran, Reformed, Anglican, and Wesleyan Rites. A Comparative Study; 3: Contemporary Rites and General Conclusions (A Pueblo Book), Collegeville 1996– 2001. Zur Diakonenordination des maronitischen Ritus vgl. *Najem Chahwan*, L'Ordination diaconale dans l'Église maronite. Édition critique, traduction et étude (Publications de l'Université Saint-Esprit de Kaslik. Institut de Liturgie 42), Roma 2001.

[12] Zur konkreten Reformarbeit und ihrem Niederschlag in den erneuerten Ordinationsformularen vgl. nun *Giovanni Frausini*, La teologia del sacramento dell'ordine nell'iter di revisione postconciliare dei riti di ordinazione (Gestis verbisque 21), Assisi 2019.

[13] Belege vgl. u. Anm. 18f.; 22; 26.

[14] Pontificale Romanum ex decreto sacrosancti oecumenici concilii Vaticani II instauratum auctoritate Pauli pp. VI promulgatum. De ordinatione diaconi, presbyteri et episcopi. Editio typica, Città del Vaticano 1968, 16–27; Pontificale Romanum ex decreto sacro-

Texte zur Diakonenordination nach dem Missale Francorum[15] und drittens die Ordinationsgebete für Diakon und Diakonin nach dem ältesten byzantinischen Euchologion;[16] eine synoptische Übersicht über Schlüsselzeugnisse soll die Geschichte des weiteren Ordinationsrituals in der römischen Tradition beleuchten.

Unberücksichtigt bleibt dabei das differenzierte Vokabular einerseits von Amt (*officium, ordo, honor, ministerium, munus*), Dienst und Dienen (*diaconatus/diaconium, ministerium/minister, servitus/servire, militare*, διάκονος/διακονία/διακονεῖν, δοῦλος/δούλη, λειτουργός/λειτουργεῖν/λειτουργία, ἐξυπηρετεῖν, aber auch *auxilium, obsequium* etc.), andererseits der Weihe und des Weihens (*ordinatio, benedictio, consecratio, dedicare*, aber auch ἀνατιθέναι, *offerre, sanctificare/sanctificatio*, ἁγιάζειν); die Vielfalt der darin ausgedrückten Konzepte kann weder im gegebenen Rahmen erörtert noch in der Übersetzung ohne erklärende philologisch-theologische Anmerkungen adäquat wiedergegeben werden.

1.   Theologisches und praktisches Profil des Amtes

Das altrömische Diakonenordinationsgebet äußert sich nicht sehr detailliert über das konkrete Aufgabenprofil des Amtes. Am Beginn des deprekativen Teils ist davon die Rede, dass die Ordinanden „deinen heiligen Altären dienen werden"; dazu „weihen (im Sinne von ‚widmen' oder ‚übereignen': *dedicamus*) wir sie flehentlich zum Amt des Diakonats." Das *officium diaconii* besteht dieser parallelen Aussage zufolge also im Altardienst. Verstärkt wird diese kultische Bestimmung durch den vorausgehenden anamnetischen Teil, wo der „Dienst am Namen Gottes" im Leib Christi mit dem Dienst der Söhne Levis am Tempel begründet wird (wobei die Terminologie des *militare* 1990 durch *servire* ersetzt wurde). Die Liturgiereform nach dem Zweiten Vaticanum ergänzte im anamnetischen Teil das neutestamentliche Paradigma der sieben

---

sancti oecumenici concilii Vaticani II instauratum auctoritate Pauli pp. VI promulgatum Ioannis Pauli pp. II cura recognitum. De ordinatione diaconi, presbyteri et episcopi. Editio typica altera, Città del Vaticano 1990, 15–25.

[15] Missale Francorum 7, 21–26 (RED.F 2, 6f. Mohlberg). Die Übersetzungen sind möglichst quellennahe Verständnishilfen des Originals, bewusst auch auf Kosten der stilistischen Eleganz der Zielsprache. Für eine hilfreiche Diskussion schwieriger Stellen danke ich Frau Dr. Annemarie Pilarski.

[16] Stefano Parenti/Elena Velkovska (Hg.), L'Eucologio Barberini gr. 336 (BEL.S 80), Seconda edizione riveduta. Con traduzione in lingua italiana, Roma ²2000, 170–172, Nr. 161f.

Männer von Apg 6,1–6, die den Aposteln „im täglichen Dienst helfen sollten" und denen sie „den Dienst an den Tischen übertrugen"; im deprekativen Teil wurde die „Sorge für die Armen und Kranken" eingefügt: eine Aspielung auf Gal 2,10, wo Paulus für sich und Barnabas die Sorge für die Armen – nicht auch die Kranken – in Anspruch nimmt.

Das kurze gallische Diakonenordinationsgebet spricht vom Diakon als „Diener an den heiligen Altären"; die Rede vom „levitischen Segensrang" unterstreicht auch hier die kultische Dimension.

Auch nach dem byzantinischen Diakonenordinationsgebet besteht der „Dienst" und das „Werk des Diakonats" darin, „(Gottes-) Diener (λειτουργοί) zu werden und deinen unbefleckten Mysterien zu Diensten zu sein (ἐξυπηρετεῖσθαι)", also im liturgischen Dienst, auch wenn insgesamt ein sehr breites Wortfeld von Dienen, Diener und Dienst verwendet wird, das freilich kein konkretes Tätigkeitsprofil jenseits der Liturgie erkennen lässt.

Während die faktischen Aufgaben von Diakonen (und Diakoninnen) auch in der Geschichte keineswegs nur in der Liturgie bestanden, nennen die klassischen Ordinationsformulare ausschließlich ihren liturgischen Dienst; erst die jüngste Reform der römischen Liturgie ergänzte die soziale Funktion und trug damit dem erneuerten Profil dieses eigenständigen Amtes Rechnung.

2. Biblische Begründungsfiguren

Das altrömische Diakonenordinationsgebet rekurriert nach einer weisheitlich grundierten Einleitung im anamnetischen Teil neben der paulinischen und deuteropaulinischen Leib-Christi-Ekklesiologie (das pauschale, unter anderem von Röm 12 und 1 Kor 12 inspirierte Motiv wird in Anspielung auf Eph 4,16 konkretisiert) vor allem auf die Typologie des Tempels: Mit Eph 2,21 wird die Leib-Metapher zum Wachstum des Tempelbaus weitergeführt, bevor als alttestamentliche Begründung die „von Anfang an erwählten Söhne Levis" herangezogen werden, „die in mystischen Handlungen deines Hauses in treuen Wache-Diensten verharrten (vgl. Num 1,53; 3,6.32; 18,3; 31,30; 31,47; Ez 40,46) und durch immerwährendes Los das Erbe (vgl. Num 33,54; Dtn 18,1; Jos 13,14; 18,7) ewigen Segens besitzen sollten." Die jüngste Liturgiereform hat nicht nur das biblische Flair dieser Passage durch relativ umfangreiche Streichungen der alttestamentlichen Anspielungen eliminiert, sondern auch die Hermeneutik der Typologie durch kleine Eingriffe fundamental verändert: Einerseits hat sie den exegetischen Charakter der Beziehung zwischen dem biblischen Paradigma und dem kirchlichen Amt getilgt, indem sie die „mystischen Handlungen deines Hauses" gestrichen hat; „mystisch" ist ja in neutestamentlicher und patristischer Terminologie eine Kategorie der biblischen Hermeneutik. Stattdessen wurde im Gegenzug eine Substitutionstheologie eingeführt: Das Haus Gottes, dem die Söhne Levis dem altrömischen Gebet zufolge dienten, wurde zum „früheren Zelt"; und anders als im ursprünglichen Text, der mit Eph 2,21 davon sprach, dass die Kirche „zu einem heiligen Tempel" Gottes wachsen solle, ist nun von einem „neuen Tempel" die Rede. Durch diese Gegenüberstellung wird der Typologie eine Dimension der Sukzession beigegeben, die sie vorher nicht hatte.

An neutestamentlichen Anspielungen bezieht sich schon das altrömische Gebet darüber hinaus im deprekativen Teil auf Haustafeln der Pastoralbriefe; bemerkenswert ist, dass es dabei unter anderem Anforderungen an den Bischof verwendet: Die „Bescheidenheit" der Autorität der Ordinanden ist von 1 Tim 3,3 (Bischof); 2 Tim 2,25 (Timotheus als „Knecht des Herrn"); Tit 3,2 (allgemein) inspiriert, die Keuschheit von 1 Tim 4,12 (Timotheus), die Nachahmung von 1 Kor 11,1; Phil 3,17 und 2 Thess 3,7.9 (Paulus), das „gute Zeugnis" und das „Gewissen" von 1 Tim 3,7.9 (Bischof), das „Zeugnis des Gewissens" von 2 Kor 1,12 (Paulus). Ein „heiliges Volk" zu „erwerben", greift 1 Petr 2,9 auf und somit indirekt auf Ex 19,6 zurück. Die eigentliche Epiklese bedient sich hingegen alttestamentlicher Formulierungen: Die Rede vom „Aussenden" des Heiligen „Geistes" stammt aus Ps 103 (104),30; die Stärkung „mit dem Geschenk deiner siebenfältigen Gnade" bezieht mit Jes 11,2 ein Kernmotiv der christlichen Initiation auf die Weihe zum „Werk des Dienstes" im kirchlichen Amt.

Die Liturgieform hat in beiden Teilen weitere neutestamentliche Begründungsfiguren ergänzt: Im anamnetischen Teil wurde ein ausführliches Referat von Apg 6 eingefügt, das insofern exegetisch nicht unproblematisch ist und darum in der Reformarbeit nicht unumstritten war, als in Apg 6 zwar wiederholt von διακονία, nirgends aber vom διάκονος die Rede ist. Im epikletischen Teil wurde neben der „ungeheuchelten Liebe" von Röm 12,9 einerseits der „Dienst an den Kranken und Armen" in ergänzender Anspielung auf Gal 2,10 eingefügt, andererseits das Beispiel Christi, „der nicht gekommen ist, sich bedienen zu lassen, sondern zu dienen" (vgl. Mt 20,28 par); wer ihn auf Erden nachahme, solle „gewürdigt werden, mit ihm im Himmel zu herrschen" (vgl. Offb 20,4.6).

Das gallische Diakonenordinationsgebet erwähnt eher summarisch einerseits den „levitischen Segensrang" aus dem Alten Testament, andererseits aus dem Neuen Testament die „Stufe derer, die deine Apostel in der Siebenzahl mit Stephanus als Führer und nachdem vorausgehend der Heilige Geist Urheber war, erwählten" (vgl. Apg 6,5).

Das byzantinische Diakonenordinationengebet verwendet ausschließlich neutestamentliche Paradigmen: Die in den deprekativen Teilen angesprochenen Eigenschaften des Ordinanden stammen wieder aus den Pastoralbriefen: „Alle Ehrbarkeit" wird in 1 Tim 2,2 allen gewünscht und in 1 Tim 3,4 vom Bischof gefordert, Ehrbarkeit als solche auch in Tit 2,8 von Titus; das wörtliche Zitat, „das Mysterium des Glaubens in reinem Gewissen haben", ist in 1 Tim 3,9 hingegen eine Anforderung an Diakone; ihnen wird auch in 1 Tim 3,13 zugesagt, dass „diejenigen, die gut dienen, sich einen guten Grad erwerben". Als Paradigma wird nicht nur im ersten Gebet Stephanus (Apg 6,4) herangezogen; die Konkretisierung des „Werkes des Dienstes/Diakonats (διακονία)" (vgl. Eph 4,12), das im zweiten Gebet noch expliziter als „Werk des Dieners/Diakons (διακόνου)" angesprochen wird, wird ausdrücklich mit dem Herrenwort begründet, das „in deinem heiligen Evanelium geschrieben steht: ,Wer unter euch der erste sein will, soll euer Diener (διάκονος) sein.'" (vgl. Mk 9,35; 10,43 // Mt 20,26). Die in der Epiklese erbetenen Gaben stammen sowohl aus Apg 6,4 (Glaube) als auch aus 2 Tim 1,7 (Liebe und Kraft als Gaben des Geistes). Alttestamentliche Formulierungen werden dagegen einzig in den Gottesanreden aufgegriffen: „Herr, unser Gott" ist häufig, aber ausschließlich im Alten Testament bezeugt; „Gott, unser Retter" stammt aus Ps 64 (65),6; 78 (79),9, der „Gebieter des Alls" aus Ijob 5,8; Weish 6,7; 8,3. Der „Tag des Gerichtes" im eschatologischen Ausblick ist biblisch vielfach, in der zitierten Form freilich nur in 1 Joh 4,17 belegt; die Doxologie des ersten Gebetes stammt aus dem Mehrheitstext des Vater Unsers nach Mt 6,13.

3. Einheit und Differenzierung der „Höheren Weihen"

Die Frage nach der Einheit und Differenzierung der „Höheren Weihen" ist einerseits wegen der historisch instabilen Einstufung des Episkopats als eigener Weihestufe (und im Gegenzug Zuordnung des Subdiakonats zu den drei „Höheren Weihen") von eminenter sakramententheologischer Bedeutung, andererseits wegen der seit der Spätantike betonten Deklassierung des Diakonats, der „nicht zum Priestertum, sondern zum Dienst geweiht wird".[17]

---

[17] Die schon in der als ,Traditio apostolica' bekannten Kirchenordnung formulierte und in deren lateinischer Version bezeugte Anordnung findet sich in geringfügig, aber signifikant kürzerer Form auch in den altgallischen Statuta ecclesiae antiqua; über das sogenannte Pontificale Romano-Germanicum 16, 9 (StT 226, 24 Vogel/Elze, wörtlich übereinstimmend mit Statuta ecclesiae antiqua, sowohl im Singular und Plural überliefert) wurde sie Gemeingut der mittelalterlichen Tradition des hybriden Ritus der römisch-fränkischen Mischliturgie und somit in weiterer Folge auch deren römischer Überlieferung:

Wenn das römische Diakonenordinationsgebet von „drei Stufen von Dienern (*trini gradus ministrorum*)" spricht, sagt es zwar nicht explizit, welche
Weihestufen damit gemeint sind; schon der äußere Bestand der Ordinationsliturgien in den Sakramentaren macht aber deutlich, dass es sich in dieser Ent-
wicklungsphase der römischen Tradition um Bischof, Presbyter und Diakone
handeln muss. Was sich wohl die Väter der Liturgiereform dachten, als sie in
der Gebetsaufforderung die Bitte um „das Geschenk der Weihe" strichen?

In den gallischen Texten zur Diakonenordination spricht nur die einleitende
Ansprache an das Volk einschränkend davon, dass eigentlich „zur Beförderung
der Ordnung des kirchlichen Dienstes die Vorrechte der Priester sich genügen
würden" (womit wohl gemeint ist, dass den Bischöfen allein die Vollmacht der
Erwählung zur Ordination zukomme), aber dennoch die bestätigende Zustimmung des Volkes erbeten werde. Die „Beförderung zum Amt des Diakonats"
wird ansonsten nicht näher in die Hierarchie eingeordnet, auch wenn von „unserer Gemeinschaft" und damit von einer besonderen Zuordnung zu den Bischöfen die Rede ist.

Auch das byzantinische Diakonenordinationsgebet gibt keinen konkreten
Hinweis auf andere Weihestufen, sondern eröffnet nur mit den Worten von
1 Tim 3,13 am Ende des ersten Gebets einen Ausblick darauf, dass „diejenigen,
die gut dienen, sich einen guten Grad erwerben", worin man das Konzept von
Weihestufen angedeutet sehen kann.

Aussagekräftiger als diese Hinweise in den Gebetstexten ist die Einordnung
der Ordinationsliturgien in den liturgischen Quellen, von denen hier nur die al-
lerwichtigsten angeführt werden können.

In den altrömischen Quellen ist zunächst die Prominenz der Hierarchie aus
Episkopat, Presbyterat und Diakonat deutlich: Die als Verona-Sakramentar bekannte Sammlung altrömischer Formulare verzeichnet nach dem September-
Quatember die *Consecratio episcoporum*, *Benedictio super diaconos* und
Consecratio presbyteri, gefolgt von Messen für den Jahrestag von Bischöfen
sowie den Gebeten *Ad virgines sacras* und zur *Velatio nuptialis*.[18] Das Grego-
rianische Sakramentar beginnt gleich nach der Ordnung der römischen Messe
mit der *Benedictio episcoporum*, den *Oration(es) ad ordinandum praesbiterum*

‚Traditio apostolica' 8 (FC 1, 232 Geer-lings)	Statuta ecclesiae antiqua 92 (BIDC 5, 96 Munier)
In diacono ordinando solus episcopus in-ponat manus, propterea quia non in sa-cerdotio ordinatur, sed in ministerio epi-scopi, ut faciat ea quae ab ipso iubentur.	*Diaconus cum ordinatur, solus episco-pus, qui eum benedicit, manum super caput illius ponat, quia non ad sacerdo-tium sed ad ministerium consecratur.*

Paralleltexte der ‚Traditio apostolica' in englischer Übersetzung: *Paul F. Bradshaw/
Maxwell E. Johnson/L. Edward Phillips*, The Apostolic Tradition. A Commentary
(Hermeneia), Minneapolis 2002, 60 f.

[18]   Sacramentarium Veronense 28, 942–954 (RED.F 1, 118–122 Mohlberg).

und den *Orationes ad ordinandum diaconum*;[19] eine kurze *Oratio ad diaconam faciendam* findet sich im instabilen letzten Teil, vor Gebeten *ad ancillas dei velandas* sowie *ad abbatem faciendum vel abbatissam.*[20] Erst das sekundäre karolingische Supplement bietet am Ende einen Block mit den Ordinationen von Ostiarier, Lektor, Exorzist und Akolyth, einem *Ordo qualiter in romana ecclesia presbiteri, diaconi, subdiaconi ordinandi* (Variante: *eligendi*) *sunt* und der Ordnung *Ad subdiaconum ordinandum.*[21]

Das im Frankenreich geschriebene sogenannte Altgelasianische Sakramentar bezeugt im ersten, den Herrenfesten gewidmeten Buch zunächst nach der Frühjahrs-Quatember-Vigil diesen *Ordo qualiter in romana sedis apostolicae ecclesia praesbiteri diaconi vel subdiaconi eligendi sunt* und damit (erstmals?) eine Abgrenzung jener Weihestufen, die später als die *Ordines maiores* verstanden werden sollten; die in diesem Zusammenhang gebotenen Ordinationsgebete für Presbyter und Diakone integrieren bereits das gallische Material.[22] Gegen Ende desselben Buches, zwischen Kirchweih und Votivmessen für Kleriker sowie der Jungfrauenweihe ist dann ein *Ordo de sacris ordinibus benedicendis* eingeordnet, der zunächst in wörtlicher Übernahme aus den altgallischen *Statuta ecclesiae antiqua* beschreibt, wie Bischof, Presbyter, Diakon, Subdiakon, Akolyth, Exorzist, Lektor und Ostiarier ordiniert werden, bevor auch die Einsetzung eines Psalmisten und die Jungfrauenweihe genannt werden;[23] anschließend werden freilich nur *Praefaciones* für Ostiarier, Lektor, Exorzist und Subdiakon geboten (was mit der Abgrenzung der Weihestufen am Anfang des Buches nicht kongruent ist), sodann Messformulare *In natale consecracionis diaconi* und *praesbiteri* und schließlich die *Orationes de episcopis ordinandis*, bereits mit gallischer Interpolation *Sint speciosi.*[24]

Die als Ordo Romanus 34 edierten Ordinationsformulare mutmaßlich römischer Provenienz beginnen hingegen mit einem *Ordo quomodo in sancta romana ecclesia acholitus ordinatur*, der über die Beförderung zum Rang (*ordo*) von Subdiakonat und Diakonat zur Presbyter-Weihe aufsteigt, bevor unter neuem Titel *Iterum quomodo episcopus ordinatur* beginnt.[25]

Die transalpine Kodifikation der römisch-fränkischen Mischliturgie im sogenannten Pontificale Romano-Germanicum bietet nach Material für Quatember und metalliturgischen Traditionszeugnissen, darunter den *De officiis VII graduum Ysidori capitula,* zunächst einen *Ordo qualiter in romana aecclesia*

19   Sacramentarium Gregorianum 2, 21–4, 32 (SpicFri 16, 92–98 Deshusses).
20   Sacramentarium Gregorianum 214, 994 (SpicFri 16, 341 Deshusses).
21   Sacramentarium Gregorianum 1790–1805 (SpicFri 16, 599–605 Deshusses).
22   Sacramentarium Gelasianum Vetus 1, 20, 140–23, 156 (RED.F 4, 24–28 Mohlberg).
23   S. u. Anm. 28.
24   Sacramentarium Gelasianum Vetus 1, 95, 737–96, 773 (RED.F 4, 115–122 Mohlberg).
25   Ordo Romanus 34 (SSL 24, 603–613 Andrieu).

sacri ordines fiunt mit den Ordinationen von Psalmisten (!), Ostiariern, Exorzisten und Akolythen, bevor der *Ordo qualiter in romana ecclesia presbiteri, diaconi vel subdiaconi eligendi sunt* folgt, deren Ordinationsformulare dann freilich in aufsteigender Ordnung wiedergegeben werden;[26] die *Ordinatio episcopi* steht später in völlig anderem Zusammenhang[27] – die ansatzweise schon zuvor zu beobachtende Isolation der Bischofsweihe ist also weiter vorangeschritten, ohne dass dies freilich Rückschlüsse auf eine sakramententheologische Abkoppelung erlauben würde. Die hybriden Formulare sind allesamt genauso gallisch beeinflusst wie die Gebetstexte.

Das seinerseits mit römischem Material hybridisierte Missale Francorum aus dem merowingischen Gallien bietet in aufsteigender Ordnung zunächst die „Benediktionen" von Ostiarier, Akolyth, Lektor und Exorzist und sodann die Gebete zur „Ordination" von Subdiakon, Diakon, Presbyter und Bischof, bevor die Benediktionen von Jungfrau und Witwe folgen. Die altgallischen Statuta ecclesiae antiqua hingegen ordnen ihre *Recapitulatio ordinationis officialium ecclesiae* in absteigender Ordnung an und schreiten vom Bischof über Presbyter, Diakon, Subdiakon, Akolyth, Exorzist, Lektor und Ostiarier zum Psalmisten fort, ohne eine Abgrenzung von Höheren oder Niederen Weihen erkennen zu lassen,[28] bevor die Weihe (*consecratio*) der *sanctimonialis virgo* folgt und die Reihe mit Witwen, aber auch der Segnung von Braut und Bräutigam fortsetzt.

In der römischen Kirche wurden Unschärfen der Abgrenzung bekanntlich im 20. Jahrhundert beseitigt, indem einerseits unter Pius XII. 1947 der Episkopat gegen die scholastische und postscholastische Tradition als eigene Weihestufe bestätigt[29] und andererseits nach dem Zweiten Vaticanum durch die Neuordnung der Dienste und die Abschaffung der „Niederen Weihen" unter Paul VI. 1972 „der Unterschied zwischen Klerikern und Laien" in zuvor ungekannter Schärfe gezogen wurde.[30] Dementsprechend ist der Pontificale-Faszikel für die Ordinationen explizit Bischof, Presbytern und Diakonen gewidmet.

---

[26] Pontificale Romano-Germanicum 15 f. (StT 226, 13–36 Vogel/Elze). Unterschiedliche Anordnung des Materials in einzelnen Handschriften kann hier nicht wiedergegeben werden; vgl. die Tabelle StT 226, unpaginierte Seiten nach XXXI.

[27] Pontificale Romano-Germanicum 62 (StT 226, 199–226 Vogel/Elze).

[28] Statuta ecclesiae antiqua 90–98 (BIDC 5, 95–99 Munier). Außer beim Psalmisten ist stereotyp von *ordinari* die Rede; beim Subdiakon wird darauf hingewiesen *quia manus impositionem non accipit*.

[29] Pius XII., Sacramentum Ordinis (DH 3857–3861).

[30] Paul VI., Ministeria Quaedam, in: AAS 64 (1972) 529–534, hier 531: *Hac ratione melius etiam apparebit discrimen* (sic) *inter clericos et laicos*; deutsch: Heinrich Rennings (Hg.), Dokumente zur Erneuerung der Liturgie. 1: Dokumente des Apostolischen Stuhls 1963–1973, Kevelaer 1983, 1192–1189, hier 1195.

Im ältesten überlieferten byzantinischen Sakramentar haben die Bischofs-, Presbyter-, Diakonen- und Diakoninnenordination gemeinsame Merkmale (Feier innerhalb der Eucharistiefeier und im Altarraum; Art der Handauflegung; Formel ἡ θεία χάρις; Übergabe einer Stola und Kuss [letzterer nicht bei der Diakonin]), die sie als Höhere Weihen ausweisen; allerdings wird darin auch die Subdiakonenweihe als χειροτονία bezeichnet – ein Sprachgebrauch, der hier nicht weiter erörtert werden kann.[31]

4.   Sukzessive Ordination und Ständiger Diakonat

Auch wenn der Aufstieg in der Hierarchie schon früh zu sukzessiver Ordination in Analogie zum *cursus honorum* säkularer Ämter führte, war ein vollständiger Durchlauf der verschiedenen Weihestufen im ersten Jahrtausend nicht unbedingt die Regel und keineswegs notwendig. Schon die Rede von drei „Stufen" der Weiheämter (*gradus ministrorum*) im römischen Diakonenordinationsgebet suggeriert freilich eine aufsteigende Karriereleiter; in der Tat kulminiert der altrömische Text im finalen Ausblick darauf, dass die Ordinanden nicht nur „fest und beständig in Christus ausharren", sondern auch „in würdigen Fortschritten von der niedrigeren Stufe durch deine Gnade Vorzüglicheres zu empfangen gewürdigt werden." Der jüngsten Liturgiereform erschien diese Perspektive vielleicht einerseits zu schnöde und andererseits für den erneuerten Ständigen Diakonat nicht mehr passend; sie setzte an ihre Stelle eine christologisch begründete eschatologische Aussicht darauf, dass diejenigen, welche „deinen Sohn, der ‚nicht gekommen ist, um sich bedienen zu lassen, sondern um zu dienen' (vgl. Mt 20,28 par), auf Erden nachahmen, mit ihm im Himmel zu regieren (vgl. Offb 20,4.6) gewürdigt werden" – in der Johannes-Apokalypse eine Aussage über die Blutzeugen, die im tausendjährigen Reich „Priester Gottes und Christi" sein werden.

In den gallischen Texten der Diakonenordination findet sich kein eindeutiger Hinweis auf eine sukzessive Ordination; wenn der einleitenden Ansprache zufolge „die Ehre" der Ordinanden „vermehrt wird", muss sich das nicht auf einen weiteren Fortschritt in der Ämterlaufbahn beziehen. Auch die byzantinische Liturgie ist relativ unspezifisch, wenn sie die Reihe biblischer Anspielungen und Zitate im ersten Gebet zur Diakonenordination darin gipfeln lässt, dass „diejenigen, die gut dienen, sich einen guten Grad erwerben" (1 Tim 3,13) – es

---

[31] Vgl. z. B. *Cyrille Vogel*, Chirotonie et Chirothésie. Importance et relativité du geste de l'imposition des mains dans la collation des ordres, in: Irén. 45 (1972) 7–21.

wird nämlich nicht gesagt, ob damit eine andere Stufe als der Diakonat selbst in den Blick genommen werden soll.

5.   Diakonat der Frau

Die zuletzt auch von Papst Franziskus wiederholt aufgeworfene Frage nach der Ordination von Frauen zum Diakonat ist nicht zuletzt deswegen von besonderer Brisanz, weil sie nach dem Versuch von Johannes Paul II., die theologische Debatte um das Frauenpriestertum zu beenden,[32] als Hintertür für den Zugang von Frauen zu den Höheren Weihen betrachtet werden kann; wer diese geschlossen halten will, betont entweder die Einheit des sakramentalen Ordo, der Männern vorbehalten sei, oder umgekehrt gerade die Differenz zwischen Priestertum und Episkopat auf der einen und den Diakonen, die „nicht zum Priestertum, sondern zum Dienst geweiht" würden, auf der anderen Seite, weshalb die Wiedereinführung der Diakoninnenordination kein Schritt auf dem Weg zum Frauenpriestertum wäre. Weitere Strategien der Abwertung der vorhandenen historischen Evidenz bestehen in der Behauptung, „Diakonissen" seien weder philologisch noch sachlich als weibliche Pendants zu Diakonen zu verstehen, und in der Betonung kleiner Unterschiede in der Ordinationsliturgie. Nur letztere soll hier in den Blick genommen werden.

In der liturgischen Tradition der lateinischen Kirche ist die Diakoninnenordination tatsächlich nicht so prominent wie etwa in der byzantinischen:[33] Nach einem kurzen und inhaltlich relativ unspezifischen Gebet im Gregorianischen Sakramentar *ad diaconam faciendam* übernimmt das sogenannte Pontificale Romano-Germanicum unter demselben Titel zwischen Jungfrauen- und Witwenweihe (*consecratio*) und den Ordinationen von Äbtissin, Abt und

---

[32]   Zur dogmengeschichtlichen Einordnung der von Ordinatio sacerdotalis (1994) vorgebrachten Argumente vgl. nach *Ernst Dassmann*, Die frühchristliche Tradition über den Ausschluß der Frauen vom Priesteramt, in: ders., Ämter und Dienste in den frühchristlichen Gemeinden (Hereditas 8), Bonn 1994, 212–224, u. a. *Alberto Piola*, Donna e sacerdozio. Indagine storico-teologica degli aspetti antropologici dell'ordinazione delle donne (Studia Taurinensia 18) Cantalupa (Torino) 2006. Das mit der Entwicklung der systematischen Theologie nicht immer kongruente Zeugnis der mittelalterlichen Liturgie erschließt *Gary Macy*, The Hidden History of Women's Ordination. Female Clergy in the Medieval West, New York 2008, mit Reedition der wichtigsten Quellen im Appendix I (133–142).

[33]   Vgl. die in Anm. 10 zitierte Literatur; einer umfassenden Darstellung widmet sich eine an der Universität Bonn von Charlotte Regina Cremer in Arbeit befindliche Dissertation, die ihre Magisterarbeit über „Diakoninnen" in liturgischen Handschriften des westlichen Mittelalters. Quellen und deren bisherige Erforschung, Regensburg 2020, weiterführt.

Mönch als Weihegebet (*consecratio*) für die Diakonin (*diacona*) ein längeres Gebet, das im Missale Francorum als *Benedictio viduae quae fuerit castitate professa* vorgesehen ist und mit der Hanna, der Tochter Penuels aus Lk 2,36 auf ein dafür geeignetes Paradigma rekurriert;[34] über das Pontificale-Romano-Germanicum geht es als Diakoninnenweihegebet auch in die spätere römische Tradition ein.[35] Die im Pontificale Romano-Germanicum bezeugte Auflegung eines *Orarium*, das im Deutewort als *Stola* bezeichnet wird,[36] verschwindet allerdings im Laufe der Ritusgeschichte.

Spätestens seit den wichtigen Beiträgen von Cipriano Vagaggini[37] ist auch in Rom publik und allgemein bekannt, dass die byzantinische Diakoninnenordination alle Merkmale einer Höheren Weihe aufweist: Die nach Bischofs-, Presbyter- und Diakonenweihe eingeordnete Feier wird wie die anschließende Subdiakonenweihe als χειροτονία bezeichnet (während die folgenden Formulare für Lektor und Psalmist sowie Hegoumenos als „Erwählung" [προχείρισις] angesprochen werden);[38] anders als die Weihe des Subdiakons und genauso wie jene von Bischof, Presbyter und Diakon findet die Weihe der Diakonin allerdings im Altarraum und nicht in der Sakristei statt. Kennzeichen der Höheren Weihen ist auch ihre Erteilung während der Eucharistiefeier, im Falle von Diakon und Diakonin nach der Anaphora.[39] Gemeinsam ist ihnen auch – zum Unterschied von anderen Einsetzungsfeiern – die den Gebeten vorausgehende Formel Ἡ θεία χάρις. In der von drei Kreuzzeichen eingeleiteten Handauflegung besteht kein Unterschied. Die Diakonin erhält ausdrücklich das Diakonen-Orarion (διακονικὸν ὡράριον), also die gleiche Stola wie ihr männlicher Kollege, und wie diesem wird ihr zur Kommunion der eucharistische Kelch übergeben.

Die Ordinationsgebete selbst weisen nicht nur strukturelle und inhaltliche Parallelen zu jenen für die Diakonenordination auf, sondern bieten ausdrücklich eine theologische Reflexion und eine biblische Begründung für die Frauenordination: Beide sprechen mit Eph 4,12 im ersten Gebet von der Berufung

---

[34] Pontificale Romano-Germanicum 24 (StT 226, 54–59 Vogel/Elze); Missale Francorum 11, 55 (RED.F 2, 17 Mohlberg).

[35] Vgl. Pontificale Romanum saeculi XII, 14 (StT 86, 168 f. Andrieu).

[36] Pontificale Romano-Germanicum 24, 9 (StT 226, 56 Vogel/Elze, nicht in allen Textzeugen): *Tunc ponat episcopus orarium in collo eius, dicens:* Stola (!) iocunditatis induat te dominus; es folgt die (Selbst-) Auflegung des Schleiers.

[37] S. o. Anm. 10.

[38] Stefano Parenti/Elena Velkovska (Hg.), L'Eucologio Barberini gr. 336 (BEL.S 80), Seconda edizione riveduta. Con traduzione in lingua italiana; Roma ²2000, 172–174, Nr. 163 f.

[39] Auch die Rubrik ebd. 172, Nr. 162, 14, über die Möglichkeit der Ordination während einer vollständigen Eucharistiefeier (προσκομιδή) oder einer Präsanktifikatenliturgie bezieht sich unterschiedslos auf die „Weihe des Diakons oder der Diakonin".

durch Gott zum „Werk des Diakonats"; beide stützen sich auf biblische Paradigmen. Während freilich der als Paradigma für die Diakonenweihe angeführte Stephanus bekanntlich in der Bibel διάκονος genannt wird, kann sich das Diakoninnenordinationsgebet mit Röm 16,1 auf diese Bezeichnung für Phöbe berufen. Im breiten und differenzierten Wortfeld des Dienens, das für den Diakon wie für die Diakonin verwendet wird, spielt der kultische Begriff λειτουργία eine prominente Rolle; die Rede vom „Werk des (Gottes-) Dienstes (ἔργον λειτουργίας)" im Diakoninnenordinationsgebet evoziert sogar noch deutlicher levitische Terminologie (1 Chr 9,19; 23,24.28) als jenes der Diakone, das auf alttestamentliche Bezüge in der Beschreibung des Dienstes verzichtet.[40] Die Diakonin wird ausdrücklich „in den Ordo der Liturgen (τάξις λειτουργῶν) aufgenommen". So wird konkretisiert, dass Gott nicht nur allgemein „das Weibliche geheiligt und nicht nur Männern, sondern auch Frauen die Gnade und den Besuch deines Heiligen Geistes gegeben" habe, sondern auch spezifisch „die Gnade des Heiligen Geistes auch dieser deiner Magd" gegeben werde, „die sich dir weihen (ἀναθεῖναι) und das Geschäft des Diakonats erfüllen will". Völlig parallel ist schließlich auch die Formulierung des eschatologischen Ausblicks, demzufolge Gott Diakon wie Diakonin „als deine/n vollkommene/n Knecht/Magd (δοῦλος/δούλη) erweisen" und ihnen den „Lohn" geben möge.

Auch wenn die Geschichte – in Anlehnung an den epochalen byzantinischen Liturgiewissenschaftler Robert F. Taft formuliert – nie normativ ist, ist sie doch immer instruktiv;[41] und das Zeugnis der byzantinischen Diakoninnenordination spricht strukturell und inhaltlich eine deutliche Sprache.

---

[40] Das im epikletischen Teil erbetene „den heiligen Tempeln anhangen (προσκαρτερεῖν)" ist einerseits eine Anspielung auf das Summarium Apg 2,46, verbindet dieses aber andererseits just mit Apg 6,4, wo die Apostel die Sieben einsetzen, um selbst „am Dienst (διακονία) des Wortes festzuhalten".

[41] Vgl. z.B. *Robert F. Taft*, The Frequency of the Eucharist throughout History, in *ders.*, Beyond East and West. Problems in Liturgical Understanding, second revised and enlarged edition, Rome ²2001 [vgl. ¹1997], 87–110 [vgl. Concilium 152 (1982) 13–24], hier 110; vgl. auch *Harald Buchinger*, Zukunft aus der Geschichte? Historische Liturgieforschung im Wandel, in: Peter Ebenbauer / Basilius J. Groen (Hg.), Zukunftsraum Liturgie. Gottesdienst vor neuen Herausforderungen (Österreichische Studien zur Liturgiewissenschaft und Sakramententheologie 10), Wien 2019, 9–26.

Das römische Diakonenordinationsgebet lateinisch

Sakramentare[42]	**Pontificale Romanum** [2]**1990 (vgl.** [1]**1968)**[43]
Oremus dilectissimi[44] deum patrem omnipotentem,	Oremus, dilectissimi, Deum Patrem omnipotentem,
ut super hos[45] famulos suos	ut super hos famulos suos,

GrH:	Ve, Ge: quos	PRG, PontRom	quos in sacrum Ordinem diaconatus
quem in	ad officium	1595: quos ad of-	dignatur assumere,[47]
sacrum	diaconii	ficium diaconatus	
ordinem[46]	(Ve)/diacona-	dignatur assumere	
dignatur	tus (Ge) voca-		
adsumere	re dignatur		

Sakramentare	**Pontificale Romanum**
benedictionis suae gratiam[48] clementer effundat	benedictionis suae gratiam clementer effundat.
[49]eisque donum consecrationis indulgeat per quod eos ad premia aeterna perducat. Per dominum.	
<PRG : Flectamus genua – Levate>	<Flectamus genua – Litaniae>
[50]Domine deus, preces nostras clementer exaudi	Domine Deus, preces nostras clementer exaudi,
ut quae nostro sunt gerenda officio,	ut quae nostro sunt gerenda officio,
tuo prosequaris benignus auxilio;	tuo prosequaris benignus auxilio;
et, quos sacris ministeriis exsequendis	et, quos sacris ministeriis exsequendis

---

[42] Leittext: GrH (spricht vom Ordinanden im Singular); der folgende Apparat von Varianten in Ve, GeV, GeG, PRG und PontRom 1595 ist eklektisch.

[43] Zufügungen und Auslassungen wurden schon in PontRom 1968 vorgenommen und der Schluss ab quatenus, Filium tuum verändert; in den übrigen Details der Textgestalt folgt PontRom 1968 dagegen, wo nicht anders vermerkt, der mittelalterlichen Tradition.

[44] PontRom 1595: fratres carissimi

[45] GrH, GeG: hier und im folgenden Singular

[46] Minderheitstext: in sacro ordine

[47] Sic PontRom 1968

[48] GeG: benedictionem gratiae suae

[49] eisque donum …: GrH (im Singular), PRG-Mehrheitstext; Ve: et consecrationis indultae propitius dona conservet: per; GeV: et consecrationes adulte propitius dona conservet. Oremus; PRG Ms. A sowie ähnlich schon GeG: et consecrationis indultae propitius dona conservet et preces nostras clementer exaudiat, ut quae nostro gerenda sunt ministerio, suo benignus protegatur auxilio, et quos sacris mysteriis exequendis pro nostra intellegentia credimus offerendos, sua electione iustificet; PontRom 1595: wie PRG Ms. A, außer Schluß: statt … sua electione iustificet: … sua benedictione sanctificet, et confirmet. Per unigenitum filium suum Dominum nostrum Iesum Christum …

[50] Domine deus, preces nostras … nach Ve, GeV; GrH (sg.), PRG-Mehrheitstext (pl.) statt dessen: Exaudi domine preces nostras, et super hunc famulum tuum spiritum tuae benedictionis emitte, uet caelesti munere ditatus et tuae gratiam possit maiestatis adquirere et bene vivendi aliis exemplum praebere. Per.

pro nostra intellegentia credimus offerendos,

tua potius electione iustifices.
Per Christum Dominum nostrum.

[51]Adesto, quaesumus, omnipotens deus honorum dator,
ordinum distributor officiorumque dispositor,

qui in te manens innovas omnia (cf. Sap 7,27),
et cuncta disponis (cf. Sap 8,1; 12,15; 15,1)

per verbum, virtutem sapientiamque tuam

iesum christum, filium tuum, dominum nostrum,

sempiterna providentia[53] praeparas[54] et
singulis quibusque temporibus[55] aptanda dispensas,

cuius corpus, ecclesiam[56] tuam (cf. Rom 12; 1Cor 12 etc.),
caelestium gratiarum varietate distinctam

suorumque connexam distinctione[57] membrorum,
per legem mirabilem totius[58] compagis (cf. Eph 4,16)[59] unitam,
in augmentum templi tui crescere (cf. Eph 2,21) dilatarique largiris,
sacri muneris servitutem[60] trinis gradibus ministrorum
nomini tuo militare constituens,
electis ab initio levi filiis,

---

pro nostra intellegentia credimus offerendos,
tua benedictione sanctifica.
Per Christum Dominum nostrum.

<Levate>
<Impositio manuum (nihil dicens)>

Adesto, quaesumus, omnipotens Deus,
gratiarum dator,
ordinum distributor officiorumque disponitor[52],

qui in te manens innovas omnia,
et sempiterna providentia cuncta disponens,

per verbum, virtutem sapientiamque tuam

Iesum Christum, Filium tuum, Dominum nostrum,

singulis quibusque temporibus aptanda dispensas.

Cuius corpus, Ecclesiam tuam

caelestium gratiarum varietate distinctam

suorumque connexam distinctione membrorum,
compage mirabili per Spiritum Sanctum unitam,
in augmentum templi novi crescere dilatarique largiris,
sacris muneribus trinos gradus ministrorum
nomini tuo servire constituens,
sicut iam ab initio Levi filios elegisti,

---

51 PRG-Mehrheitstext: in modum prefationis, om. Adesto, quaesumus; PontRom 1595: Dominus vobiscum/Et cum spiritu tuo … VD … gratias agere, Domine sancte, Pater omnipotens, aeterne Deus, honorum dator …
52 Sic PontRom 1968
53 GeV: sempiternam providentiam
54 PRG: praeparans et … dispensans
55 GeV: temporalium
56 PRG, PontRom 1595 add. videlicet
57 Ve, GeV: discretione; GeG: districtionem; in Mss des Gr instabil: destrinctione, distinctione, districtione, discretione, discrimine
58 Ve, GeV, GeG: totius mirabilem
59 PRG, PontRom 1595: compaginis
60 GeV, GeG: servientem

[61]qui mysticis operationibus domus tuae fidelibus excubiis permanentes (cf. Num 1,53; 3,6.32; 18,3; 31,30; 31,47; Ez 40,46),
haereditatem (cf. Dtn 18,1; Jos 13,14; 18,7) benedictionis aeternae sorte (cf. Num 33,54) perpetua possiderent.

[62]ad prioris tabernaculi ministerium explendum.

Sic in Ecclesiae tuae exordiis
Apostoli filii tui, Spiritu Sancto auctore,
septem viros boni testimonii delegerunt
(cf. Act 6,3),
qui eos in cotidiano ministerio adiuvarent (cf. Act 6,1),
ut ipsi orationi et praedicationi verbi abundantius possent instare (cf. Act 6,4),
et electis illis viris
per orationem et manus impositionem
(cf. Act 6,6)
mensarum ministerium commiserunt
(cf. Act 6,2).

Super [63]hos quoque famulos tuos,
quaesumus, domine, placatus intende,
quos tuis [64]sacris altaribus servituros
in officium diaconii[65] suppliciter dedicamus.

Super hos quoque famulos tuos,
quaesumus, Domine, placatus intende,
quos tuis sacris altaribus servituros
in officium diaconii suppliciter dedicamus.

Et nos quidem
tamquam homines divini sensus et summae rationis ignari,
horum vitam quantum possumus aestimamus.
[66]Te autem, domine, ea[67] quae nobis sunt ignota non transeunt,
te occulta[68] non fallunt,

GrH, PRG, PontRom 1595: tu cognitor secretorum, tu scrutator es cordium (cf. Sap 1,6),	Ve, Ge: tu cognitor pectorum [Ve: peccatorum], tu scrutator es animarum,

---

[61] PRG, PontRom 1595: qui in …
[62] PontRom 1968: qui ministerium tabernaculi sacri explentes haereditatem benedictionis aeternae sorte perpetua possiderent
[63] GrH, GeG: hier und im folgenden Singular
[64] sacris altaribus: Ve, GeV, GeG, PRG: om. altaribus; Ve, PRG: sacrariis; GeV, GeG: sacris
[65] GrH Minderheitslesart, PRG-Mehrheitslesart: diaconi; GeG: diaconatus
[66] GeV: Te, aeterne domine, quae a nobis …
[67] ea om. Ve, GeG
[68] GeV: nota

tu eius/horum vitam
caelesti poteris exa-
minare iudicio,
quo semper praevales
et ammissa purgare,

et quae sunt agenda
concedere.

tu veraciter in eis
caeleste potes adhibere
iudicium
et velut [Ve : vel] indi-
gnis donare quae pos-
cimus.

Emitte in eos, domine, quaesumus,
spiritum sanctum (cf. Ps 103 [104] 30)
quo in opus ministerii fideliter exsequendi

munere septiformis (cf. Is 11,2)[69] tuae gratiae[70]
roborentur.

Emitte in eos, Domine, quaesumus,
Spiritum Sanctum,
quo in opus ministerii fideliter exsequendi

munere septiformis tuae gratiae roborentur.

Abundet in eis totius forma virtutis,

Abundet in eis evangelicae forma virtutis,
dilectio sine simulatione (Rom 12,9),
sollicitudo infirmorum ac pauperum (cf.
Gal 2,10),

---

auctoritas modesta (cf. 1Tim 3,3; 2Tim 2,25; Tit
3,2),
pudor constans
innocentiae puritas[71]
et spiritualis observatio[72] disciplinae.

auctoritas modesta,

innocentiae puritas
et spiritualis observantia[73] disciplinae.

In moribus eorum praecepta tua fulgeant,

ut suae castitatis exemplo (cf. 1Tim 4,12)
imitationem (cf. 1Cor 11,1; Phil 3,17; 2Thess
3,7–9) [74]sancta plebs acquirat (cf. 1 Petr 2,9 < Ex
19,6)
et bonum conscientiae testimonium (cf. 2Cor
1,12; 1Tim 3,7.9) proferentes[75]
in christo firmi et stabiles perseverent,
dignisque successibus de inferiori gradu
per gratiam tuam capere potiora mereantur.

In moribus eorum praecepta tua fulgeant,
ut suae conversationis exemplo
imitationem sanctae plebis acquirant,

et, bonum conscientiae testimonium
praeferentes[76],
in Christo firmi et stabiles perseverent,

quatenus, Filium tuum,
qui non venit ministrari sed ministrare
(cf. Mt 20,28par), imitantes in terris,

---

[69] Ve: septiformi
[70] PRG, PontRom 1595: munere
[71] puritas om. GeV, GeG; GeG: innocentia
[72] Ve, GeV, PRG, PontRom 1595, PontRom 1968: observantia; GeG: salutaris observantia
[73] Sic PontRom 1968
[74] Ve, GeV, PRG, PontRom 1968: sanctae plebis acquirant; PontRom 1595 sanctam plebs
acquirat
[75] Ve, GeV, GeG, PRG, PontRom 1595, PontRom 1968: praeferentes; GeG preferens
[76] Sic PontRom 1968

cum ipso regnare mereantur in caelis
(cf. Rev 20,4.6).

Per dominum nostrum.

Qui tecum vivit et regnat
in unitate Spiritus Sancti, Deus,
per omnia saecula saeculorum. Amen.

Das römische Diakonenordinationsgebet deutsch

Sakramentare	**Pontificale Romanum [2]1990 (vgl. [1]1968)**
Beten wir, Geliebteste, zu Gott, dem allmächtigen Vater,	Beten wir, Geliebteste, zu Gott, dem allmächtigen Vater,

Beten wir, Geliebteste, zu Gott, dem allmächtigen Vater,
dass er über diese(n) seine(n) Diener,

GrH: den er gnädig in den heiligen Ordo aufnimmt,	Ve, Ge: die er gnädig zum Dienst des Diakonats zu beruft,	PRG, PontRom 1595: die er gnädig zum Dienst des Diakonats aufnimmt,

milde die Gnade seines Segens ausgieße
und ihnen/ihm die Gabe der Weihe/Heiligung gewähre, durch die er sie/ihn zu den
ewigen Belohnungen führe.
Durch den Herrn

<PRG : Beugen wir die Knie – Erhebt euch>

Herr, Gott, höre milde unsere Bitten,
damit du das, was durch unseren Dienst zu
vollziehen ist,
gütig mit deiner Hilfe begleitest
und die, von denen wir gemäß unserer Einsicht glauben, dass sie zur Ausführung heiliger Dienste darzubieten sind, vielmehr durch
deine Erwählung rechtfertigst;
durch Christus, unseren Herrn.

Sei da, bitten wir, allmächtiger Gott,
der du Ehren (-ämter) gibst,
Ränge verteilst und Ämter verfügst,
der du, in dir bleibend, alles erneuerst (vgl.
Weish 7,27),
und alles verfügst (vgl. Weish 8,1; 12,15;
15,1),

Beten wir, Geliebteste, zu Gott, dem allmächtigen Vater,
dass er über diese seine Diener
die er gnädig in den heiligen Ordo/Rang des
Diakonats aufnimmt,

milde die Gnade seines Segens ausgieße

<Beugen wir die Knie – Litanei>

Herr, Gott, höre milde unsere Bitten,
damit du das, was durch unseren Dienst zu
vollziehen ist,
gütig mit deiner Hilfe begleitest,
und heilige die, von denen wir gemäß unserer Einsicht glauben, dass sie zur Ausführung heiliger Dienste darzubieten sind,
durch deinen Segen;
durch Christus, unseren Herrn.

<Erhebt euch>

<Handauflegung (ohne Worte)>

Sei da, bitten wir, allmächtiger Gott,
der du Gnaden gibst,
Ränge verteilst und Ämter verfügst,
der du, in dir bleibend, alles erneuerst

und in ewiger Vorsehung alles verfügend,

durch dein Wort, deine Kraft und deine
Weisheit,
Jesus Christus, deinen Sohn, unseren Herrn,
in ewiger Vorhersehung vorbereitest und
als den jeweiligen Zeiten anzupassendes
verwaltest;

dessen Leib, deine Kirche (vgl. Röm 12;
1 Kor 12 etc.),
die durch die Vielfalt himmlischer Gnaden-
gaben gegliedert
und durch die Unterscheidung ihrer Glieder
verbunden ist,
vereint durch das wunderbare Gesetz des
ganzen Gefüges (vgl. Eph 4,16)
schenkst du zur Vermehrung deines Tempels
zu wachsen (vgl. Eph 2,21) und zu erweitern,
indem du festsetzt, dass der Knechtsdienst
des heiligen Amtes in drei Stufen von Dienern deinem Namen diene,
nachdem von Anfang an die Söhne Levis
erwählt waren,
die in mystischen Handlungen deines Hauses
in treuen Wachen verblieben (vgl. Num 1,53;
3,6.32; 18,3; 31,30; 31,47; Ez 40,46) und das
Erbe (vgl. Dtn 18,1; Jos 13,14; 18,7) des
ewigen Segens durch immerwährendes Los
(vgl. Num 33,54) besitzen sollten.

Auch auf diese deine Diener,
bitten wir, Herr, schau besänftigt,
die deinen heiligen Altären dienen sollen
(und)
die wir flehentlich dem Dienst des Diakonats
übereignen.

---

durch dein Wort, deine Kraft und deine
Weisheit,
Jesus Christus, deinen Sohn, unseren Herrn,

als den jeweiligen Zeiten anzupassendes
verwaltest;

Dessen Leib, deine Kirche,

die durch die Vielfalt himmlischer Gnaden-
gaben gegliedert
und durch die Unterscheidung ihrer Glieder
verbunden ist,
vereint in wunderbarem Gefüge durch den
Heiligen Geist,
schenkst du zur Vermehrung des neuen
Tempels zu wachsen und zu erweitern,
indem du festsetzt, dass deinem Namen drei
Grade von Dienern in heiligen Ämtern dienen,
wie du schon von Anfang an die Söhne Levis erwählt hast,
den Dienst am früheren Zelt zu vollziehen.

So haben an den Anfängen deiner Kirche
die Apostel deines Sohnes unter Urheberschaft des Heiligen Geistes sieben Männer
von gutem Zeugnis ausgewählt (vgl. Apg
6,3), die ihnen im täglichen Dienst helfen
sollten (vgl. Apg 6,1), damit sie selbst sich
reichlicher dem Gebet und der Verkündigung des Wortes widmen könnten (vgl.
Apg 6,4),
und übertrugen jenen erwählten Männern
durch Gebet und Handauflegung (vgl. Apg
6,6) den Dienst an den Tischen (vgl. Apg
6,2)

Auch auf diese deine Diener,
bitten wir, Herr, schau besänftigt,
die deinen heiligen Altären dienen sollen
(und)
die wir flehentlich dem Dienst des Diakonats übereignen.

Und wir schätzen freilich als Menschen, die des göttlichen Sinnes und der höchsten Vernunft unkundig sind, ihr Leben ein, so gut wir können.

An dir aber, Herr, geht nicht vorüber, was uns unbekannt ist; dich täuscht das Verborgene nicht;

GrH, PRG, PontRom	Ve, Ge: du bist es,
1595: du bist es, der	der die Herzen [Ve:
die Geheimnisse	Sünden] kennt, du
kennst, du bist es, der	bist es, der die See-
die Herzen erforscht	len erforscht,
(vgl. Weish 1,6),	
du kannst sein/ihr Le-	du kannst wahrhaft
ben mit himmlischem	an ihnen das himm-
Urteil prüfen,	lische Urteil an-
	wenden
durch das du immer	und gleichsam
vermagst, auch die	Unwürdigen
Vergehen zu reinigen	schenken, was wir
	erbitten.
und das, was zu tun	
ist, zu gewähren.	

Sende aus auf sie, Herr, bitten wir,	Sende aus auf sie, Herr, bitten wir,
den Heiligen Geist (vgl. Ps 103 [104] 30)	den Heiligen Geist,
durch den sie zur treuen Ausführung des	durch den sie zur treuen Ausführung des
Werks des Dienstes	Werks des Dienstes
mit der Gabe deiner siebenförmigen (vgl. Jes 11,2) Gnade gestärkt werden mögen.	mit der Gabe deiner siebenförmigen Gnade gestärkt werden mögen.
Es fließe in ihnen die Gestalt jeder Gnade über,	Es fließe in ihnen die Gnade der evangeliumsgemäßen Tugend über,
	Liebe ohne Heuchelei (Röm 12,9),
	Sorge für Kranke und Arme (vgl. Gal 2,10),
bescheidene (vgl. 1Tim 3,3; 2Tim 2,25; Tit 3,2) Vollmacht,	bescheidene Vollmacht,
stetiger Anstand,	
die Reinheit der Unschuld	die Reinheit der Unschuld
und die Beobachtung der geistigen Zucht.	und die Beobachtung der geistigen Zucht.
In ihren Sitten mögen deine Gebote leuchten,	In ihren Sitten mögen deine Gebote leuchten,
damit durch das Beispiel ihrer Keuschheit (vgl. 1Tim 4,12)	damit sie durch das Beispiel ihres Wandels
das heilige Volk (vgl. 1Petr 2,9 < Ex 19,6) ein Beispiel (vgl. 1Kor 11,1; Phil 3,17; 2Thess 3,7–9) gewinne	das Beispiel des heiligen Volkes gewinnen
und, indem sie ein gutes Zeugnis des Gewissens (vgl. 2Kor 1,12; 1Tim 3,7.9) vorführen,	und, indem sie ein gutes Zeugnis des Gewissens vorführen,
in Christus fest und beständig verharren	in Christus fest und beständig verharren,

und in würdigen Fortschritten von einer
niedrigeren Stufe
durch deine Gnade gewürdigt werden, Vorzüglicheres zu erlangen.

damit sie, indem sie deinen Sohn,
der nicht gekommen ist, sich bedienen zu
lassen, sondern zu dienen (vgl. Mt
20,28par), auf Erden nachahmen,
gewürdigt werden, mit ihm im Himmel zu
herrschen (vgl. Offb 20,4.6),

Durch unseren Herrn.

der mit dir lebt und herrscht
in der Einheit des Heiligen Geistes, Gott
in alle Ewigkeit.
Amen.

Gallische Texte zur Diakonenordination nach dem Missale Francorum
(RED.F 2, 6 f Mohlberg)

ALLOCUTIO AD POPULUM IN
ORDINATIONE DIACONI.
Dilectissimi fratres:
quamlibet possint ad ordinationem eccle-
siastici ministerii promouendam sibi ipsa
sufficere priuilegia sacerdotum, attamen
qua probabilior et nostra apud dominum
conuersatio est, et eorum quorum honor
augetur maior est gratia, si id quod arbi-
tria nostra elegunt, etiam uestrae confirmet dilectionis adsensos:
idcirco filio nostro illo cupio ad officium
diaconatus in consortium nostrum diuini-
tatis auxilium[77] promouere: an eum
dignum hoc officio censeatis, scire desi-
dero; et si uestra[m] apud meam con-
cordat electio, testimonium quod uultis
uocibus adprobate:
per dominum.

ANSPRACHE AN DAS VOLK ZUR
ORDINATION EINES DIAKONS.
Geliebteste Brüder:
Auch wenn zur Beförderung der Ordnung des
kirchlichen Dienstes die Vorrechte der Priester
(=Bischöfe?) sich selbst genügen könnten, ist
doch sowohl unser Vorgehen beim Herrn umso
lobenswerter als auch die Gnade derer, deren
Ehre vermehrt wird, größer, wenn auch die Zustimmung Euer Liebden das bestätigt, was unser Ermessen erwählt.
Darum wünsche ich für unseren Sohn N. die
Beförderung zum Amt des Diakonats zu unserer
Gemeinschaft (durch?) die Hilfe der Gottheit;
ich begehre zu wissen, ob ihr ihn für würdig für
dieses Amt einschätzt; und wenn eure Erwählung mit meiner übereinstimmt, bestätigt mit
lautem Ausdruck das Zeugnis, das ihr wollt.
Durch den Herrn.

AD CONSUMMANDUM DIACONATUS
OFFICIUM.
Commune uotum communis prosequatur
oratio, ut hii[78] totius eclesiae prece, qui
in diaconatus ministerii[79] praeparatur,
leuitici benedictionis <ordine cla-
rescat[80]> et spiritali conuersatione
praefulgens gratia sanctificationis e-
luceat:
per dominum.

ZUR VOLLBRINGUNG DES AMTS DES DIAKONATS.

Dem gemeinsamen Wunsch folge das gemeinsame Gebet, damit jene(r), der im Dienst des
Diakonats vorbereitet wird, durch die Bitte der
ganzen Kirche im Rang des levitischen Segens
erstrahle und in geistlichem Wandel durch die
Gnade der Heiligung hervorglänzend aufleuch-
te.
Durch den Herrn.

BENEDICTIO SEQUITUR.
Domine sancte spei fidei gratiae et
profectuum munerator,
qui in caelestibus et terrenis angelorum
ministeriis ubique dispositis, per omnia

ES FOLGT DER SEGEN.
Heiliger Herr, Schenker von Glaube, Hoffnung,
Gnade und Fortschritten,
der dadurch, dass überall himmlische und irdische Dienste von Engeln verteilt sind, die Ab-

---

[77] Hier steht kein anderer Textzeuge zur Verfügung; eine Korruptele ist nicht auszuschließen.
[78] GeA &c: hic. Der ganze Satz ist in den verschiedenen Quellen abwechselnd im Singular
oder Plural formuliert.
[79] GeV und praktisch alle anderen Quellen ministerio.
[80] Sic GeA &c.

elimenta uoluntatis tuae defendes[81] af-
fectum:
[82]hunc quoque famulum tuum illo[83] spe-
ciali dignare inlustrare aspectu,
ut tuis obsequiis expeditus sanctis altaribus minister purus adcrescat; et indul-
gentia purior eorum gradu, quos apostoli
tui in septinario numero beato Stephano
duce ac praeuio sancto spiritu auctore e-
legerunt (cf. Act 6,5), dignus existat; et
uirtutibus uniuersis, quibus tibi seruire
oportit, instructus compleat[84]:

per dominum nostrum Iesum Christum.

sicht deines Willens auf alle Elemente verteilst:

Erleuchte auch diesen deinen Diener N. gnädig
mit besonderem Anblick,
damit er, zu deinem Gehorsamsdienst bereit, zu
einem reinen Diener an den heiligen Altären
heranwachse, und, durch Nachsicht reiner, des
Grades jener, die deine Apostel in der Siebenzahl unter der Führung des Heiligen Stephanus
und der vorausgehenden Urheberschaft des Heiligen Geistes erwählten (vgl. Apg 6,5), würdig
sei und mit allen Tugenden, mit denen dir zu
dienen gebührt, gefalle.
Durch unseren Herrn Jesus Christus

---

[81] GeV defundas; GeA defundis.
[82] In den Quellen teils im Plural.
[83] Instabil; GeA, GeG illum.
[84] GeV und praktisch alle anderen Quellen: complaceat/complaceant.

Die Diakonenordination vom „Pontificale Romano-Germanicum" bis zum nachvatikanisch erneuerten Pontificale Romanum

Pontificale Romano-Germanicum	Pont. Romanae Curiae s. XIII	Wilhelm Durandus	Pontificale Romanum 1595	Pontificale Romanum 1968
[einzelne Mss.]	[Pontificale Romanum s. XII]			
nach der Oration / vor dem Evangelium:	vor dem Evangelium:	vor dem Evangelium:	vor dem Evangelium:	nach dem Evangelium:
[Präsentation, Dialog (Würdigkeit)]	Präsentation, Dialog (Würdigkeit)	Präsentation, Dialog (Würdigkeit)	Präsentation, Dialog (Würdigkeit)	Präsentation, Dialog (Würdigkeit)
Erwählung	Erwählung	Erwählung	Erwählung	Erwählung + Akklamation
Litanei + Prostration	Litanei + Prostration	Litanei + Prostration	Ermahnung	Ansprache
		Ermahnung	Litanei + Prostration	Examen, Versprechen in die Hand
Handauflegung	[s. XII: Handauflegung]			
Gebetsaufforderung (gallisch)	Gebetsaufforderung (gallisch)	Gebetsaufforderung (gallisch)	Gebetsaufforderung (gallisch)	
Stola: Segnung				
Gebetsaufforderung (römisch)	Gebetsaufforderung (römisch)	Gebetsaufforderung (römisch, erw.)	Gebetsaufforderung (römisch)	Gebetsaufforderung (römisch)
[+ Kollekte (römisch)]	[+ Kollekte (römisch)]		[s. u.]	[s. u.]
Flectamus genua – levate	Flectamus genua – levate			Flectamus genua – Litanei + Prostration – Levate
Oration [≠ römische Kollekte]			+ Kollekte (römisch)	Kollekte (römisch)
Weihegebet (römisch)	Weihegebet (römisch)	Weihegebet (römisch)	Weihegebet (römisch)	Handauflegung
	+ Handauflegung	+ Handauflegung + DW	+ Handauflegung + DW	Weihegebet (römisch, erweitert)
Stola: Umlegen + DW	Stola: Umlegen + DW	Stola: Umlegen + DW + Kreuzz.	Stola: Umlegen + DW + Kreuzz.	Stola: Umlegen, ggf. + Gesang
		Dalmatik: Anziehen + DW	Dalmatik: Anziehen + DW	Dalmatik: Anziehen, –"–
Evangeliar: Übergabe + DW	Evangeliar: Übergabe + DW	Evangeliar: Übergabe + DW	Evangeliar: Übergabe + DW	Evangeliar: Übergabe + DW
		Flectamus genua – Levate	Flectamus genua – Levate	
Weihegebet (gallisch)	Segensgebet	Segensgebet od. Weihegebet (gall.)	Segensgebet + Weihegebet (gall.)	
Dalmatik: Anziehen	Dalmatik: Anziehen [s. XIII + DW]	Dalmatik: Anziehen (nur Diak. Ev.)		
Kuss	Kuss			Kuss + *Pax tibi/Et cum spiritu tuo* ggf. + Gesang

DW: Deutewort

Byzantinische Ordinationsgebete für Diakon und Diakonin nach dem Euchologion Vat. barb. gr. 336

(BEL.S 80, 170–174 Parenti/Velkovska)

Diakon

Nach Anaphora und Öffnung der Türen,
vor Πάντων τῶν ἁγίων:
Ordinand vor Erzbischof
Ἡ θεία χάρις
Ordinand kniet, Erzbischof 3× Kreuzzeichen
auf Kopf,
Gebet unter Handauflegung:

Κύριε ὁ θεὸς ἡμῶν,
ὁ τῇ προγνώσει τῇ σῇ τὴν τοῦ ἁγίου σου
πνεύματος χορηγίαν καταπέμπων ἐπὶ
τοὺς ὡρισμένους ὑπὸ τῆς σῆς
ἀνεξιχνιάστου δυνάμεως λειτουργοὺς
γενέσθαι, <καὶ> ἐξυπηρετεῖσθαι τοῖς
ἀχράντοις σου μυστηρίοις·
αὐτός, δέσποτα, καὶ τοῦτον ὃν
ηὐδόκησας προχειρισθῆναι παρ᾽ ἐμοῦ
εἰς τὴν τῆς διακονίας λειτουργίαν, ἐν
πάσῃ σεμνότητι διαφύλαξον, ἔχοντα τὸ
μυστήριον τῆς πίστεως ἐν καθαρᾷ
συνειδήσει·
δώρησαι δὲ αὐτῷ τὴν χάριν ἣν ἔδωκας
Στεφάνῳ τῷ πρωτομάρτυρί σου, καὶ ὃν
ἐκάλεσας πρῶτον εἰς τὸ ἔργον τῆς
διακονίας σου, καὶ καταξίωσον αὐτὸν
κατὰ τὸ σοὶ εὐάρεστον οἰκονομῆσαι τὸν
πα<ρὰ> τῆς σῆς ἀγαθότητος
δεδωρημένον αὐτῷ βαθμόν, – οἱ γὰρ
καλῶς διακονήσαντες βαθμὸν ἑαυτοῖς
καλὸν περιποιοῦνται – καὶ τέλειον
ἀνάδειξον δοῦλόν σου.
Ὅτι σοῦ ἐστιν ἡ βασιλεία καὶ ἡ δύναμις.

Herr, unser Gott,
der du in deinem Vorauswissen die Ausstattung
mit deinem Heiligen Geist auf die herabsendest,
die du durch deine unerforschliche Kraft dazu
bestimmt hast, Diener (λειτουργοί) zu werden
und deinen unbefleckten Mysterien zu Diensten
zu sein (ἐξυπηρετείσθαι):
du, Gebieter, bewahre auch diesen, den du
durch mich zum Dienst (λειτουργία) des Diakonats (διακονία) zu erwählen geruht hast, in aller
Ehrbarkeit (1 Tim 2,2; 1 Tim 3,4; vgl. Tit 2,7),
als einen, der das Mysterium des Glaubens in
reinem Gewissen hält (1 Tim 3,9);
gib ihm die Gnade, die du deinem Protomarty-
rer Stephanus gegeben hast (vgl. Apg 6,4) und
den du als ersten zum Werk deines Diakonats
(vgl. Eph 4,12) berufen hast, und würdige ihn,
den ihm von deiner Güte gegebenen Grad nach
deinem Wohlgefallen zu verwalten – die nämlich gut dienen (διακονεῖν), werden sich einen
guten Grad erwerben (1 Tim 3,13) –, und erweise ihn als deinen vollkommenen Knecht
(δοῦλος);
denn dein ist das Reich und die Kraft
(Mt 6,13 𝔐) ...

Litanei

Gebet unter Handauflegung:
Gott, unser Retter (Ps 64[65],6; 78[79],9),
der du mit deiner unverderblichen Stimme deinen Aposteln geweissagt und verkündet hast,
daß der erste von ihnen das Werk des Dieners
(διάκονος) erfülle, wie in deinem heiligen
Evangelium geschrieben steht: „Wer unter euch
der erste sein will, soll euer Diener sein" (vgl.
Mk 9,35; 10,43 // Mt 20,26);

Ὁ θεὸς ὁ σωτὴρ ἡμῶν,
ὁ τῇ ἀφθάρτῳ φωνῇ τοῖς ἀποστόλοις σου
θεσπίσας, καὶ πρῶτον αὐτῶν κηρύξας
τὸν τοῦ διακόνου ἀποπληροῦντα ἔργον,
καθὼς γέγραπται ἐν τῷ ἁγίῳ εὐαγγελίῳ
σου· Ὅστις θέλει ἐν ὑμῖν εἶναι πρῶτος,
ἔστω ὑμῶν διάκονος·

σύ, δέσποτα τῶν ἀπάντων, καὶ τοῦτον
τὸν δοῦλόν σου ὃν κατηξίωσας εἰς τὴν
τοῦ διακόνου ὑπεισελθεῖν λειτουργίαν,
πλήρωσον πάσης πίστεως καὶ ἀγάπης
καὶ δυνάμεως καὶ ἁγιασμοῦ τῇ
ἐπιφοιτήσει τοῦ ζωοποιοῦ σου
πνεύματος·
οὐ γὰρ ἐν τῇ ἐπιθέσει τῶν ἐμῶν χειρῶν
ἀλλ᾽ ἐν ἐπισκοπῇ τῶν πλουσίων σου
οἰκτιρμῶν δίδοται χάρις τοῖς ἀξίοις σου,

ἵνα πάσης ἁμαρτίας ἐκτὸς γενόμενος, ἐν
τῇ φοβερᾷ ἡμέρᾳ τῆς κρίσεως ἀμέμπτως
σοι παραστῇ, καὶ τὸν μισθὸν τὸν
ἀδιάψευστον τῆς σῆς ἐπαγγελίας
λήψεται.
Σὺ γὰρ εἶ ὁ θεὸς ἡμῶν, θεὸς τοῦ ἐλεεῖν
καὶ σώζειν.

du, Gebieter des Alls (vgl. Ijob 5,8; Weish 6,7;
8,3), erfülle auch diesen deinen Knecht, den du
gewürdigt hast, in den Dienst (λειτουργία) des
Diakons einzutreten, mit allem Glauben (vgl.
Apg 6,4) und Liebe (vgl. 1 Tim 1,14) und Kraft
(vgl. 2 Tim 1,7) und Heiligung durch den Besuch deines lebensschaffenden Geistes –
denn nicht in der Auflegung meiner Hände,
sondern in der Aufsicht (ἐπισκοπή) deines reichen Erbarmens wird deinen Würdigen Gnade
gegeben –,
damit er, aller Sünde losgeworden, am furchter-
regenden Tag des Gerichts (1 Joh 4,17) untade-
lig vor dich trete und den untrüglichen Lohn
deiner Verheißung empfange.

Du bist nämlich unser Gott, ein Gott des Erbarmens und Rettens.

Wegnehmen des Phelonions, Auflegung des
Orarions
Friedensgruß
Gabe des Fächers, hinstellen zum Fächern der
heiligen Gaben am göttlichen Tisch
Diakon am Ambo: Πάντων τῶν ἁγίων
μνημονεύσαντες κτλ

Nach Kommunion des Ordinierten: Übergabe
des Kelches durch den Erzbischof
Gabe des Kelches an die Kommunikanten durch
den Diakon

Diakonin

Nach Anaphora und Öffnung der Türen,
vor Πάντων τῶν ἁγίων:
Ordinandin vor Hohenpriester (ἀρχιερεύς)
Ἡ θεία χάρις
Neigung des Hauptes, Handauflegung, 3×
Kreuzzeichen, Gebet:

Ὁ θεὸς ὁ ἅγιος καὶ παντοδύναμος,
ὁ διὰ τῆς ἐκ παρθένου κατὰ σάρκα
γεννήσεως τοῦ μονογενοῦς σου υἱοῦ καὶ
θεοῦ ἡμῶν {ὁ} ἁγιάσας τὸ θῆλυ, καὶ οὐκ
ἀνδράσιν μόνον, ἀλλὰ καὶ γυναιξὶν
δωρησάμενος τὴν χάριν καὶ τὴν
ἐπιφοίτησιν τοῦ ἁγίου σου πνεύματος·
αὐτὸς καὶ νῦν, δέσποτα, ἔφιδε ἐπὶ τὴν
δούλην σου ταύτην, καὶ προσκάλεσαι
αὐτὴν εἰς τὸ ἔργον τῆς διακονίας σου,
καὶ κατάπεμψον αὐτῇ τὴν πλουσίαν

Gott, du Heiliger und Allmächtiger,
der du durch die Geburt deines einziggeborenen
Sohnes und unseres Gottes aus einer Jungfrau
dem Fleische nach (vgl. Gal 4,23.29) das Weibliche geheiligt und nicht nur Männern, sondern
auch Frauen die Gnade und den Besuch deines
Heiligen Geistes gegeben hast:
du, Gebieter, schau auch jetzt auf diese deine
Magd (δούλη) und berufe sie zum Werk deines
Diakonats (διακονία) (vgl. Eph 4,12), und sende
ihr die reiche Gabe deines Heiligen Geistes

δωρεὰν τοῦ ἁγίου σου πνεύματος,
διαφυλάττων αὐτὴν ἐν ὀρθοδόξῳ πίστει,
ἐν ἀμέμπτῳ πολιτείᾳ, κατὰ τὸ σοὶ
εὐάρεστον τὴν ἑαυτῆς λειτουργίαν
διαπαντὸς ἐκπληροῦσαν.
Ὅτι πρέπει σοι πᾶσα δόξα, τιμή.

(vgl. Apg 2,38; 10,45), und bewahre sie im
rechten Glauben, in untadeligem Wandel, als
eine, die ihren Dienst (λειτουργία) gänzlich
nach deinem Wohlgefallen erfüllt;

denn Dir gebührt alle Herrlichkeit, Ehre …

Litanei

Gebet unter Handauflegung (Erzbischof)

Δέσποτα Κύριε,
ὁ μὴ δὲ γυναῖκας ἀναθεμένας ἑαυτὰς καὶ
βουληθείσας καθὸ προσῆκεν λειτουργεῖν
τοῖς ἁγίοις οἴκοις σου ἀποβαλόμενος,
ἀλλὰ ταύτας ἐν τάξει λειτουργῶν
προσδεξάμενος,
δώρησαι τὴν χάριν τοῦ ἁγίου σου
πνεύματος καὶ τῇ δούλῃ σου ταύτῃ τῇ
βουληθείσῃ ἀναθεῖναί σοι ἑαυτὴ<ν> καὶ
τὴν τῆς διακονίας ἀποπληρῶσαι χρείαν,
ὡς ἔδωκας τὴν χάριν τῆς διακονίας σου
Φοίβη, ἣν ἐκάλεσας εἰς τὸ ἔργον τῆς
λειτουργίας· παράσχου δὲ αὐτῇ, ὁ θεός,
ἀκατακρίτως προσκαρτερεῖν τοῖς ἁγίοις
ναοῖς σου, ἐπιμελεῖσθαι τῆς οἰκείας
πολιτείας, σωφροσύνης δὲ μάλιστα, καὶ
τελείαν ἀνάδειξον δούλην σου, ἵνα καὶ
αὐτὴ παραστῶσα τῷ βήματι τοῦ
Χριστοῦ σου, ἄξιον τῆς ἀγαθῆς
πολιτείας ἀπολήψεται τὸν μισθόν.

Ἐλέει καὶ φιλανθρωπίᾳ τοῦ μονογενοῦς
σου υἱοῦ μεθ᾽ <οὗ>.

Gebieter, Herr,
der du Frauen, die sich weihen (ἀναθεῖναι) und
deinen heiligen Häusern so dienen (λειτουργεῖν)
wollen, wie es sich gehört, nicht zurückweist,
sondern im Ordo der Diener (λειτουργοί) auf-
nimmst,
gib die Gnade deines Heiligen Geistes auch dieser deiner Magd, die sich dir weiht und das
Geschäft des Diakonats erfüllen will, wie du die
Gnade deines Diakonats Phöbe (vgl. Röm 16,1)
gegeben hast, die du zum Werk des Dienstes
(λειτουργία) (vgl. 1 Chr 9,19; 23,24.28) gerufen
hast; gewähre ihr, o Gott, ohne Verurteilung
deinen heiligen Tempeln anzuhangen (vgl. u. a.
Apg 2,46; 6,4), sorgfältig auf ihren eigenen
Wandel zu achten, am meisten auf Mäßigung,
und erweise sie als deine vollkommene Magd,
damit auch sie, wenn sie am Richterstuhl deines
Christus steht (vgl. Röm 14,10; 2 Kor 5,10), den
würdigen Lohn (vgl. Lk 10,7; 1 Tim 5,18) des
guten Wandels empfange
durch das Erbarmen und die Menschenfreund-
lichkeit deines einziggeborenen Sohnes, mit
dem …

Auflegung des diakonalen Orarions unter dem
        Maphorion (Schleier)
Diakon am Ambo: Πάντων τῶν ἁγίων
μνημονεύσαντες κτλ

Nach Kommunion der Ordinierten „gibt ihr der
Erzbischof den heiligen Kelch, den sie, nachdem sie ihn empfangen hat, am heiligen Tisch
abstellt."

Der Diakonat in der vorkonstantinischen Kirche
Entstehung und Konsolidierung

Predrag Bukovec

Wenn man sich aus Sicht der Liturgiewissenschaft mit den Ursprüngen und frühesten Entwicklungen eines liturgischen Phänomens beschäftigt, geht es nicht nur um den Zauber der Anfänge. Die ersten drei Jahrhunderte des Christentums sind in erster Linie eine Zeit der turbulenten Transformationsprozesse, in denen es um die Suche nach dem eigenen Selbst ging. Hinter zahlreichen Dynamiken steckt der Versuch, eine eigene Identität zu finden; es handelt sich folglich um die Konturierung fester Grundlagen, die erst noch etabliert werden mussten. Am deutlichsten erkennbar ist dies an der Trias aus Bibelkanon, Glaubensfundamenten (Regula fidei) und Liturgie – alle drei Bereiche mussten mühsam und spannungsgeladen erst konsensfähig werden. Dieser Prozess wurde zusätzlich durch weitere Entwicklungen verschärft.[1] Ein entscheidendes Scharnier für eine stabile Lösung der genannten Fragenkomplexe war die Herausbildung der kirchlichen Ämter: Offenbar erwies sich der Monepiskopat mit seinen zugeordneten Ämtern der Presbyter und Diakone als ein solches stabilisierendes Element. Wie aus verschiedenen kirchlichen Verfassungsstrukturen die Fusion in ein dreigliedriges Amt wurde, ist mit Fokus auf den Diakonat und seine liturgischen und außerliturgischen Aufgaben der Gegenstand dieses Beitrags.

---

[1] Unter den zahlreichen Hürden sind als Beispiele zu nennen: die Verbreitung einer ländlich geprägten Messiasbewegung aus der römischen Provinz in die großen Städte; der schleichende Prozess der Loslösung aus dem Judentum; die Auseinandersetzung mit den philosophischen und ethischen Diskursen der römisch-hellenistischen Zeit; die Unsicherheit angesichts lokaler und dann überregionaler Verfolgungen. – Der vorliegende Aufsatz entstand im Rahmen meines DFG-Projekts *Zu den Ursprüngen der Taufsalbung* (#450790525), welches an der Universität Regensburg angesiedelt ist. Die liturgischen Rollenträger und ihre Mitwirkung an der Initiation sind relevante Aspekte des Projektziels.

1.   Hinführung: Diakonia als urchristliches Grundkonzept

Bevor es Diakone gab, gab es die Diakonia. Darin folgte das Urchristentum einem Impuls und Zentralgedanken Jesu von Nazaret, der den Dienst in den
Vordergrund stellte und ihn im Kontext Seiner Basileia-Botschaft als Umkehrung der Herrschaftsverhältnisse in der Welt charakterisierte. Dieses Leitmotiv
durchzieht die Jesus-Überlieferung (bspw. in den Gleichnissen oder in anderen
Logien) und fand nachösterlich seinen kompakt-kristallinen Ausdruck in Mk
10,43–45, wonach der Menschensohn nicht gekommen ist, um bedient zu werden, sondern um zu dienen.[2] Mit diesem zum Vorbild proklamierten Handeln
wird ein Wortfeld aufgegriffen, das im Griechischen bereits vorgeprägt war:
Mit διάκονος κτλ. wurden Diener bezeichnet, die als Bevollmächtigte im Auftrag eines Höhergestellten agieren und diesem gegenüber rechenschaftspflich-
tig sind.[3] Diese gehobene Aufgabe, die sich u. a. im Boten- und Tischdienst
ausdrücken konnte, unterschied sich von der Sklaverei, die zum Alltagsge-
schehen im antiken Hauswesen gehörte und mit einer sozialen Minderstellung
einherging. Die besagte semantische Grundierung von „Diener/ dienen" findet
ein Äquivalent im Verhältnis Jesu Christi zu Seinem Vater einerseits und der
Anhängerschaft zu Christus andererseits. Im Sinne der normativen Imitatio
Christi wird der proaktiv-proexistente Charakter des Paschamysteriums als
Fundament christlicher Ethik schon sehr früh grundgelegt. Ebenfalls bereits in
der ersten Generation des Christentums erscheint der Titel „Diener" dann bezogen auf den Bereich Mission und Verkündigung: Der Apostel Paulus verstand sich und andere Personen als Diener des Evangeliums (in verschiedenen
Nuancierungen in 1 Kor 3,5; 2 Kor 3,6; 6,4; Röm 15,25; s. auch Eph 1,7; 4,7;
Eph 6,21), insofern man hierbei in seiner ganzen Existenz „in Dienst nehmen"
ließ für die Frohe Botschaft. Christus gegenüber war man als Autorität verpflichtet, in dessen Namen und Auftrag man handelte.[4] Paulus' Apostolat be-
ruhte auf einer direkt vom Auferstandenen erfolgten Offenbarung, die ihn zum
Missionar der Nicht-Juden berief (Gal 1,12–16; 2,9).

---

[2]   S. auch *Anni Hentschel*, Gibt es einen sozial-karitativ ausgerichteten Diakonat in den
frühchristlichen Gemeinden?, in: PTh 97 (2008) 290–306, 295; *Peter-Ben Smit*, Exegetical
Notes on Mark 10:42–45. Who Serves Whom?, in: B. J. Koet/E. Murphy/E. Ryökäs
(Hg.), Deacons and Diakonia in Early Christianity. The First Two Centuries (WUNT2
479), Tübingen 2019, 17–29, 23–29; *Jochen Wagner*, Die Anfänge des Amtes in der
Kirche. Presbyter und Episkopen in der frühchristlichen Literatur, Tübingen 2011, 166.

[3]   Zum klassischen Sprachgebrauch, s. *Hentschel*, Diakonat (wie Anm. 2), 293.

[4]   Vgl. *Marlis Gielen*, Frauen als Diakone in paulinischen Gemeinden, in: D. W. Winkler
(Hg.), Diakonat der Frau. Befunde aus biblischer, patristischer, ostkirchlicher, liturgischer und systematisch-theologischer Perspektive (OPOe 2), Wien/Berlin 2013, 11–40,
20.33; *Hentschel*, Diakonat (wie Anm. 2), 296.

Die am paulinischen Sprachgebrauch beobachtbare Interrelation von Dienst und Einzelperson dürfte eine der Keimzellen für die spätere Herausbildung des Diakonats gewesen sein, dessen Wurzelgeflecht sich aus der heutigen Quellenlage insgesamt nur schwerlich rekonstruieren lässt. Jedenfalls finden sich schon in den authentischen Paulinen ähnlich gelagerte Titulaturen, auf welchen der weitere Verlauf der Entwicklung hin zum Amt des Diakons fußte. Den diachronen Befund soll das nächste Kapitel skizzieren.

2. Der Diakonat bei der Konsolidierung der Ämter

Die diachronen Entwicklungstendenzen sollen aus dem Befund der Quellenlage bis einschließlich dem dritten Jahrhundert rekonstruiert werden. Die Einteilung der Unterkapitel erfolgt tentativ und ist der Fragmentarität der erhaltenen Zeugnisse geschuldet, die im komparativen Gesamtüberblick jedoch zumindest exzerpierbare Schritte markieren, welche sich annäherungsweise zusammenstellen lassen.

2.1 Das Urchristentum

Die erste Generation beginnt mit dem Pfingstereignis in Jerusalem, wo sich Jesu Anhängerschaft nach den Ereignissen um dessen Tod und Auferstehung neu formierte. Dabei gesellten sich zum von Jesus eingesetzten Zwölferkreis, der nach Judas' Verrat wieder komplettiert werden musste, noch weitere Gläubige sowie offenbar Jesu Familie hinzu (Apg 1,13f.). Infolge des Wachstums der Jesus-Gläubigen differenzierte sich diese Keimzelle sowohl in sich selbst aus, indem in Jerusalem die Gruppen der aramäisch- und griechischsprachigen Gläubigen eigene Untercommunities bildeten, als auch über Jerusalem hinaus, v. a. in Antiochia. Der in Apg 6,1–6 von Lukas idealisierend berichtete Siebenerkreis betraf nicht die Entstehung des Diakonats, wie dies rezeptionsgeschichtlich schon im zweiten Jahrhundert verstanden wurde,[5] sondern das Leitungsgremium der Jerusalemer Hellenisten.[6] Bereits in den 40er Jahren, nach

---

[5] S. Iren., haer. 1,26,3; 3,12,10; 4,15,1.

[6] S. auch *Reinhard M. Hübner*, Die Anfänge von Diakonat, Presbyterat und Episkopat in der frühen Kirche, in: *ders.*, Kirche und Dogma im Werden. Aufsätze zur Geschichte und Theologie des frühen Christentums, Tübingen 2017, 21–61, 24; *Joke H. A. Brinkhof*, Philip, One of the Seven in Acts (6:1–6; 8:4–40; 21:8), in: Koet/Murphy/Ryökäs (Hg.), Deacons and Diakonia (wie Anm. 2), 79–90, 81 f.

der Vertreibung der Hellenisten im Nachgang zur Lynchjustiz an Stephanus (Apg 7,54–60), transformierte sich die Leitungsstruktur in Jerusalem zweifach: Nachdem Paulus um 49 n. Chr. mit den drei „Säulen" Jakobus, Petrus und Johannes zusammentraf (Gal 2,9), gehören etwas später bereits sämtliche verbliebenen Mitglieder der Zwölf, zumindest hier, der Vergangenheit an:[7] Der Herrenbruder Jakobus steht unangefochten an der Spitze, dem ein Presbyterkollegium wohl nach synagogalem Vorbild zugeordnet ist.[8]

In Antiochien hingegen finden sich als führende Figuren Apostel,[9] Propheten[10] und Lehrer.[11] Die stark auf Missionierung hin ausgerichtete antiochenische Gemeinde verband mit dem Apostolat die „Entsendung" (s. Apg 13,1–4) von beauftragten Missionaren in andere Gebiete zur Gründung von Filialkirchen. Solche Apostel waren Paulus und sein Mentor Barnabas (s. Apg 13,1), welche durch die Unternehmung von Missionsreisen die Vernetzung zwischen den verschiedenen Ortsgemeinden herstellten und förderten. Paulus sollte sein ganzes Leben als wandernder Missionar verbringen. Er brachte die antiochenische Führungsstruktur auch in seine Gründungen, wo sie z. T. ortsgebunden wirkte; aber bis ins frühe zweite Jahrhundert sollte noch die Dynamik aus wandernden und sesshaft werdenden Charismatikern anhalten (s. Did 11 und 13).[12]

---

[7] Dies hängt vermutlich auch damit zusammen, dass Petrus auf Missionsreisen ging und sich nicht mehr permanent in Jerusalem aufhielt. Das Zwölfergremium wurde nicht nachbesetzt, es galt offensichtlich als einmalige Einrichtung (die Nachwahl des Matthias als Ersatz für Judas in Apg 1,15–26 gehört in die Gründungssituation der Kirche). Vgl. *Hübner*, Anfänge (wie Anm 6), 22 f.

[8] Sofern dies keine lk Rückprojektion ist, s. *Hübner*, Anfänge (wie Anm. 6), 23, 37. Zur Diskussion, vgl. ferner *Thomas Schumacher*, Bischof – Presbyter – Diakon. Geschichte und Theologie des Amtes im Überblick, München 2010, 26.

[9] Dieser gegenüber der späteren lk Verengung auf den Zwölferkreis ältere und breitere Gebrauch des Apostolats zeigt sich nicht allein an Paulus' Selbstverständnis (zu seinem lebenslangen Wanderapostolat, s. *Schumacher*, Bischof (wie Anm. 8), 21), sondern auch an einzelnen verstreut erwähnten Apostel:innen wie Junia (Röm 16,7).

[10] Neben 1 Kor 12,28 kennen Apg 11,27–30 mit dem Jerusalemer Agabus und Apg 11,27f.; 21,10–14 mit den prophetischen Töchtern des Philippus (Apg 21,9) Vertreter:innen der urchristlichen Prophetie. Es handelt sich um eine Funktion, die allerorten im Urchristentum auftrat, in Antiochien jedoch in der o. g. Trias einen ersten Schritt zur Institutionalisierung erhielt.

[11] Vgl. *Hübner*, Anfänge (wie Anm. 6), 25.

[12] Allerdings erscheinen in der Didache die Apostel, Propheten und Lehrer niemals als Trias, sondern über die Kapitel 11, 13 und 15 verteilt. Zum Teil handelt es sich um ein und dieselbe Personengruppe, die unter verschiedenen Bezeichnungen fungiert, s. *André de Halleux*, Ministers in the Didache, in: J. A. Draper (Hg.), The Didache in Modern Research (AGJU 37), Leiden et al. 1996, 300–320, 314 f. Vermutlich wurde bereits in Antiochien nach der jeweiligen Funktion (z.B. Apostolat bei Missionsreisenden) unterschieden und nicht in klar umrissene Personengruppen eingeteilt.

Leitung stellte sich im Urchristentum charismatisch und situationsabhängig dar: Die Berufung zu Diensten galt in der jungen Bewegung als vom Heiligen Geist verliehen, sei der Dienst nun exponiert oder untergeordnet. Einen einmaligen Einblick in die urchristliche Gemeindedynamik gibt 1 Kor 12, wo Paulus einige der Charismen benennt und theologisch reflektiert:[13] Sämtliche Charismen kommen von dem einen Geist, den alle Gemeindemitglieder in je unterschiedlicher Weise erhalten haben.[14] Diese wohl tauftheologisch grundierte Charismenlehre wird in V. 12–27 mit der paulinischen Leib Christi-Ekklesiologie verschränkt: Die Entfaltung des Geistes in pluriforme Geistesgaben dient dem Aufbau des Organismus, als welchen sich die Gemeinde darstellt. Ähnlich einem Körper, bei dem sich die Glieder oben oder unten befinden und doch gleichwertig sind, so sind auch alle Charismen existenziell. Diese Egalität (s. Gal 3,28) widerspricht nicht einer relativ flachen Hierarchisierung, wenn gewisse Funktionen als erste zu nennen sind und damit Leitungsaufgaben wahrnehmen (s. V. 28–30).[15]

Charismatische Berufungen ergaben sich zudem aus der sozialen Konstellation heraus: Die Gemeinden versammelten sich in Privathäusern,[16] deren Gastgeber:in gleichsam aus der gesellschaftlichen Bedeutung heraus eine Vorrangposition erhielt. In Röm 16 zählt Paulus bspw. die Hauskirchen in Rom auf, etwa diejenige des Ehepaars Priska und Aquila (V. 5), des Aristobul (V. 10) und des Narcissus (ebd.).[17] Die in diesem Kapitel erwähnten Namen verweisen darauf, dass sowohl Männer als auch Frauen ihre Räumlichkeiten der Gemein-

---

[13] Nach 1 Kor 12,8–10.28 gehören zu den Charismen u. a. die Heilung, die Leitung bzw. Organisation, die Zungenrede und ihre Auslegung. Der Diakonentitel im paulinischen Verständnis erscheint in 1 Kor 12,5 als Überbegriff, s. *Hentschel*, Diakonat (wie Anm. 2), 298.

[14] Nach Apg 2,16–21 gehört die in Jl 3,1 f. verheißene Geistausgießung auf alle Gläubigen zu den Urerfahrungen des Pfingstereignisses.

[15] Im Rahmen dieser theologischen Grundlegung gibt Paulus „den Gemeinden einen großen Freiraum; ihre innere Ordnung überlässt er weitgehend den Kräften, die die Gemeinde aufgrund ihrer unterschiedlichen Charismen und Funktionen selbst entwickelt" (*Wagner*, Anfänge (wie Anm. 2), 92). Vgl. *Gielen*, Frauen (wie Anm. 4), 33: „Aus dieser göttlichen Beauftragung aber wächst den Beauftragten eine Autorität zu, die innergemeindlich dann auch zur Ausbildung von Leitungsfunktionen führt, die freilich charismatisch, nicht hierarchisch qualifiziert sind". Wichtig ist auch die Beobachtung von *Hübner*, Anfänge (wie Anm. 6), 27: „Die Funktionen der ehemals missionierend umherwandernden Propheten und Lehrer werden jetzt in der Gemeinde festgemacht". S. auch *Schumacher*, Bischof (wqie Anm. 8), 21.

[16] Im Corpus Paulinum wird hierfür der geprägte Ausdruck ἡ κατ' οἶκον ἐκκλησία verwendet, vgl. 1 Kor 16,19; Röm 16,5; Phlm 2; Kol 4,15.

[17] S. auch 1 Kor 16,15: Das Haus des Stephanas ist in Griechenland der erste Missionserfolg des Paulus gewesen.

de zur Verfügung stellten und ihr Patronat ausübten:[18] Nicht allein das genannte Ehepaar, bei dem im NT die Frau oft zuerst genannt wird (s. 2 Tim 4,19; Apg 18,18.26; anders in 1 Kor 16,19; Apg 18,2), sprechen dafür, sondern auch die Überbringerin von Paulus' Brief nach Rom, Phöbe (V. 1 f.).[19] Sie wird den Adressaten als „unsere Schwester" (τὴν ἀδελφὴν ἡμῶν), Diakonin (διάκονον) und Patronin (προστάτις) anempfohlen. Da sie den Brief im Zuge einer geschäftlichen Angelegenheit mitnimmt,[20] wird diese Geschäftsfrau in ihrem Heimatort Kenchreä einen Haushalt geführt haben, der nicht nur groß genug für die Versammlung war, sondern auch Unterstützung für Mitgläubige finanziell ermöglichte.

Die Bezeichnung Phöbes als Diakonin meint im Textumfeld nicht den Amtsdiakonat, sondern steht als Titel in einer Linie mit Selbstbezeichnungen des Paulus als „Diakon" (s.o.). Gemeint ist der vom Kyrios als Auftraggeber verliehene Auftrag für das Evangelium sowie der Dienst an den Mitgeschwistern, der eben auch Wohltätertum umfassen konnte.[21]

Die zweite Erwähnung von Diakonen unter den echten Paulinen geht hingegen schon einen Entwicklungsschritt weiter:

---

[18]　Sie sind die „natural leader" einer Ortsgemeinde, s. *Paul F. Bradshaw*, Rites of Ordination. Their History and Theology, Collegeville 2013, 22; *Wagner*, Anfänge (wie Anm. 2), 49. Diesen Gedanken führt *Gielen*, Frauen (wie Anm. 4), 13 f. genauer aus: „Denn als Leiter oder Leiterin eines antiken Hauswesens, das ein autarkes und komplexes Sozial- und Wirtschaftsgefüge darstellte, konnten die Hausvorstände – und nur sie – die grundlegende Infrastruktur (finanziell, personell und räumlich) bereitstellen, die für den Aufbau und die Organisation des Gemeindelebens auf privater Basis notwendig war". Vgl. auch *Andrea Biernath*, Mißverstandene Gleichheit. Die Frau in der frühen Kirche zwischen Charisma und Amt, Stuttgart 2005, 85.

[19]　Vgl. *Margaret Mowczko*, What Did Phoebe's Position and Ministry as Διάκονος of the Church of Cenchrea Involve?, in: Koet/Murphy/Ryökäs (Hg.), Deacons and Diakonia (wie Anm. 2), 91–102, 91. Vgl. auch *Hübner*, Anfänge (wie Anm. 6), 33: „Bei der Bedeutung, die solch ein dauernd für die Aufnahme der Mitchristen offenstehendes Haus an einem verkehrsreichen Platz wie dem Hafen von Korinth erlangen mußte, ist es leicht verständlich, daß sich für die Hausherrin eine feste Bezeichnung einbürgerte".

[20]　Vgl. *Gielen*, Frauen (wie Anm. 4), 12.

[21]　S. auch ebd., 14. Auch andere Frauen neben Phöbe und Priska konnten wichtige Rollen in der jungen Bewegung spielen, vgl. in Röm 16,12 die namentliche Erwähnung von Tryphäna, Tryphosa und Persis. In Röm 16 werden insgesamt zehn Frauen mit Namen angegeben.

2.2 Die beginnende Institutionalisierung in der zweiten und dritten Generation

Das in 2.1. genannte Presbyterkollegium, das in Jerusalem Jakobus zur Seite stand, weist bereits in die Zukunft, sofern es sich hier nicht um lukanische (lk) Rückprojektion handelt. Das Presbyterium als kollegiale Gemeindeleitung wird für einen Teil des Christentums diejenige Form sein, welche den einen Strang der frühesten Realisierung der Ämter repräsentiert. Außer in der Apg, die sogar für paulinische Gründungen eine solche Verfassung annimmt (s. Apg 14,23), gehören im NT noch die Trägerkreise folgender Schriften hierher: der Erste Petrusbrief (1 Pt 5,1–5)[22], der Jakobus-Brief am Locus classicus für die Krankensalbung (Jak 5,14), der Hebräerbrief (Heb 13,7.17.24)[23] und das im weiteren Sinne johanneische Schrifttum (2 Joh 1; 3 Joh 1; Apk 4,4; 5,5 f.8; 7,11.13; 11,16; 14,3; 19,4)[24].

Im zweiten Strang, welcher sich bei der einsetzenden Institutionalisierung herausbildet, führen Bischöfe und Diakone die Gemeinde an. Der Erstbeleg hierfür (sofern auch dieser nicht spätere Glossierung ist)[25] ist Phil 1,1.[26] Um

---

[22] In diesem pseudepigraphischen Brief bezeichnet sich der Autor als συμπρεσβύτερος „Mitpresbyter" und hält an seine Mitbrüder im Presbyterium eine Paränese.

[23] Der Autor nennt die Führungspersonen allerdings nirgends „Presbyter", sondern durchgehend „Vorsteher" (ἡγούμενοι). Da es keine Aufgliederung in zwei Ämter gibt (wie bei Bischöfen/ Diakonen) und die Leitung kollegial ist, sind diese Vorsteher höchstwahrscheinlich Presbyter gewesen.

[24] Der als Johannes geltende Prophet sieht in der an ihn ergangenen Offenbarung 24 (= 2 x 12) Älteste, welche im himmlischen Bereich auf Thronen sitzen.

[25] Diese Annahme wird u. a. von *Hübner*, Anfänge (wie Anm. 6), 58 vertreten. Auf Basis der Entscheidung für oder gegen die Authentizität des Versendes σὺν ἐπισκόποις καὶ διακόνοις wären daher folgende Szenarien zu veranschlagen: *Entweder* ist der Beginn dieser paulinischen Epistel korrekt und gibt eine vermutlich in Philippi entstandene Selbstorganisation der Gemeinde wieder (sie wird, wie in allen echten Paulusbriefen, als Adressatin angesprochen), welche sich in der zweiten und dritten Generation überregional ausbreiten sollte – *oder* es handelt sich um eine etwas jüngere Interpolation, die sehr früh in die Epistel eingetragen wurde, um diese Verfassungsform als Urgestein zu legitimieren. Für die erstgenannte Option spricht der textkritische Befund, der allerdings die zweite Möglichkeit nicht absolut ausschließen kann. Für die Glossierungsthese hingegen spricht der Umstand, dass man bei paulinischen Gemeinden eher Zustände wie in 1 Kor 12 (s. 2.1.) vermuten würde und der Begriff „Bischöfe" bei Paulus sonst nicht fällt. Auch unterscheiden sich die Diakone in Phil 1,1 insofern von der Diakonin Phöbe (Röm 16,1), als der Sprachgebrauch bei Phöbe noch mit der anderweitig bei Paulus vorkommenden Titulatur διάκονος im Einklang steht, während in Phil 1,1 die Diakone eindeutig Amtsträger neben den Bischöfen sind. Interessant ist zudem, dass der in den Pastoralbriefen (Past) prominente Timotheus in Phil 1,1 als Mitverfasser des Briefes fungiert; denkbar wäre folglich eine bewusste Harmonisierung von Phil und Past.

die Jahrhundertwende gibt die Didache bemerkenswerte Einblicke in den nicht reibungslos vor sich gehenden Transformationsprozess weg von charismatischer Leitung hin zum festen Amt:[27] Die Gemeinden, welche hinter dieser Kirchenordnung stehen, sehen sich konfrontiert mit Wanderpropheten bzw. -lehrern,[28] die für einige Tage zu Besuch kommen oder bereits sesshaft werden wollen. In Did 11 und 13 werden diese Fälle reglementiert, da es offensichtlich mehrfach zu Unstimmigkeiten gekommen ist. Um zwischen echten und Pseudopropheten zu unterscheiden, wird ihr Habitus zum Kriterium, da man die Offenbarungen selbst nicht beurteilen kann.[29] Eine anspruchslose Lebensführung, wie sie bereits für Jesu Jüngerethos galt (s. Mt 10,7–14),[30] wird vorausgesetzt, sodass die gemeindliche Alimentierung auf Reiseproviant und Beherbergung für ein oder zwei Tage beschränkt wird (Did 11,5).[31] Im Falle eines dauerhaften Niederlassungswunsches steht die Gemeinde allerdings in der Pflicht, die Propheten zu versorgen (s. Did 13).[32] Ihnen steht eine innergemeindliche Füh-

---

[26] Vgl. *Biernath*, Mißverstandene Gleichheit (wie Anm. 18), 51: „Ihr Dienst könnte erstmals als Amt für konstant wahrzunehmende Aufgaben aufgefaßt werden". Die Annahme von *Gielen*, Frauen (wie Anm. 4), 36, wonach in Phil 1,1 die Diakone für die Verkündigung zuständig, die Bischöfe hingegen mit organisatorischen Aufgaben betraut waren, hat keinen Anhaltspunkt im Text. Auch *Otfried Hofius*, Die Ordination zum Amt der Kirche und die apostolische Sukzession nach dem Zeugnis der Pastoralbriefe, in: ZThK 107 (2010) 261–284, 265, Anm. 21 spekuliert, wenn er die Bischöfe als Verwalter und die Diakone als Helfer definieren möchte.

[27] Die Entwicklung vom paulinischen Charismenverständnis hin zum Amtscharisma der Past unterstützt diese Terminologie. Darüber hinaus wird in der Forschung das Weber'sche Diktum produktiv verwendet, s. *Jonathan A. Draper,* Weber, Theissen, and „Wandering Charismatics" in the Didache, in: JECS 6 (1998) 541–576.

[28] Die Bezeichnungen verweisen auf eine Kontinuität dieser Wandercharismatiker mit Strömungen, welche sich im Urchristentum im Missionsapostolat Antiochiens (s. 2.1.) bzw. in den Trägern der Logienüberlieferung Q manifestiert haben und damit eine alte syro-palästinische Strömung repräsentieren.

[29] Für Did 16,3 ist ihr gehäuftes Auftreten gewissermaßen schon Vorbote der bevorstehenden Apokalypse. Die Gefahr von Pseudopropheten wurde sehr ernst genommen, vgl. auch *Jonathan A. Draper*, Social Ambiguity and the Production of Text. Prophets, Teachers, Bishops, and Deacons and the Development of the Jesus Tradition, in: C. N. Jefford (Hg.), The Didache in Context. Essays on Its Text, History and Transmission (NT.S 77), Leiden/Boston 1995, 284–312, 284.

[30] Die Did weist in der in dieser Kirchenordnung verarbeiteten Jesus-Überlieferung eine Nähe zu Mt auf, s. *John M. Court,* The Didache and St. Matthew's Gospel, in: SJT 34 (1981) 109–120.

[31] Vgl. *Jonathan A. Draper*, First-fruits and the Support of Prophets, Teachers, and the Poor in Didache 13 in Relation to New Testament Parallels, in: A. F. Gregory / C. M. Tuckett (Hg.), Trajectories through the New Testament and the Apostolic Fathers, Oxford 2005, 223–243, 227: „The Spirit, of course, cannot be tested, but prophets can be tested by their conduct".

[32] S. *Halleux*, Ministers (wie Anm. 12), 310.

rung aus gewählten und erprobten Bischöfen und Diakonen gegenüber (Did 15). Für ihre Wertschätzung wirbt der Didachist, da sie zwar nicht dieselben charismatischen Privilegien wie frei formulierte Gebete (Did 10,7) oder Unterhaltsrechte genießen,[33] aber gleiche Dienste leisten. Entscheidend ist hierbei die Äquivalenz beider Gruppen, welche den Wandel hin zum Amt markiert; die Akzeptanz dieser neuen Strukturen muss in der Did jedoch erst noch wachsen.

Zusammengefasst kann man beobachten, dass sich mit dem schleichenden Übergang von apostolischer zu nachapostolischer Zeit festere Leitungsmodelle durchzusetzen beginnen. Eine Zeit lang werden sich Charisma und Amt zeitlich überlappen, wobei es in dieser Phase auch zu Spannungen gekommen sein wird (s. Did). Die beiden erkennbaren Varianten des beginnenden Amtes sind das Presbyterium einerseits und andererseits die Bischöfe mit Diakonen gewesen. Während die Presbyter in Fortsetzung frühjüdischer Kollegien stehen, dürften die Diakone ihre Bezeichnung dem Aufgreifen älterer innerchristlicher Ehrentitel verdanken;[34] das Aufkommen von „Bischof" ist nicht restlos geklärt, kann aber als „Aufsichtsperson" (s. ἐπισκοπή in Past, s. gleich) einen Fortsetzer des Hauskirchenpatronats darstellen.[35]

2.3 Konsolidierungsphase: Mischverfassung

Die erste Hälfte des zweiten Jahrhunderts ist geprägt von der Fusion der beiden bestehenden Leitungsformen des Presbyteriums und der bischöflich-diakonalen Verfassung. Dies geschieht durch Identifizierung von Presbytern und Bischöfen, sodass es zunächst bei zwei Ämtern bleibt, d. h. den nunmehrigen Presbyter-Bischöfen und den Diakonen. In dieser Phase sind lokal auch Diakoninnen bezeugt, nicht aber weibliche Vorgesetzte.

Im NT widmen sich die Past bevorzugt den Herausforderungen der gemeindlichen Organisation nach dem Fortgang der Apostel. Die Figuren des Timotheus und Titus als Paulus' Mitarbeitern kennzeichnen den Übergang von der Gründerphase zur Sukzession. Wie der Heidenapostel seine Mitarbeiter als Bindeglied zwischen sich und den späteren Gemeindeleitern eingesetzt habe, so sollen fürderhin aus der Mitte der Gemeinde geeignete Kandidaten für die

---

[33] Vgl. *Draper*, Social Ambiguity (wie Anm. 29), 292.

[34] So auch *Bradshaw*, Ordination (wie Anm. 18), 24.

[35] Dies würde zur These von *Wagner*, Anfänge (wie Anm. 2), 50 passen, wonach sich aus den Leitungen der einzelnen Hauskirchen einer Stadt als erster Institutionalisierungsschritt ein Kollegium der Hauskirchenvorsteher gebildet hatte.

Ämter bestimmt werden (1 Tim 3,1–7.8–13; Tit 1,5–9).[36] Flankiert wird dieser Umbruch durch ein neues Verständnis von Charisma: Es ist nicht mehr die in 1 Kor 12 vorfindliche Verteilung der Geistesgaben auf alle Heiligen, sondern es wird als Amtscharisma bestimmt, das infolge der Handauflegung unter Gebet dauerhaft vermittelt wird (1 Tim 4,14; 2 Tim 1,6) und in einer Kette von Übertragungen mündet (s. 2 Tim 2,2).[37] Der Befund hinsichtlich der einzelnen Ämter ist im Detail komplex und erscheint bisweilen widersprüchlich, wobei die jüngere Forschung Erklärungsversuche hierfür vorgelegt hat.[38]

Jedenfalls sprechen die Past in 1 Tim 3,1–7; Tit 1,5–9 vom Bischof (im generischen Singular) bzw. Presbytern[39] sowie 1 Tim 3,8–13 von Diakonen. Die charakterlichen und sozialen Voraussetzungen sind im Wesentlichen für beide Ämter ähnlich,[40] es wird auf maßvolle, gastfreundliche und streitschlichtende Personen mit gutem Leumund im Alltag wertgelegt.[41] Spezifisch christliche Qualifikationen werden kaum verlangt, wenn man von der Lehrbefähigung (Tit 1,9) und dem Ideal der einzigen Ehe im Leben (1 Tim 3,2.12; Tit 1,6) absieht. Besonders stark sticht hervor, dass sich Kandidaten für beide Ämter als Familienoberhaupt bewährt haben müssen; der römische Pater familias avanciert zum Vorbild für die Gemeindeleitung.[42] 1 Tim 3,11 gibt im Kontext der Kompetenzen der Diakone auch solche für Diakoninnen.[43]

---

[36] Der Diakon erscheint hier, wie seit Phil 1,1 durchgängig, nach dem Bischof, s. auch *Wagner*, Anfänge (wie Anm 2.), 21 und 169; *Franco Manzi*, Das apostolische Amt des Diakonats. Biblische Grundlegung, in: M. Hauke / H. Hoping (Hg.), Der Diakonat. Geschichte und Theologie, Regensburg 2019, 13–40, 24. Bezeichnenderweise sind die Past an leitende Einzelpersonen adressiert, im Gegensatz zu Paulus, der die Gemeinde als ganze anschrieb.

[37] Vgl. *Hofius*, Ordination (wie Anm. 26), 269.

[38] Zuletzt *Michael Theobald*, Von den Presbytern zum Episkopos (Tit 1,5–9). Vom Umgang mit Spannungen und Widersprüchen im Corpus Pastorale, in: ZNW 104 (2013) 209–237, 235 f.

[39] In Tit 1,7 wechseln die Bezeichnungen. S. auch *Theobald*, Von den Presbytern (wie Anm. 38), 221.

[40] 1 Tim 3,6 verlangt aber vom Bischof – anders als vom Diakon –, dass er kein Neubekehrter ist.

[41] S. *Wagner*, Anfänge (wie Anm. 2), 171 f.; *Theobald*, Von den Presbytern (wie Anm. 38), 218.

[42] Die Rezeptionsgeschichte dieses Bildes vom Gemeindevorsteher als Vaterfigur ist bis in die Gegenwart beträchtlich und wird noch im zweiten Jahrhundert zu einer Legitimationsfigur für den Monepiskopat (s. 2.4.).

[43] Die Interpretation, wonach die „Frauen" (Γυναῖκας) in V. 11 die Gattinnen der Diakone sein müssten (*Lauri Thurén*, Divine Headhunting? The Function of the Qualifications of Deacons in 1 Tim 3:8–13, in: Koet/Murphy/Ryökäs (Hg.), Deacons and Diakonia (wie Anm. 2), 117–130, 128), ist weniger wahrscheinlich, wenn auch nicht gänzlich auszuschließen. Allerdings wird zuvor in 1 Tim 3,1–7 bei den Bischöfen nicht auf deren Frauen eingegangen. Außerdem steht in V. 11 kein Possessivpronomen (d. i. „ihre

Weibliche Diakone werden für diesen Zeitraum durch den römischen Statthalter Plinius d.J. bestätigt (um 111–113 n. Chr.),[44] der in ep. 10,96,8 von den sonntäglichen Versammlungen der Christinnen und Christen spricht und beim Kaiser anfragen lässt, wie mit diesem „Aberglauben" (*superstitionem*) umzugehen sei. Unter Folter hatte er von zwei Mägden Insiderinformationen über christliche Praktiken erhalten, die er zwar für irrsinnig, aber ungefährlich hält. Besagte Mägde werden im gruppeninternen Sprachgebrauch als „Dienerinnen" (*quae ministrae dicebantur*) bezeichnet,[45] womit Plinius das lateinische Pendant zu αἱ διάκονοι wiedergibt.

Außerhalb des NT geben einige Schriften aus den Apostolischen Vätern Einblicke in die Etablierung von Mischverfassungen: Zuvorderst ist der Erste Clemensbrief zu erwähnen, dessen Abfassungsanlass die Amtsfrage gewesen war. Konkret ging es um einen Vorfall in Korinth, wo Personen der kollegialen Gemeindeleitung abgesetzt wurden (1 Clem 44,6). Die römische Gemeinde schreitet mit dem 1 Clem in diesen Konflikt ein und gibt aus der selbstbewussten Sicht der Reichshauptstadt[46] eine geschwisterliche Ermahnung, die in der Forderung mündet, die illegitime Absetzung rückgängig zu machen. Der Autor leitet seine theologische Begründung hierfür ellenlang ein, um ab 1 Clem 40 zum eigentlichen Thema zu kommen: Der Kerngedanke ist die göttlich verfüg-

---

Frauen"). Die Plinius-Stelle als in etwa zeitgleicher unabhängiger Beleg für Diakoninnen (s. gleich) spricht ebenfalls für die o.g. Mehrheitsmeinung im exegetischen Diskurs, s. *Biernath*, Mißverstandene Gleichheit (wie Anm. 13), 105; *Hübner*, Anfänge (wie Anm. 6), 43; *Wagner*, Anfänge (wie Anm. 2), 167. Die Einschränkung von *Hofius*, Ordination (wie Anm. 26), 265, Anm. 20, wonach die hier gemeinten Diakoninnen eine rein karitative Funktion ausübten, ist in den Text hineingelesen; die Past sagen nichts über die innergemeindlichen Aktivitäten aus. Noch die frühe alexandrische Auslegungstradition wusste von Diakoninnen in ntl. Zeit, vgl. Clem.Alex., strom. 6,53,4; Or., comm.Rom. 10,17.

[44] S. *Biernath*, Mißverstandene Gleichheit (wie Anm. 13), 54 f.

[45] S. auch *John G. Cook*, Pliny's Tortured Ministrae. Female Deacons in the Ancient Church?, in: Koet/Murphy/Ryökäs (Hg.), Deacons and Diakonia (wie Anm. 2), 133–148, 134.

[46] Vgl. *Ferdinand R. Prostmeier*, Konflikte um das Amt in frühchristlicher Zeit. Intervention und Prävention, in: T. Schmeller (Hg.), Neutestamentliche Ämtermodelle im Kontext (QD 239), Freiburg D et al. 2010, 207–235, 226–228. – Kurioserweise wird derselbe Petrus-Schüler Clemens in einer späteren Schrift bemüht, um nicht das Gewicht Roms, sondern Jerusalems zu untermauern: In Ps.-Clem., EpClem. 1,1 schreibt der Clemens dieses Romans an den Herrenbruder Jakobus, den „Bischof der Bischöfe" (ἐπισκόπων ἐπισκόπῳ), d.h. sozusagen den Obermonepiskopos. Diese Schicht der Ps.-Clementinen ist nach *Jürgen Wehnert*, Mahl und Mahlgemeinschaft in den Pseudoklementinen, in: D. Hellholm/D. Sänger (Hg.), The Eucharist – Its Origins and Contexts. Sacred Meal, Communal Meal, Table Fellowship in Late Antiquity, Early Judaism, and Early Christianity, 3 Bde. (WUNT 376), Tübingen 2017, hier Bd.2, 1061–1089, 1064 in die 2. Hälfte des 3. Jahrhunderts zu datieren.

te Ordnung (40,1: τάξει),[47] die sich schon im AT immer wieder erwiesen habe. Besonders in der hierarchischen Abstufung des Tempelkults mit seinen Priestern und Leviten offenbart sich für 1 Clem der Typos des Ordnungsmoments, der auch auf die gemeindliche Leitung zu beziehen sei (40,5; 43).[48] Jeder hat hier seinen zugewiesenen Platz (41,1), so auch die „Laien", die in 40,5 erstmals in der christlichen Literatur als Gegenüber zu den Amtsträgern erscheinen. Diese Separation dieser zwei Stände wird in 1 Clem jedoch noch nicht vollkommen durchgezogen: Die Adressatin des Briefes ist laut Präskript die Gemeinde in Korinth, außerdem benötigt die Einsetzung der Amtsträger die Zustimmung der Gemeinde (1 Clem 44,3). Und dennoch etabliert sich komplementär zur Trägerschaft der Gesamtgemeinde die Legitimationsfigur der Apostolischen Sukzession: Nach 42,1 f. besteht die Ordnung aus dem Einsetzungsschema *Gott → Christus → Apostel → Amtsträger*, sodass das Amt letztlich als gottgewollt erscheint. Während der Missionsreisen der Apostel wurden an jedem Ort Presbyter-Bischöfe und Diakone eingesetzt (42,4 f.; 44,4 f.)[49]. Diese Nachfolgeregelung wird doppelt untermauert: Zum einen wird mit dem Zitat von Jes 60,17 in 1 Clem 42,5 das AT als Prophezeiung der christlichen Ämter bemüht,[50] zum anderen hätten die Apostel vorhergesehen, dass es zum Streit um die Ämter kommen werde, sodass sie mit der Sukzession Vorsorge trafen (44,1 f.).[51] Offenbar hat sich Roms Intervention durchgesetzt, da 1 Clem noch Jahrzehnte später in Korinth verlesen wurde (s. Eus., HE 4,23,11).

---

[47] Vgl. auch 40,2 (ἀτάκτως); 42,2 (εὐτάκτως). – S. *Bradshaw*, Ordination (wie Anm. 18), 30; *Wagner*, Anfänge (wie Anm. 2), 235.

[48] Vgl. *Taras Khomych*, From Glorious Past to Miserable Present. First Clement on the Organisation of the Corinthian Community, in: M. Grundeken/J. Verheyden (Hg.), Early Christian Communities between Ideal and Reality (WUNT 342), Tübingen 2015, 51–60, 58; *W. Moriarty*, 1 Clement's View of Ministerial Appointments in the Early Church, in: VC 66 (2012) 115–138, 120.

[49] Ob „Bischöfe" die gängige Bezeichnung in Rom und „Presbyter" in Korinth gewesen war oder ob es sich genau umgekehrt verhält, wird verschieden beantwortet: *Wagner*, Anfänge, 234; *Theobald*, Von den Presbytern (wie Anm. 41), 220. Wann, wie und warum die pln Gründung von Korinth ihre Binnenorganisation entsprechend 1 Kor 12 hinter sich ließ und Ämter einführte, verbleibt im Dunkel der Geschichte; besagte Prozesse geschahen jedenfalls in der 2. Hälfte des 1. Jahrhunderts.

[50] Das Zitat wird hier nicht wörtlich wiedergegeben, sondern tendenziös paraphrasiert, s. *Bart J. Koet*, Isaiah 60:17 as Key for Understanding the Two-fold Ministry of Ἐπίσκοποι and Διάκονοι according to First Clement (1 Clem 42:5), in: Koet/Murphy/Ryökäs (Hg.), Deacons and Diakonia (wie Anm. 2), 177–192, 184 f.

[51] 1 Clem interessiert sich für die Normativität der apostolischen Vergangenheit, s. *Khomych*, Glorious Past (wie Anm. 48), 58. – Unter den Bedingungen des Monepiskopats (s. 2.4.) wird die Apostolische Sukzession angepasst: Die Apostel weihen auf ihren Reisen oder kurz vor ihrem Tod gleich den Bischof, die Presbyter und Diakone, s. Ps.-Clem., recog. 6,15,4; hom. 11,36,2; ActThom 169. S. auch *Schumacher*, Bischof (wie Anm. 8), 35: „Das Prinzip der apostolischen Tradition zur Gewährleistung der Kontinui-

In den Past, im 1 Clem und in etwa zeitgleichen Schriften wird zwischen den Zeilen immer wieder deutlich, wie fragil die noch jungen Ämter waren:[52] Sie mussten sich vor Umsturzversuchen vorsehen, waren Anfragen unterworfen (z. B. wegen ihres jugendlichen Alters, s. 1 Tim 4,12) oder standen in Konkurrenz zu den Wandermissionaren (Did 15).[53] Mit umso größerem Schwergewicht bemüht man Legitimationsmuster:[54] Neben dem Pater familias-Ideal der Leitenden als Hausherren und der Sukzession der Apostel tauchen vermehrt Sazerdotalisierungstendenzen auf.[55] Unabhängig voneinander bemühen 1 Clem 40,5; 43 und Did 13 das atl. Kultpersonal, sei es zur Akzentuierung der theokratischen Taxis oder zur Begründung für Erstlingsabgaben an sesshaft gewordene Propheten als Äquivalenten zu den einstmaligen Hohenpriestern.[56]

tät zum Ursprung hat sich in der Person des Episkopen anschaulich konzentriert"; *Serafim Seppälä*, Deacons in Acts of Thomas and Related Early Syriac Literature, in: Koet/Murphy/Ryökäs (Hg.), Deacons and Diakonia (wie Anm. 2), 227–244, 237.

[52] Vgl. *Biernath*, Mißverstandene Gleichheit (wie Anm. 18), 56: „Die starken Worte des Clemens von der klaren, gottgewollten Ordnung erweisen sich somit keinesfalls als Wiedergabe der Realität, sondern sind Programm".

[53] Letzte Reste des Gedankens, dass Personen mit besonderem Charisma Leitung für sich beanspruchen können, finden sich noch Mitte des 3. Jahrhunderts in der Traditio apostolica: In TA 9 wird festgehalten, dass Bekenner ins Presbyterium aufzunehmen sind, ohne eigens aufgrund einer Handauflegung das Amtscharisma empfangen zu haben. Erst im Falle der Bischofswahl eines Bekenners ist für den Aufstieg in den Monepiskopat eine Ordination erforderlich.

[54] Man beachte, dass diese Bemühungen um die Durchsetzung fester Amtsstrukturen Folgewirkungen zeitigten, die mit den verwendeten Legitimationsnarrativen zu tun haben: Der Übergang vom patronatsbezogenen Hauskirchensystem zum Pater familias förderte eine männliche Hierarchie, während die Apostolische Sukzession ihre Stoßrichtung in der Abwehr von Irrlehrern besaß und mit der Herausbildung der Regula fidei einherging (gegen Falschpropheten in Did 11, gegen Irrlehrer in 1 Tim 1,4.7; 6,3–5.20 f.; 2 Tim 2,18; 4,4; Tit 1,10.14, s. auch *Prostmeier*, Konflikte (wie Anm 46), 209; *Thurén*, Headhunting (wie Anm. 43), 121–123). Die Sazerdotalisierung trennte schließlich Kleriker von Laien. All diese Entwicklungen sollten noch das ganze 2. und 3. Jahrhundert andauern, um endgültig unumstritten zu sein: Bspw. wird erst der Monepiskopat den Gehorsam gegenüber der Vaterfigur und die Flanke gegen die Irrlehrer zu ihrem Höhepunkt bringen (s. 2.4.), während die Sazerdotalisierung des Klerus weiter zunehmen wird. Aber noch Tert., exh. 7,3; bapt. 17,2 kannte im beginnenden 3. Jahrhundert das Allgemeine Priestertum in der Weise, dass auch die Laien im Notfall Taufe und Eucharistie feiern können, es aber im Regelfall der guten Ordnung halber nicht sollen, cf. *Pierre van Beneden*, Haben Laien die Eucharistie ohne Ordinierte gefeiert?, in: ALw 29 (1987) 31–46, 42; *Everett Ferguson*, Baptism in the Early Church. History, Theology, and Liturgy in the First Five Centuries, Grand Rapids 2009, 343. Den Ordnungsgedanken als Grundkriterium der Ekklesiologie kennt auch Ps.-Clem., hom. 67,1.

[55] S. außerdem *Bradshaw*, Ordination (wie Anm. 18), 42–45.

[56] Bezeichnenderweise unterscheidet sich eine solche Hohepriestertheologie von der christologischen Fundierung im Hebräerbrief, s. *Georg Gäbel*, Die Kulttheologie des Hebräerbriefes. Eine exegetisch-religionsgeschichtliche Studie (WUNT² 212), Tübingen

2.4 Der Monepiskopat

Etwa ab der Mitte des zweiten Jahrhunderts löst sich die sekundäre Gleichsetzung von Presbytern und Bischöfen wieder, nun aber mit einem interessanten Wandel: Aus dem Kollegium heraus stellt sich ein einzelner Bischof über das Presbyterium, welches zu seinem Berater- und Stellvertretergremium avanciert. Die Diakone bleiben von diesen Entwicklungen zwar unbehelligt, werden aber direkt dem Bischof unterstellt, der damit zwei Gruppen unabhängig voneinander anführt. Es handelt sich beim Monepiskopat um ein Erfolgsmodell, das sich ökumeneweit durchsetzen sollte; der Weg dahin, der gewiss auch spannungsgeladen gewesen sein muss, wird aus den Quellen nicht ersichtlich.[57]

Die wortgewaltigste Legitimation für den Monepiskopat liefern die sog. Ignatianen.[58] Dieses Epistelcorpus ist wohl aufgrund verschiedener Beobachtungen als pseudepigraphisch spätzudatieren und gehört in die zweite Jahrhunderthälfte.[59] Über die Briefe verstreut wird immer wieder angemahnt, dass es allein mit dem Monepiskopos die wahre Kirche gebe: Kulttheologisch gesprochen, befindet sich der vom Bischof angeführte Klerus innerhalb des legitimen Altarraums (Trall. 7,1; Philad. 4).[60] Die Trias von Bischof, Presbytern und Diakonen erscheint regelmäßig (Magn. 6,1; 13,1; Philad., praescr.; 7,1; Symr. 8,1;12,2; Trall. 2,1–3; 3,1). Diakone sind für Ps.-Ignatius „Mitdiener" (Eph.

2006. Überhaupt verschieben sich in dieser Phase ehemalige kulttheologische Christologien in Richtung der Analogie von atl. und nach-ntl. Kultpersonal. Am Ende des hier untersuchten Zeitraums wird der Monepiskopos zum Hohenpriester, s. TA 3 (Weihegebet für einen Bischof); TA 8 (Weihegebet für einen Diakon).

[57] Vgl. *Hübner*, Anfänge (wie Anm. 6), 52: „Keine Quelle gibt uns darüber Auskunft, wie der Weg von der kollegialen zur monarchischen Leitung der Gemeinde verlief. Wir stehen staunend vor dem Faktum".

[58] Vgl. *Peter Gemeinhardt*, Geschichte des Christentums in der Spätantike, Tübingen 2022, 61: „Ignatius führte also Ekklesiologie und Christologie zu einem Heilskonzept zusammen, das zumal für die Rolle des Bischofs im spätantiken Christentum wegweisend sein sollte".

[59] S. *Reinhard Hübner*, Thesen zur Echtheit und Datierung der sieben Briefe des Ignatius von Antiochien, in: ZAC 1 (1997) 44–72. Die Gegner, gegen welche polemisiert wird, sind damit konkreter als Vertreter gnostischer Schulen anzusehen. Der Monepiskopat als strengere Leitung in einer Hand hat somit eine starke antignostische Schlagseite. Auch eucharistietheologische Beobachtungen sprechen für eine Spätdatierung, s. *Predrag Bukovec*, Die frühchristliche Eucharistie, Tübingen 2023, 207–211 (dort auch eine Diskussion der Datierungsfrage). Der Befund beim kirchlichen Amt (s. o.) hinge bei einer Frühdatierung seltsam in der Luft und wirkte anachronistisch.

[60] Neben dieser eucharistischen Ekklesiologie kursierten auch Vorstellungen der Kirche als Gebäude (Herm., vis. 3,5,1) und Schiff (Ps.-Clem., EpClem. 14,2). Die Amtsträger sind dann Quader bzw. die Schiffsmannschaft.

2,1; Magn. 2; Philad. 4; 11,1 f.; Symr. 12,2; Polyc. 6,1), namentlich werden Burrhus, Zotion und Philo erwähnt.[61]

In eine ähnliche Richtung geht im dritten Jahrhundert die Didascalia (Didasc): In Didasc 3; 9 und 16 wird die zentrale Stellung des Bischofs eingefordert und die Zusammenarbeit mit den Diakon(inn)en geregelt. Beachtenswert ist die Fortspinnung der Typologien, die schon im 1 Clem greifbar waren (s. 2.3.):[62] Sowohl die Ps.-Ignatianen als auch die Didasc geben triadische Entsprechungen wieder, die sich im Detail jedoch merklich unterscheiden. Die folgende Tabelle listet die Varianten auf:

	Bischof	Presbyter	Diakon(inn)en
Ps.-Ign., Magn. 6,1	Gott	Apostel	Christi Dienst
Ps.-Ign., Trall. 2,1–3	Gott	Apostel	Geheimnisse Christi
Ps.-Ign., Trall. 3,1	Abbild des Vaters	Apostel	Christus
Didasc 3	Aaron	Aarons Söhne	Leviten
Didasc 9	Gott	–	Prophet/ Christus
Didasc 16	–	–	Frauen um Jesus

Sofern man nicht wie Didasc 3 die 1 Clem 40 f.; 43 vergleichbare atl.-kultische Typologie bemüht, wird ersichtlich, dass die Analogsetzung des Bischofs mit Gott-Vater und der Presbyter mit den Aposteln stabil ist.[63] Das Presbyterium wurde sukzessive mit der Zwölfzahl assoziiert (Didasc 3; Ps.-Clem., recog. 6,15,4; hom. 11,36,2), sodass die lk inspirierte Rede von den zwölf Aposteln greift. Der Monepiskopos als jemand, der einen ähnlichen Respekt wie Gott verlangen kann, bezieht sich nicht nur auf den Gehorsam der Gemeinde, sondern ebenfalls auf sein Verhältnis zu den Diakonen: Sie werden in unterschiedlichster Nuancierung mit Christus gleichgesetzt, sei es als Verkörperungen

---

[61] S. auch *Bart J. Koet*, The Bishop and His Deacons. Ignatius of Antioch's View on Ministry: Two-fold or Three-fold?, in: Koet/Murphy/Ryökäs (Hg.), Deacons and Diakonia (wie Anm. 2), 149–163, 159: „While the relationship between a bishop and the priests is nearly always between a single person and a collective, the relationship between a bishop and a deacon is quite often more personal and even more intimate".

[62] Aber anders als 1 Clem benötigt Ps.-Ign. die Apostolische Sukzession nicht, da er radikal theokratisch argumentiert, s. *Hübner*, Anfänge (wie Anm. 6), 53; *Henning Paulsen*, Studien zur Theologie des Ignatius von Antiochien (FKDG 29), Göttingen 1978, 152 f. Ps.-Ign. arbeitet folglich auf der ontologischen Ebene, s. *Schumacher*, Bischof (wie Anm. 8), 35.

[63] Vgl. *Jürgen Roloff*, Herrenmahl und Amt im Neuen Testament, in: KD 47 (2001) 68–89, 77: „Überall nämlich, wo Ignatius sein platonisierendes Urbild-Abbild-Schema ins Spiel bringt, um die Korrespondenz der irdischen Kirche zum himmlischen Bereich Gottes herauszustellen, wird der Bischof mit Gott – und gerade nicht mit Christus – zusammengebracht".

Seiner διακονία oder, etwas änigmatisch, Seiner Mysterien.[64] Bischof und Diakone sind also wie Gott-Vater und Gott-Sohn; die enge Kooperation beider
Ämter wird dadurch betont. Didasc 16 gebraucht die Metapher, wonach beide
wie eine Seele in zwei Körpern zu sein haben.[65] Bemerkenswert ist außerdem,
dass für die Diakoninnen, welche die Didasc kennt, eine eigene Typologie ela-
boriert wird, denn sie entsprechen den Jüngerinnen Jesu.

Die Didasc sticht nicht nur dadurch heraus, dass sie weibliche Diakone
kennt, sondern weist auf die fortschreitende Ausdifferenzierung des Klerus im
dritten Jahrhundert hin. Den Diakonen sind hier Subdiakone als Helfer zugeordnet (Didasc 9). In etwa zur selben Zeit sind sie nebst weiteren Ämtern wie
Lektoren oder Exorzisten in TA 11; 13; 34 und in Rom (Eus., HE 6,43,11) belegt.[66] Es bahnt sich der Weg zur Unterscheidung höherer und niederer Weihen
an.

3.   Aufgabenfelder des Diakons (m., ggf. w.)

In den ntl. Belegen, v. a. den Past, ist kein spezifisches Aufgabenprofil der Diakone erkennbar, da hier mehr auf ihre Eignung als auf ihre Tätigkeiten abge-
zielt wird.

Erst ab der Mitte des zweiten Jahrhunderts mehren sich die Nachrichten
über die verschiedenen Dienste, die diesem Amt eigen sind. Insbesondere unter
den Bedingungen des Monepiskopats vollziehen sie delegierte Tätigkeiten für
und anstelle des Bischofs (Didasc 9; 16; ActThom 65; Cypr., ep. 3,3). Sie sind
sein Auge und Ohr, d. h. Vermittler zwischen ihm und den Belangen der Gemeinde ebenso wie Aufsichtspersonen zur Durchsetzung der Kirchendisziplin
(Didasc 3; 9; 11; 16; TA 8).[67] Hierfür treffen sie sich mit ihrem Vorgesetzten

---

[64] Die Diakone wie die Propheten anzusehen (Didasc 9) schert aus dem Raster: Entweder
      scheint hier die alte syrische Christologie (Christus als wahrer Prophet, s. für Ps.-Clem.
      und seine älteste Schicht, die auf ca. 200 n.Chr. datierbare Petrus-Novelle: *Jürgen
      Wehnert,* Pseudoklementinische Homilien, Göttingen 2010, 31f.36–38) durch oder es
      sind die atl. Propheten genannt, sodass eine Nähe zur atl. Typologie besteht.
[65] Nach Ps.-Ign., Magn. 6,1 sind die Diakone die engsten Vertrauten des Bischofs.
[66] S. auch *Bruno Kleinheyer*, Ordinationen und Beauftragungen, in: B. Kleinheyer./E. von
      Severus/R. Kaczynski (Hg.), Sakramentliche Feiern II (GdK 8), Regensburg 1984, 9–
      65, 15.
[67] S. auch *Hanspeter Ochs*, Diakone zwischen Bischöfen und Presbytern. Die Ausformung
      des Diakonenamtes in frühchristlicher Zeit nach der Quellenlage der ersten fünf
      Jahrhunderte, in: H. Ochs/B. Nichtweiß (Hg.), Schauen, worauf es ankommt..., Mainz
      1996, 128–148, 137.

regelmäßig, ja täglich (TA 39; Didasc 9).[68] Zu den am Häufigsten genannten Spezialaufgaben gehören folgende drei: a) Diakone erledigen Botendienste innerhalb der Gemeinde (PassPerp 6,7; ActThom 65 f.) oder zwischen Gemeinden (Ps.-Ign., Philad. 10,1); b) Hausbesuche bei Gemeindemitgliedern im Allgemeinen und bei Kranken, Inhaftierten und Fremden im Besonderen obliegen den Diakonen (Just., 1 Apol. 65,5; 67,5; PassPerp 3,7; Didasc 3; TA 24); c) die Obsorge für die Finanzkasse, aus der u.a. der Unterhalt der Witwen und Waisen bestritten wird, ist Aufgabe der Diakone (Herm., sim. 9,26,2; Or., comm.Mt. 16,22; ActThom 59; Didasc 9; 16; Cypr., ep. 52,1).[69]

Die Diakoninnen in Didasc 16 sind prinzipiell mit denselben Aufgaben wie ihre männlichen Kollegen betraut, aber eben im Bereich der Frauenpastoral. Zu Beginn dieses Kapitels wird dem Bischof empfohlen, sich Diakone beiderlei Geschlechts zu wählen, die ihn beim Tagesgeschäft unterstützen. Der Vorteil, der hierin gesehen wird, liegt in der Möglichkeit, kirchliche Arbeit auch unter den Bedingungen der antiken Schamkultur zu gewährleisten, weil Diakoninnen Hausbesuche bei christlichen Frauen abstatten können, wenn der Ehemann Heide ist.[70] Diakonale Dienste wie Krankenbesuche und die Katechese kommen hinzu.[71]

4. Die liturgischen Dienste des Diakonats

Diakone sind an nahezu allen damals gefeierten Gottesdiensten beteiligt oder können sogar den Bischof vertreten. Die liturgische Rolle des Diakons wird im Folgenden anhand der einzelnen Feierformen konkretisiert und systematisch erfasst.

---

[68] TA 39 sieht auch die Presbyter für die morgendliche Besprechung vor, allerdings werden v.a. die Diakone dazu angehalten.

[69] Hermas und Origenes warnen vor Geldgier bzw. kritisieren habgierige Diakone. Dabei scheint es sich nicht nur um eine theoretische Versuchung gehandelt zu haben.

[70] Auch die liturgischen Dienste der Diakonin während der Initiation von Frauen betreffen die Schamkultur, s. 4.3.

[71] Eine instruktive Einführung in die Diakoninnen der frühchristlichen und v.a. reichskirchlichen Zeit gibt *Dirk Ansorge*, Der Diakonat der Frau. Zum gegenwärtigen Forschungsstand, in: T. Berger/A. Gerhards (Hg.), Liturgie und Frauenfrage. Ein Beitrag zur Frauenforschung aus liturgiewissenschaftlicher Sicht (PiLi 7), St. Ottilien 1990, 31–65.

4.1   Ordination

Bevor wir Kenntnisse über die liturgischen Dienste gewinnen, erfahren wir, wie man Amtsträger wird. Spätestens seit der beginnenden Institutionalisierung (s. 2.2.) beschreibt das NT mehrfach, dass der Weihe ein Auswahlprozess vorangeht und sie schließlich durch Handauflegung unter Gebet vollzogen wird. Während die Stellen in der Apg, welche die Handauflegung als Einsetzungsritual erwähnen (6,6; 13,1; 14,23), entweder jüngere lk Rückprojektionen sind oder zumindest, bei Vorliegen einer historischen Erinnerung,[72] als Stärkung durch den Geist aufzufassen sind, dient dieses Moment sukzessive zur Verleihung des Amtscharismas, das in die personale Sukzessionskette eingliedert.

Die Vorbereitung und Kandidatenauslese wird intensiv diskutiert, da die Amtsübergabe dauerhaft ist. Die Past bieten für alle Ämter ähnliche Kataloge, in denen es um ein einwandfreies Ansehen der Person geht (s. auch 2.2.).[73] Speziell an künftige Diakone (und Diakoninnen) richtet sich das Anforderungsprofil in 1 Tim 3,8–13. Auch wenn die Handauflegung durch Geweihte erfolgt, ist die Gemeinde bei der Auswahl involviert. Noch die frühen Apostolischen Väter setzen die Wahl oder wenigstens Zustimmung der Gemeinde voraus (Did 15,1; 1 Clem 44,3).[74]

Die Terminologie für die Handauflegung kreist um zwei Formulierungsvarianten: Es existiert zum einen die aus Num 27,18.23; Dtn 34,9 LXX abgeleitete Wendung ἐπίθεσις τῶν χειρῶν κτλ. (Apg 6,6; 13,3; 1 Tim 4,14; 5,22; 2 Tim 1,6), zum anderen das Kompositum χειροτονέω (Apg 14,23). Die Geistesgabe, die man bei der Ordination erhält, wird habituell (vgl. χαρίσματος ἐν σοὶ in 1 Tim 4,14), ist aber ein Geschehen, in welchem der Kandidat sein Charisma passiv geschenkt bekommt (ἐδόθη als Passivum divinum). Der Akt vollzieht sich in einem gottesdienstlichen Zusammenhang „durch prophetische Rede"

---

[72] Eine historische Erinnerung ist nicht ganz unplausibel, da die Apg auch andere Kontexte der Handauflegung kennt und Lukas hier nicht gänzlich harmonisieren kann, s. die idiosynkratische postbaptismale Geistverleihung in Apg 8,15–17. Insofern mag Apg 13,1 solch eine o.g. Stärkung durch den Heiligen Geist bezeichnen, die für die Missionsreise als Apostel ausrüstet. Jedenfalls war sie nicht nur eine liturgische Geste, die das Einverständnis der Gemeinde ausdrücken sollte, pace *Étienne Trocmé*, Die ersten Gemeinden. Von Jerusalem nach Antiochien, in: L. Pietri (Hg.), Die Zeit des Anfangs (bis 250), Freiburg D 2003, 57–89, 78.

[73] Vgl. Did 15,1; Tit 1,5–9; 1 Tim 3,1–7.8–13; Didasc 3. S. auch *Draper*, Social Ambiguity (wie Anm. 29), 291.

[74] Dies verweist auf die Letztverantwortung der Gemeinde, die damit noch nicht in einem absoluten Gegenüber zum Amt steht, so richtig *Prostmeier*, Konflikte (wie Anm. 46), 231.

(διὰ προφητείας), d.i. wahrscheinlich unter Gebet.[75] Ordinierende sind die Presbyter-Bischöfe.[76]

Nach einer zeitlichen Lücke hören wir erst im dritten Jahrhundert wieder Substanzielles über die Weihehandlung. Neben Didasc 3, worin die Ordination für die drei Ämter unterstrichen wird, ist es v. a. die TA, welche die voranschreitende Ritualisierung und Standardisierung der Ordinationsliturgien widerspiegelt. TA 8 ist der Diakonenweihe gewidmet und betont in den vorangestellten Reflexionen die direkte Unterstellung der Diakone unter den Bischof.[77] Damit begründet die Kirchenordnung, warum der Bischof allein die Handauflegung vollzieht und nicht wie bei der Presbyterweihe gemeinsam mit dem Presbyterium; die Diakone werden durch diese Besonderheit ihrer Ordination auch nicht Teil des Priestertums, das sich Bischof und Presbyterium teilen.[78] Das Weihegebet über den Diaconandus setzt zwei Akzente: Der Diakon folgt Christus als Dienendem nach und ist zugleich Diener des Bischofs, besonders charakteristisch während der Gabenbereitung (TA 8, cf. TA 4).

4.2   Eucharistie

Das gerade erwähnte Weihegebet für einen Diakon in TA 8 weist die Gabenbereitung als Alleinstellungsmerkmal seines liturgischen Dienstes aus. In der Tat

---

[75]   Auch die Zeugenschaft der Gemeinde lässt einen gottesdienstlichen Konnex plausibel erscheinen, s. *Hofius*, Ordination (wie Anm. 29), 272. S. auch 1 Tim 6,12; 2 Tim 2,2. Die Zeugenschaft gibt der Ordination auch Rechtscharakter, s. *Wagner*, Anfänge (wie Anm. 2), 209.

[76]   Wenn Paulus in Apg 14,23; 2 Tim 1,6 oder Titus in Tit 1,5–9 als Weihende auftreten, ist dies als historisierendes Narrativ aufzufassen.

[77]   Cf. *Bradshaw*, Ordination (wie Anm. 18), 67.

[78]   Diese exkurshaften Ausführungen in TA 8 zu den Unterschieden zwischen Presbyter- und Diakonenweihe sind auffällig. Liturgiegeschichtlich dürfte der Autor seine Verlegenheit offenbaren, vorfindliche Rituale sekundär erklären zu müssen. Auch wenn nämlich der Diakon nicht ins Presbyterium aufgenommen wird, gehört er doch dem Klerus an, da der Subdiakon keine Handauflegung erhält (TA 13). Die kollegiale Handauflegung des Presbyteriums während der Presbyterweihe in TA 7 dürfte vielmehr ein Relikt der vormonepiskopalen Phase sein, als der Bischof noch nicht dem Presbyterium gegenüberstand, sondern beide Ämter ident waren. Die Erläuterung in TA 7f., wonach die kollegiale Handauflegung ein Aufnahmesymbol in ein Gremium sei, steht in Spannung zum identischen Weiheakt durch den Bischof, der damit der eigentliche Konsekrator wäre. Das Ritual macht aber keine phänotypische Unterscheidung zwischen zentraler Weihehandlung und einem vermeintlichen Begleitritual. Eine zusätzliche Stütze gewinnen diese Beobachtungen im Vergleich mit der frühen alexandrinischen Bischofsweihe, bei denen die Presbyter ordinierend tätig waren und einen aus ihrem Kreis zum Bischof bestimmten, s. u. a. Hier., ep. 146.

ist diese Aufgabe überregional erwähnt: Sie wird für die Eucharistiefeier in TA 4 am beispielhaften Kontext der Bischofsweihe veranschaulicht[79] und in Didasc 12 und ActThom 49 bestätigt. Die letztgenannte Passage aus der romanartigen Erzählung über die Missionsreisen des Apostels Thomas reflektiert nicht nur dadurch den liturgischen Ist-Stand im dritten Jahrhundert,[80] insoweit der Apostel im narrativen Kontext den Bischof als Vorsteher repräsentiert, sondern gibt zudem noch einmalige Details, etwa die Zurüstung des Tisches mit dem Ausbreiten eines Tuches.[81]

Neben der Gabenbereitung ist die Mithilfe der Diakone bei der Kommunionausteilung praktischer Usus geworden. Just., 1 Apol. 65,5; 67,5; Cypr., laps. 25 und TA 21 bestätigen dies, wenn von den Diakonen gesagt wird, dass sie bei der Austeilung allgemein (Justin) resp. bei der Kelchkommunion (Cyprian, TA) mitwirken. Justins frühes Zeugnis erwähnt an beiden Stellen desweiteren den Brauch, die Abwesenden aufzusuchen und ihnen die Eucharistie nach Hause zu bringen.

---

[79] Hintergrund ist folgender, vgl. *Reinhard Meßner*, Grundlinien der Entwicklung des eucharistischen Gebets in der frühen Kirche, in: A. Gerhards u.a. (Hg.), Prex Eucharistica. Volumen III. Studia – Pars prima: Ecclesia antiqua et occidentalis (SpicFri 42), Freiburg/CH 2005, 3–41, 37: „Der Vorsitz bei der Eucharistie, der innersten Existenzweise der Kirche, ist die wichtigste Realisierung des Hirten- und Leitungsamtes, weshalb auch die Ordination zum Bischof in der ersten eucharistischen Amtsausübung kulminiert".

[80] Erst mit Justin setzen Hinweise darauf ein, wie die Diakone hier tätig sind. Davor sind überhaupt Aussagen über die Verbindung von Amt und Eucharistie Mangelware: Das NT äußert sich an keiner Stelle eindeutig. Did 10,7 i.V.m. 15,1 geht dann indirekt auf den Vorsitz ein (Propheten resp. analog dazu wohl die Bischöfe). Plin., ep.10,96,8 hat die sonntägliche Eucharistie vor Augen und weiß davon offenbar durch die gefolterten beiden Diakoninnen, aber auf ihre liturgische Rolle wird nicht eingegangen.

[81] Die beiden ausschlaggebenden Rezensionen der ActThom, die griechische und die syrische Version, berichten übereinstimmend, dass der Diakon einen Tisch (τράπεζαν, ohne syr. Pendant) herbeischafft, der in Wirklichkeit eine Bank ist (συμψέλλιον, ܣܘܡܦܣܝܘܢ: beide Male das lateinische Lehnwort *subsellium*); diese Vorrichtung bedeckt er mit einem Leinentuch (σινδόνα, ܣܕܘܢܐ). Die Bereitstellung des eucharistischen Brotes allein hängt mit dem asketischen Zugang zusammen, der sich in den ActThom niedergeschlagen hat, s. *Bukovec*, frühchristliche Eucharistie (wie Anm. 59), 373–394, 472–474; *Andrew McGowan*, Ascetic Eucharists. Food and Drink in Early Christian Ritual Meals, Oxford 1999; *ders.*, Feast as Fast. Asceticism and Early Eucharistic Practice, in: D. Hellholm/D. Sänger (Hg.), The Eucharist – Its Origins and Contexts. Sacred Meal, Communal Meal, Table Fellowship in Late Antiquity, Early Judaism, and Early Christianity, 3 Bde. (WUNT 376), Tübingen 2017, hier Bd. 2, 829–843.

Gewisse weitere Konkretionen liefert Didasc 12, wenn hier im Kontext des Hauskirchenwesens[82] erste sakralräumliche Gestaltungsparameter anzutreffen sind: Der Bischof sitzt gemeinsam mit dem Presbyterium im Osten des Raumes und betet unter Einhaltung der Gebetsostung;[83] ein Teil der Diakone hat sich während der Feier als Türsteher zu betätigen und die eintreffenden Gläubigen ihren für sie bestimmten Platz einnehmen zu lassen.[84] Didasc 11 überliefert den ersten positiven Beleg für einen formelhaft gewordenen diakonalen Ausruf während der Eucharistiefeier:[85] ܠܟܠ ܐܢܫ ܐܝܬ ܠܗ ܥܠ ܚܒܪܗ ܡܕܡ ܒܠܒܗ ܐܟܬܐ ܘܟܕܡ ("Ist etwa jemand da, der gegen seinen Nächsten irgendeinen Groll hegt?").

4.3 Initiation

So wie die Diakone dem Bischof als liturgischem Vorsteher bei der Eucharistie assistieren, tun sie dies auch während der Initiation und übernehmen Dienste, die aus Gründen der Praktikabilität erforderlich sind. Je umfangreicher das Großritual der Initiation anwächst, umso mehr Aufgaben kommen auf die Diakone zu:

- Das umfangreichste Ritual weist TA 21 auf. Hier halten die Diakone das für die präbaptismale Salbung vorgesehene Exorzismusöl und das bei der postbaptismalen Salbung zu verwendende Danksagungsöl. Sie stellen sich links und rechts neben den Bischof, nachdem dieser die Ölweihen vollzogen hat.
- Zum Taufakt begleiten die Diakone die Täuflinge ins Wasser (TA 21). Die der syrischen Region entstammenden Zeugnisse Didasc 16 und ActThom

---

[82] Die archäologischen Funde von Dura Europos können heute einen Eindruck davon vermitteln, wie und unter welchen räumlichen Voraussetzungen sich die Didasc-Gemeinde versammelte. S. auch *Ferguson*, Baptism (wie Anm. 54), 440–442.

[83] Eher bildlich gewendet, aber womöglich schon mit Rückschlussmöglichkeiten auf die Feierpraxis, spricht Ps.-Ign., Trall. 7,1; Philad. 4 vom Klerus im Altarraum und rückt die Eucharistie, den Altar und den Monepiskopos mitsamt Klerus ineinander. S. auch *Bukovec*, frühchristliche Eucharistie, 212–217; *Karin Bommes*, Weizen Gottes. Untersuchungen zur Theologie des Martyriums bei Ignatius von Antiochien (Theoph. 27), Köln/Bonn 1976, 60.

[84] Anders als in etwa zeitgleich Rom kennt die Didasc nicht die Niedere Weihe der Ostiarier, vgl. Eus., HE 4,23,11.

[85] Davor wird ausdrücklich gesagt, dass der Diakon diesen Ausruf laut vortragen soll, wenn der Bischof mit den Darbringungen und Gebeten beginnen möchte. Did 14,1 f. kennt die Bestimmung, in der aufgefordert wird, dass sich im Streit miteinander liegende Gemeindemitglieder versöhnen sollen, bevor sie zum eucharistischen Mahl kommen; im Vergleich zur Kirchenordnung aus dem Vorgängerjahrhundert erscheint in Didasc 11 das Geschehen stark ritualisiert.

121; 157 setzen bei Täuflingen weiblichen Geschlechts die Diakoninnen ein, damit jene in ihrer Nacktheit vom Täufer weder gesehen noch berührt werden müssen. Hierbei übernehmen die Diakoninnen auch die präbaptismale Ganzkörpersalbung, nachdem der Täufer mit der Hauptsalbung begonnen hat.[86]

– Im letzten Teil der Feier, der Taufeucharistie, werden die Diakone für ihre üblichen Dienste eingeteilt (s. 4.2.). Laut TA 21 halten sie die dort vorgesehen drei eucharistischen Kelche mit Wein, Wasser und einem Milch-Honig-Gemisch, sofern nicht genügend Presbyter anwesend sind, und sprechen dabei auch die Kommunionformeln.

Tertullian erläutert, dass der Bischof als eigentlicher Täufer die Taufe an Presbyter und Diakone delegieren kann. Im Notfall können auch männliche Laien taufen (bapt. 17,1).[87]

4.4 Weitere Feiertypen

Verstreut tauchen einzelne weitere diakonale Dienste abseits der zentralen Feierformen auf. Die abendliche Agapefeier wird im Regelfall vom Bischof geleitet, dem die Diakone behilflich sind, indem sie die Lampe halten, beim Mischkelch assistieren oder sich als Kantor betätigen (TA 25). Die Feier kann auch an Presbyter und Diakone delegiert werden (TA 28).

Cyprian berichtet in ep. 18,1 davon, dass Presbyter und Diakone im Notfall die Rekonziliation erteilen können.

5. Zusammenschau des Befundes

Der Diakonat ist im NT bereits vor der Herausbildung erster Ämterstrukturen als Titel für den Dienst am Evangelium und an der Gemeinde bezeugt. Im

---

[86] S. ferner *Paul F. Bradshaw*, Women and Baptism in the Didascalia Apostolorum, in: JECS 20 (2012) 641–645, 643. Zur Nähe der Taufliturgien in ActThom und Didasc, s. *Harald Buchinger*, Liturgy and Early Christian Apocrypha, in: A. F. Gregory / C. M. Tuckett (Hg.), The Oxford Handbook of Early Christian Apocrypha, Oxford 2015, 361–377, 365.

[87] Frauen s.E. allerdings nicht; Tertullians ablehnende Haltung gegenüber Frauen in gottesdienstlichen Zusammenhängen wird hier im Fall der Taufe mit dem Hinweis auf Thekla begründet, die eine Selbsttaufe vollzogen hatte (s. ActPl 4,9). Näheres auch bei *Bradshaw*, Women (wie Anm. 86), 641.

Rahmen der folgenden dynamischen Entwicklung aus mehreren Verfassungs-
formen hin zum Monepiskopat, welche sich bis in die zweite Hälfte des zweiten Jahrhunderts hinzog, gehörten die Diakone ursprünglich zur bischöflich-
diakonalen Ämtertradition. Bei der Fusion mit der Presbytertradition bleiben
die Diakone die zweite Gruppe, der nun Presbyter-Bischöfe gegenüberstehen.
Mit der Herauslösung eines einzelnen Bischofs aus dem Presbyterium werden
die Diakone zur dritten Stufe der Hierarchie, sind jedoch in erster Linie dem
Monepiskopos als seine engsten Mitarbeiter unterstellt und übernehmen für ihn
delegierte Aufgaben in der Gemeindeleitung. Sie sind gleichzeitig Vermittler
zwischen Bischof und Gläubigen, für den einen sein Auge und Ohr, für die anderen der Ansprechpartner. Der Diakonat ist die einzige Funktion, die zumindest zeitweise und regional begrenzt auch Frauen offenstehen konnte: Für
Kleinasien (Plinius d.J.) und die Trägerkreise der Past ist dies für diesen Zeitraum bezeugt, im dritten Jahrhundert dann im syrischen Raum (Didasc;
ActThom). Die Frühgeschichte des Diakonats war in diesem Beitrag im Zusammenhang mit der gesamten Ämterentwicklung zu betrachten, da erst aus
dem Zusammenspiel mit den anderen Ämtern die jeweilige Positionierung des
Diakonats adäquat erfasst werden konnte.

In der gottesdienstlichen Feier wird die Delegation von Aufgaben durch
den Bischof spiegelbildlich erkennbar. Soweit die Quellen überhaupt Auskunft
über liturgische Praxen geben, werden die Diakone aus praktischen Gründen
und subsidiär in die zunehmend komplexer werdenden Feiern eingebunden, sei
es bei der Gabenbereitung und Kommunionausteilung, sei es bei der Assistenz
im Taufbad oder der Ganzkörpersalbung. Aus Schicklichkeitsgründen übernimmt im syrischen Raum die Diakonin diese Handlungen während der Initiation von Frauen. Solange durch die Erweiterung der liturgischen Rollen (sog.
Niedere Weihen) bestimmte Aufgaben nicht für eigene Personen reserviert
wurden, übernahmen sie die Diakone, z.B. das Halten von Lampen und Tauf-
ölen oder den Kantorendienst. In Abwesenheit des Bischofs konnten in einigen
Regionen auch die Diakone bestimmten Feiern vorstehen (bspw. Taufe und
Agape).

Offene Fragen und Perspektiven

Liturgien des Volkes Gottes?

Performanzkritik einer synodalen Ämtertheologie

Christian Bauer

Das Volk Gottes ist eine entscheidende Größe der römisch-katholischen Ämtertheologie – insbesondere im Kontext von Liturgie, die etymologisch nichts anderes als ein Werk des Volkes („érgon léitos") darstellt. Zugleich ist das Volk Gottes aber auch eine der „großen Unbekannten"[1] von Theologie und Kirche – bildet es dem Zweiten Vatikanischen Konzil zufolge doch ein vom universalen Heilswillen Gottes her prinzipiell entgrenztes Ganzes, ein nicht-völkisches Volk[2] mit offenen Rändern. In der neuen Phase der Konzilsrezeption, die das Pontifikat von Papst Franziskus weltkirchlich eröffnet, erfordert die jesuanische Heilsfinalisierung dieses nichtidentitären, alterität geöffneten Zuschnitts auch in liturgischen Kontexten eine synodal und nicht mehr klerikal verfasste Ämtertheologie:

> „Das Zweite Vatikanum war […] eine Aktualisierung […] des Evangeliums aus der Perspektive der gegenwärtigen Kultur […]. Es hat eine irreversible, vom Evangelium ausgehende Erneuerungsbewegung hervorgebracht. Und jetzt muss man vorangehen."[3]

Auf dem Weg zu einer Ämtertheologie, in der Dogma und Pastoral in gleichstufiger Wechselseitigkeit performativ zusammenwirken, geht der folgende Beitrag mit Blick auf die Liturgie des Volkes Gottes drei Schritte:
- Volk Gottes – für ein heilsfinalisierte Entgrenzung
- Mit euch und für euch – für eine synodale Ämtertheologie
- Leuteliturgien – für eine explorative Konkretisierung

---

[1] Hans-Joachim Sander in einer E-Mail vom 17. Juli 2003.

[2] Vgl. *Rainer Bucher,* Das deutsche Volk Gottes. Warum Hitler einige katholische Theologen faszinierte und ‚Gaudium et spes' für die deutsche Kirche eine Revolution darstellt, in H.-J. Sander/H. Keul (Hg), Das Volk Gottes – ein Ort der Befreiung [FS Elmar Klinger], Würzburg 1998, 64–82, 79.

[3] *Papst Franziskus,* Brief zum hundertjährigen Bestehen der Katholisch-theologischen Fakultät von Buenos Aires, siehe: http://w2.vatican.va/content/francesco/de/letters/2015/documents/papa-francesco_20150303_lettera-universita-cattolica-argentina.html (aufgerufen am: 31.3.2022).

Der methodische Weg, auf dem der folgende Beitrag diese Schritte geht, ist der einer dekonstruktiven ‚Performanzkritik' (ein Begriff, den ich Christian Kern verdanke). Dabei geht es um „Grundlagenbegriffe"[4] des theologischen Konzilsdiskurses, die gemäß der von Charles S. Peirce entwickelten Pragmatischen Maxime einem pragmatizistischen „Wahrheitstest"[5] unterzogen werden: „Um die Bedeutung einer intellektuellen Konzeption zu bestimmen, sollte man bedenken, welche praktischen Konsequenzen aus ihrer Wahrheit hervorgehen könnten – und die Summe dieser Konsequenzen konstituieren die Gesamtbedeutung dieser Konzeption."[6] Als dogmatisches ‚Pastoralkonzil'[7] war auch das Zweite Vatikanum selbst nichts anderes als ein Versuch der praktischen Bewahrheitung des christlichen Dogmas in der Welt von heute. Die performanzkritische Grundfrage einer Ämtertheologie des Volkes Gottes, die sich aus einer konzilstheologischen Hermeneutik des Neuen[8] ergibt, lautet daher mit Blick auf alle zugehörigen Begriffe: Bewirken diese in der Pastoral auch wirklich das, was sie dogmatisch besagen – und wenn nein: Wie ließen sie sich anders denken? Wie jeder dekonstruktive Akt, so zielen auch die folgenden Überlegungen auf einen schöpferischen Freiheitsgewinn: auf die potenzielle Kreativität von sich wechselseitig intensivierenden Freiheiten, die auch in liturgischen Kontexten ämtertheologisch hinaus ins Weite führen.

---

[4]   *Rainer Bucher / Ottmar Fuchs*, Wider den Positivismus in der Praktischen Theologie!, in: Pastoraltheologische Informationen 20 (2000) 23–26, 24.

[5]   *M.-Dominique Chenu*, Regard sur cinquante ans de vie religieuse, in: C. Geffré (Hg.), L'hommage différé au Père Chenu, Paris 1990, 259–268, 264.

[6]   „To ascertain the meaning of an intellectual conception one should consider what practical consequences might result from the truth of that conception – and the sum of these consequences constitute the entire meaning of the conception." (*Charles S. Peirce*, CP 5.9).

[7]   Vgl. *Christian Bauer*, Pastoralität des Zweiten Vatikanums. Zur Genealogie eines zentralen Konzilsdiskurses, in: M. Eckholt / P. Hünermann u. a. (Hg.), Einführung und Hermeneutik. Interkontinentaler Kommentar zum Zweiten Vatikanischen Konzil (Bd. 1), Tübingen 2023 (in Vorbereitung).

[8]   Diese betrachtet die Lehren des Konzils als Textkonstellationen (vgl. *Christian Bauer*, Optionen des Konzils, Umrisse einer konstellativen Hermeneutik des Zweiten Vatikanums, in: Zeitschrift für katholische Theologie 134 [2012] 141–162), deren pastoral orientierte Gesamtaussagen vom jeweils Diskontinuierlichen her zu interpretieren sind. Dabei ist nicht das Neue auf das Alte hin auszulegen, sondern vielmehr das Alte auf das Neue hin: weitergehende Aussagen bilden den Interpretationsrahmen für weniger weitgehende.

1.   Volk Gottes – für eine heilsfinalisierte Entgrenzung

Papst Franziskus steht für das synodale Reframing[9] einer seit Jahrhunderten zutiefst klerikalistisch verfassten Kirche. Damit macht er die systemischen Ursachen der Missbrauchskrise im Sinne einer beherzten kirchlichen Selbstbekehrung bearbeitbar: Klerikalismus oder Synodalität[10], das ist hier die Frage. Dieselbe Gretchenfrage[11] stellt sich auch mit Blick auf die Liturgie: Wird ihre ämtertheologische Dimension in einem klerikalen oder in einem synodalen Frame rekonstruiert? Ein klerikaler Frame zementiert kircheninterne Machtasymmetrien, welche die MHG-Studie als ein „hierarchisch-autoritäres System"[12] definiert, das „auf Seiten des Priesters zu einer Haltung führen kann, nicht geweihte Personen in Interaktionen zu dominieren, weil er qua Amt und Weihe eine übergeordnete Position innehat"[13]. Kurz gesagt: „Klerikalismus ist Pastoralmacht plus ständisches Kirchenbild" [14] – oder noch kürzer: „statusbe-

---

[9]   Vgl. *Christian Bauer*, Synodales Reframing. Papst Franziskus und sein Weg der Kirchenreform, in: U. Leimgruber / Michael Lohhausen / Jörg Seip / Bernhard Spielberg (Hg), Die Leere halten. Skizzen zu einer Theologie, die loslässt [FS Erich Garhammer], Würzburg 2021, 165–170.

[10]   Papst Franziskus selbst verknüpft Missbrauch, Klerikalismus und Synodalität: „Zum Missbrauch Nein zu sagen, heißt zu jeder Form von Klerikalismus mit Nachdruck Nein zu sagen." (*Papst Franziskus*, Brief an das Volk Gottes, siehe: http://w2.vatican.va/content/francesco/de/letters/2018/documents/papa-francesco_20180820_lettera-popolo-didio.html (aufgerufen am: 17.1.2023). Synodalität ist ein probates „Gegenmittel" (*Papst Franziskus*, Ansprache zu Beginn der Jugendsynode, siehe: http://w2.vatican.va/content/francesco/de/speeches/2018/october/documents/papafrancesco_20181003_apertura-sinodo.html (aufgerufen am: 17.1.2023) gegen diesen missbrauchsproduktiven Klerikalismus. Siehe auch das Vorbereitungsdokument für die Diözesanphase der Weltsynode über Synodalität: „Die gesamte Kirche ist aufgerufen, sich der Last einer Kultur bewusst zu werden, die von Klerikalismus gekennzeichnet ist […], sowie derjenigen Formen der Ausübung von Autorität, aus welchen verschiedene Arten des Missbrauchs entspringen können (Missbrauch von Macht, ökonomische Missbräuche, geistlicher Missbrauch, sexueller Missbrauch)." (Nr. 6).

[11]   Vgl. *Christian Bauer*, Mehr Synodalität wagen? Kirchenpolitik im Kontext asymmetrischer Tribalisierung, in: Fernblick. Onlinemagazin von Theologie im Fernkurs (Nr. 12 – Januar 2022).

[12]   MHG-Studie, zit. nach https://www.dbk.de/fileadmin/redaktion/diverse_downloads/dossiers_2018/MHG-Studie-Endbericht-Zusammenfassung.pdf (aufgerufen am: 24.9.2021).

[13]   Ebd.

[14]   *Michael Schüßler,* Klerikalismus im Volk Gottes. Beobachtungen zur gegenwärtigen Formation einer vormodernen Problematik, in: R. Bucher / J. Pock (Hg.), Klerus und Pastoral, Münster 2010, 5–19, 12.

gründete Selbstherrlichkeit"[15] bzw. „paternalistische Unterdrückungsfürsorge"[16].

Ein synodaler Frame hingegen ermöglicht es, die Liturgie ämtertheologisch im Rahmen einer Ekklesiologie christlicher Nachfolge zu rekonstruieren, die Kirche als die synodale Weggemeinschaft („syn-odos") einer umkehrbereiten *Societas Jesu*[17] und nicht mehr einer – vermeintlichen – *Societas perfecta* versteht. Diese jesusbewegte Synodalekklesiologie framed Liturgie als eine öffentliche Versammlung des Volkes Gottes, in der sich dieses im Eintauchen in die „Mysterien der Gottesherrschaft" (Mk 4,11)[18] immer wieder neu der Spursicherheit seiner Nachfolgeversuche vergewissert. Liturgie als Ort einer permanenten (oder zumindest permanent versuchten) Selbstevangelisierung von Kirche[19], die in jesuanischer Praxis einen Raum der Gottes- und nicht Klerusherrschaft eröffnet. Denn – so mein Würzburger Lehrer Rolf Zerfaß, der bei meinem Vorgänger Josef Andreas Jungmann in Innsbruck mit einer liturgiegeschichtlichen Arbeit promoviert wurde – nicht nur die Predigt, sondern auch die Liturgie weitet in der Pastoral potenziell „die Horizonte; sie schafft Luft"[20]:

> „Sie rückt das, was läuft, zurecht, in dem sie es in den Horizont des Reiches Gottes rückt. Dadurch entmachtet und entzaubert sie, was sich aufbläht und uns besetzt hält. […] Dies alles ist nur in soweit wichtig, als es dem Kommen Gottes selber dient […]; denn niemand ist so sehr in Gefahr, das Reich Gottes zu verfehlen wie eine Kirche, die sich mit dem Reich Gottes verwechselt."[21]

Solange sich jedoch eine eucharistische Ekklesiologie wie jene Joseph Ratzingers in einem klerikalistischen Frame bewegt, der ein sazerdotal verstandenes

---

[15] *Rainer Bucher,* Was ist Klerikalismus, auf: https://www.katholisch.de/aktuelles/aktuel le-artikel/was-ist-klerikalismus (aufgerufen am: 24. 9. 2021).

[16] *Ute Leimgruber,* Paternalistische Unterdrückungsfürsorge, in: Lebendige Seelsorge (2022) 45–49.

[17] Vgl. *Christian Bauer,* Kirche als Societas Jesu. Mit Papst Franziskus auf die Spur der Nachfolge, in: P. M. Zulehner / T. Halík (Hg.), Rückenwind für den Papst. Warum wir Pro Pope Francis sind, Darmstadt 2018, 120–127.

[18] Siehe auch *Andreas Batlogg,* Die Mysterien des Lebens Jesu bei Karl Rahner. Zugang zum Christusglauben. Innsbruck 2001.

[19] Evangelisierung als befreiende Selbstentfaltung des Evangeliums in Kirche und Welt – zu dieser kirchenkritisch-synodalitätstauglichen Rahmentheorie vgl. *Christian Bauer,* Vom Lehren zum Hören? Offenbarungsmodelle und Evangelisierungskonzepte im Übergang vom Ersten zum Zweiten Vatikanum, in: J. Knop / M. Seewald (Hg.), Das Erste Vatikanische Konzil. Eine Zwischenbilanz 150 Jahre danach, Darmstadt 2019, 95–116, bes. 101–106 sowie 111–113.

[20] *Rolf Zerfaß,* Textpredigt. Grundkurs Predigt 2, Düsseldorf ²1997, 53.

[21] Ebd.

Priestertum sakralisierend überhöht[22], ist diese vom eucharistischen Leib Christi her gedachte Ekklesiologie im Sinne einer entschlossenen Selbstkehrung synodal zu depotenzieren. Kirche wäre dann weniger ‚eucharistisch‘ als Volk-Gottes-vom-Leib-Christi-her[23] zu konzipieren als vielmehr ‚demokratisch‘[24] als Leib-Christi-vom-Volk-Gottes her. Das verändert ihre ämtertheologischen Prioritäten. Denn das Volk Gottes ist dann nicht mehr klerikalistisch von der Eucharistie ausgehend zu verstehen, die mit dem Männern vorbehaltenen Weiheamt verbunden ist, sondern die Eucharistie synodal vom Volk Gottes ausgehend[25] – und zwar als Ausdruck einer zum Herrenmahl versammelten jesuanischen Weggemeinschaft aller Getauften, die der sakramentalen Amtlichkeit ihrer offiziellen, d.h. öffentlichen Liturgien „ontologisch und zeitlich"[26] vorausgeht. Auch der Gedanke der liturgischen Christusrepräsentanz wird somit im Sinne einer postklerikalistisch revitalisierten Leib-Christi-Ekklesiologie vom Kopf wieder auf die Füße gestellt: Das Volk Gottes selbst verkörpert Jesus bereits auf dem Weg seiner Nachfolge – noch bevor ihm in liturgischen und anderen pastoralen Zusammenhängen geweihte oder nichtgeweihte Amtsträger:innen in offizieller Weise dienend gegenübertreten.

Die etymologische Herkunft des Kirchenbegriffs aus dem profanen Griechisch weist auch hier den Weg. Denn Kirche ist die Versammlung („Ekklesia") des auf den Marktplatz der Polis herausgerufenen („ek-kalein") Volkes Gottes. Die Kirche des Konzils ist daher – so M.-Dominique Chenu in Kombination beider Kirchenkonstitutionen des Zweiten Vatikanums – „Volk Gottes

---

[22] Symptomatisch sind die folgenden Aussagen des Pfarrers von Ars: „Der Priester ist ein Mensch, der den Platz Gottes einnimmt – ein Mensch, der mit der gesamten Macht Gottes bekleidet ist. [...] Das Sakrament [der Priesterweihe] erhebt den Menschen hinauf zu Gott. [...] Wenn man verstünde, was für eine große Sache der Priester ist, würde man sterben [...] Gott selbst gehorcht ihm: Er spricht zwei Worte und unser Herr steigt auf seine Stimme hin vom Himmel herab und schließt sich in eine kleine Hostie ein. [...] Ohne das Sakrament der Priesterweihe hätten wir den Herrn nicht. [...] Nach Gott ist der Priester alles." (zitiert nach *Bernard Nodet*, Jean-Marie Vianney. Curé d'Ars. Sa pensée – son coeur, Paris 1958, 99 f).

[23] Vgl. *Joseph Ratzinger,* Das neue Volk Gottes. Entwürfe zur Ekklesiologie, Düsseldorf 1969; dazu: *Grzegorz Jankowiak,* „Volk Gottes vom Leib Christi her". Das eucharistische Kirchenbild von Joseph Ratzinger in der Perspektive der Ekklesiologie des 20. Jahrhunderts, Frankfurt/M. 2005.

[24] Siehe auch meinen Kurzfilm „Demokratie – in einer synodalen Kirche?", siehe: https://www.youtube.com/watch?v=iwuVue8hdY4&t=118s (aufgerufen am: 17. 1. 2023).

[25] Zur Differenz von klerikaler Communio- und synodaler Volk Gottes-Ekklesiologie vgl. *Christian Bauer,* Vom Haben zum Sein? Partizipation in einer synodalen Kirche, in: Zeitschrift für Pastoraltheologie (2020) 37–57, 41–47.

[26] *Joseph Ratzinger*, Die Ekklesiologie der Konstitution Lumen gentium. Erweiterte Fassung, in: *ders.*, Weggemeinschaft des Glaubens. Kirche als Communio, Augsburg 2002, 107–131, 115–119.

in der Welt"[27]: Volk Gottes im Sinne von *Lumen gentium*, das sich im Sinne von *Gaudium et spes* inmitten der Welt versammelt. Zu dieser Volksversammlung Gottes sind aber nicht nur alle Getauften gerufen, sondern im Modus ihrer „Berufung" (GS 3) zu einem gelingenden Leben auch alle übrigen Menschen[28]. Kirche versammelt daher ein nicht-tribalistisches Menschenvolk, das kein geschlossener *ethnos*, sondern ein offener *laos* ist – vom unendlichen Weltgeheimnis Gottes her in universaler Weite entgrenzt.

Dieser konzilstheologische Grundbegriff des Volkes Gottes vereint Politisches und Spirituelles. Denn einerseits ist es als *Volk* Gottes eine weltimmanent-politische Größe. Und andererseits ist es als Volk *Gottes* aber auch eine welttranszendent-spirituelle Größe. Denn auch eine nichtvölkische Theologie des Volkes ist ja vor allem anderen immer *Theologie*: wissenschaftliche Rede von Gott. Und somit prinzipiell, d.h. in grundlegender Weise universal-heilsfinalisiert entgrenzt. Denn Gott ist ja schließlich kein innerkirchlich tribalisierbarer Stammesgötze, sondern vielmehr Schöpfer und Vollender des Himmels und der Erde. Oder mit Thomas von Aquin gesprochen: Ausgangs- und Zielpunkt *aller* geschaffen Dinge, innerstes Geheimnis der Welt[29] und äußerste Denkmöglichkeit des Menschen[30].

Dieser vom Konzil heiluniversal verwendete Gottesbegriff ermöglicht eine alteritäre Selbstentgrenzung der Kirche, die der Rede vom kirchlich verfassten Gottesvolk auch in der Liturgie alles Völkische nimmt. Kirche erweist sich somit als ein von Gott her entgrenztes Volk mit offener Mitte und unscharfen Rändern, das unter der Verheißung seines universalen Heilswillens steht. Die offene Mitte markiert auch hier eine bleibende Leerstelle: *Deus semper maior.* Und die unscharfen Ränder eröffnen eine weltpastorale Begegnungszone von Kirche und Gesellschaft. In dieser *mixed zone* treffen Kirchenleute auf *unchurched persons*, die sich nicht selten als „Zachäusmenschen"[31] erweisen: als glaubensnahe Kirchenferne, die in interessierter Halbdistanz beobachten, was es mit diesem Jesus so auf sich hat.

---

[27] Vgl. *M.-Dominique Chenu,* Peuple de Dieu dans le monde, Paris 1966.
[28] Vgl. LG 13.
[29] Vgl. *Erich Przywara,* Gottgeheimnis der Welt. Drei Vorträge über die geistige Krisis der Gegenwart, München 1923; *Eberhard Jüngel,* Gott als Geheimnis der Welt. Zur Begründung der Theologie des Gekreuzigten im Streit zwischen Theismus und Atheismus, Tübingen ⁷2001.
[30] Vgl. *Martin Kirschner,* Gott – größer als gedacht: die Transformation der Vernunft aus der Begegnung mit Gott bei Anselm von Canterbury, Freiburg/Basel/Wien 2013.
[31] Vgl. *Tomáš Halík,* Geduld mit Gott. Die Geschichte von Zachäus heute, Freiburg/Br. 2010.

2. Mit euch und für euch – für eine synodale Ämtertheologie

Kirche wäre aber nicht nur ad extra, sondern auch ad intra zu entgrenzen[32]. Dazu muss man allerdings jenen ekklesiologischen Paradigmenwechsel mit-vollziehen, den die von Kardinal Suenens so genannte „kopernikanische Wen-de"[33] des Zweiten Vatikanums initiierte, als man in einem bewussten lehrmä-ßigen Akt das ursprünglich dritte Kapitel („De populo Dei") von *Lumen gen-tium* vor dessen ursprünglich zweites Kapitel („De constitutione hierarchica Ecclesiae") stellte. Die kirchenamtliche Hierarchie ist somit nunmehr vom üb-rigen Volk Gottes her zu verstehen – und nicht das übrige Volk Gottes von der Hierarchie aus. Damit bewirkte das Konzil einen Umsturz in der bisherigen römisch-katholischen Ekklesiologie, aufgrund dessen nun auch die Hierarchie in prinzipiell konstitutiver Weise zum Volk Gottes gehört und diesem in die-nender Funktion zugeordnet wird.

Wie wenig diese Lehre des Konzils jedoch ekklesiologisches Allgemeingut ist, demonstrierte ein als liberal geltender Bischof, als er auf einer Synodalver-sammlung des Synodalen Weges kürzlich vom „Bischof und dem Volk Gottes" sprach – so als ob der Bischof nicht auch selbst zu diesem gehörte. Theolo-gisch korrekt (wenn auch etwas umständlicher) wäre die Aussage „der Bischof und das übrige Volk Gottes" gewesen. Genauso ein weiterer Synodaler, der von den Klerikern „in Beziehung zum Volk Gottes" redete – einem Volk, dem sie vom Konzil her doch eigentlich auch selbst angehören.

Volk Gottes – dieser derzeit wieder häufiger zu hörende Begriff kirchlicher Selbstbeschreibung wird hier im Sinne einer bestimmten Teilmenge des Vol-kes Gottes verwendet – im Sinne kirchlicher Lai:innen, des ‚Fußvolkes' Gottes also. Ein klerikalistisch-selbstexkludierenden Begriffsgebrauch, der konzils-theologisch zu denken gibt. Mein fundamentaltheologischer Lehrer Elmar Klinger hat wohl auch in diesem Zusammenhang Recht: Manchmal fehlt es in Theologie und Kirche tatsächlich am Grundsätzlichsten.

Um es in aller Deutlichkeit zu sagen: Volk Gottes, das sind im Sinne des Zweiten Vatikanischen Konzils *alle* Getauften – also auch Diakone, Priester und Bischöfe. Denn alle Geweihten sind ja immer auch Getaufte. Und alle Ge-tauften sind *laikai* bzw. *laikoi* – Glieder des einen Volkes Gottes (griech. *laos*

---

[32] Zum ‚Suenensplan', der dem Zweiten Vatikanum eine weltpastoral grundlegende Innen-Außen-Perspektive ermöglichte vgl. *Elmar Klinger*, Das Zweite Vatikanische Konzil als ein Gesamtentwurf. Der Plan von Kardinal Suenens, in: Fakultät Katholische Theologie der Universität Bamberg, Die Kraft der Hoffnung. Gemeinde und Evangelium [FS Josef Schneider], Bamberg 1986, 142–150.

[33] *Leon-Joseph Suenens*, Eröffnungsansprache, in: Die Zukunft der Kirche. Berichtband des Concilium-Kongresses, Mainz 1971, 30–40, 32.

tou theou). Im Sinne dieser gemeinsamen Volk-Gottes-Existenz ist auch der Papst zuallererst und vor allem anderen: ein Laie.

Eine solchermaßen nach innen entgrenzte Volk-Gottes-Ekklesiologie ist die konzilstheologische Pointe jeder postklerikalistischen, synodal verstandenen Liturgie. In diesem Kontext wäre – in kreativer Fortschreibung des Bestehen-den[34] – dann auch eine entsprechende Ämtertheologie zu entwickeln. Diese könnte an der genialen Kurzformel des Hl. Augustinus ansetzen, der in einer Taufpredigt sagte:

> „Wo mich schreckt, was ich für euch bin, tröstet mich, was ich mit euch bin. Für euch bin ich nämlich Bischof, mit euch bin ich Christ." (Serm 340,1).[35]

Anders gewichtet und für alle übrigen Amtsträger:innen geöffnet, heißt das dann auch: Mit euch bin ich Christ, für euch bin ich Priester, Diakon und Ge-meinde- oder Pastoralreferent:in. Mit euch und für euch – das steht für eine vorgängige Kopräsenz im Volk Gottes („mit euch") und die darin eingebettete Proexistenz von geweihten und nichtgeweihten Amtsträger:innen („für euch"). Dieses Mit-Euch und jenes Für-Euch, Kopräsenz und Proexistenz, bilden auch in der symbolisch verdichteten Ritualöffentlichkeit liturgischer Praktiken die Grundlage kirchenamtlicher Pastoral. Mit Euch und für Euch – das verweist auch in diesem Kontext einerseits (Stichwort: „Mit euch") auf eine dringend notwendige ämtertheologische Dekonstruktion von klerikalistischen Repräsen-tationskonzepten. Diese müsste die liturgische *Repräsentatio Christi* – wie be-reits angedeutet – auf dem Boden einer umfassenden Leib-Christi-Ekklesio-logie des gesamten Volkes Gottes machteinhegend depotenzieren, diskurs-öffnend entgrenzen und gesamtpastoral pluralisieren[36].

Es verweist aber andererseits (Stichwort: „Für euch") auch auf die diako-nisch-heilsdienliche Proexistenz aller geweihten und nichtgeweihten Amtsträ-ger:innen im Volk Gottes. An diesem Punkt lohnt es sich, noch einmal auf die Etymologie zurückzukommen, derzufolge Liturgie im profanen Griechisch der Antike ein unentgeltlicher ‚Dienst am Volk' ist. Emmanuel Levinas gibt dieser

---

[34] Vgl. *Christian Bauer*, Laienpredigt als amtlicher Sprechakt. Archäologie einer ekklesio-logischen Konzeptualisierung, in: ders./W. Rees (Hg.), Laienpredigt – neue pastorale Chancen, Freiburg/Br. 2021, 186–219, bes. 201–219 sowie *ders.*, Laienpredigt in einer synodalen Kirche. Genealogie eines ekklesialen Paradigmenwechsels, ebd. 220–263, bes. 235.

[35] Vgl. LG 34.

[36] Vgl. *Christian Bauer*, Repräsentanten Christi? Pastoraltheologische Dekonstruktion einer klerikalen Argumentationsfigur, in: J. Rahner/M. Eckholt (Hg.), Christusrepräsen-tanz. Zur aktuellen Debatte um die Zulassung von Frauen zum priesterlichen Amt (QD 319), Freiburg/Br. 2021, 386–411.

Wortherkunft eine diakonische Pointe[37]: Liturgie ist für ihn „die Ethik selbst"[38], die „wie eine Spur"[39] zum Weltgeheimnis Gottes führt. Liturgie ist kirchliches Handeln *propter nos homines et propter nostram salutem* und realisiert damit auch die prinzipielle Heilsfinalisierung aller amtlichen Tätigkeiten im Volk Gottes (Stichwort: Für Euch). Liturgie feiert die Mysterien Christi – und im Sinne einer befreiungstheologisch inspirierten „Re-Messianisierung"[40] der impliziten Christologie liturgischer Praktiken wären die vielen großen Erzählungen des christlichen Glaubens dann auch in diesem Kontext wieder zu den vielen kleinen Geschichten Jesu synoptisch „zurückzuerzählen"[41].

Denn die Mysterien Christi sind im synoptischen Sinne dieser Jesusgeschichten nichts anderes als „Geheimnisse des Reiches Gottes" (Mk 4,11): Mysterien der anbrechenden Gottesherrschaft[42] inmitten unseres Alltags. Sie dürfen nicht im exklusiven Sinne antiker Mysterienkulte gefeiert werden, sondern haben spätmoderner Lebenssehnsucht zu dienen: „Der Sabbat ist für den Menschen da und nicht der Mensch für den Sabbat." (Mk 2,27). Von dieser jesuanischen Weisheit her rückt eine heilspriorisierte theologische Kurzformel von Edward Schillebeeckx die Hierarchie der Wahrheiten auch in diesem Kontext in reichgottesfroher Weise wieder zurecht: „Heil von Gott her in Jesus… "[43], zu ergänzen wäre: „… bezeugt durch die Kirche". Von dorther sortieren sich – im Anschluss an eine damit verbundene Schillebeeckx'sche Unterscheidung[44] – dann auch liturgietheologische Wertigkeiten neu:

First-order-Aussagen: „Heil…"
Second-order-Aussagen: „… von Gott her"
Third-order-Aussagen: „… in Jesus"
Fourth-order-Aussagen: „… bezeugt durch die Kirche"

---

[37] Vgl. *Emmanuel Levinas*, Die Spur des Anderen. Untersuchungen zur Phänomenologie und Sozialphilosophie, Freiburg/Br. 2012, 222 f.

[38] Ebd., 218.

[39] Ebd.

[40] *Jon Sobrino*, Messias und Messianismus. Überlegungen aus El Salvador, in: Concilium 29 (1993) 78–85, 82.

[41] Johann B. Metz, zit. nach der eigenen Mitschrift eines am 31. Oktober 2009 in Tübingen gehaltenen Vortrags.

[42] Willi Marxsen zieht aus der Exegese entsprechende ereignistheologische Konsequenzen: „Man muss […] die Einsichten der Formgeschichte viel ernster nehmen […]. […] Die Einzeltraditionen haben kerygmatischen Charakter. Das heißt […], dass diese Einzeltraditionen von einer immer und immer wieder neu gemachten Erfahrung herkommen und auf eine immer und immer wieder neu zu machende Erfahrung aus sind. Die Erfahrung aber ist: Einbruch der Herrschaft Gottes. […] *Jede* Einzeltradition enthält […] das *Ganze*." (*Willi Marxsen*, Christologie – praktisch, Gütersloh 1978, 38; 46 f.).

[43] Vgl. expl. *Edward Schillebeeckx*, Menschen. Die Geschichte von Gott, Freiburg/Br. 1990, 183.

[44] First- und Second-order-Aussagen (vgl. ebd., 485).

Diese diakonische Priorisierung bedeutet dann auch in liturgischen Kontexten: First things first. Die Abendmahls-Schürze ist *das* „liturgische Gewand"[45] Jesu. Mit einer zentralen Denkfigur Karl Rahners gesprochen: Liturgie *ist* Diakonie und Diakonie *ist* Liturgie. Gottesdienst und Menschendienst gehören auch in diesem sehr prominenten pastoralen Handlungsfeld in untrennbarer Weise zusammen. Diese diakonisch selbstlose Heilsfinalisierung der Liturgie orientiert aber nicht nur das Feld offiziell-amtlicher, sondern auch inoffiziell-nichtamtlicher liturgischer Praktiken im Volk Gottes. Daher nun:

3. Leuteliturgien – für eine explorative Konkretisierung

Bitte folgen Sie mir zunächst an einen epochalen Kipppunkt der Christentumsgeschichte, dessen gesamtkirchliche Konsequenzen der emeritierte Bonner Kirchenhistoriker Georg Schöllgen 2016 in seiner bislang leider noch kaum rezipierten Abschiedsvorlesung eindrucksvoll herausgearbeitet hat. An der Wende vom 2. zum 3. Jahrhundert[46] waren die christlichen Gemeinden so schnell gewachsen, dass deren Amtsträger – Episkopen, Presbyter und Diakone – allmählich von Erwerbsarbeit freigestellt wurden. Um diese Professionalisierung theologisch zu rechtfertigen, griffen Bischöfe wie Cyprian von Karthago auf das alttestamentliche Modell der Leviten zurück, die von den übrigen Stämmen Israels für ihren Tempeldienst bezahlt wurden (vgl. Dtn 18,1–5). Damit gewannen zum ersten Mal in der Geschichte des – von Jesus her eigentlich opferpriesterkritischen[47] – Christentums sazerdotal-sakrifizielle Begründungsmuster Gewicht und es kam zu einer folgenschweren Umdeutung des

---

[45] Vgl. *Martin Ebner*, Das einzige liturgische Gewand Jesu. Predigt zum Gründonnerstag 2021 (Joh 13,1–15), siehe: https://www.academia.edu/45668677/Das_einzige_liturgische_Gewand_Jesu (aufgerufen am: 17. 1. 2023).

[46] Vgl. *Georg Schöllgen*, „Divino sacerdotio honorati". Die Professionalisierung des Klerus und ihre Folgen, siehe: https://www.ktf.uni-bonn.de/faecher/alte-kirchengeschichte/personen/prof-dr-georg-schoellgen (augerufen am: 17. 1. 2023). Siehe auch *Ernst L. Grasmück*, Vom Presbyter zum Priester. Etappen der Entwicklung des neuzeitlichen katholischen Priesterbildes, in: P. Hoffmann (Hg.), Priesterkirche, Düsseldorf 1987, 96–131.

[47] Vgl. *Martin Ebner*, Braucht die Katholische Kirche Priester? Eine Vergewisserung aus dem Neuen Testament, Würzburg 2022. Jesus selbst war kein Priester. Er stand dem Jerusalemer Tempelkult vielmehr höchst kritisch gegenüber (was ihm aller historischen Wahrscheinlichkeit nach sogar das Leben gekostet hat) und er hat auch keine Priester geweiht (zumindest nicht in dem Sinn, den wir heute in diesen Begriff legen) – alles andere wäre eine anachronistische Rückprojektion von späteren Entwicklungen in die Ursprünge des Christentums.

kirchlichen Amtes im Sinne des jüdisch-heidnischen Tempelopferpriestertums. Diese biblisch gerechtfertigte Professionalisierung führte in Anpassung an nichtchristliche Religionskulturen aber nicht nur zu einer Sazerdotalisierung frühchristlicher Kirchenämter, sondern auch zu deren Klerikalisierung – denn mit diesem Paradigmenwechsel ist nun auch erstmals von Klerikern und Laien die Rede. Berufstätige Teilzeitamtsträger wurden zu bezahlten Vollzeitkräften, Mahlvorsteher zu Opferpriestern und getaufte Christ:innen zu Klerikern und Laien.

Angesichts dieser Professionalisierung, Sazerdotalisierung und Klerikalisierung kirchlicher Ämter brauchen wir heute, im Übergang vom 2. zum 3. Jahrtausend, denselben Wagemut, den die Christ:innen an der Wende vom 2. zum 3. Jahrhundert hatten, als sie das im Wortsinn ,synodale' Jesuserbe ihres Glaubens – positiv formuliert – in höchst kreativer Weise klerikalisierend transformierten. Warum sollte heute nicht wieder eine ähnlich weitreichende Transformation möglich sein, die das Erbe der vergangenen Jahrhunderte zwar respektiert, es aber zugleich auch im Rückgriff auf ungleich ältere Traditionen in kreativer Freiheit fortschreibt? Michel de Certeau, ein Lieblingsautor des Papstes, der gerade vom kulturwissenschaftlichen Geheimtipp zur theologischen Pflichtlektüre avanciert:

> „Die Wahrheit des Anfangs [...] verliert sich [...] in dem, was sie autorisiert. Endlos stirbt sie [...] in die Erfindungen hinein, die sie anregt." [48]

Dabei gilt es heute, die an der Wende zum 3. Jahrhundert vollzogene vertikale Kippbewegung der pluralen christlichen Gemeindedienste zur hierarchisch verfassten Stufenleiter des *Cursus honorum* geweihter Kirchenämter wieder horizontal zurückzukippen. Mit seiner Ausgliederung des ständigen Diakonats aus den drei Weihestufen und seiner Wiedereinführung als eigenständiges, dauerhaft eingerichtetes Kirchenamt hat das Zweite Vatikanum den Weg dazu eröffnet. Auf dieselbe Weise ließen sich nicht nur die seit dem Konzil entstandenen Kirchenämter der Gemeinde- und Pastoralreferent:innen weiterentwickeln[49], sondern auch jene so genannten ,niederen Weihen' in ihrer gesamtpastoralen Kreativität leutetheologisch wiederbeleben, die Papst Paul VI. als Weihestufen abgeschafft[50] und Papst Franziskus als kirchliche Laiendienste[51] geschlechtergerecht geöffnet hat:

---

[48] *Michel de Certeau*, La faiblesse de croire, Paris 1987, 211 ff.
[49] Vgl. demnächst *Christian Bauer / Anni Findl-Ludescher* (Hg.), Amt ohne Weihe, aber mit Mission. Pastoralassistent:innen und -referent:innen in der Kirche von morgen, Innsbruck 2022.
[50] Vgl. Ministeria quaedam.
[51] Vgl. Spiritus domini, siehe auch Antiquum ministerium.

– Lektor:innen könnten das Evangelium auch außerliturgisch als Vorleser:innen wie in Charlotte Links Romantrilogie *Tintenwelt* so lebendig zur Sprache bringen, dass wir anfangen, darin auch selbst eine Rolle zu spielen.
– Akolyth:innen könnten als Tischdecker:innen eines reichgottesfrohen Brotbrechens auch außerliturgisch daran erinnern, dass Teilen reich macht und Gott in der Gebrochenheit eines für andere geopferten Lebens präsent ist[52].
– Ostiarer:innen könnten als Türöffner:innen zum christlichen Glauben auch außerliturgisch einen gastfreundlichen Schwellendienst im Dazwischen von kirchlichem Innen und gesellschaftlichem Außen übernehmen.

Ein theologisches Rahmenkonzept dafür böte mein Ansatz einer biographiesensiblen Leutetheologie[53], den ich nun schon seit vielen Jahren verfolge und zusammen mit anderen als Ergänzung zum theologischen Wissenschaftsdiskurs weiterentwickle: Theologie mit lokaler Reichweite als alltägliche, nichtakademische Leutepraxis. Diese ist direkt an den konziliaren Volk-Gottes-Diskurs anschlussfähig, denn schließlich lässt sich ja auch der englische Begriff *people* nicht nur kompakt, identitär und geschlossen mit ‚Volk‘, sondern auch mit diffus, alteritär und offen mit ‚Leute‘ übersetzen. Leute – das kann prinzipiell jede und jeder sein. Michel Foucault spricht in vergleichbarem Zusammenhang von einem „Leutewissen“[54], das 1968 aufbegehrt habe und ein Mitspracherecht fordere:

„Unter ‚unterworfenen Wissenformen‘ verstehe ich […] Wissensformen unterhalb […] des […] Wissenschaftsniveaus. Und gerade über diese aus der Tiefe auftauchenden […] lokalen Wissensformen der Leute […] vollzog sich die Erkenntniskritik.“[55]

---

[52] „Die Begriffe Eucharistiefeier und Eucharistie kann man ja ähnlich auseinanderhalten wie die Begriffe Geburtstag und Geburtstagsfeier. Beides hängt zusammen, geht aber nicht ineinander auf. Geburtstag habe ich – auch wenn ich keine Feier mache. Und eine Geburtstagsfeier ohne Geburtstag ist skurril. Ich glaube, dass das, was wir das ‚Geheimnis der Eucharistie‘ nennen, stärkende Ressourcen in sich trägt: die Haltung der Dankbarkeit, die Überzeugung, dass Teilen reich macht und das Vertrauen darauf, dass Gott im Gebrochenen gegenwärtig ist – auch in den Brüchen von Biografien.“ (*Bernhard Spielberg*, Von Selbsttäuschungen frei machen, in: https://www.konradsblatt.de/ aktuell-2/erzbistum/detail/nachricht-seite/id/128860-von-selbsttaeuschungen-frei-machen/ (aufgerufen am: 17.1.2023).
[53] Vgl. expl. *Christian Bauer*, Leutetheologie – ein theologischer Ort? Pastoraltheologische Angebote zur epistemischen Klärung, in: J. Grössl / U. Riegel (Hg.), Die Bedeutung von Gläubigen für die Theologie, Stuttgart 2022, 27–46.
[54] *Michel Foucault*, Cours du 7 janvier 1976, in: *ders.*, Dits et Écrits II (1976–1988), Paris 2001, 160–174, 164.
[55] Ebd., 164f.; 167.

Schon Thomas von Aquin hatte den theologalen Glaubenssinn der *pia vetula* –
der frommen Alten – theologisch hochgeschätzt. Diesen thomasischen Respekt
vor dem Glauben der ‚kleinen Leute‘ im Volk Gottes würdigte auch der Kon-
zilstheologe M.-Dominique Chenu seinerseits leutetheologisch: „Sicherlich ist
Thomas von Aquin ein Theologe par excellence […], aber auch […] jene kleine alte Frau […], die ihren Rosenkranz über die Worte Gottes betet, hat eine
Theologie.“[56] Und auch Karl Rahner hatte schon sehr früh von einem leutethe-
ologischen ‚Herzenskatechismus‘ gesprochen, mittels dessen sich auch „bra-
ve“[57] Katholik:innen ihren eigenen ‚Glaubensreim‘ auf die kirchliche Tradition
machen – und dabei auch so etwas wie eine Empirische (Leute-)Theologie
grundgelegt:

> „Der orthodoxe Christ gibt sich selten Rechenschaft, dass der ungedruckte Katechismus
> seines Herzens […] eine ganz andere Stoffverteilung hat als sein gedruckter […] Es
> wäre interessant, einmal den ‚inwendigen‘ Katechismus des durchschnittlichen Katho-
> liken […] zu erheben.“[58]

Akademisch verortete theologische Diskurse können von entsprechend wissen-
schaftlich rekonstruierten Leutetheologien nur profitieren. So spricht denn
auch John Caputo vom wissenschaftlichen Gottesdiskurs als einer „weak theologie“[59] (im Gegensatz zu einer allzu selbstgewiss auf das Weltgeheimnis Gottes zugreifenden „strong theology“[60]). Diese müsse auch selbst eine von unten
her verfahrende „deep theology“[61] sein, die den Spuren der pastoralen Ak-
teur:innen folgt und keine von oben her allwissende „high theology“[62], die eine
epistemische Metaposition beansprucht. In jedem Fall gilt mit Blick auf unser
Thema einer postklerikalistisch-synodalen Liturgie des Volkes Gottes: So wie
es eine mitten im Alltag situierte und nicht akademisch verortete Leutetheologie von unten gibt, in welcher die diskursiv-theologische Autorität des *sensus
fidelium* zum Tragen kommt, so gibt es auch eine entsprechende Leuteliturgie
– eine doppelte Verschiebung: vom theologischen Diskurs zu den pastoralen
Praktiken und vom akademisch Wissenschaftlichen zum alltäglich Popularen.

---

[56] *M.-Dominique Chenu*, La théologie est-elle une science?, Paris 1957, 34.
[57] *Karl Rahner*, Auferstehung des Fleisches, in: ders., Schriften zur Theologie II, Ein-
      siedeln 1955, 211–225, 211.
[58] Ebd., 211 f.
[59] *John Caputo*, Die Torheit Gottes. Eine radikale Theologie des Unbedingten, Ostfildern
      2022, 22.
[60] Ebd., 21.
[61] Ebd.
[62] Ebd.

Mit anderen verwandten Theoriekonzepten gesprochen: Es gibt im pastoralen Feld nicht nur die Praxis einer *Ordinary Theology*[63], sondern auch die einer *Ordinary Liturgy*. Nicht nur die Praxis einer *Citizen Theology*[64], sondern auch die einer *Citizen Liturgy*. Und nicht nur die Praxis einer *Teología popular*[65], sondern auch einer *Liturgía popular*. Alltagsliturgien, Bürg:innenliturgien und Volksliturgien – das berührt ein anderes Begriffsfeld, über das ich bereits bei der AKL-Tagung 2021 in Salzburg hätte sprechen sollen: die sogenannte *second church*[66]. Denn so wie es zu allen Zeiten und an den meisten Orten eine *high church* und eine *low church* gab, so lässt sich im pastoralen Feld von heute nicht nur eine *high theology* und eine *low theology* beobachten, sondern auch eine *high liturgy* und *low liturgy*.

Entsprechende Leuteliturgien gibt es sowohl in explizit–christlicher als auch in säkular-weltlicher Form. Explizit-christliche Leuteliturgien wären all jene alltagsrituellen Formen des Glaubens, durch die Getaufte „die Welt Gott weihen [consecrant]" (LG 34). Die mystisch begabte Sozialarbeiterin Madeleine Delbrêl, die 1933 in das kommunistische Ivry ging, um dort mit einigen Gefährtinnen schlicht und einfach das Evangelium zu leben, entwickelte eine entsprechende Alltagsspiritualität für „Leute von der Straße"[67]. Diese profan situierte Leutespiritualität ermöglichte eine faszinierende Mystik des Straßencafés, wie sie in ihrer *Liturgie der Außenseiter* zum Ausdruck kommt:

„Du hast uns heute Nacht
in dieses Café *Le Clair de Lune* geführt.
Du wolltest dort,
in uns du selbst sein
für ein paar Stunden der Nacht. […]
Dieses Café ist nun kein profaner Ort mehr […].
Wir wissen,
dass wir durch dich

---

[63] Vgl. expl. *Jeff Astley*, Ordinary Theology. Looking, listening and learning in theology, Aldershot 2002.

[64] Vgl. expl. *Benedikt Friedrich / Hanna Reichel / Thomas Renkert*, Citizen Theology. Eine Exploration zwischen Digitalisierung und theologischer Epistemologie, in: J. Bedford-Strohm / F. Höhne / J. Zeyher-Quattlender (Hg.), Digitaler Strukturwandel der Öffentlichkeit, Baden-Baden 2019, 175–192.

[65] Vgl. dazu *Christian Bauer*, Katholischer Populismus? Umrisse einer nichtidentitären Theologie des Volkes, in: I. Nord / T. Schlag (Hg.), Kirchen und Populismus. Interdisziplinäre Recherchen in Gesellschaft, Religion, Medien und Politik, 185–198.

[66] Vgl. *Ramsay MacMullen*, The Second Church. Popular Christianity A. D. 200–400, Atlanta 2009, siehe auch *Harald Buchinger / Benedikt Kranemann / Alexander Zerfaß* (Hg.), Liturgie – „Werk des Volkes"? Gelebte Religiosität als Thema der Liturgiewissenschaft (QD 324), Freiburg/Br. 2023.

[67] *Madeleine Delbrêl*, Nous autres, gens des rues. Textes missionnaires, Paris 1995 [Neuausgabe].

ein Scharnier aus Fleisch geworden sind,
ein Scharnier der Gnade. […]
In uns vollzieht sich
das Sakrament deiner Liebe."[68]

Soweit zu den explizit-christlichen Praktiken einer Leuteliturgie des Volkes Gottes. Säkular-weltliche Leuteliturgien ohne explizit-christliche Anschlüsse wären z.B. biographische Passageriturale wie freie Namensfeiern, Hochzeiten oder Begräbnisse[69] – aber auch kultanaloge Liturgien wie im Fußballstadion[70]. Es gehört zum Areopag-Aspekt einer explorativ-kritisch ausgerichteten Liturgiewissenschaft, in unserer Gesellschaft nach entsprechenden Altären des „unbekannten Gottes" (Apg 17,23) zu fahnden, auf denen Menschen etwas zu opfern bereit sind: Zeit, Geld und Herzblut. Die Verben des lukanischen Narrativs weisen den Weg: „umhergehen", „sehen" und „finden". Für die theologische Diskursivierung dieser leutetheologisch-religionsaffinen Anschlussstellen muss man dann jedoch die religionssoziologisch gängige Unterscheidung von Sakralem und Profanem in Richtung einer Theologie der Heiligkeit von Sakralem *und* Profanem überschreiten[71], die Heiliges und Sakrales zu unterscheiden weiß. Denn das Heilige (lat. *sanctus*) und das Sakrale (lat. *sacer*) sind nicht dasselbe. Es gibt nicht nur die profane Sakralität von quasi-religiösen, säkular-weltlichen Leuteliturgien (Stichwort: Fußballstadion), sondern auch die profane Heiligkeit von quasi-säkularen, aber explizit-christlichen Leuteliturgien (Stichwort: Madeleine Delbrêl) – beidem hat auch kirchliche Amtlichkeit diakonisch zu dienen oder zumindest empirisch aufmerksam zu begegnen.

Denn beides steht im Horizont eines Gottes, dessen universaler Heilswille sowohl Sakrales als auch Profanes zugleich umfasst, durchdringt und verwandelt. Angesichts der multiplen Krisen unserer Gegenwart (Stichworte: Klimakatastrophe, Coronapandemie, Ukrainekrieg) muss der kirchamtliche Dienst an dieser nichtprofanen Heiligkeit des Sakralen bzw. nichtsakralen Heiligkeit des Profanen einen deutlich erkennbaren und nachhaltig spürbaren Beitrag zum Gelingen des „menschlichen Abenteuers"[72] leisten – oder er ist nicht jesuanisch im Sinne des Evangeliums von der anbrechenden Gottesherrschaft: *Fratel-*

---

68 *Madeleine Delbrêl*, Humour dans l'amour. Méditations et fantaisies. Œuvres complètes 3, Bruyères-le-Châtel 2005, 64 f.

69 Vgl. *Teresa Schweighofer*, Das Leben deuten. Eine praktisch-theologische Studie zu Freier Ritualbegleitung, Würzburg 2019.

70 Vgl. *Christian Bauer*, Nur die schönste Nebensache der Welt? Fußball als theologischer Ort, in: Herder-Korrespondenz 2017-11, 44–48.

71 Vgl. *Christian Bauer*, Heiligkeit jenseits des Sakralen? St. Maria in Stuttgart – ein dritter Weg der Kirchennutzung, in: Liturgisches Jahrbuch 2022, 17–33.

72 *Claude Rault*, Die Wüste ist meine Kathedrale, St. Ottilien 2011, 25.

li tutti, das gilt dann auch für die kirchliche Liturgie in spätmodernen Zeiten. Dabei braucht es nicht nur explizit-religiöse, sondern auch anonym-christliche Leuteliturgien, die sich mit suchender Sprache vorantastend auf den Spuren eines „vermissten Gottes"[73] bewegen.

Resümee

Eine Performanzkritik der ämtertheologischen Voraussetzungen von Liturgie, die sich auf dem Boden der konziliaren Lehre vom Volk Gottes bewegt, wird nicht nur an einer Entklerikalisierung liturgischer Praktiken (im Sinne eines gesamtsynodalen Reframings) arbeiten müssen, sondern auch an einer Entsazerdotalisierung des kirchlichen Amtes (im Sinne eines Rückgängigmachens der Kippbewegung im Übergang vom 2. zum 3. Jahrhundert) und an einer Entsakralisierung des Heiligen (im Sinne einer diakonisch-impliziten Christlichkeit). Nichtklerikalistische Liturgie, nichtsazerdorale Amtlichkeit und nichtsakrale Heiligkeit sind Bedingungen der Möglichkeit einer im Sinne des Evangeliums ämtertheologisch zeitgemäßen Liturgie des Volkes Gottes. Auch hier gilt nicht nur die synodale Weisheit ‚Wege entstehen im Gehen', sondern auch der überaus glückliche Freudsche Versprecher, der im Kontext der letzten Synodalversammlung des Synodalen Weges zu hören war: Wege entgehen im Stehen.

---

[73] Vgl. *Werner Kallen*, In der Gewissheit seiner Gegenwart. Dietrich *Bonhoeffer* und die Spur des vermissten Gottes, Mainz 1997 sowie *Tiemo Rainer Peters*, Johann Baptist Metz. Theologie des vermissten Gottes, Mainz 1998.

Gesandt, nicht geweiht?

(Aus-)Sendungs- und Beauftragungsfeiern und ihre ekklesiologischen Implikationen zum Amt

Samuel-Kim Schwope

Wer eine konkrete Liturgie nach ihrer Theologie befragt, der betreibt neben liturgiewissenschaftlicher Analyse zugleich Ekklesiologie. Wer die jährlich in den deutschsprachigen Diözesen stattfindenden „(Aus-)Sendungs- und Beauftragungsfeiern" von Gemeinde- und Pastoralreferenten auf ihren theologischen Impetus untersucht, hebt auch einen ekklesiologischen Beitrag. In diesem Sinn fügen sich die folgenden Überlegungen zu dieser Feier in die große Überschrift „Liturgia/ecclesia semper reformanda?!" ein.

Welche Einsichten und Fragestellungen zur Ekklesiologie, insbesondere zum kirchlichen Amt kann die Liturgiewissenschaft aus diesen Feiern hinsichtlich der Dienste von Frauen und Männern im kirchlichen Dienst heben? Kürzer gefragt: Was heißt es, gesandt oder beauftragt zu sein?[1]

Papst Franziskus stellte den Fragenkomplex der Dienstämter in der Kirche in seiner Botschaft zum 50. Jahrestag des Motu proprio Ministeria quaedam in die Diskussion. Bemerkenswert ist dabei, dass er seinen bereits in Evangelium gaudium vorgestellten hermeneutischen Schlüssel hier auf die Frage nach den Dienstämtern anwendet:

> „Wie ich in Evangelii gaudium [...] in Erinnerung gerufen habe, ist die Wirklichkeit der Idee übergeordnet, und ‚es muss ein ständiger Dialog zwischen den beiden hergestellt werden, um zu vermeiden, dass die Idee sich von der Wirklichkeit trennt' (Nr. 231)."[2]

---

[1] Ausführlich analysiert und erörtert wird diese Frage in der dem Aufsatz zu Grunde liegenden Dissertation: *Samuel-Kim Schwope*, Gesandt, nicht geweiht? Sendungs- und Beauftragungsfeiern von Gemeinde- und Pastoralreferentinnen/-referenten (EthSt 116), Würzburg 2019.

[2] *Franziskus*, Botschaft des Heiligen Vaters zum 50. Jahrestag des Apostolischen Schreibens in Form eines „Motu Proprio", Ministeria quaedam, von Papst Paul VI., siehe: https://www.vatican.va/content/francesco/de/events/event.dir.html/content/vaticanevents/de/2022/8/24/messaggio-ministeria-quaedam.html (aufgerufen am: 29.9. 2022), (Eigene Übersetzung) Nr. 8.

Die Idee (und Ordnung) der weltkirchlichen Dienstämter nach Ministeria quaedam und die Praxis haben sich sehr unterschiedlich entwickelt. Nicht nur in
Deutschland, sondern auch in anderen Teilen der Welt haben sich Dienste entwickelt, die ortskirchlichen Bedarfen gerecht werden. Für Deutschland sei nur
auf die Praxis der Kommunionhelfer:innen verwiesen, im weltkirchlichen Kontext beispielsweise auf die gemeindeleitenden Mokambi.[3]

Welche Bedeutung diese entstandenen Dienste für die (Welt-)Kirche haben
können, wird sich nicht allein aus diözesanen Ordnungen ergeben. Insbesondere wenn es um eine theologische Einordnung geht, hilft die Liturgie, diese
Dienste zu verstehen.

Wer sich mit diesen Feiern auseinandersetzt, wird schnell in das Wechsel-
spiel zwischen Ekklesiologie und Liturgie hineingenommen. Dabei sollte sich
trotz aller vermeintlichen Selbstverständlichkeit zunächst vergewissert werden,
dass die Liturgie, der gefeierte Glaube – und mit Papst Franziskus gesprochen:
die Wirklichkeit – ein eigenständiger Ort der Theologie ist. Julia Knop formuliert das als Herausforderung hinsichtlich einer dogmatischen Anspruchshal-
tung: „Ziel muss es sein, den Glauben, der in der jeweils befragten Liturgie gefeiert wird, aus dieser selbst heraus zu erheben bzw. zu generieren, nicht aber
umgekehrt Ergebnisse dogmatischer Art in der gefeierten Liturgie ‚wiederfinden' zu wollen."[4] Es geht vielmehr darum, dass die Liturgie „nicht als etwas
anderes gegenüber dem Glauben, sondern als dessen vornehmster Vollzug"
verstanden und der „gegenseitigen Erschließungskraft von Inhalt und Gestalt,
Aussage und Vollzug des Glaubens"[5] Raum geschenkt wird.

Eine solche Offenheit der gefeierten Liturgie gegenüber entbindet eine kritische Analyse jedoch nicht davon, die Feiern auch in liturgiewissenschaftlicher Perspektive auf ihre Stringenz, auf verbale wie nonverbale Zeichen und
auf theologische wie praktische Angemessenheit kritisch zu prüfen und „den
tatsächlichen Gottesdienstverlauf an der Lex orandi zu messen."[6] Dass dabei
wiederum auch ekklesiologische Hintergründe eine Rolle spielen, zeigt nur
einmal mehr, dass das Verhältnis zwischen Ekklesiologie und Liturgie wohl
dialektisch verstanden werden muss.

---

[3]   Vgl. *Ludwig Bertsch / Ursula Faymonville*, Laien als Gemeindeleiter. Ein afrikanisches
      Modell (TDW 14), Freiburg/Br. 1990.
[4]   *Julia Knop*, Ecclesia orans. Liturgie als Herausforderung für die Dogmatik, Freiburg/Br.
      2012, 337.
[5]   *Julia Knop*, Lex orandi – lex credendi. Prinzipientheologische Modelle zur systema-
      tisch-theologischen Relevanz des Gottesdienstes, in: S. Wahle / H. Hoping / W. Hauner-
      land (Hg.), Römische Messe und Liturgie in der Moderne, Freiburg/Br. 2013, 269–302,
      300.
[6]   *Albert Gerhards / Benedikt Kranemann*, Einführung in die Liturgiewissenschaft (Ein-
      führung Theologie 3), Darmstadt ³2013, 45.

1. Umfeld

In diesem Jahr gedenkt der Berufsverband der Gemeindereferentinnen „100 Jahre Seelsorgerinnen" und blickt auf die Zeit bis zu den Anfängen der Seelsorgehelferinnen in Freiburg zurück.[7] Ein Blick in die Archive zeigt,[8] dass, anders als im LThK noch unvollständig beschrieben,[9] bereits seit 1930 (vermutlich auch schon eher) Liturgie in diesem Zusammenhang gefeiert wurde. Eine Indienstnahme dieser (anfänglich nur) Frauen wurde mit einer als „Berufsweihe" titulierten Liturgie und später daraus erwachsenden „Sendungsfeier" begangen. Unterschiede in der weiteren Entwicklung und Tradition durch die Trennung Deutschlands in Ost und West sind nicht nur bei den Berufsbildern von Gemeinde- und Pastoralreferenten, sondern ebenfalls in den Riten zur Indienstnahme auszumachen.[10]

In der Gegenwart sind Gemeinde- und Pastoralreferenten mit etwa einem Drittel des hauptamtlichen Seelsorgepersonals nach wie vor eine relevante Säule der Pastoral, auch wenn seit kurzem erstmals ein quantitativer Rückgang zu verzeichnen ist.[11] Der Trend, der bei den Welt- und Ordenspriesterberufen in Deutschland seit Jahrzehnten anhält, ergreift nun auch die seelsorglichen Berufe der Gemeinde- und Pastoralreferenten. Dennoch verbietet es sich angesichts der Bedeutung dieser Berufe, die damit verbundenen Feiern nicht ernst zu nehmen oder gar zu marginalisieren.

Die Vorbereitungen der Kandidaten auf die (Aus-)Sendungs- und Beauftragungsfeiern erfolgen oft durch mit Skrutinien vergleichbaren Gesprächen beim Bischof und mehrtägigen Exerzitien oder Einkehrtagen. Der Dienst von Gemeinde- und Pastoralreferenten ist offensichtlich einer, der eines geistlichen Impetus' bedarf.

Die auf Dauer angelegte Sendung bzw. Beauftragung, einhergehend mit einem unbefristeten Arbeitsvertrag, gewichtet das Geschehen als langfristig, wenn nicht sogar für einige mit der Perspektive eines lebenslangen Dienstes.

Die Feiern selbst gelten fast ausnahmslos als jährlich wiederkehrende diözesane Termine und werden dementsprechend in der Kathedral- oder einer an-

---

[7] Vgl. *Daniela Blank*, Pionierinnen der Seelsorge. Die ersten Seelsorgehelferinnen, in: Das Magazin / Gemeindereferentinnenbundesverband 21 (2022), 4–6.

[8] Vgl. Bericht über die Katholische Gemeindehelferinnenschule des Deutschen Caritasverbandes (Archiv Margarete-Ruckmich-Haus, Tätigkeitsberichte Seminar für Seelsorgehilfe), Freiburg/Br. 1931, 30.

[9] Vgl. *Guido Fuchs*, Sendung, liturgisch, LThK 9, (^{3}2006), 459–460.

[10] In diesem Zusammenhang sei deutlich noch Forschungsbedarf einer diachronen Betrachtung des Themas angezeigt.

[11] Vgl. Katholische Kirche in Deutschland. Zahlen und Fakten 2021/22 (ADBK 332), hg. v. Sekretariat der Deutschen Bischofskonferenz, Bonn 2022, 83.

deren Bistumskirche – in der Regel unter Anwesenheit des Diözesanbischofs oder eines von ihm bestellten Weihbischofs – vollzogen. Eine Korrelation zwischen bischöflichem Amt und dem Dienst der Gemeinde- und Pastoralreferenten wird zumindest phänomenologisch wahrnehmbar, spricht für einen diözesanen Charakter und einen Dienst, der nicht losgelöst vom Hirtenauftrag des Bischofs für seine Diözese ist und über ein normales Angestelltenverhältnis hinausgeht.

Zum Begriff der „Sendung" sei kurz darauf verwiesen, dass er im Zusammenhang mit dem kirchenrechtlichen Begriff der „Missio canonica" steht und hier eine kirchliche Amtsübertragung umschreibt, fortan im Namen und Auftrag der Kirche zu handeln.[12] Ein weiterer, für diese Feiern verwendeter Begriff ist „Beauftragung" oder im Lateinischen „Institutio", letzterer verwendet in der Schweiz. Dieser ist auch derjenige, der im Kontext der römisch eingerichteten Dienstämter von Lektor, Akolyth und Katechet gebräuchlich ist.

2.   Strukturen

Analysiert man die (Aus-)Sendungs- und Beauftragungsfeiern der 27 deutschen Diözesen auf ihre Feiergestalt, dann lassen sich zunächst häufig wiederkehrende Elemente über Bistumsgrenzen hinweg ausmachen:
– Vorstellung der Kandidaten (alle)
– Hl.-Geist-Lied (7: AAC 16; BAM 16; ERF 15; GÖR 15; OSN 15; PAD oJ; WÜR 17)
– Taufgedächtnis (4: BER 16; DRE 16; HAM 00; KÖL 16)
– Credo (alle)
– Bereitschaftserklärung (alle, außer: KÖL 16; PAS 16)
– Sendung/Beauftragung (alle)
– Segensgebet (alle)
– Zeichen(-handlungen) (alle, außer: BAM 16; EIC 16; MÜC oJ; ROT 16)

Was in dieser Übersicht zunächst sehr geordnet erscheint und auch abstrakt in Phasen von vorbereitenden Riten, Sendung/Beauftragung und ausdeutenden Riten zu beschreiben wäre, ist es in der komparativen Analyse der 27 Diözesen überhaupt nicht. Stellt man die Abläufe nebeneinander, ist ein Befund von fast 27 sich in ihrer Struktur unterscheidender Feiern zu konstatieren.

---

[12]   Vgl. *Ilona Riedel-Spangenberger*, Sendung in der Kirche. Die Entwicklung des Begriffes „missio canonica" und seine Bedeutung in der kirchlichen Rechtssprache, Paderborn 1991, 300.

So findet beispielsweise das Glaubensbekenntnis in sehr unterschiedlicher Funktion Platz in der Feier, so beispielsweise in Form eines gemeinsamen Taufgedächtnisses mit der Gemeinde, als eine Art „Professio fidei" der Kandidaten im Zusammenhang mit der Bereitschaftserklärung oder als ein „gewöhnliches", gemeinsam mit der Gemeinde gesprochenes Glaubensbekenntnis.

Exemplarisch hingewiesen sei auch auf die Zeichenhandlungen, die in einigen Bistümern unmittelbar mit Beauftragung bzw. Sendung vollzogen werden und in anderen Bistümern eher als ausdeutende Zeichen zu beschreiben sind. Dabei liegen zwischen Vollzug und Ausdeutung bedeutsame Unterschiede, die wohlbedacht und wesentlich für die Feier sind.

Bemerkenswert ist, wie in diesen Feiern mit aus anderen Liturgien der Indienstnahme vertrauten Elementen „jongliert" wird, was keineswegs folgenlos für die Deutung und Dramaturgie dieser Feiern ist. Pointiert in einem weiteren Beispiel formuliert: Ein umfängliches, anamnetisch-epikletisches Segensgebet als Kulminationspunkt des Ritus ist etwas anderes als eine knappe Oration mit Segenswunsch als vermeintlich frommer Abschluss einer Urkundenübergabe.

Angesichts der Nähe zu anderen Feiern, erscheint es naheliegend und reizvoll die Strukturen dieser Liturgien komparativ zu analysieren. Exemplarisch sei die Sendungsfeier aus dem Bistum Erfurt von 2015, die Ordination zum Diakon, die als „Abtsweihe" titulierte Benediktion des Abtes, die Jungfrauenweihe und die seit jüngster Zeit auch Frauen offenstehende Beauftragung zum Akolythat hier verglichen. Sie gründen alle mindestens in einer Veränderung ihrer kirchlichen Relation, sodass die jeweiligen Frauen und Männer nun ihren konkreten Dienst im Auftrag und Namen der Kirche ausführen. Sie können allgemein als „Indienstnahmen" umschrieben werden, wenn sie sich auch in Aufgabe und Charakter unterscheiden.

	Sendungsfeier (ERF 15)	**Ordination**[13] (Diakonenweihe)	[14]	**Jungfrauenweihe**[15]	**Beauftragung**[16] (Akolythat)
	Sakramentalie	*Sakrament*	*Sakramentalie*	*Sakramentalie*	*Sakramentalie*
	Eröffnung	**Eröffnung** Vorstellung u. Erwählung	**Eröffnung** Vorstellung d. Erwählten	**Eröffnung** Einladung, Vorstellung	**Eröffnung** Vorstellung
	Wortgottesdienst Vorstellung	**Wortgottesdienst**	**Wortgottesdienst**	**Wortgottesdienst**	**Wortgottesdienst**
Vorbereitende Riten	**Sendung** Hl.-Geist-Lied Bereitschaftserklärung	**Weihe** (Hl.-Geist-Hymnus) Versprechen Litanei mit Prostration	**Weihe** Versprechen Litanei mit Prostration	**Weihe** Versprechen Litanei mit Prostration Erneuerung des Vorsatzes der Jungfräulichkeit	**Beauftragung**
Gebet/ Beauftragung	Segensgebet Sendungsformel	Handauflegung und Weihegebet	Segensgebet	Weihegebet	Gebet
Ausdeutende Zeichen	Überreichung der Kerze Überreichung der Urkunde Überreichung des Kreuzes	Anlegen der Dalmatik Überreichung des Evangeliars Umarmung	Überreichung der Ordensregel und der Insignien Umarmung	Überreichung der Insignien	Überreichung der Hostienschale bzw. des Gefäßes mit Wein
	Credo Fürbitten	(Credo)	(Credo)	(Credo)	(Credo) Fürbitten
	Eucharistiefeier	**Eucharistiefeier**	**Eucharistiefeier**	**Eucharistiefeier**	**Eucharistiefeier**

[13] Vgl. Die Weihe des Bischofs, der Priester und der Diakone. Handausgabe mit pastoralliturgischen Hinweisen (Pontifikale 1), hg. v. d. Liturgischen Instituten Salzburg, Trier, Zürich, Freiburg/Br. u. a. 1994, 72.

[14] Vgl. Die Weihe des Abtes und der Äbtissin. Die Jungfrauenweihe. Handausgabe mit pastoralliturgischen Hinweisen (Pontifikale 2), hrsg. v. d. Liturgischen Instituten Salzburg, Trier, Zürich, Freiburg/Br. u. a. 1994, 15.

[15] Vgl. ebd. 74.

[16] Vgl. Die Beauftragung der Lektoren und der Akolythen. Die Aufnahme unter die Kandidaten für das Weihesakrament. Pontifikale für die katholischen Bistümer des deutschen Sprachgebietes (Pontifikale 3), hrsg. v. d. Liturgischen Instituten Salzburg, Trier, Zürich, Freiburg/Br. u. a. 1994, 24.

Es ist auffällig, dass hier verschiedene Feiern der Indienstnahme ganz ähnlich erscheinen, und dies unabhängig ihres dogmatisch zugeordneten sakramentalen Status'. Alle enthalten die Präsentation der Kandidaten, Gebet über sie und Zeichenhandlungen als zentrale Elemente. Sie gliedern sich in vorbereitende Riten, Gebet und (ausdeutende) Zeichenhandlungen. So ist aus den Strukturen eine Art „Phänotyp" von liturgischen Indienstnahmefeiern zu erkennen, der unabhängig und jenseits dogmatischer Einordung und Kategorisierung in konkrete Ämter und Dienste steht. Wer einen Dienst zum Aufbau der Kirche übernimmt, durchläuft ein grundlegendes „Programm" von namentlicher Berufung („Hier bin ich"), Ausdruck der eigenen Bereitschaft, lobpreisendem Segens- bzw. Weihegebet und Ausdruck des Dienstes in zeichenhaften Handlungen.

Unterschieden sind diese Feiern letztlich nur in der Nomenklatur, in den jeweils profilierenden Textformulierungen, in den für den jeweiligen Dienst elementaren Zeichen und in einer gestuften Feierlichkeit. Das soll mitnichten eine Unterschiedlichkeit von verschiedenen Diensten nihilieren, es soll aber die großen und überwiegenden Gemeinsamkeiten in der liturgietheologischen Betrachtung bei der Übernahme eines Dienstes in der Kirche unterstreichen.

Ein Vergleich der Feiern führt auf liturgischer Ebene zu einer Weitung und Lockerung des oftmals enggeführten und unbefriedigend diskutierten Verhältnisses von „Ordinierten" und „Nicht-Ordinierten", von „sakramental" und „nicht-sakramental" und lässt für die (Aus-)Sendungs- und Beauftragungsfeiern formulieren: Sie zeichnen sich gerade durch ihre Ähnlichkeit zu oben genannten Liturgien – nicht nur zur Ordination! – aus, als adäquate Feier in einer Ritenfamilie von Indienstnahmefeiern der Kirche.

3.   Elemente

Während die Struktur deutlich gemacht hat, dass hier ein kirchlicher Dienst in einer sakramentlichen Feier durch die Benediktion einer Person übertragen wird, stellen sich bei der Betrachtung von Texten und Zeichen der einzelnen Elemente der Feier ernüchternde Fragen.

Wenn ein Dienst übertragen wird, darf davon ausgegangen werden, dass er im Ritual adäquat beschrieben wird – nicht in der Umfänglichkeit wie es Rahmenstatuten oder theologische Erörterungen tun können, dafür auf Substantielles reduziert und sinnenhaft vollzogen. Als Kriterium gilt, dass zentrale Dimensionen des Dienstes treffend beschrieben werden.

Die Bereitschaftserklärungen der 27 Diözesen spiegeln die letztlich große Unklarheit des Dienstes, insbesondere in der Frage nach Gemeinsamkeiten und Unterschieden zum ordinierten Amt. Es macht sich deutlich an den vagen Um-

schreibungen. Beispielsweise lautet eine Frage an die Kandidaten, ob sie überaus allgemein bereit seien „die Ihnen gestellten Aufgaben zu übernehmen"
(ERF 15; GÖR 15). Etwas konkreter und mit ähnlichen Worten wie in der Ordination des Bischofs klingen die Motive „zum Aufbau des Reiches Gottes/ des
einen Volkes Gottes/der Kirche/der Gemeinde Christi/ Gemeinde des Herrn"
(HIL 14/LIM 16; MAI 16; EIC 16/MÜS 17/ERF 15; GÖR 15), den Dienst auszuüben. Der in fast allen Feiern umfänglichste Akzent steht im Zusammenhang
mit der Martyria, dem Verkündigungssauftrag der Kirche. Es geht darum „Gottes Wort (im Auftrag der Kirche) zu verkünden" (DRE 16; GÖR 15; MAG 16
(EIC 16; LIM 16; MAI 16; MÜC oJ)), „Zeugnis zu geben von Kreuz und Auferstehung unseres Herrn Jesus Christus" (EIC 16; LIM 16; MAI 16).

Der Aufruf des Verkündigungsauftrages lässt fragen, wie es um die anderen
Grundvollzüge von Kirche, also mit Diakonie und Liturgie steht. Nur fünf Diözesen sprechen sehr allgemein davon, dass die Gemeinde- und Pastoralreferenten bereit sein sollten, sich in Liebe der Menschen anzunehmen (vgl.
AAC 16; DRE 16; HIL 14; MAG 16; PAD oJ). Nur zwei Diözesen sprechen
direkt von „Notleidenden" (MÜC oJ), oder „Hilfsbedürftigen" (SPE oJ). Bezüglich der Liturgie ist man noch zurückhaltender, allein drei Diözesen sprechen vom gottesdienstlichen Leben, dass die Gemeinde- und Pastoralreferenten
mittragen (FUL oJ, MÜC oJ, SPE oJ).

Dieser Befund steht in erheblichen Kontrast zu allen Erhebungen zum
Dienst von Gemeinde-[17] und Pastoralreferenten[18], die deutlich sowohl liturgi-
sche wie diakonische Kompetenzen aufzeigen. Selbst das Rahmenstatut der
DBK, das bedauerlicherweise wenig theologisches Profil des Dienstes entwi-
ckelt, findet dafür seitenweise Beispiele für sehr konkrete Tätigkeiten in allen
Grundvollzügen der Kirche.[19]

Abgesehen davon, dass die sprachliche Aufbereitung der Bereitschaftserklärungen teilweise durch lange Monologe der Kandidaten oder des Bischofs
diskussionswürdig erscheinen, sind die Inhalte erst recht bedenklich.

Das Ringen um eine stimmige Beschreibung des Dienstes ist permanenter
Begleiter der (Aus-)Sendungs- und Beauftragungsfeiern und seit Jahrzehnten
eine Problematik. Bereits die ersten Auseinandersetzungen mit den Feiern lassen ein konkretes Profil oder adäquate Aussagen vermissen.

An dieser Stelle tritt, wie an weiteren markanten Punkten des Ritus, die Frage nach dem Berufsbild und der ekklesiologischen Verortung zutage. Denn „die

---

[17]   *Philipp Müller/Peter Orth*, Seelsorger – Pädagoge – „Mädchen für alles"? Wie Ge-
      meindereferent(inn)en sich selbst sehen; eine Umfrage, in: ThGl 102 (2012) 420–438.
[18]   *Paul M. Zulehner/Katharina Renner*, Ortsuche. Umfrage unter Pastoralreferentinnen
      und Pastoralreferenten im deutschsprachigen Raum, Ostfildern 2006, 17.
[19]   Rahmenstatuten und -ordnungen für Gemeinde- und Pastoral-Referenten/Referentinnen
      (DtBis 96), hrsg. v. Sekretariat der Deutschen Bischofskonferenz, Bonn 2011, 16–21.

Verlegenheit in der präzisen Bestimmung des Amtes selbst spiegelt sich hier in den schwammigen Formulierungen der Bereitschaftserklärungen"[20] wider und lässt hinsichtlich einer näheren theologischen Bestimmung vieles offen.

Die Segensgebete scheinen hier zumindest unter liturgischen Gesichtspunkten teilweise sorgfältiger redigiert worden zu sein. Der Bischof betet gemeinsam mit der versammelten Gemeinde über seine neuen Mitarbeiter, ordnet sie im anamnetischen Teil in das Heilswirken Gottes ein, bringt für ihre Berufung Lobpreis und Dank dar und erbittet in der Epiklese den Geist Gottes für ihren Dienst.

Ein ausgewogenes Beispiel aus dem Bistum Aachen, das hinsichtlich der Gattung über eine Oration hinausgeht und eher in Richtung eines Hochgebetes zu klassifizieren ist, sei hier knapp vorgestellt:

Gebetseinladung		Lasst uns nun Gott, unsern Vater, bitten, den Schwestern und Brüdern, die heute zum pastoralen Dienst in der Kirche von Aachen beauftragt werden, zur Erfüllung ihres Auftrages seinen Segen zu schenken.
	Anaklese	Wir preisen dich, gütiger Gott,
	Schöpfungstheologie	denn du bist der Schöpfer der Welt und der Ursprung allen Lebens.
Anamnese	Christologie	Durch deinen Sohn Jesus Christus hast du deine Zusage an uns Menschen erneuert und deine Liebe für alle Menschen gezeigt.
	Ekklesiologie	
	Charisma und Berufung	In die Nachfolge Jesu Christi berufst du Frauen und Männer, damit sie in der Kraft des Heiligen Geistes deine frohe Botschaft bezeugen.
	Über-/Einleitung	Wir bitten dich heute besonders für unsere Schwestern und Brüder, die zum pastoralen Dienst im Bistum Aachen beauftragt werden:
	Segensbitte	Segne sie
	Pneumatologie	und erfülle sie mit deinem Geist.
Epiklese	Grundvollzüge	Mach sie zu glaubwürdigen Zeuginnen und Zeugen deiner Liebe und lass in ihrem Handeln deine Nähe zu den Menschen erfahrbar werden. Lass sie dein Wort in sich aufnehmen. Gib, dass sie es aufrichtig leben und treu und zuverlässig verkünden.
	(Paulinische) „Bitten" für den Aufbau der Kirche Röm 12,12	Lass sie im Glauben, in der Hoffnung und in der Liebe wachsen und mithelfen am Aufbau deines Reiches.
Doxologie		Darum bitten wir dich durch unseren Herrn Jesus Christus, der in der Einheit des Heiligen Geistes mit dir lebt und herrscht in alle Ewigkeit.

[20] *Guido Bausenhart,* Zur Feier der Beauftragung von Pastoralreferent(inn)en. Befund – Reflexionen – Optionen, in: M. Kessler (Hg.), Ordination, Sendung, Beauftragung. Anfragen und Beobachtungen zur rechtlichen, liturgischen und theologischen Struktur (Kontakte 4), Tübingen 1996, 9–37, 15, Anm. 12.

Das Segensgebet in diesem Beispiel zeichnet sich durch eine präsentische Sprache aus, die deutlich den performativen Charakter dieses Sprechaktes signalisiert. Durch Lobpreis und Bitte werden Menschen im Wort in den Dienst genommen. Die Rubriken rahmen es deutlich: während vor dem Gebet von Pastoralassistenten die Rede ist, wird danach von Pastoralreferenten gesprochen. Die Beauftragung wird damit als geistliches Geschehen verstanden, das durch das Gebet der Kirche vollzogen wird. Die einführende Gebetseinladung und das abschließende Amen beziehen die ganze feiernde Gemeinde mit ein, die mit dem Bischof gemeinsam betet. Die drei ausformulierten Paradigmen (Schöpfung, Pascha-Mysterium und Christusnachfolge) in der Anamnese, eine Geistepiklese und weitere Bitten, die auf einen Verkündigungsdienst abzielen, sind keine ungeeigneten Beschreibungen für den Dienst der Gemeinde- und Pastoralreferenten. Das lässt jedoch die fehlenden anderen Grundvollzüge nicht weniger vermissen. Von der Struktur her erwächst die Epiklese inhaltlich der Anamnese und zeugt von einer inneren Stringenz.

Ein letztes Augenmerk sei auf die Segensbitten gelegt, die noch einmal differenziert die Theologie hinterfragen lässt. Blickt man auf vier exemplarische Formulierungen, stellen sich unmittelbar mehrere Fragen.

KÖL16	ERF15/GÖR15	MAG16	OSN15
So bitten wir dich:	Wir bitten Dich:	Wir bitten Dich:	Wir bitten dich:
Segne + diese Frauen und Männer, die heute zur Mitarbeit im pastoralen Dienst beauftragt wurden.	Segne (+) Deine Dienerin und Deinen Diener, die Du zur Mitarbeit in der Pastoral berufen hast.	Segne unsere Schwestern und unseren Bruder, die wir zur Mitarbeit in der Seelsorge beauftragen.	Segne diese Menschen, die du zum Dienst in deine Kirche sendest,

Wer ist Subjekt des Geschehens? Wann und wie wird beauftragt/gesandt? Während einige Diözesen im Gebet direkt Gott als Handelnden beschreiben („die Du zur Mitarbeit in der Pastoral berufen hast" / „die du zum Dienst in deine Kirche sendest"), formulieren andere diesen Vorgang als Geschehen, welches „wir", also im besten Fall Bischof und Gemeinde – das Volk Gottes – verantwortet. Andere Diözesen umgehen diese Frage gänzlich, indem es einfach passiv formuliert wird.

Ob das Gebet konstitutiv für die Sendung erscheint, wird ebenfalls anhand der gewählten Zeitform deutlich, die vom präsentischen betenden Vollzug oder von einem zurückliegenden Beauftragungsgeschehen sprechen.

Die Unterschiede in der sprachlichen Umsetzung – ob bewusst formuliert oder unbewusst in Kauf genommen – zeigen bei genauer Betrachtung erhebliche theologische Divergenzen auf.

4. Ekklesiologie

Nach den beispielhaften Einblicken in die Feier sollen nun einige ekklesiologische Implikationen daraus gehoben werden. Sie sind nicht auf alle Feiern gleichermaßen zutreffend, können aber aus einer Gesamtschau der Feiern dennoch als „roter Faden" gelten.

1. Geht man von Segensgebeten aus, dann sind zwar die Aussagen von Diözese zu Diözese divergent; doch aus dem betenden Vollzug lassen sich Eckpunkte für ein theologisches Verständnis herauskristallisieren. Grundlegend vollzieht sich in der Anrufung Gottes zunächst eine theologische Legitimation, ein Benedizieren, ein „Gut-heißen" des Dienstes der Gemeinde- und Pastoralreferenten in der Kirche. In einem beachtlichen Teil der Diözesen wird darüber hinaus der Charismen und geschenkten Berufungen gedacht, die dann an Gottes Wirken lobpreisend zurückgebunden werden. Gleichzeitig wird durch eine implizite oder explizite Geistepiklese Beistand für den Dienst, der ebenfalls vor allem im Bereich der Martyria beschrieben wird, erbeten. Es ist ein gutgeheißener Dienst der Kirche, der im Umkehrschluss erheblich infrage stellt, diesen Dienst als „Lückenbüßer" zu denken!

2. Die Frage nach dem Handlungssubjekt im Kontext von Segensgebet und expliziter Formulierung der Sendung bzw. Beauftragung lässt unterschiedliche Positionierungen zutage treten. Wie bereits dargestellt, entdeckt man zum einen sehr offene Formulierungen – in einigen Feiern werden aber auch deutlich die Kirche oder Gott selbst als vollziehendes Subjekt benannt. Dementsprechend wird dem Gebet ein performativer Charakter zugesprochen, der keineswegs harmlos ist. Mit Bruno Kleinheyer gesprochen: „Es geht um ein Geschehen vor Gottes Angesicht. Genauer: Hier geschieht etwas in Gottes Kirche, an dieser Kirche Gottes und an einem (oder mehreren) ihrer Glieder. Und was da geschieht, geschieht nicht primär durch die Tat des Leiters der Gemeinschaft, auch nicht durch den freien Entscheid des betreffenden Menschen […]; das Gebet macht offenkundig: Die Betenden glauben, hier geschehe etwas von Gott her."[21] Oder um es mit Papst Franziskus zu sagen, der in seiner jüngsten Botschaft zu 50 Jahre Ministeria quaedam schreibt: „Am Ursprung eines jeden Dienstes steht immer Gott, der durch seinen Heiligen Geist alles in allen wirkt (vgl. 1Kor 12,4–6); das Ziel eines jeden Dienstes ist immer das Gemeinwohl (vgl. 1Kor 12,7), der Aufbau der Gemeinschaft (vgl. 1Kor 14,12). Jeder Dienst

---

[21] *Bruno Kleinheyer*, Das Große Segensgebet zur Feier der Trauung, in: EuA 53 (1977) 94–107, 103.

ist eine Berufung von Gott zum Wohle der Gemeinschaft."[22] Nimmt man das ernst, kommt man nicht umhin, Gottes Wirken darin anzuerkennen.

3. Das Verständnis der (Aus-)Sendungs- und Beauftragungsfeiern als Benediktionen und die teilweise existenten theologischen Aussagen, dass Christus selbst es ist, von dem sich die Gemeinde- und Pastoralreferenten gesandt wissen, lässt in der Konsequenz überlegen, welchen Charakter diese Liturgie auch als „sakramentliche Feier" für die Kirche hat.

Der Vergleich der (Aus-)Sendungs- und Beauftragungsfeiern mit den weiteren Benediktionen und Weihungen zeigt deutlich, dass die Liturgiewissenschaft die Differenzierung zwischen Sakrament und Sakramentalie klug mit der Überschrift „Sakramentliche Feiern" beschreibt, weil sie feststellt, wie verbindend sakramentliches Geschehen ist. Das Konzil hält in SC 61 die Wirkweise und den gemeinsamen Bezug für Sakrament und Sakramentalie fest: „Wenn die Gläubigen recht bereitet sind, wird ihnen nahezu jedes Ereignis ihres Lebens geheiligt durch die göttliche Gnade, die ausströmt vom Pascha-Mysterium des Leidens, des Todes und der Auferstehung Christi, aus dem alle Sakramente und Sakramentalien ihre Kraft ableiten."

Die Feiern sprechen im Segen Gottes seine Gnade und Zuwendung zu, gleichzeitig ordnen Gebet und Sendung bzw. Beauftragung die bisherigen Kandidaten in eine neue, amtliche Rolle ein. Sie werden teilweise für einen Dienst am Volk Gottes herausgerufen verstanden, benediziert und stehen mit ihrer Person und in ihrem Handeln für Gott und die Kirche ein. Weisen Sie dadurch in ihrem Dienst nicht über sich selbst hinaus auf Christus hin und werden so zu sakramentlichen Existenzen?

4. Nicht beantworten können und wollen die Feiern die Frage nach einer exakten dogmatischen Einordnung ihrer selbst. Sie umreißen inhaltlich zwar gewisse Tätigkeitsprofile, umschreiben – diözesan verschieden – einen pastoralen Dienst für die Kirche, treffen aber über ihren Status keine Aussage. Damit bleibt auch die Frage nach der konkreten Intention dieser Feier ein Stück weit offen. Sie zeigen mit ihren theologischen Aussagen, geistlichen und rechtlichen Elementen jedoch verschiedene Richtungen für eine Beantwortung auf, ohne eine exakte Definition der Ämter vorzunehmen. Das Anliegen der Liturgie ist in erster Linie, das Geschehen als eine Station auf dem Weg Gottes mit den Menschen zu glauben und zu feiern.

5. Die Analyse der (Aus-)Sendungs- und Beauftragungsfeiern weist deutlich ein geistliches wie juristisches Moment auf. Es wird ein Dienst auf Dauer

---

[22] *Franziskus*, Botschaft des Heiligen Vaters zum 50. Jahrestag des Apostolischen Schreibens in Form eines „Motu Proprio", Ministeria quaedam, von Papst Paul VI., siehe: https://www.vatican.va/content/francesco/de/events/event.dir.html/content/vatican events/de/2022/8/24/messaggio-ministeria-quaedam.html (aufgerufen am: 29.9. 2022), (Eigene Übersetzung) Nr. 3.

für den Aufbau der Kirche übertragen, der ohne diesen Auftrag nicht ausgeübt werden kann. Die gefeierten Liturgien werfen zahlreiche amts-, aber auch berufungstheologische Fragen auf. Sollte angesichts der Existenz, der erhobenen theologischen Implikationen und der normierten Notwendigkeit einer bischöflichen Beauftragung weiterhin darauf beharrt werden, dass es sich bei Gemeinde- und Pastoralreferenten um Dienste handelt, die allein aus Taufe und Firmung legitimiert werden können? Wie kann angesichts der Ähnlichkeit der verschiedenen komparativ analysierten Indienstnahmen davon gesprochen werden, dass die Ordinationen im „theologischen Sinne", alle anderen Feiern inklusive der (Aus-)Sendungs- und Beauftragungsfeiern jedoch nur in einem soziologischen bzw. kirchenrechtlichen Sinne ein Amt übertragen? Wie verhalten sich ein kirchliches Amt und die Taufberufung zueinander? Welche theologischen Folgen hat die rechtliche Übertragung eines Kirchenamtes für die Ekklesiologie?

Birgt die nüchterne Klassifizierung dieser Feiern als „nicht-sakramentale Rechtsakte"[23] angesichts der Übertragung von seelsorglichen und pastoralen Diensten von Gemeinde- und Pastoralreferenten nicht eine erhebliche Gefahr für die sakramentale Struktur der Kirche und steht dies nicht im Gegensatz zur gefeierten, sakramentlichen Liturgie? Oder um mit Karl Rahner zu den pastoralen Diensten zu fragen: „Wenn die Kirche, die das Grundsakrament ist, ein dauerndes Amt verleiht, das für ihre Wirklichkeit von erheblicher Bedeutung ist, kann sie dann gleichzeitig nicht-wollen, daß ein solches Amt an der Verheißung partizipiert, die Gott der Kirche schenkt?"[24] Bedarf es nicht einer grundsätzlichen Bearbeitung der amtstheologischen Fragestellungen, die sich immer weiter zuspitzen?

Die abgeleiteten Fragen machen sehr deutlich, dass es einer dogmatischen Bearbeitung und Weiterentwicklung in der Tradition der großen Themen um Sakramentalität und kirchliches Amt für eine stringente Ekklesiologie dringend bedarf. Die Analyse der Feiern zeigt auf, dass mit diesen ekklesiologischen Fragen keineswegs lästige Reizthemen auf den Plan gerufen werden, die nur entsprechend lange ausgehalten oder ignoriert werden müssen, sondern die auf den Kern kirchlichen Handelns rekurrieren. Sie anzugehen, ist ein Gebot der Stunde!

Papst Franziskus scheint in der Veränderung der kirchlichen Ämter voranzugehen. Es ist doch sehr bemerkenswert, mit welch vergleichsweise zügigen Schritten Rom nach 50 Jahren Stillstand, erst Frauen zu den einst „niederen

---

[23] *Hubert Socha*, Der Dienst der Pastoralreferenten und die eine geistliche Vollmacht, in: AKathKR 147 (1978), 377–405, 96.

[24] *Karl Rahner*, Pastorale Dienste und Gemeindeleitung, in: StZ 195 (1977) 733–743, 738.

Weihen" zulässt, diese dann um das Katechetenamt erweitert und nun mit dem päpstlichen Schreiben einen Prozess des gemeinsamen Nachdenkens und Weiterentwickelns der Dienste anstößt. Sind es die richtigen und wichtigen kleinen Schritte, um auch die großen Fragen des kirchlichen Amtes weiterzuentwickeln und zu vertiefen? So soll am Ende noch einmal Papst Franziskus aus dem jüngsten Schreiben gehört werden:

> „Jede dienstliche Struktur […] ist dynamisch, lebendig, flexibel wie das Wirken des Geistes: Sie muss immer tiefer darin [Berufung durch Gott und Wohl der Gemeinschaft] verwurzelt sein, um nicht zu riskieren, dass die Dynamik in Verwirrung umschlägt, dass die Lebendigkeit auf Improvisationen aus dem Stegreif reduziert wird, dass sich die Flexibilität in willkürliche und ideologische Anpassungen verkehrt."[25]

Und damit nicht vorsichtige Relativierungen am Ende stehen, sei die primäre Aussage noch einmal wiederholt: die Amtsstrukturen der Kirche sind wie Gottes Geist selbst dynamisch, lebendig, flexibel!

---

[25] *Franziskus*, Botschaft des Heiligen Vaters zum 50. Jahrestag des Apostolischen Schreibens in Form eines „Motu Proprio", Ministeria quaedam, von Papst Paul VI., siehe: https://www.vatican.va/content/francesco/de/events/event.dir.html/content/vatican events/de/2022/8/24/messaggio-ministeria-quaedam.html (aufgerufen am: 29. 9. 2022), (Eigene Übersetzung) Nr. 4.

Obligatorische „freiwillige Selbstbindung"

Bemerkungen zum radikalen Wesen sakramentaler Amtlichkeit für eine Kirche auf dem Synodalen Weg

Stephan Tautz

1. Einleitung: Die Kirche auf dem Weg zu einem erneuerten Machtverständnis

Spätestens mit Beginn des Synodalen Weges ist klar, dass die Amtsfrage im Zentrum der unterschiedlichen gegenwärtigen Kontroversen in und um die katholische Kirche steht. Nicht allein drei von vier Synodalforen befassen sich direkt oder indirekt mit der Amtsfrage; sondern sie stellt zugleich auch einen innerkirchlichen Anknüpfungs- und Kristallisationspunkt für besonders virulente gegenwärtige gesamtgesellschaftliche Debatten dar, wie etwa die Geschlechtergerechtigkeit und die Krise demokratischer Repräsentation und Machtverteilung. Diese gesellschaftspolitischen „Zeichen der Zeit" wirken für eine Kirche *in* der Welt nicht allein vom Außen in die Kirche hinein, sondern sind auch ein innerer Anstoß für eine dezidiert theologische Reflexion. Insofern ist die gegenwärtige konkrete Herausforderung damit zugleich auch der konkretisierte Grundvollzug von Theologie aller Zeiten: *ecclesia semper reformanda.*

Ein Blick auf den Handlungstext *Gemeinsam beraten und entscheiden*[1] des Synodalforums I (*Macht und Gewaltenteilung in der Kirche*), der zur zweiten Lesung auf der 4. Synodalversammlung (8.–10. September 2022) vorgelegt werden sollte, verdeutlicht, in welch besonderer Weise Amt und Macht innerhalb der katholischen Kirche verbunden sind. Denn sowohl strategisch wie kirchenrechtlich baut der Handlungstext auf die „freiwillige Selbstbindung von Bischof und Priester" auf. Diese ist zwar eingebettet in die Communio-Theologie des II. Vatikanischen Konzils, wenn es etwa mit Verweis auf in *Lumen gentium* 32 heißt, dass „die Bischöfe [ihre Aufgabe] nur in enger Verbindung mit dem Gottesvolk realisieren [können], ‚da ja die Hirten und die anderen

---

[1] Siehe: https://www.synodalerweg.de/fileadmin/Synodalerweg/Dokumente_Reden_Beitraege/SV-IV/SV-IV_Synodalforum-I-Handlungstext.GemeinsamBeratenUndEntscheiden-Lesung2.pdf (aufgerufen am: 4.7.2022). Aus Gründen des Zeitmangels ist es nicht mehr zur 2. Lesung und Abstimmung gekommen.

Gläubigen in enger Beziehung miteinander verbunden sind (LG 32)'" (Einführung). Aber auffällig ist dennoch, dass aus der gemeinsamen Berufung aller Gläubigen keine Gewaltenteilung klassisch liberaler Konzeption gefolgert wird, bei der Souveränität von der Gemeinschaft als Ganzem ausgeht. Stattdessen spricht der Handlungstext lediglich von einer gemeinsamen Verantwortung:

> „Ein Weg, dieses Zusammenspiel von gemeinsamer Verantwortung und Leitungsamt verbindlich zu gestalten, besteht in der Selbstbindung des Bischofs und des Pfarrers. Den rechtlichen Ausgangspunkt dafür bilden die beiden Grundsatznormen über die Beispruchsrechte der Anhörung und Zustimmung des can. 127 CIC und der Mitwirkung von Getauften und Gefirmten an der Ausübung der Leitungsvollmacht des can. 129 § 2 CIC." (Einführung)

Diese Argumentation folgt damit grundsätzlich dem Zueinander von gemeinsamem und hierarchischem Priestertum von *Lumen gentium* 10, wie auch deren kirchenrechtlicher Interpretation und Festlegung im CIC. Insofern kann man darin eine kluge strategische Entscheidung sehen, sich auf dogmatisch wie kirchenrechtlich festen Grund zu stellen und davon ausgehend die Mitverantwortung der Lai:innen zu betonen. Das gleiche Argumentationsmuster findet sich auch im Arbeitspapier *Synodalität nachhaltig stärken: Ein Synodaler Rat für die katholische Kirche in Deutschland*[2] (2. Lesung auf der 4. Synodalversammlung und mit knapp 93% Zustimmung angenommen[3]). Auch hier wird das „Miteinander von Bischöfen und Gläubigen auf der überdiözesanen Ebene" (Einführung) rechtlich mit can. 127 und can. 129 CIC begründet und Synodalität theologisch als „Grundvollzug der Kirche und [als] geistlicher Prozess" (Einführung) charakterisiert. Dies kann freilich nicht darüber hinwegsehen lassen, dass Synodalität als „geistiger Prozess" genauso wenig ein (liberal)demokratischer Entscheidungsprozess ist, wie die „freiwillige Selbstbindung von Amtsträgern" eine Gewaltenteilung darstellt. Das mag manche enttäuschen ob des geringen revolutionären oder zumindest reformativen Charakters. Man könnte also einwenden, die Positionspapiere trauen sich nicht weit genug heraus aus dem Fahrwasser einer Theologie, die uns in diese strukturelle Krise geführt hat. Andererseits ist der eingeschlagene Argumentationsgang aber auch besonders authentisch, weil er sich an dem orientiert, was Kirche ihrer eigenen Auffassung nach ist: keine rein politische Vereinigung, sondern theologisch

---

[2] Siehe: https://www.synodalerweg.de/fileadmin/Synodalerweg/Dokumente_Reden_Bei traege/SV-IV/SV-IV_Synodalforum-I-Handlungstext.SynodalitaetNachhaltigStaerken-Lesung2.pdf (aufgerufen am: 4. 7. 2022).

[3] Zum (namentlich aufgeführten) Abstimmungsergebnis siehe: https://www.synodaler weg.de/fileadmin/Synodalerweg/Dokumente_Reden_Beitraege/SV-IV/SV-IV-TOP2.1-Namentliches-Abstimmverhalten-alle_oeffentlich.pdf (aufgerufen am: 11. 9. 2022).

mit *Lumen gentium* 1 gesprochen, „in Christus gleichsam das Sakrament, das heißt Zeichen und Werkzeug für die innigste Vereinigung mit Gott wie für die Einheit der ganzen Menschheit"[4]. Der sakramentale Charakter der Kirche wird in den Positionspapieren zwar nicht direkt genannt, jedoch soll gezeigt werden, dass sich mit Berufung auf das sakramentale Wesen der Kirche das Argument für eine gemeinsame Verantwortung aller Gläubigen für den Aufbau und die Leitung des Leibes Christi (LG 32) zusätzlich stärken lässt.

In Bezug auf das sakramentale Wesen der Kirche gilt zunächst beides: Die Sakramentalität der Kirche verweist auf mehr als eine bloß politisch-institutionelle Organisationsform. Zugleich aber gilt, dass es sich dabei keineswegs um eine rein „spirituell-religiöse" und damit apolitische Konstitution handelt. Sakramentalität unterläuft die (klassisch liberale) Trennung zwischen säkularer Politik und „reiner" privater (oder hier besser: vereinsorganisatorischer) Religion. Damit unterläuft Sakramentalität zugleich auch zwei sich gegenüberstehende Positionen in der Frage der Reform der Kirche, die direkt oder indirekt beide diese Trennung voraussetzen. Dies trifft einerseits auf diejenigen zu, die mit Verweis auf die religiös-sakramentale Ausrichtung der Kirche eine strukturelle Reform der Kirche für unnötig bis unmöglich erachten, wie auch auf diejenigen, die andersherum, gerade solche Reformen mit Verweis auf dezidiert außerkirchliche, säkulare politische Prinzipien allein befürworten.

Dem gegenüber soll hier für eine „Politische Theologie der Selbstbindung" vom dezidiert innerkirchlich-fundamentalen Konzept der Sakramentalität her argumentiert werden. Dafür ist aber wiederum notwendig, das politische Moment der Sakramentalität genau zu bestimmen.

2. Sakramentalität als Paradigma kirchlicher Souveränität

Sakramentalität stellt eine ganz spezielle Form des politischen – des theopolitischen – Denkens dar. Der evangelische Theologie Phillipp Stoellger stellt treffend fest: „Theologie [ist] [...] stets auch Theorie der Souveränität, vor allem am Ort der Gotteslehre [...]"[5]. Und auch die Ekklesiologie ist genuin politisch bzw. theopolitisch. Zusammengenommen werden Gottesbild und Kirche in der

---

[4] *Zweite Vatikanische Konzil*, Dogmatische Konstitution Lumen gentium (21. November 1964), siehe https://www.vatican.va/archive/hist_councils/ii_vatican_council/documents/vat-ii_const_19641121_lumen-gentium_ge.html (aufgerufen am: 4.7.2022).

[5] *Philipp Stoellger*, Souveränität nach der Souveränität. Zur Delegation und Zerstreuung von Souveränität – und ihrer Unausweichlichkeit, in: R. Klein / D. Finkelde (Hg.), Souveränität und Subversion. Figurationen des Politisch-Imaginären, Freiburg/München 2015, 19–67, 26.

Sakramentenlehre: Hier stellt sich die Frage, wie Gott – Prototyp der Allmacht– repräsentiert und als wirkmächtig gedacht werden kann. Das Sakrament übernimmt damit in gewisser Weise in der Theologie den Platz, den in
der Politik die Frage nach der Repräsentation und Konstitution von Souveränität einnimmt. Kirchlicherseits kulminiert dies in der Eucharistie als der Repräsentation des Leibes Christi: In der liturgischen Performance des *corpus mysti-
cum* konstituiert sich die Kirche als *corpus verum*. Diese Parallele zwischen
einer politischen Theologie des Sakramentalen und der politischen Philosophie
führt uns letztlich zurück ins Umfeld von Carl Schmitts bekanntem Diktum:

> „Alle prägnanten Begriffe der modernen Staatslehre sind säkularisierte theologische
> Begriffe. Nicht nur ihrer historischen Entwicklung nach, weil sie aus der Theologie auf
> die Staatslehre übertragen wurden, indem zum Beispiel der allmächtige Gott zum
> omnipotenten Gesetzgeber wurde, sondern auch in ihrer systematischen Struktur, deren
> Erkenntnisse notwendig ist für eine soziologische Betrachtung der Begriffe."[6]

Während der erste Satz quasi klassischen Status hat, ist der Folgesatz bereits
unbekannter. Entscheidend hier ist, dass für Schmitt die „Übersetzung" theologischer Konzepte wie der Allmacht Gottes in moderne Staatssouveränität keine
Einbahnspur ist, sondern genauso gut umgedreht werden kann, da sie auf einer
tieferliegenden systematischen Struktur beruht, die Schmitt unter dem Ge-
sichtspunkt einer „Soziologie der Begriffe" analysiert. In Bezug auf den für
unsere eigene Analyse zentralen Begriff der Souveränität heißt es bei ihm,

> „daß der historisch-politische Bestand der Monarchie der gesamten damaligen Bewußt-
> seinslage der westeuropäischen Menschheit entsprach und die juristische Gestaltung der
> historisch-politischen Wirklichkeit einen Begriff finden konnte, dessen Struktur mit der
> Struktur metaphysischer Begriffe übereinstimmt"[7].

Schmitts Analyse bietet insofern einen spannenden Interpretationsschlüssel für
eine theopolitische Relecture der Sakramentalität, als dass er von einer Struk-
turparallele zwischen politischen und metaphysischen, d.h. philosophischen
und theologischen Konzepten auf der Höhe des jeweiligen (soziologischen)
Kontextes – der Bewusstseinslage – ausgeht. Das Problem im Falle einer Theo-
politik des Sakramentalen besteht nun darin, dass die klassische, i.e. lehramtliche Sakramententheologie der theologischen wie philosophischen Bewusstseinslage der Scholastik entstammt und sich damit ein garstig breiter Graben
zur politisch-demokratischen Bewusstseinslage unserer Tage gebildet hat.
Wenn man die gegenwärtige Krise der Kirche im Feld der geteilten Leitungs-
funktion derart interpretiert, rückt vor allem ein möglicher Lösungsansatz in

---

[6]   *Carl Schmitt*, Politische Theologie. Vier Kapitel zur Lehre von der Souveränität, Berlin
      ⁷1996, 43.
[7]   Ebd., 50.

den Vordergrund: Eine politisch-demokratische und (post)moderne Relecture des sakramentalen Wesens der Kirche und ihrer Amtsstruktur.

3. (Post)moderne Sakramentalität und politisch-demokratisches Pendant

Die Grundzüge einer möglichen solchen Relecture sollen im Folgenden kurz skizziert werden. Ausgangspunkt hierfür ist zunächst ein postmodernes Verständnis sakramentaler Repräsentation und Konstitution von Kirche, i.e. die Betonung des prozessualen, performativen – also liturgischen – Charakters von Sakramentalität, wie sie beispielsweise von Louis-Marie Chauvet in *Symbol und Sakrament* vorlegt wurde.[8] Dieser „liturgical turn" stellt nicht allein in der Sakramententheologie, sondern auch in einer politischen Theologie des Sakramentalen ein gewisses Desiderat dar.[9] Eine solche sakramentale Repräsentation im Bilde einer „von Anwesenheit erfüllte[n] Leere"[10] betont das prekäre, subversive Moment. Die Kirche als „Grundsakrament" (Rahner), die sich in der „fragilen Präsenz eucharistischer Vergegenwärtigung"[11] konstituiert, ist keine statische Institution, sondern eine dynamische und daher auch prekäre liturgische Versammlung um eine Mitte, die für Gott offengehalten wird. Ge-

---

8   *Louis-Marie Chauvet,* Symbol und Sakrament. Eine sakramentale Relecture der christlichen Existenz (Theologie der Liturgie 8), Regensburg 2015 (frz. Symbole et sacrement, Paris ³2011).

9   Vgl. *Martin Stuflesser,* Mit Chauvet über Chauvet hinaus …, in: ders. (Hg.), Fundamentaltheologie des Sakramentalen. Eine Auseinandersetzung mit Louis-Marie Chauvets „Symbol und Sakrament" (Theologie der Liturgie 9), Regensburg 2015, 197–206, 199: „Desiderat ist ein konsequenter ‚liturgical turn' in der Sakramententheologie, der zu einer konsistenten und kohärenten Theologie/Theorie der Sakramente führt […]."

10 *Chauvet,* Symbol und Sakrament (wie Anm. 8), 173. Chauvets verdeutlicht diese prekäre Form eucharistischer Repräsentation mit einer Interpretation der Emmauserzählung, wenn er dort ausführlicher schreibt: „Ihre Augen öffnen sich über einer Leere – ‚dann sehen sie ihn nicht mehr' – aber eine von Anwesenheit erfüllte Leere. Jedes Mal, wenn die Kirche das Brot in Gedenken an ihn bricht, öffnen sie sich für die Leere der Unsichtbarkeit des Herrn Jesus Christus. Allerdings wird diese Leere von seiner symbolischen Gegenwart [Anwesenheit] bewohnt, da sie erfasst haben, dass die Kirche, wenn sie das Brot nimmt, den Segen spricht, es bricht und verteilt, der Herr selbst fortfährt, das Brot seines hingegebenen Lebens zu nehmen, an Gott das Dankgebet zu richten, das Brot wie seinen für die Einheit aller gebrochenen Leib zu brechen, es hinzugeben, indem er spricht: ‚Das ist mein Leib'."

11 *Jürgen Kroth,* Dein Reich komme. Studien zu einer politischen Theologie sakramentaler Theorie und Praxis (Studien zur Theologie und Praxis der Seelsorge 102), Würzburg 2018, 382.

genüber einer klassisch scholastisch-metaphysischen Repräsentationstheorie ist diese weniger anfällig für die Gefahr einer Sakralisierungs- und Sakramentalismusfalle. Diese liegt dann vor, wenn das Sakrament mit der es verwirklichenden Realität (Gottes) identifiziert wird. In unserem Zusammenhang einer Kirche auf dem Synodalen Weg ist besonders die Warnung von Gregor Maria Hoff vor einer „Sakralisierungsfalle" des sakramentalen Amtsverständnisses hervorzuheben, worunter er die Tendenz zur prekären Identifizierung des Amts (oder der Amtsperson) mit dem Heiligen/Christus versteht.[12] Die negativen Folgen hiervon haben letztlich unmittelbar zum Synodalen Wegs geführt.

Aber auch in Hinblick auf die theopolitische Dimension des Sakramentalen ist die angeführte Sakralisierungsfalle bedrohlich: Kirche kann so nicht allein unter Idolatrieverdacht stehen, sondern auch in politisch-absolutistische Ideologisierungen abrutschen. Daher gilt es auch diese theopolitische Dimension des Sakramentalen einer Relecture vor anti-ideologischem Hintergrund postmoderner Demokratietheorie zu unterziehen. Als Bezugspunkt kann hier die sogenannte Radikaldemokratie Claude Leforts herangezogen werden. Darin entwirckelt Lefort das Symbol des „leeren Ortes der Macht" (Fr. *le lieu vide*) für demokratische Machtkonstitution.[13] Dieser Ort der Macht kann in der Demokratie von niemandem mehr real ausgefüllt werden, ohne in Totalitarismus abzugleiten. Macht bleibt unverfügbar. Gleichzeitig aber löst sich Macht „nicht einfach in Luft auf", sondern konstituiert sich – wenn auch in höchst prekärer Weise – an einem Ort. Wenn man nun die Leerstelle der Macht als Interpretament kirchlich-sakramentaler Machtkonstitution einer „von Anwesenheit erfüllte[n] Leere"[14] verwendet, fällt zunächst der gemeinsame Entmächtigungsgestus im Bild der Leere auf. Auch sakramentale Macht ist an ihrer Wurzel (Lat. *radix*) der menschlichen Verfügungsgewalt entzogen. Gleichzeitig gilt es den Unterschied zu betonen: Auch wenn Gott als wirkmächtige Instanz im Sakrament der menschlichen Verfügbarkeit *radikal* entzogen ist, muss ein sakramentales Souveränitätsverständnis um den rein dekonstruktiven Gestus hinaus ein affirmatives Moment betonen. Der Ort der Macht im Sakrament muss offengehalten werden, aber gerade damit Gott darin präsent werden kann. Für die Charakterisierung dieser prekären und doch wirkmächtigen Anwesenheit

---

[12]   Vgl. *Gregor Maria Hoff*, Die Sakralisierungsfalle. Zur Ästhetik der Macht in der katholischen Kirche, in: ders./J. Knop/B. Kranemann (Hg.), Amt – Macht – Liturgie. Theologische Zwischenrufe für eine Kirche auf dem synodalen Weg (QD 308), Freiburg 2020, 267–285.

[13]   *Claude Lefort*, Démocratie et avènement d'un „lieu vide", in: *ders.*, Le temps présent. Écrits 1945–2005, Paris 2007, 461–469, 465; vgl. *ders.*, Permanence du théologico-politique?, in: Les temps de la réflexion 2, Paris 1981, 13–60.

[14]   *Chauvet*, Symbol und Sakrament (wie Anm. 18), 173.

Gottes im Sakrament könnte sich das eignen, was Gerd Theißen „Veränderungspräsenz" nennt:

> „Die Präsenz Gottes in den christlichen Sakramenten ist Veränderungspräsenz: Die Sakramente sind ein Symbol für die Gegenwart Gottes, wo immer sie im Leben erfahren wird. Er ist dort, wo sich etwas verändert oder verändern kann. Er erschließt sich als verändernde Macht dem Menschen durch Erkenntnis, Gefühl, Willen, Moral und Gemeinschaft."[15]

Anschließend daran kann wirkmächtige Gottesgegenwart nicht als quasi verdinglichte Gabe interpretiert werden, sondern als dynamisches Weiter-Gabe-Geschehen. Dem zugrunde liegt letztlich eine eschatologische Zeitstruktur sakramentaler Repräsentation: als verwirklichendes Zeichen ist das Sakrament nicht identisch mit der absoluten Fülle von Gottes Präsenz, genauso wenig aber eine rein verweisende Entität eines postmodernen infiniten Regresses, sondern eine prekäre Gegenwart, die sich stets aufs Neue öffnet.

Im Lichte einer politischen Theologie „radikaler Sakramentalität"[16] zeigt sich Macht immer nur im Prozess des Macht*vollzugs*, so wie auch die Kirche sich stets aufs Neue in der Feier der Eucharistie bildet. Sie hat einen unaufgebaren eschatologischen Zug in ihrem Zentrum, sie vollzieht sich als pilgerndes Volk Gottes (LG 1). Was aber für die Sakramentalität der Kirche im Allgemeinen gilt, gilt auch für das sakramentale Amtsverständnis im Speziellen.

4. Auf dem Weg zu einem radikal sakramentalen Amtsverständnis

Die Grundzüge für ein solches radikal sakramentales Amtsverständnis sollen in einem letzten Schritt erörtert werden. Hierfür werden einerseits einige mögliche Konsequenzen eines radikal sakramentalen Kirchenverständnisses für deren Amtsstruktur hergeleitet und andererseits auch ein Blick auf die liturgische Performance zur Konstitution des Amtes im Weihesakrament geworfen.

Zunächst kann analog zur eucharistisch-liturgischen Konstitution der Kirche der Vollzugscharakter auch des sakramentalen Amtes betont werden. Amt

---

[15] *Gerd Theißen*, Veränderungspräsenz und Tabubruch. Die Ritualdynamik urchristlicher Sakramente (Beiträge zum Verstehen der Bibel 30), Münster 2017, 447.

[16] Siehe hierzu ausführlich *Stephan Tautz*, Radikale Sakramentalität. William T. Cavanaughs politische Theologie der Eucharistie im Gespräch mit radikaldemokratischer Theorie der Macht (Religion – Geschichte – Gesellschaft. Fundamental-theologische Studien 56), Münster 2022.

zeigt sich als Amtsvollzug, als Amtshandlung und nicht als eine „quasi-ontologische" Kategorie, die einer Person sozusagen als Eigenschaft beigeordnet wird. In diesem Zusammenhang ist der Kontext – das Wozu – des Amtes zentral: seine Rolle bzw. Funktion im liturgischen Geschehen des Leibes Christi. Diesbezüglich hält Julia Knop fest, dass gerade die amtliche Repräsentanz nicht losgelöst sein darf von der liturgischen Feier, deren eigentlicher Träger „[s]eit dem Zweiten Vatikanischen Konzil […] aber, der ganze mystische Leib Jesu Christi' (SC 7)"[17] ist. Damit verbunden ist die „insgesamt noch nicht geklärt[e]"[18] Verhältnisbestimmung zwischen gemeinsamem und amtlichem Priestertum, wobei aber laut David Fagerberg klar ist: „it is incorrect to say the laity cooperates *with* the priest in the liturgy and more correct to say the laity *and* priest *co-operate the liturgy*. This divine activity has many moving parts, all under the hand of God."[19] Die Zentralität der Kooperation verdeutlicht, dass sakramentales priesterliches Handeln nur im Kontext der Gemeinschaft „funktioniert", wie auch der Priester kein „freischaffender Künstler"[20] ist, wie Stefan Kopp treffend festhält. Fagerberg verweist zudem darauf, dass die eigentlich handelnde Realität im Sakrament nicht eine bestimmte – mit besonderen Kräften ausgestattete – Person ist, sondern Gott. Dies wird klassisch mit dem Konzept des *ex opere operato* ausgedrückt. Wie *Sacrosanctum concilium* 7 betont, liegt die Konzentration auf Christus, „der durch [die] Person des Priesters handelt, nicht [auf dem] Priester, der in Person Christi handelt"[21], wie Andreas Odenthal klarstellt. Der Entmächtigungsgestus des *ex opere operato* muss dabei sichtbare Konsequenzen auf die strukturelle Ordnung der Gemeinschaft haben, um nicht Gefahr zu laufen, als generöse Plattitüde genau das Gegenteil zu bewirken: als Verschleierung wirklicher Machtverhältnisse. Dies ist darum von zentraler Bedeutung, weil Gottes Macht selbst sich im Ursakrament Christus wesentlich als kenotische Macht, als Entäußerung, geoffenbart hat. Dies

---

[17] *Julia Knop*, Klerikales Schisma im Gottesdienst? Eine kritische Relecture kirchlicher Vorgaben zu Amt und Liturgie, in: Hoff/Knop/Kranemann (Hg.), Amt – Macht – Liturgie(wie Anm. 12), 151–168, 167.

[18] *Christoph Böttigheimer*, Das kirchliche Amt vor neuen Herausforderungen? Problembestimmung und Lösungsansätze, in: ZKTh 137 (2015), 285–298, 286.

[19] *David Fagerberg*, Liturgical Dogmatics. How Catholic Beliefs Flow from Liturgical Prayer, San Francisco 2021, 35.

[20] *Stefan Kopp*, „... Besonders die Sakramente der Eucharistie und der Versöhnung...". Zu einer „Reform der Reform" der Priesterweihe nach dem Zweiten Vatikanischen Konzil, in: LJ 66 (2016) 150–168, 160.

[21] *Andreas Odenthal*, Priesterbild – Gottesdienst – Missbrauch. Liturgiehistorische und kulturpsychoanalytische Überlegungen zur Ambivalenz liturgischer Rollenbilder, in: K. Hilpert/S. Leimgruber/S. Sautermeister/G. Werner (Hg.), Sexueller Missbrauch von Kindern und Jugendlichen im Raum von Kirche. Analysen – Bilanzierung – Perspektiven (QD 309), Freiburg 2020, 199–208, 206–207.

bedeutet nicht, dass wir den Aspekt der *theosis* fallen lassen, aber sehr wohl, dass die Hoffnung auf Gottes wirkmächtigen Beistand und Errettung nur *in* und *durch* den Modus der Entmächtigung zu erlangen ist, und nicht daran vorbei institutionell garantiert werden kann.

Ein kursorischer Blick auf das Pontifikale-Faszikel für die Priesterweihe zeigt, inwieweit dies als *lex orandi* bereits unsere *lex credendi* informieren kann. Bereits in der Einführung wird die Eingebundenheit der Weihe und damit des Amtes „inmitten der Gemeinde"[22] (Nr. 2) betont. Dieses Motiv kehrt an entscheidenden Stellen der Feier wieder, beispielsweise im Versprechen der Weihekandidaten „zuverlässige Mitarbeiter des Bischofs [zu sein]" – also dem Eingebundensein des Dienstes an einem bestimmten Ort –, sowie der Anweisung, wonach während des Weihegebetes darauf zu achten sei, „daß der Gemeinde nicht die Sicht verstellt wird" (Nr. 33) oder auch der Überreichung von Brot und Wein aus „dem Volk" zur Gabenbereitung mit den Worten: „Empfange die Gaben des Volkes für die Feier des Opfers. Bedenke, was du tust, ahme nach, was du vollziehst, und stelle dein Leben unter das Geheimnis des Kreuzes" (Nr. 38)[23]. Das Priesteramt steht damit nicht allein im Kontext der ganzen Gemeinde, sondern auch unter dem Geheimnis des Kreuzes: eines Gottes also, der sich „erniedrigt hat", um zu den Menschen zu gelangen. Diese Erniedrigung findet ihren höchsten Ausdruck im am Bodenliegen in Kreuzeshaltung während der Heiligenlitanei. Darin kommt aber zugleich auch der Grundzug sakramentalen Denkens zum Ausdruck – für den auch das *ex opere operato* steht – wonach alle Wirkmacht von Gott her gedacht wird, und der Mensch schlechthin nichts aus eigener Macht bewirken kann. Dies drückt sich beispielsweise auch in der Antwort auf das letzte Weiheversprechen aus, sich „Christus von Tag zu Tag immer enger zu verbinden", wo es heißt: „Mit Gottes Hilfe bin ich bereit" (Nr. 27).[24] Dieses „Prae" Gottes im Sakrament gilt es immer zu betonen, gerade um der gefährlichen Tendenz einer amtlichen Verfügungsgewalt zu entgehen. Dies könnte auch einer der Gründe dafür sein, dass bereits Pius XII. in *Sacramentum Ordinis* (30. November 1947) klarstellte, dass Handauflegung und Weihegebet die konstitutiven Elemente der Weihe sind, und nicht etwa die Weitergabe der Instrumente als Symbole für die Übertragung priesterlicher Vollmacht. Die Zentralität und Einheit von Handauflegung und Weihegebet wurde auch in den Reformen des Pontifikale von 1968/1971 sowie 1990/1994 bestätigt.[25] Auch der Weiheritus selbst steht unter dem

---

22 *Die liturgischen Institute Salzburg, Trier, Zürich*, Die Weihe der Priester, in: Die Weihe des Bischofs, der Priester und Diakone. Pontifikale I. Handausgabe mit pastoralliturgischen Hinweisen, Freiburg 1994, 69–95, 69.

23 Vgl. *Kopp*, Zu einer „Reform der Reform" der Priesterweihe (wie Anm. 20), 159–160.

24 Vgl. ebd., 166.

25 Vgl. ebd., 152–155.

Diktum „Bedenke, was du tust, ahme nach, was du vollziehst", denn die bischöfliche Weihevollmacht aktualisiert sich unter Anrufung des Heiligen Geistes gerade mit Modus der Weiter-gabe, die wiederum keinen Selbstzweck hat,
sondern letztlich der Verkündigung des Evangeliums und Heiligung des Gottesvolkes zugeordnet wird. Man wird in einen dynamischen Prozess hineingenommen, der aufgespannt ist zwischen bereits aktualisiertem Vollzug und noch
und stets aufs Neue zu leistender Nachahmung.

Diese kurzen Bemerkungen können dabei aber auch nicht darüber hinweg-
täuschen, dass man im Weihesakrament durchaus von Desideraten mit Blick
auf die Notwendigkeit zur Reform einer missbrauchsanfälligen Amtsstruktur
sprechen kann: so beispielsweise das zum Teil stark ausgeprägte ständische
Denken, wie es seinen Ausdruck im Einkleiden der neuen Priester allein durch
andere Priester findet (Nr. XX). Gerade hier scheint auch eine liturgisch-
praktische „Reform der Reform der Reform" notwendig, oder wie Kopp diesbezüglich festhält: „Die Kriterien der Gemeinschaft sowie der Kooperationsfä-
higkeit von Priestern beziehen sich heute jedoch sicher nicht mehr ausschließlich auf das Presbyterium, sondern immer mehr auch auf das Zueinander von
Priestern, Diakonen und Laien."[26] Mit diesem Verweis auf das Zueinander aller Glieder des Leibes Christi kommen wir abschließend nochmals zurück auf
den Anfangspunkt unserer Untersuchung, die Positionspapiere des Synodalforums I und deren zentraler Forderung nach einer „freiwilligen Selbstbindung"
der Amtspersonen.

5.   Fazit: Obligatorische freiwillige Selbstbindung der Amtsperson

Wie bereits oben angeführt, kann diese Forderung im Sinne einer sakramentalen politischen Theologie bekräftigt werden. Aus Sicht eines „radikal sakramentalen" Amtsverständnisses könnte man sogar von einer „obligatorischen
freiwilligen Selbstbindung" der Amtsperson sprechen. Beide Seiten dieser pa-
radoxalen Figur ergänzen sich dabei: Die Freiwilligkeit ist Ausdruck des Gestus der kenotischen Hin-Gabe, der wiederum konstitutiv, also obligatorisch
ist, wenn das radikale Wesen sakramentaler Souveränität gewahrt werden soll.
Dass die Aktualisierung dieser Souveränität rückgebunden ist an die gesamte
Gemeinschaft, spiegelt dabei den Umstand wider, dass der gesamte Leib Christi Träger sakramentaler Souveränität ist, die sich nur im performativen Modus
der Liturgie vollzieht. Dies schließt dabei nicht aus, dass es verschiedene Rol-

---

[26] Ebd., 168.

len, i.e. Funktionen geben kann. Eine einseitige Verortung sakramentaler (Voll)Macht auf eine bestimmte Rolle steht diesem Verständnis jedoch fundamental entgegen, während eine Selbstbindung von Amtspersonen an die gesamte Gemeinschaft ein notwendiges Moment des Amtsvollzugs darstellt. Zudem kann der Amtsvollzug stets nur im Gestus des *ex opere operato* geschehen; der Entmächtigungsgestus des Offenhaltens der Leeren Mitte ist notwendige Voraussetzung für Gottes wirkmächtiges Erscheinen. Zugleich spiegelt die freiwillige Selbstbindung auf interessante Weise den kenotischen Aspekt christologischer Souveränität wider: die Selbstentmächtigung für andere. So wie Christus in Kreuz und Auferstehung das Ursakrament Gottes ist, so gilt es, amtliche Christusrepräsentanz in Struktur und Gestus im Grundsakrament der Kirche auszudrücken.

Daher drückt die Betonung der Notwendigkeit dieser freiwilligen Selbstbindung den Kern radikaler sakramentaler Souveränität aus: Ermächtigung kann es nur im Bewusstsein radikaler Abhängigkeit von der Unverfügbarkeit Gottes geben, der aber seine dynamische Wirkmächtigkeit gerade dann am deutlichsten schenkt, wenn sie im Modus der Hin- und Weiter-Gabe für andere aktualisiert wird.[27]

---

[27] In diesem Sinne könnte für den Fortgang der Diskussion über geteilte Macht und Leitung in der Kirche ein sakramentaler Zugang förderlich sein, insbesondere auch, wenn man ihn mit dem Gedanken der gemeinsamen Teilhabe an der sakramentalen Macht des Leibes Christi im Sakrament der Taufe verbindet. Thomas Ruster hat diesen Gedanken dahingehend weiterentwickelt, dass er eine „neue Gestalt des kirchlichen Amtes" vorgelegt hat, demzufolge alle Getauften qua Taufe prinzipiell zu Priester:in, König:in und Prophet:in gesalbt und zu den drei Diensten des Heiligens, Leitens und Lehrens berufen und berechtigt seien. Zudem führt er an, dass diese verschiedenen Ämter, gleichwohl sie aufeinander bezogen sind, dennoch von verschiedenen Personen ausgeübt werden können und nicht in einem einzigen Weiheamt zusammenlaufen müssen. Siehe *Thomas Ruster*, Balance of Powers. Für eine neue Gestalt des kirchlichen Amtes, Regensburg 2019, hier 14–16. Vgl. hierzu einen ähnlichen Entwurf von *Herman Stenger*, Im Zeichen des Hirten und des Lammes. Mitgift und Gift biblischer Bilder, Salzburg 2000.

Kongressbeobachtungen

Anmerkungen der Tagungsbeobachterin

Ann-Katrin Gässlein

Mit dem Thema „Liturgia/ecclesia semper reformanda?! Das Wechselverhältnis von Liturgie und Ekklesiologie in den aktuellen Reformdiskussionen der römisch-katholischen Kirche" vom 29. August bis 2. September 2022 in Würzburg (D) hatte sich die Arbeitsgemeinschaft katholischer Liturgiewissenschaftlerinnen und Liturgiewissenschaftler im deutschen Sprachgebiet (AKL) einem brisanten und spannungsreichen Vorhaben angenommen. Die Verbindung des bekannten Passus „Liturgia semper reformanda" mit dem Begriff der „ecclesia" nahm bereits vorweg, dass Veränderungsprozesse und Reformen im Bereich der Liturgie die Kirche in ihrer Sozialstruktur weder als Einflussfaktor ausklammern noch Rückkopplungen auf ebendiese ausschließen. Gleichzeitig zeigten die zweifachen Satzzeichen die Ambivalenz des Vorhabens: Verändert sich Liturgie wirklich „immer"? Soll sie dies tun? Und wenn die Veränderung zum Wesen der Liturgie gehört – in welche Richtung soll diese dann gehen?

1.   Interdisziplinarität bereichert

Reformen im Bereich der Liturgie sind, wie Benedikt Kranemann im Eingangsreferat feststellte, ein „grundsätzliches Faktum". Sie sind nicht allein gesellschaftlichen Zwängen geschuldet, sondern gewissermaßen als DNA christlichen Glaubens theologisch zu würdigen. Angesichts der drängenden Probleme der Gegenwart – Liturgie hat unzweifelbar ein gewaltiges Plausibilitätsproblem und leidet an Übernormierung, dazu kommen die gesamtgesellschaftlichen Anliegen wie Geschlechterverhältnis, Digitalisierung, Migration und Klimaveränderung – war die Tagung aber nicht nur an Schilderungen historischer Dynamiken interessiert. Vielmehr hatten sich die Verantwortlichen Mühe gemacht, aktuelle Reformfragen aufzugreifen und zum interdisziplinären Austausch einzuladen. Dieser Schritt war eine wichtige und kluge Entscheidung: Eine postkolonial orientierte Theologie, wie von Sigrid Rettenbacher formuliert, kann aufzeigen, dass die heutige interne Strukturierung des Volkes Gottes „nicht einfach vorgegeben" ist, und dass die vermeintliche Lösung des

Priestermangels durch den Einsatz von Klerikern aus Ländern des globalen Südens als Fortsetzung kolonialer Strukturen im neuen Gewande auf Kosten der Gleichstellung von Frauen auslegbar ist. Ein fundamentaltheologischer Ansatz wie der Beitrag von Matthias Remenyi kann kraftvoll für eine Gleichbehandlung von Frauen in allen sakramentalen Ämtern und Funktionen plädieren und damit die minutiös nachgezeichnete Entwicklung des weiblichen Diakonats in der Kirchengeschichte hervorragend ergänzen, wie dies der Beitrag von Harald Buchinger geleistet hatte.

2.   Mit Gelassenheit „Trial and Error" wagen

Einig war man sich über Fakt und Notwendigkeit von Veränderungen und Reformen. Die Fragen nach Handlungsfeld, Richtung und Ziel der Veränderungen aber blieben zu diskutieren. Wie Stefan Kopp im Impulsreferat ausführte, müssen Koordinaten, Kriterien und schließlich auch die Akteure der Veränderung in den Blick kommen. Gleichzeitig kann das Nachdenken über Parameter und Details aber nur im konkreten Miterleben, evtl. auch Mitgestalten der Veränderungen geschehen. Gunda Brüske erklärte, dass Veränderung stattfinden müsse, damit sie ihre Implikation entfalten könne. Um weiterzukommen, brauche die Liturgie „Trial and error". Eine gute Haltung für verantwortungsvolle Entscheidungsträger wie auch Liturgiewissenschaftler:innen angesichts anstehender Veränderung könnte vertrauensvolle Gelassenheit, einen wachen Blick und die Einsicht beinhalten, dass Veränderung immer auch Chance für geistiges Wachstum ist. Schließlich besagt der christliche Glaube, dass die biblische Urzeit in jeder – auch in veränderter – Liturgie gegenwärtig ist und die Kirche selbst von Gott her erneuert wird.

3.   Antworten aus der Problemanalyse

Gunda Brüske begründete auch aus pastoralliturgischer Sicht schlüssig, wo sich die anzusetzenden Hebel der Veränderung aus der Problemanalyse ergeben: Bei rasant schwindender religiöser Sozialisation der Bevölkerung wird „kraftvolle Erstverkündigung" gerade im Gottesdienst unverzichtbar. Gottesbilder in der Liturgie müssen „evangelisiert", nicht etwa „sakramentalisiert" sein, und alles Feiern mit den Menschen solle und müsse diese in ihrer persönlichen Glaubensentscheidung stärken. Auch Martin Sindelar setzte mit seinen

Vorschlägen bei den Bedürfnissen heutiger Menschen an: Brotbacken und Abendmahl feiern im Kirchenraum als Form der Christusbegegnung, private Nischen für persönliche Andacht und Gebete im Kirchenraum oder akustisch ausgestaltete Gottesdienste, die ein Mitsingen ohne Hörbarkeit durch die Anderen ermöglichen. Warum sollten Kriterien einer (gesteuerten) Veränderung also nicht am „empirisch vorfindlichen Wohlbefinden der anwesenden Mitfeiernden" ansetzen? Wie Hildegard Scherer darlegte, nennt schon Paulus die Agape als wichtigstes Kriterium für einen gelungenen Gottesdienst und liefert damit die biblische Grundlage. Auf der Tagung selbst blieben Problemanalyse und konkrete Lösungen erfahrbar: Von liturgischer Monokultur war angesichts der vielfältigen Formen des Morgenlobs in der Kapelle des Tagungshauses Himmelspforten und einer Eucharistiefeier im Pflegeheim wirklich nichts zu spüren.

4. Selbstkritischer Blick bleibt wichtig

Wenn man allerdings bei der Konstatierung bleibt, dass Veränderungen schlicht „stattgefunden" und sich „einfach ereignet" haben, so mag dies eine korrekte Diagnose für historische Ereignisse sein. Für aktuelle Fragestellungen aber fehlt die Stimme der Sozialwissenschaften. Diese können eine Expertise zur Erforschung gesellschaftlicher Veränderungsprozesse beisteuern und Antworten auf Fragen finden wie: Welche Voraussetzungen müssen erfüllt sein, damit Veränderungen wirklich vollzogen werden? Welche Dynamiken sind Veränderungsprozessen inhärent? Wer ist daran interessiert, sie zu bremsen, zu beschleunigen oder zu lenken?

Diesen Fragen haben sich auch Liturgiewissenschaftler:innen zu stellen, die mit zeitgenössischen Reformanliegen zu tun haben: Stellen sie sich als Beobachter:in daneben, geben sie in der Rolle eines Experten oder einer Expertin biblisch und systematisch-theologisch begründete Richtungen vor oder greifen sie selbst ins Geschehen ein? Hier zeigte ein erster kritischer Denkanstoß von Martin Sindelar: Das hochentwickelte System der Diözesen mit Liturgischen Referaten zementiere ein „klares Bild", wie Liturgie auszusehen habe. Damit setzten Liturgiewissenschaftler:innen Energien und Fachkenntnisse ein, dazu passende Akteure mit entsprechenden Charismen zu finden und auszubilden. Ungewollt werde damit aber „Vergangenheit reproduziert", weil kein Raum frei bleibe für das, „was sein könnte".

5.   Kann „konflikthafte Pluralität" entstehen?

Ein zweiter Denkanstoß erfolgte ungewollt während der Tagung durch die Medienberichterstattung aus der Schweiz über den Abschiedsgottesdienst der Gemeindeleiterin von Illnau-Effretikon, Monika Schmid. Diese hatte Teile eines Eucharistischen Hochgebets in abgewandelter Form gesprochen und den Gottesdienst mit Priestern, einem Diakon und einer weiteren Frau gemeinsam am Altar gefeiert.[1] Während die mitfeiernde Gemeinde wie auch ihre Kolleg:innen mit dieser Form der Liturgie keine Schwierigkeiten zu haben schienen, führte die Sichtbarmachung über Videoaufnahmen im Internet über Landesgrenzen hinaus zu Empörung und Einwänden, auch aus Kreisen der Liturgiewissenschaft.

Dieser Vorgang zeigte, wie recht Alexander Zerfaß bei der Begrüßung hatte, wenn er auf die „Ungleichzeitigkeiten" liturgischer Veränderungsprozesse verwies: Die Realität pausiert zumindest in der Schweiz keineswegs, während der liturgiewissenschaftliche Fachdiskurs gepflegt wird, und sie setzt eigene Prioritäten auf der Agenda: Wer heute an einem Gottesdienst teilnimmt, erwartet, in seinem religiösen Lebensgefühl angesprochen zu werden. Sprache, Gestik und Glaubwürdigkeit des hauptverantwortlichen Liturgen oder der Liturgin stehen auf dem Prüfstand. Besteht eine Möglichkeit, diese Erwartungen zu erfüllen, werden Menschen den Freiraum nutzen, den ihnen die jeweiligen Strukturen ermöglichen. Will die Liturgie anschlussfähig für heutige Menschen in Westeuropa bleiben, so muss die kritische Reflexion diese Entwicklungen zur Kenntnis nehmen und gleichzeitig im Blick haben, was der geforderte „Mut zum Ausprobieren" mit sich bringen kann. Es wird sich zeigen, ob auch die Liturgiewissenschaft dem Votum folgen kann, das Benedikt Kranemanns für kirchliche Leitungen formuliert hatte: Sich von konsensualer Einheit auf „konflikthafte Pluralität" umzustellen und eine „innerkirchliche Streitkultur" zu entwickeln.

---

[1]   Vgl. *Eva Meienberg*, „Tut dies zu meinem Gedächtnis!", Monika Schmid verabschiedet sich von ihrer Pfarrei, in: kath.ch, 28.8.2022, siehe: https://www.kath.ch/newsd/tut-dies-zu-meinem-gedaechtnis-monika-schmid-verabschiedet-sich-von-ihrer-pfarrei/ (aufgerufen am: 8.12.2022).

Liturgiereform und kein Ende oder Liturgiereform am Ende?

Wie sich Fragehorizonte im Lauf der Zeiten ändern

Albert Gerhards

Als jüngstes Geschwisterkind durfte ich mit meiner ein Jahr älteren Schwester zusammen zur ersten hl. Kommunion gehen, am Passionssonntag 1959 in der Krypta von Maria Laach anlässlich des silbernen Priesterjubiläums unseres Onkels. Infolgedessen wurde ich Messdiener – ein Privileg, das meiner Schwester noch verwehrt war – ein Jahr vor der regulären Zeit und hatte so noch den ganzen langen Introituspsalm auswendig zu lernen, der kurz darauf im Zuge der Rubrikenreform Papst Johannes' XXIII. auf den Anfangsvers reduziert wurde. Das war mir gar nicht recht, wurde uns damit doch ein Stück Exklusivität genommen. Überhaupt standen die Messdiener den sich in den darauffolgenden Jahren anbahnenden Reformen skeptisch bis ablehnend gegenüber, da ihr Monopol zunehmend eingeschränkt wurde. Erst als ein neuer Kaplan den Lektorendienst einführte, taten sich neue Betätigungsfelder auf. Allerdings blieb das Geschehen im Altarraum meiner Pfarrkirche am Niederrhein noch für einige Jahre vollständig männlich dominiert.

Ich beginne mit dieser biografischen Reminiszenz, um den Erfahrungshintergrund der folgenden Reflexionen zu verdeutlichen. Sie fußen auf einem Statement, das ich auf dem Podium am Ende der AKL-Tagung in Würzburg in den Dreischritt sehen – urteilen – handeln gegliedert habe, greifen aber in einigen Punkten über den Rahmen der Tagung hinaus.

1. Sehen

Die Tagung bot vielfältige Analysen von Spannungsfeldern, z.B. das zwischen der kirchlichen Ordnung und der Lebenswelt der Gläubigen. Spannungsfelder und Differenzen bestehen auf unterschiedlichsten Ebenen. Sie sind auch nicht nur, wie von Vertretern der Hierarchie gern behauptet, dem Zeitgeist geschuldet, sondern haben ihre Ursachen nicht selten in Setzungen, die einer historischen Prüfung nicht standhalten, da sie aus ideologischen Zeitströmungen heraus entstanden sind. Dies betrifft etwa Themen wie die Verhinderung der Partizipation von Nicht-Ordinierten an der kirchlichen Leitung oder die Ablehnung des Diakonats der Frauen. Hier wird entgegen historischer Erkenntnis Kontinuität behauptet, die es nicht gegeben hat.[1]

Darüber hinaus machte die jüngere Forschung deutlich, dass das Reformprogramm des Zweiten Vatikanischen Konzils weitgehend auf dem Fundament des Ersten Vatikanums aufbaute, ohne dessen zeitbedingte ideologische Programmatik kritisch zu hinterfragen.[2] Man kaschierte den päpstlichen Absolutismus lediglich dadurch, dass man die Kollegialität des Bischofsamtes betonte.[3] Das Verhältnis von Universalkirche und Ortskirchen konnte das Konzil nicht austarieren.[4] Dementsprechend geriet der Reformprozess in den Jahrzehnten nach dem Konzil zu einem Tauziehen zwischen Rom und den Ortskirchen. Noch problematischer aber ist das nicht geklärte Verhältnis der beiden *sacerdotia,* des Gemeinsamen Priestertums aller Getauften und des ordinierten Dienstamtes. Nur halbherzig kehrte man zu einer communio-Theologie zurück, wie sie in der Alten Kirche präsent war.[5] Nach einer kurzen Phase der Öffnung und der Entdeckung des Gemeinsamen wurden von offizieller Seite wieder die Unterschiede zwischen Priester und Volk, Kleriker und Laien betont. Tatsächlich verbleibt die Reform auf der Linie der Klerikerkirche und der Klerikerliturgie, an der die Laien lediglich nach Maßgabe „von oben" mitarbeiten dürfen.[6] Herbert Vorgrimler hatte dies anlässlich des 50. Gründungsjubiläums des DLI vorgetragen, nicht unbedingt zur Freude der liturgiewissenschaftlichen Zunft.[7]

---

[1]   Mit neuen historischen Frageansätzen und Forschungsergebnissen der Liturgiewissenschaft und deren Auswirkungen befasste sich die AKL-Tagung 2016; vgl. *Albert Gerhards/Benedikt Kranemann* (Hg.), Dynamik und Diversität des Gottesdienstes. Liturgiegeschichte in neuem Licht (QD 289), Freiburg/Basel/Wien 2018.

[2]   Vgl. *Peter Neuner*, Der lange Schatten des I. Vatikanums. Wie das Konzil die Kirche noch heute blockiert, Freiburg/Basel/Wien 2019.

[3]   Vgl. ebd. 123–128.

[4]   Vgl. ebd. 128–129; zur Weiterführung der Diskussion unter Papst Benedikt XVI vgl. ebd. 183 f.

[5]   Vgl. in Bezug auf Augustinus: *Albert Gerhards*, Celebratio memoriae – Anfragen an das Verständnis des Trägers der eucharistischen Handlung unter Rekurs auf Augustinus, in: H. Bricout/B. Kranemann/D. Pesenti (Hg.), Die Dynamik der Liturgie im Spiegel ihrer Bücher/La dynamique de la liturgie au miroir de ses livres. Festschrift für Martin Klöckener/Mélanges offerts à Martin Klöckener (LQF 110), Münster 2020, 257–271.

[6]   Vgl. *Neuner,* Der lange Schatten (wie Anm. 2) 174–178.

[7]   Vgl. *Herbert Vorgrimler*, Die Liturgie – ein Bild der Kirche. Anfragen der systematischen Theologie, in: B. Kranemann/E. Nagel/E. Nübold (Hg.), Heute Gott feiern. Liturgiefähigkeit des Menschen und Menschenfähigkeit der Liturgie (Pastoralliturgische Reihe in Verbindung mit der Zeitschrift „Gottesdienst") Freiburg 1999, 39–56, bes. 40 f.

Die Wahrnehmung von Diskrepanzen und die Bemühungen um ihre Minderung sind freilich nichts Neues. In gewisser Weise begleitet dies die Kirche durch alle Zeiten hindurch – *ecclesia semper reformanda*. Der Hiatus zwischen kirchlichem Kult und der Lebenswelt der Menschen ist spätestens seit der Aufklärung evident. Das 19. Jahrhundert mit seinen restaurativen Tendenzen konnte vieles überdecken, bedingt durch die Zeitumstände, mobilisierte aber auch innere Erneuerungskräfte, die vor allem im sozialen Bereich und in spirituellen Bewegungen am Werk waren. Bekanntlich bereiteten diese Kräfte die Bewegungen des 20. Jahrhunderts vor, darunter die Liturgische Bewegung, die zu Beginn der Moderne wesentliche Impulse nicht nur für die Liturgie, sondern für die Erneuerung der Kirche insgesamt setzen konnte. Allerdings ist die Diskrepanz von Kirche und Welt, Liturgie und Leben ein andauerndes Phänomen, der Ruf nach Erneuerung ein Symptom der Dauerkrise. Strittig bleibt allerdings, wie man sie bewältigen kann und ob dies überhaupt möglich ist.

So konnte es nicht verwundern, dass die Frage Romano Guardinis nach der Liturgiefähigkeit der Menschen in seinem Brief an Prälat Wagner von 1964 auf Unverständnis derer stieß, die mit der Liturgiekonstitution ein goldenes Zeitalter angebrochen sahen.[8] 1966 gab der Laacher Mönch Theodor Bogler in der Reihe Liturgie und Mönchtum einen Band mit ca. 30 Antworten auf eine Umfrage heraus zum Thema „Ist der Mensch von heute noch liturgiefähig?"[9] Es lohnt, sich mit diesen Antworten noch einmal zu befassen. Für Ida Friederike Görres stand fest: „…das Liturgieverhältnis des Laien hängt in stärkstem und weitestem Maß vom Verhalten des Liturgen ab."[10] Luise Rinser berichtete von italienischen Gottesdiensterfahrungen, die sich 1966 stark verändert hätten: Nach zwei Jahren Liturgiereform sei aus einzelnen privaten Betern eine echte Gemeinde geworden. Allerdings vermisst die Autorin nach wie vor die Jugend, da die Kirche Italiens nichts dafür täte, den Bedürfnissen junger moderner Menschen entgegenzukommen. „Ich weiß nicht, ob man sie hier oder andernorts gerade durch die Liturgie, sei sie noch so ‚modern', für echte Religiosität gewinnen kann. Ich möchte annehmen, dass sie im Augenblick zu faszinieren wäre durch gemeinschaftliche Gottesdienste, d. h. Gebetsstunden, an denen Angehörige aller Kirchen, ja anderer Religionen teilnehmen. Das allgemein Religiöse ist nicht von der Hypothek der Enge und Weltfremdheit belastet, wie

---

[8] *Romano Guardini*, Der Kultakt und die gegenwärtige Aufgabe der liturgischen Bildung, in: LJ 14 (1964) 101–106; vgl. dazu *Albert Gerhards*, Wozu und wie heute Liturgiegeschichtsschreibung betreiben?, in: ders./Kranemann (Hg.), Dynamik und Diversität (wie Anm. 1) 15–17; *Andreas Odenthal*, „Rituelle Erfahrung" – historisch. Ein praktisch-theologisches Paradigma im Kontext der Liturgiegeschichte, ebd. 94–96.

[9] *Theodor Bogler OSB* (Hg.), Ist der Mensch von heute noch liturgiefähig? Ergebnisse einer Umfrage (Liturgie und Mönchtum. Laacher Hefte 38), Maria Laach 1966.

[10] Ebd. 62.

es für viele gerade der katholische Meßgottesdienst ist."[11] Demgegenüber
nimmt der Journalist Kurtmartin Magiera eine vermittelnde Position ein, wenn
er sagt, dass immer wieder versucht werden müsse, die entsprechende Sprache
und Form für die jeweilige Zeit zu finden. „Alles also, was den Menschen in
seiner heutigen realen Lage in Gemeinschaft mit anderen befähigt, mit Gott zu
sprechen, in einer Sprache also, die nicht nur Gott versteht, sondern auch der,
der sie spricht, alles das sollte gewagt werden. Ich glaube nicht, dass wir auf
die Liturgie, ,das Werk des Volkes', verzichten können. Der Herr hat sie uns ja
eigentlich aufgetragen, indem er uns seine Gegenwart zusagte, wenn wir uns in
seinem Namen versammeln. Und es scheint sogar so zu sein, dass er die Kirche
nur deshalb geschaffen hat, damit er unter uns sein kann. Aber diese so gese-
hene Liturgie ist dann nicht nur eine ,Liturgie der Messe, der feierlichen Andacht, der Prozession', sondern sie ist eine neue ,Liturgie des Alltags'. Der feierliche Vollzug setzt sich dann über die Sendungsworte am Schluss der Messe
fort. Muss sich fortsetzen. Dass wir in dieser ,Liturgie des Alltags' völlig un-
geübt sind, erscheint mir dabei als die Wurzel aller Schwierigkeiten ,mit der
Liturgie'."[12]

Die sogenannte zweite Aufklärung seit der Mitte der sechziger Jahre ver-
schärfte die Diskrepanz zwischen Liturgie und Lebenswelt, wie sich in Buchti-
teln beider westlicher Kirchen dieser Zeit ablesen lässt: „Gottesdienst in einem
säkularisierten Zeitalter" (1971)[13] oder „Kult in der säkularisierten Welt"
(1974)[14]. Innerhalb der Kirchen wurde die Debatte um Entsakralisierung und
Politisierung des Gottesdienstes teilweise mit großer Polemik geführt. Der Widerstand gegen die Liturgiereform der katholischen Kirche steht hinter dem Titel „Konflikt in der Kirche. Droht eine Kirchenspaltung?" (1977)[15]

Spätestens seit dem zehnten Jahrestag der Verabschiedung der Liturgiekonstitution werden auf Tagungen und in Sammelbänden anlässlich der turnusmä-
ßigen Jubiläen scheinbar immer wieder dieselben Fragen gestellt. Dies ist auch
gut so. Denn die Kontexte ändern sich, und nicht zuletzt geht auch die Forschung in ihren verschiedenen Bereichen weiter. Manche Erkenntnis, die die
biblische und historische Wissenschaft zutage gefördert hat, hätte zu anderen
Ergebnissen der erneuerten Liturgie geführt; die Ritualstudien haben zu einem

---

[11]　Ebd. 99.
[12]　Ebd. 82.
[13]　Gottesdienst in einem säkularisierten Zeitalter. Eine Konsultation der Kommission für
　　　Glauben und Kirchenverfassung des Ökumenischen Rates der Kirche. In deutscher
　　　Sprache mit einem Vorwort von Lukas Vischer und einem Konsultationsbericht hg. von
　　　Karl Ferdinand Müller, Kassel/Trier 1971.
[14]　*Balthasar Fischer* u. a., Kult in der säkularisierten Welt, Regensburg 1974.
[15]　*Peter Stockmeier* (Hg.), Konflikt in der Kirche. Droht eine Kirchenspaltung? (Schriften
　　　der Katholischen Akademie in Bayern 78), Düsseldorf 1977.

neuen ganzheitlichen Verständnis des liturgischen Geschehens verholfen; empirische Methoden der praktischen Theologie eröffnen bis dahin unbekannte Fragehorizonte. Dies sind nur einige Beispiele des fortschreitenden Erkennens. Dennoch: Bleibt nicht alles noch zu sehr im Rahmen dessen, was Guardini als antik, mittelalterlich oder barock bezeichnete? Auf der Würzburger Tagung kamen einige Aspekte zur Sprache, die die grundsätzliche Infragestellung Guardinis plausibel machen, zum Beispiel die Anwendung einer machtkritischen oder einer postkolonialen Kriteriologie auf die Liturgie, die bis an deren Grundfesten rührt.[16]

2.   Urteilen

Damit sind Prinzipien der Theologie und insbesondere der Liturgiewissenschaft angesprochen. Diese befindet sich seit Jahrzehnten in einem Prozess der Selbstvergewisserung, ausgelöst durch einen kollegialen Disput über die Eingruppierung innerhalb des theologischen Fächerkanons. Vor rund 30 Jahren erschien eine Standortbestimmung von Vertreterinnen und Vertretern der Liturgiewissenschaft, die ihrer Disziplin eine kritische Funktion gegenüber den kirchlichen Institutionen zuwies.[17] Damit würde ihre Kompetenz weit über das hinausgehen, was ihr von einigen der Fachvertreter und vor allem von manchen Kirchenvertretern zugebilligt wurde, nämlich die historische und theologische Erklärung der Riten und ihre praktische Vermittlung, allenfalls noch die Ritenoptimierung. Letztere gehörte zu den primären Aufgaben der ersten Generation der Lehrstuhlinhaber des fast überall neu etablierten Konzilsfachs Liturgiewissenschaft. Doch zeigte sich schon bald, dass die Liturgiewissenschaft für diesen Job immer zu spät kommt. Bereits in den frühen achtziger Jahren sprach der Soziologe Alfred Lorenzer der liturgiewissenschaftlichen Zunft die kreative Kompetenz zur Liturgieoptimierung ab.[18] Was aber ist das Kernge-

---

[16] Die Dimensionen der neuen Fragestellungen wenden paradigmatisch ausgelotet in: *Judith Gruber/Gregor Maria Hoff/Julia Knop/Benedikt Kranemann* (Hg.), Laboratorium Weltkirche. Die Amazonien-Synode und ihre Potenziale (QD 322), Freiburg/Basel/Wien 2022.

[17] Vgl. *Albert Gerhards/Birgit Osterholt-Kootz*, Kommentar zur „Standortbestimmung der Liturgiewissenschaft", in: LJ 42 (1992) 122–138.

[18] Vgl. *Alfred Lorenzer*, Das Konzil der Buchhalter. Die Zerstörung der Sinnlichkeit. Eine Religionskritik, Frankfurt/M. 1981; dazu *Andreas Odenthal*, Rituelle Erfahrung. Praktisch-theologische Konturen des christlichen Gottesdienstes (PTHe 161), Stuttgart 2019, 171–173.

schäft der Liturgiewissenschaft, was ist ihr Gegenstand und was sind ihre Methoden?

Die Ausweitung des Spektrums dessen, was unter Liturgie im weiten Sinne zu verstehen ist, kam bereits zur Sprache. Dazu wurde in den vergangenen Jahren viel publiziert. Erwähnt seien beispielsweise inter- und multireligiöse Feiern, Feiern angesichts von Katastrophen, Segnungen von kirchlich marginalisierten Personen[19], usw. Damit wird ein Liturgieverständnis, das exklusiv von hierarchischer Leitung ausgeht, aufgebrochen. Liturgie ist nicht nur dann, wenn ein Priester vorne steht und erschöpft sich nicht in der Feier der Messe, auch wenn diese die höchste Form der liturgischen Versammlungen von Christen darstellt. Die Liturgiekonstitution hat zwar mit der Einführung von Wort-Gottes-Feiern (SC 25,4) einen Anfang gesetzt, doch ist dieser nicht fortgesetzt und vor allem nicht theologisch ratifiziert worden.[20] Hier liegt noch ein weites Aufgabenfeld der Liturgiewissenschaft, die aufgrund ihrer Methodenvielfalt und ihrer potenziell unterschiedlichen Einordnung im Fächerkanon der Theologie die Möglichkeit hat, scheinbar unumstößliche Positionen kritisch zu hinterfragen. Dies gilt zum Beispiel in Bezug auf die Eucharistie, wenn es um die Frage des Subjekts und der Vergegenwärtigung Christi geht, nicht zuletzt im ökumenischen Kontext. Fragen der Christusrepräsentanz[21] und der Sakramentalität[22] werden im Zusammenspiel der theologischen Fächer unter Einbeziehung der Liturgiewissenschaft diskutiert. Gerade in ihrer kritischen Funktion kommt der philologischen und historischen Liturgiewissenschaft größte Bedeutung zu, stellt sie doch scheinbar unumstößliche dogmatische Positionen infrage. Die Identifizierung der ursprünglich epikletischen sakramentalen Handlung des Weihesakraments durch Papst Pius XII. und die Respektierung der chaldäischen Anaphora ohne Einsetzungsworte unter Papst Johannes Paul II. sind zwei prominente lehramtliche Entscheidungen aus dem 20. und dem

---

[19] Vgl. *Julia Knop/Benedikt Kranemann* (Hg.), Segensfeiern in der offenen Kirche. Neue Gottesdienstformen in theologischer Reflexion (QD 305), Freiburg/Basel/Wien 2020; *Ewald Volgger/Florian Wegscheider* (Hg.), Benediktion von gleichgeschlechtlichen Paaren (Schriften der Katholischen Privatuniversität Linz 8), Regensburg 2020.

[20] Vgl. *Wolfgang Meurer*, Die Wort-Gottes-Feier als sacra celebratio. Ein nicht ausgeführter Beschluss des Konzils (PTHe 167), Stuttgart 2019.

[21] Vgl. *Margit Eckholt/Johanna Rahner* (Hg.), Christusrepräsentanz. Zur aktuellen Debatte um die Zulassung von Frauen zum priesterlichen Amt (QD 319), Freiburg/Basel/Wien 2021; *Albert Gerhards,* Tut dies zu meinem Gedächtnis". Überlegungen zu Träger und Inhalt der Christusmemoria, in: J. Bärsch/S. Kopp/C. Rentsch (Hg.), Ecclesia de Liturgia. Zur Bedeutung des Gottesdienstes für Kirche und Gesellschaft. Festschrift für Winfried Haunerland, Regensburg 2021, 113–126.

[22] Vgl. *Erwin Dirscherl/Markus Weißer* (Hg.), Wirksame Zeichen und Werkzeuge des Heils? Aktuelle Anfragen an die traditionelle Sakramententheologie (QD 321), Freiburg/Basel/Wien 2022.

21. Jahrhundert, die ohne liturgiehistorische Forschung nicht zustande gekommen wären.

Doch hat sich wie gesagt das Spektrum methodisch wie materialiter geweitet. Wenn Kurtmartin Magiera schon in den 1960er Jahren von der Notwendigkeit der Interdependenz von der Liturgie der Kirche und der Liturgie des Alltags sprach, so gilt dies heute umso mehr. Die Liturgiewissenschaft hat das gesamte Umfeld mit in den Blick zu nehmen. Dies gilt nicht nur für das Umfeld des Gottesdienstes, sondern für den ganzen Sozialraum, für alle Menschen, die dort leben und kommunizieren. Welche Auswirkungen hat er auf den Kirchenraum, wie verhält sich die Kommunikation der Gemeinde gegenüber dem Sozialraum? In der Zeit der Pandemie wurden neue Erfahrungen gemacht, nicht zuletzt mit den elektronischen Medien. Dazu wurden zahlreiche Publikationen vorgelegt[23], weitere sind in Arbeit. Die Auswirkungen der Pandemie, etwa die wissenschaftliche Analyse des Abbruchs der regelmäßigen Mitfeier des Sonntagsgottesdienstes oder des Verhältnisses von virtueller und „realer" Präsenz, gehören zu den Aufgaben, die anstehen. In diesem Zusammenhang ist auch das Großprojekt der Transformation der Kirchenräume zu nennen, das keinesfalls unabhängig von dem der Transformation der Gemeinden gesehen werden darf.[24] Kirchenräume, die nicht mehr oder nicht mehr nur für den Gottesdienst benutzt werden – dies ist eine ständig wachsende Zahl – sind damit keineswegs obsolet. Es gilt, die Potenziale im Kontext des jeweiligen Sozialraums zu entdecken und Möglichkeiten zu finden, sie als spirituelle, kulturelle und soziale Räume so zu nutzen, dass sie sich letztlich auch ökonomisch tragen.

[23] Vgl. z. B. *Stefan Kopp/Benjamin Krysmann (Hg.),* Online zu Gott? Liturgische Ausdrucksformen und Erfahrungen im Medienzeitalter (Kirche in Zeiten der Veränderung 5), Freiburg/Basel/Wien 2020; *Pedrag Bukovec/Ewald Volgger* (Hg.), Liturgie und Covid-19. Erfahrungen und Problematisierungen (Schriften der Katholischen Privatuniversität Linz 10), Regensburg 2021; *Jürgen Feulner/Elias Haslwanter* (Hg.), Gottesdienst auf eigene Gefahr? Die Feier der Liturgie in der Zeit von Covid-19: Dokumentationsteil, Münster 2021.

[24] Vgl. *Albert Gerhards*, Die Zukunft der Kirchengebäude. Zu einem Forschungsprojekt „Sakralraumtransformation", in: LJ 72 (2022) 3–16; *ders.*, (Hg.), Kirche im Wandel. Erfahrungen und Perspektiven zur Transformation sakraler Räume (Sakralraumtransformationen Bd. 1), Münster 2023.

3. Handeln

Auf der Würzburger Tagung wurden zahlreiche exzellente Analysen präsentiert. Das Problem scheint in der Vermittlung von der Erkenntnis zum Handlungsimpuls, von der Theorie zur Praxis zu liegen. Nicht zuletzt behindert die Isolation der theologischen Fächer die Vermittlung der fachspezifischen Einzelerkenntnisse in die gesamte Theologie und darüber hinaus. Die Probleme der Liturgie sind letztlich Probleme der Ekklesiologie, die Probleme der Ekklesiologie sind wiederum zu sehen im Kontext der gesamten Gesellschaft, die wiederum im globalen Kontext zu betrachten ist. Dies ließe sich an einigen der Themen des Synodalen Weges demonstrieren, der von Vatikanvertretern gern als deutsches Sonderproblem marginalisiert wird, hinter denen sich aber strukturelle Probleme verbergen, die die Kirche weltweit betreffen und sich konkret in der Liturgie vor Ort zeigen. Das lässt sich zwar bis zu einem gewissen Grad kaschieren, aber nicht definitiv vertuschen. Dies betrifft zum Beispiel die Frage der Repräsentanz durch Frauen, aber auch den Mangel an Leitungspersonal sowie überhaupt Fragen der Repräsentation. Eine theologische Bildkritik, die keine Scheu haben darf vor den als sakrosankt geltenden Symbolen und Insignien, geschieht zwar hier und da, müsste aber systematisch erfolgen. Vor dem Hintergrund der Machtdebatten, die sich inzwischen auch in diversen Publikationen unter liturgiewissenschaftlicher Beteiligung niedergeschlagen haben,[25] wäre ein kritischer Durchgang durch die gesamte Liturgie, insbesondere durch den Messordo, notwendig. Sind die vielen, oft versteckten rituelle Differenzmerkmale noch zuträglich? Die Liturgiereform hat zwar hier nach den konziliaren Vorgaben der Vereinfachung der Riten und dem Glanz edler Einfachheit einiges gegenüber der alten Ordnung verändert, das traditionelle Prinzip aber beibehalten. Die Liturgie dient letztlich der Darstellung der kirchlichen Hierarchie und damit der Betonung und Stabilisierung von Differenz. Als Beispiel sei nur die Ordnung der Personeninzenz genannt.

Wie unterschiedlich die gottesdienstliche Versammlung ohne Nivellierung der hierarchischen Struktur erfahren werden kann, demonstrierte die Würzburger Tagung durch die Erfahrung zweier unterschiedlicher Raumsituationen. Die Kapelle im Exerzitienhaus Himmelspforten ist ein streng auf den Tabernakel ausgerichteter zumöblierter Raum mit exponiertem Priestersitz. Sie ließ

---

[25] Vgl. *Gregor Maria Hoff/Julia Knop/Benedikt Kranemann* (Hg.), Amt – Macht – Liturgie. Theologische Zwischenrufe für eine Kirche auf dem synodalen Weg (QD 308), Freiburg/Basel/Wien 2020; *Jochen Sautermeister/Andreas Odenthal* (Hg.), Ohnmacht. Macht. Missbrauch. Theologische Analysen eines systemischen Problems, Freiburg/Basel/Wien 2021; *Stefan Böntert/Winfried Haunerland/Julia Knop/Martin Stuflesser* (Hg.), Gottesdienst und Macht. Klerikalismus in der Liturgie, Regensburg 2021.

kaum Möglichkeiten liturgischer Gestaltung der Tagzeitenliturgie zu. Die Eucharistiefeier fand dagegen in der Kapelle des Juliusspitals statt, die als bipolarer Communio-Raum mit freier Mitte gestaltet ist. Hier konnte sich Liturgie in Bewegung entfalten.

Eine Zukunftsaufgabe der Theologie und somit auch der Liturgiewissenschaft besteht darin, innerhalb der *universitas scientiarum* dafür zu sorgen, dass Lebensräume möglich werden. Dafür muss eine „leere Mitte" freigehalten werden, in der Lebensaustausch stattfinden kann. Guardini würde sagen, heiliges Spiel. Die Liturgie hat inzwischen eine Menge von „Spielstätten" dazugewonnen. Dabei bleiben auch die klassischen von Bedeutung. Altes und Neues an kommende Generationen zu vermitteln, ist Aufgabe der liturgiewissenschaftlichen Zunft. Dies kann aber nur gelingen, wenn die Türen offen und die Schwellen einladend sind.

Herausgeber, Autorinnen und Autoren

Oliver ADAM ist wissenschaftlicher Mitarbeiter an der Professur für Spezielle Soziologie und Qualitative Methoden der Empirischen Sozialforschung sowie am Lehrstuhl für Religionspädagogik und Didaktik des Religionsunterrichts an der Universität Würzburg.

Rabea ALT, B.A., studierte Sozial- und Kulturanthropologie sowie katholische Theologie und befindet sich aktuell im Masterstudiengang Caritaswissenschaft und Ethik an der Universität Freiburg/Br.

Christian BAUER, Dr. theol., ist Professor für Pastoraltheologie und Homiletik an der Universität Münster sowie Vorsitzender der Arbeitsgemeinschaft für Pastoraltheologie.

Andreas BIERINGER, Dr. theol. habil., ist Professor für Liturgiewissenschaft, Hymnologie und christliche Kunst an der Phil.-Theol. Hochschule Sankt Georgen in Frankfurt/M.

Gunda BRÜSKE, Dr. theol., ist Leiterin des Liturgischen Instituts der deutschsprachigen Schweiz in Freiburg/Schweiz.

Harald BUCHINGER, Dr. theol., ist Professor für Liturgiewissenschaft an der Universität Regensburg.

Predrag BUKOVEC, PD Dr. Dr., ist Universitätsdozent für Liturgiewissenschaft und Sakramententheologie an der Katholischen Privat-Universität Linz sowie Leiter des DFG-Projekts „Zu den Ursprüngen der Taufsalbung" an der Universität Regensburg.

Pater Johannes Paul CHAVANNE, Dr. theol., ist Dozent für Liturgiewissenschaft an der Phil.-Theol. Hochschule Heiligenkreuz.

Alexander DEEG, Dr. theol., ist Professor für Praktische Theologie mit den Schwerpunkten Homiletik und Liturgik an der Theologischen Fakultät der Universität Leipzig sowie Leiter des Liturgiewissenschaftlichen Instituts der VELKD.

Jürgen DENIFFEL, ist wissenschaftlicher Mitarbeiter an der Professur für Quantitative Sozialforschung der Universität Würzburg.

Peter DÜCKERS, Dr. theol., ist Referent für Liturgie und Homiletik im Bischöflichen Generalvikariat Aachen und Zeremoniar am Aachener Dom.

Ulrich ENGEL OP, Dr. theol. habil., ist Gründungsbeauftragter und Professor für Philosophisch-theologische Grenzfragen am Campus für Theologie und Spiritualität Berlin sowie Direktor des Institut M.-Dominique Chenu in Berlin.

Ulrich FISCHER, Dipl.-Theol., ist Beauftragter der Deutschen Bischofskonferenz für das ZDF.

Ansgar FRANZ, Dr. theol., ist Professor für Liturgiewissenschaft und Homiletik an der Universität Mainz und Leiter des Mainzer Gesangbucharchivs.

Ann-Katrin GÄSSLEIN, M.A. theol., ist wissenschaftliche Assistentin an der Professur für Liturgiewissenschaft an der Universität Luzern.

Albert GERHARDS, Dr. theol, ist emeritierter Professor für Liturgiewissenschaft an der Universität Bonn und Sprecher der DFG-Forschungsgruppe „Sakralraumtransformation. Funktion und Nutzung religiöser Orte in Deutschland".

Judith HAHN, Dr. theol., Lic iur. can., ist Professorin für Kirchenrecht an der Universität Bonn.

Richard HARTMANN, Dr. theol., ist Professor für Pastoraltheologie und Homiletik an der Theologischen Fakultät Fulda/Marburg.

Franz JUNG, Dr. theol., ist Bischof von Würzburg.

Martin KLÖCKENER, Dr. theol., ist emeritierter Professor für Liturgiewissenschaft an der Universität Freiburg/Schweiz.

Benedikt KRANEMANN, Dr. theol., ist Professor für Liturgiewissenschaft an der Universität Erfurt.

Kerstin MENZEL, Dr. theol., ist wissenschaftliche Assistentin am Institut für Praktische Theologie der Universität Leipzig sowie wissenschaftliche Mitarbeiterin in der DFG-Forschungsgruppe „Sakralraumtransformation. Funktion und Nutzung religiöser Orte in Deutschland".

Klaus NELIßEN, Dipl.-Theol., ist stellvertretender Rundfunkbeauftragter der nordrhein-westfälischen Diözesen beim WDR und Pastoralreferent des Bistums Münster.

Ilona NORD, Dr. theol., ist Professorin für Religionspädagogik und Didaktik des Religionsunterrichts an der Universität Würzburg.

Frederike VAN OORSCHOT, PD Dr. theol., ist Leiterin des Arbeitsbereichs „Religion, Recht und Kultur" an der FEST Heidelberg und Privatdozentin für Systematische Theologie an der Universität Heidelberg.

Melanie PRANGE, Dr. phil., ist Diözesankonservatorin und Leiterin des Fachbereichs Kunst in der Diözese Rottenburg-Stuttgart.

Matthias REMENYI, Dr. theol., ist Professor für Fundamentaltheologie und vergleichende Religionswissenschaft an der Universität Würzburg.

Sigrid RETTENBACHER, Dr. theol., ist Assistenzprofessorin am Institut für Moraltheologie an der Katholischen Privat-Universität Linz.

Hildegard SCHERER, Dr. theol., ist Professorin für Biblische Theologie und ihre Didaktik (Schwerpunkt NT) an der Universität Duisburg-Essen.

Samuel-Kim SCHWOPE, Dr. theol., ist Persönlicher Referent des Bischofs von Dresden-Meißen und Domzeremoniar.

Martin SINDELAR, Mag. theol., ist Leiter des Bereichs Bibel-Liturgie-Kirchenraum in der Erzdiözese Wien, Systemischer Organisationsentwickler sowie Dozent für Liturgiewissenschaft an der Phil.-Theol. Hochschule Heiligenkreuz.

Stephan STEGER, Dr. theol., ist Liturgiereferent und Bischofszeremoniar im Bistum Würzburg.

Martin STUFLESSER, Dr. theol., ist Professor für Liturgiewissenschaft an der Universität Würzburg.

Stephan TAUTZ, Dr. theol., ist wissenschaftlicher Mitarbeiter am Lehrstuhl für Dogmatik an der Universität Freiburg/Br.

Florian WEGSCHEIDER, Dr. theol., ist Professor für Liturgiewissenschaft an der Pädagogischen Hochschule der Diözese Linz.

Marco WEIS, Mag. theol., geboren 1989, ist wissenschaftlicher Mitarbeiter am Lehrstuhl für Liturgiewissenschaft an der Universität Würzburg.

Stephan WINTER, Dr. theol., M.A. phil., ist Professor für Liturgiewissenschaft an der Universität Tübingen.

Stefan Böntert /
Winfried Haunerland /
Julia Knop /
Martin Stuflesser (Hg.)

GOTTESDIENST UND MACHT

Klerikalismus in der Liturgie

240 Seiten, kartoniert
ISBN 978-3-7917-3286-2
Auch als eBook

Im Kontext des Synodalen Wegs initiierte die Liturgiekommission der Deutschen Bischofskonferenz eine
Fachtagung zum Thema Klerikalismus in der Liturgie.
Im Blick sind Formen unangemessener Machtausübung
und Herausstellung des priesterlichen Amtes, wie sie in
der gottesdienstlichen Praxis vorkommen, aber auch
Asymmetrien und Hierarchien, die durch die liturgischen
Ordnungen selbst vorgesehen sind. Diese können, derart
legitimiert, verschiedene Formen von Klerikalismus
befördern. In vier großen Themenblöcken handeln
Beiträge aus Theologie und Kulturwissenschaften über
„Symbole der Macht und ihre Inszenierung", „Reden und
Tun – Performanz des Gottesdienstes", die „Symbolik
des Unterschieds" und über „Männer an der Macht –
Liturgie und Geschlecht".

VERLAG FRIEDRICH PUSTET

Verlag Friedrich Pustet
Unser komplettes Programm unter:
www.verlag-pustet.de

Tel. 0941 / 92022-0
Fax 0941 / 92022-330
bestellung@pustet.de